叢書・ウニベルシタス　989

散種

ジャック・デリダ
藤本一勇・立花史・郷原佳以 訳

法政大学出版局

Jacques DERRIDA
LA DISSÉMINATION

This book is published in Japan
by arrangement with les Éditions du Seuil, Paris,
through le Bureau des Copyrights Français, Tokyo.

目次

凡例

一、本書は、Jacques Derrida, *La Dissémination*, Éditions du Seuil, 1972 の翻訳である。

一、原文の《 》は「 」に、( )は( )にした。ただし、文脈を理解しやすくするために、訳者の判断で、原文にはない( )や——を補足した箇所もある。

一、[ ]は原著者による挿入であり、〔 〕は訳者による注記や原語の表示である。

一、原文のイタリック体はゴチック体で示した。ただし、イタリック体が書名・紙誌名の場合は『 』で、論文名・作品名の場合は「 」で括った。また、原文において長大な引用文がイタリック体で示され、本文と区別されている箇所があるが、必要な箇所を除いて、本訳書では書体を変更していない。

一、原文にフランス語以外の原語が挿入されている場合、原則として、原語のまま日本語訳文中に入れた。

一、大文字の単語は〈 〉で示した。ただし、語の関連を正確に示すために〈 〉を使用したところもある。

一、注意を要する訳語については、原語を併記するか、原語のルビ(振り仮名)を振った。また、古典語の熟語等の場合にもルビを振った。

一、原注は(1)、(2)……で示し、奇数頁の側注とした。訳注は＊1、＊2……で示し、巻末に置いた。

一、本書で引用されている文献については、邦訳がある場合はそれを参照し、参照訳書を掲示した。訳出にあたっては、原著者の議論の文脈や文体を考慮し、引用されているフランス語から独自に行ったものもあれば、『マラルメ全集』やソレルスの小説のように既訳を大幅に利用させていただいたものもある。ただしその場合でも、個々の訳語や表記については本書の原則に従い、随所に変更を施した。

書物外

序文

（それゆえに）これは一冊の書物ではなかった、ということになるだろう。

さらに見かけに反して、**三つの**「試論」からなる論文集などではなおのことないだろう。もしそんな論文集であったとしたら、事の後でその行程を再認し、その連続性を思い返したり、その法則を導出し、さらには、そうした機会に要求される執拗さでもって、その概念や意味を顕示するときがやって来たであろうが。作法《コード》どおりに、よく考えて書いたものだとか即興的に書いたものだとか、そういうふりをするのもやめよう。以下のテクスト群の配合《アジャンスマン》は別種のものであり、それらを紹介すること《プレザンテ》〔現前させること〕が、ここでの私の意図なのではない。

ここで問いが揺れ動くのは、まさしく紹介《プレザン》＝現前化《タシオン》についてなのだ。

書物という形式が、周知のように、いまや全面的な騒乱にゆだねられているのだとすれば、そしてそれがかつてなく不自然なものに見え、その歴史がかつてなく不透明なものに見えるのだとすれば、そしてあらゆることに手をつけずに、書物という形式に手をつけることはできないのだとすれば、書物という形式は、この形式を**実践において**問いただすことで解体しなければならないあれこれのエクリチュールのプロセスを――たとえば、ここで――もはや規制する術を知らないだろう。

今日いたるところで、保存された名すなわち**古名**についての問いを新規まきなおしで練り上げる必要が生じるのは、まさにこのためである。どうして古くからの名を一定期間保持しなければならないのか。どうして記憶によって、新しい意味、新しい概念、新しい対象の諸効果を緩和しなければならないのか。

問いがこのような用語で提示されてしまうと、すでに問いは、いまや解明されるに至った諸前提のシステムのなかに巻き込まれていることになるだろう。たとえば、この場合で言えば、能記《シニフィアン》が「それの」概念に対して**単純に**外部にある、というような前提にである。したがって、別様に事を進めなくてはならない。

始めなおそう。いくつかの例。すなわち、すでに文学から——この名のもとでつねに考えられ意味されてきたものから——みずからを引き抜いているものを、あるいは単に文学から身を逸らすばかりか、それを容赦なく破壊しているものを、どうして「文学」という名が依然として指しているというのか（問いがこのような用語で提示されてしまうと、問いはすでに、ある先行‐知の保証のなかに巻き込まれていることになるだろう。すなわち、「この名のもとでつねに考えられ意味されてきたもの」とは、根本的にみたとき、同質で、一義的で、葛藤なきものだろうか）。また別の例。とすると、このものを「書物」に変えたり、哲学の脱構築をなおも一個の「哲学言説」にしたりする引用符——見えたり見えなかったりする引用符——に、どのような歴史的かつ戦略的な機能を割り当てるべきか。

二重標記のこの構造（二項対立のなかで**捉えられた**——すなわち、そこから借用されつつも、そこに閉じ込められた——一個の用語は、みずからの古い名を保持するが、それは当の対立を解体するためであって、もはや対立に完全に帰属するわけではなく、また対立の歴史が序列形成のやむことのない闘争の歴史である以上、そもそもこの対立に屈することなど**決してない**だろうという構造）は、ここに集められたテクストたちがそのなかを行き交う場全体に働きかける。また、この構造はその場のなかで働きかけられてもいる。すなわち、各概念は、脱構築されるシステムの内に一つ、外に一つ、相似た二つの標記——同一性なき反復——を必然的に受けているのであって、この規則は二重の読解と二重のエクリチュールを産みださなければならない。潮時になれば明らかになるだろうが、それは**二重の学**を産みださなければならないのだ。

どのような概念、どのような名、どのような能記《シニフィアン》であっても、この構造から逃れることはできない。われわれは以下で、次のことを強制する法を規定しようと思う（ここに挙げるのは一例であるが、それは哲学、科学、文学等の領野をごく最近組み換えつつある、理論の全面的改鋳のことを考慮している）。すなわちエクリチュールとパロールとのあいだの、エクリチュールとそれ以外のすべてのもののシステム（観念論、唯心論、音声中心主義——何よりもまずロゴス中心主義——といったシステム）とのあいだの、序列化された伝統的対立を批判し、脱構築し、こじ開けるもの、これを「エクリチュール」と名づけるように強制する法。プラクシス／テオリアという哲学的対立を機能不全に陥らせ、もはやヘーゲル的否定性の過程に従って**止揚**されるがままにならないもの、これを「働き〔労働〕」あるいは「実践」と名づけるように強制する法。「意識」の対称的な陰画《ネガ》や潜在的な貯蔵庫であったためしのないもの、これを「無意識」と名づけるように強制する法。近年の理論上の成果や哲学の脱構築のことを少しでも考慮に入れてみるなら、もはや人を安心させる形式などもつべくもないあの古典的対立の外部、これを「物質」と名づけるように強制する法。もはやこの外部は、指示対象（少なくとも、一般的テクスト性のシステムに先立ち、その外部にあるような実在的事物・実在的原因と考えられた指示対象）の形式ももたなければ、いかなる様態における現前性（意味、本質、現実存在——客体的なものであれ主体的なものであれ——、形式すなわち現れ、内容、実体といった感性的現前性ないし叡知的現前性）の形式ももたず、また基礎づけたり全体化する原理の形式も、さらには最終審級の形式ももたない。要するに、エクリチュール（あらゆる所記《シニフィエ》を示差的痕跡の状況に置く運動）の連鎖を停止させるようなあの〈テクスト－外〉、私が以前「超越論的所記《シニフィエ》」という概念をあてたあの〈テクスト－外〉[*1]という形式を一切もたないのである。「差延」〔différance〕もまた同じ問題領野において、ある経済《エコノミー》を指し示していた。すなわち、外部の根本的他性あるいは絶対的外部性を、哲学的諸対立の、すなわち「差異あるものたち」〔différents〕あるいは「差異」(1)〔différence〕の領野に、闘争的で序列化する閉じた領野に関係づけるあの経済——戦争の経済——を。みずからの標記と同時に消失を——すなわち、みずからの不可能性の余白を——ある関係に従って含意する痕跡の経済的《エコノミック》な運動。同と他のいかなる思弁的《スペキュラティヴ》〔投機的〕弁証法も、それが統御の操作にとどまるというまさにその理由のために、この関係を統御することはできない。(2)

古い名を働かせたり、さらにそれを流通させておくことには、たしかにある危険がつきまとうだろう。すなわち、脱構築された、あるいは脱構築されつつあるシステムのなかに居座ったり、さらにはそのシステムのなかへ退行してしまう危険が。そして、この危険を否定することは、それだけですでにその危険を確証してしまうことだろう。すなわち、能記《シニフィアン》——ここでは名——を、概念の慣習的な事態だとか、特段の効果のない譲歩とみなすことになるだろう。そうすると、意味の自律性だとか、概念の理論的・抽象的歴史のイデア的純粋さとかが主張されることになるだろう。しかし逆に、これまでの標記をさっさとお払い箱にして、単純な挙措で号令一下、古典的諸対立の外側へ移行しようとすることも、きりのない「否定神学」に陥る危険がある。だがそればかりではない。そうすることは、古典的諸対立が**所与の**システムではないということ、すなわち、無歴史的で完全に同質的な一覧表のごときものではなく、むしろ序列を生み出す非対称的な空間なのだということを忘れてしまうことである。この空間はさまざまな力によって横切られ、みずからが抑圧する――すなわち追放する、そして同じことだが、**みずからの**契機の一つとして内化する――外部によって、みずからの閉域のなかで働きかけられている。だからこそ、脱構築は**転覆**の局面を不可欠なものとして含んでいるのだ。転覆にとどまることは、たしかに、破壊すべきシステムの内在性において操作することである。しかし、**もっと先に**行こうとして、もっと急進的あるいはもっと大胆であろうとして、古典的諸対立に対して中立を決め込む無関心の態度にとどまるならば、場を実際に歴史において支配する勢力にやりたい放題させることになるだろう。それでは**介入する**[3]手段を奪取できずに、既成の勢力バランスを確認することになる。

したがって、以上の二つの操作は、調子を狂わせるある種の *simul*〔ともに〕[*2]のなかで、ある集合的運動――なるほど一貫してはいても分裂し、差異づけられ、層状になった運動――のなかでなされなくてはならない。二つの操作のあいだの隔たりは開いたままでなければならず、たえず標記され、標記しなおされるがままになるのでなければならない。それは言ってみれば、この操作に参加する各テクストは必然的に不均質であって、この隔たりをただ一つの点に、さらにはただ一つの名のもとに要約することは不可能である、ということだ。ここではもはや責任や個体性〔分割不可能性〕といった価値が支配することはできない。これが散種の第一の効果である。

「形而上学的‐概念」といったものは存在しない。「形而上学的‐名」といったものもない。形而上学的

(1) «La différance», in *Théorie d'ensemble*, coll. «Tel Quel», 1968, p. 58 sq.[*3] を参照のこと。
(2) «De l'économie restreinte à l'économie générale», in *l'Écriture et la différence*, coll. «Tel Quel», 1967[*4] を参照のこと。
(3) 「**介入**」や「**古名**」の概念、こうした転覆／転位（述語の天引き、名の癒着、接木、拡張、再組織化）の概念操作については、«Positions», in *Promesse* n°30-31, p. 37[*5] を参照のこと。

なものとは、ある種の限定、連鎖の方向づけられた運動である。それに対立させうるのは概念ではなく、テクストの働きであり別の連鎖運動である。このことを思い起こすなら、この問題系の展開は、別のところで抽出した差延の運動を含意することになるだろう。差延運動は「生産的」かつ葛藤的[4]な運動であって、いかなる同一性、いかなる統一性、いかなる根源的単一性にも先立たれえないし、いかなる哲学的弁証法によっても**止揚**〔*relever*〕[5]されたり、解消されたり、和らげられることもない。それは差異あるものたちのあいだの対立ないし差異（静的区別）を、「実践」において、「歴史」において、テクストにおいて、解体するのである。

これが一個の**序文**であるならば、脱構築――すなわち、それがなかったら、経験主義的で断片的な漠然とした批判の意志しか、つまりは形而上学のまがうことなき確証しかなくなってしまうであろう、かの戦略――の**一般的な**理論と実践を今一度語り、予告するところだろう。**すでに書かれてしまった**ものの概念上の意味・内容（本書の場合は、限定的経済を一般的経済のなかに書き込みなおす、あの合目的性なき奇妙な戦略、テロスないしエスカトンの組織的機能不全のこと）が、未来形で述べられるところだ（「あなたがた読者はいまからこうしたことを読むのです」）。つまり、すでに書かれてしまったものは、その意味内容において結集され、前もって提示されうるほど十分に**読まれてしまった**ものでもあるわけだ。〈言わんとすること〉を事後的に編成しなおす前文にとって、本文は一つの書かれ済みのもの――一つの過去――であり、この書かれ済みのものを、現在《プレザン》という偽りの外見のなかで、全能の隠れた作者が自分の生産物を完全に統御しつつ、読者にその未来として提示する《プレザント》〔現前＝現在させる〕というわけだ。ほら、これが私が書き、読んだものです。そして、あなたがた読者がこれから読むと私が書くものなのです。それを読み終わった後で、あなたがたは序文をあらためて手に入れることができるでしょう。結局のところ、あなたがたはまだこの序文を読んでいないのです。序文を読んだことで、あなたがた読者は、それに続くすべてのもの、読むのをほとんど省くことができるかもしれないすべてのものを、すでに先取りしたのではありますが。序文〔préface〕の**序**〔*pré*〕は未来を〈現在＝現前《プレザン》〉たらしめ、再現＝表象《ルプレザンテ》するのであり、未来を近づけ、未来を吸い込むのであり、未来に先行しつつも未来を先に置くのだ。未来は明白な現在性＝現前性の形式に還元されるわけである。

本質的だが笑うべき操作だ。その理由は単に、エクリチュールがこれらの時間（現在および変様された現在としての過去や未来）のいずれにも収まらないからというだけではない。またこの操作が、〈言わんとすること〉の言説効果に自己を制限しているからというだけでもない。そればかりでなく、この操作が、た

（4）«La différance», *op. cit.*, p. 46 sq.[*6]

（5）*Aufheben*（この翻訳については «Le puits et la pyramide», in *Hegel et la pensée moderne*, P.U.F., 1971[*7] を参照のこと）。ヘーゲルが差異を矛盾へと限定する動き（「差異一般はすでに**即自的な**矛盾である」。*Science de la logique* II, I, chap. 2, C）[*8] の狙いは、まさしく差異の（存在－神－目的－論的な）究極的止揚を可能にすることにある。**差延**――したがってこれは、そうしたヘーゲル的な意味での弁証法的矛盾ではない――は、止揚の理念化能力が直接的であれ間接的であれ作用を及ぼしうるあらゆるところで、この理念化能力の臨界を標記する。差延は矛盾を――いや差延は還元不可能な仕方で差異化と散種を引き起こしつづけるのだから、むしろ**諸**矛盾を、と言うべきだろう――**書き込む**。差延の**経済的**「概念」は、「生産」（一般的経済の意味での「生産」、現前性の喪失を考慮したうえでの「生産」）的な差異化運動を標記しているのであり、したがって、ただひとつのモデルの同質性へと諸矛盾を還元しない。それはヘーゲルが差異を一般的矛盾の契機にしてしまうときにつねに生じる恐れのある反対物である。一般的矛盾はその根底においてつねに存在－神論的である。それは差**延**〔différ*a*nce〕の複雑で一般的な経済を差異〔différence〕へと還元することと同義である。（ある後－書きのための、残滓のごとき遅れた注）

った一つの主題的核心、たった一つの指導的テーゼを抽出することによって、「ここで」開始されているテクスト上の転位を無に帰してしまうからである（ここで？　どこで？　〈ここ〉の問いも、散種のなかではっきりと舞台にのせられる）。実際、そうすることが正当であればだが、いまからさっそく次のように主張しなければならないところだ。すなわち、散種のなかに書き込まれているもろもろのテーゼのうちの一つ――テーゼは一つではない――とは、そのものとしてのテクストを意味、内容、テーゼ、主題といった効果に還元することは不可能であるというまさにこのことなのだ、と。いや、たぶんそれは不可能性ではない。なぜなら普通に**それはなされている**のだから。むしろそれは、そうした還元になじまず、なすがままにならないエクリチュールの抵抗〔résistence〕――われわれはこれを**残抗**〔*restance*〕と呼ぼう――である。

したがって、これは序文ではない。少なくとも、ひとが序文ということで、傑出した所記《シニフィエ》のまとまった一覧表、法典《コード》、要約といったもの、さらには主要単語や固有名のインデックスのことを考えるのなら。しかし序文たちは何をしているのか。その論理はもっと驚くべきものなのではないか。いつの日か、序文の歴史と類型論を作りなおす必要があるのではないか。序文たちは一つの類《ジャンル》を形成するだろうか。それらはなにがしか共通の述語の必然性に従って一つの類に集めなおされるだろうか、それとも別の仕方で、それ自身において分かたれているのだろうか。

こうした問いに答えは出ないだろう、少なくとも、最終的な宣言という様態では。だが**道すがら**、一個の**プロトコル**が**序文**の気がかりな〔préoccupante 先回りする〕席を引き取ってしまっているだろう〔aura repris〕――この前未来形を破壊しながら[6]。そうはいってもこのプロトコルもすでに表象＝再現前化のなかに固定されているとこだわる人に対しては、プロトコルは代補によっていくぶん複雑となった**魔法の**メモ帳〔*bloc magique* 魔術的塊〕の構造をもつ、とあらかじめ言っておこう。

序文、またそればかりでなく、前文、序論、前言、前置き、序言、プロローグ、プロレゴメナなどは、つねにそれら自身の消去をめざして書かれてきたように思われる。**序**《プレ》〔提示〔現前化〕〕し先行するもの、あるいはむしろ提示的〔現前的〕生産を先回りするもの、そして、まだ見えないものを眼前に置くために語り、

（6）　序文は一個の空間の正面もしくは入り口を展示するのではない。序文は、そこで予‐見され提示される著述の、その最初の面あるいは表‐面を公開するのではない。それは言葉《パロール》〔約束〕の前渡し（*praefatio, prae-fari*）である。プロトコルは、こうした言説上の先取りをテクストの記念碑に置き換える。すなわち、記録簿あるいはひとまとまりの証書《アクト》〔現働態〕の開始部――最初の頁――のうえに加えて**貼りつけられた最初の**頁を置く。プロトコルとは、それが介入するすべてのコンテクストにおいて、書式（もしくは書式的なもの）や席次や書き方《エクリチュール》といった意味、すなわち前もって書き定《プレスクリプ》めること《シオン》〔規定〕のもろもろの意味を一つに取り集める言葉である。さらに *protokollon*〔本体に貼り付けられた書物の扉〕は、その「貼り付き」によって、最初の頁の、そしてあらゆる *incipit*〔書き出し、「ここに始まる」〕のもつ創始者としてのうぬぼれを分割し掘り崩す。そのときすべては――これこそ散種の法であるが――二重張り《ドゥブリュール》〔替え玉・代役〕から始まるのだ。たしかに、プロトコルが単一の紙片の糊づけ（たとえば記号の裏／表）に自分自身を要約してしまうならば、それは、大論理学がそこにおいて自己を認知する秩序に従って、序文に舞い戻ってしまうだろう。プロトコルがそれを免れるのは、ただ塊《ブロック》をなすことによってのみ、それも魔法のように、言い換えれば、あるまったく別の構造をもつ「書記法《グラフィック》」に従ってそうすることによってのみである。すなわち、深さでも表面でもなく、実体でも現象でもなく、即自でも対自でもない、まったく別の構造の「書記法《グラフィック》」に従って。

（だとすれば書物外は――たとえば――**書かれた放牧地**《プレ》〔*pré écrit* **書かれた**〈**前**〉、**前もって書かれたもの**〕に関することのうえなく注目すべき、かぎりなく注目すべき二つの論考《トレテ》（むしろ取り扱い《トレトマン》と言うべきか――たいへん奇妙な仕方で同時代的な、何よりもまず、それら自身の実践と同時代的な取り扱い）への、斜に構えたある導入のプロトコル的素描ということになるだろう。この二つの論考とは、フランシス・ポンジュの『放牧地あるいは〈放牧地＝前《プレ》〉の製造所』〔*le Pré ou la Fabrique du pré*〕とロジェ・ラポルトの『遁走曲』〔*Fugue*〕という、ありうるかぎり異なった様態の二つの音楽機械のことである。）

予言し、前もって述定しなければならないもの）の境界《リミット》＝限界に到達したならば、その旅程は終端においてみずからを無にしなければならない。だがこの抜け去りは消去の標記を残す。すなわち、後続の本文《テクスト》につけ加わりながらも、もはやそこに完全には要約されるがままにならない**残余**を残す。してみると、序文の操作は矛盾しているように見えるし、序文に向けられる利害関心もまたそうである。

　しかし、序文というものは**実存する**〔*existe* 外に立つ〕のだろうか。

　一方では——これは論理そのものである——このエクリチュールの残余は、それが予告する内容の展開に先行し、外部であり続ける。自己自身を提示する〔現前させる〕能力をもつはずのものに先立つこの残余は、中身のない外皮、形式的な屑として、無味乾燥さのあるいは無駄話の契機として、ときにはその両方として失墜する。かくしてヘーゲルは、最終的に論理学のものでしかありえない観点から、序文に失格を宣告する。哲学的叙述はその本質として序文なしですませられるし、序文なしですませるべきなのである。それこそが、経験的言説（エッセー、談話、論争）や哲学の個別部門から、また数学的であれ経験的であれもろもろの特殊科学から、哲学の叙述を区別するものである。ヘーゲルは彼の論考を開くいくつもの「前言」（各版の序文、序論等）において、うむことなく執拗にこの点に言及する。『精神の現象学』の「序論」（*Einleitung*）は感覚的確信への批判と現象性の起源とを循環的に先取りして論じる部分であるが、その「序論」が、「現出しつつある知の提示」（*die Darstellung des erscheinenden Wissens*）を予告するまさにその前に、一個の「序文」（*Vorrede*）が先回りして、それ自身の前言としての身分について、われわれに警戒せよと告げる。

「著作（*Schrift*）に先立つ序文（*Vorrede*）において、ふつう著者は、自分が立てた目標、その著書を書くにいたったきっかけ、そして、同じ主題について書かれた過去の、また同時代の論文と自著との関係について、自分の見解を説明することになっている。哲学的著作（*Schrift*）の場合、このような釈明は単に余計であるだけでなく、哲学的探究の本性にそぐわず、不適切であるように思われる（*sondern um der Natur der Sache willen sogar unpassend und zweckwidrig zu sein*）。実際、序文のなかで哲学について言われるべきあらゆること――方針、観点、内容全般、成果などについての歴史的**概観**、真理についての散漫な命題や根拠薄弱な主張のつらなり――こうしたことはすべて、哲学の叙述方式としてはなんの価値ももちえないであろう。加えて、哲学は本質的に、特殊を自己のうちに包含する普遍性の境位《エレメント》のうちにあるのだから、他の学問以上に、目標と最終結果においてこそ、事象そのもの（*die Sache selbst*）がその完全な本質において表現されていると考えられる。この本質とは対照的に、叙述（*Ausführung*）は本来非本質的なものでなければならない（*eigentlich das Unwesentliche sei*）」（J・イポリット訳、p.5）[*9]。

つまり、哲学書の序文は学知の戸口《スイユ》で息切れするわけである。それは無駄話の場所であって、この無駄話は、それが語るつもりの内容に対して外部にある。このような裏話のおしゃべりは、**事象そのもの**（ここでは概念のこと、すなわち普遍性の境位のなかで自己自身を思考し生産する思考の意味のこと）を、特殊で有限な対象の形式に還元してしまう。すなわち、経験的記述であれ数学的学問であれ、限定された知がそれ自身の過程において自発的に生み出すことのできない対象、したがって外部から**導入**せざるをえない対象、前もって与えられたものとして定義せざるをえない対象の形式に還元してしまう。

「反対に、たとえば解剖学――生命の生きた連関の外で考察された身体の各部位についての認識――の一般的理念においては、事象そのもの、つまりこの学の内容はまだ所有されておらず、さらに個別の事柄が注意深く考察されねばならない、と承知されている。――そのうえ、当然ながら学の名をもたないこのような知識の寄せ集めにおいては、目標とかその分野の一般的な事柄に関するおしゃべり（*Konversation*）は、内容そのもの、つまり神経、筋肉等々が語られる際のまったく歴史的で概念的ではない（*begrifflosen*）やり方とさして違いがない。それに反して哲学の場合、そうしたやり方では真理を把握することはできないと自分で宣言しておきながら、にもかかわらずそんなやり方を採用するとしたら、まったく違った事態に陥るだろう。」[*10]

したがって、哲学テクストへのこの序文が、哲学であるかぎりの哲学テクストに序文は不要であり、可能ですらない、とわれわれに説いているわけである。してみれば、この序文ははたして成り立つ〔avoir lieu 場をもつ〕のだろうか。成り立つ〔場をもつ〕とすれば、どこにか。この序文（哲学の陰画〔le négatif 否定態〕）は、どのようにして自己を消し去るのか。どんな様態に従って、予め述定するに至るのか。否定の否定だろうか。否認だろうか。自己への自己自身の**提示《プレザンタシオン》＝現前化**であり、みずからの叙述（*Darstellung*）の馴致状態そのものである哲学的過程のなかに、この序文は停泊したままであるのか（「知が学であること（*das Wissen Wissenschaft sei*）の内的必然性は知の本性に存しており、この点に関する満足のいく説明は、哲学そのものの提示《プレザンタシオン》＝現前化（*Darstellung*）と一体である」同書）[*11]。それとも、プロローグは自身の彼方にあるのであって、プロローグの**前に**身を置く運動のなかに、すなわち**本当は**〔*en vérité* 真理においては〕プロローグに先立つからこそプロローグに後続するように見える運動のなかに、すでに運び去られているのだろうか。序文は哲学自身による哲学の提示＝現前化のなかで、概念の自己－生産と自己－規定のなかで、否定されていると同時に内化されているのではないか。

しかし、ひとたび書き込まれ織り上げられたプロレゴメナから、哲学的提示の途中でもはや止揚されるがままにならない何かが残るとしたら、それは必然的に**裁断屑**〔落下〕の形態をとるためだろうか。そして、この裁断屑〔落下〕はどのようなものか。それを哲学的本質性の廃棄物としてではなく別の仕方で読むことはできないだろうか。もちろん、それを哲学的本質性から再び引き上げる〔止揚する〕ためではなく、別の仕方でそれを考慮することを学ぶために。

できるのだ。――ヘーゲルは自分が言わんとすることを超えて書いているのであり、序文の各頁は自分自身から剝離し、ただちに自己分裂するのだ。つまり**異種交配**あるいは**二面性**〔*biface*〕なのだ。（散種は、固有の身体なき**移植**および正面なき**斜面**に関する理論と実践とを一般化する。）不可能であると同時に不可避でもある序文を告発するためにヘーゲルが書か**ざるをえない**序文、こうした序文にわれわれは二つの場と二つの射程を与えなければならない。その序文は概念の内部と外部とに同時に属している。ところが、弁証法による媒介と再自己固有化のプロセスに従って、思弁哲学の内部は**自分自身の**外部をみずからの否定性の一契機として止揚する。序文の契機は、哲学の学的・論理的展開とその経験主義的・形式主義的遅延とのあいだの決定的《クリティック》＝危機的な隔たりによって必然的に開かれる。可能ならば、ヘーゲル主義の彼方で維持されるべきヘーゲルの教え。すなわち経験主義と形式主義の本質的共犯性。前文が必要不可欠であるのは、支配的な文化が経験主義と形式主義をなおも課してくるからである。したがって、支配的な文化と戦う必要がある、あるいはむしろ、支配的な文化の教養を高め、さらによく「形作る」（*bilden*）必要がある。序文の必要性は*Bildung*〔教養＝形成〕に属するのだ。この戦いは、ひとを丸めこむような教育法を戦場とするのであって、概念の自己提示＝自己現前化ではないのだから、哲学にとって外的なものであるように見える。しかしながら、〔『精神の現象学』の〕〈序文〉も言うように、否定的なもの（虚偽、悪、死）の

外部性がなおも真理の過程に属し、そこに痕跡を残さねばならないかぎりで、この戦いは哲学に内的なものでもある。(7)

またヘーゲルは概念の自己提示＝自己現前化の**内的必然性**を定義したあとで、この内的必然性を**外的必然性**と——すなわち概念の実存《エグジスタンス》＝現存在（*Dasein*）としての時間を考慮に入れる必然性と——同一視する。とはいえ、まず問題になるのは、感性の**普遍的**形式としての時間の必然性のみである。その次に、概念の現前性のための一般的境位《エレメント》であるこの形式的時間と、それの経験的・歴史的な限定——たとえば、**われわれの時代**〔現代〕といった限定——とのあいだの隔たりが認識されねばならないだろう。

「人物とか個人的事情といった偶然性を捨象して、普遍的な仕方で**外的**必然性を考えるならば、これは**内的**必然性と同じものなのであって、その本質は、時間がその諸契機の定在《ダーザイン》を提示する際の（*wie die Zeit das Dasein ihrer Momente vorstellt*）形象（*Gestalt*）のうちにある。われわれの時代が哲学を学にまで高める好機（*an der Zeit*）であるということを示すことができるならば、この証明こそは、哲学を学に高めるというこの目的を抱く試みを正当化する唯一の真なる方法だろう。それはこの目的の必然性を明示すると同時に、この目的を完全に実現することでもあるのだ」（p.8）[*12]。

しかし、**われわれの時代**は完全に、まったく端的にこの上昇（*Erhebung*）にふさわしいわけではないし、完全にその機が熟した（*an der Zeit*）というわけでもない。少なくとも機はそれ自身に等しくない。したがって、なおも教育的配慮によってこの機を準備し、それを自己自身に再び一致するようにしてやる必要がある。そして機が到来したと考えられる場合でも、そのことを意識させ、すでに**そこに**あるもの〔現に存在するもの〉へと導き入れてやること、さらには〈そこに在ること＝現存在〉を概念——現存在は概念の時間的・歴史的現前（*Dasein*）である——へと導き戻し、あるいはそれと循環的に、概念をその現存在のなかへ導き入れる必要がある。概念と現存在との、概念と実存との、思考と時間〔思想と時代〕との、ある種の空隙《エスパスマン》——そのようなものが序文のなんとも形容しがたい住処だということになるだろう。

時間とは序文の時間であり、空間とは——時間は空間の真理**だったことになるだろう**——序文の空間なのだ。したがって序文は、書物の**場**と**持続**とを全体として占めることになるだろう。

内と外の二重の必然性が成就**したことになる**とき、序文はいわば真（なるもの）の始まりへの導入として哲学へ導入したことになり、おそらく哲学へと高まり、哲学へと内化され、止揚されたことになっているだろう。と同時に、序文は**自分から落下し**、「談話というふさわしい席」(8)に置き去られたことになるだろう。二重の話題《トピック》＝場所性、二重の顔《ファス》、加筆された抹消《エファスマン》〔顔をつぶすこと〕。あるテクストが自己自身を運び

（7）「反対にこう主張しなければならない。すなわち真理とは、そのまますぐに使ったり受け取ったりすることのできる鋳造貨幣などではない、と」。[*13]「[…] その生成した等しさとは、真理である。だがそれは、たとえば鉱滓が純粋な金属から排出されるというふうに、不等の除去をともなう意味での真理ではない。またさらに真理は、もはや道具の痕跡が見当たらない製品のごときものでもない。そうではなく、不等は、それとしての真理のなかになおも直接的に現前しているのであり、否定的なものとして、すなわち〈自己〉（*Selbst*）として、現前して（*vorhanden*）いるのである」（p. 34）。[*14]

（8）「しかし、教養（Bildung）のこの第一歩はやがて、充溢した生の謹厳さ——事象そのものの経験へと導き入れる（*der in die Erfahrung der Sache selbst hineinführt*）謹厳さ——に席を譲るだろう。さらに概念の厳密さが事象の奥底に到達するとき、この類の認識と評価（*Beurteilung*）を談話（*Konversation*）というふさわしい席にとどめておくことができるようになるだろう。」（p. 8）[*15]

去り、自己自身の標記《デマルク》をはずす〔値下げする、正札をはずす〕とき、そのテクストの**身分**はどのようなものか。弁証法的矛盾か。否定の否定か。否定的なものの労苦、意味に奉仕する労働か。すなわち、概念が自身のもとに存在することに奉仕する労働か。

ここに書かれていること――あなたがたはすでにそれを読まれたのだが――が、ヘーゲル的序文の一契機にすぎないかどうか、あなたがたはまだ知らない。

ヘーゲルの序文は数学主義および形式主義一般を批判するが、それと同じようにして、序文の形式性を批判する。それは同じ一つの批判なのだ。概念と事象そのものの外にある言説、意味と生命を欠いた機械、**解剖学的な**構造――そうしたものとして、序文はつねに数学の手続きとなんらかの親近性をもっている。(「数学的認識においては、反省は事象の外部にある操作である。[…] 数学の目標ないし概念」は「非本質的で概念を欠いた関係」である。p. 37-38.)[*16] 『精神の現象学』の「序文」で投じられた前文への糾弾は、『大論理学』の「序論」でいっそう強く繰り返される。いっそう強く繰り返すといっても、この糾弾は〈現象学〉における糾弾を反復しにやって来るのか、それとも、それ以前から〈現象学〉の糾弾を条件づけ、それに先行していたのか。伝統的な難問であるが、『精神の現象学』はその全体が『論理学』への導入のための序文である、[9] と言うべきなのか。しかし権利上で言えば、あらゆる序文と同じく『論理学』も、

(9) ここで、大『論理学』の「序文」や「序論」、そして第一巻のなかで「第一節」の前に置かれた、「学の始まりはどのようにして実践されるべきか」という題を掲げた、あの身分のない叙述を厳密に読みなおす必要があるだろう。そこでは、方法、始まり(抽象的な始まりであれ具体的な始まりであれ)、基礎、結果、前提といった思弁的諸概念を介して、精神現象学と論理学との関係が、終わることのない両者の円環のなかに置きなおされている。**両者は互いに他方の展開**でありながらも前提である。すなわち、全体の限定事例が全体を包み込むといった具合なのだ。以下がそうした例であ

る。(a)「かの精神的運動——すなわち、その単一性において自己の限定性を、その限定性において自己への等しさをみずからに与える運動、つまり概念の内在運動である運動——は、認識の絶対的方法をなし、それと同時に内容自身の内在的な魂をなす。私の考えでは、こうした自分自身を構築する道において（*Auf diesem sich selbst konstruirenden Wege*）のみ、哲学は客観的な、論証された学であることができるのだ。まさしくそんなふうに、私は『精神の現象学』で**意識**を提示（*darzustellen*）しようと努めた。意識とは、具体的な知であるかぎりでの精神、だが外在性に取り囲まれた精神のことである。しかし、この対象の進展はもっぱら、自然的・精神的なあらゆる生の展開と同様に、論理学の内容をなす**純粋本質性**の本性に立脚する。現出する精神であるかぎりでの意識、みずからの道の途上で、みずからの無媒介性と外在的凝固から自己を解放する意識は、即自かつ対自としてあるがままの純粋本質性を、みずからに対象として与える純粋知となる。[…] 純粋本質性は純然たる思考であり、自己の本質を思考する精神である。こうした自己－運動は純粋本質性の精神的な生である。学はそれによって構成されるのであり、その提示（*Darstellung*）なのである。

私が『精神の現象学』と呼ぶ学と論理学との関係は、ざっと以上のように示される。外的な関係を言えば、現象学を含む『学の体系』の第一部の後に、論理学および哲学の二つの実在的（*realen*）学（すなわち自然哲学と精神哲学）を含むはずの第二部が続かなければならなかった。そのようにすれば学の体系が完成されたことであろう。しかし、論理学が受けなくてはならなかった必要な拡張のために、私は論理学に特別な解明を与えねばならなかった。ゆえに論理学は、拡大された構想において『精神の現象学』の第一続編をなす」（「第一版の序文」[*17]）。

(b)「私は『精神の現象学』のなかで、意識をその進展において、すなわち意識と対象との無媒介な最初の対立からはじまって絶対精神に至るまでの進展において提示した（*dargestellt*）。この道（*Weg*）は、**対象に対して意識がもつ関係**のすべての形式を横断し、その結果（*Resultate*）として**学の概念**を得る。したがって、この概念は（それが論理学そのものの内部で出現する（*hervorgeht*）ということを除けば）ここではいかなる正当化も必要としない。なぜならこの概念はみずからの正当化を自己のうちにもっているのだから。またそれは、意識を通したこの自己生産（*Hervorbringung*）以外の正当化を受け入れることはできない。この自己生産においてこそ、学の概念のすべての固有形態（*eigenen Gestalten*）がただ一つの形態へと真理として解消するのである。学の概念を屁理屈でくどくどと［*räsonierende* ——ヘーゲルが序文の言説様式を定義するのはきまってこの語によってである］正当化したり説明したりすることがもちうる効果といったら、せいぜいのところ、学の概念が表象の（*vor die Vorstellung*）対象となり、それによって歴史的な認識

事後にしか書かれえなかっただろう。それは**実は**〔真理においては〕後書きなのだ。この二つの書物が開かれ、相互に包み込みあってただ一つの書巻《ヴォリューム》となるのは、たえず行程の終わりから、すなわち絶対知からである。そして、そのことが書かれているのは、とりわけ前置きにおいてである。現象学の序文は論理学の終わりから書かれている。概念の自己提示＝自己現前化が、すべての序文の**真の**序文である。もろもろの**書かれた**序文は概念の外部にある現象であり、概念（絶対的ロゴスが自己のもとに存在すること）こそが、すべてのエクリチュールの真の**序文**、本質的**述語**《プレ・ディカ》〔先－言〕なのである。

　この運動の形式はヘーゲルの**方法**概念によってあらかじめ言い渡されている。『精神の現象学』の（「序文」に続く）「序論」は、認識を**道具**もしくは**媒体**として扱う認識批判を批判するが、それと同じように『大論理学』の「序論」は、古典的な方法概念、すなわち、操作の外に規則をはじめに定めておくこと、中身なき下準備、知の実際の歩みに先立って設定された行程、といった考えを退ける。デカルトの方法概念に対してスピノザが放った批判に**類似の**批判。学の道がすでにして学そのものであるなら、方法はもはや下準備の外部的反省などではない。それは論理学において自己自身を開陳する学全体の生産であり構造なのである。そうなると、次の二つのどちらかであることになる。すなわち序文はすでにこの全体の開陳に属し、この開陳を開始し、この開陳に参加しているのであって、序文はいかなる特殊性も、テクストとしてのいかなる固有の場所も有してはおらず、哲学言説の一部をなしているのか。あるいは序文はなんらかの仕方で哲学言説を逃れており、何ものでもないのか。すなわち、テクストの空白形式、空虚で死んだ記号、（数学的関係のように）生ける概念の外へ**落下した**記号の集合であるのか。もはや、みずからが告知せんとする内容と内的なつながりをもたない、機械的で虚ろな**反復**でしかないのか[10]。以上のどちらかなのだ。

　しかし、なぜ**そのこと**が**序文において**説明されるのか。この第三項の身分、すなわち哲学的なもののなかにもその外にも、書物の標記《マルク》、辺境《マルシュ》、余白《マルジュ》のなかにも、**テクスト**として**単純に**〔単一的に〕存在するのではない第三項の身分とはどのようなものか。この第三項は弁証法的方法によって余すところなく止揚されることが決してない。それは概念の道と概念の意味生産を**予告している**のだから、まったく空虚な純粋形式というわけでもないし、またロゴスの外部にとどまり、際限なくロゴスからの批判をかき立てるのだから（もちろん、屁理屈と合理性との隔たり、経験の歴史と概念の歴史との隔たりをつうじてのことにすぎないにせよ）、内容でも意味の一契機でもない。こうした第三項の身分とはどのようなものか。形式／内

(*historische Kenntnis*) がもたらされることくらいである。しかし、学の定義——もっと正確には、論理学の定義——はその**証明**をみずからの出現（*Hervorgangs*）の必然性のなかにしかもたないのである」（「序論」[*18]）。

(c)「これまで哲学は自分の方法をまだ見出していなかった。哲学は数学の体系的建造物を物欲しげに眺め回しては、われわれが述べたように、そこから方法を借用したり、あるいは所与の素材（*Stoffe*）や思念や経験的命題の寄せ集めにすぎない諸科学の方法を利用したりしていた（粗雑に一切の方法を拒絶してしまうのでなければ）。しかし、ただそれだけが哲学という学の真の方法でありうるものを叙述することは、論理学それ自身の言説に属する。というのも、方法とは、みずからの内容の内的な自己‐運動の形式（*Form*）への意識のことだからだ。私は『精神の現象学』において、もっと具体的な対象すなわち意識について、このような方法の一例を提出したのだ」（「序論」[*19]）。

(10) 内容とつながりのない形式的反復、単に「修辞的な」飾り、これこそは、ヘーゲルよりはるか以前にすでに「よき修辞学」が断罪していた当のものである。この断罪はすでにひとつのトポス〔紋切り型〕であった。しかし類《ジャンル》の規則は小手先の完璧さや手続きのばからしさとでもいったものに帰着せざるをえなかった。ローマの著述家たちはいくつかの序文を仕立てておいて、それをさまざまな書物のための序論として用いていた。キケロはアッティクスに、いざというときのために序言のコレクションを貯めておいたと打ち明けている。

このような反復はどうして可能なのか。この**残余**はどういう事態（である）のか。こうしたことが書物外（の）問いである。

容、能記《シニフィアン》／所記《シニフィエ》、感性的なもの／叡知的なもの、といった対立から出発して、序文のエクリチュールを理解することはできない。しかし、序文は**残余する**《セカルト》ために**実存する**〔外に立つ〕のだろうか。序文の空隙《エスパスマン》〔再読への序文〕は χώρα の場において開ける。

テクストの注目すべき〔再標記可能な〕閾《リーメン》。すなわち、散種について読まれるもの。*limes*〔畝、境界、道〕、すなわち、標記《マルク》〔境界標〕、辺境《マルシュ》、余白《マルジュ》。境界画定《デマルカシオン》。辺境を進むこと《ミ・ザン・マルシュ》、すなわち引用《シタシオン》。**「さて、この問いはまた、閾《ル・リミネール》の問いとして、はっきりと告知されていたのだった」**[20]。

『精神の現象学』の「序文」——「この運動のあるいは学の**方法**に関する重要な点を冒頭で明示する必要があると思われるかもしれない。だが、方法の概念はすでに言われたことのうちに見出されるし、その真正な提示（*eigentliche Darstellung*）は〈論理学〉にのみ属する、というよりも、〈論理学〉そのものである。実際、方法とは、その純粋な本質性において叙述された全体の、その構造以外のものではない。ところがこの点についてこれまで支配的だった見解について言えば、哲学の方法にかかわる表象の体系は、いまや過去のものとなった教養に属していると、そうわれわれは意識せざるをえない。——こんなふうに言うと、ほら吹きか革命家（*renommistich oder revolutionär*）の口吻のようだが、私は自分がそんな語調からほど遠いことを知っている［この序文の署名者は**私**だ、というわけである］。しかし、数学がわれわれに提供する学問装置——説明、区分、公理、さまざまな定理系とその証明、もろもろの帰結と結論をともなう原理——少なくともこうしたものはすべて、通念においてすでに**古くなった**、と考えざるをえない」（p. 41）[21]。

つまり、古典的哲学者たちは、彼らの方法概念において、彼らの**方法論**において、彼らの方法序説あるいは精神の導きのための諸規則において、数学の形式的モデルの魅惑によって導かれていた、というわけだ(11)。整理の悪いこの形式主義の本性は、要するに真理の提示〔現前〕に題辞《エグゼルグ》〔作品外〕を課すことに存するが、真理は題辞を許容しないし、真理は自分自身で題辞を生産しなければならない。形式主義は真理の道を見えなくし、〈論理学〉においてみずからを叙述し生み出すような方法の生ける歴史性を見えなくする、と言うのだ。プロローグは消滅しなければならず、また消滅可能であるが、その消滅が起こるのはまさしくそこにおいて、〈論理学〉においてである。ヘーゲルは『精神の現象学』の「序文」ですでにそのことを言っていた。にもかかわらず、なぜヘーゲルは『論理学』の「序論」でそのことを**反復する**のか。ここでテクスト上の「出来事」はどういう事情になっているのか。この重複書きはどうなっているのか。

「予備的な考察なしに（*ohne vorangehende Reflexionen*）事象そのものから（*von der Sache selbst*）始めるという要求が、論理学ほど有無を言わせない仕方で感じられる学は他にない。他のすべての学では、取り扱い対象と学の方法は区別されている。また同様に、内容も絶対的な始まりをなしてはおらず、他の概念に従属し、

---

(11) 今度は、もはやデカルトの**道**だけが問題なのではない。批判の矛先はスピノザにも向けられている。〔大〕『論理学』の「序論」は『精神の現象学』の「序文」を参照しつつ、そのことをはっきりと述べている。「純粋数学もまたそれ自身の方法をもっており、その方法は純粋数学の抽象的対象と、その対象が考察されるときの唯一の形態である量的規定とに適っている。このような方法について、またさらに一般的に言えば、数学に見られる学問性の従属的役割について、私は『精神の現象学』の「序文」で本質的なことを述べた。この点については〈論理学〉の内部でさらに仔細に考察されるだろう。**スピノザ**、**ヴォルフ**、その他の人々は惑わされるがままになって、数学の方法を哲学に適用し、概念をもたない量という外面的な道（*den äusserlichen Gang der begrifflosen Quantität*）を概念の道と取り違えた。このことは即自かつ対自的に矛盾している。」*22

他の題材（*Stoffe*）と連関している。ゆえに、これらの学は、自分自身の分野やその諸連関についても、また方法についても、補助定理を用いながら語ることを許され［…］。[*23]」

『論理学』の「序論」は「論理学の一般概念」という副題をもっている。**序文**《プレファス》と**序論**《アントロデュクシオン》とは区別される必要がある。両者は叙述の哲学的本体との関係において類似の問題を提起するにもかかわらず、ヘーゲルの目には、それらは同じ機能、同じ尊厳をもたない。〈序論〉（*Einleitung*）は書物の論理といっそう体系的な結びつきを、歴史的でなく、状況的でない結びつきをもつ。〈序論〉は**統一的**であり、一般的で本質的な、建築術的な問題を扱うのであって、一般概念をその区分や自己‐差異化において提示する。反対に、序文は版を重ねるごとに増殖し、もっと経験的な歴史性にかかずらう。序文は状況的必要に応じるものなのだ。ヘーゲルはこの状況的必要なるものがどんなものかを定義しているが、もちろんそれは**ある序文のなかで**、すなわち大『論理学』の「第二版の序文」のなかでである[12]。しかしながら――だからこそ問題はわれわれが言ったように**類似**しているのだが――「序論」もまた〈論理学〉において消滅しなければならないだろうし、消滅してしまっていなければならないだろう（消滅するはずだったのだ）。「序論」が〈論理学〉のなかに残留するのはただ、絶対に**普遍的な**この哲学的学が、暫定的に、周囲の無教養を考慮して、とりあえず**特殊な**哲学的学として導入されなければならないかぎりにおいてである。というのも、体系のなかに〈序論〉が占める正当な唯一の席は、たとえば〈美学〉や〈哲学史〉といった**哲学的だが特殊な**学の冒頭であるからだ。〈序論〉は、そうした派生的・依存的言説の限定された一般性を、論理学の絶対的で無条件な一般性へ接続する。したがって、美学や哲学史に関する『講義』において序論の必要性を立てたとしても、ヘーゲルは矛盾したことをいささかも言ってはいないわけだ[13]。

（12）　一八三一年。そこでヘーゲルは次のように指摘する。プラトンが『国家』を、かつて言われたように、七回手なおししなければならなかったというのであれば、いっそう困難な対象、いっそう深い原理、いっそう豊かな材料を扱う現代の哲学者は、みずからの叙述に七十七回手を入れなければならないだろう、と。それには多くの余暇が前提とされる。「しかしまた任務の重大さに鑑みて著者は、時代の利害関係の大きさと複雑さによって不可避的に引き起こされる散漫にもかかわらず、外的な必要事の状況的圧迫のもとでなんとかなしえた仕事に満足しなければならないだろう」。*24 またヘーゲルは、認識作業を混乱させる「耳を麻痺させるお喋り」にも言及する。ヘーゲルはそのいくつかの結果を見誤るほど迂闊ではなかった。たとえば次のような結果である。「そのようにして彼らは重要性の増す哲学を追い払い、すぐに決着をつけたことにできるカテゴリーを見つけた。彼らはそれを流行哲学と呼ぶ」（*Leçons sur l'histoire de la philosophie*, tr. Gibelin, p. 69）。*25

（13）　明示化と意識化による**古名**の取り扱い。「したがって、哲学史ほど、〈序論〉を先に置き、叙述すべき歴史の対象をしっかりと定義することが必要な学は、おそらく他にはない。というのも、その**名**は一般的に知られてはいても、それが実際にどのようなものであるかがまだわからない主題を扱う場合、いかに始めればよいのか、と問われるかもしれないからだ。[…] しかし、哲学という概念が抽象的にではなく学問的に定義されたとき、この種の論考は哲学という学そのものになる。というのも、この学は次のような特殊な性格をもつからだ。すなわち、哲学の概念（*Begriff*）が哲学の始まりをなすのはただ見かけ上のことであり、哲学の完成された論考のみが、哲学の概念（*Begriff*）の証明、さらにはこう言ってもよいが、その概念の発見なのであって、その概念は本質的に論考の結果なのである。したがって、この〈序論〉においても、哲学という学の概念から、哲学史の対象の概念から、始めなければならない。けれども、哲学の歴史にしか関わらないはずのこの〈序論〉についても、哲学それ自身についていましがた言われたばかりのことと同じことが、だいたい当てはまる。この〈序論〉で言われることは、前もって定められるべき筋合いのものではない。なぜなら、それは歴史の叙述によってのみ正当化され、証明されるのだから。だからといって、以上のような事前説明を恣意的な前提物の範疇に入れてよいわけではない。ところで、こうした説明――その正当化によれば、本質上結果であるこうした説明――を先頭に置くことの利点は、ひとつの学のもっとも一般的な素材を事前に指示することにしかない。また同時にこの指示は、ひとが慣習的な偏見のせいでこの種の歴史につきつけるおそれのある多くの問いや条件を遠ざしたがって、敷居の空間は、言説の形式と内容との不適合によって、あるいは能記《シニフィアン》が所記《シニフィエ》に通約不可能であることによって開かれている。プロトコルの塊をただ一つの表面に還元してしまうのであれば、プロトコルはつねに形式的審級になってしまうだろう。プロトコルの責任者はあらゆる社会において形式主義の役人である。数学と違って内容の生産であると同時に内容の提示でもある思弁的論理学においては、形式と内容の不適合は消え去らねばならなかった。「反対に、〈論理学〉は、反省のこうした形式、思考のこうした規則あるいは法則のどんなものをも前提することができない。なぜなら、そうした形式や規則は論理学の内容の一部をなすものであって、論理学の内容においてはじめて基礎づけられるべきものであるからだ。論理学の内容には、学の方法の陳述のみならず、**学**一般の**概念**そのものまでが属するのであり、そもそもこの学一般の概念が論理学の最終成果なのである」[*28]。

みずからの内容がみずからの最終成果である。すなわち、論理学の対象はもっぱら学問性一般であり、学の概念であり、概念把握し、認識し、自己を思考するかぎりでの思考それ自身なのだ。論理学が補助定理を必要としないのは、論理学は概念的思考に始まり概念的思考に終わらねばならないからである。また論理学の究極の獲得物は学問性の概念であるが、論理学はこの学問性についてははじめは何も知らないからである。しかし論理学が導入部においてすでに内容の境位の**内に**存在し、他の学から形式上の規則を借用しないですむためには、論理学の最終的な獲得物が**すでに**前提となっているのでなければならず、論理学が最後になってはじめて知るはずのことが最初に、抽象的に、告知されているのでなければならない。そこから、次のような命題を作動させる必要が生じる。この命題は、それを円環的でない直線性によって理解すると**ただちに**〔無媒介的に〕矛盾してしまう。

「ゆえに、それ［〈論理学〉］はみずからがいかなるものであるかを前もって言う（*voraussagen*）ことはできず、ただ論理学の全体的論述（*ihre ganze Abhandlung*）のみが、自己自身についてのこの知を、その終端（*ihr Letztes*）および完成（*Vollendung*）として生産するのである。同様に、論理学の対象である**思考**——正確に言えば、概念把握的思考（*das begreifende Denken*）——も本質的に論理学の内部で取り扱われるものである。論理学の概念はその行程（*Verlauf*）のなかで生み出されるものであって、したがって先取りされえない（*vorausgeschickt*）。」（同書*29）

したがって、ヘーゲルが〈論理学〉はいかなる補助定理ないし予備命題によっても先行されえないと主張するために、〈論理学〉の〈序論〉を命題として提示するまさにそのとき（それにしても、このような命題のテクスト的操作はどのようなものだろうか）、彼はすぐさま〈論理学〉の〈序論〉の論理的かつ学的な性格を無効にしなければならない。ヘーゲルは、この〈序論〉が譲歩にすぎないということ、古典哲学に見られるように、自分から身を引くべく定められた形式性として、内容の外部に**留まる**ということ、この点を認めることによって〈序論〉の論理的性格を否定するのだ。

「したがって、この〈序論〉のなかで先取りして言われていることは、〈論理学〉の概念をいわば基礎づけたり、あるいは〈論理学〉の内容や方法をあらかじめ学的な仕方で正当化したりすることを目指しているのではけるのにも役立つはずである」（*Leçons sur l'histoire de la philosophie*, tr. Gebelin, p. 18-19）。*26 また p. 77 も参照のこと。『美学講義』（*Leçons sur l'esthétique, Introduction*, tr. fr. p. 11-15）*27 にも類似の考察がある。

ない。理屈（*räsonierendem*）と歴史の水準でいくらかの説明と反省を加えて、この学がどのような観点から考察されなくてはならないかを、いっそう明確に思い描けるようにすることが目的なのである」（同書）[*30]。

なるほど、〈序論〉が屈している制約は偶有的なものにとどまる。すなわち、かつての、また現今の哲学者たちが引きずり込まれるがままになった歴史上の誤りを正さねばならない、というわけだ。ヘーゲルはそのような哲学者たちとの抗争状態に突入し、彼らの土俵――それは補助定理主義の、数学主義の、形式主義の土俵でもある――へ進撃する。しかし、この誤りは（同じ運命にある哲学的な「談話」同様）避けて通ることのできない否定性なのだから、いまやそれは概念の運動によって思考され、内化され、止揚され、それとしては否定され、論理的テクストの構成に不可欠な部分となっている。この運動の必然性が逆説もしくは矛盾の様相を呈するとしたら、それは形式主義的審級という外部から眺めた場合のことにすぎない。この矛盾はむしろ、思弁的弁証法の運動そのものであり、その論証の進展運動そのものである。この矛盾は、否定性、止揚、前提、結果、基礎、円環性といったヘーゲル的諸価値に従って、あるいは確信と真理との対立に従って、序文の概念を組み立てる。序文を前へ押しやる**記号《シニフィアント》の先走り**によって、序文は〈言わんとすること〉をまだ欠いている空虚な形式に似たものとなる。だが、この**記号の先走り**も、そもそも自分自身に先駆けており、そのテクストにおいて**意味《セマンティク》の事後性**によってあらかじめ決定されている。ところで、これこそは思弁的生産の本質である。すなわち、記号の先走りと意味の事後性とが、そこでは**同質的**で**連続的**なのだ。絶対知は哲学の叙述のゼロ地点に**現前**している。その目的論は序文を後書きとして、『精神の現象学』の最終章を前文として、『論理学』を『精神の現象学』への〈序論〉として規定した。この存在－目的論的な融点は、先走りと事後性とを、止揚可能な仮象ないし否定性へと還元する。

してみるとヘーゲルは、テクストもしくはエクリチュールについての「現代の」考え方、すなわち、テクストの一般性に絶対的に先行するものは何もないという考え方に、可能なかぎり近くまた可能なかぎり遠くにいる。序文、プログラムといったものは存在しない。あるいは少なくとも、およそ一切の**プロ**グラム〔**前もって**書かれたもの〕はすでにプロ**グラム**〔前もって**書かれたもの**〕なのであって、それはテクストの契機、すなわち、テクストによるその外部性そのものの取り戻しなのだ。しかしヘーゲルがこうした一般化の操作をおこなうのは、テクストを意味で飽和させることによってである。すなわち、テクストを**目的論的に**その**概念内容**と等しいものとみなすことによって、エクリチュールと〈言わんとすること〉とのあいだのあらゆる絶対的な裂開を縮減することによって、**先取りと要約**——頭の運動[*31]——との裂け目のある種の出来事を抹消することによってである。

今日序文が容認できないものに見えるとしたら、その理由は〔ヘーゲルとは〕反対に、もはやいかなる先頭によっても、先取りと要約とが合流し、相互移行することが許されないからである。正気を失うこと、途方に暮れること[*32]——これは散種の効果かもしれない。今日、一つであるような序文を企てることが滑稽であるのは、次のような理由による。すなわち、われわれは意味の飽和が不可能であると**知っている**し、記号の先走りは制御不可能な**はみ出し**〔*débord*〕（「布地をはみ出す裏張りの部分」リトレ辞典）を導き入れるし、意味の事後性も、目的論的先取りや前未来の安心させる秩序のなかでももはや反転することがないからだ。空虚な「形式」と「意味」の充溢とのあいだの隔たりは構造的に手の施しようがなく、要するに形式主義も主題《テーマ》主義も、そうした構造を支配する力をもたないのだ。形式主義も主題主義もこの構造を支配しようと欲することでそれを逸してしまう。書記的《ル・グラマティック》なものあるいはテクスト的《ル・テクスチュエル》なものの一般化は、意味の地平が差異もしくは複数性を包含するときにさえ起こる、そしてとりわけそのようなときに起こる、意味の地平の消滅——あるいはむしろ、その書き込みなおし——に起因する。多義性以上であると同時に多義性以下でもある散種は、多義性からみずからを引き離すことで、意味の事後性を起源に変える循環運動を遮断するのである。

しかし、意味の問題は開かれるばかりであって、われわれはヘーゲルと決着《けり》をつけたわけではない。われわれは**知っている**、と先に述べた。ところで、ここでわれわれが知っているのは、もはや何ものでもない何かについてであって、しかもその形式が古い肩書のもとではもう認められるがままにならないような知でもって知っているのだ。ここでは古名の取り扱いはもはや意識化することではないし、意識《コネサンス》を取り戻すことでもない。

なるほどヘーゲル自身も、形式と内容とのあいだに、言い換えれば、ヘーゲルが確信と真理と呼ぶもののあいだに、ある種の執拗な隔たりを認めている。『精神の現象学』はそのようなずれの歴史《イストワール》＝物語ではないか。ある果てしない序文の語りではないか。形式主義、数学主義、科学主義——これらはつねに哲学者の犯す間違いである——を批判しつつも、なるほどヘーゲルは、形式、数学、（この語の領域的な意味における）学問〔科学〕といった契機の必要性をはねつけることなどしない。また彼は、経験主義、直観主義、予言主義といった、これと対照的な間違いにも陥らないように気をつけている。ところで、共犯関係にあるこれらの相反する過失は、序文をお気に入りの場所とする。しかしながら、ある再-標記（序文についての序文、序文内の序文）——散種はこの再-標記の形式的規則と深淵的〔入れ子〕運動を問題化しなければならない——の過剰に従って、この共犯性の仮面を剝ぐ仕事は、やはり序文に帰されるのである。そこに蠢いているのは「死せる空間と死せる一」のまったく他の書き込みなおしであって、それはまったく他のものでありながら、**だからこそ**たいへんよく似ており、『精神の現象学』の「序文」を二重化《ドゥブレ》する〔吹き替える〕。

「真理とは真理それ自身における自己運動であるのに対して、〔数学型の〕かの方法は題材（*Stoffe*）の外部にある認識である。それゆえ、このような方法は数学に、すなわち、すでに述べたように量という概念なき関係（*begrifflose Verhältnis der Größe*）を原理とし、死せる空間とやはり同じく死せる〈一〉とを題材（*Stoffe*）とする数学に特有のものであり、数学に任せておかねばならない。またこの方法は、もっと自由気ままな仕方で、言い換えれば、もっと恣意と偶然とを混ぜられて、日常生活のうちに、談話（*Konversation*）のうちに、あるいは認識（*Erkenntnis*）のためというより好奇心（*Neugierde*）のための歴史情報のうちに存続しうるだろうが、序文（*Vorrede*）もだいたいこうしたものである。〔…〕しかし、概念の必然性が、理屈をこねる会話のだらしない足取り（*den losen Gang der räsonierenden Konversation*）や衒学的な虚飾の硬直した足取りをともに放逐するとしても、かといって、それに代えるに、予感（*des Ahnens*）とか霊感（*Begeisterung*）といった非方法（*Unmethode*）や、予言者めいた語り口の恣意をもってしてはならない。そうした語り口はただ衒学の学問性ばかりでなく、およそ学問性一般をも軽んずるものである」（p. 41-42）[*33]。

思弁的弁証法は、学問的なものを放棄することなくあらゆる二元論、さらにはあらゆる二重性をのり越えなくてはならないように、形式と内容の対立をのり越えなければならない。それは学とその反対物との対立を学問的に把握しなければならない。

とはいえ、概念の思弁的境位を獲得するためには、三重性一般にたどりつくだけでは十分でない。形式主義もまた三重性に満足しうる。すなわち、三重性を堕落させ、それを**図式**または**一覧表**のなかに凝固させ、概念の生から根こそぎ引き離すことができる。ここでの直接の標的はシェリングの自然哲学である。

「三重性（*Triplizität*）はカントにおいては本能的に再発見されたものであって、まだ死んでおり概念を欠いた（*unbegriffene*）ものであったが、それがその絶対的意義にまで高められ、それとともに真の（*wahrhafte*）形式（*Form*）が同時にその真の内容において提出されたとき、学の概念が生じた。しかし、われわれが目にするように、この形式が生命のない図式（*leblosen Schema*）へと、本当の幻影へと（*zu einem eigentlichen Schemen*）格下げされ、学問の組織が一覧表（*Tabelle*）へと格下げされてしまうような、そうした形式の現今の使用法を学問的なものとみなすわけにはいかない。——このような形式主義については先に一般的なことを述べたが、ここでわれわれはその手法について、さらに詳しく注意しておきたい。この形式主義は、ある形態（*Gestalt*）を扱うに際して、図式に属する一個の規定が述語として立言されれば、それでその形態の本性と生を把握し、表現したと思っている。そのときの述語は、主観性であろうと客観性であろうと、あるいは磁気、電気等々、または収縮あるいは膨張、東あるいは西など、なんでも構わない。このような述語は無限に増やしていくことができる。なぜなら、このやり方では、どの規定ないし形態も、他のものによって再び形式あるいは図式に属する契機として使用されることができ、どの規定も返礼として他の規定のために同様の奉仕をすることができるからである。これは相互性の循環であって、これでは事象自体が何であるか経験されないし、ある事象が何であるか、また他の事象が何であるかも経験されない。その際、一方では、普通の直観から感覚的規定が取り出されるのだが、もちろんそうした規定はそれが述べるのとは何か異なったものを**意味する**はずである。他方、それ自体意味的なもの（*Bedeutende*）、つまり主観、客観、実体、原因、普遍者といった思考の純粋規定は、日常生活の場合と同様に、そして強さや弱さ、膨張や収縮といった用語などと同様に、よく吟味されずに無批判に用いられている。したがって、感覚的「表象」と同じく、このような形而上学も学問的ではない。内面的な生とこの生の定在の自己運動（*Selbstbewegung*）がではなく、直観の——この場合、感覚的な知の——以上のような単純な規定性が表面的な類比に従って表現され、定式（*Formel*）の外面的で空虚な適用が**構成**[*34]（*Konstruktion*）と呼ばれている。——このような形式主義はあらゆる形式主義と同じ運命をたどる。」（p. 42-43）

分類学的記載、二元的諸対立や第三項の静態的分類、解剖学的思考——いまや分かるように、序文の思考——は、有限で不活性な産物にラベルを貼るだけで満足する。シェリングの自然哲学において弁証法の三重性は見かけだけである。それは単純な諸対立——すなわち、ひとたび定められるや万事に同一である処方箋——を、外部から、できあいの「構成」において適用する。どことなく、手入れの行き届いた薬局(14)

(14) それはもしかすると「漢方」薬局——すなわち、毛沢東が形式主義に反対して、とくに「〈党〉の紋切り型の五番目の罪」に反対して立てた論の、きわめてヘーゲル的な局面において標的にされている薬局かもしれない。「漢方薬局で見られるように、循環する記号順に論点を整理しようとする習癖をもっていること。どこでもいいから漢方薬局をちょっと覗いてご覧なさい。一つ一つにラベルが貼られた、数えきれないくらいたくさんの引出しのついた整理戸棚が目に入るだろう。当帰、熟地、大黄、芒硝、なんでもござれだ。この方法はわが同志たちにも採用された。彼らはその論文や演説、著作や報告書のなかで、第一には、難しい壱、弐、参、肆、第二には、普通の一、二、三、四、第三には、甲、乙、丙、丁、第四には、子、丑、寅、卯、とならべたて、それからさらにABCD、abcd、アラビア数字その他もろもろを用いる。われわれの祖先と異国の人々は、ありがたいことにかくも多くの記号を創造してわれわれが使えるようにしてくれたので、われわれは難なく漢方薬局を開くことができるのだ！　そうした記号が詰め込まれ、どんな問題をも提起することも、分析することも、解決することもなく、また何事についても賛成も反対も表明しない、そんな論文は、あるいは薬味店のようだ。さらに言えば、一つの博物館、すなわち、死んだ手足、生体の冷たい骨格、羊皮紙のように干からびた皮膚、解剖図、そして生身を死にピン留めするその他もろもろの一覧表が収集され、分類され、展示されている博物館のようである。

「これはまさしく紙片を貼りつけられた骸骨か、あるいは薬味商の店頭に並んだ（*in einer Gewürzkrämerbude*）ラベルを貼って密封した缶詰の列に似た一覧表である。このような一覧表は事物の生ける本質を取り去ったもの、奥深く隠してしまったものであり、血肉なしに骨が存在する骸骨と同じく、そして生なき事物が封じ込められている缶詰（*Büchsen*）と同じく、明瞭ではない」（p. 44-45）[*36]。

「思考の王国を哲学的に、言い換えればそれ自身の内在的活動性において、あるいは同じことだが、その必然的展開において提示するためには、新たな企てが必要であり、始めから始めなくてはならなかった。獲得済みの材料、すなわち既知の思考形式は、このうえなく重要な手本（*Vorlage*）、必要条件、感謝に値する前提とみなされねばならない。たとえそれが無秩序に提示された骸骨の、肉の落ちたすじや死んだ骨を乱雑に提供するにすぎないとしても」（『論理学』第二版の「序文」[*37]）。

思弁的弁証法はこのような死の三重性よりも概念の生ける三重性のほうを、どんな算術、どんな数秘学の手にも届かないところにとどまるような三重性のほうを好む。「三という数はさらに深い仕方で、宗教においては三位一体として、哲学においては概念として理解される。一般に数の形式は、表現として捉えた場合、非常に貧しく、真の具体的統一を表すには不十分である。〈精神〉はたしかに三位一体だが、加算されたり、計算されえない。計算することは悪しき進め方である」（『哲学史講義』仏訳、p. 190）[*38]。

数の他なる実践である散種は、ある薬局＝薬学《ファルマシー》を舞台にのせなおす。この薬局＝薬学においては、すべてが対概念から始まる以上、もはや一によっても二によっても三によっても計算はできない。二項対立（薬／毒、善／悪、叡知的／感性的、高／低、精神／物質、生／死、内／外、パロール／エクリチュール等々）は、統一性へ還元されるがままにも、第一の単一性から派生させられるがままにも、弁証法において第三項へ止揚され内化されるがままにもならない、抗争的で序列化された領野を組織する。「三」はもはや思弁的解決の理念性を与えずに、ある戦略的な再－標記の効果を与えるだろう。この再－標記は位相と見せかけ《シミュラークル》とによって、二項のうちの一方の名を対立の絶対的外部へと、**差延**の発表のなかに標記された――もう一回余計に標記された――あの絶対的他性へと連れ戻す。すなわち、二／四。そして「形而上学の囲い《クロチュール》」は、もろもろの二項対立の領野を、その有限な耕作地《キュルチュール》〔文化〕を取り囲む一本の環状線の形をとることはもはやないし、またこれまでとったこともない。それはまったく他なる分割の形象をとるのであり、またとってきたのだ。散種はある種の折り－返しの角に即して存在－神論の三を**転位**させる。ヴァー

結局のところ漢方薬局にすぎず、これといった中身をもたない。私は甲、乙、丙、丁やその他の記号を用いてはいけないと言っているのではなく、そうした問題の扱い方は誤っていると言っているのだ。わが同志の多くが漢方薬局の方法にのめり込んだが、実のところ、その方法はあらゆる方法のなかでもっとも俗っぽく、子どもじみた、凡庸なものである。それは、事象をその内的な結びつきに従ってではなく、外的な記号によって分類する形式主義的方法である。ひたすら事象の外の記号にのみ頼って、相互にいかなる内的結びつきももたない概念の山でもって論文や演説や報告書を作るようなら、そのときなされているのは概念を使った曲芸にすぎない。そんなことをすれば、他の人々も同じまねをして、甲、乙、丙、丁というふうに現象を数え上げることに満足してしまい、問題を検討するために自分の頭脳を働かさず、事象の本質そのものを熟考しなくなってしまうだろう。問題とは何か。それは事象に内在する矛盾のことである。矛盾が解決されなかったいたるところに問題は存在するのだ。」（*Écrits*, coll. « Maspéro », II. p. 142-143.）*35

サスの危機[*39]。あれらの標記はもはや二項対立の二へと要約されたり「決定」されるがままにならないし、思弁的弁証法の三へと止揚されるがままにもならない（あれらの標記とは、たとえば、「差延」、「グランメー」、「痕跡」、「切り込み」、「境界‐画定＝境界‐除去」、「パルマコン」、「代補」、「婚姻＝処女膜《イメーヌ》」、「標記《マルク》‐辺境《マルシュ》‐余白《マルジュ》」、そしてその他のいくつかの標記のことである。というのも、これらの標記の運動はエクリチュール全体に伝播し、したがって有限な分類学のなかに囲われることはできず、いわんや用語集であるかぎりでの用語集のなかに囲われることはできないからだ）。こうした標記は三位一体の地平を**破壊する**。この破壊はテクスト的になされる。すなわち、これらの標記は、所記《シニフィエ》の概念ないし内容によっては、いかなる**点**にもピン留めされるがままにはならないがゆえに、散種の標記なのだ（多義性のではない）。そうした標記は所記《シニフィエ》の概念ないし内容に、第四項という〈以上〉あるいは〈以下〉のものを「つけ加える」。**「押し開かれた四角形は第四の面において開かれた三角形にすぎないけれども、形而上学をその三拍子（オイディプス、三位一体、弁証法）によって支配してきた三角形や円の攻囲状態を解く。押し開かれた四角形が三角形や円の攻囲状態を解くとは、すなわち、それが三角形や円の境界を画定＝除去し、書き込み直し、引用し直す《レシテ》ということである[*40]。」**こうした語り《レ》＝再引《シ》用のエクリチュールは三角形の内部にも外部にも属さない。このことの帰結は測り終えられていない。

四角形《カレ》の開け、四《カットル》の代補（十字でも閉じた四角形でもない）、多義性から散種を隔てる《エカルテ》〈以上・以下〉――これらは規則的に、はっきりと去勢（**「去勢――常なる遊戯のなかにある――」**[*41]）に関係づけられているが、しかしそれは去勢の外（取り返しのつかない脱落、限定的経済なき脱落）をともなってのことである。すなわち、語る真理、意味作用、象徴的なもの〔象徴界〕、法、充溢したパロール、相互主観的弁証法、さらには相互主観的トリアーデ――こうしたもののロゴス中心主義的な昇華の領野ではもはや取り戻されたり理解されえなかった去勢の外。散種はそれが**引きずり込む**〔*entraîne* 鍛える〕（この entraîner という語を読む**鍛練**〔*s'entraîne*〕をされたい）去勢で**単純に**あるのではない。その理由は、散種が「肯定的」な性格をもつからというだけではなく、少なくともこれまでのところ、まったく偶然ではないある必然性によって、去勢の概念が形而上学的に解釈され、差し押えられてきたからである。空虚、欠如、裂け目等々は、去勢概念においては、所記《シニフィエ》としての価値を、あるいは同じことだが、超越論的能記《シニフィアン》としての価値を受け取ってきたのだ。すなわち、ロゴスとしての真理（覆い／非‐覆い）の自己現前化という価値を。

ここで賭けられているのは精神分析の問いである。精神分析の問いは**実践上において**次のようなテクストによって試される。すなわち、四でしか「始まること」ができないので、どこかで見せかけ《シミュラークル》以外の仕方では、もはや閉じられるがままに、制御されるがままに、包囲されるがままにならないようなテクストによって。

もはや縫い繕われるがままにならないエクリチュールの**かぎ裂き**、すなわち、痕跡が意味（たとえそれが複数であろうとも）によっても、**どのような形態の現前**によってももはや鉤留めされることのない場、これを散種は終わることなく〔目的なしに〕開く。意味作用の運動ならば痕跡の戯れを規則正しく**結合し**〔*lier*〕、そうして歴史《イストワール》＝物語を生産することになるような**地点**、これを散種は――ベッド〔lit 結合の床〕において――取り扱う。法の名において差し押えられたこの地点の安全が吹き飛ぶ。散種が始まったのは――少なくとも――この吹き飛ばしの危険においてであった。そして、エクリチュールの迂回もこの危険から始まるのであり、そこからわれわれが戻ることはない。

もはやこのような問いは、アリトモス〔数〕を、すなわち「悪しき進め方」としての「計算すること《コンテ》」を上演しなおすことと切り離されないだろう。またデモクリトスのリュトモス〔律動《リズム》、区切り〕の読みなおしとも切り離されないだろう。リュトモスは、哲学が考慮《コンテ》できない〔それとともに計算できない〕ある種のエクリチュールであって、それが考慮＝計算《コンテ》されるとしたら、むしろその前夜と休息なき外部からである。すなわち、それは言わば一種の書かれた序文なのだ。そして、言説としての言説はこの序文をみずからの循環のなかに、すなわち、プロレゴメナの思弁上の不可能性と必然性とが合流するあの円環のなかに、もはや包み込むことができない。

[15]そのとき、書かれた序文（プロトコルの塊）、〈書物－外〉は、第四のテクストとなる。それは後－書きを、要約と反復的先取りを――すなわち概念の自己－運動を――偽装《シミュレ》することによって、まったく他な

---

(15) 止揚の論理に従えば、後－書き《ポストファス》は、序文《プレファス》（つねに事後的に言表されたもの）と言説（絶対知から生産されたもの）の真理である。すると、後－書きの見せかけ《シミュラークル》は、ある言語活動の意味や機能の仕方を終局において明かすふりをすることに存する、ということになるだろう。

書いた者が書くことをやめて、過ぎ去ったテクストの事実を適切に振り返り、その実際的手続きや充溢した真理を明らかにしようと努めるとき、後書きの操作は労苦と苛立ちのなかで間延びする。自分の全集を紹介するために、生涯の終わりで、すべての序文を起草するジェイムズの憂鬱がそれである。ゴーティエの抗議もそうだ。「もうずいぶん前から、序文の無益さが叫ばれてきた――なのに、序文は相変わらず書かれている。」あるいは、フロベールのいらだちも同様で、彼は自分の「三つの序文」のなかに、批評の非生産的な虚ろさしか見ていなかった。事実、序文はその古典的概念においては、それが作業するどんな場合でも、テクストの**批評的**審級だとされている（「『ボヴァリー』と『アニュビス』と三つの「序文」を片づけて、新たな時期へ入り、「純粋な〈美〉」に打ち込むことの、なんと待ち遠しいことか！」ルイ・ブイエへの手紙、一八五三年八月二十三日。[*42]「ああ！ボヴァリーとアニュビスと三つの序文（つまり、私が批評文を書く三つの――といっても、それは一つになるのだが――唯一の機会）から解放されることの、なんと待ち遠しいことか。つまり、それらすべてをさっさと終わらせてしまって、**壮大な本来の**主題にこの身を賭して飛び込みたいものだ。」ルイーズ・コレへの手紙、一八五三年八月二十六日。[*43]（『作家生活への序文』、ジュヌヴィエーヴ・ボレ

ーム編集の書簡集。）

しかし、見せかけは**演じ**られたものでもありうる。すなわち、後ろを振り返って回顧することを装うことで、ひとはそのとき一つのテクストを**放ちなおし**、つけ加える。場面は折り返されて複雑《コンプリケ》になり、その迷宮のなかに代補の脱線の開口部があけられる。すなわち、模倣された――言い換えれば〈終わり＝目的〉のない――思弁のなかに脱線の無限性を打ち込む、偽りの鏡の開口部があけられるのだ。一冊の書物の「主な」といわれる身体〔本体〕にも、すなわち後‐書きのいわゆる指示対象にも、さらにはそれ自身の意味内容にも無関係でもなければ、またそれに還元することもできない、ある操作のテクスト的残抗。散種はある**脱線**の理論――きわめて古いかたちの辺境進行《マルシュ》としてもたどられるべき理論――を提出することだろう。この脱線理論は、たとえば『桶物語』*[44]の余白に書かれていたり、『新エロイーズ』の〈第二序文〉の「罠」をさらに拡張するものであったりする。

（そうすると、書物外は――たとえば――**追伸**についてのすべての論考《トレテ》（むしろ取り扱い《トレトマン》と言うべきか――たいへん奇妙な仕方でそれら自身の実践と同時代的な取り扱い）に付されたある補遺の、後から糊づけされた素描、その構造において著しく差異化されたある**補遺**〔*appendice*〕の素描だということになるだろう（散種は、一つの端から他の端へとぶら下げること〔l'appendre〕を記述する、あるいはもっと正確に言えば、**例証する**〔*illustre* 照明する〕）。この書物外が補遺としてつけ加わる、追伸についての論考には、以下のようなものがある。すなわち、「どのようにして私は自分の書物のいくつかを書いたのか」〔レイモン・ルーセル〕。または『この人を見よ』（「なぜ私はかくも良い書物を書くのか」――これは『曙光』の「遅ればせの序文」あるいは『悦ばしき知識』の某前文（「おそらく、この書物は**ただ一つの**序文を要求するだけではない（nicht nur *eine* Vorrede）。なにか近いもの（*etwas Ahnliches*）を体験した（*erlebt*）者でないならば、序文などによってこの書物の**生きられた経験**（*Erlebnisse*）に近づく（*näher gebracht*）ことなどできるのか、という疑いが最終的につねに残るであろう」*[45]）と交錯することになる）。ヨハンネス・クリマクス〔キルケゴール〕の『哲学的断片への非学問的な最終追伸。実存的寄与である、身振り的‐情念的‐弁証法的創作』（*Post-scriptum final non scientifique aux Miettes philosophiques, Composition mimico-pathetico-dialectique, apport existentiel*）――まずはその「前文」、それから「序論」（「わが読者よ、もしかしたら汝は思い出すかもしれない。『哲学的断片』の最後には、ある一文が、すなわちなにか続編の約束のように見えるものがある、ということを。約束とも考えられるその文（「いつか、この作品に新たな章をつけ加えるならば」）は、たしかにこのうえなく不確かであり、またこのうえなく誓いからるテクストでありながらも、それと同時に「補助言説」として、みずからが超過するものの「分身」でもあるのだ。

それゆえに思弁哲学は、空虚な形式および記号の先走りとしての序文を禁ずる《プロスクリ》。にもかかわらず、意味が序文において自分を**予告する**かぎりにおいて、すなわち序文が〈書物〉のなかにつねにすでに巻き込まれているかぎりにおいて、思弁哲学は序文を課す《プレスクリ》(16)。この「矛盾」は必然的にヘーゲルのテクストのなか

かけ離れていた。」〔…〕「そんなわけで、この約束が続きの作品において果たされるのは理にかなったことである。案件全体のなかになにか重要なことが本当にあるのならば、女どものようにもっとも重要なことを追伸のなかで述べたからといって、著者が責められるいわれはどこにもない。」〔…〕「というのも、すべてを終わったものとみなしながら、終わりのところで、終わりが欠けていると語るのは、本当にお笑い草だからだ。もし終わりに終わりが欠けているのなら、終わりは始めにも欠けている。となると、そのことを始めに言わなければならないだろう。しかし、もし終わりが始めに欠けているのなら、体系など存在しない、ということになる。」〔…〕「弁証法の大胆さとはそのようなものである。だが弁証家はそれをまだ獲得していない。」〔…〕「学問的な序論はその博識によって気晴らしをさせる……。」〔…〕「修辞的な論述は、弁証家を怖気づかせながら、気晴らしをさせる。」）、そして最後に「付録」（そこでは次のようなことが説明される。すなわち、「ゆえに書物は余分なものである」ということ、書物は「単に終わりばかりでなく、おまけに撤回をも含んでいる。けれども、ひとは、事前にであれ事後にであれ、それ以上のことを求めることができない」ということ、そして「一冊の書物を書いてそれを撤回することは、書物を書かないままでおくこととは別の何事かを意味する」ということ）、さらに「最初で最後の説明」（そこでは、**偽名**もしくは**複数の名**の問題と「書物の序文の作者」の問題とが関係づけられる）。ジャン・パウルの『五十周年』〔*Der Jubelsenior*〕の「補遺」〔彼を分身の巨匠と認定することになおも意味があるだろうか。〕（「防衛的前書き《プロドロムス・ガレアトゥス》」「序文は長めの題名にすぎないのでなければならない。序文は、私の意見では、**補遺**という単語をはっきりさせるだけにとどまらねばならない。」「〔…〕文学の歴史が言及する最初のもっとも古い〈補遺〉は、私の「気晴らし的伝記」の終わりに見出される。誰もが知っているように、それはこの文学ジャンルの創造者自身によって、すなわち私自身によって書かれたのだ。われわれの文学の二番目の〈補遺〉は本作品のか

たちで印刷屋に渡されており、この序文に続いて出版されるであろう。いまや私が〈補遺〉の例を提供したので、そしてこの分野で私はアカデミーのような、卓上の生きた手本のような存在であり続けるのだから、美に関わる者たちの仕事は容易になった。彼らは実在する〈補遺〉から、このジャンルについての理論や有益な方法や実践原理を引き出して確立することができ、私の創造力をもとにして彼らの立法力をこしらえることができるのだ。」［…］「小説においては、脱線は決して本質的ではない。〈補遺〉においては、脱線を偶有的なものとして扱うことはできない。小説では脱線は停滞した屑であるが、〈補遺〉では、床にほどこす象眼細工、詩的な彩色石畳である。たとえば古代人たちは寄木細工において、藁や骨やその他の物をだまし絵にしていた。要するに、彼らはゴミを置くための部屋をもっていたのだ」）。そして、排泄物についての分析でもある「〈補遺〉のすばやい詩学」の後に、すべての「約束された逸脱」の後に、『補遺の〈補遺〉あるいはわがクリスマスの夜』が来る（「なんについてであれ、序文《プレファス》と後《ポスト》-書き《ファス》以上に著者が自発的に書けるものはないと思う。というのも、そこで、ついに著者はまるまる数頁かけて自分のことを語ることができるからであり（それは著者の喜びである）、またみずからの作品のことを語ることができるからである（何にもましてそれは著者の悦楽である）。——書物という牢獄、ガレー船から抜け出して、著者は、そのふたつの愉悦の場へと、そのふたつの遊戯の場所へと飛んでいったのだ……」［…］「そのために、製本屋はつねに二枚の紙片を白いままに、序文の前に一枚、エピローグの後にもう一枚、残しておくのではないだろうか。扉のうえの空き家の札のように、それらは隣の紙片に住人がおらず、どんな殴り書きにも開かれているということを標示している。だが書物の園を取り囲むこうした空虚な空間は、一冊の書物を他のものから分け隔てなければならない砂漠でもある。巨大な空地がゲルマン人の王国同士を、また北米人の王国同士を、あるいはもろもろの太陽系を分け隔てるように。だから、私が自分の前置きや結論——早くも書名を考える段階から、私はそれらに向けて自分を準備し、自分を研ぎすませる——を、ある種の日々のために、ユートピア的な日々のために取っておくとしても、私を恨まないでもらいたい［…］」［…］「自分の防備を固めるために堅固な論拠を与えられればいいと思うし、また最初の祝日のために、この〈補遺〉の〈補遺〉を日持ちする果物のように保存したことについて自己弁護ができればよいのであるが。とくに、あたかも自分が自分自身の息子であるかのように、私のクリスマスの喜びを得るためにクリスマスの日を待ったのだと、そう仄めかすことができたらよいのに［…］」）。

（16） Kojève, *Introduction à la lecture de Hegel*, J.-M. Rey, « Kojève ou la fin de l'histoire », *Critique*, n° 264, E. Clémens, "L'histoire (comme) inachèvement", R.M.M. n° 2, 1971 を参照のこと。すでにフォイエルバッハが、ヘーゲル的**前提**とテ

にプロトコルの痕跡群を、エクリチュールの塊を残す。たとえば感覚的確信についての章を開く記載装置がそうであり、その奇妙な機能の仕方をわれわれは別のところで分析することになるだろう。しかし序文の終わり（これはまた歴史=物語《イストワール》の終わりにして、哲学の始まりでもある）において、概念のア・プリオリ性の領野がもはや限界を知らなくなるとき、この矛盾は運び去られてしまう。ヘーゲルが概念と哲学的ア・プリオリ性の奇妙な〈**後で**〉を、すなわち**措定される**ことで消滅する遅れを記述するのは、ある有名な序文の終わりにおいてである。

「世界がどのようにあるべきかを**教示しようという思い上がり**（*das Belehren*）についてさらに一言すれば、いずれにしても哲学はつねにあまりに遅くやってくるものだと言おう。哲学は世界についての**思考**（*Gedanke*）としてのかぎりで、まず時間のなかに現れるのであり、現実性がその形成過程を達成し、完了した後で現れる。このことは概念の教えるところだが、歴史もまた必然的にそれを示す。すなわち、理念が実在に向かって立ち現れ、そして同じ世界をその実体において把握した後で知性の帝国へと築き上げられるのは、なによりもまず現実性の完熟においてなのである。哲学が灰色に灰色を重ねて描写するとき、生の形式は古びてしまう。グリザイユでもって生が新鮮さを取り戻すことはなく、ただ認識されるだけである。ミネルヴァの梟が飛び立つの

クスト的残滓についての問いを**エクリチュール**の観点から問いただしていたこと、このことを明記しておこう。ここで彼の『ヘーゲル哲学の批判のために』（一八三九年）の全体を体系的に、またきわめて差異ある仕方で読みなおす必要があるだろう（「ヘーゲルはもっとも完璧な**哲学的**芸術家であって、彼の叙述の数々は、少なくともその一部は、**学的な芸術センスの乗り越えがたいモデル**である［…］」［…］「叙述は**何の前提もない**のでなければならなかった。言い換えれば、われわれのうちにいかなる残り物も残してはならず、われわれを空にし、われわれを完全に汲み尽くすのでなけ

ればならなかった［…］」[*46]）。こうしたことは起こりえないので、フォイエルバッハは「思弁的な経験主義」とか形式主義といった非難を、さらには「ふり」や「お遊び」といった非難を、ヘーゲルに対して返す（お互いさまなのだが）。ここでわれわれの関心は彼の用語の逐一にあるのではなく、このやりとりと対立の必然性にある。「しかしだからこそ、ヘーゲルにあってもまた（論述における彼の学問上の厳密さは別として）、絶対者の証明は本質上、そして**原理上**、**形式的な**意味しかもたないのである。ヘーゲル哲学は、その始まり、その出発点からしてすでに、ある矛盾を――真理と学問性との、本質性と形式性との、**思考**と**エクリチュール**との矛盾――をわれわれに提示している。絶対理念は、なるほど**形式上は**前提されていないが、しかし根底では前提されているのだ。」［…］「理念の疎外（*Entäusserung*）はいわば**ふり**だけである。たしかに疎外が起こっているように見えるが、真面目には受け取れない。それは**お遊び**〔演技〕だ。決定的な証拠は、その始まりが哲学一般の始まりでなければならない〈論理学〉の始まりである。〈論理学〉がしているように、存在から始めるのは単なる形式主義にすぎない。なぜなら、存在は本当の始まりでは、本当の第一項ではないからだ。ヘーゲルが〈論理学〉を**書かない**うちから、言い換えれば、彼が自分の論理的諸概念に学問的な伝達形式を与える前から、彼にとってすでに絶対理念は確実性〔確信〕であり、直接的な真理だったのだ。であれば当然、絶対理念から始めることもできるだろう。」［…］「絶対理念は、**思想家**ヘーゲルにとっては絶対的確実性だったのであるが、**書き手**ヘーゲルにとっては形式的不確実性であった。」（*Manifestes philosophiques*, tr. L. Althusser, P.U.F., pp. 27, 28, 34, 35. [*47] 強調フォイエルバッハ。）

　何がヘーゲルの**テクスト**をエクリチュールの巨大な戯れとして読むことを**禁じる**というのだろうか――これこそが問題である。すなわち、みずからのふりの決定不可能な記号を、それを読むかもしれない者に、下位テクスト――序文と注記の浮遊する寓話――においてのみ与えるという、強力で揺るぎない見せかけ《シミュラークル》としてヘーゲルのテクストを読むことを、何が禁じるというのだろう。テクストにはなんの違いも生じないが、ヘーゲル本人は最終的にこの禁じるものに囚われてしまったのかもしれない。そこでフォイエルバッハは一種の倒置とキアスムとなってヘーゲルと交錯し、場違いにも哲学と歴史《イストワール》＝物語の真面目さに立ち戻るよう、ヘーゲルに勧告する。「哲学者たるもの、哲学の**テクスト**のなかに、哲学を**しない**人の、さらには哲学に**反対**して抽象的思考と**戦う**人の持ち分を、つまりヘーゲルが**注記**の状態へ切り下げてしまうすべてのものを、導入しなければならない。」（*Thèses provisoires pour la réforme de la philosophie, ibid.*, p. 116. [*48] 強調フォイエルバッハ。）

はようやく日暮れ時になってからなのだ。

しかしもうこの序文（*Vorwort*）を閉じるべきときだ。それは序文としてのかぎりで（*als Vorwort*）、それが先取りするすでに書かれたものの観点について、外在的かつ主観的に語ることだけを目指していたのだ。内容について哲学的に語らねばならないとなれば、学問的・客観的に論じることしか許されない。事象そのものの学問的取り扱いとは違った形を取るだろう異議申立て（*Widerrede*）は、著者から見れば、主観的な後書き（*Nachwort*）やどうでもいい主張といった価値しかもたないはずであり、彼にとって無関心なものにとどまるはずである」（『法の哲学』の序文）。*49

序文の終わり——もし終わることが可能ならばであるが——とは、それ以後、叙述（*Darstellung*）の順番と概念の連鎖とが、その自己‐運動のなかで一種のア・プリオリな総合に従って重なりあう契機である。もはや生産と叙述とのあいだに隔たりはなく、ただ概念の、概念自身による**現前化**、概念自身の発話《パロール》における、概念のロゴスにおける**現前化**があるだけである。もはや形式の先行性も遅れもなく、もはや内容の外在性もなく、同一論理《トートロジー》と異種論理《ヘテロロジー》が思弁的命題のなかで結合する。分析の手続きと総合の手続きとが相互に包み込みあう。自己の外に出ることなく、自己への現前性の境位のなかで、自己自身のもとへとつねに帰還することで、概念は自己のもろもろの規定でもってア・プリオリに充実する。「実在」の現実的規定と「理念的」反省とが、同一の展開の内在的な法において一つになる。

マルクスはこのようなア・プリオリ主義とヘーゲル的観念論（マルクス自身すぐさま同じ咎で非難されたが）をみずからに禁じなければならなかったが、それはほかでもない、彼の**叙述方法**のためだった。この禁止は、序文についての彼独自の概念と実践とに本質的に関係している。

彼はこの点について、『資本論』のドイツ語版第二版の「後書き」（*Nachwort*）（一八七三年一月）のなかで説明している。それを見てみよう。マルクスにとって決定的と見える、**叙述方式**と**研究方式**との区別が提示されるのが、ヘーゲル弁証法の転覆についてのもっとも有名な段落の直前であるのは無意味なことではない。ひとえにこの区別のおかげで、彼の言説形式とヘーゲルの提示形式との**相似**が中断される、というのだから。この相似に「書評屋たち」は惑わされてしまい、「ヘーゲル的詭弁だ」と当時叫んでいたのだった。だがこの相似が解体されうるのはただ、〈形式／素材〉（*Form/Stoff*）、〈観念性／物質性〉（*Ideelle/Materielle*）といった対立と一緒に、反省と先取りの概念を、言い換えれば、始まりと展開との関係、導入と過程との関係を変化させることによってのみである。この関係は現実の場合と言説の場合とでは異なる。また**研究**の言説の場合と、事後に**結果**を**提示する**言説の場合とでも同じではない。論争全体を担っているのは、この結果という価値である（「基礎づけ」はヘーゲルにとって「結果」である）[17]。

「サンクトペテルブルクで出版されたロシアの雑誌『ヨーロッパ報知』は、『資本論』の方法に全体を割いたある論文のなかで、私の研究方法（*Forschungsmethode*）は厳密に現実主義的であるが、私の叙述方法（*Darstellungsmethode*）は残念ながらドイツ弁証法的（*deutsch-dialektisch*）であると言っている。

その論文はこう述べている。「一見したところ、叙述の外面的な形式（*Form der Darstellung*）から判断すると、マルクスは強化された観念論者（*der grösste Idealphilosoph*〔最大の観念論哲学者〕）であり、しかもこの語

（17）大論理学の「有論」の冒頭を参照のこと。この問題に関して、そしてこの結果の「跳ね返り」に関しては、ハイデガーの『同一性と差異』も参照のこと。

のドイツ的な意味、すなわち悪い意味でそうである。だが実際は、批判経済学の分野における先行者たちの誰よりも、彼ははてしなく現実主義者である……。どのようにしても彼を観念論者と呼ぶことはできない。」

［…］この著者は、私の実際上の方法（*wirkliche Methode*）と彼が呼ぶものを、このようにかくも的確に、そして私がおこなったその適用についてかくも好意的に定義しているが、彼がそのように定義したものが弁証法的方法でないとしたらいったい何であろうか。もちろん、叙述方式（*Darstellungsweise*）は研究方式（*Forschungsweise*）と形式上（*formell*）区別されなければならない。研究は素材（*Stoff*）を細部にわたってわがものとし、そのさまざまな発展形態を分析してそれらの内的な結びつきを発見することを任とする。いったんこの任務が達成されて、そしてそのときにのみ、現実の運動（*wirkliche Bewegung*）を適切に叙述することができる。素材（*Stoff*）の生が観念的再現のなかに反映される（*spiegelt sich ideell wider*）ようにこのことが達成されれば、その蜃気楼はア・プリオリな構成（*Konstruktion*）だと信じられるだろう。

私の弁証法的方法はその基盤において（*der Grundlage nach*）ヘーゲルの方法と異なるばかりでなく、正反対（*direktes Gegenteil*）でさえある。ヘーゲルにとっては、彼が理念の名のもと、自立した主体へと（*in ein selbstständiges Subjekt*）変容させる思考過程（*Denkprozess*）が現実性の造物主であり、現実性は思考過程の外的現象にほかならない。反対に私にとっては、理念的なもの（*ideelle*）とは、人間の頭脳のなかに置き換えられ翻訳された（*umgesetzte und übersetzte*）物質的なもの（*Materielle*）以外の何ものでもない。[18]」

ここでは古典的な形の**基礎づけの**議論**一般**には立ち入らない（方法、反省、前提、基礎、結果、現実性といった概念は、ここではどんな具合になっているのか。ヘーゲルの視点では、「後書き」の立論は経験主義的実在論による *Widerrede*〔異議申立て〕であるのか。すなわち、実在が概念に対して、現実的規定が叙述過程に対して絶対的に外在すると措定することによって、必然的に一つの形式主義に、さらには自己の序文のなかに無際限に引きとめられた観念論的な批判主義に帰着してしまうような経験主義的実在論であるのか。こういった疑問）。ここでは「テクスト」のいくつかの指標に表面上話を限ることにするが、それは、「テクスト」――古典的な狭い意味での「テクスト」――と「実在《レエル》」との関係が賭けられている地点に今われわれがいるからであり、テクストや〈テクスト－外〉といった概念が、また両者の関係の変容が、そしてこの変容の実践的かつ理論的問題に関わる序文（われわれはこの序文のなかにいる）が問題だからである。われわれを引きとめ、そしてわれわれを制限するようにも見える新たなテクストは、テクストの古典的表象を無限にはみ出すものでもある。このはみ出し、この〈境界－画定＝境界－除去〉は、ヘーゲル論理学との、そしてそこに集約されるすべてのものとのわれわれの関係の形について読みなおしを迫る。（哲学的概念――すなわち概念そのもの――から見た）徹底的な他性へ向けた不法侵入《エフラクシオン》〔こじ開け〕は、**哲学では**、つねにア・ポステリオリと経験主義[19]という**形式**をとる。しかしそれは、自己の外を記載（理解）するためには、その否定的な像を同化するしかない哲学の、その鏡面反射〔思弁的反省〕の一効果であ

（18）続きのくだりのほうがよく知られている（*le Capital*, L. I, éd. soc., p. 27-29.*50 翻訳には手を加えた）。また『資本論』のガルニエ・フラマリオン版（一九六九年）のアルチュセールによる〈緒言〉（とくにp. 18-23）と、ソレルスの『レーニンと哲学的唯物論』『テル・ケル』誌、四三号所載（« Lénine et le matérialisme philosophique », in *Tel Quel* 43）を参照のこと。

（19）異種論理的な開削の、**哲学上の**形式ないし仮面としての経験主義については、たとえば以下のものを参照のこと。『エクリチュールと差異』p. 224以下*51、『グラマトロジーについて』のなかの「法外なもの。方法の問題」の項のp. 232以下*52、そして「差延」（*Théorie d'ensemble*, coll. « Tel Quel », p. 45）*53。

る。散種が書かれるのはこの鏡の裏——裏箔——にであって、自己の転倒した幽霊のうえにではない。また自己の昇華作用の三位一体的で象徴的な秩序のなかにでもない。経験主義の仮面を被ってみずからを書きながら、思弁をひっくり返すことによって**他のことをも為す**もの、ヘーゲルによる序文の止揚を実行不可能にするもの、これを知ることが肝心なのだ。この問いは、慎重な、差異ある、ゆっくりとした、重層的な読解を課さずにはおかない。この問いは、たとえば、マルクスのテクストにおける「始まり」のモチーフに関わるに違いない。マルクスも大『論理学』でのヘーゲルと同じように、「あらゆる学において始めが難しい」(『資本論』第一版の「序文」、一八六七年[*54])と認めているが、彼は自分の書く導入部のエクリチュールに対して、ヘーゲルとはまったく違った関係をもつ。彼がまず避けようとするのは形式的な**先取り**である。もちろんヘーゲルも同じだった。しかしマルクスの場合、期待される「結果」、すなわち導入部に先立ちそれを条件づける「結論」は、概念の純粋規定ではないし、ましてや「基礎づけ」などではない。これは単に、ヘーゲルならば**特殊学問**と呼んだであろうものに関わっていることによるのか。そして経済学は、この場合、領域的学問なのか[(20)]。

いずれにせよ、序文形式は、書物の論理的ア・プリオリ性やその *Darstellung*〔叙述〕のなかにもはや容易に**内化**されるがままにならない。

「最初の二章が本書の内容をなしている。資料はすべて専門的特殊研究の形で私の目の前にあるが、それらは活字にするためではなく私個人の解明作業のために、かなりの間隔をあけながら、紙のうえに綴られたものである。明らかにした構想に従ってそれらを体系的に練り上げることができるかどうかは状況によるだろう。下書きしておいた一般的序論 (*allgemeine Einleitung*) は省くことにする。というのも、よく考えてみれば、まずは証明しなければならない結果を先取りすることは有害でしかありえないし、私についてきてくれるつもりのある読者は個別から一般へ上っていく決心をしなくてはならないのだから。その代わりに、私自身の経済学研究の流れについて、ここでいくつか簡単にのべておくのがふさわしいと思われる。［…］その研究は部分的にそれ自身から私を連れ出して、私の意図から遠ざかるように思われたいくつかの学科へと導いていき、多少とも長い間それらの学科に私は足を止めなければならなかった。しかし私の自由にできる時間をとりわけ短くしたものは、収入になる仕事をしなければならないというどうしようもない必要だった。八年前から今も続いている、『ニューヨーク・トリビューン』への寄稿は［…］」(*Préface à la Critique de l'économie politique*, 1859, éd. soc., tr. M. Husson)[*56]

論述の展開部は概念の内在性の法にさほど合致するものではないし、さほど先取りできるものでもないので、修正、手なおし、拡張、縮小、部分的先取り、注の戯れなどの明白な名残をとどめざるをえない。『資本論』の第一版の「序文」(一八六七年)は、「最初の叙述構想」が被った変更作業と、展開部の量的かつ質的な不均衡と、そしてこの書物が書き込まれる歴史の舞台全体とを、ことさらに提示している。(21)

(20) だがおそらくここで混乱させられるのは、一般的存在‐論あるいは基礎的存在‐論への諸学問の従属、そして領域的諸存在論の従属という図式全体であろう。『グラマトロジーについて』p. 35 [*55] 参照のこと。

(21) 「私が読者にその第一巻を提供する作品は、『経済学批判』という題で一八五九年に公にされた著書の続きをなすものである。二つの出版のあいだには長い間隔ができてしまったが、これは数年にわたる病によって私に強要されたものである。

必要な補足をこの書物にあたえるために、第一章で要約する形で、先に出た著書を導入しておいた。その要約のなか

かくして、大〈論理学〉への追伸の非対称的空間が浮かび上がる。無限に差異づけられた一般的空間。なるほど、この空間は、どの追伸もそうであるように、表面上従属的で派生的であるが、しかし、それは歴史の非‐回帰の力であって、みずからの充溢した発話《パロール》において真理を回復し宣言するロゴスの、その想起的家内性（*Erinnerung*）におけるいかなる円環的再‐理解〔再‐包含〕にも抵抗する。

われわれは不均等な交差配列《キアスム》のなかにいる。ヘーゲルが序文に失格を宣告するその理由（その形式的外部性、その記号の先走り、意味や概念の権威にとらわれないそのテクスト性等々）のなかに、ここでわれわれが読んでいるような、エクリチュールの要請そのものをどうして認めずにいられようか。そのとき、序文は必然的なもの、構造上際限のない《アンテルミナーブル》ものとなり、思弁的弁証法の用語《テルム》〔諸項〕のなかでもはや記述されることはできない。もはやそれは、単に空虚な形式、空っぽの能記性《シニフィアンス》、非‐概念の純粋な経験性であるばかりではなく、まったく他なる構造でもある。すなわち、意味、概念、経験、現実といった諸効果を、それらを書き込みなおしつつ説明する（かといって、この操作は理念的 *begreifen*〔把捉〕による包摂ではない）、いっそう潜勢力に満ちた構造なのである。逆に言えば、序文の形式として事実上ヘーゲルにつねに課されているもの（それによって概念がつねにすでに自己を予告し、自己のテロスにおいて自己自身に先行し、テクストをその意味の境位のなかにずっと以前から据えつけておく、そうした運動）があるために、今日のわれわれの目には、序文の形式が擬古的《アルカイック》で、アカデミックで、テクストの必然性に反するもののように見えているのではなかろうか。すなわち、エクリチュールの連鎖をその主題効果やその配列の形式的手続きに還元してしまう疑いのある廃れたレトリックのように、序文が見えているのではなかろうか。散種に序文はないとしても、それは、なんらかの創始的産出へ、なんらかの自己現前へ開くためではなく、まったくその反対に、レトリック、形式主義、主題主義の本質的かつ共通の限界を、それらの交換体系の限界とともに標記するためである。

一方で、序文は排斥されるが書かれなくてはならない。――自己を前提しないわけにはいかない概念の論理のなかに統合され、そのテクストが抹消されるために。他方で（ほとんど同じことだが）、序文は排斥されるが、しかしなおも書かれる。――再起動したテクストの契機として、いかなる概念によっても先取りし止揚されることのできないテクストの経済《エコノミー》に所属するものとして、すでに機能させられながら。したがって、「契機」や「所属」といった語は、ここではもはや、エクリチュールのなんらかの理念的内部性への単なる包摂を指すことができない。絶対的な〈テクスト‐外〉は存在しないと主張するからといって、それは理念的内在性を、すなわちエクリチュールの自己関係のたえまない再構成〔復元〕を、公準としてたてることではない。それはもはやヘーゲルのようなやり方で、言説の、ロゴスの、概念の、理念の外を宙吊りにして止揚する観念論的・神学的操作ではない。テクストは外を**肯定**するのであり、思弁的操作の限界を標記し、思弁が外を我有化する際のあらゆる述語を脱構築してそれらを「効果」へと導き戻す。テクストの外には何も存在しないとはいえ、それはテクスト一般の概念変容を伴っての話であるから、当然そこには次のことが含意されている。すなわち、テクストとは、内部性あるいは自己同一性の、隙間を

で、私の最初の叙述構想を変更しなければならない（*Die Darstellung ist verbessert*）と思ったからである。最初はただ示唆されただけであったが、ここで十二分に展開されている点も多いし、他方、最初は完全に展開されていたのにここではもはや示唆されているにすぎない点もある。たとえば、「価値と貨幣の理論史」は省いた。その代わりに読者は第一章の注のなかに、この理論史のための新たな資料を見出すだろう。

あらゆる学において始めが難しい（*Aller Anfang ist schwer, gilt in jeder Wissenschaft*）」（マルクスに承認されたJ・ロワの翻訳）。*57

ふさいで閉じこもった内ではもはやなく（とはいえ、「なにがなんでも外」のモチーフが人を安心させる役割をはたすこともあるし、ある種の内が恐ろしいということもある）、それは開閉の諸効果の他なる配置なのだということ、これである。

右のどちらの場合においても、序文はひとつの虚構である（「ほら、良識破りのアルキダマスだ、冗談でこの序文を書いている」）。しかし、前者では、虚構は意味に奉仕しており、真理が虚構の〈真理〉となっており、虚構の関係物はある位階秩序へと整序され、概念の付属品として自分自身を運び去り、自己を否定する。他方の場合は、あらゆる模倣論の外で、虚構はみずからを見せかけ《シミュラークル》として肯定し、さらにこのテクスト上のふりの作業にもとづいて、書物の目的論が暴力的に虚構を従属させなければならなかったときに用いていた対立のすべてを解体するのである。

たとえば、『マルドロールの歌』における「雑種の序文」あるいは「背教者の序文」の演戯はそうしたものと言えるだろう。追加の見せかけによって、第六の〈歌〉は、実際のテクストの本体として、**実質的**作業として**みずからを提示**する。最初の五つの〈歌〉はその教育的序文、その「総合的」説明でしかなく、その「扉絵」、すなわち、なかに入る前に前面から見られた正面玄関、書物の表紙のうえに図示された版画、「私の未来の詩学の予備的解説」と「テーゼの陳述」を前渡しする表象的ペディメントでしかなかったとされる。

次のような奇妙な**宣言**、すなわち、**もはやすでに**序文のなかに**ない**と同時に、そこで始まるように見える「分析的」部分のなかにも**まだない**次のようなパフォーマンスは、テクストの類別論《トピカ》において、どこに位置づけられるべきか。

「最初の五つの物語は無益だったのではない。それらは私の作品の扉絵、建築の基礎、私の未来の詩学の予備的解説だったのだ。しかも私は、鞄を閉じて想像の国へ向けて歩み出す前に、明瞭かつ正確な一般化を素早く素描することによって、文学の真摯な愛好者たちに、私が追求しようと決心した目的を知らせる義務を自分自身に負っていたのだ。その結果、私見では、いまや私の作品の総合的な部分は完全となり、十分に敷衍された。私が人間およびそれを創造した者とを攻撃しようと企てたことをあなたがたが知ったのは、まさしくこの総合的な部分によってである。さしあたり、またもっと後でも、あなたがたはこれ以上のことを知る必要はない！　新たな考察の数々は私には余計なものに見える。というのもそうした考察は、今日という日の終わりにその最初の展開が目撃されることになるテーゼの陳述を、なるほどいっそう詳しくはあるが同一の他のかたちで反復する以外のことはしないだろうから。以上の帰結として、私の意図はこれから分析的部分を企てることにある。これはまったく本当のことであって、だから私はついさきほど、あなたがたが私の皮膚の汗腺のなかに閉じ込められて、私の主張の誠実さを事情を心得たうえで確認してほしいという熱烈な願いを表明したのだ。私の定理に含まれている立論は多数の証拠によって支えられなければならないということは承知している。よろしい、そうした証拠は実在するし、あなたがたもご存じの通り、私は真面目な理由もなしに人を攻撃する人間でない！　私は大口を開けて笑う……」[*58]

こうしたことはすべて、またもやひとつの序文の終わりで、黄昏時に、生と死のあいだで起こる。そして最後の〈歌〉はまたもや「今日という日の終わり」に立ちのぼるだろう。そしてそれは陳述された「テーゼ」の「最初の展開」となるだろう。分析と総合という二つの数学的証明様式の対立を弄ぶために、それらに依拠しつつもロートレアモンは、それらの場所をパロディによって逆転させ、「悪循環」の拘束とトポスとを、デカルト[22]のようにそれらと格闘することによって、再び見出す。叙述の総合様式であり、主題、テーゼ、結論についての言説である序文は、ここで、いつものように、発明されたものを分析するテクスト〔本文〕に先行している。すなわち、それ自身は**実際には**序文の前にあったのだが、読解不可能にとどまる恐れなしには、自分自身を提示〔現前化〕あるいは教示することができない分析的テクストに序文は先行している。とはいうものの、本文《テクスト》を理解可能にしなければならない序文のほうも、それが読まれるべくみずからを与えることができるのは、沼地の道（「これらの暗い、毒にみちた頁の荒涼とした沼地を横切ってゆく険しい未開の道」[*62]）を実際にはてしなく横断した後になってである。序文が方法序説に、詩学の叙述に、形式の規則の総体になるのは、準備行程なしに自分自身を切り開き構築する道として**実践された**方法を、不意に踏破した後になってである。そこから、「十分に自然なものとは見えないだろう」序文の術策が生じる。いずれにせよ、それは単に抹消されたものには決してならないだろう[23]。それどころか、序文の序文は新たな小説のもう一つ別の序文（のなかでみずから）を再起動させるのだ。

「私は自分の言葉を引っ込めはしない。私は自分が目にしてしまっていることを物語るのだから、真理以外の野心をもたなければ、これらの言葉を正当化するのは難しくないだろう。今日、私は三十頁ばかりのささやかな小説をこしらえよう。この寸法はその後もほとんど不動のままだろう。私は自分の理論があれこれの文学形式によって受け入れられ公認されるのを、早急に、いつの日か、目にしたいと望んでいる。そして私はいくつかの暗中模索の後、ついに自分の決定的書法を見出したと信ずる。なんて話だ——それは小説だってんだから！　この雑種の序文は十分に自然なものとは見えないだろう仕方で叙述されている。それは、この序文がい

(22) デカルトの次のテクストを第六の〈歌〉だけでなく、『資本論』の後書きで指摘された、**研究方式**と**叙述方式**の区別にも関連させてもらいたい。「証明のやり方は二重である。すなわち、一方は分析ないしは分解によって、他方は総合ないしは構成によってなされる。分析は、ある事象が方法に従って発見された真の道を示し、結果がどのように原因に従属するかをわかるようにする。もし読者にその道をたどるつもりがあるなら、そしてその道が含むあらゆるものに注意深く目をむけるなら、そのようにして証明された事象について、それを自分で発明した場合に劣らず、完全に理解し、自分のものにすることだろう。しかし、この種の証明は、注意深くない頑固な読者たちを説得するのには向いていない。というのも、この証明が提出するもっとも小さな点でさえ、それを無警戒に見逃してしまうようなら、その帰結の必然性はまったくわからなくなるだろうから。[…] 反対に、総合はまったく別の道によって、原因を結果から検討するかのように(総合が含みもつ証拠は、しばしば原因の結果でもあるが)、帰結に含まれているものを真理において明白に証明し、定義、要求、公理、定理、問題などの延々と続く連鎖を使用する。もしいくつかの帰結が否定されたとしても、それらの帰結がいかにして先行事象において既知であるかを見せることができ、そして、どんなに読者が強情で頑固であろうとも、同意をもぎ取ることができる。だが総合はもう一方の道とは異なり、学習する意欲のある人々の精神を完全に満足させることはない。なぜなら、それは事物が発明された方法を教えないからである。」(「第二答弁」*59)

総合の道は教育的な手続き、二次的な序文であり、つまり、「われわれが子どもの頃から馴染んでいる」「もろもろの予断」を打ち負かすためにのみ必要なのである。「それが理由で、私は哲学者たちのように議論や問いをではなく、あるいは幾何学者たちのように定理や問題をではなく、むしろ〈省察〉を書いたのだ。私とともに真剣に省察し、事柄を注意深く考察する労を惜しまない人々のためだけに私は書いたのだということ、このことを証立てるために。[…] しかしながら [...] 私はここで総合のまねごとをすることにしよう。」(同書)*60

周知のように、『省察』とは逆に『哲学原理』は総合の順序をたどる。その「序文」(「ここで序文の役目をはたす、この書の翻訳者への著者からの手紙」)は、書物を「まずは一篇の小説のごとくその全体」を読むように、しかし合計三回読むように勧める。*61

(23) 「アレクサンドル・デュマ・フィスは決して、断じてリセの終業式のスピーチなぞしないだろう。彼は道徳の何たるかを知らない。道徳に妥協はない。彼がもしそんなスピーチをするとしたら、その前に、彼がこれまで書いたすべてのものを――数々のばかげた〈序文〉を手始めとして――ペンで一気に抹消しなければならないだろう」(『ポエジー』*63)。

わば読者の不意を打ち、読者がまずどこに連れていかれようとしているのかよく分からないという意味でそうなのだ。この注目すべき茫然自失という感じ、それは一般的には、書物や小冊子を読んで時間を過ごす人々に感じさせないようにしなければならないものだ。しかし、私はあらゆる努力をしてこの感じを生み出したのだ。実際、私のやる気にもかかわらず、それをもっと少なくすることは私には不可能だった。あなたがたが煤けた顔をした背教者の序文をもっとよく理解できるようになるのは、後になってようやく、すなわち、いくつかの小説が現れてからだろう。

本題に入る前に、ばかげたことだと思う。開いたインク壺を、張り子材ではない何枚かの紙片を自分のもとに置くことが必要であるとは（もし私が間違えていれば、誰も私の意見に与することはないだろう）。そうすることで、私がいまや遅しと生み出さんとしている、多くの教えを含んだ詩篇の連続を、愛をもって、この第六の歌から始めることが可能となるだろう。仮借のない有益性をそなえた劇的挿話の数々！　われらが主人公は気づいた、洞窟に通い詰め、近寄ることのできない場所を隠れ家とすることで、自分は論理の規則を踏み越え、悪循環《セルクル・ヴィスィユ》を犯すのだと。[*64]」

その後に証明《デモンストレーション》＝実演が続く。とある洞窟から、「私の愛する洞窟の奥」（「第一の〈歌〉」[*65]）から外に出ることで、マルドロールは円環《セルクル》を逃れるが、それはもはや真理の光のほうへ向かってではなく、序文と「主」テクストとの境界がそこで混乱してしまうまったく他なるトポロジーに従ってである。散種は毒を蔓延[(24)]させ、四角形を構築しなおし、石を分析し、『マルドロールの歌』の柱や格子、分岐や簀子を横切りつつ、さらに模倣論の別名である〈存在－洞窟論〉のまるまる全体をも転位させる。恐るべき潜勢力《ピュイサンス》の謎

（24）**格子**――「中庭の囲いの役目をする、西側に位置した巨大な壁には、格子窓で閉じられたいくつもの開口部がけちけちと開けられていた。」［…］「時折、小窓の格子が軋みながらみずからを自分自身のうえへ持ち上げていた。鉄の自然の在り方を犯す手が高まる衝動によってそうするように［…］」「［…］一方、小窓は格子のねじれのなかになおも足を突っ込んでいた［…］」「［…］しばらくして、私はある小窓の前に着いたが、その格子は堅牢な棒材でできており、それらは窮屈に絡み合っていた。私はその密な篩を通して内部を眺めようとした。最初は何も見えなかった［…］」「［…］時折、彼はそれを試み、その切れ端の一つを小窓の格子の前に覗かせた［…］」「［…］そして私の眼はさらなる活発さでもって格子に張り付いたのだ！」（七回）「ひとつの簀子にこだわらなければならない、と彼は言った」等々。

柱――「私の壮麗な宮殿は銀の外壁と金の柱列で建てられている［…］」「［…］それらは長い黒髪の濃密なうねりのように、柱のまわりで翻る。」「［…］私の脊柱の話はしないでくれ、それは剣なのだから。」「［…］私は柱のことで人間を気の毒に思うだろう」等々。

四角形――「私の四角い口の涎」「［…］しかし、ピタゴラスの友である四角形の完全なる均整によってとくに表象される、あなたを取り囲んでいる次元は、さらにずっと大きいのだ。」「［…］並外れて大きな二つの塔が谷間に見えた。そのことは始めに言った。それらの塔を二乗することで積は四になった［…］だが、この算術の必然性が私にはよく分からない。」「［…］だからこそ、被乗数の二つの単位がそびえ立つ谷間を私はもう二度と通らないのだ！」「［…］私は、自分の左腕の一つの筋肉を丸ごと引き抜いた。というのも、私は自分がなにをしているのかもう分からなくなっていたからであり、それほどこの四重の不運をまえにして興奮させられていたのである。それを排泄物と思っていたこの私が。」「［…］死に瀕した諸機能をその胸に引き寄せるこの寝床は、四角く切られたモミの板で構成された墓標でしかない［…］。最後に、四つの並外れて大きい杭が、四肢の全体をマットレスに釘づけにする。」「［…］四角形たちは形成されてはすぐさま崩れ落ち、もはや立ち上がることはない。」「［…］三日月型の垂飾りにとって、みずからの決定的なシンメトリーを四で割り切れる数で表現されることはもう受け入れられない、このことはやはり事実である。もしあなたが私を信じようとしないのなら、自分自身で見に行くがいい」等々。

石――「石は重力の法則を逃れようとするだろう。」「［…］きみ、石を取って、それを殺してみたまえ。」「［…］私は大きな石を手に取った［…］石は六つの教会の高さまで跳ね上がった。」「［…］私がうろつくとき［…］道の真ん中に落ちている石のように孤立しながら。」「[…]牧童ダヴィデが投石器で放った石でもって巨人ゴリアテの額を傷つけたとき[…]」「[…]石はみずからの生ける原理を散乱させることができずに、火薬の効果によるがごとく、空の高みにまで自分をおのずから投げ上げ、そして再び落下して地面にしっかりはまり込む。ときおり、夢想する農夫は隕石が空間を垂直に切り裂いて、下方へ、とうもろこし畑のほうへ向かっていくのを目にする。彼はどこから石がやってくるのか知らない。あなたは今や、現象についての明快で簡潔な説明を受けたのだ。」「[…]彼はあきらめずに、みすぼらしい寺院の広場へ、尖った刃先をした平らの小石を探しにいく。彼はそれを力いっぱい宙へ投げる[…]鎖は真ん中のところで、草が鎌に切られるように、断ち切られる。そして崇拝の道具は、敷石のうえにその油をまき散らしながら、地に倒れる[…]」「[…]花崗岩を足で押しながら——しかしそれは後退しなかった——私は死に挑んだ[…]そして、ひとつの舗石のように、空間の口のなかに頭から真っ逆さまに落ちた。」「[…]夜がそのうってつけの暗闇を従えてやって来ると、それらは、斑岩でできた鶏冠のついた噴火口から、海底海流から飛び出した。そして、人間という鸚鵡たちの便秘した肛門が奮闘している石だらけのおまるを遥か後方に残し、下劣な惑星の宙に浮いたシルエットがもう見分けられなくなるにまで至った。」「[…]彼は一個の石のように素っ裸になると、若い娘の身体に飛び掛かり、彼女からドレスを剝ぎ取った[…]」「[…]子どもたちはそれがツグミであるかのように石を投げつけながら追いかける。」「[…]彼の努力は無駄だった。壁は切石で出来ており、彼が内壁に打撃を加えると、それは鋼の刀のように曲がっては、ゴムボールのように跳ね返るのだった。」「[…]状況のせいで自然な表情の欠如を余儀なくされた彼の顔は、一本の鍾乳石が凝結するのに似ていた。」「[…]私に残された道は、一個の石の助けをかりて、そのガラスを粉々に割ることだ[…]」「[…]私は断崖のうえで寝てしまっていたのだ[…]」「[…]この女[…]彼女を、峡谷や街道を横断して、いばらと石のうえを、君の足の指でもって引きずり回すために[…]」「[…]偏執者の手で石の下に隠された鉄の輪のことを思うと、抗しがたい震えが僕の髪を伝わるって知っているかい。」「[…]私は自分が石の下に埋めておいた指輪を取り出しに行った[…]」「[…]私の文学的ギプスの陰鬱な粉砕に躍起となる、私の両肩から伸びた二本の長い腕の幻想的な痩せ細りを死が押しとどめてくれるならば、私のせめてもの願いは、喪に服した読者が「彼を正しく評価しなければならない。彼は私をおおいに白痴化した」とつぶやくことである。」「[…]その石灰質の胸壁に押しつけて、二十面体の袋のリズミカルなこね回しが夜明けに現れること！」等々。

毒――「これらの暗くそして毒にみちたページの荒涼とした沼地［…］」「［…］私の呼気は毒を含んだ息を吐く［…］」「［…］あなたが私に貸してくれたあの毒のある武器でもって、私は〈創造者〉自身を、人間の卑怯さによって築かれたその台座からひきずりおろしたのだ！」「［…］栄養と有毒物質の欠如という同時的条件を満たす樹液がないので［…］」「［…］征服者である私は、偽善的なケシの罠を追い払う。」「［…］感謝は、毒のように、冠を頂いた狂人の心に入り込んだのだった！」等々。

こうした網目を「これはそれである」という形で後で審理しようと欲するとしたら、待っているうちにほとんどすべてが失われてしまう。序《プレ》‐文《ファス》も述《プレ》‐語《ディカ》もないのだ。布石、隅石、つまづきの石などは、『散種』の入り口からつとに、またそれだけでなくもっと早くから、メデューサに石化されたように呆然自失した読者による検証を邪魔しつつ、投石器に弾薬を供給してしまっているだろう。なんと多くの石たちだ！　だが石とは、石の石的なものとは何であるか《ケ・ス・ク》。石は男根である――それが答えだろうか。男根が事象の隠匿だとしたら、その答えはなにかを言ったことになるだろうか。さらに、いかなる中心も占めることのない、いかなる自然な場ももたない、**いかなる固有の行程**も辿らない男根は、意味作用をもたずに一切の昇華的止揚（*Aufhebung*）を逃れ、さらには意味作用の運動さえをも、すなわち能記《シニフィアン》／所記《シニフィエ》の関係をも、あらゆるアウフヘーブングから――その一方の意味または他方の意味においても（両者は同じことに帰着するが）――はぎ取ってしまうのだとしたら。そして去勢の「引き受け」も否認も、奇妙にも、同じことに帰着するのだとしたら（そう**主張**することができるように）。その場合、魔除け的なものはつねに驚きを一つならずもっている。それこそが、フロイトの意図とエクリチュールの場面を、すなわち、その場面を開いては閉じる辺境的《マルシュ》進行や、男根の意味作用や、『メデューサの首』の短い分析やその他を、塊《ブロック》にして読みなおすことの意図である。（『メデューサの首』の分析とは以下のようなものである。「斬首すること、すなわち去勢すること。つまり、メデューサを前にした恐怖は、見ることに結びついた、去勢の恐怖なのだ。」そのときフロイトは説明する。要するに、石になるものは、メデューサの切られた首に対して、そしてその前で石となるのであり、すなわち、生殖器をのぞかせるものとしての母親に対して、そしてその前でそうなるのだ、と。「芸術がかくも頻繁にメデューサの髪に蛇の形を与えるとしても、蛇はやはり去勢コンプレックスから派生してくるのであって、それ自体がどれほど恐ろしいものであっても、なおもおぞましさを和らげるのに役立っているということは注目されなければならない。なぜなら蛇は、その欠損がおぞましさの原因である（*dessen Fehlen die Ursache des Grauens ist*）ペニスのかわりになっているからだ。たくさんのペニスシンボルは去勢を

であるミメーシスを転位させるのではない。そうではなく、分身の論理を見誤るミメーシスについてのある解釈を、すなわち、起源の代補、派生ではありえない反復、前夜なき二重性と他のところで名づけたもの一切の論理を見誤る、ミメーシスについてのある解釈を転位させるのである。（**「鏡たち（影、反映、幻想《ファンタスム》、等々）はもはや存在論と洞窟の神話——やはりスクリーンと鏡を配置する神話だ——の構造のなかに包含されるのではなく、その構造を全体として包み込み、ここかしこにきわめて限定された個別の効果を生みだすのだと想像してみてもらいたい。『国家』がその洞窟と線において描き出す階層秩序は『数たち』の劇場においてすべて再び賭けに投じられているのだといえるだろう。そのすべてを覆っているわけではないが、「プラトン的」契機は第四の表面に宿っている。**[*67]」）

散種の問い。「私が書く」とき、「開いたインク壺を、そして張り子材ではない何枚かの紙片を自分のもとに置く」とき、あるいは「私が書こうとする」とき、「私が書いた」とき、しかもエクリチュールについて、エクリチュールに逆らって、エクリチュールのなかでそうするとき、どんな時間、どんな空間、どんな構造に従って、何が「起こるのか」、「出来事」はどうなるのか。あるいはまた、私が序文を書くとき、私が序文への賛否を書くとき、これは序文であるとか、これは序文でないとか書くとき。純然たる喪失の、署名なきこの自筆《オートグラフィー》〔自動書記〕はどんな具合になっているのか。そして、なぜこのパフォーマンスは、真理なしで済ませることによって、かくも多くの力を転位させるのか。

ふりの構造は、ここでいつものように、もうひとひねりする。

してみれば、第六の〈歌〉は、先行する〈歌〉たちを論証的な序文（詩法、方法論、教育的説明）という過去へと追いやることになるだろう。つまり、先行する〈歌〉たちは生成的テクストに、すなわち実践的であると同時に「分析的」でもあるテクストに属さないことになるだろう。だがこの図式はひっくり返りもするのであって、同じ戯れに従って、〈前－テクスト〉とテクストとの対立を転位させる。テクストと、それを**現実**《レエル》という形ではみ出すように見えるものとのあいだを通る境界を、この図式は複雑にする。散種はテクスト概念の規則的な拡張〔規制された外延〕によって、意味効果あるいは対象指示効果（「事物」の先在性、実在、客観性、本質性、現実存在、感性的ないし叡知的な現前性一般、等々）の別の法を書き込み、形而上学的な意味でのエクリチュールとその外（歴史、政治、経済、性といった「外」）との別の関係を書き込む。第六の〈歌〉は、ようやく始まった**実質的**《レエル》・分析的な発見のテクストとして、実質的研究のエクリチュールとして提示されるだけではない。それはまた、ある種のテクストから**現実**《レエル》**のなかへ出ることと**してもみずからを与えるのだ。この不法浸入〔こじ開け〕、すなわち、みずからの巣穴の外に、その一角の外

意味する（*Vervielfältigung der Pennissymbole bedeutet Kastration*）という専門的規定がここにおいて確証される。メデューサの首を見ることがひとを恐怖のなかで硬直させ、見る者を石に変える。去勢コンプレックスの場合と同じ起源、同じ情動的変化だ。というのも、硬くなること（*das Starrwerden*）は原初的状況における見る者の勃起〔屹立〕を、つまり慰めを意味するからだ。彼はなおもペニスをもっている、彼はそのことを自分が硬くなることにおいて確かめて安心する。［…］メデューサの首が女性生殖器の提示＝現前化（*Darstellung*）のかわりであるならば、あるいはむしろ、それがその享受効果から恐怖効果を切り離すのならば、女性生殖器を見せることがそもそも魔除けの操作としておなじみのものであることを思い起こしてもよい。おぞましさを引き起こすそのまさに当のものが、ひとが自分の身を守ろうとする敵に対して、同じような効果を生み出すだろう。ラブレーにおいても、女性が外陰部を見せると悪霊は逃げ出す。男の屹立した部分も魔除けとして機能するが、それは別のメカニズムによる。ペニスを――そしてそのあらゆる代用品を――誇示することは、「俺はおまえなんか恐くないぞ、おまえなんかものともしないぞ、俺はペニスをもってるんだ」という意味になるだろう。つまり、それは悪霊を怖気づかせるもう一つの道である」）[*66] 石――墓――屹立したもの――硬直したもの――死――等々の等価物の際限なく開かれた、そしてかき混ぜられた連鎖を、ここで宝石＝石碑として置き預けるために。その連鎖のなかで、散種はつねに意味作用を脅かすだろう。

に思い切って頭を出すことは、第五の〈歌〉の終わりで、蜘蛛のシークエンスによって書かれている。「われわれはもはや語りのなかにいるのではない……。ああ！　われわれはいまや現実のなかへ達してしまったのだ……」。それは死の審級であると同時に目覚めの審級でもある。序文の境界が画定＝除去《デリミテ》された場所。しかしながら語りの外への脱出は物語の隅に書き込まれているのであり、この物語の一隅において次の小説を予告しているのだ。書かれたものの外への突入のテクスト（「あなた自身が行って見るがいい［…］」[68]）は、第六の〈歌〉の終わりで、死の瞬間と目覚めの瞬間のそれぞれを、互いを通して反復する。（紡ぐべき）織物〔巣〕のない蜘蛛に戻ろう。

「夜毎、眠りが最高の強度に達した時刻に、一匹の大型種の年老いた蜘蛛が、部屋の角が交わる一隅の、床に開いた穴から、のろりと頭を出す。［…］この現行の夜が、巨大な吸引の最後の上演《ルプレザンタシオン》となるように彼は期待する（彼とともに期待せよ）。というのも、彼の唯一の願いがあるとしたら、それは死刑執行人が彼の実存に決着をつけることだからだ。死だ、さすれば彼は満足するだろう。あの大型種の年老いた蜘蛛を見よ。部屋の角が交わる一隅の、床に開いた穴から、のろりと頭を出している。われわれはもはや語りのなかにいるのではない。蜘蛛は自分の顎が大気のなかで、なにか微かなさざめきによって、なおも揺り動かされるかどうか、注意深く耳を澄ます。ああ！　われわれはいまや、毒蜘蛛に関して、現実のなかへ達してしまったのだ。感嘆符をどの文句の終わりにも置くことができるだろうが、それはおそらく感嘆符を免れる理由にはならないのだ！」[69]

書き取るように命じられたいかなる感嘆をも書き起こすことなく、自分自身のエクリチュールを自動詞的に遂行する、そんな頑固で頭でっかちの点（ずっと後で、去勢の逆転した形象がそこに読み取られることになろう）、そんな点である蜘蛛が「みずからの巣穴の奥深くから」[*70]外に出るとき、テクストは自分の穴の外に出て、その脅威を剝き出しにする。すなわち、それは「実質的《レエル》」テクストおよび「テクスト外の」現実《レエル》へと**一挙に**移行するのだ。〈歌〉たちの一般的織り目において〈あなたがたはここで一つの書かれたものを読んでいるのであり、こうしたことのすべては（自己を）一つの織物《テクスト》（のなかで）生産しているのである）、互いに異質な二つの外在性が継起しあい交替しあっているように見えるが、それらは最後には標記の場全体を覆い尽くすに至る。

一つの表題《タイトル》、一つの書き出し、一つの銘句、一つの前口上《プレテクスト》、一つの「序文」、一つのほんの萌芽――こうしたものの登場が初舞台《デビュー》をなすことは決してないだろう。そのような登場は際限なく散乱させられて**いた**のだ。

かくして、テクストたちの三角形《トライアングル》が**こじ開け**られる。

実質的《レエル》＝現実的テクストが後に続く、最初の五つの〈歌〉全体は〈テクスト－外〉である。現実へ突入する出口である第六の〈歌〉は、さらには〈ポエジー〉も、〈テクスト－外〉である。あるのはただ、いくらかのテクスト、いくらかの〈テクスト－外〉のみであって、全体としてみても、テクストについての哲学的表象《ルプレザンタシオン》＝上演の裏をかく、すなわちテクストとそれを超過するものという紋切り型の対立の裏をかく、「やむことのない序文」(25)があるのみなのだ。散種の空間はただ〈**複数的なもの**《ル・プリュリエル》〉を沸き立たせるだけでは

---

(25)「実際、いまや書き物の機能は、本体とその本体が現れる場である外部との両方をコントロールしうるものとしてみずからを与えるだろう。思うにそれは、『ポエジー』の遡及的・包含的な効果をじかに予告しながら、未来に結びつい

ない。〈以上〉《ル・プリュス》の決定不可能な統辞法のなかに標記された、〈終わり＝目的〉なき矛盾によって、この空間はみずからを揺り動かすのだ。〈以上〉の決定不可能な統辞法が実践的に探究されれば、「実際に、これ**以上**に現実的なものは何もなかった」という文をわれわれが読みなおすきっかけが与えられるかもしれない（「目覚めるとき、私のかみそりは、首を横切ってひとつの通路を切り開きつつ、次のことを証明するだろう。実際に、これ以上に現実的なものは何もなかった、ということを」）。[*71]

こうしたことは、「イデオロギー」——すなわち、ふつう「現実」（歴史、経済、政治、性、等々）の因果関係の場として参照される場のなかへの、個々のテクスト（ここでは狭く領域的な意味でのテクスト）の特殊な記入——の問題を、どのようなやり方で練り上げなおすときにも不可欠のプロトコルである。事物に、指示対象に、現実に、さらには概念や意味の最終審級に、**みずからの**テクストを関係づけていた素朴な開けは、**理論**の練り上げによって（少なくとも、そうした区画整理にとどまっていられればだが）きわめて慎重に宙吊りにされるか、少なくとも複雑にされなければならないだろう。安心を与えてくれる外部にエクリチュールを性急に接続しようとして、あるいは一切の観念論と手っとり早く縁を切ろうとして、最近のあれこれの理論上の獲得物を無視するようなことがあれば、そのたびになおいっそう間違いなく観念論へと後退することになるだろう（最近の理論上の獲得物とは次のようなものを指す。すなわち、あらゆる形の超越論的所記《シニフィエ》に対する批判、エクリチュールのロゴス中心主義的・表現主義的・模倣論的な概念と実践を司るすべてである意味の効果や対象指示の効果を脱構築し、転位させ、従わせること、間テクスト性の操作あるいは痕跡から痕跡への終わりなき回付から出発して、テクストの場を構築しなおすこと、主題、実体、内容、感性的ないし叡知的現前性といった効果を、それらが介在する可能性のある至るところで、空隙化《エスパスマン》の微分的＝示差的な場のなかへ書き込みなおすこと）。さらに、観念論へのこうした後退は、いま指摘したように、奇妙にも経験主義と形式主義という形象のなかで、観念論とつるむことしかできない一切のものを伴っているのである。

〈書物〉の再版のなかで。

第一の統一体から派生した分身であり、似姿《イマージュ》であり、模造《イミテーション》であり、表現であり、表象である書物は、みずからの起源――また模範《モデル》――を自身の外にもっている。すなわち「事物そのもの」をもっている。つまり、在るがままの「現実《レアリテ》」、もしくは記述し書く者によって知覚され、体験され、思考されるがままの「現実《レアリテ》」という存在者規定をもっている。要するに、現前《プレザン》する現実か、あるいは表象された《ルプレザンテ》〔再現された〕現実か、ということになるが、この二者択一自体が、先在する模範から派生したものである。〈書物〉の〈模範〉、〈模範〉としての〈書物〉は、現前《プレザンス》と再現前《ルプレザンタシオン》〔表象〕との絶対的合致、有限な認識が反省する以前にまず神の創造において産出されるような、そうした事物とその事物についての思考との**真理**（ホモイオーシス〔同化〕あるいはアダエクワチオ〔合致〕）ではなかろうか。中世では、神の〈書物〉である〈自然〉は、神の思考と言葉――すなわち、話すと同時にみずからが話すのを聞く真理である〈ロゴス〉、もろもろの原型の場にしてトポス・ノエートス〔叡智界〕あるいはトポス・ウラニオス〔天界〕への中継地でもある〈ロゴス〉、そうした〈ロゴス〉としての神の悟性《アンタンドマン》――に適った書き物だっただろう。表象的〔再現前

た一巻の本の三つの次元のなかにじかにみずからを書き込むだろう（かくしてすでに、それがそれであるところのもの、すなわち「ある未来の書物への序文」となるだろう）。この未来に結びついた本は、やむことのない序文として未来へ投げ込まれた〔未来において企てられた〕書物であり、無限に延期されたあらゆる書物に先立つ非‐書物であり、そして話すエポックの牢獄である書物の外に出る決定的な出口である。」（Sollers, « La science de Lautréamont », in *Logiques*, p. 279-280.）

的〉エクリチュールにして真実のエクリチュールであり、模範と自己自身とに合致しているエクリチュールである〈自然〉は、秩序立てられた一個の全体、読まれるべく自己を与える、意味を満載した一巻の書物でもあった。このときの「読まれるべく」とは、悟性《アンタンドマン》から悟性へと一つの言葉《パロール》〔話し言葉〕として聞かれる《アンタンドル》べく、という意味でなければならない。書物が神のロゴスを発する使命を負うとき、「眼は聞く」〈クローデル〉のである。

この想起――この引用――は序文の問いへと、序文というテクストの二重の書き込みないし二重の分節の問いへと、もっぱらわれわれを再び導き入れるのでなければならない。二重の、というのはすなわち、一方では、なんらかの〈ロゴス〉ないし〈論理学〉〔存在‐神‐論や絶対知〕を代理し表象する《ルプレザンタン》〈書物〉のなかに、序文のテクストが意味において包み込まれるという事態、しかし他方では、序文のテクストの外部性が残抗する《レスタンス》という事態（この外部性はテクストの可感的な厚みと混同されてはならない）、この二重の事態があるからである。

この想起はまたわれわれを、**種子**〔*semence*〕としての序文の問いへと導き入れるのでなければならない。χ（交差配列《キアスム》）（これを散種の主題的意図だと手っとり早く見なすこともつねに可能だろう）に従えば、序文は *semen*〔精液〕であるかぎりで、種子的差延として**残余**する――すなわち産出しつつ自分を消滅させる――ことがあると同時に、父の崇高さのなかへと再適合される《レアプロプリエ》[26]〔所有されなおす・固有化されなおす〕がままにもなりうる。自分の書いたものに付き添い、見惚れる父親、自分の息子の保証人になる父親、自分の種を支援し、引きとめ、理想化し、再‐内化し、統御することに必死の父親――序文は書物の序文としてのかぎりにおいては、そんな父親の言葉である。この場面は、もしそんなことがありえるならばではあるが、父と息子のあいだでのみ演じられることになるだろう。すなわち、自己‐授精、同族‐授精、再授精

である。ナルシシズムは法であり、法と一体となっている。プラトン的ポエーテイア〔援助〕の父性的形

（26）だからこそ、序文を、その己惚れを、その自己満足を、すなわち息子への父親のナルシシズム的賞賛を、やめるように忠告することが、古典修辞学において上品とされるのである。「**序文**はもう一つの落とし穴だ、**自我**は嫌悪すべきものである、とパスカルは言いました。［…］あなたの本が大衆にひろく読まれることになったら、それはパスカルの弁護となるでしょう」（ヴォルテール）。コンディヤックは『書く技術について。序文の過ち』のなかで『啓蒙書について』論じながら、こう描く。「序文は過ちのもう一つの源である。著者が自分の扱う主題の価値を、ときに滑稽に過大評価してこれ見よがしに展開するのは、まさに序文においてである。なるほど、われわれ以前に物を書いた人々が、われわれの手によって新しく照らし出される学問を、どういう点で取り残したか、これを見えるようにすることはきわめて適切なことだ。だが自分の労苦、自分の刻苦勉励、自分が乗り越えなければならなかった障害について語ること、自分の抱いたあらゆる考えを読者に知らせること、最初の序文だけで満足せずにさらにいくつもの序文を各巻、各章ごとにつけ加えること、不首尾に終わったあらゆる試みの物語を与えること、ひとが求めており、使えるものはただひとつだけであるのに、問題ごとにいくつもの解決手段を示すこと——こうしたことは一冊の書物を誇大にして読者をうんざりさせる技法だ。このような作品は、そこからあらゆる無駄な部分を切除すると、あとにほとんど何も残らないだろう。まるでこれらの著者は、自分が扱おうとする主題についての序文だけを書きたかったかのようだ。彼らが書き終えるすると、彼らが振りかざしていた問題は解かれないまま忘れられている」。そこでコンディヤックは、序文とあらゆる「無くても困らない語」を「剪定する」よう提案する。剪定すること、すなわち刈り込むこと。散種もまたテクストのなかで**裁断**をおこなうかもしれないが、それは逆に、コンディヤックが——ここで彼が代表している修辞学と哲学の全体が——かくも厳格に切除したがる諸形式にしばしば**似た**形式を生み出すためである。それから、このようなフランス式庭園における引用の接木の事情はどうなっているのか。それは禁止されているのか、繁殖しなければならないのか。トポスは剪定されなければならないのか。古典主義は、自分ではそうと知らずに、バロックのひとつの枝にすぎないのか。コンディヤックはラ・ブリュイエールを反復するが、ラ・ブリュイエール自身は……「人性論の多くの作品は、そこから読者への〈緒言〉、〈献呈文〉、〈序文〉、〈目次〉、〈賛辞〉などを取り除いてしまうと、書物の名に値する頁はわずかしか残らない」（ラ・ブリュイエール『人さまざま』「精神の諸作品」*72）等々。

象が、なおも舞台を占領するだろう。すなわち、プロレゴメナは**道徳的**審級として**提示**＝**現前化され**、言葉《パロール》に再び命を吹き込むためにのみ書かれるだろう。(27) こうしたプロレゴメナにおいて、言葉は現在《プレザン》＝現前において自己を宣言し、表明する。しばしば序文は流派の声明文だった。

種子的差延の消去あるいは昇華は、〈書物‐外〉の残抗が大いなる〈書物〉の存在‐神論的なもののなかへ内化され、飼い馴らされてしまう動きである。全面抵抗の地点——ここでは、たとえば「マラルメ」の名がその標記となる——は同形異義の装いの下で事後に運び去られてしまうことがつねにありうる。これもまた古い名の案件、名辞現象一般の案件、標記の偽の同一性の案件であって、散種はこの難問をその根幹において乱調させなければならない。

マラルメがなおも〈書物〉という古い名で企てていたことは、「たとえそれが現に存在しようと」、まったく他のことだっただろう。すなわち書物‐外だっただろう。だがクローデルは後からやって来た。**散種**の戯れは、予想されたことかもしれないが、しばしば彼を引用して出頭させる。そして、散種が一語一語その記号を変えてしまっているだろうもののすべてが、以下に集められている。

「われわれはあの運命的麻痺から、物質を前にした精神の打ちのめされたあの態度から、あの量の魅惑から脱出した。われわれは知っている、世界を支配するためにわれわれが作られたのであって、われわれを支配するために世界が作られたのではない、と。太陽が天に帰ってきて、われわれはカーテンを引きちぎり、布団張りした家具や安物の置物や「パラスの青白い胸像」を窓から放った。われわれは知っている、世界は実際ひとつのテクストであり、控えめにではあるが喜ばしげに、みずからの不在についてわれわれに語り、それだけでなく、他の或る者、すなわち〈創造主〉の永遠の現前についても語るのだ。ただ単にエクリチュールばかりでなく書き手が、単に死せる文字だけでなく生ける精神が、そして魔術の書ではなく、森羅万象を語った〈御言葉〉があるのだ。神よ！ 〈**エクリチュール**〉──卓越した〈エクリチュール〉、かの〈エクリチュール〉、すなわち〈聖なるエクリチュール〔聖書〕〉──によって、われわれは次のことを知っている。すなわち、**われわれは被造物のある種の始まりである**ということ、われわれは**万物が謎に包まれているのを、鏡**（まさしくイジチュールの鏡だ）**のなかに見るように、目撃する**ということ、**世界は内と外で書かれた書物**（イジチュールがその複写を作り上げようと努力していたあの書物）**であるということ**、そして、**目に見える事象は目に見えない事象の認識へわれわれを連れていくために作られてあるのだということ**。したがって、なんという注意をもって、われわれは事象を単に眺めるだけでなく、研究し問いたださねばならないのか！ そして、そのための多くの素晴らしい道具を使えるようにしてくれたことを、哲学と科学になんと感謝しなければならないことか！ 無限に増やされた手段を用いて、一方の手を〈書物〉中の〈書物〉のうえに、他方の手を〈天地万物〉に置きながら、十二世紀のあいだもっぱら〈信仰〉と〈芸術〉の〈父たち〉の仕事であった偉大なる象徴探究を、われわれが継続するのを阻むものはもはや何もない。(28)」

（27）しかし、さらによいのは──そしてこの二つの欲望は矛盾するものではない──言葉《パロール》が自分自身によって生気を取り戻し、『パイドロス』で言われているように、言説《ディスクール》が自分自身で答え、自分自身に責任をもつことである。そのとき言説は自分自身の父親となり、序文は不要になる。「読者の前で自分自身のために応答しない書物を、著者が序文のなかで擁護することはまったくもって無駄である」（ロック）。古典的な序文の本質上教育的な性格が、どのような点において、つねに道徳の言説を吐くかがわかる。ボードレールは言うだろう。「私の唯一の間違いは、万人の理解力をあてにしたこと、序文を書かなかったことだ。序文を書いていれば、そこで私の文学原理を提出し、かくも重要な〈道徳〉の問いを取り出したのだが」。*73

してみれば、有限な個々の書物は神の偉大な作品をモデルにした小品ということになり、それらはみな停止した思弁であり、大いなる像を受信したささやかな鏡たちだということになるだろう。その理想形態は総合学の書、すなわち、あらゆる書物をその内容において要約し、復唱し、整序し、知識の円環を踏破する絶対知の書物となるだろう。しかし、真理は反省や神の自己関係においてすでに構成済みであるわけだから、真理は自分が明白《パルラン》だとすでに知っているわけだから、**循環的**な書物は**教育的**でもあるだろう。そしてそのような書物の序文は予備教育的であるだろう。人間と神との類比的統一である百科全書《アンシクロペディック》モデル〔円環知モデル〕の権威は、さまざまな迂遠な手段によって、複雑な媒介に従って作用を及ぼしうる。さらに言えば、それは**模範**《モデル》であり規範的概念でさえある。このことは、エクリチュールの実践、とりわけ「文学的」といわれるエクリチュールの実践において、さまざまの勢力がこの模範《モデル》と無縁でいたり、あるいは対立したり、それを激しく危険にさらしたりすることと相容れないわけではない。さまざまに異なった、互いに還元しえない過程に従いながらも、ずっと以前からそうだったのだ。百科全書の企てはと言えば、それは中世に明確に表明され、長い年月をかけて（ウィトルウィウス、セネカ、ポセイドニオス等々）準備されたものであり、したがって、神学的本質と出所をもっているのであって、たとえ無神論者と称する数々の知性たちが大「百科全書」に参加したとしても、このことにかわりはない。この大「百科全書」はみずからの根に関して著しく無知であり意識を欠いていたのだった。

ヘーゲルは哲学の完成を宣言する。彼は絶対知の産出である『論理学』（大論理学）を著している。それは二つの〈序文〉と、そこで前書きの無益さとその危険までもが語られる一つの〈序論〉に先立たれている。しかしそればかりでなくヘーゲルは、知のあらゆる領域を統括する『哲学的諸学のエンツュクロペディー』も書いている。事実上は**部分**でありながら、しかし**第一の**部分である「論理学」（小論理学）は、実質上は大論理学と同一であり、それゆえ小論理学は大論理学を百科全書的大著の秩序立てられたエクリチュールのなかに書き込む。間違いなくこの百科全書《アンシクロペディー》＝円環知は、歴史においてなおもその名に値する最後のものである。哲学的百科全書は知の有機的かつ理性的な統一体であって、今日この題名で売られているもの〔百科事典〕のごとき、さまざまな内容の経験的寄せ集めではない。三つの序文（二番目のものがとくに重要なものとなった）で豊かになったヘーゲルの『エンツュクロペディー』は、われわれに次のように――いま一度――説明する〈序論〉で始まる。すなわち哲学は、「他の諸学が享受している利点、すなわち、みずからの**対象**が表象によって直接与えられているがゆえに対象を**前提すること**ができるばかりでなく、出発点およびその先で使用する認識**方法**をも**前提すること**ができるという利点を奪われ」ている、と。したがって哲学は、自分自身の内部から、みずからの対象と方法とを産出しなければならない、と。「[…]そのような区別自体が哲学の成果であり、哲学の**内部で**しか位置づけられない哲学的認識行為である。それゆえ**事前の**説明は非哲学的説明でしかありえず、前提、確約、理屈（*Räsonnements*）の塊――言い換えれば、それに反する主張も同程度の権利で対立しうる偶然的主張の塊――にすぎない。[…]認識する**前に**認識しようと望むのは、**水に飛び込む前に泳ぎ方**を学ばねばならないと主張する教師の炯眼な教えと同じくらいとっぴなことである。(29)」

（28） *Positions et Propositions*, I, p. 205-207.*74 強調クローデル。

（29） *Encyclopédie des sciences philosophiques*, éd. Gallimard, tr. M. de Gandillac, p. 73, 82-83.*75 同じモチーフは小論理学の冒頭でも繰り返されている。すなわち、「予備概念」（*Vorbegriffe*）は、「全体の概観から**引き出された**、そして全体の概観の後に生じる規定」として価値をもつのである（p. 93）。*76

事前の説明が百科全書の円環に絶対的に先行するならば、その説明は外部にとどまるのであり、何も説明しない。それは哲学的ではなく、極言すれば、不可能にとどまる。反対に、事前の説明が哲学的円環のなかに巻き込まれているならば、それはもはや**前**‐置きの作業ではなく、方法の実際の運動と客観性の構造に属している。自分を産み**自分自身を**享受する概念は、みずからの序文を止揚し、自分自身に没頭する。〈百科全書＝円環知〉は**みずからを**出産する。概念《コンセプト》の受胎《コンセプシオン》〔概念化〕は自己‐授精なのだ(30)。

神学的な種子のこうした自己への回帰は、自分自身の否定性と自己への差異を内化する。〈概念〉の〈生〉とは一種の必然性であるが、この必然性は、種子の散乱を**内に含み込み**〈理念〉の利になるように働かせることによって、それと同時に、その散乱から一切の喪失を、一切の運まかせの生産性を**締め出す**ような必然性である。排除は内包である(31)。このようにして抑圧される種子的差延とは対照的に、ロゴス中心主義の円環のなかで自己を自己に語る真理は、**父に帰着する**ものの言説である(32)。

---

(30) 概念と精神の哲学的本質規定である**生**は、必然的に、自然哲学の特殊対象である植物や生物の生の一般的特徴に従って描かれている。この類比《アナロジー》あるいは隠喩性——それは数々の恐るべき難問を提出する——は、百科全書的論理学の有機体としての性格によってのみ可能である。この観点から、以下の問題に関するヘーゲルのすべての分析を読んでみてもらいたい。「胚芽」の「自己のうちへの回帰」（三四七節と三四八節）、「内的偶然」（「動物は偶然的な**自発‐運動**をもっている。というのも、光が重力からもぎ取られた理念性であるのと同様に、動物の主観性はひとつの自由な時間であるからだ。この自由な時間は現実の外在性を免れるものとして、内的偶然に従ってみずからを**みずからの場所で自発的に**限定する。動物が**声**をもっているという事実はこのことに結びついている。動物の主観性は、現実的《エフェクティヴ》理念性（魂）として、時間と空間の抽象的理念性に対する支配であり、また**自分自身のうちで**自由に震えることに存する行為として、みずからの自発‐運動を表現しているのである（三五一節）」*77）、「欠如」と「交接」（三六九節）、そして一般的に言えば、生の**三段論法**、すなわち、自然の生——「**根源的病**と生まれつきの**死**の**胚芽**」をみずからのうちに、その有限性の

うちにはらむ自然の生――の真理と死（期限）としての精神の生。「主観性は生の理念においては概念であり、かくして主観性は**自分自身のもとで**現実性《エフェクティヴィテ》の絶対的な**即自存在**であり、具体的な普遍性なのである。自然の究極的な〈**他者‐の‐外‐存在**〉は止揚され（*aufgehoben*）、そして**自己自身のもとで**のみ自然のうちにある概念は、かくして**自己自身に対して**生成した〔対自となった〕のである」（三七五節と三七六節）。*78

序文はロゴスの**自然**なのか。概念の自然の生なのか。

(31) 理念の根源的自己分割（*Das Sich-Urteilen der Idee*）は、絶対精神としての〈理念〉の〈自己‐の‐もとに‐在ること〉および対自として生じる（第三の三段論法）。理念は「みずからを作動させ、自分を産み、自分自身を享受する」(*sich... betätigt, erzeugt und geniesst*)。銘句として『エンツュクロペディー』を閉じるアリストテレスの神のようである（五七七節、tr. M. de Gandillac, p. 500 *79）。

(32) 論理学は、法やロゴスとしての父親（死んだ父親――かつてなく死んだ父親）に帰着するもの（である）。すなわち止揚それ自体。それは**真**であり、ロゴス中心主義**の**真理をなす。すなわち、ロゴス中心主義的文化の真理を、そしてロゴス中心主義的な文化概念の真理をなす。私はヘーゲル弁証法において、止揚が自己を完遂しながら、いかに能記と所記の関係を組織するかについて明らかにしたことがある（«Le puits et la pyramide, Introduction à la sémiologie de Hegel», 1968, in *Hegel et la pensée moderne*, P.U.F., 1971）。*80 能記は意味（所記）の過程において止揚される（*aufgehoben*）。能記／所記の対立におけるこのアウフヘーブングの逆転によって、男根中心主義的弁証法の真理がそのままにされたり、確立されなおしたりすることだろう。すなわち、理性そのものが再確立されるわけである。ここでは、この理性を間違いだと責めることがとくに肝心なのではない。また同様に、リビドーはひとつであり（もちろんだ）、**だから**リビドーは男性的である（これはなぜだろう。共有された良識の問い）と、かくも深く言うときのフロイトを間違いだと責めることが肝心なのでもない。この主題については、ジャック・ラカンの『エクリ』（随所、とりわけ pp. 554, 692-695, 732 *81）を見られたい。

「女性の性」（そのように命名された問いばかりでなく、その問いが有する男根中心主義の問題系との明白なつながり、またそれほど明瞭ではないが、メタ言語――このメタ言語はなんらかの能記《シニフィアン》が**特権**視されるやいなやふたたび可能となり、放棄されたふりによって地位を取り戻す――の問題系とのつながり）について言えば、散種は、もしそれをよく検討してみれば、一種の母型（そのうえ理論的《テオリック》な、お試しの〔見るための〕母型）として読むことができる。この序文の

こうしたわけで、ヘーゲルが言説の生ける循環運動をエクリチュールの観点から問いただすことは決してない。たとえば、序文が百科全書の論理のなかで意味論的な仕方で止揚されるまさにそのとき、その序文が構成するあのテクスト的**残余**の**外部性**を、さらにはその反復的自律性を[33]、ヘーゲルは絶対に問わない。彼は序文を、この語の言わんとするところに従って問題にする。すなわちプロローグないしプロレゴメナの〈言わんと－欲すること〉、〈予め－言うこと〉、〈前に－言うこと〉（*pre-fari*）として序文を問題にするのであり、そのときプロローグないしプロレゴメナは、そのエピローグの最終幕から[*82]**宿され**[*83]（生きもののごとく）、布告されているのである。言説において、ロゴスは自己のもとにとどまりつづける。だがそれにもかかわらず、エクリチュール（ここではプロ－グラム〔pro-gramme 前もって－書かれたもの〕、処－方〔pre-scription 前もって－書くこと〕、前－口上〔pré-texte 前－テクスト〕）を概念の単なる経験上の屑とみなすことは禁じられるのであって、それはこの屑（ここで「屑」と言うのは、それを屑の立場から引き上げて止揚するためではなく、それを他の仕方で問うためである）が言説の生全体と**外延を同じくしている**からである。とりわけ、ここで外延を同じくするということは、等価や重複物ということではない。少なくとも、重複物の構造はもはや自明のものではない。ある種の外部性が重複物の構造においてみずからを反復し、執拗に立ち現れるのであり、その押印されたすべての標記を思弁の三段論法の外で操るのである。

ほとんど同一の狙いと結果をもって、ノヴァーリスは彼の『エンツュクロペディー』[34]のなかで（してみると、この作品が初穂の状態で散乱するにとどまったということ、尖った種子のまわりに引き裂かれるにとどまったということは、無意味なことだろうか）、**書かれた**書物としての全体的書物という**形式**についての問いをはっきりと提出している。網羅的かつ分類的なエクリチュール、知を秩序づけ分類するホログラム〔完全に書かれたもの〕は文学的エクリチュールに**席を譲る**のだ。「すべては百科全書化されなくてはならない」（p. 39）[*84]。「百科全書学」とは、「断片、書簡、詩、厳密な学術研究」（p. 39）[*85]——書物の破片のそれぞれは友人たちに献呈されなければならない——といった複数の様式に即して書かれた「学問的文書術《グラメール》〔学問文法〕のごとき」[*86]ものとなるだろう。文字的なものも、文学的なものも、書簡的なものも、その住処と生産領域を、このロマン主義的百科全書（「諸学を扱うゲーテ風のやり方——私の企て」p. 39）[*87]の生物学的な身体のなかに見出すだろう。というのも『花粉』の著者にとって、〈書物〉の秩序は有機体論的であると同時に一覧表的でなければならず、胚芽的であると同時に分析的でなければならなかったからだ。

解剖学の少し彼方に垣間見られるかもしれないのは、大論理学による序文の括弧入れが、精神分析の男根中心主義における解剖学の括弧入れと**同じ否認**によって働きかけられているということだ。きわめて明確なある欲得があって、そのせいで、ひとがそれなしで済ましてよいと主張するものが、この括弧入れのなかに置かれつづけ、見られつづけるのだ。

（33）へーゲルの数々の序文——このうえなく哲学的でありながらこのうえなく哲学的ではないそれら——が反復可能であるということ、すなわち、それらが自分たちの身分をそこから受け取るとみなされている論理学がなくても、それら自身においてある点まで**読解可能なまま残る**ということ、このことをどのように説明したらよいのか。もしへーゲルのすべての序文が、『小説の技法』におけるジェイムズの序文のように、分離された一冊の別の本に綴じられたとしたら、どうだろうか。あるいはへーゲルが序文しか書かなかったとしたら。あるいはへーゲルが序文をオードブル〔作品外〕に置くのではなくて、あちらこちらに、たとえば（『トリストラム・シャンディ』の序文のように）大〈論理学〉の**中央**に、すなわち**客観的論理学**と**主観的論理学**のあいだに、あるいはどんな場所にでも、挿入したとしたら。それによってどんな読解可能性も破壊されず、どんな意味効果も無効にならないということ——このことがなかんずく「言わんとする」のは、本来の経路をもたない文字の**残余**構造には、目的地《デスティナシオン》＝宛先に届かない可能性がつねにあるという事態が属しているということだ。

（34）『エンツュクロペディー』（*l'Encyclopédie*, tr. fr. M. de Gandillac, coll. « Arguments », éd. de Minuit, 1966）という表題で出版された断片。

発生上のプロ‐グラムあるいはテクスト上の序文の問題を避けて通ることはもはやできない。とはいえ、ノヴァーリスが**結局のところ**〔計算の終わりで〕種子を哲学のロゴス・スペルマティコス〔精子的ロゴス〕[35]という元の鞘に収めることがない、というわけではない。彼がそうしてしまうとき、後‐書きと序文は聖書的契機に舞い戻ってしまっているだろう。すなわち、ア・プリオリに巻物のなかに包含され、そのなかで理解された契機になってしまっているだろう。次のように。

「題材の索引――名の索引――プランは題材の索引でもある。ひとは題材の索引から始めるのだろうか」(p. 42)[*92]。

「表題、プラン、題材の索引のあいだの関係。**後書き**の必然性[*93]。」

「**百科全書主義的**。**哲学の銅板表**はどのような構成になるだろうか。範疇表――フィヒテの理論体系――二項論――マースの論理表――ベーコンの学問表、等々が、すでにその一部をなしている。すなわちもろもろの一覧表が。

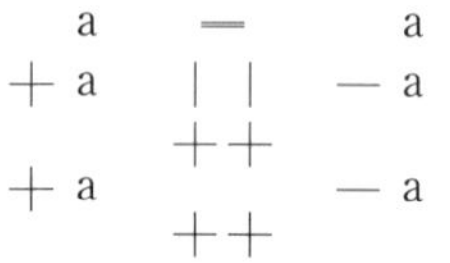

地理学——地球構造学——**鉱物学**——年代学——数学——技術——**化学**、経済学——政治学——直流電気学——物理学——芸術——生理学——音楽——紋章学——古銭学——統計学——文献学——文法学——心理学——文学——**哲学**——等々の銅板表。書物に先行する**プラン**はすでになんらかの仕方で表である——（アルファベット）——索引は**特殊な**語彙集にして**特殊な**百科全書である。（たとえば大きな一覧表になった幾何学——算術、代数学など。）およそ可能なすべての歴史——**文学**の、芸術の、そして**世界**の歴史——は、もろもろの表の連鎖へとまとめあげられるのでなければならない。（一覧表へまとめあげられる可能性が少なければ少ないほど、その書物の出来は悪い。）[*94]

文献学。**序文**は、**表題**は、**銘句**は、**プラン**は——**導入部**は——注は、本文《テクスト》は、**補遺**（一覧表など）は、**題材**

(35)「詩は哲学技法の一部である。哲学的述語は——**あらゆるところで自己-目的化**を表現する——それも間接的な自己-目的化を」(p. 312)。[*88]「哲学は本来的に郷愁《ノスタルジー》である——すなわち**あらゆるところで自分の家に**ありたいという憧れである」(p. 65)。[*89] だからこそ、自己への帰還における富裕化として着想された**種子の哲学**はつねに実体論的であり、ロマン派的な隠喩主義や意味の深遠さの神話に依存しており、バシュラールがたとえば『科学的精神の形成』のなかでスペルマと金について分析するイデオロギー（バシュラール自身はそれに屈服しない）に依存している。（種子的**差延**——これは単に種子、卵ではない。）散種においてスペルマと金が服する取り扱いは、いかなる神話的な汎スペルマ主義とも、いかなる錬金術的冶金学とも縁を切るものでなければならない。反対に、発生学の運動や学の発生運動との連結に着手することが肝心なのである。それも、学がエクリチュールや差異の難問を、すなわち種子的差延を隠喩以上のこととして考慮しなければならないあらゆるところで（『グラマトロジーについて』p. 19[*90] を参照のこと）。フロイトの次の文言を省略しながら引用したいと思うが、その針路を絶対に見失ってはならない。「心理学におけるわれわれの暫定的なすべての概念は、いつの日か、有機的支柱の土台のうえに据えられなければならないだろう」(« Pour introduire le narcissisme », in *la Vie sexuelle*, P.U.F., p. 86)。[*91]

の索引は、どのようなものでなくてはならないのか――そしてそれらはどのように秩序立てられ分類されるのか。プランは題材の索引の結合定式である――本文《テクスト》はその実行である。序文は詩的な幕開けである――あるいは製本屋や読者に向けられた緒言である。銘句は**音楽的主旋律**だ。序文は書物の使用上の注意を――読解の哲学を提供する。表題は**名**である。二重の表題と説明的な副題（表題の歴史《イストワール》）は名の定義であり分類である。[*95] **百科全書主義的**。書評、文芸、実験と観察、読むこと、書くこと、等々についての批判的形而上学を、私の書物は含んでいなければならない。[*96]」（p. 40）。

歴史《イストワール》それ自体が**前もって書かれて規定されて**いる。その展開、その不意の出来事、その不連続さえもが、この音楽的巻物の、「一般低音もしくは作曲の理論」でもあるこの百科全書の、**調子を狂わせて**はならないのだ。そしてこのエクリチュールの一般的組織のなかで、「文学的な」ものもまた固有の一地方と生まれを割り振られる。つまり聖書である。一覧表の空間としてばかりでなく、**自分自身を説明する**、すなわち自分の発生と領分と使用上の注意とを残りなく報告しようという野心をもつ種子的理性としての聖書である。（散種**もまた**自分を説明する〔外に拡げる〕（「**装置はみずからを説明する**[*97]〔外に拡げる〕」）が、まったく他の仕方によってである。種子の異種性・絶対的外部性である種子的差延は、みずからをプログラムへと作り上げるが、しかしそのプログラムは形式化できないものである。形式化できるいくつかの理由によって。差延の掟《コード》――つまり差延の破裂――の無限性は、百科全書の円環における自己への現前の飽和した形式をとらない。その無限性は、こう言ってよければ、**掟《コード》の代補**[*98]の絶えざる失墜に起因する。形式主義はもはや経験の豊かさの前に挫折するのではなく、あるひとつの**尻尾**に直面して挫折するのだ。その尻尾が**自分を噛むこと**〔堂々巡りをすること〕は鏡像的でも象徴的でもない。）

だがノヴァーリスの〈百科全書〉の未完成は、すなわち完成そのものの未完成は、何を意味するのか。経験的な偶発事をか。

「私の書物は一冊の学問的な聖書——現実的かつ理想的モデル——となり、あらゆる書物の胚芽とならねばならない。

文献学。まずは題材の索引とプランを作ること——次に本文《テクスト》——次に序論と序文——次に表題。——ありとあらゆる学問が**ただ一冊の書物**を構成する。ある学問は題材の索引に属し——別のある学問はプランに属する、こんな具合である。

[…]聖書の記述がもともと私の企てである——もっと正確に言えば、**聖書の理論**《バイブル》——書物《バイブル》の芸術と自然の理論——が私の企てである。（書物を聖書の水準に高めるやり方。）十全な完成に導かれた聖書は、**完璧な**——**よく整序された**——**図書館**である。聖書の図式は同時に図書館の図式でもある。真正な**図式**——真正な定式——は同時に、自分自身の発生——自分自身の用途、等々を指示する。

（**使用上の注意**に——説明書に——添えられた——ひとつひとつの対象の**用途**に関する——完全な**整理用カード**）」(p. 41)[*99]。

「完璧に仕上げられた書物は講義を無用なものにする。書物とは、一つの譜表（音楽のそれのように）のうえに書き込まれた、**補完された**自然である。」(p. 43)[*100]

最後の語〔「補完された」〕はノヴァーリスによって**強調**されている。書物は一つの譜表に書き込まれた自然である。自然と書巻本《ヴォリューム》との重なり合い、存在者の全体と百科全書のテクストとの音楽的同一性。こうした命題はなによりも伝統的な隠喩（「世界という大いなる書物を読むこと」等々）の旧来の地所へ舞い戻るように見える。しかし、この同一性は**所与**のものではない。すなわち、書物なき自然はなんらかの仕方で**不完全**である。存在するものの全体が書き込みの全体と一体になるとしたら、それらが自然**と**聖書、存在**と**書物という別々の二つのものをなすことが理解できなくなるだろう。とりわけ、両者の合算の可能性と、両者の合接《コンジョンクシオン》の場が理解できなくなるだろう。繋辞《コプラ》としての *est*（書物は自然**である**〔le livre *est* la nature〕）と接続詞《コンジョンクシオン》の *et* のどちらかを、ここで選択しなければならないのではないか。そして、述語による結合《アクプルマン》が可能であるためには、ある沈黙した合接が書物**と**自然とを接続して、一つのまとまり（*cum*）として考えることを可能にするのでなければならない。*est* による結合の意味は完遂ということであって、すなわち、エクリチュールが自然を反復するのではなく補完しにやってくる完遂的生産性であるということ――このことが意味するのは、自然はどこか不完全であるということ、自分がそうであるところのものであるための何かが自然には欠けているということ、自然は代補される必要があるということ、これである。自然が全体であるのだから、代補される必要は自然のみに起こることである。書物は自然につけ加わりにやって来るが（接続詞の *et* が示す加算的代補）、この加算によって書物はまた、自然を補完して自然の本質を完成させなければならない（繋辞の *est* が告げ知らせる、補完的・代理的代補）。図書館の囲いは、代補の論理――いやむしろ代補の書法――という蝶番で連結されて作動するのである。

　たとえ書物が自然の重複物であるとしても、そうした見せかけ《シミュラークル》による複製において自然につけ加わる書物の出現とともに、学問や文学のテクストは始まるのだ。このテクストは、神的‐論理的‐百科全書的空間――すなわち敷居なき〔〈婚姻＝処女膜〉なき〕[*101] 自己‐授精の空間――のなかでつねにすでに構成ずみの意味や真理を超過する。散種はミメーシスとしてのピュシスを揺さぶることによって、哲学を**舞台**にのせなおし〔上演しなおし〕、哲学の書物を戯れのなかに置きなおす〔作動させなおす〕のだ。(36)

---

(36) さらに散種は、ここでその訓練が必要な字句交換によって、哲学の書物を火のなかに置き戻す。この焼尽は、〈婚姻=処女膜〉の消尽と同様、始まることも終わることも決してない。この点において、書物の同一性は**消-費**[*102]される。「アレクサンドリアの図書館を燃やすことはできる。だが、パピルスの上方とその外に力はあるのだ。しばらくの間、力を取り戻す能力をわれわれは奪われるであろう。だがそのエネルギーが消え去ることはないだろう。」(Artaud, *Œuvres complètes*, t. IV, p. 14.)[*103]

祝祭と花火、消費、焼尽と見せかけ《シミュラークル》——こうしたものを、それだけでおのずと訴えるような熱心さでもって、**形式**の無邪気さや不毛さや無力さとみなすとしたら、素朴にすぎるというものだろう。『音楽と文芸』はつねに文学を祝祭へ導き戻すが、その終わりのところでは、地面の見せかけを出現させようとしているのか、それとも地面それ自体を見せかけに変えてしまおうとしているのか。このことを安心して知ることができるようなら、祝祭は、文学は、あるいは見せかけは、もはや存在しないだろう。「こうした地盤を爆破しなさい、暗闇のせいで地盤が見通せないときには。いや——提灯を並べなさい、見るために。あなたがたの思考は地面に見せかけを要求するということです。」[*104]

しかも、以下のことを繁殖させるために。

「それが何の役に立つというのか——

遊びにはなります。

次のことを目指して。すなわち、虚空からやってくるがごとき高度な魅きつける力——われわれはそれを受ける権利があります——は、事物が確固として支配的に樹立される場合におぼえる事物への退屈によってわれわれから遊びを引き出しながら、狂ったように事物を解き放ち、事物でもってみずからを満たし、また空っぽな空間を通して、随意の孤独な祝祭のうちで、事物に光輝を授けるに至るのです」(p. 647)。[*105]

ある講演への追伸《ヴュ》というかたちで、さらには講演というジャンルについて書かれた、次の覚え書き。

「[…] 次のことを目指して。[…] 高度な魅きつける力が [...]」。

もはや知によって導かれていないエクリチュールは大胆な超過を冒すが、それは即興に身を任せることではない。そのようなテクストを「開く」偶然あるいは賽の一振りは、テクストの形式上の配列の厳格な必然性と矛盾しない。その場合、**戯れ**とは、偶然と規則との、プログラムとその残余・余剰との一体性である。この**戯れ**がなおも**文学**や**書物**と呼ばれるとしても、それは、この同じ企ての否定的で無神論的な面（不十分ではあるが不可欠な転覆局面）を、その最終条項を露出させることによってのみだ。いまやこの同じ企ては、夢にまで見た成就であり完遂された全焼である閉じた書物の、その断面に身を持している。以上は、マラルメの〈書物〉のためのプログラム的脚注である。いまやこの声明から早くも読者が知るべきは、この脚注が現在の論考の対象となるということである。

自然の十全性とその自己同一性を認識すること――「たしかに、存在するものしか存在しない、――私たちはそれを知っているばかりか、そういう絶対的な公式の虜となっている。〔…〕〈自然〉は起こるのだ。それにつけ加えることはない」[*107]。この囚われの状態、すなわち定式と絶対知に囚われている状態に固執するなら、たとえ全体を完成させたり、全体を**それとして**考えるためであったとしても、全体につけ加わるようなものは何も考えられなくなるだろう。そして、自然という大いなる書物においてなおも全体の部分であるような、そんな模像ないし模倣的な写しですら考えられなくなるだろう。

しかし、このような絶対知の定式が思考の俎上にのぼり問題にされるようになると、そのとき全体は自分よりも大きな「部分」によって動かされるようになる。これは散種がその理論を担う注記《ルマルク》〔余白の書き込み〕の奇妙な引き算《スストラクシオン》であって、この注記は全体を**全体性効果**という必然性《ネセシテ》＝貧窮へと構成するのである。

こうした条件において「文学」は書物から**出る**。マラルメの〈書物〉は〈書物〉の出である。マラルメの〈書物〉には、聖書の末裔たるこのうえなく明白な親子関係の特徴が間違いなく認められる。少なくとも、ノヴァーリスの聖書の青写真が認められる。しかしそれは肯定された見せかけと芝居がかった演出によって、注記の不法侵入によって、聖書から**出てきた**のである。すなわち、マラルメの〈書物〉は帰還することなく永久に聖書を逃れるのであり、もはや聖書にその似姿《イマージュ》を送り返すことはないし、**図書館**の空間のなかで安らぐ、有限で〔仕上がった〕**据え置かれた**〔落ち着いた〕事物などではもはやない。

　こうした事態のために、およそどんな解読も二重化されざるをえない。たとえば、すでに多く出回っている次のような記章《メダル》に関しても。

　「つまるところ、おわかりでしょうが、世界は一冊の美しい書物へ到るべく作られているのです。」(p. 872)*108

　「[…]かつてひとが〈大いなる作業〉〔錬金術〕のかまどに火を入れるために家具や屋根の梁を燃やしたように、私は錬金術師の忍耐強さでもって、あらゆる虚栄とあらゆる満足を捧げる覚悟で、つねに他のことを夢見て、試みてきました。いったい何をでしょうか？　それを言い表わすのは困難です。端的に言えば、多くの巻からなる一冊の書物です。あらかじめ熟慮された、建築物のような書物と言えるような書物、偶然〔hazard〕（原文ママ）の思いつき——それがどんなに素晴らしいものであれ——の寄せ集めではない書物……。さらに踏み込形而上学的であるに劣らず花火製造術のものでもあるこの視点《ヴュ》。花火は思考と同じ高みで、そして思考を模範にして、理念的《イデアル》歓喜の祝賀を花開かせるのです」(p. 655)。*106

　代補的な読みをすれば、この視点が現れるだろう。重要なのは、ある死刑台、足場を設置したり解体するように苦心することなのだ。プラトンの太陽をマラルメのシャンデリアに瞬時に取り替えるためには、このことが必要となるだろう。

　文学の彼方——あるいは無。

んでこうも言いましょう。結局のところ書物は一冊しか存在しないと確信している〈書物〉です。書いた者が誰であれ――たとえ〈天才〉たちであっても――我知らず試みている〈書物〉です。これは〈大地〉についてのオルフェウス的説明ですが、それこそ詩人の唯一の義務であり、すぐれて文学的な遊戯なのです。というのも、そのときの非人称的で生き生きとした書物のリズムそのものは、ページづけに至るまで、この夢すなわち〈オード〉の方程式に並置されるのですから。[…]このことが私に取り憑いて離れないのです。そして私はうまくやれるかもしれません。けれども、うまくやれるとはいっても、それは、こうした作品を全体において作り上げることができるというのではなく（そのためには私の知らない誰かでなければなりません！）、その仕上がった一片を示すこと、その栄光ある真正さを一個の場所を介してきらめかせることができるというにすぎません。残りの全体は一生では不十分なので、それを指し示すにとどまります。このような書物が実在するということ、そして自分が完成できないでいるだろうものを私が知ったということ、このことを、作成した諸断片によって証明すること。」（ヴェルレーヌ宛、一八八五年十一月十六日。[*109]同じ手紙は、「匿名の……作業」、「みずからが語り出す、作者の声なき〈テクスト〉」とも名指している。）

さらには、通りすがりにではあるが、**隅とヴェール**の論理に従って、散種のありそうにもない場の前奏曲となっている次の文章。

「思うに〈文学〉は、〈芸術〉でもあり〈学問〉でもあるその源泉において捉えなおされるならば、われわれに一つの〈劇場〉を提供し、その〈劇場〉において展開されるさまざまの上演はまさに現代の祭式となるでしょう。われわれのもっとも美しい夢を満足させつつ人間を説明してくれる一冊の〈書物〉。こうしたことはすべて自然のなかに書かれているのだと思います。何も見ないことが利益になる者たちにだけ目を閉じさせておくような仕方で。そうした作品は実存するのです。誰もが知なしにこの作品を試みたのです。知らずのうちにこの作品の一表現を見つけなかったような天才あるいは道化はいません。このことを明らかにし、かくのごとき詩でありうるもののヴェールの隅を少し持ち上げてみることは、孤立のなかで、私の悦びであり、私の責め苦です」（p. 875-876）[*110]。

私の責め苦、私の悦び。

「何も見ない」ための、「知なき」〔sans le savoir〕書物のなかで、「知らずのうちに」〔sans le savoir〕（二度）。一面的な解釈ならば、〈自然〉（全体性における世界）と〈書物〉（あらゆるエクリチュールを大部に綴じたもの）との統一を結論づけるかもしれない。この統一が与えられていないのであれば、ただそれを復元すればよい、ということになろう。論述の円環によって内化され再同化された統一の目的論的プログラムは、序文の隔たりに錯覚の場所と備蓄の時間しか残さないだろう。あたかも――まさしくこの場合――序文が先行的未来〔前未来〕のたっぷりとした現前性のなかに、またあなたがたが後でその本当の定義を読んだことになるだろうあの**補助言説**という様態のなかに、穏やかに身を落ちつけることができるかのように。

ところが、序文は儀礼的《プロトコレール》な塊という姿でいたるところに存在するのであり、序文は書物よりも大きいのだ。「文学」は――実践上――全体の彼方をも指し示す。すなわち、補完あるいは代補されなくてはならない部分へと全体を変容させる「操作《オペラシオン》〔作品化〕」、書き込みをも示す。なにがしかの代補性は、「文学」とともに著者の形象もがそこで消滅するような「文学的戯れ」を開く。「そうです、〈文学〉はあるのです。

お望みならこう言ってもいいでしょう、すべてを除いてただそれだけが、と。少なくとも、〈文学〉の名よりも上等な名では似つかわしくない完遂があるのです」(p. 646)[*111]。

この完遂はノヴァーリスの百科全書的補完物のたがを外す。なるほど一見したところ、文学も、自分自身を(自分自身において)本質上欠いてはならない一個の全体の、その内部にある欠如(穴)を埋めようとするように見える。しかし、文学はまた**全体の除外**〔全面的例外〕でもあるのだ。すなわち、全体の内部での除外、全体の内部における自己欠如であると同時に、全体を除外すること、つまり、すべてを取り除いて、他の何ものもなしに、ただ独りだけで存在するもの、そういうものでもある。全体の内で**と同時に**その外で、まったく他なるものを、すなわち全体とは共通の尺度をもちえない他なるものを標記する部品《ピエス》〔破片・戯曲〕なのである。

このことによって、文学は打ち切られる。全体の外には何もないのだから、文学は実存《エグジスト》=外立しない。「全体の除外」が、全体の外が、すなわち、欠如なき引き算とでもいったものがあるのだから、文学は実存《エグジスト》=外立する。そして文学が、しかもそれだけが実存するのだから、全体《トゥ》は何でもなく《リヤン》、無《リヤン》がすべて《トゥ》である(「実際に、これ以上に現実的なものは何もなかった」[*112])。この〈以上〉における無〔〈余剰〉の無〕、この〈以下〉における〈以上〉は、(**存在する**ものの)意味——それがたとえ多義的であれ——の秩序を、散種の壊乱的な法へと開く。それは「文学的」実践のプロトコルから、存在と意味の新たな問題圏に**場**を与える(37)。

全体の彼方——これはテクストの別名であり、存在論がどのような仕方で存在者をその存在において、その現前性において規定しようとも、およそ一切の存在論に抵抗するものとしてのテクストの別名である——は *primum movens*〔第一動因〕ではない。とはいえ、この彼方の空欄(空っぽだが書き込みのある欄)

の諸効果は体系の内部に刻印されており、彼方はこの体系の「内側」から全体に虚構運動を印刷するのである。

こうした彼方は快楽と反復とを、ある複合的な**杯**[118]に従って律動させる。この連辞を通して何を読むべきだろうか。すなわち「杯」という標記を通して、あるいは「マラルメ」の杯を通して。

散種は、それ（のなかで）——すなわち**快楽の杯**（のなかで）——（みずから）を生産する。この杯は、〔本書の〕二つのテクストのそれぞれが有する二つの部分のあいだで起こる遮断において受け取られるべきものである。

---

(37)「[…]ええ、そうです、それは、**それは……である**、という言葉そのものに関してです」（ヴィエレ＝グリファンへの手紙、一八九一年八月七[113]日）。[114]さらにもう一度——後続の打撃は弱くなるが——まさしく序文の問いは、「序文作者たちの大道芸の舞台」（p. 364）[115]あるいは死刑台において上演されなおした存在の問いとなっている。エピローグとプロレゴメナの円環、ロゴスとしての〈自然＝書物〉という問い。『ヴァテック』の「序文」——「[…]おのれ自身で知るように留意し、「序文」からもはや何も聞こうとしなくなるという次第だ。[…]それは結構だが、私はこの権利を否認する[…]。もしあなたがたが待つことをしないならば、あなたがたの願いによって早められた判決——この判決はおそらく書物の自然化〔フランスへの帰化〕であろう——には、壮麗さを与えるに適したプロレゴメナが明らかに欠けてしまうことだろう」（p. 555）。[116]『賽の一振り』の「序文」——「私としては、この〈覚え書き〉をひとが読まないでいてくれたら、あるいは読み終えたら忘れてくれたらと思う。手慣れた〈読者〉はこの〈覚え書き〉から、彼の炯眼の彼方にあるようなものはほとんど何も学ばない。だが、後続の語——それらが存在するとおりに配置された語——が最後の語へと導くように〈詩〉の最初の語に視線を向けてしまう無邪気な者は、〈覚え書き〉によって混乱させられるかもしれない。この〈詩〉は読みの空隙《エスパスマン》以外に新しいもののない全体なのだ」。[117]したがって、『イジチュール』ばかりでなく『賽の一振り』もまた、一冊の書物ではなかったことになるだろう。

そして、まさにここにおいて、前口上《プレテクスト》〔テクスト以前〕は遠ざけられて《エカルテ》〔カード化されて〕いる。

「しかし私は確信をもって言いますが、ここに何かが存在するのです。何かが、わずかばかりのものが。故意にこう言いましょう、**ある無**が、と。**この無は実存する**のです。たとえば、**テクストに**等しいものとして〔…〕」(p. 638.[*119] 強調マラルメ)。

「たしかに、存在するものしか存在しない、——私たちはそれを知っているばかりか、そういう絶対的な公式の虜となっている。けれども、ある前口上《プレテクスト》〔テクスト以前〕のもとに、誘惑の囮を直ちに遠ざけてしまえば、私たちの言行不一致をさらけだし、私たちが手に入れたいと思っている喜びを否定することになる。なぜならば、この**彼方**こそは、そういう喜びの動因なのだから、いや、原動力だと言えるかもしれぬ、——虚構というものを、したがって文学のメカニズムを人前で冒瀆的にも分解して、こんな空無が主要部品だと麗々しくさらけだすのを、もし私が嫌わなければ。しかし、上方で炸裂するものについての意識がわれわれのところでは欠如しているということ、この意識上の欠如を、ひとが一種の詐欺によって、なんらかの禁じられた高み——稲妻の高み！——へと投影するそのやり方を、私は敬うのです。

それが何の役に立つというのか——
ひとつの遊びにはなりません」(p. 647[*120])

無なし。とりわけ、テクスト——杯〔裁断〕のなかで否定され、遠ざけられた《エカルテ》〔カード化された〕、われわれが得んと欲する快楽——に匹敵する無なし。だがここでも杯は、この無のなかに何か飲むべきものを残すわけではない。快楽がほとんど文学的といってよい本質をもつとしたら、快楽はどこに**場**をもつのか。

「誘惑助成《プリム》」、「予備的快楽」(*Vorlust*)、文学の形式的契機といったものが満たされるのは快楽の終わりになってでしかないが、そうだとしても、享受とは、しょせん誘惑の審級でしか、つまり、他の何ものでもないもの〔他なる無〕を代補するおまけ《プリム》でしかないだろう。快楽はつねに形式的であり、識閾《リメン》的だろう。ゼロだが終わりなし。維持されると同時に除去された抑圧。〈婚姻=処女膜《リメン》〉の書記法《グラフィック》。これはひるがえって、すべてのカップル、すべての概念対立——とりわけ、フロイトがいまわれわれに差し出したすべての概念対立——を問い詰める。

「意識上の欠如〔le conscient manque〕」(つねに一方の側へ傾きながらも、**自身のシステムを受け入れ可能な**不定の秤《バランス》。すなわち、ここでは〔conscient という〕名詞が形容詞に、〔manque という〕動詞が名詞になりうる)[121]は、〈その上〉でやって来る。超過の欠場である〈同〉が入場《アントル》し、代補かつ/また補完である補償物が入場する。「**単に、詩句は実存するのではない**、と知ろう。それは諸言語の欠陥に哲学的に報いるのであって、それは上級の補完物なのだ」(p. 364)[122]。

「熟考された区切《クープ》〔杯〕」の必要性。「自由詩(これについては繰り返すまい)もしくは熟考された区切をもつ散文とともに[123]」。

おそらく「外面的な封印」と「終わりの一撃」のために、ここで「発送の一撃《キックオフ》」を中断すること。**定期的伐採**[124]——すなわち「規則的に反復される天引き」。**暗伐あるいは下種伐**[125]——すなわち「林分からその一部の木々を取り除き、足元に残る木々がつける種子が、自然と散種され、地面に播かれるようにする作業」(リトレ)。

また、受光伐〔coupe claire〕、決定伐〔coupe définitive〕、区域伐〔coupe à tire et à aire〕[126]も行われるだろう。

ここで、決断によって、頭突き《ク・ドゥ・テット》によって中断すること。このとき序文は、みずからの切れ目《クピュール》と形象の必然性を、みずからの形式と隠喩的表象力――この隠喩的表象力を序文のせいにするのはたいへん軽率だろう(38)――の必然性を、書き込む。

一撃で〔一撃から〕準備されるべく残っているものを、前戯《プレリュード》なしに作動させること〔戯れに投じること〕。そうして次に自分自身でそこへ見に行くならば、ひとはなにがしかの片隅に巻き込まれながら、〈金／書物〉の杯〔〈書物／外〉の切断〕[*128]の事態に運よく遭遇するかもしれない。

---

(38) たとえば、「婚姻前の恋愛は、終わりのない書物の先頭にある、短すぎる序文に似ている」(プティ・セン[*127])。

プラトンのパルマケイアー

Tel Quel (n°s 32 et 33), 1968 初出。

Kolaphos：頬を殴打すること、平手打ち……（*kolaptô*）. *Kolaptô*：1．切傷を入れること。（とくに鳥について言うとき）ついばむこと。（そこから）くちばしで突いて切り刻みながら中を開けること……。（類比的に、馬が蹄で地面を叩くことを言う）。2．（1の意味から）切り込みを入れること、彫ること。*gramma eis aigeiron*［ポプラ］Anth. 9, 341, あるいは *kata phloiou*［樹皮］, Call. fr. 101, ポプラあるいは樹皮に書き込むこと〈語根 *Klaph.*〈参考〉語根 *Gluph.* 穿つ、引っ掻く〉。

一個のテクストがテクストであるのは、最初に見たとき、それが最初にやって来る誰に対しても、その構成の法とゲームの規則とを隠しているかぎりにおいてである。そもそも、テクストとはつねに知覚不可能にとどまるものである。その法と規則は接近不可能な秘密のなかに匿われているというわけではなく、ただ単に、**現在**〔現前態〕においては、知覚と厳密に名づけることができるような何ものにも、決してみずからをゆだねることがないというだけのことである。

もしそのようにゆだねることになれば、つねに、そして本質上、みずからを決定的に失ってしまうことになるだろう。そのような消滅もありえないことではないだろう。

いずれにせよ、テクストの織目組織が隠蔽されているために、その布地をほどくのに何世紀もかかるということもあるだろう。布地を包み込む布地。布地をほどくのにかかる幾世紀。布地をほどく作業は、また布地を組織体として再構成する。切断力をもつ痕跡の背後で、一つ一つの読解の裁断の背後で、布地自身の織地が際限なく再生される。批評はテクストの戯れに熟達した主人としてそれを統御し、それと同時にテクストのすべての糸を監視できると思い込んでいる。しかし、そうした批評の解剖学と生理学には、つねに驚きがとっておかれる。批評はまた、テクストに触れることなく、「対象」に手をつけることなく、そこに何か新しい糸を付け加えるという危険を冒すことなく〈指を挟まれるという危険はあるが、それはゲームに加わる唯一のチャンスである〉、テクストをそっと見守りたいという欲望を抱くことによって、思い違いをしている。この場合、付け加えるとは、読むべきものを与えるということと別のことではない。こうしたことを思考するように手はずを整えなければならない。とはいえ、それは刺繍をほどこすということではない。ただし、刺繍をほどこす術を知っているということは、やはり所与の糸――私たちに従ってもらえるならば、隠された糸、と言い換えられる――を辿るのに長けているということだと、そう考えるのであれば別だが。今日安易にそう考えられているように、読む《レクチュール》ことと書く《エクリチュール》ことにある一体性があるとしても、すなわち読むことは書くこと**である**としても、この一体性は、差異のなくなった混同でもなければ、一切の休息の同一性でもない。読むことを書くことに連結するこの〈**である**〉は、縫い目をほどく激しい戦いを引き起こさなければならない。

　したがって、ただ一つの、しかし二重になった挙措によって、読みかつ書く必要があるだろう。もしかすると、ひとは尾ひれを付け加えることを、言い換えれば、何でも付け加えることを突然許されたかのように感じるかもしれないが、そんなひとはゲームのことを何も理解していない。そのひとは何も付け加えないだろうし、裁縫は長続きしないだろう。また逆に、「方法論的慎重さ」「客観性の規範」「知の防護柵」

によって自分の持ち分を投入することを控える人は、読んでいるとさえ言えないだろう。「不真面目」も「真面目」も同じように愚かであり、同じように不毛だ。読むことあるいは書くことという代補は厳格な定めでなければならないけれども、それは**ゲーム**の必然性によって定められたものであるのだ。この場合、ゲームとは一種の記号であるが、この記号に対しては、それがもつすべての権力のシステムを認め与える必要があるのだ。

I

ほんのわずかのことを除けば、われわれは自分が**言わんと欲していた**すべてのことを、すでに言ってしまった。いずれにせよ、われわれの語彙系はほとんど尽き果てている。なにがしかの代補を別にすれば、われわれの問いが名づけなくてはならないのは、テクストの織目組織《テクスチュール》、読むことと書くこと、制御とゲーム、また代補性の逆説、生者と死者の書記的《グラフィック》関係、こうしたもののみである。しかもそれらを、テクスト的なものにおいて、繊維的なものにおいて、組織学的なもの[1]〔l'histologique〕において名づけるしかないのだ。われわれはこうした**織地**《ティシュ》の境界内に身を持そう。*istos* の隠喩と、隠喩の *istos* に関する問いとの、この両者のあいだに。

　われわれはすでにすべてを言ってしまったのだから、われわれがもう少し続けるとしたら、ひとは耐えなくてはならないだろう。われわれがゲームの力によってわれわれを拡張するとしたら。つまり、われわれが少しだけ**書く**としたら。――それもプラトンについて。『パイドロス』のなかですでに次のように言っていたプラトンについて。すなわち、エクリチュールは（みずからを）反復することしかできない、エクリチュールは「つねに同じものを記号する（*semainei*）」、そしてエクリチュールは「戯れ＝ゲーム（*paidia*）」である、と。

1. パルマケイア

始めなおそう。つまり、いずれにせよ、テクストの織目組織が隠蔽されているために、その布地をほどくのに何世紀もかかるということもあるだろう。われわれが提出したいと思うその例は、プラトンについて言えば、『ポリティコス』ではない。おそらく、そこに出てくる織工の範例のために、そしてとりわけ、その直前にあるあの範例の範例――すなわちエクリチュール――のために、[2] ひとはまず『ポリティコス』

(1)「*Istos, ou* (元来は) 立てられたもの、(そこから) I. 船のマスト。II. (古代の) 垂直の糸巻き (現代のような水平のものではない――ただしゴブラン織とインドのマニュファクチュアの場合は除く。この糸巻きから織機の上へ縦糸が出るようになっていた)。(この意味から) 1. 織機。2. (次いで) 織機に固定された縦糸、(次いで) 横糸。3. 織地、織布、布切れ。4. (類比的に) 蜘蛛の巣または蜂の巣。III. 棒、さお。IV. (類比的に) 脛の骨。」

(2)「**異国の者**――私のよき友よ、範例を使わなければ、多少なりとも重要な主題を満足いく仕方で論じることは困難なのだ。というのも、私たちは誰でも、夢の中ではすべてを知っていたのに、目覚めて明晰になると何もわからなくなると言ってよいかもしれないからだ。**若きソクラテス**――何を言いたいのです？　**異国の者**――とても奇妙な遭遇こそが、私たちの内部にある学知という現象に私を触れさせるように思われるのだ。**若きソクラテス**――いったいそれは何ですか？　**異国の者**――範例だよ。ああ幸運な若者よ、いま私には、私の範例そのものを説明するための範例が欠けているのだ。**若きソクラテス**――何ですか、話してください。私に対して、そんなに躊躇う必要はありませんよ！　**異国の者**

のことを思い浮かべたと思うけれども。『ポリティコス』には、長い迂路の後で立ち戻ることにする。

ここでは『パイドロス』から出発する。われわれは『パイドロス』について話そうと思うが、この対話篇は構成がよくないという評判を払拭するのに二五〇〇年近くを要した。プラトンは、上手にことをなすには、見事な品を構築するには、まだあまりに若かったのだと、まず人は思った。プラトンは、ディオゲネス・ラエルティオスは、『パイドロス』がプラトンの初めての試論であり、いくぶん青臭さをもっている（*meirakiôdes ti*）[3]という「評判」（*logos* [*sc. esti*], *legetai*）を報告している。シュライエルマッハーはこの言い伝えをつまらぬ論拠によって裏づけることができると思っている。年老いた書き手だったら、プラトンが『パイドロス』でしたようには文字を断罪しなかっただろう、というのだ。この論拠はただ単にそれ自体として疑わしいだけではない。それはラエルティオスの言い伝えをまた別の言い伝えによって信認するものである。実際、プラトンが書き手の活動を**単純に**断罪しているといううわさを流布させえたのは、よく物事を見ない粗野な読みだけである。ここでは何一つ一枚岩ではなく、『パイドロス』はそのエクリチュールにおいて、書くこと《エクリチュール》＝文字を最良の、もっとも高貴なゲームとして救おうとする――これは見失うことでもあるのだが――ゲームをも展開しているのだ。プラトンがこのように我が物にする見事なゲームについては、本論の先のところで、それがどのように生起し、決着するかを追跡しなければならないだろう。

ディオゲネス・ラエルティオスの伝統は一九〇五年にひっくり返されたが、それは『パイドロス』の構成がよいということを認めるに至るためではなく、その構成の欠点を今度は著者が年老いたがゆえの無能さに帰するためだった。「『パイドロス』の構成は悪い。この欠点は、ソクラテスがそこで芸術作品を生き物と定義しているだけにますます驚くべきものであるが、しっかり考えられたものを実現することができないということは、まさに年老いた証拠である」[4]。

われわれはもはやこんなところにとどまってはいない。もちろん、われわれの仮説は、厳密な、確実な、精緻な形式によってさらに豊かになっている。その仮説はいくつかの新しい調和点を発見し、それらを緻密な対位法において、主題や名や単語のさらに秘められた組織化において見破る。その仮説は、もろもろの論拠を我慢強く絡み合わせるある *sumplokè*〔編み合わせ、結合〕の全体を解きほぐす。堂々とした証明が、しなやかに、アイロニーと慎しみをもって、この仮説のなかで主張されては消滅していく。

とりわけ——そしてこれはわれわれの補足的な糸となるが——周知のように、エクリチュールの起源、歴史、価値に割かれた最後の部分全体（274*b* 以下）、すなわち**エクリチュール裁判**のあの予審全体は、追加された神話的気まぐれとして、それがなくても対話篇の機構が損傷を受けることなく済んだような付録として現れることを、いつの日かやめなければならないだろう。実はその予審は『パイドロス』の始めから終わりまで、厳格に要求されているのである。

そこにはつねにアイロニーが伴っている。しかし、アイロニーはここでどのような事情にあり、またその主要な記号は何であるのか？ 対話篇は、「厳密に言って独創的であるプラトン的神話——すなわち、

——話そう。あなたは私についてくる準備があるようだから。私たちにとって、次のことは周知のことだと思う。すなわち、子どもたちは文字《エクリチュール》を覚えたての頃……（*otan arti grammatôn empeiroi gignôntai*…）」（277*de*. ディエス訳）。そして、文字に絡め取られている事態（*sumplokè*）の記述は、文法の経験において範例に依拠する必要性を描き出し、それから徐々に、「王のごとき」形におけるこの手段の使用へと、そして機織りの範例へと至る。

（3）『パイドロス』の解釈の歴史については、またその構成の問題については、L. Robin, *Théorie platonicienne de l'amour* (P.U.F., 2e édit. 1964) と『パイドロス』のビュデ版の同著者による「導入」のなかで、豊かな総括を読むことができる。

（4）H. Raeder, *Platons philosophische Entwicklung*, Leipzig, 1905. E. Bourguet はこの著者を «Sur la composition du *Phèdre*», in *Revue de Métaphysique et de Morale*, 1919, p. 335 で批判している。

『パイドロス』における蟬の寓話、そして同対話篇におけるテウト神の寓話(5)を含んでいるだけである。ところで、対話の冒頭のソクラテスの最初の言葉は、もろもろの神話素を「散歩に送り出す」ためのものだった（229*c*-230*a*）。それは神話素を絶対的に忌避するためではなく、神話素を散歩に送り出すことによって、神話素にその野を与えることによって、自然学の「合理主義者」たちの重たく生真面目な素朴さから神話素を解放し、それと同時に、自己自身が自己関係において、自己知において、神話素を脱ぎ棄てるためでもあった。

神話を散歩に送り出すこと、神話に別れの挨拶をすること、神話をヴァカンスに出すこと、神話に暇を出すこと――*khairein*（これらすべてを同時に意味する単語）のこうした立派な決断は、あの「プラトンの二つの神話」〔蟬の寓話とテウト神の寓話〕、すなわち「厳密に言って独創的」である神話を迎え入れるために、二度中断されることになるだろう。ところで、この二つの神話はどちらも、書かれたものについての問いが開かれるときに登場する。なるほど、蟬の物語のほうはさほど明瞭というわけではない――いまだかつてこのことを取り上げた人がいただろうか。しかし、さほど不確かというわけでもない。二つの神話は同じ問いの後に登場し、ほんの短い間、ちょうど迂回の時間によってしか切り離されていない。たしかに最初の神話は問いに答えずに、むしろ問いを宙吊りにしている。それは休憩の標記となっており、われわれは二つ目の神話へと至る再開を待つ。

読んでみよう。実際に、対話のきわめて正確に計算された真ん中で――行数を数えることもできる――**弁論代作**《ロゴグラフィ》〔ロゴス書記法〕とはどのようなものであるかが問われる（257*c*）。パイドロスはこう指摘する。もっとも有力でもっとも尊敬される市民たち、もっとも自由な人間たちは、「言説を書く」ことに、そしてみずからの背後に *sungrammata*〔書き物〕を残すことに恥ずかしさを覚える（*aiskhunontai*）ものだ、と。

そうした人々は後世による判断を心配しており、「ソフィスト」とみなされることを恐れる（257*d*）。厳密な意味での弁論代作人《ロゴグラフ》〔ロゴス書記者〕とは、訴訟人のために、自分自身が発話するわけではない言説、自分が（こう言ってよければ）生身で立ち会うのではない言説、そして自分が不在のときにその効果を発揮する言説を起草する者であった。書かれた言説の作者は、自分が現に言わず、また本当だったら決して言わないだろうような、そしておそらくは考えることすらないようなことを書くことによって、すでにソフィスト——すなわち、非‐現前の、非‐真理の人間——の陣営に与しているのである。したがって、すでにエクリチュールは舞台に上げられているのだ。**書かれたもの**と**真なるもの**の両立不可能性は、いかに人間が快楽によって自己自身の外に置かれてしまうか、歌の悦楽のなかで自己自身に不在となり、自分を忘却し、死んでしまうかについて、ソクラテスが語り始める瞬間にはっきりと告知される（259*c*）。

しかし結論は延期されている。ソクラテスの態度はいまだ中立的である。書くことは、それ自体としては、恥ずべき、品のない、おぞましい（*aiskhron*）活動ではない。人が名誉を失うのは、ただ不名誉な仕方で書く場合だけである。だが不名誉な仕方で書くとはどういうことか。また——パイドロスもこう問うている——見事な仕方で（*kalôs*）書くとはどういうことか。この問いは、対話を分割する中心的な葉脈、大いなる折り目を描く。この問いと、最後の箇所でこの問いの言葉を反復する答え（「……書くことは作法に適ったことなのか、それとも無作法なことなのか、書くことがなされてもよいのはどのような条件においてなのか、書くことが救いとなるのはどのような条件においてなのか、これこそがわれわれに残された問いだということ、これは本当ではないかね」274*b*）とのあいだのつながりの糸は、蟬の寓話を通して、

（5） P. Frutiger, *les Mythes de Platon*, p. 233.

また魂の誘導法《プシカゴジー》や修辞学や問答法《ディアレクティク》＝弁証法といった主題を通して、表立っているとは言えないが堅固なままである。

　さて、ソクラテスは神話を散歩に送り出すことから始める。そしてエクリチュールの前で二度立ち止まり、彼は二つの神話を発明するのであるが、それは、後で見るように、完全な仕方においてではなく、彼の仕事においてかつてないほど自由に、自然発生的な仕方においてである。ところで *khairein* は『パイドロス』の冒頭で、**真理の名において場をもつ**〔*a lieu* 起こる〕。神話がエクリチュールの名においてヴァカンスから戻ってくるという事実をよく考えてほしい。

　khairein は**真理の名において場をもつ**。すなわち、真理の認識という名において、さらに正確に言えば、自己認識における真理という名において。これこそソクラテスが説明していることである（230*a*）。しかし、自己知のこの命法は、自己への現前の透明な直接性のなかでまず感じられたり指示されているわけではない。それは知覚されていない。単に解釈され、読まれ、解読されているだけである。ある解釈学が直観を**指定する**〔*assigne* 記号づける〕。神託以外の何ものでもないある碑文《アンスクリプシオン》〔書き込み〕、すなわち *delphikon gramma*〔デルフォイの碑銘〕が、その沈黙した暗号を介して指示を下す《プレスクリ》のであり、自己視《オートスコピー》と自己診断《オートグノジー》とを――ひとが命令を通達《シニフィ》するように――意味＝記号《シニフィ》するのである。この自己視と自己診断は、ソクラテスが神話の解釈学的冒険――これもまたソフィストたちに帰せられている――に対置することができると信じている当のものである（229*d*）。

　また *khairein* は真理の名において**場**をもつ。対話のトポスはどうでもよいものではない。主題（修辞学における意味での場）は、そのつど意味をなす立地のなかに密接に記載され、立地のなかで理解されているのであって、主題は上演されているのである。そしてこの演劇的地理のなかで、場の統一性は無謬の計算や必然性に従う。たとえば、対話全体にのしかかっている暑さがこの二人の友人を街の外に、田舎に、イーリッソス河のほとりに導かなかったなら、蟬の寓話は場をもたなかっただろうし、語られなかっただろうし、ソクラテスもそれを語るようそそのかされなかっただろう。蟬族の系譜学を語るに先立って、ソクラテスは、「蟬たちの合唱にこだまする夏の明晰なメロディー」（230*c*）と言っていた。しかし、それは対話の空間が要求する対位法効果の唯一のものではない。*khairein* と自己視への折り返しにきっかけ《プレテクスト》を与える神話自体、この散歩の始めの一歩からつとに、イーリッソス河の光景においてしか生じえない。パイドロスが尋ねるように、伝統の言うところを信じるのなら、ボレアスがオーレイテュイアをさらったのは、この場所ではなかったか。この水辺の澄み切った純粋さは、この川岸は、若い乙女たちを歓迎し、魔法のように彼女たちを魅了し、遊戯へと誘ったはずだ。そこでソクラテスはからかい半分、*sophoi*〔知恵者たち〕の合理主義的・自然学主義的な流儀をまねて、この神話の衒学的な説明を提出する。ボレアスの風〔北風〕（*pneuma Boreou*）がオーレイテュイアを押して、奈落へと、「隣接する岩々の下に」転げ落としたのは、彼女がパルマケイアと戯れていた（*sun Pharmakeia paizousan*）そのときだったのだ、と。そして、「彼女の死の状況そのものから、ボレアスによる誘拐という神話が生まれたのだ。パイドロス、この手の説明はそれなりに楽しいとは思うよ。けれども、それにはあまりにも多くの才能が、労力が必要であって、そんなことをしても少しも幸せではないよ……」。

『パイドロス』の冒頭における、このパルマケイアへの短い言及は偶然だろうか。それは前菜《オードブル》〔作品外〕だろうか。ロバンの注記によれば、「おそらくは治療のための」一つの泉がパルマケイアに献じられていたという。いずれにせよ、次のことを頭に入れておこう。すなわち、**パルマケイアと戯れることによって**奈落へと転げ落ちて死に襲われたこの**乙女**〔処女〕の場面を、ある一つの小さな染みが、言い換えれば一つの編み目（*macula*〔あざ、斑点〕）が、この対話全体にとっての画布の背景のように印づけている、と。またパルマケイアー（*Pharmakeia*）は、*pharmakon*、薬物——すなわち治療薬かつ／あるいは毒薬——の処方を意味する普通名詞でもある。「毒殺」は「パルマケイアー」の非日常的な意味ではなかった。アンティポンは「継母毒殺の告発」（*Pharmakeias kata tes metryas*）という代作弁論《ロゴグラム》をわれわれに残している。パルマケイア＝パルマケイアーはその戯れによって、処女的純粋さと手つかずの内部を死へと連れ去ったのである。

そのすぐ先のところでソクラテスは、パイドロスが携えてきた書かれたテクストを一種の薬物（*pharmakon*）に喩える。治療薬であると同時に毒薬でもあるこのパルマコン、この「医薬」、この媚薬は、その両義性全体をもって、この言説の本体のなかにすでに忍び込んでいる。この魔力、この魅惑する力、この呪縛する力は——代わるがわる、あるいは同時に——有益でも有害でもありうる。もっと先のところでわれわれは、パルマコンを反《アンチ》－物質《スユプスタンス》〔反－実体〕として認識するに至らざるをえないのであるが、もしそうしないですむのであれば、パルマコンとは、不可解な効力をもつその素材《マチエール》〔質料〕の点から見て、隠された深さをもつ一種の**物質**《スユプスタンス》（この単語がもちうるあらゆる暗示的意味をこめて）であり、その両義性は分析を拒み、すでにして錬金術の空間を準備していると言えよう。すなわち、それは一切の哲学素に抵抗するものであり、非－同一性、非－本質、非－実体《スユプスタンス》として哲学素を不定の仕方で際限なく超過し、またそのことによって哲学素に、その資産《フォン》とその基盤《フォン》の不在とのあいだの尽きることのない敵対関係を提供するのである。

パルマコンは誘惑によって作用し、一般的な法と道（それらが自然なものであれ慣習的なものであれ）の外へと連れ出す。ここではソクラテスが彼固有の場といつもの道のりから連れ出される。いつもならソクラテスは街の内部につねに留まっていた。エクリチュールの紙束は一種のパルマコンとして作用し、それは、かつて決して都市から出ようとしなかった人間、たとえ最後の瞬間にドクニンジンから逃れるためであっても都市から出ようとはしなかった人間を、都市の外へと押しやるあるいは誘い出すのである。エクリチュールの紙束はソクラテスを自己の外に連れ出し、本来的な意味で**出国**《エグゾード》〔道の外〕であるような道へ彼を引っ張っていく。

パイドロス――〔…〕あなたは案内人に連れられた異邦人のようで、土地の人間のようには見えませんね。実際には、あなたは都市を離れたことがなく、国境線を越えて旅行することも、また私が思うに、そもそも〈城壁〉の外に出ることもない！

ソクラテス――よき友よ、私に寛大にしてほしい。君も知ってのとおり、私は学ぶことを愛する人間なのだ。ところが、田畑や木々は私に何も教えてくれようとはしない。都市の人間たちは何かを教えてくれる。とはいえ、どうやら君は私を外へ連れ出す薬物を発見したようだね！（*dokeis moi tes emes exodou to pharmakon eurekenai*）家畜を誘導するとき、ひとは家畜たちが空腹のときに、葉のついた枝やら果物やらを彼らの鼻先で振ってみせるではないか。君は同じことを私にしているのだよ。書物のなかの（*en bibliois*）話を私の目の前に差し出せば、君は、アッティカ全土はおろか、その他のどこへでも、君の思いのままのところへ、私を引きまわすことができるだろう！　なにはともあれ、いまやここまでやって来たのだから、私は全身を伸ばして横になることにするよ！　君のほうは、読むのに一番楽だと思う姿勢になって、読んでくれたまえ（230*de*）。

まさにこの瞬間に、すなわち、ついにソクラテスが長々と全身を横たえ、パイドロスがテクストを――

パルマコンを、と言ってもよい――扱うのに一番楽な姿勢をとったまさにそのときに、対話が開始されるのである。口頭で発せられた言説――リュシアスあるいはパイドロスその人自身によって発せられた言説――、ソクラテスが**現に居合わせる前で現前的に**発せられた言説であったならば、同じ効果は生じなかっただろう。*logoi en bibliois*〔書物のなかの言葉〕、すなわち、延期され〔差延され〕、保留され、包まれ、巻物にされた言葉は、堅固な客体という姿で、またそうした客体の掩護のもとで、ひとに期待を抱かせて待たせるのであり、ある道のりの時間の合間において欲望されるがままになる。そのようにして、ただ *logoi en bibliois* のみが、差延された言葉のみが、隠された文字のみが、ソクラテスを歩ませることができるのである。言葉が純粋に現前的であり、ヴェールを剝がされ、丸裸にされ、よそ者的な《エトランジェ》能記《シニフィアン》の迂回もなく真理において生身で差し出されうるとしたら、すなわち極限的に言えば、差延されていないロゴスが可能であるとしたら、それは誘惑しないだろう。そのようなロゴスはソクラテスを、パルマコンの効力にやられたかのように、彼のいつもの道から外に連れ出すことはないだろう。先取りして言おう。すでにしてエクリチュールが、パルマコンが、道の踏み外しがあるのだ。

すでに気づいたことと思うが、われわれが使用しているプラトンの翻訳はギヨーム・ビュデ版のものであり、それは定着した権威ある翻訳である。『パイドロス』はレオン・ロバンの翻訳である。われわれは今後もこの版を使うことにするが、ただし都合がよいと思われたり、またわれわれの意図から見て適切だと思われる場合には、ギリシア語のテクストを括弧つきで挿入する。たとえばパルマコンという単語がそうである。パルマコンという単語は、歪曲によって、不確定あるいは重層決定によって――とはいえ意味の取り違えではない――同じ単語を「治療薬」「毒薬」「薬」「媚薬」等々と翻訳することを可能にした、そうした調節された多義性をもっている。こうした多義性は、ギリシア語を括弧つきで挿入したほうが、よりよく浮かび上がってくるだろうと、そうわれわれは期待する。さらにまた、この概念の可塑的な統一性が、あるいはむしろその規則性が、そしてこの概念をその能記《シニフィアン》に結びつけている奇妙な論理が、いかにばらばらにされ、仮面で覆い隠され、摩滅させられ、相対的な読解不可能性に侵されてきたかも、目の当たりにできるだろう。この読解不可能性は、たしかに翻訳者たちの軽率さや経験主義のせいもあるが、しかしそれはまず第一に、翻訳の恐るべき還元不可能な困難さのせいである。それは原理的な困難であって、この困難の原因は、ある言語から別の言語への移行や、哲学の言語から別の言語への移行にあるというよりも、後で見るように、すでにギリシア語からギリシア語への伝承《トラディシオン》に、そして非哲学素から哲学素への暴力的な伝承にある。この翻訳という難問によって、われわれはまさしく哲学への移行という難問に関わることになるだろう。

ソクラテスを彼の留保〔réserve 備蓄、保護地域〕から、そして彼がその場所で学び、教え、語り、対話することを愛する空間——都市という保護された囲いの内部——から、外へと連れ出すビブリア〔書物〕は、「書くことにかけては当代きっての達人」(*deinotatos ôn tôn nun graphein*) が書いたテクストを含んでいる。それはリュシアスのことである。パイドロスはそのテクストを——言うならばパルマコンを——マントの下に隠しもっている。彼は暗記していないので、テクストが必要なのである。この点は話の続きにとって重要である。エクリチュールの問題は「心によって知る〔暗記している〕」という問題に結びつけられることになるからである。ソクラテスが長々と横になり、パイドロスにもっとも楽な姿勢をとるようにと促すよりも前に、パイドロスはテクストの助けを借りずに、リュシアスの論証を、その議論を、その言説の目論見を、つまりディアノイア〔考え〕を、復元してみようと提案していた。そのときソクラテスがパイドロスを止める。「だがまず最初に、親友よ、君が左手で、マントの下に隠しもっているものを、私に見せてくれてからのことだね……。君がそこにもっているのは言説の原物そのもの（*ton logon auton*）だとにらんだのだから」（228*d*）。パルマケイアが召喚され、神話に暇が出されたのは、こうした要請と朗読が始まるまでのあいだ、すなわち、パルマコンがパイドロスのマントの下をうろうろしていたあいだだったのである。

エクリチュールはパルマコンであるということが、テウトの神話の中心ではっきりと述べられる以前のところで、すでにビブリアとパルマカ〔パルマコンの複数形〕とが、どちらかといえば悪意ある、あるいは疑り深い意図の下で、またしても結びつけられる。これは偶然なのだろうか、それとも調和のとれたことなのだろうか。実際、学問にもとづいた真の医学に、経験的な実践、暗記した処方による施術、書物から得た知識、薬の盲目的使用などが出し抜けに対置されている。これらはすべてマニア〔狂気〕に属することだと言われる。「彼らならこう言うだろう。この男は狂っている、と。書物のなかのどこかで（*ek biblion*）聞きかじったか、たまたま何らかの薬（*pharmakiois*）を見つけたかしたら、その術について何一つ理解していないくせに、もうすっかり医者になったつもりでいる！」（268*c*）。

ここでのエクリチュールとパルマコンの結合はまだ外的なものに思われる。それを結びつけるのは人為的で、まったく偶然だと考える向きもあるだろう。しかし意図と語調はまったく同じである。すなわち、同じ一つの容疑の同じ振舞いによって、書物と薬物、エクリチュールと不可思議で曖昧な効能――経験主義と偶然に委ねられ、必然性の諸法則に則ってではなく、魔術の手段に則って作用するような効用――は、一括りにされるのである。書物、ビブリアのなかに閉じ込められて死んだ硬直した知、蓄積された歴史、専門用語の目録、丸暗記された処方箋や決まった様式、こういったものはすべて、パルマコンが医学と無縁であるのと同じく、生きた知や問答法《ディアレクティク》に無縁である。また神話が知に無縁であるように。プラトンはといえば、彼は神話を機会に応じて、神話の始源－学的あるいは古事－学的な効力において操る術にたけていたのであるから、この最後の対立〔神話と知の対立〕の巨大さと難点がうかがい知れるというものである。この難点は、エクリチュールはパルマコンであるという真理──起源にまつわる真理──それ自体が、まずある一つの神話に委ねられるという点に刻み込まれている（これは数多くの例のなかの一つであるが、われわれはここではもっぱらこの例について考えることにする）。その神話とはテウトの神話である。いまやこの神話を考察してみよう。

実際、対話のこの地点までは、パルマコンと書記素《グラフェーム》とは、いわば遠くから互いに合図を送りあい、間接的に互いへと送り返しあっており、さながらそれが偶然であるかのように、同一線上において一緒に姿を見せたり消したりしていた。そしてその理由もまだはっきりせず、その効果もあまり目立つものではないし、いずれにせよ意図的なものではなかったかもしれない。しかし、この疑念を一掃するために、また意図的・非意図的というカテゴリーが読解作業においていくばくかの絶対的な妥当性をいまだにもっていると仮定するとして──こんなことをわれわれは一瞬たりとも信じないし、少なくとも、われわれがいまそこを前進しているテクスト的水準においては信じられない──、それでは対話の最終局面、すなわちテウトが舞台に登場する場面に至ったらどうなるか、見てみよう。

今度は隠れた媒介も秘めた論証もなしに、単刀直入にエクリチュールは一種のパルマコンとして提出され、紹介され、宣言されている（274*e*）。

ある見方からすれば、この断片箇所は、一個の補遺として、余計な付け足し《スュプレマン》〔代補〕として、切り離されてよかったとも考えられる。それ以前の段階にこの部分を呼び招くものがすでにあったにせよ、プラトンがこの部分をいささか余興、前菜《オードブル》、あるいはむしろ一種のデザートのようなものとして提供していることは事実である。この代補《スュプレマン》——すなわちエクリチュール、あるいはお望みならパルマコンと言ってもよい——がもち出されるとき、対話のすべての主題《スュジェ》＝主体、すなわちテーマも対話者たちも、尽き果てているように見える。「このようにして、話すことにおける技術《アール》とは、また技術がないとはどのようなことであるか（*to men tekhnes te kai atekhnias logôn*）[6]については、これで十分に論議が尽くされた……」（274*b*）。しかしながらエクリチュールの問いが設立され組織化されるのは、まさにこの全般的な汲み尽くし〔疲労困憊〕の瞬間においてである。[7] しかも、先の箇所で *aiskhron*〔恥ずべき〕という単語（あるいはその副詞 *aiskhrôs*）が予告していたように、エクリチュール問題はまさしく道徳問題として開始されている。エクリチュール問題の核心はまさに**道徳性**であって、それも善悪や良し悪しの対立という意味ばかりでなく、良俗、すなわち公共道徳や社会的作法という意味における道徳性なのである。してよいこととしてはいけないことを知ることが重要なのだ。こうした道徳への懸念は、真理や記憶や問答法といった問題といささかも区別されない。これらの問題はすぐにエクリチュール問題**そのもの**として着手されることになるが、これらの問題は道徳の主題と密接に結びついており、さらに道徳の主題を単なる重ね合わせによってではなく、本質上の親近性によって展開してもいる。しかし、都市国家の政治的発展、文字《エクリチュール》の普及、ソフィストや弁論代作人〔ロゴス書記者〕の活動などからきわめて現在的な性格をもつ討論において、まず第一に強調されるのは、当然のことながら政治的・社会的な適切さである。ソクラテスが提出する判定は適切／不適切（*euprepeia*/*aprepeia*）という価値対立のなかで作動している。「〔…〕しかし、書くことは作法に適ったことなのか、それとも無作法なことなのか、書くことがなされてもよいのはどのような条件においてなのか、書くことが救いとなるのはどのような条件においてなのか、これこそがわれわれに残された問いだということ、これは本当ではないかね」（274*b*）。

書くこと、それは適切なことなのか。書く人は立派に務めを果たす人なのか。書くことはふさわしいことなのか。それはしてよいことなのか。

答えはもちろん、否である。しかしその答えはそれほど単純なものではなく、ソクラテスは理性的な言説において、ロゴスにおいて、その答えをすぐに自分のものとして採用しない。彼は答えを仄めかす〔laisse entendre 聞こえるに任せる〕だけであり、答えを *akoè*〔聞こえること、伝聞、風説〕に、流布している噂に、風説による知識に、吹聴された話に委任する。「ところで、その真実はそれ〔先人たちの *akoè*〕が知っているところである。もしわれわれが自分自身でその真実を発見できるというのであれば、実際の話、人々がどう考えたかということをいまさら気にかけるだろうか」(274*c*)。

エクリチュールの真理――言い換えればそれは、われわれがすぐに見るように、非‐真理なのだが――、われわれはそれをわれわれ自身のなかに、われわれ自身によって発見することはできないのだ。そしてエクリチュールの真理は学問の対象ではなく、単に口先で伝えられた話、繰り返された寓話の対象なのだ。エクリチュールと神話との結びつきは、知と対立するものとして、とりわけひとが自己自身のなかから、

(6) ロバンはここでロゴスが問題となるときに、テクネー〔*tekhnè*〕を技術〔*art*〕と翻訳している。さらに後の論告求刑の途中では、この同じ単語は今度はエクリチュールとの関連で、「技術的認識」と訳されている(275*c*)。

(7) ソシュールの『一般言語学講義』では、エクリチュールの問いは、予備的で番外的な追記とでもいったもののなかへ排除され、規制されているが、『言語起源論』のなかでルソーがエクリチュールに割いている章もまた、その実際上の重要さにもかかわらず、いくぶん偶発的な付け足し、補助的な判定基準、「諸言語を比較し、それらの古さを判定するためのまた別の手段」として提示されている。*1 ヘーゲルの『エンツュクロペディー』にも同じ操作が見られる。この点については、«Le puits et la pyramide», (I-1968) in *Hegel et la pensée moderne*, P.U.F., 1970, coll. «Épiméthée» *2 を見よ。

自己自身によって汲み取る知と対立するものとして、明示される。それと同時に、エクリチュールあるいは神話ということによって、系譜の断絶と起源からの遠ざかりが意味される。とりわけ留意すべきは、もっと先のところでエクリチュールの告発理由となるもの——知ることなしに反復すること——が、エクリチュールの身分についての言表および規定へと至る歩みを、ここですでに定義づけているということである。エクリチュールの定義——すなわち知ることなく反復することという定義——を、そうと知ることなく反復すること——一個の神話によって——から、事が始まっているのだ。エクリチュールと神話はどちらもロゴスと問答法《ディアレクティク》から区別され、両者の親縁関係はその後ますますはっきりしていくばかりである。エクリチュールの本質は知ることなく反復する点にあると、そうソクラテスは知ることなく反復した後で、彼の論告求刑の証明を、彼のロゴスの証明を、*akoè* の諸前提のうえに、エクリチュールの神話的な系譜学を介して読解可能な諸構造のうえに、立脚させることしかしないだろう。神話が最初の一撃をもたらした後になって、ようやくソクラテスのロゴスは被告を圧倒するのである。

2．ロゴスの父

話は次のようにして始まる。

ソクラテス——よろしい！　私の聞いた話とは次のようなものだ。エジプトのナウクラティス地方に、その地の古い神々のうちの一人が住んでいた。その神の聖なる象徴は、君も知ってのとおり、イビスと呼ばれる鳥であるが、その神自身の名はテウトと言った。この神は初めて算術と計算、幾何学と天文学、さらに将棋や双六を発明した神であるが、とくに注目すべきは文字《エクリチュール》（*grammata*）の発明である。ところで一方、当時エジプト全体を治めていたのはタモスであり、この国の上部地方の大都市に住んでいた。ギリシア人たちはこの都市をエジプトのテーバイと呼び、この王の神をアンモンと呼んでいる。テウトはこのタモスに会いに行き、彼のさまざまな技術《アール》を披露した。テウトはこう高らかに言った。「これらの技術を他のエジプト人たちにも伝えなければなりません！」しかしタモスはテウトに、それらの技術のそれぞれにどのような有益さがあるかを質問し、テウトがそれを詳しく説明すると、タモスはもっともだと思った点は賞賛し、そうでない点はとがめた。このようにしてタモスはそれぞれの技術について、かくのごとく両様の意見をテウトに数多く述べたと言われている。その詳細をここで述べるときりがないだろう！　だが話が文字に及んだとき、テウトはこう言った。「王様、この文字というものを学べば（*to mathema*）、エジプト人たちの知恵は高まり、もの覚えはよくなるでしょう（*sophôterous kai mnemonikôterous*）。記憶力と知恵はその治療薬（*pharmakon*）を見出したのです。しかし王はこう応酬した［…］。*3

ここで王をさえぎろう。王はパルマコンの前にいる。そして周知のように、王は裁断を下す。舞台と登場人物たちを止めてみよう。よく眺めよう。要するにエクリチュール（あるいはパルマコンと言ってもよい）が王に紹介されて〔présentée〕いるわけだ。présentée——すなわち、エクリチュールは臣下が領主に敬服の証として差し出す（テウトは神々の王に語りかける半神である）一種のプレゼントとして提出されているばかりでなく、何よりもまず領主の評価に従う一個の作品として提出されているのである。そしてこの作品自体は一個の技術《アール》であり、労働力であり、操作の効力である。この工作物は一個の技術である。しかしこの贈り物の価値はいまだ不確実である。なるほどエクリチュールの——あるいはパルマコンの——価値が王に与えられているが、エクリチュールに価値を与えるのは王である。王は、みずからが受け取りつつ構成するものあるいは制定するものの、その値段を定めるだろう。かくして王あるいは神（タモスはアンモン、すなわち神々の王、王のなかの王、神のなかの神を表している。(8) テウトはタモスに *Ô basileu*〔王様〕と言っている）は、価値の起源の別名である。エクリチュールの価値がそれ自身であるのは、またエクリチュールが価値をもつのは、神である王がエクリチュールを重んじてようやく、そのかぎりにおいてである。とはいえ神である王は、彼のものではなく、外部からと同時に下からやって来る産物、エルゴンとしてのパルマコンの影響を被らないわけではない。この産物はその存在と価値において聖別されるべく、神である王の尊大な判断を待っている。神である王は書く術を知らないが、この無知あるいは無能力は王の至高の独立の証である。王は書く必要がないのだ。王は喋るのであり、言うのであり、書き取らせるのであって、王の話す言葉だけで十分なのだ。事務方の書記が王の言葉に、書き起こし原稿という付け足し《スュプレマン》を加えようと加えまいと、この委託は本質上副次的なことである。

神である王はこうした立場に立脚して、献呈物を拒絶するのではなく、献呈物を低く評価するだろう。そしてその無用さを明らかにするばかりでなく、その脅威と害をも明らかにするだろう。これはエクリチュールという捧げものを受け取らない別のやり方である。そうすることで神である語る王は父親のように振舞う。ここではパルマコンは父親に紹介されては、父親によって拒絶され、貶められ、見限られ、信用を失わせられる。父親はエクリチュールに嫌疑をかけ、つねにエクリチュールを監視する。

王、神、父といった形象を相互に連絡させる安易な一節にここでわれわれは引きずられたくはないが、父の立場に起源や発話《パロール》——正確に言えばロゴス——の権力を割り振るプラトンの図式の不変性に体系的な注意を向けるだけでもよいだろう（われわれの知るかぎり、それだけのことでさえ今までなされてこなかった）。それがもっぱら、そしてとりわけプラトンにおいて起こっている、というのではない。こんなことは周知のことであり、簡単に想像できることである。しかし西洋形而上学の全体をその概念体系において確立した「プラトン主義」が、そうした構造的拘束の一般性を逃れておらず、他に類を見ない輝きと巧妙さをもってそれを例証してさえいるということ、この事実はそれだけいっそう意味深長である。

またロゴスが父であるというのでもない。そうではなく、ロゴスの起源が**ロゴスの父**なのだ。「語る主体」が発話の**父**であると言えば、時代錯誤であろうか。そこにはいささかの隠喩もないとすぐさま気がつくことだろう（少なくとも、隠喩を修辞のありふれた慣習的効果と理解すればだが）。つまりロゴスは息子であり、父の**現前**なしには、父の現前的**立会い**〔assistance 援助〕なしには、身を滅ぼしてしまう息子なのである。応答する父。息子のために、息子に代わって応答し、息子について応答・保証する父。ロゴスはその父親なくしては、まさしく一介の文字《エクリチュール》でしかない。少なくとも、これが言う者の言い分であり、父のテーゼである。したがって文字の特殊性は父の不在に関係しているということになるだろう。さらにこの不在は、明瞭な仕方だったり不明瞭な仕方だったり、継起的だったり同時的だったりと、とにかくさま

（8）　プラトンでは、タモスはおそらくアンモン神の別名である。われわれは後でその形象（太陽王にして神々の父）をそれ自体として描出しなければならないだろう。この問題について、そしてそれが引き起こした論争については、Frutiger, *op. cit.*, p. 233, n. 2 を参照のこと。またとくに Eisler, *Platon und das ägyptische Alphabet*, in Archiv für Geschichte der Philosophie, 1922 ; Pauly-Wissowa, *Real Encyclopädie der classischen Altertumswissenschaft* (art. Ammon) ; Roscher, *Lexikon der griechischen und römischen Mythologie* (art. Thamus) を見よ。

ざまなやり方で様態変化させることができる。たとえば父親を失ってしまったというのも、自然死もあれば横死もあり、ありふれた暴力によるものもあれば、親殺しによるものもある。また父親の現前の助けを借りるというのも、可能なこともあれば不可能なこともあり、直接に力を借りるということもあれば、直接の援助など受けていないと言い張る場合もある。文字に委ねられたロゴスの不幸——同情に値するものであれ、傲慢に起因するものであれ——をソクラテスがいかに強調しているかは周知のとおりである。「［…］〔書かれた言葉は〕父親の助けをつねに必要とする（*tou patros aei deitai boethou*）。実際、自分一人の力では身を守ることも自分を助けることもできないのだから」[*4]。

この不幸は両義的である。それはなるほど孤児の困窮状態である。誰かの現前によって立ち会ってもらう必要があるばかりではなく、援助をしてもらい、救助にきてもらう必要がある孤児。けれどもひとは孤児に同情しながらも、また孤児を非難する。文字は、父親を遠ざけることができ、うぬぼれと思い上がりによって自分を父親から解放できるなどと思っていると非難される。王笏を握る者の立場から、文字の欲望は孤児の欲望と親殺しの転覆だと指定され、指弾され、告発されるのである。このパルマコン〔薬〕は犯罪的なのではないか、毒入りの贈り物なのではないか、というわけである。

いかなる援助の引き受け手もないこの孤児の身分は、また *graphein*〔書くこと〕の身分とも重なる。書くことは、それが記入へと到来するその瞬間においては誰の息子でもなく、ほとんど息子とは言えない息子として残留し、もはやみずからの起源を——法権利の上でも負債の上でも——**認知**することがない。エクリチュールと違い、生けるロゴスは、生ける父をもつことによって生けるものである（それに対して、孤児は半分死んだものである）。すなわちロゴスの傍らに、ロゴスの背後に、ロゴスのうちに、**現に**〔現前的に〕身を持し、**立っている**父、そうして、その廉直《レクティテュード》さによってロゴスを支え、それ自身がじきじきに、その固有名においてロゴスを援助する父。生けるロゴスのほうは、みずからの負債を認知《ルコネ》し、この認知《ルコネサンス》＝感謝によって生き、そして親殺しをみずからに禁じる、あるいは禁じることができると思うのである。しかし書くこと《エクリチュール》と話すこと《パロール》との関係である禁止と親殺しはかなり驚くべき構造であって、そのためにわれわれはもっと先のところでプラトンのテクストを、禁じられた親殺しと公然たる親殺しとのあいだに分節しなければならないだろう。父にして学長《レクトゥール》である者の差延された〔差異化され延期された〕殺害。

『パイドロス』はすでに次の点の十分な証明となっている。すなわち、ロゴスの責任《レスポンサビリテ》〔応答可能性〕、ロゴスの意味とロゴスの諸効果の責任は、父の援助《アシスタンス》〔立会い〕に、父の現前としての現前に帰着するのだ、と。「隠喩」を倦むことなく問いただす必要がある。たとえばソクラテスは次のようにエロスに語りかける。「もしこれまでのところで、パイドロスと私があなたに対して何か耳障りな言葉を口にいたしましたとすれば、その罪はこの主題《スユジェ》の父である（*ton tou logou patera*）リュシアスにあるとおぼし召しください」（257*b*）。ロゴスはここでは論証という意味であり、提示された論拠という意味であり、話された対話（ロゴス）に命を吹き込む指導的意図という意味である。ロバンがしているように、ここでロゴスを「主題」と翻訳することは単に時代錯誤的であるばかりではない。それは意味作用の意図と組織的統一を破壊してしまう。というのも「生ける」言説のみが、パロールのみが（言説のテーマ、対象あるいは主題が、ではない）父をもつことができるからである。そして、いまやわれわれにとって次々と解明されていく必然性に即して、*logoi*〔ロゴスの複数形〕は子どもたちなのである。子どもたちは必要とあらば抗議するほどに、また詰問されるがままになるほどに生き生きとしており、書かれた事物とは違って、父親たちが居合わせるときには応答する《レポンドル》こともできる。子どもたちとは、父親が責任ある《レスポンサーブル》〔応答可能な〕仕方で現前していることなのだ。

たとえば、ある子どもたちはパイドロスに由来し、パイドロスは彼らを支援するために呼び出される。ここでもまたロバンを引用するが、ロゴスは今度は「主題」ではなく「論証」と訳されており、*tekhnè tôn logôn*〔ロゴス術〕についてのゲームは十行ほど中断される。〈問題となるのは、ソフィストたちや雄弁家たちが自由に用いている、あるいは自由に用いることができると主張しているこのテクネー、すなわち芸術にして道具、レシピ、秘奥の、だが伝達可能な「要綱」といったものである。ここでソクラテスは当時すでに古典的だったこの問題を、説得（*peithô*）と真理（*aletheia*）という対立から出発して考察している（260*a*)〉。

ソクラテス――たしかにそうだ。けれどもそれは、法廷で提出される論証（*logoi*）が彼の有利になるように、彼は一個の技術（*tekhnè*）であると証言すればの話だ！　というのも、その後で別の論証が登場して次のように言うのが聞こえるような気がするからだ。彼は嘘をついている、彼は技術ではなく、技術を欠いた因習《ルーティン》にすぎない、とそうした論証は抗議するのだ。スパルタ人たちは言う。「話すことについては（*tou de legein*）、〈真理〉に密着しなくては正真正銘の技術は存在しないし、また将来も存在しえないだろう」と。

パイドロス――そうした論証こそ、ソクラテス、私たちに欠けているものです！（*Toutôn dei tôn logôn, ô Sôkrates*）さあ、そうした論証をここで生み出して、それを問いただしてください。そうした論証は何をどう言っていますか（*ti kai pôs legousin*）。

ソクラテス――それでは、高貴な被造物たちよ（*gennaia*）、出頭せよ。そして美しい子どもたちの父であるパイドロス（*kallipaida te Phaidron*）に説いて、立派に哲学するのでなければ、何ごとについても立派に話すこともできないだろうと説得しなさい。さあ、パイドロスに応答させなさい……。（260*e*-261*a*）

パイドロスは『饗宴』でも最初に話さなくてはならない者であるが、それは彼が「第一の場所を占めている」からであり、「またそれと同時に主題の父（*pater tou logou*）である」からだ（177*d*）。

暫定的に、そして便宜的に、われわれが隠喩と呼び続けているものは、いずれにせよ一個のシステムに属している。ロゴスが父をもつのは、ロゴスがその父に援助されて初めてロゴスであるのは、ロゴスがつねに一個の存在者（*on*）であり、さらには存在者の一種（『ソピステス』260*a*）であり、もっと詳しく言えば、一個の生ける存在者だからである。ロゴスとは一種のゾーオン〔生物〕なのである。この動物は誕生し、成長するのであり、ピュシスに属する。言語学、論理学、問答法《ディアレクティク》〔弁証法〕、動物学は結束している。

ロゴスを一種のゾーオンとして描きながら、プラトンは、彼よりも前に、生ける発話《パロール》を死体のごとき文字《エクリチュール》の硬直性に対置した、ある種の雄弁家やソフィストたちに付き従っている。生ける発話は、現在の状況のさまざまな必要や現前する対話者たちの期待や要求に間違うことなくみずからを合わせ、発話が生じなければならない場の空気を嗅ぎ分け、そして発話が説得的かつ拘束的となる契機に従うふりをする。[9]

したがって、生命をもつ生きた存在であるロゴスは、産出された有機体でもある。**有機体**——すなわち一個の中心と複数の末端・関節をもち、一個の頭と何本かの足をもつ、差異化された**固有の**身体。「適切」であるためには、書かれた言説はそれ自体が生ける言説として生の諸法に従わ**ねばならない**とされる。作

（9）ロゴス－ゾーオンの連合は、イソクラテスの『ソフィストたちに抗して』やアルキダマスの『ソフィストたちについて』といった言説のなかに現れる。この二つの言説を『パイドロス』と一行一行比較した W. Süss の *Ethos : Studien zur älteren griechischen Rhetorik*（Leipzig 1910, p. 34 sq.）や A. Diès, «Philosophie et rhétorique» in *Autour de Platon*, I. p. 103 を参照のこと。

文上の〔ロゴス書記上の〕必然性（*anankē logographikē*）は、生物学的な必然性、もっと正確に言えば、動物学的な必然性に類似したものでなければならないとされる。さもなくば首尾一貫しなくなってしまう（そうではないか？）。問われているのは、文字によって首尾を失うという、ロゴスが冒す危険のうちにある**構造**および**構成**なのだ。

ソクラテス——しかし他の点はどうだろう。主題のさまざまな要素（*ta tou logou*）がごたまぜに放り出されたふうではないかね。あるいは議論のなかで二番目に来るものが、他の事柄よりも二番目に置かれなければならない何か明白な必然性があるかね。私はと言えば、こういったことについて露ほども知識をもっていないものだから、書き手が大胆にも思いつくがままに語っているように思えたのだ。君のほうはどうだね。書き手があれらの要素をああいう順番に置かざるをえなかった何か**作文上の**《ロゴグラフィック》〔ロゴス書記上の〕必然性が認められたかね。

パイドロス——私が書き手の意図をそんなふうに正確に見分ける能力をもっているなどと判断されるとは、あなたも親切な方ですね！

ソクラテス——とはいえ、君も肯定してくれると思うことが少なくとも一つある。それは、どんな言説（*logon*）であっても、まさに一個の生命ある存在のように（*ôsper zôon*）構成されて（*sunestanai*）いなければならない、ということだ。すなわち、自分のものである一個の身体をもち、頭が欠けていても足が欠けていてもいけないし、真ん中も両端もきちんとあって、それらがお互いに、また全体との関係において、適合した仕方で書かれているのでなければならないのだ。（264*bc*）

このように産出された有機体は生まれがよくなければならず、高貴な血筋——«*gennaia !*»——でなければならない。それゆえにソクラテスは――思い出してもらいたいが――*logoi*〔ロゴスたち〕に、あの「高貴な被造物たち」に呼びかけていたのだ。そこで暗に含意されているのは、こうした有機体には、それが産出されたものであるからには、始めと終わりがあるということだ。ソクラテスの要求はここで明確かつ執拗なものとなる。言説というものは、一個の始まりと一個の終わりとをもたねばならず、始まりから始まり、終わりで終わらねばならないのである。「このひとはわれわれが求めていることをしているようにはとても見えないと思われるね。彼は主題を始まりから始めることさえせずに、むしろ終わりから始めていて、後ろ向きの姿勢で泳ぎ渡ろうとしている。恋している人がその恋人に向かって、すでに口説き終わったときに言うようなことから、話を始めている」(264*a*)。こうした規範の含意と帰結は巨大であるが、またかなり自明でもあるので、われわれがそれについてくどくど言う必要はないだろう。この議論の帰結とは、話された言説は、その出自《オリジン》〔起源〕において立ち会いを得た〔支援された〕人《ペルソン》、その本義《プロプル》〔固有性〕のなかに現前する人のように振る舞う、というものだ。ロゴスとは、*Sermo tanquam persona ipse loquens*〔あたかも本人自身が話しているかのような言葉〕と、ある『プラトン語彙集』は言っている。[10] 一切の人の場合と同じように、ロゴス‐ゾーオン〔動物としてのロゴス〕は一人の父をもつのだ。

しかし父とは何か。

それを周知のものだと仮定しなければならないのか。そして、この術語――周知の術語〔父〕――によってもう一方の術語〔息子〕を、単なる隠喩として解明されがちなもののなかで解明しなければならない

---

(10) Fr. Ast, *Lexique platonicien*, 1942, p. 211 および P. Louis, *les Métaphores de Platon*, 1945, p. 43-44 も参照のこと。

のか。それが単なる隠喩だとすると、ロゴスの起源ないし原因は、生ける息子の原因としてわれわれが知っているもの、すなわちその父に喩えられる、ということになるだろう。その場合、ロゴスの誕生と進展は、ロゴスに無縁な分野《ドメーヌ》〔生息圏〕にもとづいて、すなわち生の伝達あるいは世代関係にもとづいて理解されたり想像されたりすることになる。しかしながら父は、一切の言語関係以前に、その外部に「実在する《レエル》」産出者・生殖源ではない。実際、ロゴスの審級によらずして、どうして〈父／息子〉関係が〈原因／結果〉あるいは〈産出するもの／産出されるもの〉の関係から区別されえようか。ただ言説権力のみが父をもつのである。父とはつねに〈生者／話者〉の父である。言い換えれば、父性のような何かが告知され、思考に与えられるのは、ロゴスから出発してのことなのだ。「ロゴスの父」〔père du *logos*〕という言い回しが単なる隠喩だとしても、最初の単語〔père 父〕——それはもっとも**親しみある**《ファミリエ》〔家族的な〕ものに見えるが——は二つ目の単語〔*logos*〕から、みずからが伝える以上の意味を受け取るだろう。最初の親しさ《ファミリアリテ》〔家族性〕はつねにロゴスとなんらかの共棲関係をもっている。父と息子という生ける存在者は、ロゴスの家内性《ドメスティシテ》〔慣れ親しみ、馴致状態〕のなかでわれわれに告知され、相互関係を取り結ぶのだ。見たところがどうであれ、ひとはこのロゴスの家内性から外に出て、「隠喩」〔métaphore 越えて運ぶこと〕によって異邦の分野《ドメーヌ》〔生息圏〕へとみずからを運んでいくわけではない（そうした異邦の分野では、父、息子、生けるものたちに出会い、すなわちロゴスというこの奇妙なものがいったいどうなっているかについて、それを知らない者に比喩を使って説明するのに都合のよいあらゆる種類の存在者に出会う、とされているのであるが）。この**家庭の中心**〔foyer 暖炉、発生源〕はおよそ一切の隠喩の故郷《フォワイエ》であるが、「ロゴスの父」とは一介の単なる隠喩などではない。言語能力をもたない生物——そのような何かが存在するとなおも執拗に信じたければだが——も父をもつと言えば、それもまた隠喩だということになるだろう。したがって、すべての隠喩的方向を全面的に逆転させる必要があるのであって、ロゴスに父がありうるのかと問うのではなく、父が私はそれの父親だと称するところのもの自体が、ロゴスの本質的な可能性なしにはありえないことを理解する必要があるのだ。

父に借りがあるロゴスについて、何を言うべきか。少なくとも、いまわれわれの関心の的となっているプラトンのテクストの層のなかで、そうしたロゴスをどのように読むべきか。

周知のように、父の形象は善（*agathon*）の形象でもある。ロゴスはみずからが借りを負う相手を**表象**する。すなわち、**首長**《シェフ》であり、**資本**《キャピタル》〔元本、首位〕であり、**善**〔財〕でもある**父**を。あるいはむしろ首長**そのもの**、資本**そのもの**、善**そのもの**である父を。ギリシア語で*pater*とは、これらすべてを同時に言う。プラトンの翻訳者たちも注釈者たちも、こうした図式の戯れについては説明をしてきたようには見えない。翻訳でこの戯れを尊重することはきわめて困難である。それは認めよう。少なくとも、いまだかつてこの戯れが問われたことがないという事実は、そのようにして説明される。たとえば『国家』（第五巻、506*e*）でソクラテスが**善それ自体**について語ることを諦めるとき、彼はすぐさま善それ自体の代わりに、その*ekgonos*、その息子、その子どもについて語ることを提案する。

「〔…〕善とはそれ自体としてそもそも何であるかということは、今はとりあえず、置いておくことにしよう。なぜなら、それを私が何であると思うかということだけでも、そこまでいま到達するのは、現在の調子では私の力に余ることのように思えるからだ。そのかわり、善の子ども（*ekgonos*）にあたると思われるもので、善にもっともよく似ているように見えるもの《イマージュ》を、もし諸君もそれでよいと思うなら、語ることにしたいのだ。だが、それではだめだということなら、やめておこう」。

「いや、どうぞ話してください」とグラウコンは言った。「父親のほうのことは、いずれまた詳しく話していただいて、借りを返していただくことになるでしょうから」。

「ほんとうにそうしたいものだ」と私は言った。「私は説明するという借りを返すことができて、君たちはそれを回収するということになればと思うよ。いまのように、ただ利子（*tokous*）だけでなくてね。しかしとにかくいまは、ここにある善そのものの果実と子ども（*tokon te kai ekgonon autou tou agathou*）を受け取ってくれたまえ」。

ここで *ekgonos* に結びつけられている *tokos* は、生産と産物、生誕と子どもなどを意味する。この単語は農業や父子関係や信託活動といった分野において、この意味とともに機能している。後で見るように、こうした分野のいずれも、ロゴスの投資や可能性を免れていない。

産物としての *tokos* は、人間や動物がもたらすものとしての子どもであると同時に、畑に託された種の果実でもあり、また元本《キャピタル》〔資本〕の利子〔利益〕でもある。すなわち、それは**収入**〔*revenu* 回収されたもの〕なのだ。プラトンのテクストのなかに、こうした意味のすべての分配を追跡することもできるだろう。*pater* の意味がもっぱら金融資本という意味で使われているときさえある。『国家』そのもののなかで、そしてわれわれがいま引用したばかりの一節からほど遠からぬところで、その意味で使われている箇所がある。デモクラシーの欠点の一つは、あるひとたちが資本に演じさせる役割にある。「他方、高利貸したちは、身をかがめて仕事に熱中し、そうした貧乏人たちのことは目に入らぬふりをしながら、その他の言いなりになるすべての市民たちに金銭の毒針を刺しこんで傷つけ、そして親金の何倍もの利息を取り立てては（*tou patros ekgonous tokous pollaplasious*）、スズメバチと乞食を国のなかにますます生みふやしていくのだ」（555*e*）。

ところで、こうした父親、こうした資本《キャピタル》、こうした善《ビヤン》〔財〕については、すなわち価値と目に見える存在者たちのこうした起源については、端的にあるいは直接的には、語ることができない。その理由は、何よりまず、太陽を直視することができないのと同じように、それらを直視することができないからである。ここで、太陽の顔を前にしたあの眩惑について、『国家』の有名な一節（第七巻、515*c* 以下）を読みなおしてもらいたい。

したがってソクラテスは、叡智の太陽によく似た息子、アナロゴン〔類比物〕である可感的な太陽についてしか言及しないだろう。「「それでは」と私は言った。「私が善の息子（*ton tou agathou ekgonon*）と言っていたのは、この太陽のことなのだと理解してくれたまえ。善はこれを自分と類比的なものとして生み出したのだ（*on tagathon egennesen analogon*）。すなわち、善が叡智界で知性と知性的諸対象に対してもつ関係は、感性界で太陽が視覚と可視的諸対象に対してもつ関係とちょうど同じなのだ」」（508*c*）。

いかにしてロゴスは、父と息子、*nouménè*〔可想体〕と *oroménè*〔可視体〕とのこうした**類比**のなかで仲介するのか。

善は、父、太陽、資本という可視的－不可視的形象をまといつつ、*onta*〔存在者たち〕の起源であり、存在者たちの現れの起源であり、そして存在者たちを結集させると同時に区別するロゴスへと存在者たちが到来することの起源である。「多くの美しいものがあり、多くの善いものがあり、またその他の多くのものがあるとわれわれは主張し、そしてそれらを言葉によって区別している（*einai phamen te kai diozizomen tô logô*）」（507*b*）。

したがって善（父、太陽、資本）は、ロゴスの隠れた源泉、光を与えると同時に目を眩ませる源泉なのである。そして語ることを可能にするものについて語ることはできない以上（それについて語ることは禁じられている、あるいは面と向かってそれに語りかけることは禁じられている）、語りうるのは語るものについてのみ、そして唯一の例外を除いて、つねに語られているところの諸事物についてのみである。ロゴス（計算《コント》あるいは比例《レゾン》、すなわち *ratio*）が責任を負う《コンタブル》〔計算可能な〕あるいは借りがあるところのものについては、それを説明《コント》することも道理《レゾン》をつけることもできないのであるから、また資本を計算し、首長を面と見ることはできないのであるから、したがって利子や収入や産物や子どもといった複数的なものを、識別や弁別の操作によって計算しなくてはならなくなる。「「いや、どうぞ話してください（*legē*）」とグラウコンは言った。「父親のほうのことは、いずれまた詳しく話していただいて、借りを返していただくことになるでしょうから」。――「ほんとうにそうしたいものだ」と私は言った。「私は説明するという借りを返すことができて、君たちはそれを回収するということになればと思うよ。いまのように、ただ利子だけでなくてね。しかしとにかくいまは、ここにある善そのものの果実と子どもを受け取ってくれたまえ。ただし、よく気をつけて、私がその利子（*tou tokou*）の誤った勘定《コント》（*ton logon*）を支払ったりして、故意にではないにせよ、ひょっとして君たちをだますことのないように用心してくれたまえ」」（507*a*）。

　またこのくだりから、次のことも考慮されたい。すなわち、（父－資本－善－起源、等々への）もろもろの代補物《スュプレマン》の計算（*logos*）とともに、また一者が不在となり不可視となる（かくして代補が要求されることになる）運動そのもののなかで一者に加えて到来するものとともに、すなわち差延と弁別性とともに、ソクラテスは *kibdelon* ――すなわち偽造され変質したもの、嘘つきの、ひとを騙す、曖昧なもの――のつねに開かれた可能性を導き入れ、発見する、ということである。彼は言う。君たちに利子の偽造された勘定《コント》を支払ったりして（*kibdelon apodidous ton logon tou tokou*）、君たちをだますことのないように用心してくれたまえ、と。*kibdeleuma*とは偽造商品のことである。それに対応する動詞（*kibdeleuô*）は、「貨幣や商品を変質させること、転じて、不実であること」という意味である。

父、善、資本、即自存在の起源、形相中の形相といったものの顔をじかに直観することでもたらされる失明を恐れてロゴスに頼ること、われわれを *à l'abri du soleil*、すなわち、われわれを太陽の保護下に置きつつ太陽からも保護してくれるものとしてのロゴスに頼ること――ソクラテスはこのことを他のところでも、可感的なもの、可視的なものの**類似の**《アナローグ》秩序のなかで提案している。そのテクストを少し長いが引用してみよう。実際そのテクストは、それ固有の関心に加えて、その定着した翻訳において――相変わらずロバンの訳である――きわめて意味深長ないくつかの（こう言ってよければ）横滑りをはらんでいる。[11]そのテクストとは、『パイドン』のなかの、「自然学者」たちに対する批判である。

「よろしい！」とソクラテスは言葉を継いだ。「そういうことがあって、存在（*ta onta*）に関する研究で落胆してしまったのちに、私はこう考えた。日蝕を見る者たちが彼らの観察において被る災難に気をつけなくてはならない、と。実際、太陽の姿《イマージュ》（*eikona*）を水やそれに類するもののうちに映して観察するのでなければ、おうおうにして視力を損ねる者もあるからだ。そう、それに類したことが私にもあると思い至ったのだ。肉眼をじかに事物に向けたり、感覚のおのおのでもって事物に直接触れようとすれば、魂は完全に盲目になってしまうと、私は恐れたのだ。そこで**ロゴスへと**[*5]（*en logois*）避難し、そのなかに事物の真理を求めなければならな

（11） この点を指摘してくれたフランシーヌ・マルコヴィッツの友情と注意深さに感謝する。もちろん、このテクストは『国家』の第六巻および第七巻とつき合わせてみなくてはならない。

いと思われたのだ。［…］かくして、もっとも堅固であると私が判断するロゴス（*logon*）をいつの場合でも土台としてから［…］」（99*d*-100*a*）

したがって、ロゴスは**頼みの綱**〔*ressource* 二次源泉〕であり、それのほうへと**みずからの向きを変える**必要があるのだ。それは単に太陽という源泉〔source〕が**現前**しており、それを直視するとわれわれの眼が焼けてしまう危険があるときだけのことではない。太陽がその蝕において不在となるように見えるときもまた、ロゴスのほうへと身を逸らさなければならないのだ。消滅するのであれ隠れるのであれ、とにかく死んだこの天体は、かつてないほど危険なものなのである。

こうした糸＝息子〔fils〕を走るがままにしておこう。われわれがそれをなおも辿ったのは、ロゴスから父へと導かれるがままになるためであり、言葉《パロール》を*kurios*に、すなわち『国家』のなかで〈善－太陽－資本－父〉に与えられた別名である主人、主君（508*a*）に結びつけなおすためであった。もっと先のところで、同じ織目のなかで、同じテクスト群のなかで、われわれは別の糸＝息子を引き出すだろうし、そこに別の意図が織り込まれ、ほどかれるさまを目撃するために、同じものたちを新規まき直しに引き出すことだろう。

3．息子たちの書き込み——テウト、ヘルメス、トート、ナブー、ネボ

「世界史は流れ続けた。クセノパネスが攻撃したあまりに人間的な神々は、詩の虚構物あるいは悪魔の地位に格下げされたが、ひとの主張するところによれば、その神々のなかの一人、ヘルメス・トリスメギストスは、その数に諸説のある何冊もの書物を書き取らせたという（アレクサンドリアのクレメンスは四二冊だと言い、イアンブリコスは二万冊だと言い、トート——彼もまたヘルメスである——の神官たちは三六五二五冊だと言う）。そして、そこには世界のすべての事象が書かれてあったという。この想像上の図書館の諸断片は、三世紀以来集められたり、でっちあげられたりしながら、*Corpus hermeticum*〔ヘルメス大全〕と呼ばれるものとなっている。〔…〕」

（ホルヘ・ルイス・ボルヘス*6）

「未知のものへの恐怖の感覚が彼の倦怠の核心部でうごめいていた。それは象徴と前兆への恐怖であり、その名前が柳で編まれた翼で囚われの身から飛び立つのを彼が耐えていたハヤブサのような男への恐怖であり、書き手たちの神であるトートへの恐怖であった。トートは一本の葦を用いて書字板のうえに書き物をし、そのトキの狭い頭に尖った三日月を頂いているのである」。

（ジェイムズ・ジョイス『若き芸術家の肖像』）

「ある別の学派はこう宣言する。時間全体はすでに展開し終わっており、ほとんどわれわれの生は、取り返しのつかないプロセスの思い出のようなもの、あるいは

黄昏時の照り返しのようなものであり、おそらくは捻じ曲げられたり、改ざんされたものである、と。また別の学派はこう言う。宇宙の歴史――そしてこの歴史のなかにあるわれわれの生やそのもっとも些細な部分――は、下級の神が悪魔と通じるために生み出した書き物《エクリチュール》である、と。また別の学派はこう言う。宇宙は、すべての象徴が同じ価値をもつのではない一種の暗号表《クリプトグラフィ》に喩えられる、と。[……]」

（ホルへ・ルイス・ボルヘス*7）

われわれが望んでいたのは、次のことを思考するようにただ誘い込むことだった。すなわち、プラトンがテウト伝説に言及するとき、彼は思いつきで、気ままに、気まぐれに振舞ったのだと言われるが、その思いつき、気ままさ、気まぐれは、いくつもの厳格な必然性によって監督され制約されていたのだ、と。神話の組織は強力な拘束に従っている。この強力な拘束はいくつかの規則を体系へと秩序立てている。それらの規則は、あるときは「プラトン作品」（われわれはそのうちのいくつかの規則を指示したところである）として、「ギリシア文化」あるいは「ギリシア語」として、われわれにとって経験的に切り取られるものの内部で告げられたり、あるときはその外部で、「異国の神話」のなかで告げられたりする。プラトンはそうした「異国の神話」から単に借用しただけではないし、単一の要素――すなわち文字の神であるトートという登場人物の同一性――を借用しただけではない。実際、そもそもここでこの借用という単語が何を言わんとしうるかを知ることなしに、借用という事態、言い換えれば、外的で偶然的な添加という事態について語ることはできない。プラトンは彼の話を構造の諸法に合致させざるをえなかった。そのもっとも一般的な法とは、話し言葉《パロール》／書き言葉《エクリチュール》〔発話／文字〕、生／死、父／息子、主人／奴隷、第一／第二、嫡子／非嫡子の孤児、魂／身体、内／外、善／悪、真面目／遊び、昼／夜、太陽／月といった対立を司り分節する法である。これらの法はエジプトやバビロニアやアッシリアの神話をも同じように、また同じ布置に即して、支配している。おそらくは、われわれがここで位置づける意図も手段ももっていないその他の神話についても同様だろう。プラトンはある**単一**の要素を**借用**しただけにとどまらないという事実にわれわれは関心を寄せる。そうすることによってわれわれは、もろもろの文化や神話に関する事実的系譜学や経験的・実際的交流という問題を括弧に入れる。(12) われわれはただ、それのみが神話素の具体的なあれこれの交流やありとあらゆる感染を可能にした、そうした内的かつ構造的な必然性を予告したいだけである。

たしかに、プラトンはテウトという登場人物を描写してはいない。『パイドロス』でも『ピレボス』のきわめて短い言及でも、テウトにはいかなる具体的な性格も与えられていない。少なくとも、そのように見える。だが執拗に見てみれば、テウトの置かれた状況、彼の言説と諸操作の内容、彼の介入がそのなかに巻き込まれているところのもろもろの主題、概念、能記《シニフィアン》のあいだの関係、こうしたもののすべてが組織的に、あるきわめて顕著な形象〔テウト〕の特徴をなしていることを認識せざるをえない。テウトの諸特徴をエクリチュールの他の神々――何よりもまずエジプトのトート――に関係づける構造上の類似《アナロジー》は、断片的だったり全面的だったりする借用の結果だとか、偶然やプラトンの思いつきの結果ではありえない。そして、そうした諸特徴がプラトンの哲学素の体系構成のなかに、かくも厳密に、かくも密接に、一緒に

---

(12) われわれはここで、ギリシアが東洋・中東と結んだ交流を扱ったすべての仕事を参照することしかできない。そうした仕事が膨大であることは知ってのとおりである。プラトンとエジプトとの関係、ヘリオポリスへの旅という仮説、ストラボンやディオゲネス・ラエルティオスの証言については、Festugière, *Révélation d'Hermès Trismégiste* (t. I)、R. Godel, *Platon à Héliopolis d'Égypte*、S. Sauneron, *les Prêtres de l'ancienne Égypte* のなかに、本質的な参照対象や資料を見ることができる。

挿入されていることは、すなわち、そのように神話的なものと哲学的なものとが接合されていることは、もっと埋もれたある必然性へとわれわれを送り返す。

なるほど、トート神は複数の顔、複数の時代、複数の住み処をもつ。(13) トート神が巻き込まれている複数の神話的物語の錯綜関係は無視されてはならない。しかしながら、いくつかの不変的な要素が至るところで識別されるし、それがまた太字で、強調された線で描かれている。これらの不変的な要素は、パンテオンにおけるこの神の不変の同一性をなしていると、こう言いたくなるかもしれない。もっともこのように言えるのは、この神の任務が、われわれがこれから見るように、神学的元首性のそれを始めとして、およそ同一性一般の転覆的解体のために働くことではなかったとすればの話だが。

エクリチュールの起源について、プラトン的形象とその他の神話的形象とのあいだに見られる構造上の類似性、これを再構成しようとする者にとって適切な特徴とはどのようなものか。この特徴の解明は、主題上の諸対立（いましがたわれわれが系列化したような諸対立）の作用のなかで、あるいはプラトンの言説のなかで、あるいはさらにもろもろの神話の布置のなかで、意味を一つ一つ規定することに役立つだけであってはならない。この解明は、西洋のロゴスの起源にある神話素と哲学素との関係という、全般的な問題設定へと開かれなくてはならない。言い換えれば、ミュトスとロゴスの**哲学的**差異のなかでその全体が産出された一個の歴史、またそこがあたかも自然の自明性をもつ自分自身の固有の住処《エレメント》であるかのように、盲目的にこの哲学的差異のなかにはまり込んだ一個の歴史——むしろ歴史そのもの——、そうした歴史の起源にある神話素と哲学素との関係へと開かれなくてはならない。

ところで『パイドロス』において、エクリチュールの神は部下であり、副次的な登場人物、決定権をもたないテクノクラート、技師であり、神々の王の前に出頭することを許された、狡猾で利発な奉仕者である。

神々の王は彼を助言役として迎え入れることを了承した。テウトは、陽光に輝く声で語り指令する父にして神である王に、あるテクネーとあるパルマコンを紹介する。王がその判決を響かせたとき、その判決を高みから落ちるがままにしたとき、そして**同時に**、パルマコンを落ちるがままにせよと命じたとき、テウトは応答しないだろう。現前のうちにある勢力は、テウトがそのあるべき席にとどまることを欲するのだ。

エジプト神話でも席は同じではないだろうか。そこでもトートは産出された神である。彼はしばしば王である神の息子、太陽神の息子、アモン－ラーの息子と呼ばれている。「私はトート、ラーの長子である」[14]。ラー（太陽）は創造神であり、彼は御言葉の媒介によって産出する。[15]その別名――それこそ『パイドロス』においてラーを指す名であるが――はアモンである。この固有名は慣用では、〈隠されたもの〉を意味する。[16]したがってわれわれはここでも、万物の父である隠れた太陽、言葉《パロール》によって表象〔再現前〕され

（13） Jacques Vandier, *la Religion égyptienne*, P.U.F., 1949 のとくに p. 64-65 を参照のこと。

（14） Cf. S. Morenz, *la Religion égyptienne*, Payot, 1962, p. 58. モーレンツによれば、この決まり文句は一人称の現前によって注目に値する。「これが稀であるということは、われわれには注目に値することと思われる。なぜなら、こうした決まり文句は、ギリシア語で作られた賛歌でエジプトの女神イシスが出てくるもののなかによく見られるからである（「私はイシスである」等々）。したがって、これはそうした賛歌のエジプト外の起源を示しているのではないかと問うことは正しい」。

（15） Cf. S. Sauneron, *op. cit.*, p. 46. 「開幕の神は、創造するのに、**話す**ことしか必要としなかった。そして、言及されたもろもろの存在と事物は彼の声において誕生した」等々。

（16） Cf. Morenz, *op. cit.*, p. 46. ソヌロンはこの主題について詳しく述べている。「その名が正確に意味するところは、われわれにはわからない。しかしながら、その名は、「隠すこと」、「みずからを隠すこと」を意味する別の単語と同じように使われており、書記たちは、本当の顔を仮面で隠して自分の子どもたちには見せない偉大な神としてアモンを定義す

るがままになる隠れた太陽に出くわすのである。

こうしたもろもろの意味の布置の統一性――発話《パロール》の権力、存在と生の創造、太陽（これは言い換えれば、われわれが後で見るように、目でもある）、みずからを隠すこと――は、卵の歴史あるいは物語の卵とでも呼びうるもののなかに結集している。世界は一個の卵から誕生した。もっと正確に言えば、世界の生の生ける創造者が一個の卵から誕生したのである。つまり太陽は、何よりもまず卵の殻のなかに孕まれていたのである。このことがアモン‐ラーの複数の特徴を説明する。アモン‐ラーは一羽の鳥でもあり、ハヤブサでもある（「われは卵から孵った大いなるハヤブサである」）。しかし、万物の起源として、アモン‐ラーは卵の起源でもある。アモン‐ラーは、あるときには卵から誕生した〈太陽‐鳥〉として、またあるときには最初の卵を産む原初の鳥として描かれる。この場合、そして言葉《パロール》の権力は創造の権力と一体でもあるので、いくつかのテクストには「大いなるおしゃべり雌鶏の卵」という名が見られる。ここで、「卵が先か、鶏が先か」というような陳腐であると同時に哲学的な問いを立てても、すなわち原因が結果に対して論理上・時系列上・存在論上先行するという問いを立てても、まったく意味がないだろう。こうした問いに対しては、いくつかの古代の石棺が鮮やかに答えていた。すなわち、「ああ、ラーよ、自身の卵のなかにみずからを見出す者よ」と。その卵は「隠された卵」[17]であると付け加えれば、前述の意味体系が構成されたことになるばかりでなく、開かれたことにもなるだろう。

トートの従属、原初の鳥の長子であるあのトキの従属は、複数の仕方で標記されている。たとえばメンフィスの教義では、トートはホルスの創造の企てを言語によって執行する者である[18]。トートは偉大な〈太陽‐神〉の表徴〔記号《シーニュ》〕を担《ポル》う〔運《ト》ぶ〕。トートは〈太陽‐神〉のスポークスマン《ポルト・パロール》として〈太陽‐神〉を通訳する。そして、ギリシアにおいて対応する者であるヘルメス（ちなみに、プラトンがヘルメスについて語ることは決してない）と同じように、トートは使い《メッセンジャー》の神の役を、盗み取って《デロブ》はつねに姿をくらます《ス・デロブ》、狡猾で、巧妙で、捉えがたい仲介者の役を果たす。能記《シニフィアン》（の）神。トートが言表しなければならないこと、あるいは単語で情報にしなければならないことは、すでにホルスによって思考されている。したがって、トートが委託され、書記官として仕える言語は、みずからのメッセージを伝達するために、すでに形成ずみの神的思考を、確定された意図を、表象する〔再現前させる〕ことしかしない。[19] メッセージは創造の絶対

るために、この音の類似を利用した。〔…〕しかし、ある者たちはさらに先に進むことを躊躇わなかった。アブデラのヘカタイオスは、この名（アモン）がある者を呼び招くためにエジプトで使用された言葉であるとする祭司的伝統をまとめた。〔…〕*amoini* という単語はまさしく「来たれ」「私のところに来たれ」を意味するのである。他方で、いくつかの賛歌は *Amoini Amoun*……すなわち「アモンよ、私のところに来たれ」という言葉から始まるのも事実である。この二つの単語の音の類似は、それらのあいだに何らかの内的つながりがあることを神官たちに思わせるのに――そこに神的な名の説明を見出すのに――十分だった。**また、神官たちは、不可視の隠れたる存在としての……本源的な神に語りかけることによってその神を招待し、そして神をアモンと呼ぶことによって、神が彼らに姿を見せるよう、その覆いを取って現れるように説得するのである**」（*op. cit.*, p. 127）。

（17） Cf. Morenz, *op. cit.*, p. 232-233. あのプラトンの薬学は、呪われた部分の太陽を卵の物語のなかに書き込むバタイユのテクストをも必然的にもたらすということ、このことをここで閉じられたパラグラフは標記したことになるだろう。本試論の総体はそれ自体が、すぐに理解されることになるように、『フィネガンズ・ウェイク』の一読解にすぎないのだから。

（18） Cf. Vandier, *op. cit.*, p. 36.「この二人の神［ホルスとトート］は創造行為において連帯していただろう。ホルスは着想する思考を表象し、トートは執行する言葉を表象する」（p. 64）。A. Erman, *la Religion des Égyptiens*, Payot, p. 118 も参照のこと。

（19） Cf. Morenz, *op. cit.*, p. 46-47 ; et Festugière, *op. cit.*, p. 70-73. その結果、メッセンジャーとしてのトートはまた通訳

的な契機ではなく、それを表象するだけのものである。それは第二の、そして二次的な言葉である。そしてトートがエクリチュールよりも話された言語にかかわるときには（これはどちらかと言うと稀なことである）、彼は言語活動をおこなう本人ではないし、言語活動の絶対的な主導者でもない。反対に、彼は言語のなかに差異を導き入れるのであり、複数の言語が存在するという事態の起源が帰されるのは彼になのだ。[20]（われわれは後でプラトンのほうへ、『ピレボス』のほうへ戻ったとき、差異化は二次的な契機なのかどうか、この「二次性」はロゴスそれ自体の起源と可能性としての書記素《グラフェーム》の出現ではないのかと、問うことになるだろう。実際『ピレボス』において、テウトは差異を引き起こす張本人として言及されている。それも、複数の言語が存在するという事態を引き起こすのではなく、言語そのものの内部に差異化を引き起こす張本人としてである。だがこの二つの問題はその根底において切り離しえないとわれわれは考える。）

二次的な言語活動の神であり言語的差異の神であるトートが創造的発話《パロール》の神になることができるのは、換喩的代替によってのみ、歴史的な転位によってのみ、そしてときには暴力的な転覆によってのみである。たとえば、この代替は、太陽の代わりに月を置くように、ラーの代わりに〔ラーのいるべき席に〕トートを置く。かくしてエクリチュールの神はラーの代理人となるが、それはみずからをラーに付け加えることによって、ラーをその不在と本質的な消滅において代理することによってである。以上が、太陽の代補としての月の起源、昼の光の代補としての夜の光の起源である。発話《パロール》の代補としてのエクリチュール。「ラーが空に存在していたあいだ、ラーはあるときこう言った。「トートを私のところへ来させなさい」と。即座にトートがラーのところへ連れてこられた。壮麗なこの神はトートに言った。「私が下方地域の幸運な人々のために光輝くあいだ、私の代わりに空にいるように……。私の代理人よ、お前は私の代わりに存在

するのだ。そしてひとはお前のことを、トート、ラーの代理者、と呼ぶだろう」。それからラーの言葉遊びのおかげで、あらゆる種類のことが起きる。ラーはトートに言った。「**お前がお前の美しさと光明によって二つの天を腕の中に抱く**（*iomh*）**ようにしよう——すると、月が生まれた**（*ioh*）」。さらに先のところでは、トートがラーの代理者として多少劣った位を占めるという事実に触れながら、次のように言われる。「**お前がお前よりも偉大なものを発送する**（*hôb*）**ようにしよう**」**——すると、トートの鳥である〈トキ〉**（*hib*）**が生まれた**(21)」。

したがって、こうした代替は痕跡と代補の純然たる戯れとして作用している。あるいはお望みなら、こう言ってもよい。いかなる現実によっても、いかなる絶対的な外部の参照項によっても、いかなる超越的所記《シニフィエ》によっても縁取られたり、制限されたり、管理されることのない純然たる能記《シニフィアン》の秩序のなかで作用する代替、と。代替物の——さらには代替物の代替物の——言語的入れ替えという活動域のうちに無

（interprète 解釈者、代弁者）、*hermeneus* でもある。これはヘルメスとの類似の数ある特徴（その数はきわめて多い）のなかの一つである。フェステュジエールは彼の本の第四章でこれを分析している。

（20） J・チェルニーは次のような文言で始まるトートへの賛歌を引用している。「さらば君よ、各国の言語を異ならせた〈月－トート〉よ」。チェルニーはこの資料を唯一のものと考えたが、彼はほどなく、ボイラン（Boylan, *Thot, The Hermes of Egypt*, Londres, 1922）が別の似たパピルス（「国から国へと、言語を区別した［あるいは分離した］君よ」p. 184）やまたもう一つ別のパピルス（「各外国の言語を区別した君よ」p. 197）を引用していることに気づいた。Cf. Černy, *Thoth as Creator of langages*, in The Journal of Egyptian Archaeology, Londres, 1948, p. 121 sq.. S. Sauneron, *la Différenciation des languages d'après la tradition égyptienne*, Bulletin de l'Institut français d'Archéologie orientale du Caire, Le Caire, 1960.

（21） A. Erman, *op. cit.*, p. 90-91.

限に身を持すがゆえに「狂っている」と判断されかねないこの代替。鎖から解き放たれて荒れ狂うこうした連鎖は、暴力的でないわけではない。「現実」のなかで猛威を振るう何らかのポレモスとは反対に、そこに虚構の戦争の、無害な言葉遊びの、平和な要素しか見ないとすれば、この「言語的」「内在性」について何も理解しなかったことになるだろう。トートは頻繁に陰謀や裏切り行為や王に対する簒奪の策略に加担するが、それは「言葉遊び」に無縁の現実のなかでのことではない。トートは、息子たちが父親を追い払い、王となった兄を兄弟たちが追い払うのを助ける。ラーによって呪いをかけられたヌトは、子どもを誕生させるためのいかなる日付も、暦のうえのいかなる日も、もはや手にすることができなかった。ラーは彼女の時間を遮り、日の目を見るための一切の日を、世に産み出すための一切の期間を抹消してしまっていたのだ。トートは暦の制定と運行において計算者としての権力を握ってもいたので、五日の挿入日を付け加えた。この補足《スュプレマンテール》の時間のおかげで、ヌトは五人の子どもを生むことができた。すなわち、ハロエリス〔ホル・ウル〕、セト、イシス、ネフティス、そしてオシリスである（後にオシリスは父のゲブに代わって王になる運命にある）。オシリス（〈太陽－王〉）の統治のあいだ、オシリスの兄弟でもあったトートは、[22]「人間たちに文芸と芸術を手ほどきした」。そして、「人間たちが思考を定着させられるようにヒエログリフ文字を創造した」[23]。しかし後になると、トートは、オシリスを妬む兄のセトの陰謀に加担する。オシリスの死の有名な伝説は周知のとおりである。策略によって等身大の棺に閉じ込められたオシリスの死体は、妻のイシスの努力によって艱難辛苦の末発見される。死体は寸断され、十四の断片として散らばってしまっていたが、イシスはその断片を、鼻先の尖った魚に飲み込まれてしまった男根を除いて、すべて見つけ出した[24]。それでもトートは、このうえなく柔軟だが、このうえなく忘恩的なご都合主義によって行動することをやめない。ハゲワシに変身したイシスはオシリスの死体のうえに横になった。そうして彼女はホルスを生む。「指をくわえた子ども」であるホルスは、その後、父を殺した者に立ち向かうことになる。ホルスの父の仇であるセトはホルスの眼をくり抜いたが、ホルスはセトの睾丸をもぎ取った。ホルスが自分の目を取り戻すことができたとき、彼はその眼を父親に与える（そしてこの眼もまた月に――トートに、と言ってもよい――なった）。それによって父オシリスは息を吹き返し、力を取り戻した。戦いのあいだ中、トートは争う者たちを仲違いさせておいて、〈神‐医師‐薬剤師‐魔術師〉として、争う者たちの身体の切断を治し、傷を繕っていた。その後、眼と睾丸があるべき場所に置かれたとき、裁判が開かれた。その裁判でトートは共犯だったセトを裏切り、オシリスの言葉を真の言葉として通用させる(25)。

王、父、太陽、発話《パロール》を二重にする〔doubler 出し抜く、代役を務める〕能力をもち、それらの代理表象、それらの仮面、それらの反復としてしかそれらから区別されない代補者であるトートは、また当然のことながら、それらに全面的に取って代わり、それらのあらゆる属性を我が物にすることができた。トートは、自分が付け加わる当のものの本質的属性としてみずからを付け加えるのであり、みずからが付け加わるものとほとんど区別されない。トートが御言葉《パロール》や神の光と異なるとしても、それは啓示されるものを啓示するものとしてのかぎりでしかない。その差異はほとんどなきに等しい(26)。

(22) A. Erman, *op. cit.*, p. 96.
(23) J. Vandier, *op. cit.*, p. 51.
(24) *Ibid.*, p. 52.
(25) A. Erman, *op. cit.*, p. 101.
(26) かくしてエクリチュールの神は、創造の御言葉《パロール》の神となりうる。これは代理人としての身分と代補の論理に起因する

しかし、代理と簒奪による合致（こう言えるならばであるが）以前に、トートは本質的にエクリチュールの神であり、ラーと九神の秘書、すなわち、ヒエログリフ書記者にして備忘録者である。(27)ところで後で見るように、『パイドロス』のなかでタモスがエクリチュールの貧しい価値を非難するのは、ほかでもない、エクリチュールというパルマコンはヒュポムネーシス（再‐記憶、再収集、一時預け〔consignation 書き留めること〕）にとってはよいが、ムネーメー（認識する、生き生きとした記憶）にとってはよくないということを明らかにすることによってである。

その続きのところでは、オシリス神話群においてトートはオシリスの書記にして会計係であって、そのときトートは――これを忘れてはならない――オシリスの兄弟とみなされる。そこではトートは、ファラオの事務局においてとても重要だった書記たちの手本にしてパトロンとして表象されている。「太陽神が宇宙の主人であるならば、トートはその第一の官吏、その宰相であり、小舟に乗った神の傍らに控えて報告をする者である」(28)。「書物の主」であるトートは「神の御言葉」を書き留めることによって、それを記録することによって、その勘定簿をつけ、その預け物を守ることによって、「神の御言葉の主」となる。(29)トートの連れ合いもまた書く。その名セシャトはおそらく**書く女**という意味である。「図書館の女主人」である彼女は、王たちの偉業を記録する。セシャトは彫り刻む能力をもつ最初の女神であって、彼女は王たちの名をヘリオポリス神殿にある一本の木に刻み込み、そしてトートが目盛りのついた杖でもってその年を計算するのである。また多くの神殿の浅浮き彫りに描かれた王の任命式の場面もよく知られている。ワニナシの樹の下に王が座り、トートとセシャトが王の名を聖木の葉に書き込むのである。(30)そして死者たちの審判の場面も有名である。トートは地獄で、オシリスの面前で、死者の〈心臓‐魂〉の重さを書き留める。(31)というのも、エクリチュールの神はまた、言うまでもなく、死の神でもあるからだ。忘れてはならないが、『パイドロス』のなかでパルマコンの発明は次のような咎でも非難されることになる。すなわち、それは生きた言葉を息切れした記号に置き換えるものだ、思いあがってロゴスの（生きた、生の源泉である）父なしですまそうとすることだ、命を失った彫刻や絵画と同じように自分の保証人をもたない、等々と。すべてのエジプト神話群において、トートは死の組織を司っている。エクリチュール、数字、計算の

構造的可能性である。このことを神話の歴史における進展として確認することもできる。とくにフェステュジエールがそれをしている。「しかしながら、トートはこの二次的な位には甘んじない。それぞれの土地の聖職者たちは、さまざまな宇宙開闢説のなかで、自分が崇める神に第一の役割を与えようと欲した。エジプトの神官たちもそうした宇宙開闢説を作り出したが、それと同じ時代に、デルタとヘリオポリスの神学者たちのライバルだったヘルモポリスの神学者たちは、その主要部分をトートに当てた宇宙開闢説を作り上げた。トートは魔術師であり、正しい調子で発すれば確実な効果を生み出しうる音の力を熟知していたので、トートは声によって、御言葉によって、さらには呪文によって、世界を創造しなければならなかった。このようにトートの声は創造的である。彼の声は形成し、創造する。そして自己自身を凝集させることによって、物質へと自己を固着させることによって、彼の声は存在となる。トートはみずからの息と一体となり、その息が吐き出されただけであらゆる事物が生み出される。こうしたヘルモポリスの神学者たちの思弁のうちに、ギリシア人たちの〈ロゴス〉――〈言葉〉にして〈理性〉にして〈デミウルゴス〉〔創造者〕――やアレクサンドリアのユダヤ人たちの〈知恵〉と何か似たところを見るのも不可能ではない。もしかすると、キリスト教時代以前にすでに、トートの神官たちはこの点に関してギリシア思想の影響を被っていたのかもしれないとさえ思われるが、これを確認することはできない」（*op. cit.*, p. 68）。

(27) *Ibid.*, cf. Aussi Vandier et Erman, *op. cit.*, passim.
(28) Erman, *op. cit.*, p. 81.
(29) *Ibid.*
(30) Vandier, *op. cit.*, p. 182.
(31) Vandier, *op. cit.*, p. 136-137 ; Morenz, *op. cit.*, p. 173 ; Festugière, *op. cit.*, p. 68.

主は、死者の魂の目方を記録するばかりではない。彼は何よりもまず生の日々を計算し、歴史を**数え上げ**てしまっているだろう。彼の算術は神の伝記に描かれるもろもろの出来事をも覆い尽くす。彼は「神々（と）人間たちの生の持続を測量する者[32]」である。彼は葬儀を取り仕切る長のように行動するのであり、そして彼はとりわけ死化粧の仕事を引き受けるのである。

ときには死者が書記の代わりをする。そしてこの場面の空間のなかでは、死者の席はトートに帰着する。並び立つピラミッドのうえに一人の死者の天国の物語を読み取ることもできる。「「**いったい彼はどこへ行くのか**」と、死者を角で脅す一頭の大きな雄牛が尋ねた（ついでに言っておけば、ラーの代理表象である夜行性動物としてのトートの別名は「星々のなかの雄牛」である）。「**彼は生の活力に満ちた天に昇り、彼の父親に会い、ラーを熟視するのだ**」、そして恐ろしい動物は彼を通した」（棺のなかの死体の横に置かれる死者の書には、死体が「外に出て陽の元に至ること」、太陽を見ること、これを可能にするはずの文句がとくに含まれていた。死者は太陽を見なければならず、死はそうした対面の条件であり、さらにはその経験でさえある。『パイドン』のことが思い起こされるだろう）。父なる神は死者をみずからの小船に迎え入れ、「自分自身の天国の書記を解任して、死者を**その代わりに**置くことさえある。その結果、**死者が判決を下し、審判者となり、そして自分よりも偉大な者に命令を与える**のである[33]」。また死者は端的にトートと同一化することもある。「彼は端的に神と呼ばれる。彼は**神々のなかでも最強の神**であるトートなのだ[34]」。

息子と父、臣従と王、死と生、エクリチュールとパロール等々の階層対立は、当然のことながら、夜と昼、〈西〉と〈東〉、月と太陽といった階層対立によって、その体系を完結させる。「ラーの代理表象である夜行性動物、星々のなかの雄牛[35]」であるトートは西の方角を向いている。月と一体となるにせよ、月の保護者であるにせよ、トートは月の神である[36]。

以上のような特徴の体系は独特の論理を作動させる。すなわち、トートの形象はその他者（父、太陽、生、話し言葉《パロール》、起源、東など）に対立するが、しかしそれはその他者を代補しながらのことである。トートの形象は反復することによって、あるいは代わりとなることによって〔場を保持することによって〕、みずからを付加し、対立させるのである。と同時にトートの形象は形をなす。すなわち、それが抵抗すると同時に交代する相手から、みずからの形態を得るのだ。したがって、トートの形象は自分自身に対立するのであり、自己の反対物へ移行するのであって、この使いの神はまさしく対立者間の絶対的移行の神である。この使いの神が同一性をもつとしたら――だが彼はまさしく非‐同一性の神であるが――、この神は、後でわれわれが新たに依拠することになる *coincidentia oppositorum*〔対立の一致〕であるだろう。トートは自分の他者から自分を区別しながらも、その他者を模倣し、他者の記号にして代理表象者となり、他者に従い、みずからを他者に**合わせて形作り**、他者の代わりをする――必要とあらば、暴力をもってして。したがってトートは父の他者であり、交代の父にして交代の転覆運動である。つまりエクリチュールの神は自分の父でもあり、自分の息子でもあり、そして自分自身でもあるのだ。エクリチュールの神は差異の戯れのなかで一個の固定した席を割り振られるがままにはならない。それはヘルメスのように、狡猾で、捉えがたく、仮面を被ったもの、陰謀家、いたずら好きであって、王でも従僕でもない。むしろジョーカーの

（32） Morenz, *op. cit.*, p. 47-48.
（33） A. Erman, *op. cit.*, p. 249.
（34） *Ibid.*, p. 250.
（35） *Ibid.*, p. 41.
（36） Boylan, *op. cit.*, p 62-75 ; Vandier, *op. cit.*, p. 65 ; Morenz, *op. cit.*, p. 54 ; Festugière, *op. cit.*, p. 67.

ような存在であり、遊戯に遊びを与える〔donnant du jeu au jeu 遊戯を作動させる〕手持ちの能記《シニフィアン》、中性的なカードなのだ。

この蘇りの神が関心を抱くのは生あるいは死に対してというよりも、生の反復としての死と死の反復としての生に対してであり、生の目覚めと死の再開に対してである。この神が発明し、そのパトロンともなっている**数**が意味するのは、このことである。トートは代補の足し算のなかですべてを反復する。太陽の代補者であるトートは、太陽と別のものでありながら、太陽と同じものである。善と別のものでありながら、善と同じものである、云々。自分のものではない席、死者の席とも呼びうる席をつねに占めながら、トートは固有の場も固有名ももたない。トートの固有性は非固有性にあるのであって、すなわち代替と遊戯を可能にする、浮遊する非決定性にある。トートはまた**遊戯**の発明者でもあるが、プラトンその人もこのことを指摘している。サイコロ遊び（*kubéia*）と双六（*petteia*）はトートに帰されている（274*d*）。トートは弁証法《ディアレクティク》の媒介運動であるとも言いたくなるかもしれないが、トートは弁証法の運動を模倣しているのであって、なんらかの最終的成就や終末論的再本来化のなかで弁証法の媒介運動が完成することを、このアイロニカルな代役〔二重化〕によって、際限なく邪魔するのである。トートは現前的であることが決してない。トートはどんな場所にも生身で現れることがない。トートにはいかなる現存在も**固有のものとして**所属していないのだ。

トートのすべての行為は、こうした不安定な両義性の刻印を帯びているだろう。計算の、算術の、合理的学知のこの神は、(37)神秘学、占星術、錬金術をも司る。それは大海を鎮める呪文の神であり、秘密の物語や隠されたテクストの神である。書記法ばかりでなく暗号文《クリプトグラム》の神でもあるヘルメスの原型なのだ。

学知と魔術、生死のあいだの移行、悪と欠如の代補――医術はトートの特権的な分野でなければならなかった。彼のすべての権力は医術に集約され、そこで振るわれていた。生を終わらせることのできるエクリチュールの神は、また病人を治す。そして死者をさえも。[38] ワニのうえにのったホルスの石碑には、母親の不在中に蛇に嚙まれたハルシエシス〔ホルスの幼名〕を治療するために、神々の王がトートを遣わす様子が描かれている。[39]

（37）Morenz, *op. cit.*, p. 95. トートの別の連れ合いであるマアトは真理の女神である。彼女はまた「ラーの娘であり、天の女主人、二重の国を統治する女主人、同類なもののないラーの目」である。A・エルマンはマアトに割いた頁でとくに次のように書いている。「……その理由は神のみぞ知るだが、ハゲワシの羽が彼女の記章として与えられている」(p. 82)。

（38）Vandier, *op. cit.*, p. 71 sq. Cf. surtout Festugière, *op. cit.*, p. 287 sq. そこには魔術の発明者としてのトートに関する数多くのテクストが集められている。そこに見られるとくにわれわれの興味を引く一つのテクストは次のように始まる。「**太陽の前で**暗誦すべき文句——「我はトート、媚薬や文字などの発明者にして創造者」」(p. 292)。

（39）Vandier, *op. cit.*, p. 230. そもそも暗号法、魔術的医学、蛇の比喩などは、G・マスペロが『古代エジプトの民話』に採録しているある驚くべき民話のなかで互いに絡まりあっている。その民話とは、ミイラたちを連れたサトニ＝ハームスの冒険譚である。王の子であるサトニ＝ハームスは、「聖なる文字で書かれた書物群、『生の二重の家』の書物群を読むために、メンフィスの町を探し回っていた。ある日、一人の貴族が彼のことをからかった。——なぜあなたは私のことを笑うのですか。貴族は答えた。——馬鹿にしたわけではない。しかし、あなたがここでなんの力もない書き物を解読しているのを見て、どうして笑わずにいられようか。あなたが本当に効力のある書き物を読みたいのであれば、私と一緒に来なさい。トートが彼自身の手で書き、あなたを即座に神々のもとに導いてくれる書物がある場所へ、あなたを行かせよう。その書物には二つの決まり文句が書かれているが、その第一の呪文をあなたが唱えれば、天、地、夜の世界、山々、川や池や海を魔法にかけることができるだろう。空を飛ぶ鳥たちや爬虫類のすべてが、彼らが存在するかぎり語る中身を、あなたは理解するだろう。魚たちの姿を目の当たりにするだろう。というのも、神のごとき力が魚たちを水面に浮上させるからである。第二の呪文をあなたが読みあげたなら、あなたは墓のなかにいながらにして、地上で

したがって、エクリチュールの神は医術の神である。この場合、「医術」とは、学であると同時に秘薬でもある。治療薬にして毒。エクリチュールの神はパルマコンの神である。そして、この神が『パイドロス』のなかで挑発のごとき怪しげな謙虚さで王に紹介するのは、まさしくパルマコンとしてのエクリチュールなのである。

4．薬物《パルマコン》＝魔法の薬

「こうした悪徳に対しては、立法者は個々の事例においてパルマコンを見つけなければならない。二つの相反するものといっぺんに戦うことは難しいという古い格言は正しい。病やその他の多くの悪がそのことを証明している」（『法律』919*b*）。

プラトンのテクストに戻ろう（とはいえ、われわれがプラトンを離れたことがあると仮定すればであるが）。そこではパルマコンという単語は一連の意味の連鎖のなかに捕えられている。この意味の連鎖の戯れは体系的であるように見える。だがこの体系は、プラトンという名で知られている著者の意図の体系で単にあるのではない。とりわけこの体系は〈言わんとすること〉〔le vouloir-dire 意味すること＝言おうと意志する

もっていた姿を取り戻すことだろう。さらに、天に太陽が昇り、回転するのを、また月が現れたままの姿を目にすることだろう」。サトニは言った。「素晴らしい！　あなたの望みを私に言ってください。あなたにそれを与えましょう。そ

の書物がある場所に私を連れて行ってください」。貴族はサトニに言う。「その書物は私のものではない。それは墓所の中央の、ミネプター王の息子であるネノフェルケプターの墓のなかにある……。その書物を彼から取り上げないように気をつけなさい。そんなことをすれば、頭上に炎を燃やし、手に熊手と棒をもった彼に、あなたは書物を返却させられるはめになるだろうから……」。墓の奥深くで、その書物は光を発していた。王と王家の分身たちは、「トートの書物の力によって」、王と一緒にいた。……こうしたことはすべて反復していた。ネノフェルケプターは彼自身すでにサトニの物語を体験していた。神官は彼にこう言っていた。「その書物はコプトスの海の中央の、鉄の箱のなかにある。鉄の箱は銅の箱のなかにある。銅の箱は肉桂の木の箱のなかにある。肉桂の木の箱は象牙と黒檀の箱のなかにある。象牙と黒檀の箱は銀の箱のなかにある。銀の箱は金の箱のなかにある。そして書物はこの金の箱のなかにある。［書記の書き間違いか。私の手元にある最初の版はこの書き間違いを書き留め、複製しているが、マスペロの後の版はこの点を注のなかで指摘している。「書記はここで列挙の仕方を間違えた。鉄の箱がそれを収納し……云々と言うべきだった」。（包含の論理のために残された部分）。］そして、書物が入った箱のまわりには、一シューネ［プトレマイオス朝時代には、約一万二千クデ（一クデは五二センチメートル）］の蛇たち、あらゆる種類のさそりたち、爬虫類がいる。その箱のまわりには一匹の不死の蛇がとぐろを巻いている」。三度の試みの後、軽率な者が蛇を殺し、ビールに溶かして書物を飲み、そうして無限の学知を手に入れた。トートはそのことをラーに訴え、最悪の罰を引き出した。

最後に、トートというエジプトの登場人物からここで離れる前に、トートはギリシアのヘルメスに対応するということに加えて、マルドゥクの息子であるナブーという登場人物にも注目すべき仕方で対応していることを指摘しておこう。バビロニアとアッシリアの神話では、「ナブーは本質的に〈息子‐神〉であり、マルドゥクがその父エアを凌駕するのと同じように、ナブーはマルドゥクの地位を奪うだろう」(*Les Religions de Babylonie et d'Assyrie*, par E. Dhorme, P.U.F., 1945, p. 150 sq.)。ナブーの父であるマルドゥクは〈太陽‐神〉である。ナブーは「葦の主君」、「文字の創造者」、「神々の運命を記した書字板の保有者」であり、彼は象徴的な道具マッルを父から借りているのであるが、ときにはその父よりも重きをなす。「スーサで発見された、「櫂先のようなものを口にくわえた蛇」を表した、銅製の奉献の品には、「ナブー神のスコップ」という碑文が刻まれていた」とドルムは記している（p. 155）。また *les Dieux et le Destin en Babylonie*, par M. David, P.U.F., 1949, p. 86 sq. も参照のこと。

トートと聖書のナブー（ネボ）との類似点を一つ一つ挙げることもできるだろう。

こと〕の体系であるのではない。調整された連絡《コミュニケーション》が確立されるのは言語の戯れのおかげであり、単語のさまざまな機能のあいだにおいて、そして単語のうちにあっては文化のさまざまな堆積物ないし領域のあいだにおいてである。プラトンはこうした連絡、こうした意味の廊下のことを、「故意に」〔自分の意志で〕それらの戯れを活用しながら、はっきりと宣言し、解明することもある。「故意に」という単語をわれわれは引用符に括ったが、その理由は、この単語が一個の所与の「言語《ラング》」の必然性に「従属」する様態を指し示すにすぎず、そうしてそれらの〔「意志」と「従属」という〕対立の囲いのうちにとどまっているからである。そうした概念はいずれも、われわれがここで標的とする関係を翻訳することはできない。プラトンはまた別のケースでは、こうしたつながりを見ることなく、それらを日陰のなかに取り残したり遮ったりすることもある。しかしながら、そうしたつながりはおのずと作用しているものなのだろうか――プラトンの意に反して、プラトンのおかげで、**彼の**テクストのなかで、彼のテクストの**外で**。そうだとすると、いったいどこでか。彼のテクストと言語《ラング》とのあいだでか。どのような読者に向けてか。どのような契機においてか。こうした問いに対する原理的かつ一般的な答えは徐々に不可能になっていくようにわれわれには思われる。そもそも問い自体の立て方がどこかよくないのだ、問いを構成する概念の一つ一つが、そこで信認されている諸対立の一つ一つが上手く立てられていないのだ、という不信が湧くだろう。プラトンがいくつかの文章《パサージュ》＝移行を実行しなかった、さらにはそれらを中断しさえしたのは、そうした文章＝移行を分かってはいたけれども、実践には移さなかったからだと、こう考えることはいつも可能だろう。しかしこうした言い方は、意識と無意識、意志と無意志との差異といった、言語《ラング》との関係を扱うにはきわめて粗雑な道具立てに頼ることを一切やめたときにしか可能でない。パロール――あるいはエクリチュール――とラングとの対立についても、この対立がそうした粗雑な範疇に依拠せざるをえないというのであれば

（これは頻繁に起こっていることである）、同様である。

この理由だけでも、パルマコンの意味連鎖の全体を構成しなおすというわれわれの作業にとって妨げであるかもしれない。どんな絶対的な特権をもってしても、パルマコンのテクスト系を絶対的に支配することはできない。しかしながら、この限界の位置はある程度ずらすことができるし、ずらさなければならない。この位置ずらし《デプラスマン》の可能性、位置ずらしの力は多様な性質をもっているが、ここではその見出しを数え上げるよりも、むしろ**歩きながら**、エクリチュールのプラトン的問題圏を通して、位置ずらしのいくつかの効果を産出するように努めてみよう(40)。

エジプト神話におけるトートの形象、そしてプラトンのテクストと呼ばれているものから検出される、概念の、哲学素の、隠喩の、神話素のある種の組織、この両者のあいだの対応関係をわれわれは辿ったところである。パルマコンという単語は、このテクストのなかで、こうした対応関係のすべての糸を結び合わせるのにきわめて適しているとわれわれには思われた。いま『パイドロス』の次のような文言を、相変わらずロバンの翻訳で読みなおしてみよう。「テウトは言った。「王様、この文字というものを学べば（*mathema*）、エジプト人たちの知恵は高まり（*sophôterous*）、もの覚えはよくなるでしょう（*mnemonikôterous*）。記憶力（*mnèmè*）と知恵（*sophia*）はその治療薬（*pharmakon*）を見出したのです」」。

たしかに、パルマコンを**治療薬**——有益な薬——と訳す通常の翻訳は不正確なわけではない。パルマコンという単語は**治療薬**を意味することができるし、その作用のある表面においては、意味の曖昧さを消去

（40）ここで僭越ながら、指示的あるいは準備的なものとして、『グラマトロジーについて』で提出した「方法の問い」を参照させていただきたい。いくつかの点で慎重でなければならないが、パルマコンはこのプラトン読解において、ルソー読解において**代補**がもっていたのと**類似の**役割をはたすと言えるだろう。

することもできるが、それぱかりではない。さらに、テウトの表向きの意図が自分の産物を売り込むことにある以上、明らかに彼はパルマコンという単語をその奇妙で不可視な軸において**回転させ**、パルマコンの**両極**のうちの一方の極——安心感を与えるほうの極——においてのみ提示しているのだ。この医術は有益であり、それは生産し修復し、蓄積し治療し、知を増大させ忘却を縮減する。しかしながら「治療薬」という翻訳はギリシア語の外に出てしまうと、パルマコンという単語のなかに保留されている他方の極を抹消する。「治療薬」という翻訳は両義性の潜在的資源を無に帰すのであって、コンテクストの理解を不可能にするとは言わないまでも困難にする。「薬」さらには「医術」という単語とは違い、**治療薬**という言葉は、学の、技術の、治療上の因果の、透明な合理性を告げるのであり、制御しにくい効果をもったある力の魔術的な効力への依拠を、テクストから排除するのである。すなわち、主人・主体として操ろうと欲する者にとって、つねに驚きであるデュナミスへの依拠を排除するのだ。

ところで、**一方では**、プラトンはエクリチュールを一種の隠れた力として、したがって怪しげな力として提示しようと躍起になる。エクリチュールは絵画と同じようなものであり（プラトンはさらに進んだところでエクリチュールを絵画に喩えている）、騙し絵、そしてミメーシス一般の諸技術と同じようなものだと言う。占い、奇術師たち、魔法使いたち、呪術師たちに対するプラトンの警戒心もよく知られている。(41)とくに『法律』では、彼らには恐ろしい刑罰が割り振られている。後で思い出さねばならないある操作に即して、プラトンは彼らを社会空間から排除し、追放し、切除することを奨励する。それも二重のやり方で。すなわち、一つには、彼らがもはや自由人たちの訪問を受けられず、単に食料を運んでくる奴隷にしか会えないようにする牢獄によって。もう一つには、墓を剝奪することによってである。「彼が死んだら、その死体を領土の境界の外に墓もなく放り出すこと。埋葬に手を貸すような自由人がいようものなら、訴訟を起こしたいと思う者によって不敬虔罪で訴追されるようにすること」（第十巻、909*bc*）。
他方で、王の反論は、パルマコンの有効性が逆転して、悪を治療するのではなく悪化させる恐れがあると仮定する。もっと正確に言えば、王の返答が意味するところは、テウトがエクリチュールの真の効果とは反対のことを、策略そして／あるいは素朴さからひけらかしたということである。テウトは自分の発明を売りこむために、パルマコンの本性を歪曲し、エクリチュールがなしうることとは反対のこと（*toumantion*）を言ったのだ、というのだ。テウトは毒を治療薬だと思わせたのである。したがって、パルマコンを治療薬と翻訳することは、テウトが、さらにはプラトンが言わんとすることよりも、テウトが王を欺きながら、かくしてテウトが自分自身を欺きながら語っているという王の主張のほうを、むしろ尊重することだろう。そうすると、プラトンのテクストは王の反駁をテウトの品の真理として与え、王の言葉《パロール》をエクリチュールの真理として与えるのであるから、**治療薬**という翻訳はテウトの素朴さあるいはペテンを**太陽の視点から**強調することになる。おそらくテウトはこの視点から、二つの対立する価値のあいだの連絡を自分の都合のよいように中断することによって、単語の曖昧さを巧みに利用したのである。だが王はこの対立する二つの意味の連絡を復元するが、翻訳はそれを説明しない。とはいえ二人の対話者は、彼らが何をしようと、そしてそれを望もうと望むまいと、同じ能記《シニフィアン》の統一性のなかに相変わらずとどまっている。彼らの言説はそのなかで戯れているのであり、この戯れはもはやフランス語では表現できない。**治療薬**という単語は、おそらくは「医術」や「薬」以上に、ギリシア語でその単語がもっている他の用法へ

（41）　とりわけ『国家』第二巻、364*a* 以下、『書簡』七、333*e* を参照のこと。この問題は、E. Moutsopoulos, *la Musique dans l'œuvre de Platon*, P.U.F., 1959, p. 13 sq. において、膨大かつ貴重な参照文献とともに言及されている。

の潜在的=力動的《ディナミック》〔デュナミス的〕な参照を消去してしまう。こうした翻訳が破壊するのはとりわけ、われわれが後でプラトンのアナグラム的エクリチュールと呼ぶようなものである。治療薬という翻訳は、プラトンのアナグラム的エクリチュールにおいて同じ単語が異なった場で異なった機能のあいだで織りなす諸関係——潜在的に、だが必然的に「引用」の関係——を中断する。ある単語がその同じ単語の別の意味の引用として書き込まれるとき、言い換えれば、パルマコンという単語がテクストの表舞台では**治療薬**を意味しながらも、**同じ単語のなか**の他の場で、舞台の他の深度において意味するもの——つまり**毒**（これも一例である。というのもパルマコンはもっと他のことも意味するから）——を引用し〔cite〕、暗−唱し〔ré-cite 再−引用し〕、読むべく与えるとき、そうしたとき翻訳者がこうしたフランス語の単語のどれか一つだけを選択することは、その第一の効果として、引用の戯れ、「アナグラム」を無力化し〔neutraliser 中性化し〕、極論して端的に言えば、翻訳されるテクストのテクスト性を無力化するのである。おそらくは、対立する価値のあいだの移行をこのように中断することそれ自体が、すでに「プラトン主義」の一効果であり、翻訳対象となっているテクストにおいて、すなわち「プラトン」と彼の「言語」との関係において、すでに始まっている働きの結果なのであって、このことを明らかにすることもできるだろうし、われわれはしかるべき時が来れば、その証明を試みようと思う。この提案と先の提案とのあいだに矛盾は一切ない。テクスト性はもろもろの差異から、差異の差異から構成されているのであるから、それは本性上絶対的に異質なものであり、テクスト性を無に帰す傾向をもつ諸勢力とたえず折り合いつつ構成作業をするのだ。

　したがって、この二つの勢力ないし二つの挙措の構成を受け入れ、この構成を追跡し分析する必要があるだろう。この構成はある意味でこの試論の唯一の主題でさえある。プラトンは一方では、同じ一つの単語の相反する二つの意味のあいだのこの移行に対して、不寛容な論理の決定を前面に押し出す。そうした移行は対立物の単なる混同、交替、問答法《ディアレクティク》＝弁証法とはまったく別物であることが後で判明するだろうが、そうであればこそますますプラトンは、この移行に対する不寛容な論理の決定を押し出すのだ。しかしながら他方では、もしわれわれの読解が確証されるのであれば、パルマコンはそうした決定の独特な環境をなしている。すなわち決定に先立ち、決定を包含し、決定をはみ出す境位《エレメント》をなしている。パルマコンは決してそうした決定に還元されるがままにならず、ギリシア語のテクストおよびプラトンのテクストにおいて作用する唯一の単語（あるいは能記装置《シニフィアン》）から切り離すことができない。したがって、プラトンのギリシア語を相続し受託した西洋形而上学の諸言語におけるあらゆる翻訳は、パルマコンに対して、それを暴力的に破壊する**分析効果**を及ぼす。この分析効果は、パルマコンによって可能となった事後のものから出発して逆説的にパルマコンを解釈することによって、パルマコンをその単一的な諸要素のうちの一つに縮減するのである。したがって、このような解釈的翻訳は暴力的でもあり、無力でもある。それはパルマコンを破壊するが、それと同時に、パルマコンに到達することを自己に禁じ、そうしてパルマコンを貯蔵庫のなかに手つかずのままに放置するのである。

したがって「治療薬」という翻訳は受け入れるわけにも、また単に拒絶するわけにもいかない。たとえそのように翻訳することによって「理性的」な極と称賛しようとする意図とを救い、医**学**あるいは医**術**の**良き**使用という発想を救うことができると信じたとしても、言語によって欺かれるがままになる可能性《チャンス》は依然として大いにあるだろう。プラトンによれば、エクリチュールは治療薬の価値をもつのと同じくらい、毒としての価値ももつのだ。タモスが侮蔑的な判決を下すまさにそれ以前のところで、治療薬とはそれ自体において不気味なものなのだ。実際、薬がもっぱら治療目的に使われる場合にせよ、また薬が良い意図で用いられ、それ自体効果的であるにせよ、プラトンはパルマコン全般に嫌疑をかけているということを知らなければならない。副作用のない治療薬はない。パルマコンは単純に有益ではありえない。

それは二つの理由から、また異なる二つの深度においてである。まず何よりも、パルマコンが有益な本質ないし効力をもつからといって、パルマコンが苦々しいものであることにかわりはないからだ。『プロタゴラス』では、パルマコンは良い（*agatha*）と同時に苦痛に満ちたもの（*aniara*）でもありうる事物のなかに分類されている（354*a*）。相変わらずパルマコンは、『ピレボス』でも言及される混合物（*summeikton*）（46*a*）として把握されている。混合物というのは、たとえばヒュブリスのことであり、すなわち、暴飲暴食をする者たちは快楽のあまり狂人のような叫び声をあげるが（45*e*）、そうした快楽に見られるあの暴力的な、節度なき過剰のことである。それは、「疥癬患者が肌をかくことによって、また他の治療薬を使わずに（*ouk alles deomena pharmaxeôs*）同様の処置によって与えられるような束の間の安堵」である。こうした病とその鎮静化に結びついたこうした痛々しい享受は、パルマコンそれ自体である。こうした享受は、善と同時に悪、快と同時に不快という性質をもつ。あるいはむしろ、そうした対立が形をなすのは、その塊においてであると言うべきか。

次に、苦痛を超えたもっと深いところで、パルマコンによる治療は、それが人工的であるがゆえに本質的に有害である。この点でプラトンはギリシアの伝統に従っており、もっと正確に言えばコスの医者たちに従っている。パルマコンは自然な生を邪魔する。病にまったく侵されていない生にとってばかりでなく、病気になった生にとっても、あるいはむしろ病気の生にとっても妨げである。というのもプラトンは病気の自然な生というものを、こう言ってよければ、病気の正常な発展というものを信じているからだ。『ティマイオス』において、自然な病気は、それに固有の規範と形態に即して、特殊なリズムと分節に即して自己展開させておかなければならない生体と比較されている（思い出してほしいが、『パイドロス』におけるロゴスのようだ)。したがってパルマコンは、病気の正常で自然な発展から逸脱するがゆえに、生けるもの全般の敵なのである(それが健康な生であれ病気の生であれ)。エクリチュールがパルマコンとして提示されるとき、このことを思い出さなければならないし、プラトンは思い出すようにとわれわれに促すのである。生に反するエクリチュール——パルマコンと言ってもよい——は、病=悪を**転位させ**《デプラセ》、さらには**刺激する**ことしかしない。以上が、エクリチュールに対する王の反論の論理的図式だろう。記憶を代補するという口実で、エクリチュールはさらに忘却を推し進める。知を増やすどころか、エクリチュールは知を縮減するのだ。エクリチュールは記憶の欲求に応えるものではなく、脇に逸れるのであって、ムネーメーを強固にするのではなく、ヒュポムネーシスのみを強化する。つまりエクリチュールはまったくパルマコンのように作用するのだ。そしてわれわれがいまから対比しようとする二つのテクストにおいて、論証の形式構造がまったく同じであるとしよう。またこの二つのケースにおいて、肯定的なものを産出し否定的なものを無にするとみなされるものが、否定的なものの諸効果を**転位させる**と同時に**多数化する**ことしかせず、そうしてその原因だった欠如を増殖させるとしよう。もしそうだとしたら、この必然性は(たとえば)ロバンがあるときは治療薬に、またあるときは麻薬に分割している**パルマコンという記号**のなかに書き込まれているのだ。われわれは、**パルマコンという記号**、とまさに言った。そう言うことによってわれわれは、ある能記《シニフィアン》とある所記《シニフィエ》的概念が**不可分のまま**問題になるということを標記したいのである。

A 『ティマイオス』はその最初の数頁からつとに、エクリチュールとパロールとの距離のなかにあるが、また同様にエジプトとギリシアとの距離のなかに分かたれてもいる(「あなたがたギリシア人は相変わらず子どもだ。ギリシア人は決して年老いていない」。それに対してエジプトでは、「古の時代から、すべてが書かれている」――*panta gegrammena*）。この『ティマイオス』においてプラトンは、身体の運動のなかでも最良のものは自然な運動であり、自然発生的に内部から、「それ自身のうちに、それ固有の活動によって生まれる」運動であることを証明する。

「ところで、身体の運動のなかで最良のものは、それ自身のうちに、それ固有の活動によって生まれる運動である。というのも、それは〈叡智〉の運動と〈全体〉の運動にもっとも適ったものだからである。他の原因によって引き起こされた運動は、それよりも悪い運動である。だがすべての運動のなかでも最悪のものは、**外部**の原因の作用によって、横たわり休息している身体を部分的に動かす運動である。ゆえに身体を純化し配備するすべての手段のなかで最良のものは、体操の訓練によって獲得されるものである。それに続く二番目に良い手段は、船がわれわれに伝える律動的な揺れ、あるいは何らかの仕方で疲労なくわれわれが運ばれるときの律動的な揺れのうちにある。第三の形態は、それを用いざるをえないときにはきわめて有用なこともあるが、良識ある人なら必要のない場合は決して使ってはならないものであって、それは浄化作用のある薬（*tes pharmakeutikes katharseôs*）を使った薬物治療である。というのも大きな危険がないときには、病気を治療薬によって刺激してはならない（*ouk erethisteon pharmakeiais*）からである。実際、病気の構成（*sustasis*）はある意味で生体の本性（*tê tôn zoôn phusei*）に似ている。ところで生ける存在の構成は、それぞれの種についてある特定の生の期限をもっている。それぞれの生物は、必然性から生じる事故を別にすれば、運命によって割り当てられた一定期間の生存を自分自身のうちにもって生まれてくる［…］。病気の構成も同様である。薬の作用によって（*pharmakeiais*）病気をその定まった期限より前に終わらせることができるとしても、そうした場合、軽い病気からもっと重たい病気が生じてきてしまうのであり、また数少ない病気からさらに数多くの病気が生じてきてしまうのである。だからこそ、こうした類のことはすべて、その余裕があるかぎり、管理規則によって統御されなければならず、薬を飲むことによって（*pharmakeuonta*）気まぐれな病を刺激してはならないのである」（89*ad*）。

以下の点に気づくことだろう。

一．パルマコンの有害さが告発されるのは、コンテクストの全体が毒よりもむしろ「治療薬」という翻訳に権威を与えるように見えるまさにその瞬間においてである。

二．生者の自然な病気はその本質においてアレルギーとして、すなわち異質な要素からの攻撃に対する反応として定義されている。そして身体の自然な生はそれ固有の内生的な運動にしか従ってはならない以上、必然的に、病気のもっとも一般的な概念はアレルギーであるということになる。

三．健康が自−律的であり自−動的であるのと同じように、「正常な」病気もその自足体制を示す。その際、病の場所をずらして、場合によっては抵抗地点を強化し多数化するような**転移性**《メタスターズ》の反応が、薬による攻撃に対立させられる。「正常な」病気は自己防衛するのだ。そのようにして代補の諸拘束を免れ、パルマコンの余計な病原性を免れることによって、病気はわが道を行くのである。

四．こうした図式は、生者は有限である（その病もまた）ということを含意している。つまり、生者はアレルギーという病のなかで自己の他者と関係をもつかもしれないということ、生者の持続は限られているということ、死が生者の構造のなかに、その「構成的な三角形」のなかにすでに書き込まれ定められているということ、こうしたことが含意されている。（「実際、原理からして、各々の種の構成的な三角形は、所与の時間の期限――そこを越えて生がそれ以上続きえない期限――に至るまでは十分なものでありうるという特性をもって作られたのである」同所）。生者の不死性と完全性は、いかなる外とも関係をもたないという点に存する。それが神のケースである（『国家』第二巻、381*bc* を参照のこと）。神にはアレルギーがない。身体やそれと類比的に魂が問題になるときしばしば結びつけられる健康と徳（*ugieia kai aretè*）は（『ゴルギアス』479*b* を参照のこと）、つねに内部から発する。パルマコンとは、つねに外から襲来し、外それ自体のように作用するがゆえに、決してそれ固有の定義づけ可能な徳をもたないものなのだ。しかし境界——つまり三角形——を維持しながら、いかにしてこの代補的な寄生物を除外すればよいのか。

B　以上の体系立った四つの特徴は、『パイドロス』において王がエクリチュールというパルマコンを貶め、軽んじるときに再現される。したがってここでもまた、パルマコンという単語を性急にも一種の隠喩として受け取ってはならないだろう（隠喩の可能性にその謎の力の全体を残しておくのならば話は別だが）。いまやわれわれはタモスの反論を読むことができるだろう。

「そして王は答えた。「比すべきものなき技術の主テウトよ（*O tekhnikôtate Theuth*）、一個の技術のあり方を生み出すことのできる人間と、それを使う人々に技術がどのような害と益をもたらすかを判別する力をもった人間とは、別々の者なのだ。いまもあなたは文字の生みの親として（*pater ôn grammaton*）、愛情にほだされ、文字の実際の効能とは正反対のこと（*tounantion*）を言われた！　というのも、人々がこの文字というものを学ぶと記憶の訓練がなおざりにされるため、そのひとたちの魂のなかには忘れっぽさが植えつけられるだろうからだ（*lethen men en psuchais parexei mnèmes amélétésià*）。実際、彼らは書かれたものを信用するようになって、ものを思い出すのに自分で、自分自身の力で内側からするのではなく（*ouk endothen autous uph'autôn anamimneskomenous*）、自分以外のものに掘り刻まれた刻印によって外側から（*dia pistin graphès exothen up' allotriôn tupôn*）思い出すようになるのだ。つまりあなたが発見した治療薬は、記憶のためのものではなくて想起のためのものなのだ（*oukoun mnèmes, alla upomneseôs, pharmakon eures*）。知恵について言えば（*Sophias dè*）、あなたが教え子たちに提供するのは知恵の似姿（*doxan*）であって、知恵の真実（*aletheian*）ではない。彼らはあなたの助けのおかげで教えを受けなくても物知りになるため、多くの場合ほんとうはなにも知らないでいるのに、見かけだけは非常な博識家であると思われるようになる。さらには、知者である代わりに（*anti sophôn*）、知者であるという思い込み（*doxosophoi*）だけが発達するため、彼らは鼻持ちならない人間になるだろう！」」（*274e-275b*）。

このように、パロールの父である王はエクリチュールの父に対する自己の権威を主張した。しかも厳格なやり方で。テウトは彼自身の子どもたち、すなわち彼の「文字」たちと甘い寛大さでもって結ばれていたが、王は息子の立場にある者に対してそうした甘い態度を示さない。タモスはたたみかけ、次々と保留を積み重ね、明らかにテウトにいかなる希望も残そうとしない。

タモスの言うように、エクリチュールが期待されていたのとは「逆」の効果を生み出すためには、このパルマコンが実際に使ってみると有害であると判明するためには、その効能、その潜在的な力、そのデュナミスが、曖昧でなければならない。これは『プロタゴラス』、『ピレボス』、『ティマイオス』でパルマコンについて言われていたことと同じである。ところで、プラトンはこうした曖昧さを王の口を通して制御したがっており、単純かつ断定的な対立のなかでその定義を支配したがっている。すなわち、善と悪、内と外、真と偽、本質と外見といった対立のなかで。王の判決理由を読みなおしてみれば、そこにはこうした対立の系列がまたもや見られるだろう。この対立の系列は、パルマコン――エクリチュールと言ってもよい――が堂々巡りするしかないように設定されている。エクリチュールが記憶を内部から、記憶自身の運動によって真を認識する手助けをすることにおいて有益であるとしても、それは外見上のことなのだ。本当はエクリチュールは本質的に悪であり、記憶にとって外的なものであり、知ではなく憶見を産出するものであり、真理ではなく外見を産出するものである。パルマコンは外見の戯れを産出しては、外見の戯れに都合のよいように自分を真理として通用させる、云々。

とはいえ、『ピレボス』や『プロタゴラス』では、パルマコンは苦々しいものであるがゆえに、たとえそれが有益であっても悪しきものとされていた。それに対して、ここ『ティマイオス』や『パイドロス』では、パルマコンは本当は有害であるにもかかわらず有益な治療薬のふりをしている。つまり悪い曖昧さが良い曖昧さに対置され、嘘の意図が単なる外見に対置されているのである。エクリチュールのケースは重症なのだ。

エクリチュールは系列化されたあれこれの対立にもとづいて思考されていると、そう言うだけでは十分でない。プラトンはエクリチュールを思考しているのであり、すなわち、**対立**それ自体にもとづいてエクリチュールを理解し、支配しようとしているのだ。あれらの相反する価値（善／悪、真／偽、本質／外見、内／外、等々）が対立しうるためには、そうした諸項のそれぞれが他方に対して単純に**外的**であるのでなければならず、言い換えれば、これらの対立のうちの一つ（〈内／外〉の対立）が、およそ一切の可能な対立の母型としてすでに信認されているのでなければならない。体系（あるいは系列）内の諸要素のうちの一つが、体系性あるいは系列性の一般的可能性の価値をもつのでなければならない。次のように考えるに至るとしたら、どうだろう。すなわち、パルマコン――あるいはエクリチュール――のような何かがこれらの対立によって支配されるどころか、そこに包含されるがままにならずに、それらの対立の可能性を開くのだとしたら。またエクリチュール——あるいはパルマコン——のごとき何かから出発してのみ、内と外との奇妙な差異が告知されうるのだとしたら。したがってパルマコンとしてのエクリチュールは、それが位置づけるものの内部に存在するある立地を単に割り当てられるがままになるのではないとしたら。エクリチュールは、エクリチュールにもとづいて決定された諸概念のもとに包摂されるがままにならないとしたら。なおも自分自身に由来することでしかエクリチュールを支配することを望みえない論理に、エクリチュールはみずからの幽霊《ファントム》のみを委ねるのだとしたら。もし以上のようであるとすれば、もはや単に論理とか言説とか呼ぶこともできなくなるものを、いくつかの奇妙な運動へと**折り曲げ**〔従属させ〕なければならなくなるだろう。不用意にもいまわれわれが**幽霊**と名づけたものが、真理から、現実から、生きた肉などから、もはや同じような安心感をもっては区別されえないのだから、なおさらである。ある意味で、幽霊を残すということは何も救わないことであると、いまの場合は、そう認めなければならない。

　このささやかな練習だけで、次のように読者に警戒を呼びかけるには十分だったかもしれない。本論で素描されているプラトンとの対決的説明は、注釈の既知のモデルをすでに逸脱しており、ある体系を系譜的あるいは構造的に再構成しようというモデルを逸脱している（この再構成が意図としてはプラトンを立証するのであれ反駁するのであれ、確証するのであれ「転覆する」のであれ、またはプラトン‐への‐回帰を遂行するのであれ、*khairein* をなおもプラトン化するやり方で、プラトンを「散歩に送り出す」のであれ）。ここでなされているのはそれとはまったく別のことである。それでもあるのだが、やはりまったく別のことである。疑うのであれば前の段落を読みなおされたい。そこでは古典的な読解のすべてのモデルがある一点において、すなわちそうした古典的読解が系列の内部に所属するその点において、超過されている。もちろん、この超過は系列の**外**に**単純に**出ることではない。われわれはそうした挙措が系列の一範疇に舞い戻ってしまうことを知っているからだ。超過とは——だがそれをなおも超過と呼ぶことはできるだろうか——系列の**ある種の**転位《デプラスマン》でしかない。さらにそれは対立の系列における、さらには対立の弁証法における、ある種の**折り目**〔*repli*〕——われわれはこれを後で**再標記**〔*remarque* 注目を引くもの、注記〕と名づけることにする——である。われわれはこの折り目をすぐさま逸することなしには、それを形容したり、名づけたり、単一の概念のもとで理解〔包含〕することがまだできない。所記的《シニフィエ》概念の同一性に関わるよりも、むしろもろもろの差異（後で見るように「見せかけ《シミュラークル》」）に関わるようなこの機能上の転位、これを作り出さなければならない。この転位は書かれるものだ〔みずからを書く〕。したがって、まずそれを読まねばならない。

王の言うように、また太陽の下では、エクリチュールはそれに帰せられる効果と逆の効果を生み出すのだとしたら、すなわちパルマコンが有害であるのだとしたら、それは『ティマイオス』の場合と同じように、パルマコンがここの出ではないからである。パルマコンはあちら側から到来するのであり、外部のものあるいは異邦のものなのだ。すなわち、内部の〈ここ－そのもの〉[*8]である生者にとって、あるいはパルマコンによって助けられ補われると言われるところの*zôon*〔生命〕としてのロゴスにとって、外部の、異邦のものなのだ。ここではエクリチュールの刻印（*tupoi*）は『テアイテトス』における仮説（191 sq.）とは違って、魂の蠟板の**内部に**浮き彫りとして書き込まれているのではないし、そのようにして心の生の自然発生的・土着的な運動に応答しているのでもない。エクリチュールというテクネーを手にする者は、みずからの思考を外部に、預かり所に——すなわち書字板にべったりと書きつけた物理的・空間的・表層的な標記に——委ね託すことができると知って、エクリチュール技術に頼りきるようになる。彼は*tupoi*がそこに存在し〔現存在し〕続けているかぎり自分が不在にしてもよいのだと、*tupoi* が彼への奉仕を続けているかぎり *tupoi* のことを忘れてもかまわないのだと、そう思うようになる。たとえエクリチュールの使用者が *tupoi* のことを忘れたとしても、*tupoi* は使用者を代理《ルプレザンテ》〔表象〕するだろうし、たとえ使用者が *tupoi* に命を吹き込むためにもはやそこに存在しなくなったとしても、*tupoi* は使用者の言葉を運び続けることだろう。たとえ使用者が死んだとしても。そしてパルマコンのみが、死に対するこの権力を占有するというばかりではなく（このことは間違いない）、パルマコンは死と共謀してこの権力を占有するのだ。したがって、パルマコンとエクリチュールはつねに生きるか死ぬかの問いなのだ。

tupoi は代理物《ルプレザンタン》であると、すなわち不在の**心的なもの**を**物理的**に代補するものであると、概念上の時代錯誤なしに——つまり重大な読み間違いなしに——言うことはできるだろうか。むしろこう考えなければならないだろう。すなわち、書かれた痕跡は生きていないのだから、それはもはやピュシスの秩序に属してさえいない、と。書かれた痕跡は芽生えるのではない。ソクラテスがすぐさま言うように、葦（*kalamos*）によって種をまかれてしまったことになるものは、芽生えるのではない、それと同じだ。ムネーメーのうちではピュシス〔自然〕とプシュケー〔心〕とは対立しないのだが、書かれた痕跡は、そうしたムネーメーの自然で自律的な組織に暴力をはたらく。エクリチュールがピュシスに所属するとしても、それはピュシスのある契機においてのこと、すなわちヘラクレイトスの言うように、自己の現れの産出というピュシスの真理は地下納骨堂《クリプト》に退避することを好むという、そうした必然的な運動においてのことではなかろうか。「暗号文《クリプトグラム》」とは冗語法の命題をただ一つに凝縮した語なのだ。

したがって王の言葉《パロール》を鵜呑みにするなら、エクリチュールのパルマコンがやって来て催眠術をかけるのは、こうした記憶の生に対してである。エクリチュールのパルマコンは記憶の生を魅了し、そうして記憶の生をおのれの外に連れ出し、記念碑のなかに眠り込ませてしまうのである。記憶はもろもろの類型《タイプ》（*tupoi*）の恒久性と独立性を信頼して眠り込むだろう。そして記憶は存在者たちの真理の間近に自己をしっかりと立たせることをもはやしなくなり、すなわち真理の間近に自己を集中させ、そこに現前していることをもはや切望しなくなるだろう。記憶は自分の守衛たちによって、自分自身の記号によって、知の保管と監視を任された類型によって石化され、レーテー〔忘却〕に飲み込まれるがままとなり、忘却と非‐知に侵食されるがままになるだろう。[42] ここで記憶と真理を切り離してはならない。アレーテイア〔真理〕の運動は徹頭徹尾ムネーメーの展開である。それは生きた記憶の展開であり、すなわち自己自身に現前するかぎりでの心の生としての記憶の展開なのである。レーテー河の力は、死や非‐真理や非‐知といった分野を同時に拡大する。ゆえにエクリチュールは——少なくとも「魂を忘れっぽく」させるかぎりでのエクリチュールは——命なきものと非‐知の側へとわれわれの向きを変えてしまうのである。しかしエクリチュールは、その本質からして、単純に、また**現前的に**、死や非‐真理と混同されると言うわけにもいかない。というのも、エクリチュールは本質あるいは固有の価値（それが肯定的なものであれ否定的なものであれ）をもたないからである。エクリチュールは見せかけ《シミュラークル》のなかで戯れる。エクリチュールはその類型のなかで記憶、知、真理などを真似る。そういうわけで、エクリチュールの人間たちが神のまなざしの下に出頭するとしても、それは知者（*sophoi*）としてではなく、実は自称知者（*doxosophoi*）としてなのである。

これはプラトンによるソフィストの定義である。というのもエクリチュールに対するこの論告求刑は、まず何よりも詭弁術を告発しているからである。エクリチュールに対する論告求刑は、プラトンが哲学の名においてソフィストたちに対して開始した果てしない訴訟のなかに書き込むことができる。エクリチュールに頼る人間、エクリチュールが保証する権力と知を鼻にかける人間、タモスによって仮面を剝ぎ取られたあの外見を纏う者は、ソフィストのあらゆる特徴を具えている。『ソピステス』は「知者の模倣者」と言っている（*mimetès tou sophou*, 268*c*）。書記官と呼んでよい者は、『小ヒッピアス』で活写されたソフィストであるヒッピアスに、まるで兄弟のように似ている。すべてを知り、すべてをなすことができると自分を誇るヒッピアス。そして何よりも――ソクラテスは二度にわたり、すなわち二つの対話のなかで、アイロニーをもってこのことを数え上げ忘れたふりをするのであるが――記憶法に、あるいは記憶技術に誰よりも通じているヒッピアス。それはヒッピアスがもっともこだわる能力でもある。

ソクラテス――したがって、天文学でも、真実を言ったり欺いたりするひとは、同じ人間なのだ。
ヒッピアス――それは本当のようだね。
ソクラテス――それでは、ヒッピアスよ、十分に時間をかけてすべての知識についても同じようにやってみたまえ。そして、すべて同じ事態ではないかを見てみたまえ。なにせ君は、すべての知識のどれについても、もっとも巧みな（*sophôtatos*）人間なのだから。アゴラの両替屋の横で、君が本当にうらやましいほど多彩な君の才能を数え上げていたとき、私は君があらゆる技術に通暁していると自慢していたのを聞いたのではなかっ

（42）われわれはここでとくにジャン＝ピエール・ヴェルナンのきわめて豊かなテクストを参照している（彼はこれらの問題にまったく違った意図からアプローチしているが）。Jean-Pierre Vernant, « Aspects mythiques de la mémoire et du temps », in *Mythe et Pensée chez les Grecs*, Maspéro, 1965. *9 *Tupos*〔型〕という語、およびこの語が*perigrahè*〔輪郭〕と*paradeigma*〔範例〕と取りもつ諸関係については、P. M. Schuhl, *Platon et l'art de son temps*, P.U.F., 1952, p. 18, n. 4 で引用されている A. von Blumenthal, *Tupos und Paradeigma* を参照のこと。

たかな。〔…〕さらに君はこうも言っていたね。自分はさまざまの詩、すなわち叙事詩、悲劇、熱狂的な抒情詩その他もろもろ、またはどんな種類の散文でもいくらでも作ることができる、と。さらに、さっき私が言った学問について、君はこうも付け加えた。君は韻律、音楽形式、文法、その他の多くのことについて（私の記憶が確かならば）よく知っているのだが、それと同じように、誰よりもすべての技術についてよく通じている、と。ああ忘れていたよ！　君がもっとも誇りにしているのは、あの記憶技術だったね。たぶん、私には手におえない他の多くの事物にも、君は誰よりも通じているんだろう！　けれども、私が言いたいことはこうだ。君が所有しているすべての技術――なんと数が多いのだろう！――や他の事柄において、われわれが今しがた一緒に確認した点から見ると、真実を語る者が欺く者と異なるような同じ一つの技術、それが同じ一人の人間ではないような一つの技術を、君は見つけたかね。巧妙さのすべての形態、すべての手練手管、君が望む一切合財を考察してみたまえ。そんなものは見つけられないだろう。なぜって、そんな技術は存在しないからだ。もしあるとすれば、その名を挙げてくれたまえ。

ヒッピアス――ソクラテスよ、今のところ、それは見つけられないね。

ソクラテス――私の意見では、君は永遠に見つけられないと思うよ。もし私が真実を言っているのなら、ヒッピアスよ、われわれの検討の帰結を君は思い出すだろう。

ヒッピアス――ソクラテス、君の言わんとすることがよく飲み込めないのだが。

ソクラテス――それは、君が君の記憶技術を活用していないからだよ……。（368*ad*）

つまりソフィストは学問の記号や記章を売り物にする。それは記憶それ自体（*mnèmè*）ではなく、単に記念碑（*hypomnémata*）、目録、記録資料《アーカイヴ》、引用、写し《コピー》、物語、リスト、ノート、複製、年代記、系譜、参照文献にすぎない。記憶ではなく記録書なのである。そのようにしてソフィストは金持ちの若者たちの要求に応じるのであり、そうすることがこのうえない称賛を浴びるのである。若い称賛者たちが彼の学問のもっとも見事な部分に耳を傾けるのに苦労はいらないと告白した後で（『大ヒッピアス』285*d*）、ソフィストはソクラテスにすべてを語らざるをえない。

ソクラテス——であれば、彼らが喜んで、そして拍手しながら君に耳を傾ける主題が何であるか、私に教えてくれたまえ。私にはよくわからないから。

ヒッピアス——系譜だよ、ソクラテス。英雄たちや人間たちの系譜だ。それに、いろいろな都市のいにしえの創設にまつわる物語だ。一般的に言えば、古代にかかわる一切合財だろうか。だから彼らのせいで、私はそうした問題のすべてを研究し、勉強しなければならなかったのだ。

ソクラテス——彼らがソロン以来の執政官のリストを知りたいなどと思っていなくて幸いだったね、ヒッピアス。そんなリストを頭に叩き込むのは大変な骨折りだっただろうから。

ヒッピアス——なぜだね、ソクラテス。五十名ほどの名前を覚えるには、それを一度聞けば十分だろうに。

ソクラテス——そうだったね。記憶法は君の十八番なのを忘れていたよ……。（285*de*）

実のところ、ソフィストはすべてを知っているふりをしているのであり、その「博識」（『ソピステス』232*a*）は外見でしかない。したがってエクリチュールもまた、生き生きとした記憶にではなくヒュポムネーシス〔覚え書き〕に**手を貸す**かぎりにおいて真の学問とは異質なのであって、元来心のものである運動のうちにあるアナムネーシス〔想起〕とは異質であり、その現前（あるいは現前一般）のプロセスのなかにある真理とは、すなわち問答法＝弁証法《ディアレクティク》とは異質なのである。エクリチュールはただ単にそれらを**真似る**ことしかできないのだ。（ここで詳しい議論は省略するが、今日そしてまさに今の場合に、エクリチュールを思考と言葉《パロール》の問いに結びつけるだけでなく、思考と言葉の問いを秩序づける真理の問い（あるいは真理の問いただし）にも結びつける問題設定は、詭弁術と哲学との衝突現場を標記する目印、概念の記念碑、戦場の遺跡、さらに一般的に言えば、プラトン哲学が打ち立てたすべての控え壁、こういったものを必然的に掘り起こさなければならない（とはいえ、その作業に限定されるわけではないが）。多くの点で、そして領野全体を見渡すわけではないある観点から見れば、われわれは今日プラトン哲学の前夜にいる。もちろん、それをヘーゲル哲学の翌日と考えてもよい。この点において、ピロソピア、エピステーメーは、エクリチュールのような何かの名において「転覆」されたり、「拒絶」されたり、「ブレーキ」をかけられたりするわけではない。まさにその反対である。しかしそれらは、哲学ならば**見せかけ**《シミュラークル》と名づけるような関係に即して、真理のさらに繊細な超過に即して、引き受けられると同時にまったく他なる領野へと転位《デプラセ》されているのである。そのまったく他なる領野においては、バタイユ――ここでこの名は参照指示のネットワークをまるまる省いてくれるだろう――の言葉によれば、「絶対知を真似る」ことはなおも可能ではあろうが、それは単に「真似る」だけなのだ。）

　プラトン哲学とそのもっとも近しい他者（詭弁術という姿をまとった他者）とのあいだに暴力的に書き込まれる最前線、それは二つの同質空間のあいだで張り詰めているような、統一のある連続的なものではまったくない。その輪郭は次のような具合になっている。すなわち、体系的な非決定によって、互いの部分と立場が相互にその位置を頻繁に交換し、敵対者の形態を模倣し、敵対者の歩みを借りる、といった具合である。したがって、ある種の相互転換は可能である。しかしこの相互転換がなんらかの共通地盤に書き込まれなければならないとしても、不和は間違いなく内的なままにとどまるし、この不和から、詭弁術とプラトン哲学の**両者**とは何か〈まったく - 他なるもの〉が、詭弁術とプラトン哲学との相互置換の全体と共通尺度をもたないなんらかの抵抗が、絶対的な影のなかで再び芽生えてくるのである。

上述の箇所でわれわれが信じこませてしまったかもしれないこととは反対に、エクリチュールに対する論告求刑は詭弁術を第一標的とするものではない、と考える確かな理由もあるだろう。それどころか、エクリチュールに対する論告求刑が詭弁術に由来するように見えるときさえある。痕跡を外部に委託するのではなく記憶を行使すること、これはソフィストたちの絶対的かつ古典的な奨めではないか。するとプラトンはここでもまた、彼がしばしばそうしているように、ソフィストたちの論拠を我が物にしていることになるだろう。ここでもまた、プラトンはソフィストたちの論拠をソフィストたちに対して突き返していることになるだろう。王の判決の後のさらに先のところでは、ソクラテスの言説の全体（後でわれわれはその編み目を一つ一つ分析していくが）は、詭弁術に由来する図式と概念から織り上げられている。

したがって、国境線の通過を綿密に認識する必要があるだろう。そしてこのプラトン読解が、「ソフィストへ帰れ」という類のスローガンや合言葉によって鼓舞されているのではまったくないということも、よく理解する必要がある。

たとえば、どちらの場合でも、どちらの陣営においても、エクリチュールは嫌疑の的にされており、記憶の覚醒が命じられている。つまり、プラトンが詭弁術において批判の対象としているのは記憶への依拠ではなく、そのような助けを借りることによって、生き生きとした記憶を記憶補助文書に置き換えてしまうこと、有機的器官を人工補綴に置き換えてしまうことである。これは生身の四肢を事物に置き換えてしまう倒錯、この場合で言えば、知の能動的再活性化、知の現前的再生産を機械的で受動的な「暗記」に置き換えてしまう倒錯なのである。（内と外、生者と非－生者とのあいだの）境界は、単にパロールとエクリチュールとを分断するばかりではなく、現前性を（再）生産する開示〔dévoilement〕としての記憶と、記念碑の反復としての再－記憶〔re-mémoration 記憶を記憶すること〕をも分断するのである。すなわち、真理とその記号とを、存在者と類型《タイプ》とを分断するのである。「外」は、今日われわれが心的なものと物理的なものと呼んでいるものの継ぎ目で始まるのではない。そうではなく、ムネーメーが真理の運動として自己の生のなかで自己に現前するかわりに、記録文書によって代補されるがままになる地点、ムネーメーが再－記憶あるいは共－記憶〔com-mémoration 記念式典〕の記号によって排除されるがままになる地点において始まるのだ。エクリチュールの空間、エクリチュールとしての空間が開かれるのは、こうした代補作用の暴力的運動において、ムネーメー〔記憶〕とヒュポムネーシス〔覚え書き〕との差異においてである。外はすでに記憶の働きの**内部に**存在する。悪は、記憶の自己関係の内部に、記憶活動の一般的組織の内部に密かに侵入する。記憶は本質上有限である。プラトンは記憶に生という属性を与えることによって、そのことを認識している。われわれが見たように、プラトンは一切の生ける有機体に対してと同じく、記憶にも限界を割り振る。そもそも限界なき記憶などというものは記憶ではないだろうし、それでは自己への現前の無限性になってしまうだろう。したがって記憶は、それが必然的に関係する非－現前者を思い出すために、つねにすでに記号を必要とする。問答法＝弁証法《ディアレクティク》の運動がそのことを証言している。かくして記憶はその最初の外、その最初の代補者、すなわちヒュポムネーシスに、汚染されるがままになる。しかしプラトンが**夢見る**のは、記号なき記憶である。言い換えれば、代補なき記憶である。ヒュポムネーシスなきムネーメー、パルマコンなきムネーメー。しかもプラトンがこの夢を見るのは、数学の叡智性の次元における仮説的なものと非仮説的なものとの混同を彼が**夢**と呼ぶまさにそのときであり、まさにその理由によるのである（『国家』第七巻、533*b*）。

なぜ代補は危険なのか。代補は、こう言ってよければ、それ自体としては危険ではない。すなわち、それ自身において一個の事物として、一個の現前的存在者として提示されうるものであるかぎり危険ではない。その場合、代補はむしろ安心を与えるものである。そこでは代補は存在しない、あるいは存在者（*on*）ではない。しかし、それはまた単なる非‐存在者（*mé on*）でもない。代補の滑落は、現前と不在の単純な二者択一から代補を引き抜く。これこそが危険なのだ。そして類型がオリジナルとして通ることをつねに可能にするものなのだ。代補という外部が開かれるや、その構造に含意されているのは、代補それ自体が「類型」を押されてその分身《ドゥブル》に取って代わられうるということ、代補の代補が可能であり必然であるということ、これである。必然だというのは、この運動が可感的・「経験的」な事故ではないからである。この運動は同じものの反復の可能性として、エイドスのイデア性に結びついている。そして、エクリチュールはプラトンにとって（そしてプラトン以後、この振舞いのなかでみずからをそれとして構成する哲学全体にとって）、こうした重複《ルドゥブルマン》〔分身化〕の宿命的**連鎖**として現れるのである。すなわち、代補の代補、能記《シニフィアン》の能記《シニフィアン》、表象の表象といった重複の宿命的連鎖。（この辞列の最初の項――より正確には、最初の構造と言うべきだが――を**吹き飛ばし**て、その還元不可能性を出現させる必要はいまのところまだない。だが、後でわれわれはそうするだろう。）　言うまでもなく、**音声的**エクリチュールの構造と歴史は、記号の重複、記号の記号というエクリチュールの規定において決定的な役割を演じてきた。エクリチュールは音声能記《シニフィアン》の能記《シニフィアン》であるというわけだ。音声能記《シニフィアン》は活性化した近さのなかにあり、ムネーメーあるいはプシュケーの生きた現前のなかにあるのに対して、音声能記《シニフィアン》を複製し模倣する書記能記《シニフィアン》は一段階そこから遠ざかり、生の外へと落下し、生をそれ自身の外へと連れ出し、象られたその分身における眠りへと引きずり込む。ここから、かのパルマコンの二つの悪行が生まれてくる。すなわち、パルマコンは記憶を麻痺させるのであり、それが助けになるとしても、それはムネーメーのためではなく、ヒュポムネーシスのためなのである。パルマコンは生をそのオリジナルにおいて、「生身において」目覚めさせるのではなく、記念碑を復元するのが関の山なのだ。記憶にとっては衰弱の毒であり、記憶の外部記号、**症候**にとっては治療薬あるいは強壮剤なのだ。この症候という語は、そのギリシア語〔*symptôma*〕がもつすべての意味をコノテーションとしてもっている。すなわち、経験的・偶発的・表面的な出来事、一般的に言えば、下落あるいは衰弱である。それは一個の指標として、それが参照する当のものと区別されたものである。お前のエクリチュールは症候しか癒すことがない、と王はすでに言っていた（われわれはこの王から、症候の本質と所記《シニフィエ》の本質との乗り越え不可能な差異を知らされるのだ）。そしてエクリチュールは症候の次元、症候という外在性に属するのだ、と。

かくして、エクリチュールは（内在的）記憶に対して外在的であるにもかかわらず、ヒュポムネーシスは記憶ではないにもかかわらず、それでもエクリチュールは記憶に影響を及ぼし、記憶の内部において記憶を魅了し、記憶に催眠術をかける。これがかのパルマコンの効果である。とはいえ、外在的であるエクリチュールは、心的記憶の親密さ・完全無欠さに手を触れないはずだとされる。しかしながらルソーやソシュールが後にそうすることになるように、プラトンは同じ必然性に屈しながら（とはいえ、そこに親密なものと異他的《エトランジェ》なものとのあいだの**他の**関係を読むことなく）、エクリチュールの外在性とその邪悪な浸透力——最奥のものに影響を及ぼし、それを汚染することができるという力——〔という議論〕を維持する。パルマコンは、パルマコンなしに済ますことができたと思いたい当のものの内部に、不法侵入によって入り込む危険な代補である。現前者は痕跡のなかで消滅することでみずからを増大させるのであるが、パルマコンの代補なしに済ますことができたと思いたいものは、そうした痕跡によって切り開かれ、暴行され、埋められつつ取って代わられ、補完されるがままになる——しかもこうしたことすべてが同時になされる——のである。

このような代補性を可能にする構造について熟考することなしに、そしてとりわけ「プラトン－ルソー－ソシュール」がこの代補性を奇妙な「推論」のなかで空しく統御しようとした際におこなった還元について熟考することなしに、代補性の「論理的矛盾」を暴露することだけで満足してしまうならば、かの「破れ鍋の推論」——フロイトが『夢判断』で夢の論理を例証するために呼び出したまさにあの推論——がそこにはあることになるだろう。訴訟人はあらゆるチャンスを自分のものにしようとして、矛盾した論拠を積み重ねる。一．あなたに返した鍋は新品である。二．鍋の穴は、私があなたから借りたときにすでに開いていた。三．そもそも、私はあなたから鍋を借りていない。同様に、一．エクリチュールは、厳密に言って、生き生きとした記憶と発話《パロール》の外部にあり、それらよりも劣ったものである。したがって、記憶と発話にはエクリチュールの手が付いていない。二．エクリチュールは、生き生きとした記憶や発話を眠りこませるがゆえに、そしてまたエクリチュールがなければ無傷なままであるはずの記憶や発話の生そのものにおいてそれらを汚染するがゆえに、有害である。エクリチュールがなければ、記憶と発話の穴も開かないはずだ。三．そもそも、ヒュポムネーシス〔覚え書き〕やエクリチュールに頼ったのは、それら自身に価値があるからではない。生きた記憶が有限であるから、すなわち、生きた記憶には、エクリチュールがそこに痕跡を残す以前にすでに穴が開いていたからである。エクリチュールは記憶にいかなる効果も及ぼさない。

したがって、エクリチュールの意味はムネーメーとヒュポムネーシスの対立によって司られているわけである。この対立はプラトン哲学における構造上のすべての大きな対立と体系をなしているということが、われわれの目には明らかになる。したがって、ムネーメーとヒュポムネーシスというこの二つの概念の境界で戯れているもの、それは哲学の重大な決定〔決断〕とでも言うべき何か、それによって哲学が自己を確立し、自己を維持し、自己の裏面をも含みこむような、そうした決定〔決断〕である。

ところで、ムネーメーとヒュポムネーシスとの境界、記憶とその代補との境界は、微妙以上のものであり、ほとんど知覚不可能なものである。この境界のどちらの側でも、**反復**が起こっている。生き生きとした記憶はエイドスの現前性を反復するし、真理は想起における反復の可能性でもある。真理はエイドスあるいは *ontôs on*〔存在的に存在するもの＝真に存在するもの〕のヴェールを、言い換えれば、模倣されうるもの、再生産〔複製〕されうるもの、その同一性において反復されうるもののヴェールを剝ぐ。しかし真理のアナムネーシス〔想起〕運動では、反復されるものは反復において自己をそれとして、それがそれであるところのものとして、自己を現前させなければならない。真なるものは反復されており、反復において反復されたものであり、再現前化〔表象〕において現前する再現前化〔表象〕されたものである。真なるものは、反復において〈反復するもの〉ではない、すなわち記号作用《シニフィカシオン》において記号するもの《シニフィアン》〔能記〕ではない。真なるものとは、意味される所記《シニフィエ》であるエイドスの現前性なのである。

ところで、アナムネーシス〔想起〕の展開である問答法＝弁証法《ディアレクティク》と同じく、ヒュポムネーシス〔覚え書き〕の展開である詭弁術もまた、反復の可能性を前提とする。しかし詭弁術のほうは、反復の他方の側に——こう言えるなら、他の面に——身を持す。記号作用の他方の側に。〔詭弁術では〕反復されるもの、それは反復するものであり、模倣するものであり、記号するもの《シニフィアン》であり、再現前化するものである。それは、それが再版すると思われているところの**事物そのもの**の不在において、必要とあれば〔機に応じて〕反復するのであって、心ないし想起による活性化なしに、問答法《ディアレクティク》＝弁証法の生きた緊張なしに反復するのである。ところで、エクリチュールとは、記号するもの《シニフィアン》が独力で、機械的に自己を反復する可能性そのものだろう。すなわち、反復において能記《シニフィアン》を支え、能記《シニフィアン》に立会い援助するべく生きている魂なしに、言い換えれば、真理がどこにも**自己を現前させる**ことなしに、能記《シニフィアン》が自己を反復する可能性そのものだろう。したがって、詭弁術、ヒュポムネーシス、エクリチュールが、哲学、問答法《ディアレクティク》＝弁証法、アナムネーシス、生き生きとした発話《パロール》から分離されうるとしたら、それは能記《シニフィアン》と所記《シニフィエ》とのあいだに存するある**紙葉**の不可視な、ほとんど無に等しい厚みによってのみであろう。「紙葉」――これは能記的《シニフィアン》な隠喩であり、あるいはむしろ能記的《シニフィアン》な面から借用された隠喩であることに注意しよう。なぜなら、表と裏をそなえる紙葉は、まず何よりもエクリチュールの表面・支えとして告知されるのだから。だが同時に、この紙葉の統一性、所記《シニフィエ》と能記《シニフィアン》とのこうした差異の体系の統一性は、詭弁術と哲学との分離不可能性でもあるのではないか。間違いなく、所記《シニフィエ》と能記《シニフィアン》との差異は、それにもとづいてプラトン哲学が自己を確立し、詭弁術とのみずからの対立を規定したところの指導図式である。そのようにして自己を開始した哲学と弁証法は、みずからの他者を規定することによって自己を規定するのである。

断絶のうちに潜むこうした深い共犯関係から、第一の帰結が生じる。すなわち、エクリチュールに反対する『パイドロス』の論証は、イソクラテスあるいはアルキダマスから、その資源のすべてを借用することができるのだ。エクリチュールに反対する論証は、そうした資源を「転調する」[43]ことによって、詭弁術

（43） われわれはここでディエースの言葉を使用しており、「**プラトンによる転調**」〔*la Transposition platonicienne*〕に関する彼の研究、とりわけその第一章「修辞学の転調」(in *Autour de Platon*, t. II, p. 400) を参照されたい。

の武器を詭弁術自身に対して向け返すのである。プラトンは、模倣者たちが模倣するところのものの真理を――すなわち真理それ自体を――復元するために、模倣者たちを模倣する。実際、現前者（*on*）の現前性（*ousia*）としての真理のみが、ここでの差別化を可能にする。そして、所記《シニフィエ》と能記《シニフィアン》の差異を司る――あるいはお望みならば、それらの差異によって司られている、と言ってもよい――その差別化の力は、いずれにせよ、所記《シニフィエ》と能記《シニフィアン》とのこの差異から体系上分離不可能のままである。ところで、こうした差別化はおのずと微妙なものとなり、最終的には、自己の同一性を、その完璧でほとんど識別できない分身から分離することとしかできないところにまで至る。これは、パルマコンの両義的かつ可逆的な構造においてその全体が産出される運動である。

実際のところ、どのようにして弁証家は、偽装家だとして、見せかけ《シミュラークル》の人間だとして彼が告発する者を偽装するのか。ソフィストたちは、一方では、プラトンと同じく、記憶力を行使せよと忠告していた。しかし、われわれが見たように、それは知ることなく語ることができるためであり、判断なく、真理への配慮なく暗唱するためであり、さまざまな記号を与えるためであった。むしろ、そうした記号を売るためだったと言ってもよい。こうした記号の経済によって、ソフィストたちはエクリチュールをみずからに禁じるまさにそのときに、エクリチュールの人間なのである。しかし、対称的な転倒の効果によって、プラトンもまたエクリチュールの人間ではないのか。単に、彼が書き手だからという理由、エクリチュールに頼らなくては問答法〔弁証法〕とは何かを説明することが事実上も権利上もできないからという理由、そうした理由だけからではない（後ではっきりさせるが、これは凡庸な論拠である）。また、同じものの反復がアナムネーシスにおいて必要だとプラトンが判断しているからという、それだけの理由からでもない。プラトンはエクリチュールを類型《タイプ》における書き込みとして必要不可欠なものと判断してもいるからだ。

(*tupos* は書記の刻印にも範型としてのエイドスにも、どちらにも等しく妥当して用いられるということは注目に値する。多くの例があるが、なかでも『国家』第三巻、402*d* を参照のこと。) この必然性はまず何よりも法の領域に属するものであり、『法律』において立てられている。そのケースでは、エクリチュールの不動の石化した同一性は、無言で愚かな見せかけ《シミュラークル》として、所記《シニフィエ》としての法や定められた規則に後から加えられた付け足しなどではない。それは一種の守衛としての警備によって法や規則の恒久性と同一性を保証するものである。法の別種の守衛であるエクリチュールは、法というあの理念的対象に、心ゆくまで、必要なときにはいつでも立ち返る手段をわれわれに保証する。そのようにして、法は探索され、問いかけられ、参照されることができるのであって、その同一性を変質させられることなく語ることができるのだ。これこそは、まったく同一の言葉(とりわけ *boetheia*)でもって語られた、『パイドロス』におけるソクラテスの言説の裏面、他面である。

クレイニアス――それに、叡智を伴う立法(*nomothesia*)にとって、それ以上大きな助け(*boetheia*)は見つけられないでしょう。というのも、法の諸規定(*prostagmata*)は、いったんエクリチュールに預けられると(*en grammasi tethenta*)いささかも動かないものとなるので、来たるべきいつの時代も説明をおこなう用意があるようになるからです。また、そのような諸規定が最初は理解しがたいものであっても、心配する必要はありません。というのも、もの分かりの悪い人間でも、何度でも立ち帰ってそれを調べてみることができるからです。また、たとえ長ったらしくても、それらが有益であれば、心配することはないのです。誰であれ、こうした論証に力のかぎりをつくして参加しないのは(*to mè ou boethein toutois tois logois*)、まったく道理に合わないし、敬虔なことでもないと、私には思われるのです(第十巻、891*a*。ここでもやはり一般に認められている翻訳――ここではディエースの訳――を引用するが、われわれにとって興味深いと思われる場合には、重要なギリシア語を挿入し、読者にいつもの翻訳効果を感知できるようにしておく。書かれていない法と書かれた法との関係については、とくに第七巻793*bc*を見よ)。

強調したギリシア語がよく示しているように、法の諸規定《プロスタグム》はエクリチュールにおいてしか**立てられ**えない(*en grammasi tethenta*)。立法は書記的なのだ。立法者は一種の書き手である。そして裁判官は一種の読者である。第十二巻を見よう。「公正に正義を守ろうと望む裁判官ならば、そうした事柄のすべてにしっかりと目を向けていなければなりません。また、そうした事柄を勉強するために、それらについて書かれた書物(*grammata*)を手に入れなければなりません。というのも、あらゆる学問のなかでも法律に関する学問こそが、法律がきちんと作られたものでさえあれば、学ぶ者の精神をもっとも高める学問だからです」(957*c*)。

逆に(これは対称的にということだが)、修辞学教師たちは**エクリチュールを判決へと翻訳する**のにプラトンを待つ必要はなかったわけだ。[44] イソクラテスにとって、アルキダマスにとって、ロゴスは一種の生き物(*zôon*)でもあり、その豊かさ、活力、しなやかさ、軽やかさは、書かれた記号の死体のごとき硬直性によって限界づけられ、拘束されている。類型というものは、現在の状況のたえず変化するデータ、すなわち状況のそのつどの唯一性や代替不可能性に、必要な繊細さで適応するわけではない。**現前性**=**現在性**が存在者の一般形態であるとしても、**現前者**=**現在者**はつねに違うものである。ところで、書かれたも

(44) ロバンのように、『パイドロス』はいくつかの見た目にもかかわらず、「イソクラテスの修辞学に対する論告求刑」

(ビュデ版『パイドロス』の「導入」、p. CLXXIII) であり、イソクラテスは何を語るときでも、エピステーメーよりもドクサのほうを気にかけている (p. CLXVIII) と主張するのだとしても、ひとは「ソフィストたちに抗して」というイソクラテスの本の題名にもはや驚きはしないだろう。そして、そこにたとえば次のような文章を見つけるだろう。その文章とソクラテスの論証との形式的類似は目もくらむばかりである。「批判すべきは、彼らばかりではなく、公の雄弁術 (*tous politikous logous*) を教えると約束する連中である。というのも、彼らはいささかも真理に気を配らずに、学知とは、少ない報酬でできるかぎり大勢の人々をひきつけることに存すると考えているからだ……［イソクラテスはきわめて高い料金を設定していたということを知っておく必要がある。そして、真理がイソクラテスの口から語られるとき、その値段がどれほどのものであったかを］。彼ら自身知的であるわけではないが、彼らは他の人々も知的でないと思っており、素人が急ごしらえでも書かないようなもっと下手な議論を書きながら、それでも自分の弟子たちを、彼らの事案において一切の論拠を見逃さないほど巧みな演説家に育てると約束するのだ。こうした能力において、彼らは弟子の経験や自然な性質にまったく意味を見出さず、とにかく言論についての知識 (*ten tôn logôn epistémen*) を、文字《エクリチュール》の知識と同じようなやり方で、弟子に伝えることができると主張するのだ……。私が驚くのは、よく知らないにもかかわらず固定した手法を創造的な技術として教えた人々が、弟子をもつにふさわしい人間と思われていることである。実際、文字は固定されており、同じ価値を保持するものであって、その結果、われわれは同じ対象を示すのにつねに同じ文字を使用するようになる (口頭の発話《パロール》の場合は正反対である) ということ、こんなことを知らないのは彼らだけである。ある人間が言ったことは、二番目に喋る人にとって同じ有益さをもちはしない。この技術にもっとも巧みな人間とは、主題が要求するとおりに表現する者のことであるが、しかし他の人と絶対的に異なった表現を見つけることができる者のことである。こうして二つの事柄の違いがもっともよく証明される。すなわち言説は、それが事態と調和し、主題に適合し、新しさに満ちていなければ、見事とは言えない。しかし文字はこうしたことをまったく何も必要としなかったのである」。結論──書くには代価が要る。エクリチュールの人間たちは決して報酬を受けてはならない。理想は、彼らがつねに損をすることである。彼らが支払いをせんことを。なぜなら、彼らはロゴスの師匠たちの手当てを受ける必要があるからだ。「かくして、そうした範型 (*paradeigmasin* ──文字) を使用する人々は、金を受け取るのではなく、むしろ支払うべきなのだ。というのも、他の人々の教育をしようと企てる彼ら自身が、注意深い手当てを必要とするのだから」(*Kata tôn sophistôn*, XIII. 9, 10, 12, 13.)。

のは、それがみずからを反復するものであり、類型において自己同一的にとどまるものであるかぎりで、すべての方向＝意味《サンス》に身をたわめるわけではないし、現在者たちの諸差異に従いもしなければ、魂の誘導法の変わりやすく流動的な、束の間の諸要請に従うこともない。それとは反対に、話す者は、前もって決められたどんな図式にも従わない。話す者はみずからの諸記号をもっと上手に導く。話す者は、その時々の諸要請に応じて、求められた効果の性質に応じて、対話者から差し出された手がかりに応じて、記号の調子を変えたり屈折させたり、記号を引きとめたり放ったりするために、そこに存在する。声によって作用を及ぼす者は、みずからの記号が働くその場に立会い、記号を援助することによって、たやすく弟子の魂のなかに入り込み、そこにつねに単独的な諸効果を生み出しては、あたかも自分がその魂のなかに住んでいるかのように、自分の意図したところへと導くのである。したがって、ソフィストがエクリチュールを非難するのは、その邪悪な暴力のためではなく、息切れした無能力のためなのである。この盲いた奉仕者、その不器用でとりとめのない動きに対して、アッティカ学派（ゴルギアス、イソクラテス、アルキダマス）は、大いなる主人にして大いなる権力である生きたロゴスの力を対置する。*logos dunastes megas estin*〔ロゴスは大いなる君主である〕、とゴルギアスは『ヘレネ礼賛』で言う。パロールの王権はエクリチュールの王権よりも暴力的でありうるし、その侵入はエクリチュール以上に奥深くに達し、エクリチュール以上に貫通力をもち、多種多様で、確実である。最初の者よりも上手く話すことのできない者のみが、エクリチュールのなかに亡命するのである。アルキダマスは、「言説を書く者たちについて」と「ソフィストたちについて」という論のなかで、このことを指摘している。虚弱なパロールのための慰め、埋め合わせ、治療薬としてのエクリチュール。

このような類似点にもかかわらず、修辞学教師たちにおいては『パイドロス』とは違って、エクリチュールの断罪は始まらない。書かれたものが軽蔑されているのは、それが記憶と真理を腐敗させにやってくるパルマコンだからではない。ロゴスのほうがもっと有効なパルマコンだからである。ゴルギアスははっきりとパルマコンと言っている。ロゴスはパルマコンとして、よいものであると同時に悪しきものでもある。ロゴスは最初から善と真理によって司られているのではない。ゴルギアスは真理を**世界**（構造であれ秩序であれ）として、すなわちロゴスの節合（*kosmos*）として**規定**するが、それはロゴスのこうした両義性と神秘的な非規定性の内部においてのみであり、またこの両義性が認識された暁においてなのである。たしかにゴルギアスはこの規定によってプラトンの振舞いを予告している。だがその規定以前のところで、われわれは、パルマコンの両義的で非規定的な空間のなかにいるのであり、すなわち、ロゴスの内部にあって潜勢力にとどまるもの、潜勢態にとどまるもの、いまだ知の透明な言語ではないものの空間のなかにいるのである。このようにして開かれた歴史の後に続く、この歴史にまさに依存する諸範疇——すなわち**決定後の＝決定に従う**諸範疇——のなかでパルマコンを捉えなおすことが許されるならば、ここで、生きたロゴスの「非合理性」ということを語らねばならず、生きたロゴスのもつ魅了する力、メデューサ的な魅惑の力、ロゴスを魔法や魔術と縁続きにする錬金術的な変容の力、そうした力について語らなければならないところである。魔法（*goeteia*）、魂の誘導法——これらこそ、もっとも恐るべきパルマコンである発話《パロール》の「所作と挙措」である。『ヘレネ礼賛』のなかでゴルギアスは、言説の力を形容するのにこれらの単語を用いている。

「発話《パロール》を介して神々から吹き込まれた魔法（*ai gar entheoi dia logôn epoidai*）は喜びをもたらし、悲哀を連れ帰る。魂が思考するところとやがて一体となることによって、魔法の力は魂を誘惑し（*éthelxe*）、魅惑（*goeteiai*）

によって魂を説得し、変化させる。魔術と魅惑の二つの術は、魂を惑わせ世論を欺くために発見された［…］。若くはなかったヘレネをある魔法の言葉（*umnos*）が誘拐と同様の暴力でもって襲ったかもしれないということを、いったい何が妨げるだろうか。［…］魂を説得する言葉《パロール》、魂が説得した言葉、それは、語られた事物に従うようにと、そして進行中の事態に同意するようにと、魂を拘束する。説得した男は、彼が拘束したかぎりにおいて間違っている。そして説得された女が言葉《パロール》によって拘束されたかぎりにおいて、彼女の責に帰される悪はまったく無根拠である！」(45)

説得（*peithô*）の雄弁術は、侵入の、誘拐の、内的誘惑の、不可視な拉致の権力である。それは人目を忍ぶ力そのものである。だが、ヘレネが発話《パロール》の暴力に屈した（文字だったら彼女は屈しただろうか）ことを示しながら、またこの犠牲者に無罪を言い渡しながら、ゴルギアスはロゴスをその虚言の力において告発する。彼は、「言説に（*toi logoi*）論理を（*logismon*）与えることによって、かくも評判の悪い女性に対する告発と縁を切ると同時に、彼女を非難する者たちが間違っていることを証明することによって、言い換えれば、真理を示すことによって、無知に終止符を打つこと」を望む。

しかしコスモスと真理の秩序によって支配され飼いならされる以前に、ロゴスは野生の生き物であり、両義的な動物性である。その魔法の力、「薬物的」な力はこの両面性に由来する。そこから、この魔法の力は言葉《パロール》というわずかな事物には不釣合いだ、という議論にもなる。

「彼女を説得し、彼女の魂を欺いたのが言葉《パロール》であるとしても、この点で次のように言って彼女を擁護し、告発の土台を崩すこともまた困難である。すなわち、言葉は大きな権力を行使するのだ、と。それはほんのわずかな事物であり、全然目に付かないものであるのに、神のごとき仕業を達成するのだ、と。というのも、言葉は恐怖を沈め、悲哀を遠ざけることができるし、喜びを生まれさせ、憐れみを増大させるからである。[…]」

「言説によって魂のなかに入り込む説得」、これこそパルマコンであり、ゴルギアスが用いる名である。

「言説の力（*tou logou dunamis*）と魂の配置と（*pros ten tes psuchès taxin*）の関係は、薬物の配置（*tôn pharmakôn taxis*）と身体の性質（*ten tôn somatôn physin*）との関係と同じ関係（*ton auton dé logon*）である。ある種の薬物は身体から体液を排出するが、そうした薬物には病気を終わらせるものもあれば、生命を終わらせるものもある。それと同じように、言説にもひとを苦しませるものもあれば、喜ばせるものもある。聞き手を恐怖に陥れるものもあれば、勇気づけるものもある。また、悪しき説得力によって魂を薬漬けにし、魂を呪縛する（*ten psuchen epharmakeusan kai exegoeteusan*）ものもある。」

途中で次のことにも気がついてしまっただろう。すなわち、〈ロゴス／魂〉関係と〈パルマコン／身体〉関係とのあいだの関係（アナロジー）それ自体が、ロゴスとして指示されている、と。関係という名は、諸項のなかの一つと同じものなのである。パルマコンはロゴスの構造のなかで**理解**されている〔ロゴスの構造のなかに**包含**されている〕。この理解〔包含〕はひとつの**支配**であり、ひとつの**決定**＝**決断**である。

（45）私は *la Revue de poésie*（«La Parole dite», N°90, octobre 1964）に掲載された翻訳を引用する。『ヘレネ礼賛』のこの一節について、*thelgô* と *peithô* すなわち魅了と説得の関係について、またホメロス、アイスキュロス、プラトンにおけるこれらの語の用法については、ディエースの前掲書 p. 116-117 を参照のこと。

5. 呪術師《パルマケウス》

「実際のところ、いかなる悪もわれわれを傷つけないのであれば、われわれはもはや助けを必要としなくなるだろうし、善（*tagathon*）をわれわれにとって貴重で大切なものにしていたのは悪だったということが明らかになるだろう。なぜなら、善は悪という病の治療薬（*pharmakon*）だったのだから。だが病が除去された以上、治療薬はもはや対象をもたない（*ouden dei pharmakou*）。善についても事情は同じだろうか……。――それが真実のように思われます、と彼は言った。」
『リュシス』220*cd*.

しかしそうなると、そしてロゴスがすでにして侵入力の強い代補だとすれば、「書かない人」ソクラテスは、パルマコンの巨匠でもあるのではないか。さらにそのことによって、ソクラテスはソフィストに見紛うほど似ているのではないか。パルマケウス〔呪術師〕に、魔術師に、魔法使いに。さらには毒薬使いに。さらにはゴルギアスが告発した詐欺師にさえ似ているのではないか。こうした共犯性の糸はほとんど解きほぐすことが不可能なほど錯綜している。

ソクラテスはプラトンの対話篇のなかでパルマケウスの顔をもつことがしばしばある。このパルマケウスという名は、ディオティマによってエロスに与えられたものだ。だが、このエロスの肖像の下にソクラテスの特徴を見ずにはいられない。あたかもディオティマはソクラテスを眺めながら、ソクラテスの肖像をソクラテス自身に提示しているかのようである（203*cde*）。エロスは金持ちでも美しくも繊細でもなく、哲学をすることで生を過ごしている（*philosophôn dia pantos tou biou*）。それは恐るべき魔法使い（*deinos goes*）、魔術師（*pharmakeus*）、ソフィスト（*sophistes*）である。どんな「**論理**」によっても無‐矛盾の定義のなかに引き留めておけない個人、また神でも人間でもなく、不死の者でも死すべき者でもなく、生きているのでも死んでいるのでもない、そのような悪魔族の個人であるエロスは、「占い全般（*mantikè pasa*）を奔放に飛び立たせるばかりでなく、呪文や予言一般、そして魔術（*thusias-teletas-epôdas-manteian*）といった、生贄と秘儀伝授に関わる神官たちの技術をも飛翔させる」（202*e*）力をもつ。

そして同じ対話篇のなかで、アガトンはソクラテスに対して、ソクラテスが彼に魔法をかけようとし、彼に呪いをかけようとしていると非難していた（*Pharmattein boulei mé, ô Sôkrates*, 194*a*）。ディオティマによるエロスの肖像は、この頓呼法とアルキビアデスが描くソクラテスの肖像とのあいだに位置する。アルキビアデスは、ソクラテスの魔術が、道具を介さないロゴスによって、付属品のない声によって、サテュロス族であるマルシュアスの笛を使わない声によって作用すると指摘している。

「「私は笛吹きではない！」とあなたは言うでしょう。でも、あなたは、今話題になっている者〔マルシュアス〕よりもはるかに優れた笛吹きです。マルシュアスは、彼の口から発する力によって人間たちに魔法をかけるのに、道具を必要としていましたよね〔…〕。そのメロディーは〔…〕ひとを神がかりにする唯一のメロディーです。また、そのメロディーそのものが神的なものでもあるので、神々と秘儀伝授の必要を感じる人間たちはそのメロディーによって啓示を受けるのです。あなたもマルシュアスと同じです。唯一の違いは、あなたが道具なしで（*aneu organôn*）、付随品なしの言葉《パロール》によって（*psilois logois*）[46]、同じ効果を生み出す点です〔…〕」（215*cd*）。

器官なきこの裸の声の侵入を防ぐことができるのは、オデュッセウスがセイレーンたちから逃れたときのように、耳に詰め物をすることによってのみである（216*a*）。

ソクラテスのパルマコンは毒としても、毒舌としても、マムシの噛みつきとしても作用する（217-218）。そしてソクラテスの一噛みはマムシのそれよりもたちが悪い。というのも、その痕跡は魂を侵略するからだ。いずれにせよ、ソクラテスの言葉《パロール》と有毒の水薬とに共通するのは、どちらも魂と身体の最奥部にまで浸透し、それらを占領してしまう点である。この奇跡をなす者〔魔術師〕の悪魔的な言葉は、哲学的なマニア〔狂気、熱情〕とディオニュソス的な興奮へとひとを引きずり込む（218*b*）。そして、ソクラテスの薬物的妖術は、それがマムシの毒として作用しないときには、一種の**麻痺**状態を引き起こすのであり、シビレエイ（*narkè*）の放電のごとく、アポリアのなかでひとをしびれさせ麻痺させるのである。

メノン――ソクラテスよ、私は君に会う前から、君があらゆるところに難問を見つけ、そして他人にも難問を見つけさせることしかしていないと噂で知っていたよ。いまや、よく分かった。私には分からない魔術と薬物によって、君の呪文によって、私は見事に魔法にかけられてしまい、頭の中は疑いで一杯だ（*goeteueis me kai pharmatteis kai atekhnôs katepadeis, ôste meston aporias gegomenai.*［おわかりと思うが、われわれはビュデ版の翻訳を引用した］）。君が冗談を許してくれるなら、君はその姿（*eidos*）からしても他の点からしても、シビレエイ（*narkè*）と呼ばれるあの海の大きな魚にそっくりだと言いたいところだ。このシビレエイというやつは、近づいて触れる者なら誰でもすぐさましびれさせてしまう。君は似たような効果を私に感じさせた［君は私をしびれさせた］。そう、私は体も心も本当にしびれてしまい、君に答えることができない［…］。君がここから出て航海も旅もしようとしないのは正解だよ。外国の町だったら、このような振舞いをする君はすぐさま

魔法使い（*goes*）として捕らえられてしまうところだ。（80*ab*）

魔法使い（*goes* あるいは *pharmakeus*）として逮捕されるソクラテス。もう少し辛抱しよう。ソクラテスのパルマコンをソフィストのパルマコンにたえず関係させるこうした**アナロジー**、そして両者を釣り合わせることによってソクラテスのパルマコンをソフィストのパルマコンへと際限なく遡らせるこの**アナロジー**は、いったいどうなっているのか。

アイロニーはソフィストの魔法を解消することにあるのではない。すなわち、隠れた実体ないし隠れた権力を分析と問いによって解体することにあるのではない。アイロニーは透明な理性と無垢のロゴスの頑固な審級から、パルマケウス〔魔術師〕のペテン師としての自信を揺るがすことにあるのではない。ソクラテスのアイロニーは、あるパルマコンを別のパルマコンとの接触へと投げ込むのだ。いやむしろ、パルマコンの権力を転覆させ、パルマコンの表面を裏返す〔反転させる〕と言ったほうがよい。[47] そのようにして

（46）「裸の声、余計なものを取り去った声、等々」―― *psilos logos* は抽象的な議論あるいは単なる証拠のない主張という意味にもなる（『テアイテトス』165*a* を参照のこと）。

（47）石化する／目覚めさせる、麻酔にかける／感度を高める、沈静化させる／不安に陥れる――ソクラテスのパルマコンは、代わる代わる、この両者にしてどちらかである。ソクラテスは麻酔性のシビレエイであるばかりではなく、毒針をもった動物でもある。『パイドン』（91*c*）の蜂のことを思い出そう。もっと後で、『ソクラテスの弁明』のなかでソクラテスがまさしく虻に比較される箇所の頁を開くことにしよう。要するに、ソクラテスのこうした比喩形象の布置全体は一種の動物寓話集をなしている。悪魔憑きが動物寓話集に署名することは驚くべきことだろうか。アントローポス〔人間〕の境界が定められるのは、まさしくこうした動物－薬物的両義性および別種のソクラテス的**アナロジー**にもとづいてなのである。

ソクラテスのアイロニーは、パルマコンの固有性がある種の不定性に、ある種の非固有性に存するということ、すなわち、自己自身に対する反転をつねに可能にする自己との非‐同一性に存するということ、このことを効果としてもたらし、このことを確認し、その日付を入れるのである――パルマコンを**分類・整理**することによって。

この反転において賭けられているのは、学知と死の問題である。これらはパルマコンの構造において同じ一つの類型へと預けられている。パルマコンとは、待ち受けなくてはならないあの水薬の比類なき名である。そしてその水薬は、ソクラテスのように、当然受け取らなければならないものなのだ。

Ⅱ

ソクラテスがパルマコンを使用するとしても、それはパルマケウスの力を保証することを目標としているわけではない。不法侵入あるいは麻痺の技術は、場合によっては、ソクラテス自身に対して跳ね返ってくる〔反転する〕ことさえある。もちろん、**経済**や投資といったものを、そして純然たる放棄という外見のもとで、私利私欲のない犠牲という**投機**のもとで延期された利益といったものを、ニーチェの症候学のような仕方で、つねに診断にかけなければならないけれども。

パルマコンの裸形性、余計なものを取り去った声（*psilos logos*）は、ソクラテスが自己利益、力としての知、情念、享受などの放棄を宣言するという条件において、彼に対話におけるある種の主人性を与える。ソクラテスが受け入れるこの条件は、一言で言えば、ソクラテスが死を受け入れることに同意するということである。いずれにせよ、身体の死の受諾である。アレーテイアとエピステーメー（これらは権力でもある）は、この代償を払って獲得されるのだ。

死への恐怖は、あらゆる呪術、あらゆる神秘的な医術の元凶である。パルマケウスはこの恐怖につけこむ。とすれば、ソクラテスの薬学はわれわれをこの恐怖から解放しようと努力することによって、**悪魔祓い**の操作——神の側、神の視点から考えられ遂行されうる悪魔祓いの操作——に対応していることになる。

『法律』のアテナイ人は、恐怖を生み出すための薬物（*phobou pharmakon*）を神が人間たちに与えたのかどうか自問した後で、この仮説を追い払う。「したがって、われわれの立法者の話に戻って、こう言おう。「よろしい、立法者よ。なるほど、恐怖を生み出そうとしていかなる神もこのような薬物（*pharmakon*）を人間たちに与えはしなかったし、われわれも自分でそんなものを作りはしなかった。というのも魔法使い（*goetas*）はわれわれの客人たちにはいないからだ。けれども、恐怖のない状態（*aphobias*）を生み出そうとして、または過剰でふさわしくない大胆さを生み出そうとして、不必要であるにもかかわらず、ある飲み物があるのではないか。別の意見があるだろうか」」（649*a*）。

　われわれにあって恐怖するのは子どもである。「われわれの内部に保た」れた子どもが*mormolukeion*、すなわち子どもたちを怖がらせるために異様な格好をしたお化けを怖がらなくなるのと同じように、死を恐れなくなるとき、ペテン師はいなくなるだろう。子どもをこの幻想から解放するための呪文を日常的に増やさなくてはならない。「ケベス——ならば、こうした子どもを思いとどまらせて、お化けへの恐怖と同じような恐怖を、死に対してもたないようにしてください！——ソクラテスは言う。その子どもに必要なのは、日々の呪文だ。その呪文が完全に恐怖を取り除いてくれるまではね！——けれども、ソクラテス。あなたがわれわれのもとを去ろうとしているのに、いったいどこに、この種の恐怖に対する完璧な魔術師（*epôdon*）を見つければよいのですか」（『パイドン』77*e*）。また『クリトン』ではソクラテスは、「こけおどしを増やし、投獄や刑罰や没収をちらつかせることによって、われわれを子どものように恐怖させ」（46*c*）ようとする群集に屈することを拒絶してもいる。

　対抗－呪文、悪魔祓い、解毒薬、これぞ問答法＝弁証法《ディアレクティク》である。ケベスの求めにソクラテスはこう答える。魔術師を探すだけではだめで、弁証法の訓練をしなければならない（これがもっとも確実な呪文なのだ)、と。……「そのような魔術師を探すことに財産も苦労も惜しんではならない。あなたの財産を費やすのにそれ以上に適切なものは何もないのだから。けれども、相互探求にも従事することが必要だ。というのも、あなた以上にこの任務をまっとうするのに適した人間を見つけるのは、かなりの苦労だろうから」(『パイドン』78*ab*)。

相互探求に従事すること、他者の迂回と他者の言語を通して自己自身を知るように求めること——これこそ、「デルフォイの教え」(*tou Delphikou grammatos*)と翻訳者の名づけるものをソクラテスが思い出させることによって、解毒薬(*alexipharmakon*)として、対抗‐水薬として、アルキビアデスに提示する操作である(『アルキビアデス』132*b*)。われわれが先にその引用を中断した『法律』のテクストでは、文字の必要性が確たる仕方で提示された後で、*grammata*〔書かれたもの〕を裁判官の魂のなかへ(そこが*grammata*のもっとも確かな住居であるかのように)取り込むこと、内面化することが、解毒薬として処方されている。再開してみよう。

「公正に正義を守ろうと望む裁判官ならば、そうした事柄のすべてにしっかりと目を向けていなければならない。また、そうした事柄を勉強するために、それらについて書かれた書物(*grammata*)を手に入れなければならない。というのも、あらゆる学問のなかでも法律に関する学問こそが、法律がきちんと作られたものでさえあれば、学ぶ者の精神をもっとも高める学問だからだ。もしそれがこの徳をもっていないとしたら、神から授けられた称賛すべき法に、精神に似た名「ノモス/ヌース」をわれわれが与えたことが無意味になるだろうから。それに立法者の書いたもの(*ta tou nomothetou grammata*)は、その他のもの、すなわち誰かを称賛したり非難したりするための韻文であれ、単なる散文や書かれた言説や日常の自由な会話であれ(それらは議論に勝とうと躍起になった論争や、ときに気軽に与えられる同意などを連ねたものだ）、そういった他のすべての文章の確かな試金石となるだろう。**優れた裁判官は立法者が書いたものを、その他の言説に対するいわば解毒薬**（*alexipharmaka*）**として、自己の魂のなかに保持して**（*a dei kektemenon en autô*）**おかなければならないのだ**。そのようにして彼は自分自身と国家を正しい方向に導かなくてはならない。すなわち、善き人々には彼らの権利を保護し増進させてやり、他方、悪しき者たちに対しては、彼らが狂気、放埒、臆病などから、一言でいえば一切の不正から、立ちなおるようにできるだけの助力を与えるべきである。といっても、これは彼らの過ちが治療可能であるかぎりにおいてのことだ。悪徳が彼らの運命の糸に本当になってしまっている者たちについては、そのようにできてしまった魂に対して治療（*iama*）として死を与えるのなら、これはまったく正当に繰り返し言えることだが、そのような判断を下す裁判官とその指導者〔立法者〕は、国家全体から称賛されるに値するだろう」（第十二巻、957*c*-958*a*. 強調デリダ）

エイドスの反復としてのアナムネーシスの弁証法を、知および自己統御と区別することはできない。知と自己統御はどちらも、死やお化けのペテンを前にした子どもの恐怖に対立させうる、最良の悪魔祓いである。哲学の本領は子どもたちを安心させることにある。お望みならば、子どもたちにその幼年期を逃れさせること、子どもであることを忘れさせることだと言い換えてもよい。あるいは逆に、しかしまた同時に、自分の恐怖ないしは欲望を転移することによって、まず何よりも自分に向かって語ること、語り、対話することを自分に学ばせることだと言い換えてもよい。

『ポリティコス』（280*a* 以下）の枠組みのなかで、弁証法と名づけられ、対抗－水薬として解されたこの種の保護（*amunterion*）について、分類ゲームをすることもできるだろう。人為的（製作されたり獲得された）と呼びうる存在者たちについて、〈**異国の者**〉は、（*poiein*〔製作〕を目的とする）活動手段と、苦しんだり被ったりする（*tou me paskhein*）のを避ける保護（*amunteria*）とを区別する。保護については以下の区別がなされる。⑴**解毒剤**（*alexipharmaka*）。これは人間の手になるものもあれば、神の手になるものもある（この観点から言えば、弁証法は、それが神の領域と人間の領域へと配分される以前に、解毒剤一般の〈解毒剤－存在〉である。弁証法はこの二つの領域間の通路《パサージュ》である）。⑵**前に立てられたもの**〔問題〕（*problemata*）。すなわち、自己の前にあるもの。――障害物、遮蔽物、甲冑、盾、防御物。解毒剤の道を放棄した〈**異国の者**〉は、甲冑あるいは囲いとして機能しうる*problemata*の区分を続けていく。**囲い**（*phragmata*）とは、寒さ暑さから守る壁掛けあるいは防御物（*alexeteria*）である。**防御物**とは、屋根あるいは覆いである。**覆い**とは、（絨毯のように）広げられたり包んだりするものである、といった具合だ。このようにして区分は、包み込む覆いを製造するさまざまな技術を通して続けられ、最後に、織られた服と織物術――すなわち、**問題含みの**種類の保護――へと至りつく。したがって、文字どおりに区分を辿ることを了承するなら、この織物術は解毒剤に頼ることと相容れない。つまり弁証法というあの種の解毒剤あるいは逆転したパルマコンへの依拠と相容れない。テクストは弁証法と相容れない。しかしながら、もっと先のところで、弁証法もまた一つの織物術であると、*sumploke*〔編み合わせ、結合〕の学知であると省みるとき、二つの織物組織を区別する必要が出てくるだろう。

　したがって、パルマコンあるいは危険な代補の弁証法的逆転は、死を受け入れ可能なものにすると同時に無にする。無になるがゆえに受け入れ可能となるのだ。魂の不死性は一種の抗体《アンチコール》〔反身体〕として作用するのであるが、それは死を歓迎することによって死の恐ろしい幻想を消し去るのだ。あらゆるこけおどしを追い散らす反転したパルマコンは、エピステーメーの起源以外の何ものでもない。すなわち、反復の可能性としての真理、または「生の熱狂」(*epithumein zên*、『クリトン』53*e*)を法に(善に、父に、王に、首長に、資本に、太陽に――これらはすべて不可視のものである)従属させることである真理、そうした真理への開け以外の何ものでもない。善や父や王や首長や資本や太陽といったものは法そのものであり、これらの法は『クリトン』において、「もっとも重要な諸法をないがしろにして、このような生の熱狂を表明」しないように促す。

実際、ケベスとシミアスから魔術師を提供してくれるよう求められたとき、ソクラテスは何と答えているか。ソクラテスは彼らを哲学的対話へと、またその対話にもっともふさわしい対象へと誘う。もっともふさわしい対象とは、自己同一的なもの、すなわち、つねに自己と同じもの、つまりは単一的で、非-合成的(*asuntheton*)で、分解不可能で、変質不可能なもの、そうしたものとしてのエイドスの真理である(78*ce*)。エイドスは**同じもの**としてつねに反復されうるものである。エイドスの理念性と不可視性は、それが〈反復されうること〉に存する。ところで、法とはつねになんらかの反復の法であり、反復とはつねになんらかの法への従属である。ゆえに、死は〈反復-法〉としてのエイドスへと開く。『クリトン』における法律の擬人法のなかで、ソクラテスは死と法とを**同時に**受け入れるように要求される。ソクラテスは、父母を結びつけて彼の誕生を可能にした法の、その子ども、息子あるいは表象物(*ekgonos*)、さらには奴隷(*doulos*)として自己を認識しなければならない。それゆえに、父母を傷つける暴力よりも、〈母/祖国〉の法に振るう暴力のほうがはるかに不敬虔なのである(51*c*)。だからこそ、ソクラテスは法に従って、彼が(ほとんど)決してその外に出ようとは望まなかった都市の囲いのなかで死ななければならないのである。法律はこのことをソクラテスに思い出させる。

ああ！　お前の賢知が次のことを見落とさせることなどあるだろうか。すなわち、母よりも、父よりも、すべての先祖よりも、はるかに祖国を敬わなければならないのだということを。祖国はさらに尊敬すべきもので、さらに聖なるものだ。祖国は神々や良識ある人間たちの判断においてもっとも高い位に位置するのだ［…］。暴力は、それが母や父に対して振るわれるときに不敬虔であるのはもちろんだ、祖国に対して振るわれるならばさらにいっそう不敬虔なのではないか。［…］ソクラテスよ、お前がわれわれと国家（*polis*）を愛していることを証明する確かな証拠がある。お前が他の誰よりもこの都市（*polis*）に適しているのでなければ、お前が他のアテナイ人の誰よりもこの都市に閉じこもってはいなかっただろう。お前の都市への愛着たるや、イストモスへのたった一度の例外を除いて祝祭のために外へ出たことはないし、軍事遠征を除いて外国へ行ったこともない。他の人々とは違って、どこにも旅行したことがない。われわれとこの国家（*polis*）とに完全に満足していて、別の都市、別の法律を知ろうという欲望を抱いたことさえない。それほど、お前はあらゆるものよりもわれわれのほうを愛していたのであり、それほどわれわれの権威のもとで生きることに断固として同意していたのだ（51*ac*-52*bc*）。

ソクラテスの言葉《パロール》〔約束、誓い〕は、住み家において、自宅において、当直《ガルド》〔保守、警備〕において守られる。すなわち、土着性において、都市において、法において、彼の国語《ラング》の大いなる監視のもとで、守られるのだ。このことがその意味の全体を得るのは、もっと先のところで、エクリチュールが彷徨そのものとして、またあらゆる攻撃に対して押し黙った傷つきやすさとして記述されることになるときである。エクリチュールはいかなる点においても在住しないのである。

エイドス、真理、法あるいはエピステーメー、弁証法、哲学——これらが、ソフィストたちのパルマコンに対して、そして死への魅惑的な恐怖に対して対立させるべきパルマコンの別名である。パルマケウス対パルマケウス、パルマコン対パルマコン。それゆえに、ソクラテスは〈法律〉の声を耳にするとき、あたかも彼が法律の声によって秘儀伝授の魔法に、音による——むしろ音声による——魔法に、言い換えれば、魂に侵入し内心を突き動かす魔法に、従わせられているかのようなのだ。「親愛なるクリトンよ、よく知ってほしい。これこそが、コリュバス僧の秘儀伝授を受けた者が笛の音を聞くと思うように、私が耳にすると思うことなのだ。そうなのだ、ああした言葉の音（*è êkè toutôn tôn logôn*）が私のうちでうなり、他の一切のことを聞こえなくするのだ」（54*d*）。コリュバス僧や笛は、『饗宴』のなかでアルキビアデスがソクラテスの言葉の効果を理解させるために引き合いに出していたものであった。「実際、彼の言葉を聞くと、私の心臓は、興奮状態にあるコリュバス僧たち以上に高ぶるのだ」（215*e*）。

解毒剤としてのロゴス、**パルマコンの一般的・脱-論理的経済のなかに記載された力**としてのロゴス、その哲学的・エピステーメー的秩序——われわれはこの命題をプラトン哲学についての大胆な一解釈として提出するのではない。むしろ、『クリティアス』を開く祈りを読んでみよう。「したがって、すべての媚薬のなかでももっとも完全な媚薬（*pharmakon teleôtaton*）、最良の媚薬（*ariston pharmakôn*）、すなわち認識（*epistemen*）を、われわれに与えてくれるよう、神に祈ろう」。また『カルミデス』の第一幕の驚くべき演出を考察してもよいだろう。その演出の一瞬一瞬を辿る必要があるだろう。カルミデスの美しさに目のくらんだソクラテスは、哲学を愛するこの若者の魂を裸にすることをまず何よりも願う。そこで、カルミデスの頭痛と無力症を治すことのできる医者（ソクラテス）に診せるために、カルミデスを探しに行こうということになる。実際ソクラテスは、頭痛の治療薬を処置できる人間の役を演じることを受け入れる。思い出してもらいたいが、次の場面は『パイドロス』のときと同じ、「マント」とある種のパルマコンのシーンである。

それからクリティアスが彼に、私が治療薬を所有している（*o to pharmakon epistamenos*）と言うと、彼はなんとも言えない視線を私のほうに向け、私を詮索するような仕草をした。そこに居合わせた者の全員がわれわれの周りに集まって輪になったとき、ああ、わが高貴な友よ、彼のマントの開口部から、私を燃え立たせる美が顔をのぞかせるのが見えたのだ。私は正気を失った［…］。しかしながら、頭痛に効く治療薬（*to tes kephales pharmakon*）を私が知っているかと彼に尋ねられたとき［…］、それはある植物だが、それには呪文が付け加えられなければならない（*epodè dè tis epi tô pharmakô*）と、私は答えた。そして、呪文が薬に付け加えられれば、薬は絶対的となるが、呪文がなければ効果はないと言った。――「あなたが口述してくれるなら、その呪文を私が書きましょう」と彼は言った（155*d*-156*a*. また175-176も参照のこと）(48)。

---

(48)　この場面は『パイドロス』の場面への奇妙な応答（逆転してはいるが対称的な応答）であることに気づくだろう。逆転しているというのは次のようになっているからだ。『パイドロス』では、マントの下でテクストとパルマコンを互いに移行させあっていた統一性は**前もって‐書かれていた**〔*pré-écrite*〕（パルマコンは「書くことにかけては当代きっての達人」によってすでに書かれたテクストである）が、『カルミデス』ではただ**命じられる**〔*prescrite* 処方される〕だけである（ソクラテスによって命じられるパルマコンの処方箋《オルドナンス》は、ソクラテスの口述のもとで得られなければならない）。ここではソクラテスの処方〔prescription 命令、指示書き〕は口頭のものであり、言論が有効性の条件としてパルマコンに随伴している。『ポリティコス』の中心にある、書かれた医療命令〔処方箋〕に対する批判は、この場面の厚みと深みにおいて読み直されるべきだろう。書かれた医療命令すなわち *hypomnemata graphein*〔覚え書きを書くこと〕の硬直性は、病気の特異性と進展に適したものではない。これは書かれた法律という政治問題の例証にもなっている。病人を診察する医者と同じように、立法者はみずからの最初の諸規定〔prescriptions 処方〕を修正する能力をもたねばなら

しかし、頭だけを切り離して治すことはできない。よい医者は「全体」を配慮するのであり、「よい医者が病んだ部分を治療し、治そうと努めるのは、全体を配慮することによって」である。それからソクラテスは、トラキアのある医者、すなわち「人々を不死にする術を知っていると言われる、あのザルモクシス神の信奉者たちの一人」から霊感を得たと称しながら、身体の全体はその善悪のすべての源泉――魂――においてしか治らないことを明らかにする。「ところで、魂の治療薬はいくつかの呪文(*epodais tisin*)である。呪文は魂のなかに賢知(*sophrosunen*)を生み出す美しい論証に存する。魂がひとたび賢知を獲得し、それを保存するならば、頭と身体全体に健康を与えるのは簡単である」(157*a*)。そして、対話は、最良のパルマコンであり主要な治療薬である賢知の本質へと移っていく。

　したがって、哲学は、薬物から治療薬へのこうした変換、毒物から対抗-毒物への変換を、自己の他者に対して立てるのだ。こうした操作《オペラシオン》=手術は、もしパルマコン-ロゴスが、対立しあう価値同士の共犯性を自身のうちに秘匿しているのでなければ不可能だろうし、またパルマコン一般が一切の識別以前に、治療薬のふりをしつつも毒へと(自己を)腐敗させうるものでなければ、あるいは毒のふりをしつつも治療薬だと判明しうるのでなければ、すなわち事後的に治療薬という真理において出現しうるのでなければ、不可能だろう。パルマコンの「本質」が何かと言えば、安定した本質も「固有」の性格ももつことなく、(形而上学的《メタフィジック》、物理学的《フィジック》、化学的《シミック》、錬金術的《アルシミック》といった)いかなる意味においても**実体**〔*substance*〕ではない、という点にある。パルマコンはいかなる理念的同一性ももたず、没エイドス的なものであるが、その理由はまず何よりも、パルマコンが(『パイドン』でエイドスが単一のもの――*monoeides*――と言われる意味で)単一エイドス的ではないからである。この「医薬」は単一体ではない。しかしだからといって合成物であるのでもない。すなわち、単一の本質が複数集まってできた可感的あるいは経験的な *suntheton*〔合成物〕ではない。むしろそれは、差異化一般が、そしてエイドスとその他者との対立が、そこにおいて産出される先行的な環境《ミリュー》〔中間〕である。この環境は、後に（哲学的決定の後で、哲学的決定に従って）、あの「魂の内奥における隠された技術」である超越論的構想力、すなわち、単に感性界にも叡智界にも、受動性にも能動性にも属するのではない超越論的構想力に割り当てられることになる媒質《ミリュー》〔中間〕と**類似**している。活動領域《エレメント》としての環境《ミリュー》は、つねに混合体としての媒質《ミリュー》に類似したものであるだろう。ある意味では、プラトンはこの両面性を思考し、さらにはそれを定式化したとも言える。しかしそれは通りすがりの、付随的な、控えめな定式化であり、しかももろもろの対立物を徳において統一するためであって、徳とその対立物との統一を意図したものではない。

異国の者――法律が治療薬を誕生させることができるのは、生まれつきの高貴さを備え、教育によってその高貴さが育まれるような人々においてのみである。そうした人々のために、技術はこの治療薬（*pharmakon*）を創造したのだ。この治療薬は、われわれがすでに述べたように、真に神的な結合である。この結合は、徳のもろもろの部分が本性上互いにどれほど異なっていようとも、またそれらの傾向がどれほど相反するものであろうとも、それら徳の諸部分を一体にする結合なのである（『ポリティコス』310*a*）。

このパルマコン的非‐実体は、それが存在をもたない以上、その存在において安心して取り扱えるもの

ない（294*a*-297*b*. また 298*de* も見よ）。

ではないし、またその諸効果はたえず意味＝方向《サンス》を変えうるので、その諸効果においても安心して取り扱えるものではない。たとえばエクリチュールは最初テウトによって治療薬、有益な薬として告知されるが、次に王によって、それから王に代わるソクラテスによって方向を変えられ、邪悪な物質にして忘却の媚薬として告発される。反対に――このように読む可能性はただちに生じるものではないけれども――ドクニンジン（『パイドン』においてはパルマコンの別名でしかなかったあの水薬[49]）は毒としてソクラテスに差し出されるが、ソクラテスのロゴスの効果と『パイドン』の哲学的証明によって、解放の手段へと、救済の可能性とカタルシス効果へと変容する。ドクニンジンは、エイドスの観照と魂の不死性への秘儀伝授という**存在論的**効果をもつ[50]。**ソクラテスはドクニンジンをそのようなものとして飲むのだ。**

　こうした異種交配のような関連づけは遊戯であり詐術だろうか。だが右のような運動のなかにはとりわけ**遊戯**があるのだ。こうした交差配列《キアスム》はパルマコンの両義性によって許可され、さらには命じられてさえいる。善／悪の両極性によってばかりではなく、魂と身体、不可視と可視という区別された領域への二重の分有によっても、命じられている。ここでも、この二重の分有は、事前に分離された二つの境域を混ぜ合わせるのではない。それは同一性ではない〈同〉へと、一切の可能な解離の共通境位《エレメント》、媒体《メディオム》へと送り返すのである。たとえば、エクリチュールはムネーメーの感性的・可視的・空間的代補物としてまず**与えられる**。次に、エクリチュールが魂の不可視の内部にとって、記憶と真理にとって有害であり麻痺をもたらすということが判明する。逆に、ドクニンジンは最初身体にとって有害で麻痺をもたらす毒として与えられる。それが次には、魂にとって有益であり、魂を身体から解放し、エイドスの真理に目覚めさせるということが判明する。要するに、パルマコンが「両面的」であるのは、そのなかでもろもろの対立物（魂／身体、善／悪、内／外、記憶／忘却、パロール／エクリチュール、等々）が対立しあう中間環境《ミリュー》〔媒体〕

をなすからであり、そうした対立物たちを相互に関係づけ、転倒させあい、移行させあう運動と戯れをなすからなのだ。もろもろの対立者たちや差異あるものたちがプラトンによって**停止させられる**のは、こうした戯れないし運動から出発してである。パルマコンは差異の運動であり、その場であり戯れ（生産）である。パルマコンは差異の差延なのである。パルマコンは、識別が後になって切り出す差異あるものたち〔différents〕や紛争〔différends〕を、みずからの未決の影や前夜のなかに貯蔵しておく。もろもろの矛盾や二項対立は、この弁別的・差延的な貯蔵の下地のうえに立ち上がるのである。したがって、すでにして差延的であるこの貯蔵は、差異ある諸効果〔結果〕の対立に、すなわち効果〔結果〕としての諸差異に「先立つ」のであるから、*coincidentia oppositorum*〔対立の一致〕が有する、点のような単純さをもたない。この基金から、弁証法はそのもろもろの哲学素を汲みあげにやってくる。パルマコンはそれ自体では何ものでもなく、

（49）対話の冒頭——「**エケクラテス**——ソクラテスが牢獄で毒（*pharmakon*）を飲んだあの日、パイドンよ、君はソクラテスの傍らに居合わせたのですか？」（57*a*）。
対話の終わり——「**ソクラテス**——［…］毒（*pharmakon*）を飲む前に私自身で身を清めて、ご婦人がたに死体を洗わないで済むようにしたほうがよいように思われる」（115*a*）。また117*a*も参照のこと。

（50）したがって、ドクニンジンは不死のためのパルマコンのようなものとして考えることもできるわけである。『パイドン』を締め括る儀礼的・典礼的形態（116*bc*）によってすでにそう考えるように促されるだろう。G・デュメジルは『不死の饗宴』（インド＝ヨーロッパ語族の比較神話学研究の素描、一九二四年）のなかで、「タルゲーリア祭と関係したテセウス伝説の、アテナイにおける痕跡」に言及している（われわれは後で、タルゲーリア祭とソクラテスの誕生と死とのあいだのある種の関係について語らなくてはならないだろう）。そして、こう記している。「ペレキュデスもアポロドロスも、ギリシアのある地域では、**巨人族**が渇望した不死のパルマコンの物語に対応するはずの、また巨人族に彼らの不死性を失わせる「人為的な女神」である**アテナ**の物語に対応するはずの祭儀を書きとめてはいない」（p. 89）。

哲学素の底《フォン》なしの基金《フォン》としてつねに哲学素を超過する。パルマコンは土台《フォンダマンタル》となる深所も究極地点ももたないにもかかわらず、つねに貯蔵庫のなかに保留されているのだ。われわれは、パルマコンが無限にみずからを約束する〔前に置く〕姿を、そして鏡のように輝く、迷宮へと開かれた隠し扉からつねに逃げ去っていく姿を目の当たりにすることになるだろう。われわれが**薬局**《ファルマシー》と呼ぶのは、こうした最奥《アリエール・フォン》の貯蔵所のことでもある。

6. 犯罪者＝人身御供《パルマコス》

戯れ《ゲーム》が**停止するように見える**ということが、このゲームの規則には属している。この戯れが停止するように見えるとき、二つの対立物よりも古いパルマコンは、哲学によって、「プラトン哲学」によって「把捉」され、そしてプラトン哲学はこの把捉のなかで、純粋かつ異質な二つの項の混合としてみずからを構成する。であれば、パルマコンという単語を、プラトンにおける混合物の問題系全体の導きの糸として辿っていってよいだろう。混交および不純さとして把捉されたパルマコンは不法侵入や攻撃としても作用するのであって、それは内部の純粋さや安全を脅かす。こうした定義は間違いなく一般的であり、この力が価値あるものとされるケースにおいてさえ確かめられる。すなわち、よき治療薬やソクラテスのアイロニーは、自己満足の内部組織に不安をもたらしにやってくるのである。となると、内部の純粋さが再興されうるのは、もっぱら外部を、非本質的でありながらも本質にとって有害な代補という範疇において、内部の無垢な充溢に付け加わらない**はずだった**剰余という範疇において、**非難する**ことによってのみである。したがって、内部の純粋さの再興は、パルマコンが余計なものとしてそこに付け加えられるはずのなかった元のものを復元し、**反復的に物語る**〔réciter 暗唱する〕のでなければならない（これこそ神話そのものであり、たとえば、みずからの起源を物語るロゴス、薬物的書記による攻撃の前夜へと遡行するロゴスという**神話体系**である）。パルマコンは余計なものとして付け加わりにやってくることによって、純粋な内部に**文字どおり＝文字によって**〔*littéralement*〕**寄生する**のである。文字は生ける有機体の内部に入り込んで**養分**を吸い取り、声の純粋な可聴性を**曇らせる**。エクリチュールの代補とロゴス－ゾーオン〔生物としてのロゴス〕との関係はこのようなものである。したがって、ロゴス－ゾーオンをパルマコンから治癒させて寄生虫を狩り出すためには、外部をそのしかるべき座席に置き戻さなければならない。外部を外に押しとどめておかなければならない。これこそ、「論理」それ自体の開幕行為であり、**存在するもの**の自己同一性に調和する良「識」〔bon «sens» よい「意味」、よい「感覚」、よい「方向」〕の開幕行為である。存在者とは存在するものであり、外は外であり、内は内である。したがってエクリチュールは、それがそれであるのを**決してやめてはならなかった**ところのものに、すなわち、付属品、事故、超過分に、再びならなくてはならない。

したがって、ロゴスによる治療、悪魔祓い、カタルシスは、超過分を無に帰すだろう。しかし、こうした無化は治療という性格をもつ以上、それが狩り出す当のものに、それが**外に置く**剰余分に訴えざるをえない。薬物的操作は**おのずと**〔自分自身から〕**締め出される**〔自分を締め出す〕のでなければならない。

これはどういうことか。書くとは。

プラトンは、われわれが徐々に掘り出そうとしている意味の連鎖をことさらに提示してはいない。このような問いをここで提起することになんらかの意味があればの話だが（われわれはそうは思わない）、どの点までプラトンはそうした意味の連鎖を意図的あるいは意識的に操作しているのか、また「言語」から彼の言説にのしかかっている拘束をプラトンはどの点まで被っているのか。これを言うことは不可能だろう。「言語」という単語は、われわれがここで問いに付している一切合切につなぎとめられているので、適切な助け舟とはまったくならないし、言語による拘束を追跡してみたところで、プラトンが言語の拘束を活用《ジュ》しているという事態（たとえこの活用《ジュ》＝遊戯が表象的・意図的でなくても）にかわりはない。ああしたテクスト「操作」が生まれるのは、意識と無意識、自由と拘束、意志と非意志、言説と言語といった対立以前のところにある、店の奥、薬局の薄暗がりにおいてなのだ。

　エクリチュール効果が肯定的なものから否定的なものへと方向転換する契機において、すなわち、王の眼下で毒が治療薬の真理として現れるとき、プラトンはパルマコンという語をまったく強調していないように見える。パルマコンがそうした変異の場、支え、操作子であるとは、プラトンは言わない。われわれが後で見るもっと先のところでは、プラトンははっきりとエクリチュールを絵画に喩えながらも、そうした判断を、彼がほかのところで絵画をパルマコンと呼んでいるという事実と明示的に関係づけることはしない。プラトンが絵画をパルマコンに喩えるのは、ギリシア語では、パルマコンは絵画をも意味するからである。すなわち、絵画は自然な色彩ではなく、人工的な色調、事物において与えられた色を模倣する化学的な染物なのである。

　とはいえ、これらのすべての意味——もっと正確に言えば、これらのすべての単語——は「プラトン」のテクストのなかに現れているのだ。ただ連鎖のみが隠されている。ある部分、この連鎖は著者自身にさえ評価不可能なのである（この連鎖のような何かが現に存在するとしての話だが）。いずれにせよ、われわれが注意を促したすべての「薬学的」な単語は、実際にもろもろの対話篇のテクストのなかに（こう言ってよければ）「顔を出してはいた」[*10]と言ってよい。ところで、われわれの知るかぎり、プラトンが決して用いなかった別の単語がある。その単語をパルマケイアー－パルマコン－パルマケウスの系列と連絡させるならば、われわれはもはや一つの連鎖──すなわち、秘密ではあるけれども、さらにはプラトンさえ気がつかなかったけれども、テクストのなかに割り出すことのできるいくつかの**顔出し**〔現前〕の地点をやはり通っていた連鎖──を、再構成するだけで満足してはいられない。いまわれわれが参照しようとしているその単語、言語《ラング》のなかに現前する単語、ギリシア文化に（プラトンの時代のギリシア文化にもなお）現前するある経験へと送り返す単語──その単語はしかしながら「プラトンのテクスト」には不在であるように見える。

しかし、**不在**とか**現前**ということとは、ここで何を言わんとするのか。およそ一切のテクストと同じように「プラトン」のテクストも、ギリシア語のシステムを構成するすべての単語と、少なくとも潜在的・デュナミス的・側面的な仕方で関係をもたないわけにはいかなかった。一つの言説のなかに「実際に現前する」単語たちはなんらかの連合力によって、距離を置きながら、一つの力とさまざまな道に即して、語彙体系のなかの他のすべての単語に結びつけられる（この他のすべての単語が「単語」として、言い換えれば、言説のなかの相対的な言語単位として、現れようと現れなかろうと）。連合力は、統辞上のゲームを介して、少なくとも単語と呼ばれるものを構成するもろもろの下位－単位を介して、語彙系の全体と通じている。たとえば「パルマコン」は、同じ語族のすべての単語、同じ語根から構成されたすべての意味とすでに通じている。だが、それればかりではない。そのようにしてわれわれが設定しなおさなければならないテクストの連鎖は、プラトンの語彙系に単に「内的」であるのではもはやない。とはいえ、この語彙系をはみ出すことによって、われわれは特定の限界を越えようと望むのでもない（この超克が正しかろうが、間違いだろうが)。それよりもむしろ、こうした限界を措定する権利について疑いを差し挟みたいのだ。一言で言えば、われわれは、それ自身に閉じた、内と外とをもつプラトンのテクストというようなものが厳密な意味で存在するとは信じていないのだ。プラトンのテクストが至るところで浸水していると考えなければならないということではない。また、プラトンのテクストをその境位の無差異化された一般性のなかへ雑然と溺れさせることができるということでもない。ただ単に分節のあり方が厳密に、そして慎重に認識されるならば、それだけで、プラトンのテクストに現前する単語と不在の単語とを結びつけなおす、隠れた引力のいくつかを抽出することができるはずだというだけのことである。そうした引力は、言語の**体系**《システム》が与えられている以上、このテクストのエクリチュールと読解にのしかからなかったわけがない。この重しの見地からすれば、まったく相対的な言語単位——単語——が前述のように「現前」しているということ、それはまったく注目に値しない偶発的な事故ではないけれども、かといって究極の判定基準や最終的な妥当性であるわけでもない。

われわれが提出している回路は、ある単語へと導く——その諸相の一面において、プラトンが「実際に」使用している単語の同義語か、ほとんど同形異義語とみなしうるある単語へと導く——のであるが、それだけにこの回路は簡単であり正当である。その単語とは、(プラトンが用いた) パルマケウス〔*pharmakeus*〕の同義語である「パルマコス」〔*pharmakos*〕(魔法使い、魔術師、毒薬使い) という単語である。この単語の特徴は、この単語がギリシア文化によって別の機能をもつものとして重層決定され、過重な負荷をかけられていた点にある。別の機能とは、言い換えれば、別の**役割**ということであり、それも驚くべき役割である。

パルマコスの人物はスケープ・ゴートに喩えられた。**悪と外**、悪の排出、都市の身体の外 (都市の外)

への排除――これこそが、パルマコスという人物と儀礼的実践の二つの主要な意味である。ハルポクラチオンはこの二つの意味を、パルマコスという単語の注釈をしながら、次のように記述している。「アテナイでは、都市を純化するために二人の人間が追放されていた。これはタルゲーリア祭で行われた。一人の男がすべての男たちの代わりに追放され、もう一人の男は女性たちの代わりに追放された」(51)。一般的には、パルマコスたちは殺された。しかし、作業《オペラシオン》〔手術〕の本質的な目的はそこにはなかった

---

(51) パルマコスの儀礼に関する記述を可能にする主な情報源は、W. Mannhardt, *Mythologische Forschungen*（1884）に収録されている。この作品はとくにJ. G. Frazer, *le Rameau d'or*（tr. fr. p. 380 sq.）*11、J. E. Harrison, *Prolegomena to the study of greek religion*（1903, p. 95 sq.）, *Themis, a study of the social origins of greek religion*（1912, p. 416）, Nilsson, *History of greek religion*（1925, p. 27）, P. M. Schuhl, *Essai sur la formation de la pensée grecque*,（1934, p. 36-37）などで言及されている。またMarie Delcourt がその著 *Légendes et culte des héros en Grèce*（1942, p. 101）のなかでオイディプスに割いている章も参照することができる。同じ著者の *Pyrrhos et Pyrrha, Recherches sur les valeurs du feu dans les légendes helléniques*, 1965, p. 29、またとりわけ *Œdipe ou la légende du conquérant*, 1944, p. 29-65 も参照のこと。

オイディプスとパルマコスという二人の登場人物をこのように接近させることの必然性について、おそらくは次のように記しておくべきだろう。すなわち、いくつかの外見にもかかわらず、われわれがここで展開している言説は厳密な意味で精神分析的ではない、と。少なくとも、フロイトがそこから発想を最初に汲みあげざるをえず、またそれを参照するのをやめることができなかったテクスト的蓄え（ギリシア文化、ギリシア語、ギリシア悲劇、ギリシア哲学、等々）にわれわれが触れるかぎりにおいて。われわれがそれを問いただそうと提案するのは、この蓄えである。とはいえ、不十分な仕方で解読されたギリシア語のテクストのなかで素朴に進展しているであろう精神分析の言説に対して私がこのように距離をとることは、たとえばM. Delcourt（*Légendes*, p. 109, 113, etc.）やJ. P. Vernant（*Œdipe sans complexe*, in *Raison présente*, 1967）がなんとしても維持しようとしている距離と同じものではない。

本稿を最初に発表した後、J－P・ヴェルナンの注目すべき試論が発表された。*Ambiguïté et renversement, sur la structure énigmatique d'Œdipe-Roi*, in Échanges et Communications, mélanges offerts à Claude Lévi-Strauss, Mouton, 1970 で

ようである。[52] 死は、大抵の場合、強烈な打擲の副次的な結果として生じていた。この打擲が標的にしていたのは、何よりもまず生殖器だった。[53] パルマコスたちがひとたび都市の空間から取り除かれると、殴打に

ある。そこには、われわれの仮説（注47を参照のこと）を確証すると思われる文章を読むことができる。「いかにして都市国家は、オイディプスのように「他の者よりも遠くへ矢を放った」者を、そして *isothéos*〔神々と同等〕となった者を、みずからの胸中に受け入れることができたというのか。都市国家がオストラキスモスを創設したとき、タルゲーリア祭の儀礼と対称的にして反対の役割をもつ制度が誕生したのだ。オストラキスモスによって追放された人物と一緒に都市国家が追放したのは、その都市国家の内部にあってあまりに高いもの、高みから都市国家に到来しうる悪を体現するものである。パルマコスの人物と一緒に都市国家が追放したのは、都市国家がはらむもっとも卑しいもの、下から発する悪を体現するものである。この二重の相補的な排斥によって、都市国家は自分を超えたものと自分以前のものとに対して、自分自身を境界づけるのである。都市国家は、一方では神や英雄との対立によって、そして他方では獣や怪物との対立によって、人間の固有の尺度を得るのである」（p. 1275）。ヴェルナンとデティエンヌについては、また *La metis d'Antiloque*, in *Revue des Études grecques*, janv.-déc. 1967 と *La metis du renard et du poulpe*, *ibid.*, juill.-déc. 1969 を参照のこと（とりわけ、われわれが他の箇所（二三二頁）で語る *poikilon*〔多彩なもの〕について）。また別の確証もある。一九六九年にモースの『全集』が出版された。そこには次のような文章がある。

「そもそも、こうした観念はすべて二面性をもつ。他のインド＝ヨーロッパ語族の言語において、毒の観念は不確実である。クルーゲと語源学者たちは、*potio*「毒」と *gift, gift* とを比較する権利がある。また、*pharmakon* というギリシア語と *venenum* というラテン語の両義性に関するアウルス・ゲッリウスの見事な議論（12）も興味深く読むことができる。というのも、幸いにもキケロによってその「暗唱」そのものが保存された *Lex Cornelia de Sicariis et veneficis*〔殺人者と毒殺者に関するコルネリア（スラ）法〕（13）と明記しているからである。*venenum malum*〔悪しき薬〕は、いまだに魔法の飲み薬、甘美な魅力（14）は、良いものでも悪いものでもありうる。ギリシア語の *philtron* も必ずしも邪悪な言葉ではない。それは友情の、愛の飲み物であって、それが危険なものとなるのは、魔法使いがそう望む場合のみである。

（12）きわめて的確にホメロスを引用している 12, 9。

（13） *Pro Cluentio*, 148.*12『学説彙纂』では、問題のものがどのような「*venenum*〔薬〕」なのか、「*bonum sive malum*〔よいものなのか悪いものなのか〕」を特定することがいまだに規定されている。

（14） *venenum* (Walde, *Lat. etym. Wört.*, ad. verb. を見よ）をヴィーナス〔Vénus〕とサンスクリット語の *van, vanati* に結びつける語源学が正しいのならば（大いにありそうなことだ）。」

（*Gift-gift* (1924), Extrait des *Mélanges offerts à Charles Andler par ses amis et élèves*, Istra, Strasbourg, in *Œuvres* 3, p. 50, éd. de Minuit, 1969.)

この論文はわれわれを『贈与論』に連れ戻すが、『贈与論』はすでにしてこの論文を参照していた。

「*Gift-gift*. Mélanges Ch. Andler, Strasbourg, 1924. ひとはわれわれに *gift* ――これはラテン語の *dosis* の翻訳であるが、また *dosis* 自体もギリシア語の δόσις（服用量〔dose〕、服毒量）の書き写しである――の語源をなぜ調べなかったのかと尋ねた。この語源は、高低ドイツ語が学術的な名称を通俗的慣用の事柄に当てたということを想定している。これは意味論の通常の法則ではない。さらに、この翻訳に *gift* という単語を選ぶ理由を説明しなければならなくなるだろうし、また、いくつかのゲルマン語におけるこの単語の「贈与」という意味に重くのしかかってきた逆の言語学上のタブーも説明しなければならなくなるだろう。最後に、*dosis* という単語がラテン語、とりわけギリシア語で毒の意味で使われているという事実は、古代人たちにおいても、われわれが記述している観念連想と同様の連想や心的規則があったことの証明である。

われわれは *gift* の意味の不確実さを、ラテン語の *venenum*、ギリシア語の φίλτρον〔魔法薬、媚薬、呪文〕や φάρμακον の不確実さに近づけた。*venia, venus, venenum* を *vanati*（サンスクリット語で「喜ばせる」）や *gewinnen, win*（獲る）に近づける必要もあるだろう（Bréal, *Mélanges de la société linguistique*, t. III, p. 410）。また引用の間違いを修正する必要もある。たしかにアウルス・ゲッリウスはこれらの単語について長々と論じたが、ホメロスを引用しているのは彼ではない（*Odyssée*, IV, p. 226）。それは、「十二表法」に関する著作における、法律家自身であるガイウスである（Digeste, L. XVI, De verb. signif., 236)」(*Sociologie et anthropologie*, P.U.F., p. 255, n. 1)。*13

（52） Cf. Harrison, *op. cit.*, p. 104.

（53）「同じように、贖罪のヤギの生殖器をつるぼ〔球根をもつ草本植物で、その薬物効果、とくに利尿効果のために栽培されることもあった〕で叩く者たちの意図は、明らかに、悪魔あるいはその他の邪悪な被造物によって課せられた拘束よって、[54]悪が彼らの身体の外へと狩り出され、あるいはおびき出されなければならなかったのである。パルマコスたちは、浄化（*katharmos*）として焼かれもしただろうか。ツェツェスはヒッポナクスという風刺詩人のいくつかの断片を参照しながら、『千巻の書物』のなかで、その祭儀を次のように記述している。「パルマコス（の儀礼）は、あれらの浄化のいにしえの実践のうちの一つだった。神の激怒を表す、飢饉やペストやその他の大災害のような、なんらかの災禍が都市に降りかかると、彼らは、みなのなかでもっとも醜い男を、浄化作業として、都市の苦しみの治療薬として、生贄に捧げるかのように連れ出した。彼らは適切な場所で供犠の儀式を執り行い、［パルマコスに］彼らの手からチーズや大麦の菓子やイチジクを与え、それから、ネギや野イチジクやその他の野草でもって七回パルマコスを殴打した。そして最後に、パルマコスは野生の木の枝でもって焼かれ、その灰は、私が述べたように、都市の苦しみの浄化として、海と空にまかれたのだった」。

したがって、都市の**固有の**《プロプル》**〔清潔な〕**身体は、脅威あるいは外部からの攻撃の代理表象を自己の領土から暴力的に排除することによって、自己の統一性を取り戻し、自己の内心の安全へと再び閉じこもるのであり、アゴラの境界のなかで自分を自分自身に結びつける言葉《パロール》〔約束〕をみずからに果たすのだ。なるほど、代理表象が代理として表象しているのは、予測不可能な仕方で到来し、内部に侵入して内部を汚染し、害をなす、そうした悪の他者性である。しかし外部の代理表象は、それでもやはり、共同体によって**構成され**、規則的に配置されたものであり、こう言ってよければ、共同体の胎内において選ばれ、共同体によって維持され養われたものである。当然のことながら、寄生者たちは、それを自分自身の費用で住まわせる生きた有機体によって飼いならされていた。「アテナイ人たちは、かなりの数の堕落した無用な個人を国

や魔法から、その生殖能力を解放することだった……」（Frazer, *le Bouc émissaire*, p. 230）。*[14]

（54） ここで、パルマコン／パルマコスの仮定上の語源を思い出してみよう。E. Boisacq, *Dictionnaire étymologique de la langue grecque* を引用しよう。「*Pharmakon* ——魔力、媚薬、薬物、治療薬、毒。*Pharmakos* ——魔術師、魔法使い、毒薬使い。都市の欠陥を贖うために生贄に捧げられる者（ヒッポナクス、アリストパネスを参照のこと）、さらには極悪人＊。*pharmasso*（アッティカ方言では *pharmatto*）——薬物の助けをかりて働きかけること、変質させること。

＊ Havers *Indogermanische Forschungen* XXV 375-392. *parempharaktos: parakekommenos* にもとづいて、*pharma*「打撃」からパルマコン〔*pharmakon*〕が派生する。そして *pharma* は R. *bher*「打つ」（リトアニア語 *buriu* を参照のこと）から派生する。その結果、パルマコンは「邪悪な打撃に関わるもの、あるいは邪悪な打撃に対する治療手段として用いられるもの」という意味になったと思われる。病気は悪魔の一撃によって引き起こされ、また同様にして治されるという民間信仰が広まっていたのである。Kretschmer Glotta III 388 sq. では、パルマコンは叙事詩においてはつねに薬草、軟膏、飲み物その他の物質を指しているのであって、治療や魔法や毒盛りなどの行為を指してはいないとの反論がなされている。Havers の語源学は、その他の可能性を前にして一つの可能性だけをつけ加えている。たとえば、*pherô, pharma, "quod terra fert"* からの派生の可能性である。」

また Harrison, p. 108 も参照のこと。「〔…〕パルマコスは単に「魔術的‐人間」を意味するにすぎない。リトアニア語で縁のある用語は *burin* すなわち「魔術的な」である。ラテン語では *forma* すなわち定式〔formule〕、呪文というかたちで現れる。われわれの「書式〔formulaire〕」という単語は、その原初的含意の名残をいくらかとどめている。パルマコンは、ギリシア語では治療薬、毒薬、チンキを意味するが、良きにつけ悪しきにつけ、魔術的な意味をつねにもっている」。ノースロップ・フライはその著書『批評の解剖』で、パルマコスの形象のうちに西洋文学の原型的・恒常的構造を見ている。フライによれば「無実でも有罪でもない」（p. 41）*[15] パルマコスの排除は、アリストパネスやシェイクスピアでも反復されており、シャイロックにもフォルスタッフにも、タルチュフにもチャップリンにも及んでいる。「ホーソンのヘスター・プリン、メルヴィルのビリー・バッド、ハーディのテス、『ダロウェイ夫人』のセプティマスにおいても、また迫害されたユダヤ人や黒人たちの歴史においても、さらにはその才能のせいでブルジョワ社会のイシュマエルになってしまった芸術家たちの物語においても、われわれはパルマコスの形象に出会うのである」（p. 41 また p. 45-48, p. 148-49 *[16] も参照のこと）。

家の費用でもって定期的に維持していた。ペストや旱魃や飢饉といった災厄が都市を襲った場合には、こうした排斥された者たちのなかから二人を選び、贖罪の山羊として犠牲にするのだった[55]」。

したがって、パルマコスの儀式は内と外との境界線上で演じられるのであり、この儀式の役割は、この境界線をたえず線引きしては引きなおすことに存する。*Intra muros/extra muros*〔壁の内/壁の外〕。差異と分割の起源であるパルマコスは、取り込まれ投影された悪を表象する。パルマコスは、それが治療するかぎりでは有益なものである(そのことによって崇められ、さまざまな配慮を受ける)が、それが悪の力を体現するかぎりでは有害なものである(そのことによって恐れられ、警戒を受ける)。パルマコスは恐怖を惹起すると同時に鎮めるものでもあるのだ。聖なるものにして呪われたもの。この接続詞、*coincidentia oppositorum*〔対立の一致〕は、移行、決定、危機によってたえず解体する。悪と狂気の追放〔排出〕は *sophrosunè*〔節制〕を再興する。

追放は危機的契機(旱魃、ペスト、飢餓)のときに行われていた。その際、**決定**は反復されていた。しかし危機の瞬間を統御するには、驚きが先回り〔予防、通報〕されていることが必要である――規則によって、法によって、反復の規則性によって、固定された日付によって。アブデーラ、トラキア、マルセイユ等々で行われていた儀礼の実践は、アテナイでは**毎年**繰り返されていた。五世紀になってもである。アリストパネスとリュシアスははっきりとそのことに言及している。プラトンがそれを知らなかったことはありえない。

儀式の日付は注目に値する。タルゲーリア祭の六日目なのだ。それは、その人の処刑――単にパルマコンがその直接の原因だったのではない――が内部のパルマコスの処刑にも似た人、すなわちソクラテスが生まれた日である。

プラトンの対話篇においてパルマケウスとあだ名されたソクラテス、投げつけられた訴え（*graphè*）を前にして自己弁護を拒絶し、文字による弁論を彼のために準備しようと提案した、「書くことにかけては当代きっての達人」リュシアスの弁論代作の申し出を断ったソクラテス。——そのソクラテスはタルゲーリア祭の六日目に生まれたのだった。ディオゲネス・ラエルティオスはそれを証言している。「彼はタルゲーリア祭の六日目、すなわちアテナイ人たちが都市を純化する日に生まれた*17」。

7. 成分——白粉、幻影《ファンタスム》、祝祭

パルマコスの儀式——悪と死、反復と追放。

神の、王の、父の、太陽の御言葉を——すなわちタモスの死刑判決を——支持し、解明し、解釈するために、ソクラテスがそれをみずからの考えとして引き受けなおすとき、彼はエクリチュールのパルマコンに対するあらゆる告訴箇条を体系へとまとめあげる。エクリチュールの最悪の効果について、御言葉は予言するだけだった。非論証的な言葉として、それは一個の知を述べてはおらず、それは発声されただけだった。告知し、予告し、断定しながら。それは *manteia*〔予言、神託〕だと、ソクラテスは言った（275*c*）。いまや彼の言説は、この *manteia* を哲学へ翻訳すること、この資本を現金化すること、この資本を運用す

（55） Frazer, *le Bouc émissaire*, p. 228. *18 また Harrison, p. 102 も参照のこと。

ること、説明《コント》をすること、計算《コント》と理由《レゾン》を与えること、この王的－父的－太陽的－神学的な言葉に理性《レゾン》を与えることに専心する。すなわち、ミュトスをロゴスへ変容させることに。

尊大な神がみずからの効力の手のひらから逃れ去るように思われるものに向けた第一の非難はどのようなものであるか。それはもちろん無効性、非生産性であり、本当はすでにそこに存在するものを反復することしかしない、ただ外面だけの生産性である。それゆえに――これはソクラテスの第一の論拠である――エクリチュールはよいテクネーではない。この場合、よいテクネーとは、明晰なもの、確実なもの、安定したもの（*saphes kai bebaion*）を生み出し、生－産し〔前へ－導出し〕、出現させる能力をもった術のことである。そうした明晰なもの、確実なもの、安定したものとは、言い換えれば、エイドス〔形相〕のアレーテイア〔真理、隠れていないこと〕のことであり、すなわち、みずからの姿形のうちにある、非可感的な可視性のうちにある、叡智的不可視性のうちにある存在者の真理のことである。「イデア」のうちにある、存在するものの真理――文字どおりのエクリチュールはこれにいささかもかかわらない〔そこにまったく見るべきものをもたない〕のである。むしろエクリチュールはそうした真理に（自己の）目をふさぐのでなければならない。そして、書記素によって真理を生－産〔前へ－導出〕したなどと思い込む者は、最大の愚かさ（*euetheia*）を示すことになるだろう。ソクラテスの賢者は自分が何も知らないと知っているのに対して、この愚か者は、彼がエクリチュールから学ぶと信じる事柄を自分がすでに知っているということを知らない。自分がもろもろの型《タイプ》によって記憶に取り戻すことしかしていない事柄を自分はすでに知っているということを知らないのだ。それは、魂が身体へと落下する以前に観照されていたエイドスをアナムネーシスの様式で再によって思い出すことではなく、自分が記憶としてすでに知っているものをヒュポムネーシスの様式で再録することなのである。書かれたロゴスとは、すでに知っている者（*ton eidota*）にとっては、手がかりとなる文字《エクリチュール》（*ta gegrammena*）をもつ事物を再録する（*hupomnésai*）手段にすぎない（275*d*）。したがって、エクリチュールは、知の主体がすでに所記《シニフィエ》〔意味されるもの〕を手にしているときにようやく介入してくるのであり、そのときエクリチュールはそうした所記《シニフィエ》を一時預かりとして記載することしかしていないのである。

こうしてソクラテスは、ムネーメー／ヒュポムネーシスという、タモスの *manteia*〔託宣〕に筋道をつけていた最重要の決定的な対立を踏襲する。記憶としての知と備忘としての非‐知との微妙な対立、反復の二つの形態および二つの契機の微妙な対立。一方には、エイドスを見るべきものとして与え現前させる真理（アレーテイア）の反復があり、他方には、エイドスを現前させずに、現前を再‐現し、反復を反復するがゆえに、隠蔽し逸脱させる死と忘却（レーテー）の反復がある。(56)

ここでエクリチュールが告知され思考される土台となっているヒュポムネーシスは、記憶と一致しないばかりではなく、記憶の付属物としてしか構成されていない。つまり、真理の現前化に付属するものとしてしか考えられていない。エクリチュールが父の法廷に出廷するように呼び出されるとき、エクリチュールは記憶‐知の問題系の内部で規定されている。エクリチュールは、そのすべての属性とそのすべての開削力を奪い取られているのだ。その開削力は反復によってではなく、反復のはらむ悪病によって断ち切られている。すなわち、反復において自己を二分し、自己を倍化し、反復を反復するもの、かくして「よき」反復（存在者を生き生きとした記憶のなかで現前させ、生き生きとした記憶へと結集させるような反

(56) フッサールの現象学も、現前と再‐現前（*Gegenwärtigung*/*Vergegenwärtigung*）との類似の対立、それから一次的想起（これは「広義の意味の」根源的なものに属する）と二次的想起との対立、これを軸にして体系的に組織立てられていることが証明されるだろう。Cf. *la Voix et le phénomène.* *19

復）から分離され、自己へと打ち棄てられて、もはや自己を反復しない恐れをつねにもつもの、そのようなものによってエクリチュールの開削力は断ち切られているのである。その場合、エクリチュールは純然たる反復にすぎないということになるだろう。要するに、何ものをも反復せず、自己自身を自発的に反復することができない、そうした可能性をつねにもつ死んだ反復だということになるだろう。言い換えれば、自己自身しか反復することのできない、うつろで見限られた反復である。

要するに、このような純然たる反復、「悪しき」再版は同語反復的だということになるだろう。書かれたロゴス、「それが何かを言っているさまは、実際にものを考えているように思われるかもしれない。しかしそれが語っている内容について明らかにしてもらおうと言葉をかけると、いつでも同じ一つのことを合図するだけなのだ（*en ti semainei monon tauton aei*）」（275*d*）。純粋な反復、自己の絶対的反復（だがしかし自己とはすでにして送り返しにして繰り返しである）、能記《シニフィアン》の反復、無の反復あるいは無化的反復、死の反復——これらは同じことである。エクリチュールは生けるものの生ける反復ではない。

このことはエクリチュールを絵画に似たものにする。『国家』はさまざまな模倣の術を非難するときに絵画と詩を近いものとみなす。またアリストテレスの『詩学』も絵画と詩をミメーシスという同じ概念のもとに結びつける。同じようにソクラテスはここで、書かれたものを肖像画に、*graphème*〔書字〕を*zographème*〔絵〕に喩える。「実際、文字《エクリチュール》のなかには恐ろしい（*deinon*）ものがあると思うのだが、パイドロスよ、それはまた、文字が絵画とかくも多くの似たところ（*homoion zographia*）を本当にもっているからなのだ。つまり、絵画が生み出す存在たちはあたかも生きた存在（*ôs zônta*）であるかのように見えるが、それらに何か質問をしてみると、尊大にも（*semnôs*）黙して答えないのだ！　書かれたものも同じだ［…］」（275*d*）。

自己自身について応答する《レポンドル》〔責任をもつ〕能力がないこと、エクリチュールの応答不可能性《イレスポンサビリテ》〔無責任〕——ソクラテスは『プロタゴラス』のなかでもこのことを非難している。悪しき政治演説家連中、「追加の質問」に答えることのできない者たちは、「書物のようなものであり、答えることも質問することもできない」(329a)。だからこそ——と『書簡』七はさらに言う——、「理性的な人間なら誰でも、こんな輸送手段にみずからの思考を委ねる危険など冒しはしないだろう。とりわけ、それが書かれた文字のように凝固しているときには」(343a. また『法律』第十二巻、968dも参照のこと)。

ソクラテスの言明のなかでエクリチュールを絵画の同類にしている類似の特徴は、その深層において何だろうか。エクリチュールと絵画に共通の沈黙、あの頑固な沈黙、厳粛で禁じられた重々しさの仮面は、どのような地平から宣告されているのだろうか。そうした沈黙や仮面は、矯正不可能な失語症、石のような聾状態、治療不可能なまでに精神薄弱な、ロゴスの要求に対して閉じた状態を上手く隠しおおせない。エクリチュールと絵画が一緒に召喚され、ロゴスの法廷の前に両手を縛られて出頭させられ、ロゴスに応答するように要求されるとしたら、それは端的に言って、エクリチュールと絵画のどちらもが**尋問される**〔手を伸ばす〕ものだからである。すなわち、パロールの代弁者〔表象〕とみなされたものとして、言説を担うものとして、ひとがそれらに言わせようと欲する単語を預かった者さらには秘匿した者として、尋問されるからである。エクリチュールと絵画がこの口述裁判にふさわしい高みにないということ、それらが生きたパロールを堂々と代弁〔表象〕することができず、生きたパロールの通訳者あるいはスポークスマンでありえず、会話を支えることができず、口頭での質問に答えることができないということ、このことが明らかになるや、エクリチュールと絵画はもはや何の価値もなくなるのである。それらは人形、仮面、見せかけ《シミュラークル》なのだ。

ここで絵画が*zographie*と、すなわち**生けるもの**の書き込まれた表象・デッサン、生きたモデルの肖像と言われていることを忘れないようにしよう。この絵画のモデル、それは生けるモデルに適った表象的絵画なのである。*zographème*〔絵〕という単語は時に*gramma*〔書かれたもの、絵図、文字〕に短縮されることさえあると言われるだろう(『クラテュロス』430*e*と431*c*)。同様に、エクリチュールは生きたパロールを描出しなければならないと言われるだろう。つまりエクリチュールが絵画に似ているのは、ギリシア文化に支配的だった表音エクリチュールというあの特殊なモデルにもとづいてエクリチュールが思考されているからなのだ(プラトンのこの問題圏全体において、こうした巨大かつ根本的な規定を一言で述べることができる)。そこではエクリチュールという記号は、それらが声という記号を表象〔代理〕しなければならないとするあるシステムの内部で機能していたのである。すなわちエクリチュールは記号の記号だったのである。

かくして、絵画やエクリチュールのモデルがモデルへの忠実さに存するように、絵画とエクリチュールの類似点も**類似それ自体**にあるということになる。この二つの操作はまず何よりも、似ることを目指さなければならないというわけである。実際エクリチュールも絵画もミメーシスの技術として理解されているのであって、それはそもそも芸術《アール》が最初からミメーシスとして規定されているからである。

こうした類似物同士は似た者同士であるにもかかわらず、エクリチュールの事例はいっそう深刻なものである。およそ一切の模倣的芸術と同じく、絵画も詩もなるほど真理から遠ざかったものではある(『国家』第十巻、603*b*)。けれどもそれらには情状酌量の余地がある。詩は模倣するが、それは声を口頭で〔de vive voix 生きた声によって〕模倣する。絵画は彫刻と同じく沈黙し、そのモデルは喋らない。絵画と彫刻は沈黙の芸術であって、ソクラテス——最初は父の職業を継ぎたかった彫刻家の息子であるソクラテス——はそのことを重々承知している。彼はそれを承知しており、そのことを『ゴルギアス』(450*cd*)で語っている。絵画空間あるいは彫刻空間の沈黙は、こう言ってよければ、当然《ノルマル》のことなのである。しかし書き物の次元では沈黙は当然のことではない。というのも、エクリチュールはパロールの模像《イマージュ》としてみずからを与えるからだ。つまりエクリチュールは、それが模倣すると称するところのものを、はるかに深刻なかたちで変質させる〔dénaturer 脱自然化する〕のだ。エクリチュールはモデルを模像に置き換えることさえしない。それは声の生ける時間を沈黙の空間と空間の沈黙のなかに書き込む。エクリチュールはモデルを転位させるのであり、モデルのいかなる模像も提供せず、声の生ける内部性をその境位《エレメント》から暴力的に引き剝がしてしまうのである。そうすることによってエクリチュールは、事象そのものの真理から、パロールの真理から、パロールに開かれる真理から、度外れに遠ざかるのである。

つまりは王から遠ざかるのだ。

実際、『国家』（第十巻、597）における絵画の模倣術に対する有名な論告求刑を思い出そう。(57) 肝心なのはなによりも都市国家から詩を追放することであるが、この追放は今度は、第二巻や第三巻で展開されるところとは違って、詩のミメーシス的な本性に本質上起因する理由からおこなわれる。悲劇詩人たちは模倣を実践するとき、彼らに耳を傾ける人々の悟性（*tes tôn akouontôn dianoias*）を、この人々が解毒剤（*pharmakon*, 595*a*）をもっていない場合には、毒するのである。そしてこの解毒剤とは、「事象が現実にそうであるところのものの認識」（*to eidenai auta oia tunkanei onta*）である。さらに進んだところで、模倣者や幻想の匠たちが香具師や魔術師（602*d*）として、言い換えれば、パルマケウスという類のいくつかの種として提示されるということを考えるなら、存在論的な知もまた薬物的な力に対抗する薬物的な力

（57）　私は公刊予定のテクスト「賽の二振りのあいだで」において、このくだりをまた別の視点から研究するだろう。

であるわけだ。知の次元は、回顧的に解釈しうる形相あるいはイデアの透明な次元ではなく、解毒剤なのである。神秘的な暴力と正義の知へと分割されるまさにそれ以前に、パルマコンの境位は哲学とその他者との戦いの場なのだ。まだこう言えるのならば、それは**決定不可能な**境位**それ自体**である。

ところで、模倣的な詩を定義するためには、模倣一般が何であるかを知る必要がある。そこであらゆる例のなかでも**親しみのある**《ファミリエ》〔家族的な〕ベッドの起源という例が登場する。この例を選択させる必然性について、またテクストのなかでいつの間にかテーブルからベッドへと（すでにしつらえられたベッドだ）移っていく横滑りについて、ほかの場所でじっくりと時間をかけて問うてもいいだろう。いずれにせよ、神がベッドの、臨床的エイドスの、真の父である。そのベッドの製作職人は「デミウルゴス」である。ここでもまた *zoographe*〔生を描くもの〕と呼ばれる画家は、ベッドの生成源（*phytourgos*、すなわちベッドのピュシス——真理としてのピュシス——の作者）でもデミウルゴスでもない。単に模倣者にすぎない。画家は三段階、始原的な真理から、ベッドのピュシスから遠い。

つまり王から遠いのだ。

「したがって、悲劇詩人もまた模倣者であるがゆえに、このようなものであるだろう。すなわち、王と真理から遠ざかること三番目に生まれついた者だということになるだろう。そして他のすべての模倣者たちも同じことだ」（597*e*）。

すでにプラトン自身は他のところで、模倣者である詩人一般について、「詩人はつねに真理から無限に離れたところにいる」（*tou dè alethous porrô panu aphestôta*）と言っているが（605*c*）、そうでなければ、すでに詩的模倣であるこの模像《イマージュ》、この *eidôlon* を書字によって寝かせることは、四等級この模像を王から遠ざけることになるだろう。あるいはむしろ秩序ないし境位を変えることによって度外れな仕方で模像を王から逸らせることになるだろう。というのも絵画と違ってエクリチュールは、幻影《ファンタスム》を作ることさえないからだ。周知のように、画家は真なる存在者を産出するのではなく、外見を、**幻影**（598*b*）を、言い換えれば、すでに複製《コピー》を複写するもの（『ソピステス』236*b*）を産出する。一般に *phantasma*（複製の複製）は見せかけ《シミュラークル》と翻訳されている。(58) アルファベットで書く者はもはや模倣することさえない。おそらく、そうした者はある意味で完全に模倣するからだ。表音文字は声を他の文字以上に上手く分解し、声を抽象的・空間的な諸要素に変形するのだから、表音文字で書く者は声を再生するチャンスをはるかに多く有する。ここでは声のこうした**分－解**〔*dé-composition* 解体－構成〕は、声を最高に保存するものであると同時に最高に

（58） プラトン思想におけるミメーシス概念の位置や進展については、まず何よりも V. Goldschmidt の *Essai sur le Cratyle*, 1940（とりわけ p. 165 以下）を参照されたい。そこでとくに明らかになるのは、プラトンはつねに、またどんな場合でもミメーシスを断罪したわけではないということである。このことから少なくとも次のように結論することができる。すなわち、模倣を断罪しようとしまいと、プラトンは詩をミメーシスと規定することによって詩の問いを提起したのであり、かくしてアリストテレスの『詩学』（この著は完全にこの詩というカテゴリーによって司られている）がそのなかで文学の**概念**を産出することになるだろう領野を開いたのだ、と。そして『詩学』が生み出した文学概念は、カントとヘーゲルは除くとして（少なくともミメーシスを**模倣**と翻訳するのであれば、カントとヘーゲルは除かれる）、十九世紀まで支配することになるだろう。

その一方でプラトンは、今日そのもっともラディカルな要請においてエクリチュールとして主張されているものを、幻影ないし見せかけ《シミュラークル》の名のもとに断罪する。少なくとも、プラトンが幻影を定義する際に身を置いている概念対立を超過するものを、哲学や「ミメーシス学」の**内部においても**エクリチュールと名づけることができる。そうした概念対立の彼方で、真理や非真理といった価値の彼方で、エクリチュールというこの超過分は、予想されるように、もはや単純に見せかけ《シミュラークル》とか幻影とか形容してすますわけにはいかない。またとりわけエクリチュールの古典的概念によってそれを形容することはできない。

腐食するものでもある。それはもはや声をまったく模倣しないがゆえに、完璧に模倣するのである。というのも模倣とは、みずからを抹消することによってこそ自己の本質を主張し先鋭化させるものだからだ。その本質は非‐本質なのだ。そしていかなる弁証法もこの自己への不適合を要約することはできない。完璧な模倣はもはや模倣ではない。模倣するものを模倣されるものから切り離し、まさにそうすることによって模倣されるものを指示するささやかな差異を削除することで、模倣するものは絶対的に異なるものになる。すなわち、模倣されるものをもはや指示することのない別の存在者となるのだ。(59) 模倣がみずからの本質に呼応するのは、すなわち、みずからがそれであるところのもの——すなわち模倣——であるのは、なんらかの点で誤っている、あるいはむしろ欠陥があるかぎりにおいてである。模倣は本質上悪しきものなのだ。それは悪しきものであるかぎりにおいてよい。模倣には破綻が書き込まれており、模倣は本性《ナチュール》をもたず、固有の何ものをももたない。ミメーシスは両面的であり、自己と戯れ、自己自身を逃れ去るものであり、自己を空洞にすることによってしか自己を完成させず、善でも悪でもある。そうしたミメーシスは決定不可能な仕方でパルマコンに似る。どんな「論理」も、どんな「弁証法」も、ミメーシスの貯蔵庫〔留保分〕からたえず水を汲み上げ、みずからを癒さざるをえないが、それを使い果たすことはできない。

事実、プラトンから見れば、模倣の技術も見せかけ《シミュラークル》の生産と同じく、つねに魔術的な表れ、奇術的な表れだった。

「同じ物体でも水のなかで見るのと、水から出して見るのとでは違って見え、折れて見えたりまっすぐに見えたりするし、また色彩が生み出す視覚の錯覚によってへこんだり盛り上がったりするように見える。こうしたことはどれも、明らかにわれわれの魂を混乱させる。陰影をつけた絵画（*skiagraphia*）や香具師の術（*goeteia*）

やこれと同種のその他幾百の発明などが訴えかけるのは、こうしたわれわれの本性の脆弱な部分に対してであり、それらは魔術のすべての威光（*thaumatopoia*）をこの障害ある部分に適用するのである」（『国家』第十巻、602*cd*．また 607*c* も参照のこと）(60)。

解毒剤はまたもやエピステーメーである。傲慢《ヒュブリス》とは、つまるところ、存在を見せかけ《シミュラークル》や仮面や祝祭のなかで運び去る、度を越した誘惑以外の何ものでもない以上、解毒剤としては**節度を守る**ことを可能にするものしかない。*alexipharmakon*〔解毒剤〕は、あらゆる意味における節度〔mesure 計量〕の学だろう。同じテクストの続き。

「こうした幻想に反して、われわれは節度（*metrein*）、計算（*arithmein*）、考量（*istanai*）のなかにきわめて見事な治療薬を発見したのではないか。われわれにとって優先的なもの、それはもはや大小や量や重さで変化する外見（*phainomenon*）などではなく、計算する、節度をもって測る、考量する能力である。〔…〕ところで、

---

(59)「画家たちとは違って君の色や形の複写に満足しない神が、さらに君の人柄の内部全体をあるがままに描き出すというのならば、君の人柄の柔らかさや熱さといった特徴を正確に表現するというのならば、そして君のなかに存在するおりに魂や思考といった運動を描き出すというのならば、要するに、君の人柄のすべての特徴の、その忠実な複製を君の傍らに置くというのならば、その場合には、クラテュロスとクラテュロスの模像という二つの対象（*pragmata*）があるということになってしまうのではないか。そこにはクラテュロスとクラテュロスの模像が、あるいは二人のクラテュロスがあることになってしまうのではないか。**クラテュロス**——ええ、二人のクラテュロスがいるように思われます、ソクラテス」（432*bc*）。

(60) こうした主題すべてについては、とくに P. M. Schuhl, *Platon et l'Art de son temps* を参照のこと。

こうした操作はすべて、われわれの魂のうちなる理性の働き(*tou logistikou ergon*)とみなすことができる」。(ここでシャンブリが「治療薬」と翻訳しているのは、『パイドロス』で支援、助けを形容する単語(*boetheia*)であり、生けるパロールの父が、それ自身ではそうしたものを欠くエクリチュールにつねに提供しなければならない支援である。)

奇術師、騙し絵の技手、画家、書き手、パルマケウス。ひとはこの点を見逃さなかった。「[…]色を意味するパルマコンという単語は、まさに魔法使いや医者の薬にも適用されるものではないか。呪術師たちは呪文を唱える際に小さな蠟人形に頼るのではないか」[61]。**呪い**〔魅惑〕とはつねに、絵によるのであれ彫刻によるのであれ、なんらかの**表象**の効果であり、表象は他者の形態を捕獲し捕縛する。——とりわけ、他者の素顔において、顔において、言葉《パロール》と視線、口と目、鼻と耳において、すなわち *vultus*〔容貌、まなざし〕において。

したがってパルマコンという単語は、絵の色のことをも、すなわち *zographème* が書き込まれる素材《マチエール》をも指すのだ。『クラテュロス』を見るがいい。ヘルモゲネスとのやりとりのなかで、ソクラテスは、名とは事物の本質を模倣したものであるという仮説を検討する。ソクラテスは音楽や絵画による模倣と名による模倣とを区別するために、両者を比較する。そのときの彼の振舞いが興味深い。それは彼がパルマコンに訴えるからというばかりでなく、もう一つ別の必然性が彼に課せられるからである。われわれはいまからこの必然性を徐々に解明していくことにしよう。名から成る言語のなかのもろもろの示差的要素にとりかかろうとするときに、ソクラテスは後にソシュールがするように、音を模倣する音響(模倣的な音楽)としての声の審級を中断しなければならない。声が名づけるのだとしても、それは *stoikheia* すなわちもろもろの要素ないし文字（*grammata*）のあいだに導入される差異と関係によってである。同じ一つの単語（*stoikheia*）が要素と文字とを一緒に指す。そして、ここで慣習的・教育的必然性として与えられるものについて、よく考えてみる必要があるだろう。音素一般、母音――*phoneenta*[62]――と子音は、それらを書き込む文字によって示されるのである。

ソクラテス――〔…〕だが模倣者の模倣にとって出発点として役立つものをどのように区別すべきか。本質の模倣が音節と文字によってなされる以上、もっとも正しい進め方は、まず第一に諸要素を区別することではないだろうか。リズムに取り組む人々はそのようにする。彼らはまず最初に諸要素（*stoikheiôn*）の価値を区別し、次に音節の価値を区別し、そうしてようやく、そしてそのときにのみ、リズムの研究に着手するのだ。

ヘルモゲネス――そうです。

ソクラテス――とすれば、われわれもまず最初に母音（*phoneenta*）を区別しなければならないのではないか。次に残りの部分で音も雑音も（*aphona kai aphtonga*）含まない諸要素をその種類ごとに分類しなければならないのではないか。――このようにこの分野の識者たちは言う。次に、母音ではないけれども無言ではない諸要素に移り、母音それ自体のうちにさまざまな種類を識別しなければならないのではないか。こうした区別がなされた後は、今度はわれわれは、名を受け取らねばならないすべての存在を正確に区別しなければならず、存在のすべてが要素としてそこに連れ戻されるカテゴリーが存在するかどうか、探究しなければならない。そう

（61）P. M. Schuhl, *op. cit.*, p. 22. また *l'Essai sur la formation de la pensée grecque*, p. 39 sq. も参照のこと。

（62）『ピレボス』18ab も参照のこと。

したカテゴリーに従って、存在たち自体を見ることができるようになると同時に、存在たちのうちに、諸要素の場合と同じようにさまざまな種が存在するかどうか認識できるようになるのだ。以上の難問が根底まで検討された暁には、それぞれの要素をその類似性に従って割り当てることができるだろう。――ただ一つの対象にただ一つの要素を割り当てるのであれ、ただ一つの対象のために複数の要素を混合させなければならないのであれ。画家たちは上手く似せるために、ある時には紫の単一の色を置き、またある時には何か別の色（*allo tôn pharmakôn*）を置く。また肖像画は特別の色（*pharmakou*）を要求するらしいのだが、その要求に応じて画家たちが肉の色合いや同種の別の色合いを準備するときのように、複数の色が混ぜ合わされることもある。これと同じようにして、われわれも諸事物に諸要素を適用するだろう。すなわち、一つの事物に、それに必然的と思われる唯一の要素を適用したり、あるいは音節と呼ばれるものを形成する際に複数の要素を適用するだろう。そして次に音節を組み立てて、それを使って名詞や動詞を構成する。それからまた新たに名詞や動詞を使って、大きくて立派な全体を構成し始めるのだ。先ほど述べた、絵画によって（*tē graphikē*）複製された生物（*zôon*）の場合のように。（424*b*-425*a*）

さらに先の箇所。

ソクラテス――仰るとおり。とすると、名が対象に似ているためには、基本的な名を構成する諸要素が、おのずと、必然的に、対象に似ているのでなければならないのだろうか。説明しよう。われわれは先ほど絵について話していたが、そうした絵で現実に完全に似た絵画が製作されたためしがあっただろうか。自然は絵画の模倣対象に似た色（*pharmakeia*）を絵の制作のために提供することなどないのだとしたら、どうだろう。もしそ

うだとしたら、現実に似た絵画を制作することなど不可能ではないだろうか。(434*ab*)

『国家』も画家の使う色彩をパルマカと呼んでいる(420*c*)。つまりエクリチュールと絵画の魔法は、死者を生身のように見せかけて偽る白粉《おしろい》の魔法なのである。パルマコンは死を導入しかくまう。それは死体によい顔色《フィギュール》を与え、死体に仮面を被せて化粧をする。アイスキュロスで言われているように、死体をその香水《エサンス》で彩るのだ。パルマコンは香水のことも指す。われわれが先に実体なき薬物について述べたように、それは本質《エサンス》なき香水である。パルマコンは秩序を装いに、宇宙《コスモス》を美容品《コスメティック》に変えるのだ。死、仮面、白粉、これらは弁証家や存在の学によって調整されなければならない都市の秩序を転覆する祝祭である。後で見るように、プラトンはエクリチュールと祝祭を即座に同一視するだろう。そして戯れとも。ある種の祝祭とある種の戯れ。

8．パルマコンの遺産相続——家族の光景《シーン》

われわれはここでプラトン的貯蔵庫〔留保〕のまた別の深みに導かれている。このプラトンの薬局は、われわれがすでに感づいたように、一つの劇場でもある。そこでは演劇的なものは一つの言葉《パロール》に要約されるがままにならない。そこにはいくつもの力があり、一個の空間があり、法があり、親類関係が、人間的なものと神的なものが、戯れ、死、祝祭があるのだ。かくして、われわれにあらわになる深淵は、必然的

に、エクリチュール劇における別の光景《シーン》、あるいはむしろ別の絵図となるだろう。したがって、父に対してパルマコンを紹介した後で、またテウトが貶められた後で、ソクラテスはみずからの責任において言葉を継ぐ。彼は神話に代えてロゴスを、演劇に代えて言説を、例示に代えて証明を設置したがっているように見える。しかしながら、彼の説明を通して、また別の光景がゆっくりと光のなかに進み出てくる。それは先行する光景ほどじかに目に見えるというわけではない。だがそれは音もなく潜伏したままでありながらも、同じくらい緊張に満ち、同じくらい暴力的な光景である。それは先行する光景と一緒になって、薬学の囲い地のなかで、もろもろの形象やずれや反復から成る一つの学的・生命的組織を構成する。

この光景はその隠喩――家族の隠喩――においてかくまわれると同時に表明されることによって、それがまず存在するとおりに読まれたことがなかった。問題となるのは父と息子であり、公的支援〔生活保護〕によって助けられることもない私生児であり、栄光ある正嫡の息子、遺産相続、精液、生殖不能といったことである。母のことは触れられていないが、そのことはわれわれに対する反論にはならないだろう。判じ絵でやるように母の姿を探してみれば、ある庭園の奥の葉叢のなかに、裏返しに描かれたその不安定な姿が見られるだろう。*eis Adônidos kepous.* アドニスの園に（276*b*）。

ソクラテスは絵画の子どもたち（*ekgona*〔作品〕）とエクリチュールの子どもたちとを比較したところである。ソクラテスはエクリチュールと絵画のうぬぼれた無能力を茶化し、われわれがエクリチュールと絵画に尋ねるたびに、それらがわれわれに記号として与える答えの単調で仰々しいトートロジーを茶化した。彼は続けて言う。

まだある。言説というものはそれがひとたび書かれてしまうと、どんな言説でも、それに通じた人たちのところであろうと、まったく関係のない人たちのところであろうと、おかまいなしに転々とめぐり歩く。そして正確に誰に話しかけるべきなのか、そうでないのかを区別することができない。また反対の声があがったり、不当に扱われたりしたときには、つねに父親の助けを必要とする。実際、言説は自分ひとりでは身を守ることも、自分で自分を助けることもできないのだ。（275*e*）

擬人的な、さらにはアニミズム的な隠喩が使われているのは、おそらく、書かれたものは書かれた**言説**（*logos gégrammenos*）であるとされているからだろう。生けるものとしてのロゴスは父に由来する。したがってプラトンにとって、書かれた事物というものは存在しない。存在するのは、多少の差はあれ生きたロゴス、多少の差はあれ自己のもとにあるロゴスなのだ。エクリチュールは意味作用の独立した次元ではなく、それは弱まったパロールである。しかも完全に死んだ事物であるのではない。それは生ける死者、死刑の執行猶予中の死者、差延された生、見せかけの息づかいである。生ける言説の幽霊、幻影、見せかけ《シミュラークル》（*eidolon*, 276*a*）は生命なきものではないし、無意味なのではないが、ただし貧しい意味作用であり、つねに同一的なやり方で意味する。この乏しき能記《シニフィアン》、偉大な保証人〔応答者〕なき言説は、すべての幽霊と同じように、彷徨えるものである。それは、まっすぐの正しい《ドロワ》道を、よい方向を、廉直さの規則を、規範を見失って、自分がどこへ向かっているのかを知らない者のように、あちらこちらを転々とする（*kulindeitai*）。それればかりではない。それはあたかも、みずからの権利《ドロワ》を失ったもの、アウトロー、道を踏み外した者、非行少年、ならず者、向こう見ずな冒険者のようなのだ。街路をうろついているうちに自分が誰だかさえわからなくなり、自分の同一性《アイデンティティ》（何か同一性をもっていればだが）がわからなくなり、名前さえ、父の名さえわからなくなる。エクリチュールは街角で尋問されたとき、同じことを反復して答えるだけだが、自分の起源を反復することはもはやできない。どこから来て、どこへ行くのか知らないこと、それは保証人なき言説にとって話す術を知らないということであり、幼児〔infance 話すことができない〕状態なのだ。ほとんど無意味なこの能記《アンシニフィアン》はそれ自身根無し草であり、名無しであり、自分の故郷《くに》と家との絆を失ったものであり、誰にでも使えるものである。(63) すなわち、それを使用する権限をもつ人たちにももたない人たちにも同じように使えるものである。すなわちこの能記《シニフィアン》は、それを理解し、それに精通する(*tois epaiousin*)人たちにも、事情を知らず、あらゆる不適切な事柄を押しつける可能性のあるまったく関係ない人たちにも、同じように使用可能なのである。

万人にとって、誰にとっても利用可能な、歩道で提供されるエクリチュールは、本質的に民主的なものではなかろうか。エクリチュールに対する訴訟をデモクラシーに対する訴訟(『国家』のなかで審理されたようなデモクラシーに対する訴訟)と比較できるかもしれない。デモクラシー社会では専門能力へのいかなる配慮もなく、重要でないどんなひとにでも責任が委ねられる。行政官たちはくじ引きで決められる(557*a*)。等しい者にも等しくない者にも平等に等しいものが与えられる(558*c*)。行き過ぎ《デムズュール》〔度外れ〕、アナーキー。民主主義的人間は序列構造《ヒエラルヒー》へのいかなる配慮ももたず、「さまざまな快楽のあいだに一種の平等を打ち立てる」のであり、みずからの魂の統治をたまたま出くわす何にでも委ねるのである。「すなわち、あたかもくじを引き当てるようにして、そのつどやってくる快楽に対して、自分が満たされるまでのあいだ自分自身の支配権を委ね、次にはまた別の快楽に対しても同じようにし、どのような快楽をもないがしろにすることなく、すべてを平等に取り扱う。〔…〕そうした人間は理性(*logon*)と真理(*alethê*)については、これを拒絶し、城砦の見張り所に入れようとはしない。ひとが彼に向かって、ある快楽は高貴なよい欲望に発するが、別の快楽は倒錯した欲望から発するものであって、前者のような快楽は養い尊重しなければならないが、後者のような快楽は抑圧し鎮圧しなければならない、と説き聞かせることがあっても、彼は軽蔑するように首を横にふって、快楽はどれも同じ資格をもっているのであって、どれもみな平等に尊重しなければならないと、こう主張するのだ」（561*b-c*）。

この民主主義者はロゴスから解放された欲望あるいは能記《シニフィアン》のように放浪する。この個人はいつもいつも邪悪だというわけではなく、すべてを迎え入れ、万人に応じるのであり、あらゆる快楽、あらゆる活動に——場合によっては政治や哲学にさえ——平等に身を委ねる（「ときには彼は哲学に没頭しているようにみえる。ときには国の政治に参加し、壇上に駆け上がり、たまたま思いついたことを言ったり行ったり

（63）J–P・ヴェルナンは古典時代のギリシアにおけるこうしたエクリチュールの「民主化」、エクリチュールによる「民主化」を指摘している。「言葉《パロール》はこれ以後、政治生活の特権的な道具となったが、当時言葉がもったこうした重要性には、エクリチュールの社会的意味の変化も対応している。近東の王国群においては、エクリチュールは書記官たちの特殊専門能力であり特権であった。エクリチュールは国家の経済的・社会的生活を記帳することによってそれを管理する可能性を王国行政に与えた。エクリチュールは、宮殿の内部に多かれ少なかれつねに秘匿された文書を作成するためのものだったのだ［…］。古典時代のギリシアでは、「エクリチュールは、カーストの特権、王宮のために働く書記官階級の秘密であるのではなく、すべての市民に「共通のもの」、公共性の道具となる［…］。法律は書かれなければならない［…］。エクリチュールの社会的地位のこうした変化がもたらした結果は、知の歴史にとって根本的なものとなるだろう」（*Op. cit.* p. 151-2. また p. 52, p. 78[*20] と *les Origines de la pensée grecque*, p. 43-4[*21] も参照のこと）。ところで、プラトンはエクリチュールを相変わらず王の場所から思考し、当時もすでに失効していた *basileia*〔王国、王権〕の諸構造の内部で提示し続けていると言えるのではないか。しかし別の面では、プラトンは法律を書く必要を信じてもいる。そうするとエクリチュールの内密な効力に対する疑義は、むしろエクリチュールの非「民主的」政治を標的にしていることになるだろう。こうしたもつれた糸をすべて解きほぐし、すべての段階や食い違いを尊重する必要がある。いずれにせよ表音文字の発展は、「民主化」の運動と切り離すことができない。

する」561*d*)。このような冒険者〔ペテン師〕は、『パイドロス』の冒険者と同じように、偶然に任せて手当たり次第にすべてを装うが、本当は何ものでもない。どんな流れにも身を任せるこの者は、大衆のなかにあってぼうっとしており、本質も、真理も、父祖伝来の名〔名字〕も、固有の体質《コンスティテュシオン》〔政体〕ももたない。そもそもデモクラシーとは、民主主義的人間が固有の性格をもたないのと同様、政体《コンスティテュシオン》ではないのだ。「こうした人間は自己のうちにあらゆる種類の形質と性質を統合した人間であること、またこうした人間は、民主制国家にも似た、美しく多彩な（*poikilon*）人間であること、これを私は明らかにしたと思う。男も女も、多くの人間がこの種の生き方を羨むだろう。そこにはあらゆる種類の統治と生活態度の見本が見られるのだから」（561*e*)。デモクラシーは乱痴気騒ぎであり放蕩であり乱雑なマーケット《バザール》であり蚤の市なのだ。「複製したいモデルを選びに出かける、政体の見本市（*pantopolion*)」(557*d*)。

　このような退廃を書記的とみなそうが政治的とみなそうが、さらには——フランスの十八世紀全体が、とりわけルソーが後にしたように——政治的‐書記的とみなそうが、いずれにせよこうした退廃は、父と息子の悪しき関係にもとづいてつねに説明されるだろう（559*a*-560*b* 参照）。欲望は息子のように育てられねばならない、とプラトンは言う。

　エクリチュールは**憐れな**息子なのだ。憐れなもの。ソクラテスの口調は、あるときは道を踏み外した反抗的な息子を告発し、行き過ぎと倒錯とを告発する検察官の**有無を言わせぬ**《カテゴリック》ものであるが、またあるときは、恵まれない生き物、父に棄てられた息子を哀れみ同情する、目下《めした》のものを気遣うものでもある。いずれにせよ、**迷った**＝**失われた**息子なのだ。その無力さは、迫害された——しかも時に不当に迫害された——親殺し犯の無力さであると同時に、まさに孤児の無力さでもある。[64] ソクラテスは憐憫をかなり遠くまで推し進める。ロゴスの書き手の助けがなくて迫害される生ける言説もあれば（これがソクラテスの言葉《パロール》の場合だった)、死んだ父親の言葉《パロール》が欠けているために迫害される、半-死の言説——書かれたものたち——もある。そうした場合、エクリチュールが攻撃されたり不当な非難(*ouk en dikē loidorētheis*)が向けられることもあるが、そうした非難を取り除き、息子を援助することができるのは、その父のみなのだ。——もし息子が父を殺したのでなかったならばであるが。

ということは、父の死が暴力の君臨を呼び招くということである。暴力を選ぶことによって——これこ

---

(64) プラトンのテクストにおいて——またその他のところでも——孤児はつねに被迫害者のモデルである。われわれは始めるにあたって、エクリチュールとミュトスがロゴスとの対立において親和的である点を強調した。孤児であることは、もしかしたらもう一つの類似特徴かもしれない。ロゴスは父をもつが、神話の父はほとんどつねに見出されることがない。そこから孤児としてのエクリチュールについて『パイドロス』が語る援助(*boetheia*)の必要が生じる。援助の必要は他のところでも現れる。

ソクラテス——[…]学知と感覚を同一視する君の神話も、プロタゴラスの神話と一緒に、このように潰えてしまった。

テアイテトス——ええ、見たところのそのようです。

ソクラテス——けれども本当は少しもそうではないと思うのだ。少なくとも最初の神話の父が生きていたならね。というのも父親であったなら、たくさんの攻撃から守っただろうからね。けれどもいまや孤児しかいないのだ。そしてわれわれはこの孤児をいじめているわけだ。プロタゴラスが残した後見人たちでさえ——ここにいるテオドロスはその筆頭のはずなのだが——助けること(*boethein*)を拒んでいるのだ。したがって、議論の公平さを保とうとすれば、このわれわれが援助して(*boethein*)やらねばならない始末なのだ。

テオドロス——[…]もしあなたが援助(*boethes*)してくださるなら、われわれは感謝するでしょう。

ソクラテス——よく言われた、テオドロス。それでは私の援助(*boetheian*)というものがどういうものなのか、よく見てくれたまえ[…]。(『テアイテトス』164*d*-165*a*)

そが最初から問題になっていたことである——、しかも父に対する暴力を選ぶことによって、息子——あるいは親殺しのエクリチュール——は自分自身を危険にさらさざるをえない。こうした議論はすべて、最初の犠牲者にして最後の頼みの綱である死んだ父がもはや現存在しないように組み立てられている。現存在とは、つねに父なる言葉《パロール》の現存在のことなのだ。そして祖国の場なのだ。

エクリチュール、アウトロー、迷った＝失われた息子。ここで、プラトンはつねにパロールと法とを、ロゴスとノモスとを結びつけるということを思い出す必要がある。法は話すのだ。『クリトン』の擬人法では、法それ自身がソクラテスに語りかけている。そして『国家』の第二巻では、法はまさに息子を失った父に向けて語りかけ、法は父を慰め、耐えるように命じる。

「節度ある立派な人物というものは」と私は言った。「息子を失うとか、何か大切な品物を失うとか、そうした不運に見舞われたとき、ほかの誰よりもそれを平静に受け止めるだろうと、われわれはあのときもそう言った。〔…〕ところで、彼に耐えるように命じるもの、それは理性と法（*logos kai nomos*）ではないだろうか。そして彼を悲しみへ引きずっていくのは当の苦しみ（*auto to pathos*）ではないだろうか。〔…〕不幸のなかでできるかぎりもっとも平静を保つことほど見事なことはない、と法は言うのだ（*legei pou o nomos*）」（603*e*-604*ab*）。

父とは何で在るか、とわれわれは先に問うた。父は在る。父は（失われた息子で）在る。失われた〔迷った〕息子であるエクリチュールはこの父の存在の問いに答えず、（みずからを）書く。すなわち、父は**存在しない**、言い換えれば、現前的であるのではない（と）。エクリチュールがもはや父の落ちぶれた〔父から落ちた〕パロールではないとき、エクリチュールは〈…**とは何で在るか**〉という問いを宙吊りにする。この〈…とは何で在るか〉という問いはつねに、「父とは何で在るか」という問いと「父とは在るものである」という答えのトートロジーである。エクリチュールはこれを宙吊りにするのだ。そのとき、父と息子、パロールとエクリチュールという通常の対立のなかではもはや思考されるがままにならないある突出が生じる。

ソクラテスはもろもろの対話篇のなかで父の役を演じており、父あるいは兄を表象しているということを思い出すときが来た。ところでわれわれはこの兄というものがいかなるものであるかをすぐに見るだろう。そしてソクラテスはアテナイの人々に向かって、父が子どもたちにするように、注意するのだ。すなわち、彼を殺すことで彼らが害するのは、まず何よりも自分自身たちなのだ、と。獄中のソクラテスの言葉に耳を傾けよう。彼の策略は無限であり、つまりは素朴もしくは無である（私はすでに死んでいるのだから、あなたたちのために私を生かしておくように）。

いまやアテナイ人たちよ、私を遮るでない。［…］あなたたちに宣言する。私がそれであるところのものであるために、あなたたちが私を死刑にしたら、あなたたちがもっとも損害を与えるのは私にではなく、あなたたち自身にである。［…］考えてみたまえ。失笑を買う発言かもしれないが、あなたたちが私を殺せば、代わりの人間はおいそれとは見つからないだろう――あなたたちを刺激するために神々の意志によってあなたたちに結びつけられた人間だ。あたかも、偉大な血筋のよい馬ではあるが、その大きさのために少しばかり軟弱になっており、気持ちをかきたてられる必要があるような馬を、一匹の虻が刺激するようにだ。この務めのために、私は神によってあなたたちの都市に結びつけられたのであり、それゆえに私はあなたたちをたえず刺激し、説得し、あなたたち一人ひとりに説教をし、あちらこちらで朝から晩までつきまとうのだ。裁判官たちよ、私と同じような人間は簡単には見つからないぞ。したがって、私の言うことを信用するのなら、私を大切にとっておくがいい。ただし、ひとが目を覚まさせようとしているのに眠り込みたくて仕方がない人々のように、あなたがたが我慢できずに、怒りにまかせてアニュトスの言うことを聞き、軽率にも私を死刑に処するということもあるかもしれない。そうなれば、あなたがたは人生の残りを眠ったまま過ごすことになるだろう。もし神があなたがたのことを思って、私の代わりとなる（*epipempseie*）誰かを遣わしてくださるなら話は別だが。いずれにせよ、私は神からこの都市に与えられた贈り物だと、そうあなたたちは確信してよい。私のようにあらゆる個人的な利害をかえりみず、すでに何年ものあいだその結果に耐え忍んできたことなど、人間として可能だろうかと自問してみたまえ。それもただひたすらあなたがたを慮ってのこと。あなたがた一人ひとりの傍らで父もしくは兄の役を引き受け（*osper patera è adelphon presbuteron*）、あなたがた一人ひとりがよりよい者となることに専心するよう励ましているのだ（『ソクラテスの弁明』30*c*-31*b*）。

そして、ソクラテスにアテナイの人々のもとで父もしくは兄の代役（ソクラテスはこの役割において自分が交代されうるとも考えている）をはたすようにと促すのは、ある種の声である。そもそも、この声は命じるというよりも禁止する声である。ソクラテスはこの声に、『パイドロス』の名馬のように（この馬には声による命令、すなわちロゴスによる命令だけで十分なのだ）、自発的に従う。

こうしたことは——あなたがたは私がしばしば、いろいろな所で、そう宣言したのを聞いたことがあるだろうが——ある神の、ある神的精神の顕現のごときものに由来する。この顕現は私のなかで生じたことであり、メレトスがそれを馬鹿にしながら非難した当のことだ（［*phonè*］*o dè kai en tè graphè epikômôdôn Meletos egrapsato*)。それは私の子どもの頃から始まっており、ある声(*phonè*)が私に聞こえてきて、私がしようとしていたことからつねに私を逸らせてしまい、決して行動に移させようとしないのである。(31 *cd*)

したがって、こうした神のしるし(*to tou théou semeion*, 40 *bc*; *to daimonion semeion*『国家』第六巻 496 *c*)の保持者であるソクラテスは父の声を保持しており、彼は父のスポークスマンなのだ。そしてプラトンは**ソクラテスの死から出発して書く**。したがって、プラトンのエクリチュール全体——われわれはここで、プラトンのエクリチュールが言わんとすること、その所記的内容《シニフィエ》について語っているのではない。すなわち、**ソクラテスの死**を決定した *graphè*〔文書〕に反対して、必要とあらば父を修復するものについて語っているのではない——は、『パイドロス』で非難されたエクリチュールの状況のなかで、**ソクラテスの死から出発して読まれている**のである。場面同士の嵌合は深淵的〔入れ子状〕である。薬学には底がない。

ところで、この被告はどうなっているのか。これまでのところエクリチュール——書かれた言説——は、まだこう言えるならばだが、孤児ないしは死に瀕した親殺し犯以外の身分をもっていなかった。書かれた言説はその来歴の途中でみずからの起源と切れて堕落するのだとしても、書かれた言説の起源がそれ自体として悪であるとは、まだ何によっても言われてはいなかった。いまや、その「固有」の意味における書かれた言説——すなわち感性的空間のなかに書き込まれた言説——は、その誕生時点において奇形であるということが示される。それは生まれがよくないのだ。われわれがすでに見たように、それは発育力がないというばかりでなく、よい生まれに属さず、合法的な生まれに属さない。それは *gnèsios*〔嫡出子〕ではないのだ。それは完全に平民というのでもなく、私生児なのだ。それは父の声によって正式に届け出られ、認知されることがない。それは法外《アウトロー》のものである。実際ソクラテスはパイドロスが同意した後でこう続ける。

ソクラテス——ではどうだろうか。先のもの［書かれた言説］の兄弟であり父の正嫡（*adelphon gnésion*）である別の言説について、それがどのような生まれをもち、また書かれた言説と較べて、どれだけ優れており力をもっているかを考えてみよう。

パイドロス——あなたのおっしゃる言説はどのようなものでしょうか、またそれはどのような生まれのものなのでしょうか。

ソクラテス——それは知のお供として、学ぶ人間の魂のなかに書き込まれているような言説（*Os met' epistemes graphetai en tè tou manthanontos psuchè*）であり、自分自身を弁護する能力をもつ（*dunatos men amunai eautô*）言説であり、また他方、語るべき人に語り、黙すべき人には黙っている術を知っているような言説である。

パイドロス——あなたが言っているのは、ものを知っている人の言説（*tou eidotos logon*）のこと、生命をもち魂をもった（*zônta kai empsuchon*）言説のことですね。書かれた言説はその影《シミュラークル》（*eidolon*）であると言っていいわけですね。

ソクラテス——まさしくそのとおり！（276*a*）

このやりとり自体には内容において独自のものは何もなく、アルキダマス(65)もほとんど同じことを言っていた。しかし右のやりとりは論証の働き具合における一種の転倒を刻み込んでいる。ソクラテスはエクリチュールを偽の兄弟、すなわち裏切り者でも不実な者でも見せかけ《シミュラークル》でもある者として提示しながら、ここで初めて、この兄弟の兄弟、すなわち正嫡の者を、また**別種のエクリチュール**として考察するに至っている。すなわち、生命と魂をもった知の言説としてばかりではなく、魂のなかへの真理の**書き込み**としても考察するに至っている。おそらく、ひとはここで「隠喩」に出くわしているという感じを普通抱くだろう。もしかするとプラトンもそう思っていたかもしれない（そうでないとどうして言えようか、またそうだったとしたらどうだと言うのか）。おそらくは哲学が以後それなしではいられなくなるある「隠喩」（脳あるいは魂の蠟版への書き込み、印刷＝印象、刻印、等々）の歴史が巻き込まれた、あるいは始まったとさえ言える、まさにその瞬間に（その扱い方はあまり批判的でないが）。ところで、それに劣らずここで注目すべきは、生き生きしたと言われるパロールが、ある「隠喩」によって——すなわち、ひとがパロールから除去したいと思っているものの領域そのものから借用された「隠喩」によって、つまり見せかけ《シミュラークル》の領域から借用された「隠喩」によって——突然記述されていることである。この借用は、叡智的なものを写し《コピー》における反復に構造上結びつけるものによって必然化されている。そして問答法＝弁証法《ディアレクティク》を記述する言語は、この借用に頼らざるをえない。

　西洋哲学全体を支配することになる図式に従えば、良きエクリチュール（自然で、生き生きとした、知的な、叡智的な、内的な、話すエクリチュール）は悪しきエクリチュール（人工的で、死に瀕した、無知

（65）M. J. Milne, *A study in Alcidamas and his relation to contemporary sophistic*, 1924 を参照のこと。P. M. Schuhl, *Platon et l'Art de son temps*, p. 49 も参照のこと。
　また 278*a* にも嫡出子の言及がある。私生児とよい生まれの息子（*nothoi/gnesioi*）との対立については、とくに『国家』（496*a* ——「詭弁術」はいささかも「正嫡」ではない）と『ポリティコス』（293*e* ——諸制度の「模倣」は「よい生まれ」ではない）を参照のこと。また『ゴルギアス』513*b*、『法律』741*a* 等々も参照のこと。

で、感性的な、外的な、沈黙したエクリチュール）に対立する。そして良きエクリチュールは悪しきエクリチュールという隠喩においてしか指し示されえない。隠喩性は汚染の論理にして論理の汚染である。悪しきエクリチュールは良きエクリチュールにとって言語的指示のモデルであり、本質の見せかけ《シミュラークル》〔本質的見せかけ〕である。そして、あるエクリチュールを別のエクリチュールに関係づける述語の諸対立の網目が、その網のなかに「プラトン主義」――ここでは形而上学の歴史の支配構造としてみなされている――のすべての概念対立を捕縛しているのだとしたら、哲学は二つのエクリチュールの戯れのなかで上演されてきたと言えるだろう。たとえ哲学がパロールとエクリチュールを区別することしか望まなかったとしても。

次に確認されるのは以下のことである。すなわち『パイドロス』の結論は、現前的なパロールの名においてエクリチュールを断罪するというよりも、あるエクリチュールを別のエクリチュールよりも偏愛するということ、豊穣な痕跡を不毛な痕跡よりも偏愛するということ、内部に預け置かれるがゆえに生殖力のある種子を、外部での純然たる喪失のうちに浪費される――すなわち**散種**の危険のある――種子よりも偏愛するということ、これである。少なくとも、前者は後者を前提している。その理由をプラトン主義の一般的構造のなかに探す前に、この動きを辿っておこう。

舞台へのパルマコンの登場、魔術的な諸力の進展、絵画との比較、政治的‐家族的暴力と倒錯、化粧や仮面や見せかけ《シミュラークル》への言及、こうした一切のことは、なんらかの切迫もしくは精液の噴出なしにはすまない遊戯と祝祭へと導かざるをえなかった。

テクストの高まる律動のごときものを受け入れさえすれば、ソクラテスによって提示されたアナロジーの言葉を単なる修辞上の偶然とみなさないことを受け入れさえすれば、失望することはないだろう。

類似《アナロジー》。すなわち、見せかけ《シミュラークル》としてのエクリチュールと、それが表象するもの――真のエクリチュール

（それが本当のものであり、真正なものであり、みずからの価値に呼応するものであり、みずからの本質に適合するものであるがゆえに本当のエクリチュール、エピステーメーを有する者の魂のなかに書き込まれた真理のエクリチュール）――との関係。この関係は、勢力が強く肥沃な種子、必然的で、持続可能な、育成力のある産物を生み出す種子（結実性の種子）と、虚弱な種子、すぐに精魂尽きてしまう無駄な種子、束の間の産物を生み出す種子（多花性の種子）との関係に類似《アナローグ》している。一方には、忍耐強く道理をわきまえた農夫（*O noun ekôn georgos*）が、他方には、事を急ぐ博打好きの奢侈な園芸家がいる。一方には、真面目さ（*spoudè*）があり、他方には、遊び（*paidia*）と祝祭（*éorté*）がある。一方には、文化《キュルチュール》が、農業《アグリキュルチュール》が、知が、家政《エコノミー》があり、他方には、技芸《アール》が、享楽が、留保なき〔蓄えなき〕浪費がある。

ソクラテス――［…］では次のことに答えてくれたまえ。分別のある農夫は(66)、もし自分が種子を大切にしてい

---

(66)　農夫への類似の言及は『テアイテトス』（166*a* 以下）にも現れる。そこでも問題設定は似ている。それはプロタゴラスに対して尋常でない擁護が与えられる途中に見られる。ソクラテスはプロタゴラスにとくに四つの（非）真理を語らせるが、プロタゴラスの主張するこの四つの（非）真理はここでのわれわれの議論にとってきわめて重要である。そこでは、この薬局のすべての廊下が交差している。「ソクラテス――われわれがこのようにして彼の擁護のために語ってきたすべてのことに反対してプロタゴラスは、われわれを軽蔑して、次のように言って向かってくると思う。「このソクラテスとは何と親切な男だろう！　彼は子どもをつかまえて、同じ人間が或る事柄を思い出しながらも、それをまったく知らないということがありうるかどうかと問い尋ねる。子どもは怖くなり、先が見えないので「否」と答える。そうすると、それでもう私が愚弄されたということになるのだ。ソクラテスが議論して証明したのはこういうことなのだ。［…］というのも私が主張するのは、〈真理〉とは私がそれを書いたとおり（*ôs gegrapha*）であるということだからだ。すなわち、われわれ各自が、在るものと在らぬものの尺度なのである。とはいえ、或るものと別のものの違いは無限で

て（*ôn spermatôn kedoito*）、その種子が実りをもたらすことを願っているとしたら、その種子を真夏にアドニスの園に蒔いて一週間後に美しく生長するのを見て喜ぶといったようなことを、はたして真面目に（*spoudè*）するだろうか。それとも、彼がそういったことをすることがあるとしても、それは気晴らし（*paidias*）や祝祭（*eortès*）のためにすぎないのであって、本当に真面目な目的があるときには、農業の技術を活用して適した土地に種子を蒔き、八ヶ月の後に、自分の蒔いたすべての種子が実を結べば満足する、そうしたやり方をするだろうか。［…］ところで、正しいこと、美しいこと、善いことについて学知をもっている人間が、自分がもっている種子をどう取り扱うかという点について、いま言った農夫よりも分別が足りないと主張しなければならないだろうか。［…］してみれば、そうした人間はインクを使って知識を**水のなかに書く**（*en udati grapsei*——これは「砂上に書く」にあたる諺である）ことなど、真面目には（*spoudè*）しないだろう。発話《パロール》によって自分を助けること（*boethein*）ができないばかりでなく、適切な仕方で真理を教示することもできないような

[67] [68]

ある（*murion mentoi diapherein eteron eterou autô toutô*）［…］。こうした定義（*logon*）それ自体を、その言い回しの語句（*tô remati*）において追求しないでくれたまえ。私が言おうとしていることが何なのか、これから説明するから、それをもってさらにいっそう明確に理解してくれたまえ。たとえば、われわれが先に述べていたことを思い出してもらいたい。ある料理は病人には苦いものとして現れ、そうしたものとして在るが、健康な人間にはその反対として在り、反対として現れたのだった。この両者のどちらかをより賢い者と考えるべきではないし、またそう考えることは実際できない。病人はかくのごとく思いなすがゆえに無知なのだとか、健康な者は別のように思いなすがゆえに賢いのだとか、そんなふうに決めつけるべきではない。なさなくてはならないのは状態を転換（*metableteon*）させることである。というのも、一方の身体のあり様はもう一方のあり様よりも価値が高いからである。教育においても同様で、なすべきことは、一つのあり様からもっと価値の高い別のあり様へと転換させることである。ただ違うのは、医者はこうした転換を治療薬（*pharmakois*）によって作り出し、教育者であるソフィストは言説（*logois*）によって作りだすという点だ。［…］

賢者たち（*sophous*）に関しては、友ソクラテスよ、私は彼らを蛙どものなかに探しに行ったりはしない。身体のことについては、賢者は医者たちのなかにいるだろう。植物については、農夫たちのなかにいるだろう。［…］このように人と人のあいだには智（*sophôteroi*）の優劣というものがあるが、虚偽の意見をもつ者は誰一人としていないのだ［…］」。

（67）ロバンは次のように注記している。「アドニス祭では、季節でもないのに、貝殻型の容器や籠や花瓶で、すぐに萎れてしまう植物を栽培するのだった。それはアフロディテの恋人の夭折を象徴する捧げものであった」。一本の樹木——ミュラが変身した木——から誕生したアドニスは、まずはヴィーナスによって、次にマルスによって愛され、追い求められた。嫉妬に狂ったマルスは猪に姿を変えて、アドニスの太ももに傷を負わせ、殺した。時遅く駆けつけたヴィーナスの腕のなかで、アドニスは、春のはかない花であるアネモネになった。アネモネ、すなわち、そよ風〔souffle 吐息〕である。

農夫／園芸家（果実／花、持続／束の間、忍耐／性急さ、真面目／戯れ、等々）の対立と、『法律』に見られる二重の贈与という主題とを接近させてもよい。「秋の果実に関しては、次のような仕方で各人にその分け前が与えられなければならない。われわれに二重の贈与を与えるのは女神自身である。一つの贈与はディオニュソスの玩具（*paidian Diomusiada*）であり、長くはもたない。もう一方の贈与はその本性からして保存されるためにある。したがって、秋の果物について以下の法をもつことにしよう。すなわち、アルクトゥルス〔牛飼い座のα星〕が昇るのとともに収穫の季節が来る前に、ブドウやイチジクといったいわゆる野良作業の果実に手を出す者は誰でも［…］、ディオニュソスに五〇神聖ドラクマを支払わなければならない、等々」（第八巻、844*de*）。

エクリチュールと農業とを、両者を対立させつつも結集させる問題圏においては、パルマコンやエクリチュール、彫版画や私生児性などとしての代補のパラドクスは、接ぎ木〔greffe〕、接ぎ木する操作＝移植手術（「接ぎ木する〔greffer〕」とは「彫る〔graver〕」を意味する）、接ぎ木職人〔greffeur〕、（この語のあらゆる意味における）greffier〔書記、猫〕、接ぎ木ナイフ〔greffoir〕、接ぎ穂〔greffon〕などのパラドクスと同じであると、このことを示すことは簡単だろう。また、接ぎ木の問題のもっとも近代的な諸次元（生物学的・心的・倫理的な諸次元）のすべては、たとえそれが個体と思われるものの支配的で完全に「固有」と思われる部分（知性ないし頭、情動ないし心臓、欲望ないし腰）に関係する場合であっても、代補の図表のなかに捕らえられており、拘束されているということ、このことも明らかにできるだろう。

（68）アルキダマスもエクリチュールを一種の遊戯（*paidia*）と定義していた。Paul Friedlander, *Platon : Seinswahrheit und Lebenswirklichkeit*, 1re partie, ch.V、および A. Diès, *op. cit.*, p. 427 を参照のこと。

言説を用いて種を撒き散らすために、葦の茎（*melani speirôn dia kalamou meta logôn*）など使わないだろう。（276*ac*）

精液、水、インク、ペンキ、香水をつけた染料。パルマコンはつねに液体として浸透する。それは飲まれ、摂取され、内部に取り入れられる。パルマコンはこの内部にまず何よりも打刻《タイプ》〔型、模型、活字書体〕の生硬さでもって押印し、やがて内部を侵略し、その治療薬、その水薬、その飲料、その一服、その毒薬でもって内部を水浸しにする。

液体では、対立するものがはるかに容易に移行しあう。液体はパルマコンの活動領域《エレメント》である。そして液体の純粋さである水は、もっとも容易に、もっとも危険な仕方で、パルマコンに浸透され、腐敗させられる。水はパルマコンと混じりあい、すぐさまパルマコンと妥協するようになる。そこから、農業社会を司らねばならない法のなかでも、厳格に水を守る法が生まれてくるのである。それも、まず何よりもパルマコンに抗して水を守る法が。

> 水は庭の手入れのすべての糧のなかでも、間違いなくもっとも養分豊かなものであるが、それは簡単に腐敗する。実際、植物を育成する大地も太陽も風も、薬物（*pharmakeusesin*）、疎水、さらには盗難によっても、そう簡単にはだめにならない。だが水はその本性からしてこうしたすべての不都合に晒されている。だからこそ、水を守るための法が必要なのだ。よってこの法は以下のとおりである。水を毒する（*pharmakeiais*）のであれ、堀をせき止めるのであれ、盗み取るのであれ、他人の泉や貯水槽の水を意図的に破壊する者については、被害者は損害額を書面にて届け出て、市域監督官《アストゥノモス》の法廷で裁判にかけることができる。薬物（*pharmakeiais*）が引

き起こした害について責任ありと認められた者は、罰金を支払うだけでなく、さらに水源や貯水槽をきれいにしなければならない。この浄化作業のための規則は、状況や当事者に応じて、仲介人が厳格に定めるので、それに従うこと。(『法律』第八巻、845*de*)。

したがっていまや、エクリチュールとパロールは二種類の痕跡、痕跡の二つの価値である。一方のエクリチュールは迷った〔失われた〕痕跡、生育力のない種子であり、精液において留保なく〔貯蔵なく〕浪費される一切のものである。それは生の畑の外で彷徨う力であり、産出能力のない、立ち上がる〔止揚する〕能力のない、自己自身を再生させる能力のない力である。反対に、生き生きとしたパロールは資本に実りをもたらし、種子《セミナル》の力を父子関係なき享楽へと逸らせることはない。パロールはその種子《セミネール》の神学校において法を遵守するのだ。パロールのうちにはなおもロゴスとノモスの統一が刻印されている。それはいかなる法だろうか。アテナイ人は次のように述べる。

〔…〕それはまさに、あの法を課すための手段について話したときに私が言いたかったことである。その法は以下のことを要求する。生殖のための結合においては自然に従うこと。男性器には触れないこと。意図的に人間を殺さないこと。岩や砂利のなかに種子をまかないこと(そんなことをしても、自分自身の自然を再生産するような根付きは得られないだろうから)。最後に、女性の畑においては、受胎を意図的に拒むような一切の労働を慎むこと。この法が不滅となり力を得るならば――父と子のあいだの一切の取引を禁ずる法が現在もっているのと同じくらいの力を得るならば――、またその他の取引においてもこの法がしかるべく同じような勝利を得るならば、それは何千倍も有益であろう。実際、この法の第一の長所は、それが自然に適っているということなのである。さらにこの法は、ああした情欲と狂気から、すべての不義から、すべての暴飲暴食から人間たちを遠ざけ、自分自身の女性たちを愛するようにさせる。最後に、この法を絶対的なものとして課すことができるや、他の多くの善いことも生まれるだろう。しかし、豊穣な種子に満ちた（*pollou spermatos mestos*）強健なある若者がわれわれの前に立ち現れるかもしれない。彼はこの法が公布されるのを聞きつけて、法の作者であるわれわれをばかげた不可能な命令だと罵って、すべてを彼の怒号のなかに巻き込むかもしれない[…]。（『法律』第八巻、838*e*-839*b*）

ここで、プラトンという名の若者のエクリチュール**と**少年愛を出頭させてもよいかもしれない。そして父の代補への彼の両義的な関係を。すなわち、プラトンは父の死を埋め合わせるために法を犯したのだ。彼は父の死を反復したのだ。この二つの振舞いは互いに打ち消しあう、あるいは矛盾する。精液であれエクリチュールであれ、法の侵犯は侵犯の法にあらかじめ従っている。侵犯の法は古典的な論理では思考不可能であり、ただ代補もしくはパルマコンの書記法《グラフィック》においてのみ思考可能である。すなわち、生の種子**にも**死の種子**にも**、出産**にも**中絶**にも**奉仕しうるパルマコンの書記法においてのみ。ソクラテスはそれをよく承知していた。

ソクラテス——また産婆たちは薬剤（*pharmakia*）や呪文によって意のままに陣痛を起こしたり和らげたりして、困難な出産を首尾よく導く術も知っているし、まだ熟していない果実を中絶させたほうがよいと思われる場合には、流産させたりする術をも知っているではないかね。（『テアイテトス』149*cd*）

場面《シーン》は複雑になる。プラトンはエクリチュールを迷った息子あるいは親殺しの息子として断罪しながらも、その断罪を**書く**息子として振舞い、そうすることによってソクラテスの死を埋め合わせ、確証する。しかし、われわれが母の不在（少なくとも外見上の不在）を標記したこの場面において、ソクラテスもまた父ではなく、単なる父の**代補者**である。産婆の息子であるこの産科医、この仲介者・斡旋人は、父でもなければ（父の立場に立つにもかかわらず）、息子でもない（息子たちの同僚ないし兄弟であり、また神の父なる声に従うにもかかわらず）。ソクラテスは父と息子の代補関係なのである。そしてプラトンは父の死**から出発して**書くとわれわれが言うとき、そこで考えられているのは、プラトン自身は立ち会っていなかったと言われる（『パイドン』59*b* ――「プラトンは病気だったと思う」）、「ソクラテスの死」という表題をもつ出来事のことだけではない。われわれが考えるのは、まず何よりも、孤独に打ち棄てられたソクラテスの種子の不毛さのことなのだ。ソクラテスは、自分が息子でも父でも母でもあることは決してないだろうと知っている。売春と法の侵犯によって分離されていなかったなら、斡旋人〔やり手婆〕の術は産婆術そのものになっていただろう（「大地の果実を手入れし収穫することは、また、どのような地にどのような苗や種を植えるべきかを知ることは、同じ技術」に属する）。ソクラテスの術が〈産婆－斡旋人〉の術よりも高等であるのは、なるほど、彼が外見上の偽の果実（*eidolon kai pseudos*）と生きた真の果実（*gonimon tè kai alethes*）とを区別しなければならないからである。だがソクラテスは本質的に産婆たちの宿命――すなわち不毛さ――を共有している。「実際、私は産婆たちと同じように、自分では産めない無能者なのだ。［…］他人に産ませるというのは神が私に課した拘束であり、産むことは神が私から取り上げてしまった能力なのだ」。そして、不安を掻き立てつつも精神を安定させるソクラテスのパルマコンの両義性を思い起こそう。「ところで、こうした苦しみを、私の術は掻き立てつつ鎮静化させる能力をもっている」（『テアイテトス』150a-151e）。

したがって種子はロゴスに従わなければならない。そして、そうすることによってみずからに暴力を振るわなければならない。というのも、精液の自然的傾向は種子をロゴスに対立させるからだ。「先ほどのわれわれの議論のなかで精液と呼んでいたのは、この精髄のことだった。それは魂をもち、息づく。それが息づく開口部は、外部へ発出しようとする生の欲情を与える。そのようにして精髄は生殖の愛を産み出したのだ。それゆえに、雄たちにあって恥部の実体にかかわるものは、理性（*tou logou*）に反抗する生物のように、傲慢で権威的なのであり、猛り狂った欲望の作用を受けて、すべてを支配しようとするのである」（『ティマイオス』91b）。

用心しなければならない。プラトンが生き生きとしたパロールを魂への一種の書き込みとみなし、エクリチュールを持ち上げるように見えるとき、彼はその運動を**真理**の問題圏の内部に維持している。*en tê psuchê*〔魂のうちなる〕エクリチュールは開削のエクリチュールではなく、もっぱら教授の、伝達の、証明のエクリチュールであり、最善の場合でも、除幕のエクリチュール、アレーテイアのエクリチュールである。その秩序は教育法もしくは産婆術の秩序であり、いずれにせよ雄弁術の秩序である。すなわち弁証法の秩序である。このエクリチュールは生き生きとした対話において自分自身を支えることができるのでなければならず、とりわけ真理を、それがすでに構成されているがままの姿で適切に教授することができるのでなければならない。

真理、弁証法、真面目さ、現前性といったもののこうした権威は、この見事な運動が終わるときになっても、すなわちプラトンがエクリチュールをいわば我が物にしなおした後でアイロニーを——そして真面目さを——ある種の戯れの復権にまで推し進めるときでさえ、打ち消されることはないだろう。別の戯れと比較された遊戯のエクリチュール、ヒュポムネーシスのエクリチュール、二流のエクリチュールは、その別の兄弟たちよりもまだましであるし、「先に通される」のでなければならない。というのも家族のなかにはさらに悪いものがいるからだ。つまり、弁証家はものを書いて楽しんだり、記念碑を、*hypomnemata*〔思い出・記念となるもの、覚え書き〕を積み上げて楽しんだりするだろう。しかし、彼がそうするのは、そうした記念碑や覚え書きを弁証法に役立てながらであり、ある痕跡（*ichnos*）を真理への道の途上で追跡しようと望む者に手がかりを残すためなのである。いまや境界線は現前性と痕跡のあいだを走るというよりも、弁証法的痕跡と非弁証法的痕跡とのあいだ、「良い」意味での戯れと「悪い」意味での戯れとのあいだを走っているのだ。

ソクラテス――そういう人が文字という園に種子を蒔いてものを書くのは、おそらくは反対に慰み（*paidias karin*）のためだろう。だが彼が書くことがあるとすれば、そのとき彼は自分に覚え書きの宝庫（*hupomnemata*）を作っているのであって、その覚え書きは、自分自身が物忘れのひどい老齢になったときのためであり、また自分と同じ足跡（*tauton ikhnos*）を辿る人々のためなのだ。彼は自分の蒔いた種が優しく生長するのを見て喜ぶだろう。他の連中が別種の慰みにふけり、酒盛りをしたり、慰みの兄弟たちに他ならないすべての快楽に身を任せているときに、彼はそんなことの代わりに、私が話しているもののほうを慰みとして、生を送るだろう！

パイドロス――ソクラテス、あなたの言われる慰みは、他の慰みの低俗さと較べて、なんと素晴らしいものでしょう！〈正義〉をはじめ、あなたが挙げられたほかの事柄について美しい言説を創作しながら、文作のなかに（*en logois*）楽しみを見出すことのできる人間の慰みとは！

ソクラテス――たしかにその通りだね、親愛なるパイドロスよ。けれども、その同じ目的に真面目に（*spoudè*）取り組むのなら、もっともっと美しいことだろうと思うのだ。それはひとが弁証法の術を用いるときのことだ。ふさわしい魂を相手に得るなら、人はその魂のなかに知を伴った言説の種を蒔いて植えるものだ（*phuteuè te kai speirè met' epistémès logous*）。そうした言説は自分自身に援助を与えること（*boethein*）ができるだけでなく、それを植えつけた人をも助けることができる言葉であり、また実を結ばぬまま枯れることなどなく、一つの種子を含んでいて、その種子からはまた別の言葉が他のものたちのなかに（*en allois ethesi*）芽吹いていく。かくてその命を不滅のままに保つことができるのだ。そしてこのような言葉を所有している者に、人間の身にとって可能な最高の幸福がもたらされるのだ！（*276d-277a*）

9．戯れ――パルマコンから文字へ、そして失明から代補へ

《Kai tè tes spoudes adelphè paidia》*22
（『書簡』六、323*d*）

《Logos de gé en è tès ses diaphorotetos ermeneia》*23
（『テアイテトス』209*a*）

プラトンは単に戯れを断罪しているだけだと思われたかもしれない。また戯れの一種にすぎないミメーシスの術《アール》を断罪しているだけだと。(69) しかし戯れとその「反対物」が問題になるとき、「論理」は必然的にひとを困惑させるものとなる。戯れと芸術《アール》をプラトンは救いつつ失うのであり、そのとき彼のロゴスは、

もはや「論理」と呼ぶこともできない前代未聞の拘束に従うことになる。なるほどプラトンは戯れについて語る。戯れの称賛さえ口にする。しかしそれは「その語の最良の意味における」戯れの称賛である（仮にこのような慎重さの安堵させる愚かさのもと、戯れを無に帰すことなしにこう言えるならばだが）。戯れの最良の意味とは、倫理と政治の防護柵のなかで監視され、そのなかに抑制された戯れのことである。それは**楽しいもの**――すなわち気晴らしになるもの――という無邪気で無害なカテゴリーのもとで理解された戯れである。*paidia* を**気晴らし**と訳すよく見られる翻訳は、それがいかに曲解であるにせよ、プラトンによる戯れの抑圧を補強しているだけであるのは間違いない。

spoudè/paidia の対立は単に対照関係にあるのでは決してない。それは次のどちらかである。すなわち一方では、戯れは**何ものでもない**（これが戯れに与えられた唯一の**機会**《チャンス》である）。戯れはどんな活動にも場を与えることができず、その名に値する――すなわち真理あるいは少なくとも意味を担う――どんな言説にも場を与えることができない。この場合、戯れは *alogos*〔非ロゴス〕なもの、あるいは *atopos*〔場違い〕なものである。さもなくば他方では、戯れは何ものかで**あり**始めており、この現前性そのものがなんらかの弁証法的押収にきっかけを与える。戯れは意味をもつものとなり、真面目さ、真理、存在論に仕えて働くようになる。*logoi peri ontôn*〔存在についてのロゴス〕のみが真面目に受け取ってもらえる。戯れが存在と言語活動に到来するや、戯れは**それとしては消滅する**。エクリチュールが真理などの前で**それとしては消滅**しなければならないのと同様である。それは、そもそもエクリチュールや戯れには〈**それとして**〉がな

（69）『国家』602*b* 以下、『ポリティコス』288*cd*、『ソピステス』234*bc*、『法律』第二巻、667*e*-668*a*、『エピノミス』975*d* 等々を参照のこと。

いからである。本質をもつことなく、差異を本質の現前条件として導入し、分身、複写《コピー》、模倣、見せかけ《シミュラークル》の可能性を開きながら、戯れと書記法《グラフィー》はたえず**消滅しつつ**あるのだ。それらは古典的な肯定によって否定されることなしには肯定されえない。

かくしてプラトンは戯れを真面目に受け取るという遊戯を演じる。これこそ、先にわれわれがプラトンの見事な遊戯〔妙手〕と呼んでいたものである。彼の書き物が戯れとして定義されているばかりでなく、(70)人間のなす事柄全般が、彼によれば、真面目に受け取られるにはおよばないのである。『法律』のなかの次の文章は有名だ。しかし、戯れが単なるゲームへと神学的に受け入れられていくさまを辿り、戯れの**特異性**が徐々に中和化されていくさまを辿るために、それを読みなおしてみよう。

> たしかに、人間のもろもろの事柄は大真面目に受け取るに値しない（*megales men spoudès ouk axia*）。けれども、われわれはそれを真面目に受け取るよう強制されているのであって、それこそがわれわれの不幸である。だが、われわれが自分たちが現に存在するところにいる以上、この避けがたい熱意を適切な仕方でなんらかの対象へと方向づけることは、われわれに見合った任務（*emin summetron*）であるだろう。〔…〕私が言いたいことは、真面目でないものにではなく、真面目なものに真面目に取り組む必要があるということである。そして、神はその本性からしてわれわれの至福の献身（*makariou spoudès*）全体に値するのではあるが、われわれがすでに述べたように、(71)人間は神の掌中にある玩具（*paignon*）となるようにしか作られなかったのであって、それこそがまさしく人間の最良の分け前なのである。これは要するに、あらゆる男、あらゆる女が、ありうるもっとも見事な遊戯で戯れながら、一生涯を通して、どのような役割に従うべきかという見取り図である。しかし今日、人間たちはまったく別の考えでもって、こうした遊戯に臨んでいる。〔…〕つまり今日では人々は、真面

目な事柄はゲームのためになされなければならないと考えている。たとえば、戦争に関する事柄（これは真面目なものだ）について、それは平和のために上手くなされなくてはならない、と考えられている。ところで実は戦争は、真の意味の戯れもその名に値する教育――これらこそ、われわれの見るところ、際立って真面目な事柄だと主張しよう――の現実も約束も、いまだかつてわれわれに与えたことは一度たりともなかった。だからこそ、ひとは平和のなかで、できるかぎり善く、できるかぎり長く生きなければならないのだ。では、まっすぐな正しい道はどこにあるのか。戯れながら生きること、しかも供犠や歌や踊りといった遊戯で戯れながら生きること。そうした遊戯はわれわれに、神々の厚遇を得ることを可能にし、敵の攻撃を押し返し、戦闘で勝利することを可能にしてくれるだろう〔…〕。（803*b*）

（70）『パルメニデス』137*b*、『ポリティコス』268*d*、『ティマイオス』59*cd* を参照のこと。戯れのこの問題圏のコンテクストや歴史的蓄積については、とくに P. M. Schuhl, *Platon et l'Art de son temps*, p. 61-63 を参照のこと。

（71）『法律』第一巻、644*de* を参照のこと。「私たち生ける存在はみな、神々の作った操り人形（*paignon*）だと考えてみよう。もっとも、それは神々の娯楽（*paignon*）のためなのか、それとも真面目な目的（*ôs spoudê*）があるのか、そんなことはわれわれにはわからない。われわれにわかるのは、われわれの内部には以上のような情念が腱や操り糸のように置かれていて、われわれを引っ張りまわし、しかもそれらが対立しているものだから、われわれを相反する行為へと互いに逆方向に引っ張り合い、そこが徳と悪徳との分水嶺になるということだ。この議論（*logos*）の語るところによれば、各人はつねに引っ張り合う力のなかでただ一つの牽引力に従い、いかなる場合もそれを離さぬようにしながら、他の腱に抵抗しなくてはならない。このただ一つの牽引力こそ、理性という黄金の導き、聖なる導き（*ten tou logismou agôgen khrusen kai ieran*）であり、国家の場合には、共通の法律と呼ばれるものなのだ。他の引く力は鉄でできており、硬質で、ありとあらゆる種類の鋳型に似ているが、こちらの導きは黄金でできているので、しなやかなのだ〔…〕」。*khryse*〔黄金〕あるいは *khrysologie*〔黄金学〕と名づけられたこの手綱を、いまや一本の手で握ること。

戯れはゲームのなかで救われることによってつねに失われる。われわれは他のところで、「ルソーの時代」においてこのゲームのなかへの戯れの消滅がどのようなものであるかを追跡した。(72) 戯れとエクリチュールのこの（非）論理は、ひとが何を前にして大いに驚いたのかを理解させてくれる。(73) すなわち、エクリチュールと戯れを下位に位置づけたり断罪しながらも、なぜプラトンはかくもたくさんのものを書いたのか。ソクラテスの**死から出発して**みずからの書き物をゲームとして提示し、書き物のなかで書き物を**非難し**、われわれのところにまでずっと鳴り響いてきたあの告訴状（*graphē*）を書き物に対して突きつけながら。

こうした「矛盾《コントラディクシオン》〔反言〕」――エクリチュールに反して〈言われたこと《ディ》〉のこうした自己対立――を司る法はどのようなものか。〈言われたこと〉は、それがみずからを書くやいなや、すなわちそれが自己同一性を書き、エクリチュールという背景＝基底に**反して**自己の固有性を取り上げるやいなや、自己自身に反して自己を言う。この「矛盾〔反言〕」は、書き込みに対立する〈言行為《ディクシオン》〉の自己関係、もともと自分の**疑似餌**〔おとり〕であるものを追いかけることによって自己自身を**狩り出す**自己関係であるが、こうした「矛盾〔反言〕」は偶発的なものではない。西洋文学においてプラトンとともに始まると思われるものは、少なくともルソーにおいて、それからソシュールにおいても必ずや繰り返されるだろうということ、このことを指摘すればこの点について同意するには十分だろう。この三つの事例、プラトン主義の反復のこの三つの「時代」は、ピロソピアあるいはエピステーメーの歴史のなかでわれわれが新たな糸を辿り、別の結び目を認識する素材を提供する。この三つの「時代」において、エクリチュールの排除と蔑視は、それらの声明そのもののなかで以下のものとどこかで妥協しなければならない。すなわち、

一 一般的エクリチュールと。そして一般的エクリチュールにおいて、

二．ある「矛盾〔反言〕」と。すなわち、ロゴス中心主義という書かれた命題と。外部が外部に存在すること、そして外部が内部に不吉な仕方で割り込んでくること、この二つを同時に主張する命題と。

三．なんらかの「文学的＝文字的」作品の構築と。ソシュールの『アナグラム』以前に、ルソーのそれがあった。そしてプラトンの作品は、そのロゴス中心的「内容」の彼方で、それとは独立して、そのアナグラム的な織目において読むことができる。そのときもはやロゴス中心的「内容」は、そこに書き込まれた一つの「機能」でしかない。

かくして、プラトン、ルソー、ソシュールによって練り上げられた「言語学」は、エクリチュールを外部に置きながらも、それと同時に、本質的な理由から、その論証と理論の資源全体をエクリチュールから借用しなければならない。われわれは別のところでこの二人のジュネーヴ人について、このことを明らかにしようとした。少なくともプラトンについても事態は明瞭である。

周知のように、プラトンはしばしばアルファベットの文字**によって《アヴェク》自分の考えを説明する**。文字によって自分の考えを説明するとは、自分が利用するエクリチュールと「共同で《アヴェク》自分の考えを説明する」ためではなく、弁証法を説明するために文字を利用しているらしいということである。そのときプラトンの意図は教育的かつ類比的《アナロジック》な外観をまとう。しかし彼の意図は、それとして決して主題化されることのないある恒常的な必然性に従っている。それはつねに差異の法を出現させるためであり、すなわち構造と関係の還

（72） *De la grammatologie*, p. 443 sq. *24

（73） 主要な参照対象はロバン（Robin）の *la Théorie platonicienne de l'amour*, p. 54-59 に集められている。

元不可能性を、比例の、類比《アナロジー》の還元不可能性を出現させるためなのだ。

われわれが先に注記しておいたように、*tupos* は書字体と形相的範型《モデル》の双方を同じくらい適切に指す。『国家』のなかで、範型としての形式（*eidos*）という意味で *tupos* の語を使用するまさにそれ以前の箇所で、プラトンは相変わらず一見教育的と見える目的のために、範型としての文字の例に頼らざるをえない。すなわち、水や鏡に映るその写しや偶像を識別する以前に認識しなければならない範型としての文字である。

われわれが読むことを十分に学んだと思えるのはどういうときかと言えば、われわれが文字を、それが数少なくてもいろいろと現れるすべての語の中で決して見逃さずに識別できるようになり、それらが小さな空間のなかにあろうと大きな空間のなかにあろうと、見分ける必要もないなどと考えて軽視するようなことなく、あらゆる場合に進んで熱心に読み分けるようになったときである。というのも、それがよい読者になる唯一の手段だと思われるからなのだ。［…］また、水だとか鏡だとかいったものに文字の似姿（*eikonas grammatôn*）が映し出されている場合、われわれはもとの文字それ自身を認識していなければ、決してその似姿も識別することはできないだろう。というのも、どちらも同じ技術と訓練の対象だからだ。（402*ab*）

なるほど、われわれはすでに『ティマイオス』によって警告されていた。エクリチュールとのこうした**比較**〔喩え〕において、文字を文字どおりに受け取ってはならない、と。*stoikheia tou pantos*、すなわち万物の構成要素（もしくは文字）は音節のように組み合わされるのではない（48*c*）。「どれほど了見が狭いとしても、それらをもっともらしく、音節に喩えるのは適切ではない」(74)。しかしながら『ティマイオス』

においては、比例の数学的遊戯の全体が、声なしで済ますことのできるロゴスへと、すなわち数字の沈黙のなかで自己表現のできる神の計算（*logismos teou*）（34*a*）へとわれわれを送り返すばかりではない。さらには、**他**と**混合**の導入（35*a*）、**彷徨える**原因と**場**——還元不可能な第三の類——の問題系、範型の二重性（49*a*）、こうした事柄の一切が世界の起源を**痕跡**として、言い換えれば、**母型**のなかへの、**受容器**〔たまり場〕のなかへの形相や図式の書き込みとして定義するように「拘束する」（49*a*）のである。どこにも存在しない母型あるいは受容器、現前性の形態〔形相〕のもとでは、あるいは形相の現前性においては決して差し出されることのない母型あるいは受容器（現前性の形態であれ、形相の現前性であれ、どちらもすでに母のなかへの書き込みを想定している）。いずれにせよここでは、ひとがいくぶん戸惑いつつ「プラトンの隠喩」と呼ぶさまざまな言い回しは、ひたすら、そして還元不可能なまでに書き物的である。まずはこの戸惑いのしるしを『ティマイオス』に付された序文のなかから取り上げておこう。「場を考えるためには、実際にはほとんど実現不可能な抽象化によって、客体をそれが占める「席」から分離し、引きはがさなくてはならない。しかしながら、このような抽象化は変化という事実そのものによってわれわれに課されているものである。というのも、異なる二つの客体が同じ席に同時に存在することはできないからであり、また、席を替えなくても、一個の客体は「他」になりうるからである。したがって、われわれが「席」それ自体を思い描くことができるのは、隠喩によってのみである。プラトンはかなりさまざまに異なったいくつもの隠喩を駆使し、現代人を相当に戸惑わせた。「場」、「席」、事物が「そのなかで」現

（74） 文字使用の論点に関して言えば、「置換」学としてのイスラムの文字学であるジャフルと『ティマイオス』との比較について、とくにH. Corbin, *Histoire de la philosophie islamique*, NRF, p. 204*[25] 以下を参照のこと。

れる「ところのもの」、事物が「それにもとづいて」みずからを表明する「ところのもの」、「受容器」、「母型」、「母」、「乳母」。こうした言い回しはわれわれに事物を収容する空間を連想させる。だがそれだけでなくさらには、「刻印の素地」、「補薬剤」、香水商が香りを閉じ込めておく完全に脱臭された物質、宝飾職人がたくさんの多様な像を掘り込むことのできる金なども話題となるのだ」(リヴォー、ビュデ版、六六頁)。以下は、「プラトン主義」のあらゆる対立の彼方で、根源的な書き込みのアポリアへと移行する一節である。

[…] あのとき、われわれは二種類の存在を区別しておいた。いまや存在の第三の類を発見しなければならない。実際、先のわれわれの説明では、最初の二つの種類の存在で十分だった。一つ目の存在は、われわれが〈範型〉(*paradeigmatos*)の種類と仮定したもの、すなわち叡知的な不変の種類である。二つ目の存在は、〈範型〉の写しであり、生成に従属する可視的なものである。われわれはこの二つの種類の存在で十分だと考えていたので、第三の種類の存在を区別していなかった。しかし、いまや、われわれの理性的な議論の流れが、われわれにこの第三の種族(難解で不明瞭な種族)のことを言論《パロール》によって明らかにするように拘束してきていると思われる。この第三の種族がどのような特性をもっていると想定すべきか。それは何よりも次のような類のものである。すなわち、それはあらゆる生成(*pases geneséôs*)の支えにして、乳母のようなものである(*upodokhen auten oion tithenen*)。[…](この乳母には)いつも同じ名を与えることが適切である。というのも、それもまたその特性を絶対に失うことがないのだから。実際、それはありとあらゆるものをいつでも受け入れながらも、そこに入ってくるどんなものにも似た姿を決して帯びることがない。それは本性上、ありとあらゆるものがそこに刻み込まれる刻印の素地(*ekmageion*)だからである。それは、そこに入り込んでくる対象に

よって作動させられ、さまざまな形へと切り出されるのであり、そうした対象の活動のおかげで、それは時によっていろいろと違った外観をまとって現れてくるのである。そこに入ったり出て行ったりするものについて言えば、それは永遠の存在たちの模像《イマージュ》（*tôn ontôn aei mimemata*）であって、それはこの永遠の存在たちが乳母のなかに、表現しがたい驚くべき仕方で書き込む（*tupôthenta*）ものなのだ。しかし、それがどういう仕方なのかという点については、その説明は延期しておこう。さしあたり、次の三つの種類の存在を心に留めておけば十分である。すなわち、生成するもの、生成するものがそのなかで生成する場、そして、生成するものがそれに似せてみずからを展開するところのもの、この三種類である。受容器を母に、範型を父に、そしてこの両者のあいだに生まれるものを子どもに喩えればよいだろう。さらに次の点をしっかりと押さえる必要がある。すなわち、そのようにして象られた刻印がきわめて多様で、ありとあらゆる姿を目に提示しなければならないとしたら、この刻印がそのなかで象られる場〔受容器〕は、それがどこか他所から受け入れなければならないどんな形象とも絶対に無縁であっては、受け入れるものとして適していないということになるだろう。〔…〕ゆえに、生成する一切のもの、可視的な一切のもの、一般的に言えば、感覚の対象すべて、こうしたものの母であり受容者であるものは、大地でも空気でも火でも、あるいはこれらから成るどんな合成物でも、またこれらを成立させているどんな構成要素でもないと言おう。それは何か不可視な種、形なき種、すべてを受け入れ、きわめて厄介な理解しがたい仕方で叡智的なものの性格も備えている種だと言っても、嘘を言っていることにはならないだろう。（48*e*-51*e*. *khôra*〔場〕はここで散種される一切のものを孕んでいる。*khôra* には別のところで侵入することにしよう。）

こうしたわけで、少し先のところには、『国家』（533*b*）のテクストに見られるような、夢への依拠が登場するのである。そこで問題となるのは、感性的／叡智的、仮定的／非仮定的といった対立で単純に考えることのできないものを「見る」ことである。すなわち、ある種の私生児性、デモクリトスに親しい観念（*nothos*）だった可能性を排除できない私生児性（Rivaud, *le Problème du devenir et la notion de la matière*..., p. 310, n. 744）を「見る」ことである。

［…］つねに第三の類がある。すなわち場の類が。それは滅びることがありえず、生成するすべてのものに席を与える。この場自体は、感覚をまったく伴わない雑種の推論（*logismô tini nothô* ──**私生の推論**）とでもいうべきものによってしか知覚されえず、ほとんど信じがたいものである。一切の存在はどこかに、ある場に存在せざるをえず、ある席を占めていなければならないと、また地にもなければ、天のどこかにもないようなものは何ものでもないと、そうわれわれが主張するときに、われわれが夢のなかにいるかのごとく目にしているのは、この第三の類なのである。しかし、この存在の本性そのもの、すなわち、それが夢の外で──しばしば目覚めた状態で──真に存在するのはどのような姿であるかに関するこうした観察と、その他これに類した観察とを、われわれは夢心地の状態に災いされるために明確に区別することができず、真実を語ることができなくなるのだ。（52*bc*）

したがって、書き込みは、**構造性**の設立であると同時に**息子の産出**でもあるわけだ。比例の構造関係と文字性との結びつきは、宇宙創成論の言説に現れるばかりではない。それは政治の言説にも、言語学の言説にも現れる。

政治的なものの次元において、構造は一種のエクリチュールである。ほかにいかなる教育的資源も手に入らず、理論的言説が政治的なものの次元、世界、コスモスを他の仕方でもはや定式化できなくなり困難が極まるとき、書法《グラマティック》の「隠喩」が頼りにされる。『国家』（368*c-e*）の有名な箇所で、「明敏な視力」が必要であるにもかかわらず、「この明敏さがわれわれに欠けている」場合に、「大きな文字」と「小さな文字」の類比《アナロジー》が介入してくる。感性的であれ叡智的であれ、とにかく現前性の直観が欠落するに至る審級において、構造は一種のエクリチュールとして読解されるのである。

言語学の分野においても同じ振舞いが見られる。『一般言語学講義』にも似て、意味作用の条件としての差異と弁別性一般の原理を説明しなければならない段になると、書き込みへの参照が絶対に不可欠となる。プラトンの舞台へのテウトの二度目の登場は、このように説明できる。『パイドロス』において、パルマコンの発明者本人がじきじきに長舌を振るい、王の信任を得ようとして文字を売り込む《プレザンテ》。テウトはまた別の機会には、今度はもっと短く、もっと間接的に、もっと暗示的に発言しているが、それは哲学的に見て、同じくらい注目に値するように思われる。その発言は書記法の発明の名においてなされずに、文法、すなわち差異の学としての文法学の名においてなされる。それが行われるのは『ピレボス』の冒頭においてである。すなわち、享楽（*khairein*）と思慮分別あるいは慎重さ（*phronein*）との関係についての議論の始まりにおいてである（11*d*）。**限界**の難問が立ちふさがる。つまり『ティマイオス』のときと同じように、同と他、一と多、有限と無限といったものの構成という難問にぶつかるのだ。「［…］太古の人々はわれわれよりも優れていて、神々のもっと近くで生きていたが、彼らはわれわれに次のような言い伝えを授けた。すなわち、存在すると言いうるおよそすべてのものは一と多からできているのであって、それ自身のうちに限界と無限（*peras dè kai apeirian*）とを、それらが結びついた形で（*en autois sumphuton*）含んでいる、と」。問答法《ディアレクティク》＝弁証法はこうした仲介物（*ta mesa*）を尊重する術である（16*c*-17*a*）。ソクラテスはこの問答法《ディアレクティク》＝弁証法《ディアレクティク》を、性急に無限に移ろうとする論争術に対立させる。今回、文字は、『パイドロス』での展開とは違って、言説のなかに明晰さ（*sapheneia*）を導入する任務を負っている。

プロタルコス――ソクラテス、あなたが言うことには、理解できたと思う事柄もあるのですが、またいくらか解明の光が必要な事柄もあります。

ソクラテス――その解明の光なら、プロタルコス、文字が君に与えてくれるだろう。君もそれで教育された文字のなかにそれを求めたまえ。

プロタルコス――どうやってですか。

ソクラテス――われわれが口から発する声音（*phonè*）は、万人においても、われわれの各人においても一つのものであるが、また無限に多様でもある。

プロタルコス――たしかに。

ソクラテス――これらどちらか一方だけで、すなわち、声音が無限であるとだけ知っていても、声音が一つであるとだけ知っていても、それではまだわれわれはこれを知っている者だということにはならない。そうではなく、声音がどのような性質のもので、どのような差異があるのかを知ること、これこそ、われわれ各人が文字を解する者となる条件なのだ。（17*ab*）

いったん音楽における間隔（*diastemata*）の例を迂回するが、その後で、音声の間隔と差異を説明するために文字に再び立ち返る。

ソクラテス――［…］だが、われわれが述べていることを明確にするために、もう一度文字に依拠してみよう。［…］声が無限にあるということを悟った神あるいは神のような人間の誰かが――エジプトではこれをテウトとする伝説があるが――その人物がはじめて、無限の声音のなかに含まれている母音（*ta phoneenta*）は一つではなく多であるということを見つけ、さらに声にならずに音を響かす別のものがあって、これにも一定数があるということを知った。そして第三の種類として、今日われわれが無声音（*aphona*）と呼んでいるものを区別した。それから、雑音も声音も欠いた（*aphtonga kai aphona*）この無声音を一つ一つ区分し、次に母音にも中間のものにも同じような区分を行い、最後に、それらの数を規定し、そのそれぞれにも全体にも字母（*stoikheion*）という名を与えた。そして、われわれの誰ひとりとして、これらの一つだけを全体から切り離して学ぶことができないということを見てとって、このような相互依存関係《グラマティカル》（*desmon*）を、字母のすべてを統一する比類なき結合と考え、これにまた比類なき学を認め、これを読み書きの術と名づけたのだった。（18*bd*）

つまり、差異および関係が解消不可能になるたびに、すなわち他者性が規定を導入し、一個のシステムを循環させるようになるたびに、書き込みの「隠喩」が介入してくるのだ。存在における他者の戯れ、これをプラトンは言説――その本質においては、その真理においては語られたものであることを欲するが、しかしみずからを書く言説――におけるエクリチュールとして指し示さざるをえない。プラトンが**ソクラテスの死から出発して**みずからを書くのは、おそらくこの深い理由のためである。ソクラテスの死から出発して、というのは、言い換えれば、ここでも、『ソピステス』の親殺しから出発して、ということである。パルメニデスの尊ぶべき父の形象に反抗し、存在の統一というパルメニデスのテーゼに反抗する暴力的な闖入がなかったなら、存在の統一のなかへの他と非存在の、すなわち他としての非存在の突然の侵入がなかったなら、エクリチュールとその戯れは必然的ではなかっただろう。エクリチュールは親殺しなのだ。『ソピステス』の〈**異国の者**〉〔エレアからの客人〕にとって、親殺しの必然性や宿命——「よく言われるように、盲人にとって（*tuphlô*）さえ自明のこと」（**とりわけ**盲人にとっては、と言う必要があるだろう）——が、偽、虚像、偶像、模倣物、幻影などに関する言説の、「それらを扱う術」の、その可能性の条件であるということ、これもまた偶然だろうか。つまりは親殺しの必然性がエクリチュールの可能性の条件であるということは偶然だろうか。エクリチュールはこの地点ではその名を挙げられていないが、とはいえこの欠落によって、〔偽、虚像、偶像、模倣物、幻影といった〕これらすべての概念とエクリチュールとのつながりがやはり体系的であるということ、このことが妨げられるわけではない（それどころか反対である）。われわれはそのことをはっきりと見てきた。

異国の者——ということは、われわれは自己弁護のために、われらが父パルメニデスのテーゼ（*Ton tou patros Parmenidou logon*）を問いに付し、非存在（*mè on*）がある関係において存在し、他方で、存在（*on*）がなんらかの仕方で存在しないということを、力ずくで立証しなければならないことになるだろう。

テアイテトス——それを主張するためには議論で戦い抜かなければならないということは明らかです（*Phainetai to toiouton diamakheteon en tois logois*）。

異国の者——それが自明でないことなどどうしてありえよう。よく言われるように、盲人にとってさえ自明のことだ。それが反駁も証明もされないうちは、偽の言説や誤った意見について、また模像や複製や模倣や見せかけ《シミュラークル》についても、またそれらを扱うどんな術についても、ばかげた矛盾に不可避的にはまり込むことなしに語ることができなくなるだろうからね。

テアイテトス——本当にそうです。

異国の者——そんなわけだから、いまや父のテーゼ（*tô patrikô logô*）に攻撃を加えるか、あるいは何かのためらいが妨げるのであれば、全面的に撤退しなければならないのだ。

テアイテトス——しかし、われわれをためらわせるものは何もないのでなければなりません。（241*d*-242*a*）

差異とエクリチュールの戯れを開くこの親殺しはぞっとする決断である。匿名の〈異国の者〉にとってさえも。そのためには超人的な力が必要である。そして、それは認識し感謝する息子たちの賢く常識ある社会のなかで、狂気の危険を冒し、狂人として扱われることになるだろう。(75) ゆえに〈異国の者〉は、力をもたないこと、狂人を演じることをいまだに怖がっているが、それればかりではなく、また心底首尾一貫しない言説を口にすることをも怖がっているのである。さらにお望みならこう言ってもよいが、逆立ちをし

(75)　この分析に『法律』（第八巻、836*bc*）のある一節を結びつけてじっくりと論じることができるだろう。その一節では、少年愛という「この危険からの脱出口（*diaphugen*）」を見つけるためにパルマコンが探し求められている。〈アテナイからの客人〉は何も期待することなく、「実際にひとが自然に順応して、ライオス以前に支配していた法を制定して（*tê phusei thesei ton pro tou Laiou nomon*）、女性に対するのと同じように若者や少年と愛を結ぶことは許されないと宣告するとしたら」、どうなるだろうかと自問する。神託で息子に殺害されると予言されたライオスは、また反‐自然な愛の代表者でもあった。Marie Delcourt, *Légendes et cultes de héros en Grèce*, p. 103 のオイディプスの項を参照のこと。

また周知のように、『法律』によれば、両親の殺害以上に最悪の犯罪や冒瀆はない。そのような殺害者は「誰にもまして万死に値する」（第九巻、869*b*）。死にもまして死に値するとさえ言える（死は究極の罰ではない）。「それゆえに、このような犯罪については、それを犯した者たちが生きている間にこの世で受ける懲罰は、可能なかぎり、ハデスの黄泉の国で受ける懲罰にまったく劣らないものにする必要があるのだ」（881*b*）。

て歩く〔頭で歩く〕しかないような道に踏み込むことを怖がるのである。いずれにせよ、この親殺しは死刑と同じくらい決定的で、鋭利で、恐ろしいものであるだろう。そこには回復《ルトゥール》〔帰宅〕の希望がない。この名を用いることを認めてもらえるならば、そこでは首長と同時にみずからの頭もが賭けられているのだ。それゆえ、テアイテトスに彼を親殺し（*patraloian*）とみなさないようにと頼んだ後で（といっても甘い幻想を抱いているわけではないが）、〈異国の者〉は別の願いを口にするのだ。

異国の者――ここで三番目の願いとして、ちょっとしたことを君に頼んでおきたい。
テアイテトス――おっしゃってください。
異国の者――先ほどはっきりと告白しておいたと思うが、このような反駁はつねに私の力を超えていたし、それはいまも変わらない。
テアイテトス――おっしゃいました。
異国の者――つまり私は恐れているのだ。私の言ったことのために、君が私を、一歩あるくごとに好き勝手に態度を豹変させる（*para poda matabalôn emauton anô kai katô*）気違いじみた人間（*manikos*）と思うのではないかとね。（*242ab*）

こうして言説は始められる。父のロゴスは動転している。存在が *triton ti* として、すなわち古典的存在論のもろもろの二元論に還元できない第三者として出現するやいなや、またもや文法《グラマティカル》学の例と文字関係の例が引き合いに出されねばならず、そのようにして、類や形相の諸差異（連係や排他関係）の体系を織り上げる錯綜が、すなわちそれを通じて「言説がわれわれにとって生まれ出てきた（*a logos gegonen emin*)」(259*e*) ところの *sumplokè tôn eidôn*〔形相の絡み合い〕が説明されねばならないということは、はたして偶然だろうか。存在者と非存在者の絡み合いでもある *sumplokè* における差異あるものたちの調和と非調和、統一と排他関係の規則については、「事情は文字の場合とほとんど同じだろう」(253a. *sumplokè* の「範型」が文字のそれでもある『ポリティコス』278*ab* も参照のこと)[76]。

たしかに文法学は問答法《ディアレクティク》ではないだろう。プラトンはなんとしても文法学を問答法に従属させようとしている(253*bc*)。そしてこの区別は彼にとって自明のものだ。しかし、この区別は最終的に何によって正当化されるのか。ある意味において、文法学も問答法も言語活動に関わる学である。というのも問答法もまた *dia tôn logôn* すなわち言説ないし論拠を通してわれわれを導く学であるのだから(253*b*)。この点で、問答法を文法から区別するものは二重であるように見える。一方では、問答法が関わる言語学上の単位は単語よりも大きい(『クラテュロス』385*a*-393*d*)。他方で、問答法は**真理**の意図によってつねに導かれている。そこでは所記《シニフィエ》であると同時に指示対象でもある——すなわち事象そのものである——エイドスの現前性のみが、問答法を充足させることができる。したがって文法と問答法の区別は、真理が十全に現前し、ロゴスを満たす地点においてしか、厳密には打ち立てられえない[77]。ところで、『ソピステス』の親

(76) とくに『ポリティコス』で扱われているようなアルファベット文字の問題については、V. Goldschmidt, *le Paradigme dans la dialectique platonicienne*, P.U.F., 1947, p. 61-67 を参照のこと。

(77) こうした問題圏の構造は、フッサールの『論理学研究』においてもまったく**類似**している。『声と現象』を参照のこと。ここでは *sumplokè* とパルマコンが問題であるのだから、『ポリティコス』の末尾を別の仕方で読みなおされたい。王の織工はその機織り作業(*sumplokè*)において、徳を構成するもろもろの反対物を鎖状につなぎ合わせることによって布を織る術を心得ている。文字どおり *sumplokè* すなわち機織りは、**(みずからを)パルマコンと縺れさせる**〔パルマ

殺しが打ち立てるのは、存在者（もっとも「存在的」な現前的存在者、すなわち直視することのできない善もしくは太陽）の**十全**かつ**絶対的**な現前の不可能性、真理の十全な（真理に満ちた）直観の不可能性ばかりではない。それはまた、言説――**それが真であれ偽であれ**――の条件が *sumplokē* の弁別原理に存するということも打ち立てるのだ。真理がエイドスの現前であるならば、真理は、太陽の炎によって致命的に失明することだけは避けようとして、関係と、非‐現前と、つまりは非‐真理と、つねに折り合わなければならない。したがって、文法と問答法（あるいは存在論）との厳格な差異の絶対条件が満たされることは、原理上ありえない。少なくともそうした絶対条件は**原理上は**、すなわち原‐存在者や原‐真理の地点では、可能かもしれないが、この地点は親殺しの必然性によって削除されてしまった。言い換えれば、ロゴスの必然性そのものによって削除されてしまった。文法と存在論とのあいだに差異が**事実上**存在するのを禁じるのは、差異なのである。

　ところで、真理の不可能性とは、あるいは存在者の十全な現前（十全に存在する存在者の現前）の不可能性とは何であるか。逆に言えば、そうした真理は失明の絶対性としての死である以上、真理としての死とは何であるか。**何であるか**、ではない。というのも、この問いの形式は、問われている当のものが産出したものだからだ。そうではなく、こう問うべきだろう。*ontôs on*〔真に在る存在者〕の絶対的現前の不可能な充溢は、いかにしてみずからを書き、みずからを刻印するのか、と。類と観念の、関係と差異の多数性の必然性は、いかにして前もって書き込まれるのか。問答法＝弁証法はいかにしてみずからを痕跡と化すのか。

　可視的なものの起源の絶対的不可視性、善‐太陽‐父‐資本の絶対的不可視性、現前ないし存在者性という形式からの隠遁、すなわちプラトンが *epekeina tes ousias*（存在者性ないし現前の彼方）として指し示すあの過剰の全体は、なおもこう言えるのならばだが、ある種の代補生成構造に場を与える。すなわち、すべての現前が不在の起源の代わりに置かれた代補物となり、現前のシステムのなかですべての差異が *epekeina tes ousias*〔存在の彼方〕にとどまるものの還元不可能な効果となる、そうした代補生成構造である。

われわれはすでにソクラテスが父を代補することを見たが、それと同じく、問答法も不可能なノエーシスを、すなわち父（善－太陽－資本）の顔の禁じられた直観を代補する。顔の退隠は問答法の実践を開くと同時に限界づける。顔の退隠は問答法を治療不可能な仕方でその「下位のもの」どもに、すなわち戯れ、文法、エクリチュールといったミメーシス術に溶接する。顔の消滅は、暴力的にエクリチュールを開く差延運動、もしくはこう言ったほうがよければ、エクリチュールにみずからを開き、エクリチュールがみずからに開く差延運動である。この「運動」のすべてが、このすべての「意味＝方向《サンス》」において、同じ「システム」に属している。*epekeina tes ousias*〔存在の彼方〕の父への接近不可能性を非－暴力的な言葉で記述する『国家』の命題と、〈異国の者〉から発して父のロゴスを脅かす親殺しの命題は、同じシステムに属している。そしてこの親殺しの命題は同時に、薬学の飼い慣らされ階層化された内部性をも脅かす。すなわち、管理、分類、調合が行き届き、きちんとラベルで分けられ、治療薬と毒薬、生の種子と死の種子、良き痕跡と悪しき痕跡とに厳密に区別された製品の良き秩序にして良き循環、良き叙階、これを脅かすの

コンによって策動する〕。「生まれながらの高貴さをもち、それを教育によって維持しているそうした性格の者たちにおいてのみ、法律はそれ〔神的な絆〕を生まれさせることができるだろう（*kata physin monois dia nomôn emphuesthai*）。こういう者たちのためにこそ、技術はこの治療薬（*pharmakon*）を作り出したのだ。われわれが述べていたように、徳の構成部分の傾向がどれほど異なり、どれほど反対を向いていようと、それらを統一するのは、まさにこの真に神的な絆なのである」（310*a*）。

である。形而上学や技術やコンピュータ的二値構造といったものの統一性を脅かすのだ。合法的な父から良い生まれの息子へと受け継がなくてはならないさまざまなパルマコンのこうした哲学的・問答法的支配を、家族の舞台《シーン》はたえず問いの渦中に投げ込み、かくして薬局を家庭に結びつけなおす通路《パサージュ》を構成すると同時に、そこに亀裂を入れるのである。「プラトン主義」とは、この家族の舞台の全般的《ジェネラル》**反復**であると同時に、それを飼い慣らし、その雑音をかき消し、西洋の明け方において幕を下ろすことでそれを隠蔽しようとする、最強の努力でもある。薬学「システム」が、『パイドロス』の舞台、『国家』の舞台、『ソピステス』の舞台を、すなわちプラトンの問答法、論理学、神話体系を拘束するばかりでなく、その同じ一つの捕縛力によって、神話のいくつかの非ギリシア的構造をも拘束するのだとしたら（そう思われるのだが）、われわれは別の警戒を求めて旅立つことができるだろうか。しかも、ミュトス／ロゴスという対立が結局はプラトンに**従って**しか認可されない以上、非ギリシア的「神話」というような何かが存在することも確かではないとしたら、われわれはどのような名づけえない一般的必然性に送り返されているのだろうか。換言すれば、反復としてのプラトン主義とは何を意味するのか。

反復しよう。要するに、〈善－父－資本－太陽〉の消滅は、言説——この場合は**一般的**《ジェネラル》エクリチュールの原理としてではなくその一契機として理解された言説——のその条件である。このエクリチュールは*epekeina tes ousias*〔存在の彼方〕に（存在する）。現前としての真理の消滅、現前の現前的起源の隠遁は、一切の真理（の顕現）の条件である。非－真理が真理なのだ。非－現前が現前なのだ。根源的現前の消滅である差延は、真理の可能性の条件であると**同時に**真理の不可能性の条件でもある。同時に、だ。「同時に」とは、真理のうちにある現前的－存在者（*on*）、自己同一性の現前のうちにあり、自己現前の同一性のうちにある現前的－存在者が、それが現れるやいなや、それがみずからを現前させるやいなや、**みずからを**

二重化する〔代役を立てられ、吹き替えられる〕、ということを言わんとしている。**現前的‐存在者は、その本質において、**自分自身の重複の可能性**として現れる**。プラトンの言葉で言い換えれば、もっとも固有なみずからの非‐真理の可能性、偶像、幻影、見せかけ《シミュラークル》のなかに映し出されたみずからの擬‐真理の可能性として現れる。現前的‐存在者がそれであるところのものであるのは、すなわち同一的・自己同一的・唯一的であるのは、それとして**反復され**うる可能性を**自己につけ加える**ことによってのみだ。そしてその同一性はこの付け足しによって穴を穿たれ、それを現前させる代補のなかに隠遁するのである。

　したがって、顔の消滅すなわち反復構造は、真理という価値によって支配されるがままにならない。反対に、真と非‐真の対立は、この反復構造もしくは一般的エクリチュールのなかにまるまる包含され、そこに**書き込まれて**いる。真と非‐真は反復の種類である。そして**代補性の模様**《グラフィック》のなかでしか反復は可能でない。この模様は十全な統一の欠落に、それを代補しにやってくる別の統一をつけ加え、そのようにつけ加えることによって代理するに足るほどに、同じものであると同時に他でもあるのだ。かくして、一方では、反復は、それなしには真理がありえないものである。すなわち、イデア性の叡知的形態における存在者の真理は、反復されうるもの——同じもの、明晰なもの、安定したもの、自己同等性において同定可能なもの——をエイドスのなかに発見する。エイドスのみがアナムネーシスもしくは産婆術としての反復に、問答法もしくは教育法としての反復に、場を与えることができる。この場合、反復は生の反復として与えられる。トートロジーとは、自己へと帰還するためにのみ自己の外に出る生のことである。ムネーメーにおいて、ロゴスにおいて、フォネーにおいて自己のもとに身を持す生。しかし他方では、反復は非‐真理の運動そのものでもある。すなわち、存在者の現前はそこにおいて失われ、離散し、模倣物、偶像、幻影、見せかけ《シミュラークル》等々によって多数化される。すでに現象するだけで多数化されるのだ。そしてこの反復は感性的生成の可能性であり、非イデア性である。これは非‐哲学の、悪しき記憶の、ヒュポムネーシスの、エクリチュールの陣営である。そこでのトートロジーは、生が帰還することなく自己の外へと出て行くことである。死の反復だ。留保〔備蓄〕なき蕩尽だ。生けるもの、善、真といった自己との内密さの一切を、代補の戯れによって還元不可能な仕方で超過することである。

この二つの反復は、代補性の模様《グラフィック》に従って相互に関係しあっている。これは、**薬学**において治療薬から毒薬を、善から悪を、真から偽を、内から外を、生に関わるものから死に関わるものを、第一のものから第二のもの等々を、区別することができないのと同じように、この二つの反復を「分離」させたり、別々に考えたり、ラベリングして整理したりできないということである。この独特な可逆性において考えられたパルマコンは、まさしくそれが同一性をもたないがゆえに、**同じもの**である。そして同じものは代補において（存在する）。あるいは差延において。エクリチュールにおいて。王に向かってパルマコンとしてのエクリチュールという奇妙なプレゼント〔特異な現在＝現前的特異物〕を贈るテウトの言説に何か**言わんとする**ことがあったとしたら、それはまさにこのことだっただろう。

しかしテウトは——とくに言葉《パロール》を継がなかった。

偉大なる神の判決は応答のないまま残されたのである。

…………………………………………

薬局を閉めた後、プラトンは太陽のもとから身を引いた。彼は日陰へ、貯蔵庫の奥へ向かって何歩か歩みを進め、パルマコンにかがみこみ、分析する決心をした。

薬物の奥底で震える濃密な液体のなかで、薬学はみずからの幻影の深淵を反復しながら自己を反省していた。

そのとき分析者は区別しようと望んだ、二つの反復を。

彼は良き反復から悪しき反復を、真の反復から偽の反復を隔離しようと欲した。

彼はさらに身をかがめて検討する。二つの反復は互いを反復しあっていた。

一方の手にパルマコンを、他方の手に葦の筆をもち、プラトンはつぶやきながら、さまざまな定式＝処方箋の戯れを書き写す。薬局の閉じた空間が独り言の反響を度外れに増幅させる。幽閉された言葉《パロール》が部屋の隅々に衝突し、単語たちが切り出され、文言の切れ端は引き離される。関節の外れてばらばらになった四肢が廊下のあいだを循環し、一瞬の道のりの時間だけ固着し、そこで翻訳され、再分節化され、互いに跳ね返りあい、矛盾しあい、さまざまな物語〔歴史〕を作り出してはさまざまな応答として回帰し、応答の交換を組織し、自己を保護し、内的な商取引を設立し、自分を対話だと思い込む。意味に満ちた対話。厄介な長い話〔歴史〕だ。哲学全体。

「*è êkè toutôn tôn logôn*〔ああした言葉の音〕……これらの言葉の音が私のなかで低く唸り、他のことが全然聞こえなくなる」。

早口で口ごもる耳鳴りのなかで、文献学《フィロロジック》のある連続場面《シークエンス》の途中で、だいたい次のような区別がなされるものの、よく聞こえはしない〔よく理解できない〕。ロゴスは自分自身を愛する……パルマコンは打撃《クー》という意味だ……「その結果、パルマコンは邪悪な打撃に関わるもの、あるいは邪悪な打撃に対する治療手段として用いられるものという意味になったと思われる」……強権発動《クー・ドゥ・フォルス》……発砲《クー・ティレ》……仕組まれた罠《クー・モンテ》……しかし無駄骨《クー・プール・リヤン》だ……水のなかへの一撃……*en udati grapsei*〔水のなかに書く〕……そして災難《クー・デュ・ソール》……エクリチュールを発明したテウト……暦……賽……*kubeia*〔骰子遊び〕……暦の一撃……どんでん返し《クー・ドゥ・テアトル》〔演劇の一撃〕……

……エクリチュールの一撃……賽の投擲《クー・ドゥ・デ》〔運試し〕……一石二鳥《クー・ドゥブル》〔二重の一撃〕……*kolaphos*〔平手打ち〕……

gluph〔彫〕……*colpus*〔一撃〕……打撃……彫像《グリフ》……メス《スカルペル》……頭皮《スカルプ》……*khryse*〔黄金〕……*khrysolithe*〔黄金の石〕……*khrysologie*〔黄金学〕……

プラトンは、自分の話す声がもっとよく聞こえるように、もっとよく見えるように、もっとよく分析できるように、耳をふさぐ。

プラトンは区別しようとする、二つの反復を。

彼は黄金を求める。*Pollakis de legomena kai aei akouomena* ……「多くの意味のない繰言が、継続的なレッスンが、長い年月が必要だ。そして大いに努力すれば、黄金を純化するようにそれらをどうにかこうにか純化できる……」。そして賢者の石。「黄金の導き」。

できれば区別しなければならない、二つの反復を。

——だがこの二つの反復は互いを反復しあい、さらには、互いに交替しあう……。

——いやそんなことはない。それらは互いにつけ加えあうのだから、交替しあうことはない……。

——まさしく……。

さらにあのことも注記しておかなくてはならない。そして〈第二書簡〉を終わらせなくてはならない。「……したがって、あのことを考えてみたまえ。そして今日君がふさわしくない仕方で露見するがままにするかもしれない事柄について、いつの日か後悔することのないように用心したまえ。自分を守る最高の手段は、書かずに心で学び暗記することだ…… *to mè graphein all'ekmanthanein* ……というのも、書き物が最終的に公の場に落ちないことなどないからだ。だから、私自身はこうした問題について絶対に書かなかったのだ…… *oud'estin sungramma Platônos ouden oud'estai*、プラトンの著作なるものなどないし、今後もないだろう。現在その名で指されているものは、*Sôkratous estin kalou kai neou gegonotos* ……麗しき若かりしときのソクラテスに由来するのだ。さらばだ、そして私に従いたまえ。君がこの手紙を読み、再読し終わったら、すぐさまそれを燃やしたまえ……」。

──私は手紙が失われないことを願う。早く、分身……黒鉛……炭素……この手紙を再読したら……それを燃やせ。そこには灰がある。そしていまや、できれば区別しなくてはならない、二つの反復を……。

夜が過ぎていく。朝には扉を叩く音が聞こえる。その打撃音は、今度は、外からやって来るようだ。打撃音……。

二つの打撃音……四つ……。

──だがそれはもしかすると、ある残余、ある夢、ある夢の断片、夜のこだまかもしれない……　あの他なる演劇、外の打撃音……。

トランス・パルティシオン(1) *[1]

「自然については、人々が同意しているように、哲学は自然をあるがままに認識しなければならないし、賢者の石〔*des Stein der Weisen*〕がどこかに隠されているとしても、本来、自然がおのれの道理を含みもつのは、いずれにせよ自然そのものの内部においてなのだ。[…] 反対に、人倫的世界（*Die Sittliche Welt*）、国家は […]」 *[2]
「それゆえ罪責を負っていないのは、行為《オペラシオン》の不在、石のような存在（*das Sein eines Steines*）だけであって、子どものような存在ですらないのだ。」 *[3]
ヘーゲル

「モラーヴ兄弟は、くすぐって人を殺しました。女たちにも、ほとんど似たような拷問を試してみました。女性たちを、息絶えるまで冒瀆したのです。[…]
──崇拝に値する哲学者ですわ！と私は声をあげて、ブラスキの首に飛びつきました。あなたのように、こうした大事なことについて自説を語ってくれた人は、かつて誰もいませんでした […]
──行きましょう、もういい時間です。猥らな行為の最中に夜明けを迎えるなど、あってはならないことだと、おっしゃいましたよね？ […]
わたしたちは、教会の中に入りました。」 *[4]
サド

「[…] 瀆神の言と鞭打たれて朦朧状態となっているが、この世俗的黒ミサは、たしかに、文学にまで拡がって、研究ないし批判の対象である。

錬金の火の消えた工房への何がしかの敬意、いやそれ以上のもの、それは、炉ぬきで、実習を、宝石類とは別様に冷却した、毒の数々をふたたびとりあげて、単に知力によってのみ続行することに存するであろう。精神の探求に開かれたものとては、そこでわれわれの欲求が二叉に分かれる二つの道しか、つまり一方には美学そしてまた経済学しか存在しない以上──主としてこの後者の狙いの方の、錬金術は輝かしく、性急で、混乱した先駆だったのである。すべてこれ、今群衆の出現以前に、じかの、まじりけなく、意味を欠くようなものとして、社会的領域に返還されねばならぬもの。無にひとしい石が、金を夢み、賢〔philoso-〕

つづく（460 頁）

二重の会

本テクストの最初の版は、一九七〇年に『テル・ケル』誌（四一号・四二号）に掲載された。当時その冒頭には、雑誌の編集部による注記があった。再現すると以下のとおり。

「このタイトルは、本誌編集部が提案した。テクストを読んでゆけば明らかになるが、もろもろの理由から、本テクストはタイトルらしきものを何もつけずに発表された。本テクストの発表のために〈理論研究集団〉の会が二度、一九六九年の二月二十六日と三月五日に開かれた。また、この日付の時点では、「散種」の前半部分（『クリティック』誌一九六九年二月、二六一号掲載）しか発表されていなかったこともご承知おきいただきたい。*1

会の参加者の各々は一枚の紙を手にしており、そこにはプラトンの『ピレボス』の抜粋（38*e*-39*e*、ディエス訳）*2と、マラルメの「黙劇」（プレイヤッド版、三一〇頁）*3とが写してあった。本誌でも、活字の大きさと配置をその紙のままにしておく。あの時、四角で囲んで番号をつけた引用文が黒板いっぱいに書かれていたことや、スペースをとる時代遅れなシャンデリアの光に会場が照らされていたことを思い起こしておくのも無駄ではあるまい。」

（編集部の注記）

ソクラテス：またさらに、もし誰かが彼のそばにいたとすると、彼が自分にのみ語っていたことを、自分の相手に向けた発言として語っていくのであれば、彼は、同じ主張をはっきりと声に出して発話することになるだろう。それゆえ、われわれがさきほど思いなし（δόξαν）と呼んでいたものは、すでに言説（λόγος）というものになっている、ということだろうか？──**プロタルコス**：おそらく。──**ソクラテス**：反対に、もし彼がひとりきりなら、こうした省察をおこなうのは自分自身に対してであって、ときには長い時間自分自身のなかで反芻しながら自分の思考の道筋をたどり続けることになる。──**プロタルコス**：もちろんです。──**ソクラテス**：ええ、そうかね！君は、この状況で生じていることを、私と同じように思い描いているのだろうか？──**プロタルコス**：というと、どんなことですか？──**ソクラテス**：私が思い描いているのは、このとき、われわれの魂は一冊の書物に似ているということなのだよ（Δοκεῖ μοι τότε ἡμῶν ἡ ψυχὴ βιβλιῳ τινὶ προσεοικέναι）。──**プロタルコス**：どういうふうにですか。──**ソクラテス**：もろもろの感覚と合して一つになった記憶と、またこうした合一が引き起こす省察とが、言うなれば、われわれの魂のなかに何らかの言説を書きつける（γράφειν ἡμῶν ἐν ταὶς ψυχὴ τότε λόγους）、そして、このような省察が、真なることがらを書き込むとき、その成果は、われわれのなかで、真なる思いなし、真なる言説となる。しかし、われわれのなかの書き手が偽なることがらを書くとき（ψευδῆ δ'ὅταν ὁ τοιοῦτος παρ'ἡμῖν γραμματεὺς γράψῃ）、その成果は、真理に反するとわたしには思われるのだよ。──**プロタルコス**：まったくその通りと思います。あなたのたとえを承認します。──**ソクラテス**：それなら、このとき、もう一人の職人（δημιουργὸν）が、われわれの魂のなかで仕事をしている、ということも承認してくれたまえ。──**プロタルコス**：それは何の職人ですか？──**ソクラテス**：描き手（Ζωγράφον）だよ。彼が、書き手のあとにやってきて、われわれの魂のなかに、言葉に対応するイマージュを描くのだよ。──**プロタルコス**：われわれの考えでいくと、この描き手は、一体どんなふうに、そしてどんな状況で、仕事をするのでしょうか。──**ソクラテス**：それはこういう場合だ。直接的な視覚（ὄψεως）からか、あるいは何か他の感覚から、それにともなっている思いなしと言説とを分離した上で、自分のなかで、このように思いなされたり言葉にされたりしたことのイマージュ（εἰκόνας）をなにやら見ている場合なのだ。それは、われわれに起こったりすることではないのかね？──**プロタルコス**：まったくそのとおりです。──**ソクラテス**：それなら、真なる思いなしと言説とについてのイマージュは真だけれども、偽なる思いなしと言説とについてのイマージュは偽である、ということになるのではないか？──**プロタルコス**：それ以外にありえません。──**ソクラテス**：では、もし以上でわれわれが言ったことが正しいとするならば、なおも次のような吟味すべき問題がある。──**プロタルコス**：どんなことですか？──**ソクラテス**：こうしたさまざまな印象は、われわれのなかで、現在の表象（τῶν ὄντων）と過去の表象（τῶν γεγονότων）とにともなうことが必然になっているけれども、しかし将来の表象（τῶν μελλὸντων）にはそうなっていないのではないか？──**プロタルコス**：むろん、あらゆる時間の表象に〔ついて同様です〕。──**ソクラテス**：魂だけによる快楽と苦痛というものが、身体を通してやって来る快楽や苦痛よりも先に生ずることがありうると、われわれは先ほど言いはしなかったかね。したがって将来については、先取りされた快楽や苦痛を、われわれは持ちうる、ということではないかね？──**プロタルコス**：それはまったく本当です。──**ソクラテス**：それなら、少し前にわれわれが明確にしていたように、われわれの魂のなかで生み出される文字やイマージュ（γράμματά τε και ζωγραφήματα）は、過去と現在については存在するけれども、将来については存在しない、ということだろうか？──**プロタルコス**：いや、むろん大ありです。──**ソクラテス**：君が「大あり」と言うのは、つまりそれらのすべてが、いずれも、来たるべき時間にとっては期待にすぎず、われわれはまた一生を通じて、いつも期待にふくらんでいるものなのだから、というわけなのかね？──**プロタルコス**：それ以外にありえません。──**ソクラテス**：さあ、それなら、いまわれわれが語ったことの代補として、次のことにも答えてくれたまえ。

黙劇 *4

沈黙とは、脚韻のあとに残された唯一の豪奢であり、オーケストラも、己が黄金の音、思考と夕べとのあえかな触れ合いによって、声なき頌歌にも等しく、その意味作用をひたすら詳細にするにすぎず、詩人こそが一つの挑戦にうながされて、それを翻訳する役割を担う。音楽の午後における沈黙である。それをまた、私は、ピエロすなわち悲痛にして優雅なるマイム役者ポール・マルグリットの常に初めて見る思いのする再登場を前にしても、見出すのだ、満足の想いを以て。

たとえば、彼自身によって構想され書かれたこの『女房殺しのピエロ』がそれだ、無言の独り言なのだが、まだ何も書かれていないページにも似た真っ白な亡霊が、とうとう仕舞いまで、自らの魂に向かって、顔の表情と身振りでしゃべっている無言の独り言なのだ。素朴というか新奇な様々な理《ことわり》の竜巻きが発散するが、それを確実に捉えられればよいと思う。如何なるジャンルよりも〔演劇の〕原理に近いところに位するジャンルの美学のことだ。予想外の発想の支配するこの領域にあっては、何ものも、直接的かつ単純化する本能を妨げはしないし……。つまりこういうことだ──「舞台が例示するのは観念《イデー》のみ、現実の行為ではない。しかもそれは、よこしまではあるが神聖なる一つの婚姻《イメーヌ》（そこから〈夢〉が生じる）、欲望と成就の、犯罪遂行とその追憶のあいだの婚姻《イメーヌ》においてなのである。ここでは先取りし、あそこでは追想しつつ、未来形で、過去形で、**現在という偽りの外見の下に**。かくの如くにマイム役者は操作する、その演戯《ジュ》は絶えざる仄めかしに留まっていて、決して鏡面を破ることはない。彼はかくして、虚構の純粋な中間環境《ミリュー》を設定するのだ。」千行にも満たないもの、役柄、それを読む者は、直ちに規則を飲み込んでいる、丁度、それら規則の慎ましやかな受託者である小屋掛け芝居の舞台を前にした位置にいるように。驚くべきことは、全く口に出しては言われない文による感情の表記という技巧に伴うものだが──この場合に限って、おそらく、真正な形で、紙葉と眼差しとの間になおも一つの沈黙が君臨しているということだ、読書の条件にして愉悦である沈黙が、である。

I

「　会のまんなかで
退場
私は160ページ全体を
持っていってしまうふりをする
──また持ってくる──
それを整理棚に
逆の向きに
戻すのは
書物をもとに戻すため」(1) *5

「
そう見えるところの
──二重の会*7はこのようなかたちである。[192(A)]

「[…] 以上が
このように、二つの会を催す」[91(A)]

II

「　もし、この文の厚み=翼幅に意表をつかれた者が告発したいと思うならば……それは、〈言語〉であり、つぎに述べるように自由なはね廻り〔l'ébat〕であろう。

──諸々の語は、最も稀有な、つまり精神にとって価値ありと認められる多くの切子面において、ひとりでに一段と活気づく。精神は振動する宙吊り状態の中心であって、語を、通常の脈絡とは独立に、語法《ディスクール》とは称し得ぬものである語の可動性ないしは語を動かす力〔原理 principe〕が持続する限り、洞穴の壁面において、投射されたものとして知覚する。すべての語は、消滅に先立って、遠く隔たりながら、或いは偶然のように斜めから差し出されて、閃きを迅速に投げ交わす。

論戦〔Le débat〕──必要とされる凡庸な明白さがこれを末梢事に逸脱させてしまうものだが、論戦は相変わらず文法家たちのものである。」(*O.C.*, p. 386) *8

III

「　要するに、
各人が持っているはずの一組の紙葉《ファイル》の代わりに──
各人はそれを持っていないことに
なり、私が全部を持っているのだ [···]」[131 (A)]

「　座席と紙葉《ファイル》との、
会と書巻との、
同一性 [···]」(p. 138)

それは、終わりから始める
ことだろうか。
[94(A)]

IV

「　彼は洞窟に足を踏み入れ、精妙な亡骸を引き出したのだ」*9 (*O. C.*, p. 407)。

「　厚紙と書割のこの洞窟、天才の洞窟といってもよいが、つまり〈劇場〉において費やされる我らが人生の一夜という事実にあっては、もしも関心を抱くに値するものがそこにないなら、否応なしになんたる欺瞞的行為となろうか。[···] ひたすら心の催す祝祭であり、その一つは、書物の閉じた二枚のページが作る陰のなかに象牙のペーパーナイフを差し込むこと。もう一つのほうは、豪華絢爛、誇らしげで、如何にもパリ特有のもの、つまりどんな場所でも〈初日〉には出かけていくことである [···]」(*O.C.*, pp. 717-8) *10。

V

「彼が来ている場所──〈都市〉──そこで
〈演劇〉〔Th〕
彼に栄光をもたらすべき勲し

彼がそれを祝祭──(婚礼) として
こと祝ぐことになったかもしれぬ
〈劇〉〔Dr〕
勲しとは罪なのだ。つまり彼はとどまる

時間どおりに、この〈操作〉において;」*11 [169 (A)]

「　　　操作
──〈英雄〉が
放つ -〈頌歌〉を
(その母性的な〔讃歌〕) が、彼を創造し、
〈演劇〉〔Th〕に返還される、それが──」[4(A)]

黒板《タブロー》に引用文が書いてあるのは、沈黙のまま指で指し示すためだ。つまり、白地に黒で執筆済みのテクストを読みあげながら、私が、いつでも背後にある、黒地に白の一種のインデックスを当てにできるようにするためだ。白と黒のこうしたすれ違いのさなかで、一種の余白のエクリチュールこそが、つねに注記すべきものとして与えられよう。[*12]

今後、**文学とは何か**という問いは、すでに一つの引用として受け取らねばならないのだから、しかも、この引用のなかには、**とは何か**の地位と、なんであれ、とりわけ文学をこの尋問の形式に従わせる権威らしきものとが二つとも揺さぶられる〔solliciter〕[*13]だろうから、二重の会（タブローⅠ）が、まさに**文学とは何か**という問い自体のために開かれているのだと言うほどの厚かましさも図々しさも、私は決して持ち合わせていない。**文学とは何か**という問いが、二重の会に関わると告げるほどの無邪気な蛮勇を、私はとうてい持ち合わせていない。このような二重の会は、みずからにふさわしい隅を、文学と真理と**のあいだ**に見つけることになろう。文学と、**とは何か**の問いに対して答え**ねばならない**こととのあいだに。

一つのテクストのうち一方の部分《パルティ》〔勝負、遊び〕だけは目にすることができて、少なくとも出版《タブレ》されているがゆえに読むことができるのだが、その全体となると、あとあと計算に入れるべき『数たち』[*14]に接ぎ木

（1）『マラルメの〈書物〉』ジャック・シェレール編（*Le Livre de Mallarmé*, éd. Jacques Scherer, Gallimard, p. 182〔*suite*〕）。全集（プレイヤッド版）の出典指示がない場合、引用はすべて〈書物〉の抜粋である。[*6]

されている――そんなテクストの両方の部分の中間において、あるいは両者の宙吊りにおいて、二重の会は、それ自体が隅《コワン》にはまりこんでしまっていることだろう。人によっては、この半ば不在のテクストを参照する理由も明らかだろう。いずれにせよ、会とテクストとが、完全に別々でも単に不可分でもないのは言うまでもない。

したがって、関心のありか、文学と真理とのあいだの隅《コワン》は、ひとつの角《かど》をなすことになろう。この隅は、何かを折りたたんだときの形、襞によって確保された角の形をとっているはずだ。

さしあたり、**タイトルの問い**がある。

これは、数ある問いのなかでも、数ある決定的な問いのなかでも、グーが立てた非常にうがった問いであり、「ネットワークについての未だ思考されざる思考、複数の結節点をもつ非表象的な組織、**テクスト**についての思考［…］いかなるものもその**タイトルになり**ようのないテクスト、タイトルもなく章《チャプター》もなく、頭もなく中心部《キャピタル》〔大文字〕もないテクストについての思考(2)」をめぐるものだ。

マラルメには、それがわかっていた。この問いを彼は立てていたし、むしろこの問いを、二股の答えで解消していた。すなわち、この答え自体から問いを退けつつ、本質的な**非決定**のほうへと問いをずらしてゆく。問いの資格《タイトル》さえも浮いたままにする**非決定**のほうへと。

こうしてわれわれは、自分たちがかかわっている隅に入り込む。**一方で**マラルメは、頭や大文字やお告げよろしく、正面高くにやって来て声高にしゃべりすぎるタイトルを**宙吊りにせよ**と命じる。理由は二つあって、一つは、タイトルが声を張り上げて、大事なテクストのほうが聞こえなくなるからで、もう一つは、ページの上部を占めることで、上部が抜きん出た中心となり、始まり《コマンスマン》となり、指揮官《コマンドマン》となり、長《おさ》となり、執政官となってしまうからだ。かくしてマラルメはタイトルを黙らせるよう厳命する。動的な断片の輝きのなかで、短く切れ味のいい稜の上で、慎みある厳命がなされる。そうしてわれわれは、そこにあるイメーヌ[*15]〔婚姻、処女膜〕――もっとあとで非決定性がわれわれをこのイメーヌへと連れ戻すことになるはずだ――が明示されることも考慮に入れるだろう。

「こうした攻撃を前にすると、むしろ私は、こう反駁したくなる。すなわち、現代人は読む術を知らないのだ、と――

ただし新聞を読む場合をのぞいて。もちろん、新聞には、あれこれの気がかりをめいめいが口にするのをさまたげはしないというご利益がある。

読むとは――

次のような実践である――

タイトルというものは声高に語りすぎるおそれのあるものだが、そのタイトルさえ忘れがちなページ自身の純真さを、ページをめくるごと、その冒頭にくる余白のほうへとよりかからせること。そして、一語また一語と克服された偶然が、散種のごとくちらばった極小の裂け目の中にぴたりと並んだとき、先ほどまでは無根拠であった余白が、今や確固たるものとなって、しっかりと回帰する、それは、この向こうに何もないと結論づけるため、これが本物の沈黙なのだと証明するためだ――

この純潔〔処女性〕は、それに見合ったまなざしの明瞭さを前にすると、ひっそり独りのまま、おのれ自身と袂を分かち、純白さの断片となってしまったかのようだが、その断片同士がお互いに、〈観念〉の結婚の証となっている。

---

(2) Jean-Joseph Goux, *Numismatique II*, *Tel Quel* 36, p. 59.

テクストの下にひそむ旋律ないし歌が、予見的な直観をここからそこへと導きながら、みずからのモチーフを、目には見えない巻頭花形装飾や巻末のカットよろしく、テクストにあてがうのだ」*16（p. 386）。タイトルの権威や思い上がりに、見出し飾りの厚かましさに抗うのは、巻末の不可視のカットだけではない。タイトルとは反対側の端っこで、「ページの余白を埋めるのに役立つ」〔リトレ〕と印刷術用語で定義されているあのカットだけではない。タイトルの「恭しい大文字」を失墜させ、テクストの断頭にいそしむのは、余白の規則正しい挿入であり、散種の拍節《ムズュール》と秩序であり、空隙化*17の法であり、リュトモス(3)〔ρυθμός〕（エクリチュールの拍子《カダンス》*18と特性）であり、「白紙の上に配置され、それだけですでに意味を表す句読法」（p. 655）*19である。テクスト内での余白の確実な回帰（「余白が［…］しっかりと回帰する」）、定期的な周期が「純潔〔処女性〕」「純白さ」「〈観念〉の結婚の証」において再－標記される。こうした言葉を通じて、差し挟まれたり引き裂かれたりしたヴェールの白さを通じて、すでにわれわれは、自分たちが関心をもってかかわっているある角にそっと入り込んでいる。

したがって、タイトルが支配的であることを考えるなら、タイトルを**宙吊りにすること**、それが必要となる。

しかしタイトルの役目は序列構造にのみあるわけではない。宙吊りにすべきタイトルは、その位置ゆえに、宙に浮き《スュスパンデュ》、未決定《スュスパン》で、ないしは宙吊り《スュスパンシオン》のままでもある。タイトルがそこに何がしかを期待し、そこからすべてを受け取る——もしくは、タイトルがそこから何も期待せず何も受け取らない、一つのテクストの頭上で。だから、いくつかの役割のなかでも、この宙吊り《スュスパンシオン》〔吊り照明〕がしつらえられるのは、マラルメが、**シャンデリア**〔lustre 五年間〕を、数えきれないシャンデリアを自分のテクストの舞台上で配置した場所となる。

表題はそういうわけで、エクリチュールの中心地《キャピタル》〔首、冒頭〕を指定するのではなく、その宙吊りを保証する。そして輪郭を、縁取りを、フレーミングを。表題は一つめの襞をなし、テクストの周囲に、何か母体となる白さを描く。そこから、タイトル選択に際しての極度の細やかさ〔後で例を出す〕だけでなく、断頭に際しての「意味論的逆転」(4)さえ由来するのだが、この逆転による非決定の法のほうは、のちのち規定するつもりである。こうしてマラルメは、タイトルに沈黙を押しつけるよう命ずるが、しかしまた、胚や種となる余白の資力から汲みとるのと同様に、タイトルからも汲みとるようにと命ずる。マラルメの著作のなかで、タイトル文ないしはジェネレータ文の機能が認知されてきた。ロバート・G・コーンは『賽の一振り』(5)を例にとって、この機能に二章を割いている。[*21] マラルメはモーリス・ギィユモに向けて、(6)タイトルの宙吊り的な意義を、より正確には彼がページの上部に標記する余白の意義を**記述**《デスクリプシオン》している。この書簡は、ほかにもいくつかの理由でわれわれの関心をひきうる。たとえばこの書簡が、ひとつの**表象**にほかならない、とりわけ外見上はインテリア、家具、環境にまつわる**表象**にほかならない**描写**《デスクリプシオン》の特異な実践だという理由で（この描写は、あるエクリチュール——みずからを描写し、さまざまな角、「渦巻

（3）この言葉の意味と問題系については次を参照のこと。Benveniste, «La notion de "rythme" dans son expression linguistique», 1951, in *Problèmes de linguistique générale*, Gallimard 1966, p. 327 et K. Von Fritz, *Philosophie und sprachlicher Ausdruck bei Demokrit, Plato und Aristoteles*, Darmstadt, 1963, p. 25 sq.

（4）別の文脈の別の例で、ジャン＝ピエール・リシャールは、「断頭」のテーマに関して彼がまさに「意味論的逆転」と呼ぶものを分析している。*L'Univers imaginaire de Mallarmé*, p. 199.[*20]

（5）*L'Œuvre de Mallarmé, Un coup de dès*, Librairie Les Lettres, 1951.

（6）これは、ジャック・シェレールが *L'Expression littéraire dans l'Œuvre de Mallarmé*, 1947, p. 79 で引用している。

き装飾」もしくは「反復」がエクリチュールをおのれ自身へと連れ戻すがゆえに、みずからの軌道においてみずからの描写を消し去る、そうしたエクリチュール――についての描写であり、決して事物の描写にとどまるものではない)。また、この書簡以外では、マラルメのもとでさえおよそ出くわしたことのない、**シンタックス職人**〔*syntaxier*〕という言葉があるという理由で。

「ヴェルサイユには、貝殻模様、渦巻き装飾、曲線、モチーフの反復など、泣きたくなるほど綺麗な葉飾り模様の彫られた木造装飾があります。私の目には、こうしたものこそ、ひとまずおおまかな構想として私が紙に書きなぐり、ついで見直し、推敲し、切りつめ、まとめあげる、あの文というものに見えるのです。すでにどこかで読んだ情報を、全体のまとまりから隔てておこうとするかのように、ページの上部にあえて残した余白の誘いに応じるなら、虚心坦懐にやって来るなら、そのとき人は気づいてくれるでしょう、私が、奥の奥まで、仔細にわたってシンタックス職人であることに、私のエクリチュールには不明瞭さがないことに、私の書く文は、文の必然なる姿、その永遠に必然なる姿なのだということに〔…〕」[*22]。

したがって、タイトルは宙に浮いて、宙吊りで、宙ぶらりんのままである一方、劇場のシャンデリアのように輝いたままである。このシャンデリアの切子面の多数性(タブローⅡ)は、決して思うように数えきったり縮減したりされることはないだろう。「これこそ唯一の原理だ! シャンデリアというのは、すなわちそれ自体、あらゆる切子面でもって任意の何かを瞬時に陳列するもので、ダイヤモンドのように多面的なわれわれの視覚でもあるのだが、そうしたシャンデリアが煌めくにひとしく、劇作品なるものは、つづけざまに行為のさまざまな外観を人々に呈示してゆきながら、どの瞬間も現実をみじんも保有することがない、つまるところ何も生起しないのだ。〔…〕涙が完全にその形をとることも落ちることもならず

たえず宙吊りにされて（またしてもシャンデリアだ）、千の眼差しにおいて煌めく［…］」[23]（p. 296）

もっと先で、出来事のこうした不在を、その非《ノン》‐場所《リュー》（「どの瞬間も現実をみじんも保有することがない、つまるところ何も生起しないのだ」）の可視的で形状をなした切迫を、カーテン、スクリーン、ヴェールの統語法のなかで肉付けする必要が出てくるだろうから、もう一つ、『聖務・典礼』から「聖なる楽しみ」を思い起こしておこう。長《おさ》――オーケストラの指揮者――の楽弓あるいは棒は、持ち上げられた筆のように待機してから下ろされるのだが、そこでまたしても吊り照明《スユスパンシオン》やシャンデリアに照らされている。

「［…］そのとき、秋の人気のない壮麗さをおおった幕が取り払われようとしている。光の指使いが今にも散らばろうとしているが、草叢がそれを宙吊りにし、その姿は、折しも、準備の整ったオーケストラの盆池に映し出されている。

指揮棒が合図を待ち構える。

最初の拍子をとる至上の楽弓は、決して振り下ろされることなどなかっただろう。もし、一年のなかでも特別なこの瞬間に、自分たちがここに何しに集まったのかについての公衆の明晰な意識を、会場内のシャンデリアの方が、複数の切子面を通じて上演する事になっていたならば」[24]（p. 388）。

この二重の会では、おそらくタイトルが、次のような切子面にカットされて、宙吊りになっていることだろう。

［書かずに発音すること、］　　**マラルメの洞窟《アントル》**
［しかも三度(7)　　別の言い方では　　**マラルメの「あいだ」《アントル》**
　　　　　　　　　別の言い方では　　**「マラルメ」という中間状態《アントル・ドゥ》** *30

---

(7) 勝ち誇った様子で、ここに反論が飛びついてくる。しかもその反論は、**あわただしい出版物**〔*l'empressement*〕の記事欄に大挙して行列を組み始める。人々はこう言うはずだ。「ほらごらんなさい、これが発声なしには成り立たない類のシニフィアンの戯れです。もはやこの戯れはしたがって、われわれの耳をひっかくエクリチュールの要素だけに含まれるわけではないんですよ」と。

　ろくに読みもせずに、こうした安上がりですませようとする性急で素朴な御仁には、とりいそぎ次のことを思い起こしていただこう。その追求がこのシャンデリアに始まり、ゆくゆくは耳であれ何かをひっかくことになるもの、それはエクリチュールの位置ずらし〔déplacement〕であり、この「概念」の体系的な変形および一般化である。エクリチュールとパロールの古い対立など、その対立を故意に脱構築しているテクストを精査するに際しては、なんら妥当ではない。このようなテクストは、「書かれる」以上に「発話される」ということはないし、語の形而上学的な意味でパロールに**敵対**したりエクリチュールに**味方**したりもしない。ましてや、なにかしら第三の力や、とりわけ起源や中心の急進主義に与するわけでもない。始原《アルケー》や目的《テロス》といった価値、これらに依拠した歴史や超越論性といった価値は、まさにこの脱構築批評の主要な標的である。繰り返しておこう。「そんなわけですから、なんらかの書字中心主義《グラフォサントリスム》をロゴス中心主義に対置したり、あるいは一般になんらかの中心になんらかの中心を対置することは、決して問題にならなかったわけです。［…］いわんや、人びとがつねに文字《エクリチュール》と呼んできたものの名誉回復といったものではありません。［…］そうした文字《エクリチュール》にその諸権利とか、その優越性、品格を回復させてやるといったことが問題なのではありません」。*25というのも、こう強調する必要があるからだ。「このことはもちろん、エクリチュールの概念を構成し直すことでもあるのだ。*26［…］話声言語《ラング・オラル》はすでにこの［一般的］書差《エクリチュール》に属していると考える。だが、このことはエクリチュール概念の変更を前提する［…］」。*27 音韻論主義は、その立論の強固な地盤を形成している音声言語《パロール》と文字言語《エクリチュール》の通常の概念――これは通常の日常的な概念であり、さらに（これは矛盾することではないが）古びた歴史によって住まわれ、ほとんど見通しが利かないだけにいっそう厳格な境界によって限定されている概念である――が保有されているかぎり、いかなる反論も受けつけはしない」。*28

したがって、大小さまざまな雑誌がこの脱構築批評に対して突き返したつもりになっていたのは、エクリチュールについての古い言葉と古い概念のほうであり、そこに備給されたあらゆるものであり、おまけに混乱して、当の脱構築批評からいくらか手立てを借りている始末である。こうした反応はあきらかに症候的で、一つの類型に相当する。フロイトが語るところによると、男性にもヒステリーがありうることを世に認めさせようと彼が骨を折っていたとき、単なる軽率さや無教養の現れとはいえない幼稚な抵抗にいろいろと出くわしたが、なかでもこういう抵抗があった。それはある外科医が――**わざと**――フロイトに向かって言ったことだ。「しかしわが同僚よ、どうしてそんなばかげたことを言うんです！　ヒュステロン（ママ）というのは子宮のことですよ。一体どうして男がヒステリーになれるんですか」。*29

この事例は些細なものではない。それどころか他にもいろいろと事例を引き合いに出すことができよう。ことあるごとに人々は、概念の起源とされるもの、ないしはある語の架空の語源を持ち出して、概念や語の変形過程に敵対してきたのだが、その際に自分たちが歴史や無意識的な動機づけをどっさりしょいこんだ通俗的な記号を使っているのだということがわかっていないのである。

この注記、この典拠、この事例選択をおこなったのも、もっぱら言語のある種の**位置ずらしされたもの**〔un certain *déplacé*〕を知らせるためだ。こうしてわれわれは、処女膜《イメーヌ》の**背後**にあると**想定される**ものに入り込んでいる。それは、転移や見せかけ《シミュラークル》やマイム劇《ミミック》によってしか露わにならない子宮〔l'hystère〕（υστερα）である。

これは発音どおりに書かれている。

そうすると、〔「別の言い方では」につづく〕サブタイトルの一つめは、次のように書かれる統語法に従えば、コロンで宙吊りになることだろう。

イメーヌ：プラトンとマラルメのあいだ《アントル》

［今度は、書くこと、］

［発音せずに

「話し手は座る」[*31]

各自が手にしている紙葉（タブローⅢ〔本書ではタブローⅢではなく二七九頁〕）には、マラルメの短いテクスト「黙劇」が、『ピレボス』の一節を分割ないし補完しながら、その隅に嵌め込まれている。ミメーシスをそれと名指してはいないが、ミメーシスのシステムを例示し、先回りして、それを**例示**のシステムと定義してさえいる『ピレボス』の一節の隅に。

なぜ二つのテクストをそこに配置しなければならないのか。なぜこれらを、このように、次の問いの開始部に置くべきなのか。すなわち、文学と真理**のあいだ**《アントル》には何が出現し何が出現しないのか（文学と真理**のあいだ**には何が行き来し行き来しないのか）という問いの開始部に。この問いは、これら二つのテクストのように、この模倣劇《ミモドラム》のように、これから詳述されることに対する銘句〔作品外〕にとどまるだろう。それは、ある出来事——次の会の末尾でこの出来事は不在なのだということもはっきり指摘しなければならないだろう——をひときわの高みから監視する表題にとどまるだろう。

われわれはある襞を浮かび上がらせるつもりだが、その襞を通じて、これら二つのテクストと両者のやりとりは、あらゆる徹底枚挙法からきっぱりと逃れさる。それでもわれわれは、おおまかな描線で、そこにいくつかのモチーフを標記しはじめることはできる。これらの描線は、ある種の枠に、ある歴史の囲いや縁取りになってくれるかもしれないが、その歴史とは、まさしく文学と真理のあいだのある種の戯れについての歴史である。両者の関係の歴史は、ミメーシスによって——性急に（とりわけ模倣と）訳してはならない概念だ——とは言わないまでも、ミメーシスのある解釈によって組織されていることだろう。このようなミメーシス解釈は、ある時期にある作者の行為や思弁上の決定だったことはなく、そのシステムを再構成すればわかるように、一つの歴史の総体だったのである。プラトンとマラルメ——といってもこれらの固有名はいまだ実在の典拠ではなくて、便宜上の指示、そして分析にとりかかるにあたっての指示にすぎないのだが——のあいだで、一つの歴史が生じた。次のことを認めるならば、この歴史は、文学の歴史でもあった。すなわち、文学がこの歴史のもとで生まれ、この歴史によって死んだのであり、イメーヌの手助けでわれわれがこれから定義する論理によって、文学の出生証明そのものが、文学という名称の申告がその死去〔紛失〕に合致してきたのだということをもし認めるならば。そしてこの歴史は、それに意味があるとするなら、真理という価値によって、そして文学と真理**のあいだ**に、問題のイメーヌのなかに書き込まれたある関係によって、ことごとく制御されている。「それに意味があるとするなら」というと、この歴史に意味がない可能性も認めているかのように見えよう。だが、本稿の分析を最後までたどれば、歴史なるものには意味があるばかりか、歴史という概念は、意味の可能性なしには、意味の過去的現前か現在的現前か、約束された現前なしには、意味の真理なしには存続できなかったのだということが確認されるのを、われわれは目の当たりにするだろう。このシステムの外で歴史という概念に依拠できるようにするには、特殊で体系的な戦略に従ってこの概念を別の場所に書き込み直すしかあるまい。

真なる歴史、意味の歴史は『ピレボス』のなかで語られている。お手元の場面を読み直していただければ、四つの描線にお気づきのことだろう。

一．**書物は、対話ないしは問答法＝弁証法である**。少なくともそういうことになっていよう。魂がある種の書物（*bibliō*）にたとえられているが、その際、そこではもっぱら、書物が言説（*logos*）の一様態または一審級として、すなわち押し黙った、沈黙の言説として現れる。「黙劇」の「声なき頌歌」や「音楽の午後における沈黙」ではなく、「音楽と文芸」の「黙した声」でもなく、回帰した声として。一言で言えば、その声とは、『テアイテトス』と『ソピステス』が定義する意味での思考（*dianoia*）である。「ではまず、〈思考〉と〈言説〉とは同じものではないかね。違う点はただ、一方は魂の内において音声を伴わずに、魂自身を相手におこなう対話であって、これがわれわれによってまさにこの〈思考〉という名で呼ばれたというだけのことではないか」（『ソピステス』、263*e*）。「――何をその名（*dianoeisthai*）で呼びなしているのでしょうか。――心が自分の吟味するものについて、自分が自分を相手にして始終話すその言説をそう呼びなしてのことさ。僕がこうやって君に開陳しているのは、何も知らない人間としてなんだよ。実際、心が思考している時の姿というものを、そういうふうに僕は思い描いている。それは、心にとって、自分が自分に問いかけたり答えたりする問答、肯定だったり否定だったりする問答にほかならないのだ」（『テアイテトス』、189*e*）。『ピレボス』の立論にしたがえば、初めにドクサ、意見、感情があって、それらはあらゆる伝達や言説の以前に自己のなかでおのずと形になるもので、これは何かに見えるとか、これは本当らしいとか、そういうことに関わるものだった。次に、私がこのドクサを大きな声で、現前する話し相手に向かって口にするとき、それは言説（*logos*）となった。しかし、ロゴスが形になりえた瞬間から、対話が可能になった瞬間から、相手がいないという事態が偶発事として起こりうる。ただ独りで、私はこの言説を、いわば自分自身に差し向け、内的なやりとりのなかで自分と対話する。そのとき私のもとにあるのはやはり言説だが、ただし無声の言説で、私秘的《プリヴェ》なロゴス、つまり切りつめられた《プリヴェ》ロゴス、自分の器官からも、自分の発声からも切り離されたロゴスとなる。さて、ソクラテスのもとで書物の「隠喩」が重要になるのは、欠如をもったこのロゴス、無音のこの声、切除された――みずからの器官からも、みずからの他者からも――この対話に関わるときである。このとき、私の魂は書物に似ている、というのも、確かに、書物がロゴスや対話である（それゆえ書物は「対話」の一種にすぎない）からだが、しかしとりわけ、この目減りしたひそひその会話が、声の喪失にふさわしく、偽《フォー》の＝不自然な対話、付随的な会談にとどまるからである。声を喪失したこの対話の場合、書物が、魂の中に書くことが必要となるにしても、それは他者が現前していない場合に限られ、声が用いられないときに限られるだろう。そしてわれわれは、かわりに他者の存在を再現し、同時に発声器官を埋め合わせしようとする。かくして隠喩的な書物は、マラルメにいたるまで、人々がつねに書物に付与してきたであろうあらゆる性格を有している。たとえ、それに対して文学的実践が与えたかもしれず、与えたにちがいない否認がどのようなものであるにせよ。したがってそれは、みずからに語る《ソワ＝ディザン》対話の、いわゆる《ソワ＝ディザン》生きた対話の代替物としての書物である。

二．**書物の真理は決定可能である。**書物というこの偽の対話が、虚偽内容の対話であるとはかぎらない。われわれのなかの書き手（*par emin grammateus*）が語り、その直接の帰結として書きつける物事が、真であるか偽であるかによって、精神の書き物〔*Volumen*〕、魂における書物は真にも偽にもなりうる。平らに置かれたロゴスとしての書物の価値は、その内容の真理に従い、それと連動（これもロゴス）し、それに比例する。「しかし、われわれのなかの書き手が偽なることがらを書くとき、その成果は、真理に反する」。精神のエクリチュールは、最終審級では、問答法や存在論の法廷に出頭する。エクリチュールはみずからと同量の真理の価値しか持たず、これがエクリチュールの唯一の尺度である。在るものの真理に、事象そのものの真理に照らすことによって、諾か否か、エクリチュールが真なのか、それが真に見合っているか「**反している**」のかをつねに決定することができる。

三 **書物の価値（真／偽）は書物に内在しない**。書かれたものの空間は、それ自体では何の価値も持たず、善でも悪でもなく、真でも偽でもない。この中性の命題（…でも…でもない）は、プラトンの文脈の外に持ち出されようものなら、まもなく見るように驚くべき効果をもちうることになろう。だがこのプラトン的書物のもとでは、真理または誤謬がふとやって来るとしても、それは回帰した声を書き手が書き写す場合に限られ、すでに生じた言説、事象そのものに対して真理（類似）または誤謬（相違）の関係にある言説を、書き手が書物のなかに転写するときに限られる。書物を隠喩の審級にとどめないのであれば、こうも言えよう。書き手は、すでに彼が精神の表皮に書き刻んでいたであろうものを、外部の書物のなかに、いわゆる「本来」の書物のなかに書き写すのだ、と。真偽を判定すべきは、この最初の書き刻みのほうである。書物は、生きた言説を転写、複製、模倣するもので、この言説に見合った価値しか持っていない。書物がロゴスの**生**を欠いてしまった以上、元の言説より値打ちが下がることはありえるが、もとの言説より値打ちが上がることはありえない。こうしてエクリチュール**一般**は、生きた声や現前するロゴスの模倣、分身《ドゥーブル》として解釈される。むろん、エクリチュール一般が文学的エクリチュールだというわけではない。しかし、別の箇所、たとえば『国家』では、詩人が、もっぱら模倣者として、もっぱら「単純な叙述《ディエジェーズ》〔著者が登場人物を介さず自分自身の言葉で語った叙述のこと）」をおこなわないマイム役者として裁定され、そして非難されている。詩人が、なんらかのやり方で模倣的《ミメティック》な形式(8)に訴えるか否かによって、詩人固有の位置づけ

（8）プラトンのミメーシス概念の非常に複雑なシステムをここで分析することなどできそうにない。別稿（「賽の二振りのあいだで」）においてわれわれは、次の三点を中心に、そのネットワークと「論理」との再構築を試みる予定である。

a. **二重の父殺し**。プラトンはホメロスに対して、彼の申し子としての表敬、感謝、称賛の言葉をたくさん残しているが、そのホメロスが、ミメーシス使い〔miméticien〕のあらゆる詩人と同様、都市国家から追放される。それは、「神聖な、驚異に値する」（*ieron kai thaumaston*、『国家』、398*a*）存在に向けられた敬意のしるしとともにであり、人々がホメロスに、政治的に危険な文章すべてをテクストから「消して」くれるよう要求しないときのことだ（386*c*）。この盲目の父ホメロスは、ミメーシス（単純でない、模倣的な叙述《ディエジェーズ》）を**実践**したかどで非難される。もう一人の父パルメニデスは、ミメーシスに対する**無知**のかどで非難される。こちらの父に攻撃を加えなければならないのは、彼のロゴス、「父の説」が、分身たち（偶像、イコン、模倣素、幻影〔phantasmes〕）の増殖（の説明）を禁ずることになりかねないからだ。まさにここ（『ソピステス』、241*d-e*）ではっきりと書かれているように、この父殺しの必要性は、たとえ盲人（*tuphlô*）に対してさえも明らかである。

b. **ミメーシスの二重の書き込み**。ミメーシスを二項分類のなかに固定するのは、もっと正確に言えば『ソピステス』（ソフィストの狩り出しを組織するための方法やパラダイムが模索されている箇所）の「分類」のなかで物真似の技術〔*technè mimetikè*〕に唯一の場所を付与するのは、不可能である。物真似の技術は、「作る技術」〔*technè poetikè*〕の三形式の一つであり、同時に別の分け方では、ソフィストが富裕層の若者（218*d*-233*b* 以下）を狩りあつめる際に駆使する（生み出すのでも作るのでもない）獲得の技術（*ktetikè*）の一形式または一方式でもある。「**魔術師**であり、**物真似師**である」ソフィストは、あらゆる存在者の「模倣素〔mimèmes〕や同名物〔homonymes〕」（234*b*-235*a*）を生み出すことができる。ソフィストは、作る技術〔le poétique〕を真似るのだが、この作る技術は、それ自体のなかに物真似の技術を含んでいるので、作られたものの分身を生み出す。しかし、とらえられる寸前で、ソフィストは代補的な分類によってまたもや捕獲を逃れる。この分類は、物真似の技術を消失点でようやく交わりそうな二形式（235*d*）に分ける。

そのものが裁定されうるのである。もちろん、以上のようにその事案が教示〔予審〕されている詩なるものを、われわれが「文学」と呼ぶものと混同してはならない。ちょうど人々がそう考えたがってきたように、文学が比較的最近の断絶から死産したものだとしても、やはりあらゆる文芸の解釈史が、ミメーシス概念の切り開いた多様な論理的可能性の内部で位置をずらし、形を変えてきたことに変わりはない。この論理的可能性は、数が豊富で、逆説的で、人をとまどわせるものなので、たいへん豊かな結合術《コンビナトワール》を解き放ってきた。ここでそれを論証するつもりはない。プラトンの言説を拘束した図式的な法を押さえておこう。彼はある場合には、モデルがなんであれ、複写の過程《プロセ》としてミメーシスそのものを非難することになったが[9]、別の場合には、模倣操作そのものは中立であるばかりか望ましいものであって、「模倣の対象となる」モデルに比例してのみミメーシスをいかがわしいものと見なすことになった[10]。しかしいずれの場合でも、

すなわち、忠実に複製する**似姿を作る技術**〔l'*eikastique*〕の側と、似姿を作る技術に見せかけ、忠実に見せかけるふりをして、見せかけ《シミュラークル》（幻影《ファンタスム》）で目をあざむく**見かけだけを作る技術**〔la *fantastique*〕の側とに。この見せかけ《シミュラークル》は、「絵画〔*zôgraphia*〕において、さらにはまた物真似の技術のすべてにわたって、きわめて大きな部分を占めている」。以上は、哲学者という狩人にとってのアポリア（236*e*）であり、狩人は分岐の前に立ち尽くし、獲物〔ソフィスト〕を狩り続けることができずじまいだが、当の獲物（彼もまた狩人なのだが）にとっては際限のない小旅行であり、われわれは長い迂回の末に、マラルメの「黙劇」のほうでこの獲物を見つけることだろう。この模倣劇と、これが生み出すことになる**二重の学**〔la *double science*〕はもっぱら、哲学と詭弁術《ソフィスティック》との関係についての、ある抹消された歴史に関わっていたことになるだろう。

c．**罪のないミメーシス**。*[33] 哲学的「決断」の「手前」でミメーシスを捉え返すなら、プラトンが、詩と芸術の宿命をミメーシス（あるいはむしろ、今日しばしば拒絶すべきものとして再-現前〔re-présentation 表象〕、模倣、表現、複製などと訳されるものすべて）の構造と結びつけるどころか、仮面、作者の消滅、見せかけ、無名性、典拠不確定なテク

スト性といった「現代性《モデルニテ》」があらためて掲げるものすべてをミメーシスにひっくるめて、いかがわしいものと見なしていることに気づく。『国家』の単純な叙述とミメーシスについてのくだり（393*a* 以下）を読み返せば、それを確証することができる。ここでわれわれにとって肝心なのは、ミメーシスをおこなうこと〔*mimeisthai*〕の「内在的」な二重性＝複写性〔duplicité〕であり、これこそプラトンが二つに切断して、よきミメーシス（忠実にそして真理に適うように複製するが、みずからがはらむ複写という単なる事実によってすでに脅かされているミメーシス）と、狂気（396*a*）や（悪質な）戯れ（396*e*）として抑制すべき悪しきミメーシスとの二つに裁断したがっているものである。

　この「論理」の図式。(1) ミメーシスは事物の分身を生み出す。分身が忠実で、完璧にそっくりなら、いかなる質的差異によっても、それはモデルと区別されることはない。三つのことが帰結する。(a) 分身――模倣者――は、それ自体では何ものでもなく、何の価値もない。(b) 模倣者はモデルによってはじめて価値を持ち、モデルがよい場合は模倣者もよいもので、モデルが悪しき場合は模倣者も悪しきものとなる。模倣者は、それ自体としては、中性かつ透明である。(c) もしミメーシスがそれ自体で何の価値も持たず、単独では無に等しいなら、ミメーシスは価値のなさや存在のなさであって、もともと否定的なものである。したがって、模倣者は、いたらぬもの〔un mal〕であり、模倣は、それが害悪の模倣に帰着する場合にかぎらず、それ自体いたらぬものである。(2) ミメーシスと模倣素が存在する以上、似ていようといまいと、模倣者はそれなりの何かである。この非《ノン》‐存在《エートル》は、いわば「実在《エグジスト》」する（『ソピステス』）。したがって、(a) 模倣者は、モデルに付け加わると代補として到来し、無や無価値であることをやめる。(b) 模倣者は、「存在」するモデルに付け加わると、モデルと同じではなくなる。たとえ完璧にそっくりでも、完璧にそっくりということ自体が決してないのだ（『クラテュロス』）。それゆえ、完璧に真ということ自体が決してない。(c) 模倣者は、モデルの代補であるがモデルに匹敵することなどありえず、模倣者がモデルの代わりをつとめることができて、その「お墨付きをもらえる《プリメ》」時でさえ、おのれの本質からしてモデルに劣っている。以上の図式（二つの命題と六つのありうる帰結）は、ある種の論理的機械をなす。この機械が、プラトンの言説と伝統の言説のなかに書き込まれたあらゆる命題の原型をプログラムしている。複雑だが容赦のない法にのっとって、この機械は、その後にやって来る批判のあらゆる型を配給している。

（9）『国家』、395*bc* および諸所に。
（10）*Ibid.*, 396*cd*.

ミメーシスは真理に合わせて整序されている。すなわち、ミメーシスは存在者をコピーや分身で代替するがために事象そのものの非覆蔵性〔真理〕を妨げるか、ないしは分身のもつ類似性（*homoiosis*）によって真理に奉仕するかのどちらかである。ロゴスは、それ自体がエクリチュールに模倣されるもので、もっぱら真理として価値をもつ。まさにそれゆえに、ロゴスはプラトンによってつねに問いただされるのである。

四．最後に、このテクストをフレームにおさめる〔cadrer〕ための四つめの描線、このように特徴づけられた書物の要素は、イマージュ一般（イコンまたは幻影）、想像的《イマジネール》なもの、または**イマージュ的なもの**〔*l'imaginal*〕である。ソクラテスが「無言の独り言」（「黙劇」）において、魂がおのれ自身と取りもつ沈黙の関係を書物に**たとえる**[*34]のは、書物が魂を模倣するか、あるいは魂が書物を模倣するからで、一方が他方と**似た**イマージュだからである（image は *imitari* と同じ語根をもつ）。これら類似物の双方は、お互いに似かよる以前でさえ、そのものとして複製的・模倣的な本質を、語の表象的な意味において絵画的〔picturale〕な本質をもっていた。事実、ロゴスはエイドスというモデルを模範としなければならず(11)、書物はロゴスを複製し、すべてがこの反復、類似（*homoiosis*）、重複、複写の関係によって組織される。しかもこの組織化は、事物（*onta*）、パロール、エクリチュールがお互いに反射し合うような類のきらめきと鏡像的過程とを通じてなされるのである。

そのため、絵画の描き手の出現はあらかじめ定められたもので、絶対に避けられない。その住まいは『ピレボス』の舞台に用意されている。このもう一人の創造者《デミウルゴス》である描き手〔*zôgraphon*〕は、書き手〔*grammateus*〕の後にやってくる。「描き手が書き手のあとにやってきて、われわれの魂のなかに、言葉に対応するイマージュを描く」。知ってのとおり、絵画（*zôgraphia*）とエクリチュールのこの共犯関係は、つねに存在していた。プラトンにも、それ以降にも。ただし、エクリチュールと絵画がお互いに相手のイマージュでありうるのは、それらがどちらもイマージュ、複製、表象として、前者が生者の、生きた声のそれとして、後者が生き生きとした描像〔*zōgraphia*〕のそれとして解釈されるかぎりにおいてである。文学と真理の関係にまつわる言説は、**肖像**の枠組《カドル》み〔額縁〕において、つねに反復の謎めいた可能性に突き当たる。

さて、描き手はここで何をしているのだろうか。書き手と同様に描き手もまた、もちろん隠喩《たとえ》の上のことだが、魂の中に何かを描写する。しかし描き手は書き手のあとを通り、書き手の足跡を通りなおし、彼の名残と痕跡をたどる。そして描き手は、彼が到着したときにはすでに書き上がっている書物に**例示**《イラスト》をほどこす。彼は「言葉にふさわしいイマージュを魂の中に描く」。デッサン、絵画、空間芸術《エスパス》、空隙化《エスパスマン》の実

---

(11) ソクラテスは『クラテュロス』のなかで、命名行為がミメーシスと相容れなかったこと、マイム役者においてと同様、語の形態が事物の形態と似ているなどありえなかったことを論証した上で（423*a* 以下）、それでも別種の類似、ただし非感性的な類似によって、正しい名称がその「実物」としての事物のイマージュとなっていたのだとあくまで主張する（439*a* 以下）。しかもこの主張は、『クラテュロス』の皮肉めいた紆余曲折をへてもぶれることがない。モデルがイコンより優位にあるように、実物としての存在者が言語より優位にあるのだということは、絶対的な確信として揺るがない。「では、一方において、名前を通じて可能なかぎりは事物を学ぶことができるし、他方また事物自身を通じてもできるとするならば、どちらの学び方が、よりすぐれた、より精密なものなのだろうか。つまり、模造品に依って（*ek tes eikonos*）これ自身がうまく似せられているかどうかを学ぶとともに、またこれがその模造品であったところの実物をも学ぶということのほうがそうかね。それとも、実物に依って（*ek tes aletheias*）これ自身を学び、かつこれの模造品が似つかわしく作り上げられているかどうかをも学ぶことのほうがかね。〔…〕この点が合意されただけでも、満足すべきことなのだ。すなわち、名前に依ってではなくて、むしろ名前に依るよりもはるかに強く、それらをそれら自身に依って学ぶべきであり、探究すべきでもあるということがね」。

践、外部（書物の外）への書き込みは、内部の思考の言説という書物に、それを例示し、表象し、飾りをほどこすために付け加わるにすぎない。イマージュをなす絵画は言説の肖像である。絵画は、絵画がみずからの表面に凝結させ氷結させた言説と同等の価値をもつ。したがって、絵画はロゴスに見合った価値しか持っておらず、しかもそれは絵画を解釈し、絵画を読み取り、絵画の言わんとすること——実際には、絵画にしゃべらせるために、絵画に生命を吹き込みなおしつつロゴスが絵画に言わせていること——を言えるようなロゴスである。

しかし、絵画は変質したいくぶん余計な表現、言説的な思考の代補的な飾り、ディアノイア（*dianoia*）やロゴスの装飾であるが、それとは正反対に見える役割も果たす。絵画は、イマージュ、表象、反復として定義される思考や言説の本質を純粋に開示するものとしてはたらく。ロゴスがまずもって存在者のエイドス（知解可能な可視性の形象）に忠実なイマージュであるならば、それは原初的で深遠で不可視の絵画として生じるのだ。そのため、通常の意味での絵画、画家による絵画は、絵画の絵画にすぎない。かくして、絵画はロゴスの本質的な絵画性〔picturalité〕、その表象性を開示することができる。まさにこれが、ソクラテスが『ピレボス』の描き手《ゾーグラポン》－創造者《デミウルゴン》〔*zôgraphon-demiourgon*〕に割り当てる役目なのだ。「この描き手は、一体どんなふうに［…］仕事をするのでしょうか」とプロタルコスが実際に問うている。「**ソクラテス**——それはこういう場合だ。直接的な視覚（*opseôs*）から、あるいは何か他の感覚から、それにともなっている思いなしと言説とを分離した上で、自分のなかで、このように思いなされたり言葉にされたりしたことのイマージュをなにやら見ている場合なのだ」。書き手のあとに、書き手に従って仕事をする描き手、書き手の後を通る労働者、芸術家を後追いする職人は、分析、分離、貧弱化をおこなうことで、まさしく思考の絵画的・模倣的・イマージュ的な本質を純化することができる。そのとき描き手は、事物のむき出しのイマージュ、単純な直観に与えられるがままの、知解可能なエイドスあるいは感性的オラトン〔*oraton* 可視物〕において見るべく与えられるがままのイマージュを復元する術を心得ている。描き手は事物から、いまや注釈、中核をとりまく外皮、表皮のごときキャンバスといった地位にあるつけたしの言語、キャプションを剝ぎ取るのである。

その結果、精神のエクリチュールにおいて、描画《ゾーグラピア》〔*zōgraphia*〕とロゴス（あるいはディアノイア）は両者間に次のような奇妙な関係を持つことになる。すなわち、一方がつねに他方の代補であるという関係を。場面の前半部では、事物の本質をじかにとどめる思考は、エクリチュールや絵画という例示的な飾りを本質的に必要としていなかった。魂の思考が緊密に結びついているのはロゴス（そして発話されるか押し殺されるかした声）だけであった。反対にもう少し先では、絵画（さきほど精神的エクリチュールがそうであったように、もちろんこれは精神的絵画という隠喩である）がわれわれに事象そのもののイマージュを与え、その直観、その正しい視覚を届ける。すなわち、この視覚に伴ってそのじゃまさえしていた言説から解放された視覚を。大いに力説しておくが、当然これもやはり絵画とエクリチュールの隠喩であり、このように相互に関係づけられた隠喩である。知ってのとおり、他方でプラトンはつねに、この隠喩の外では「本来の」意味でのエクリチュールや絵画に対して事象そのものの直観を認めない。というのも、これらはコピーやコピーのコピーにしか関わらないからである。

言説と書き込み（エクリチュール－絵画）とが、相互に有用な補完物として、あるいは相互に無用な代補物として、ある時は有用な補完物として、別の時は無用な代補物として、あるいは言説にとって一方的にそのようなものとして、反対に書き込みにとって一方的に言説がそのようなものとして代わる代わる現れるのは、言説と書き込みが両者ともども、次に挙げるもろもろの共犯性または可逆性の組織《ティシュ》によって維持されているからである。

一．それらは両者ともに、それらが手にすることのできる真理に照らして評価されている。

二．それらは、お互いがお互いにとってのイマージュであり、それゆえ一方が欠けているときはもう一方がそれを代補することができる。

三．それらの共通の構造によって、両者はムネーメー〔*mnêmè* 記憶〕とミメーシスの性格を帯び、ミメーシスの性格ゆえにムネーメーの性格を帯びる。〈ミメーシスをおこなうこと〉〔*mimeisthai*〕の作用において、マイム役者と彼が真似るものとの関係、再現者と再現されるものとの関係は、つねにある**過ぎ去った現在**との関係である。模倣されるものは模倣者よりも先にある。ここから、実際にきまってなされる時間の問いが出てくる。グラマータ〔*grammata* 書かれたもの〕とゾーグラフェマータ〔*zôgraphémata* 描かれたもの〕が未来に関係するなどありえないのではないかとソクラテスは自問する。思考困難なのは、模倣されるもののほうが模倣者から見て将来的である〔来たるべきものである〕ということ、イマージュがモデルに先立ち、分身《ドゥーブル》が単身《サンプル》に先立つということである。「希望」（*elpis*）のあらゆる開け、想起《アナムネーシス》（〈回帰すべき過ぎ去った現在〉としての未来）、序文、前未来が、事象を改編しにやってくる。[12]

ミメーシスの価値をもっとも制御しづらいのは、この地点である。たしかに、ある作用がプラトンのテクストのなかで生じているが、それを矛盾だと早急に判断してはならない。一方で、確認したとおり、ムネーメーをミメーシスから分離するのは難しい。だが他方で、プラトンがしばしばミメーシスを、ほとんどつねに模倣芸術を失格扱いしているとしても、彼が真理の非覆蔵性、アレーテイアを、想起《アナムネーシス》（すでに見たように、これは**記憶**《ヒュポムネーシス》とは区別される）の作用から分離することは決してない。

こうして、ミメーシスの内的分割、反復そのものの自己複写が告げられる。しかもこの作用は、それが自分自身の増殖をかかえる以上、無限に続く。そのため、おそらくはつねに単一のミメーシス以上のものがある。そしておそらく、その解釈の総体としての歴史が――文学の歴史が――宿るのは、この奇妙な鏡の中である。あたかも自分自身を真似るべく、そして自分自身を隠すべく宿命づけられているかのように、一つのミメーシスを別のミメーシスの中で反射し、ずらし、歪曲する奇妙な鏡の中である。そこではすべてが代補的な分身の逆説の中で演じられることだろう。この代補的な分身は、単身や単一のものに追加されて、それらに取って代わり物真似するものだが、それは似たものであると同時に異なるものであって、似ているがゆえに――似ているかぎりにおいて――異なっており、それが二重化するものと同じものであると同時に別のものなのである。ところで、「プラトン主義」が、ということはつまり、多かれ少なかれそのまま西洋哲学の歴史全体――その歴史に定期的に結びついてきた反プラトン主義を含めて――が、決定し保持しているものとは何だろうか。存在論や問答法＝弁証法のなかで、それに結びついてきたあらゆ

---

(12) アリストテレス以後、とりわけ「古典主義時代」には、模倣のモデルはもはや単に自然のなかにあるのではなく、自然を模倣する術を心得ていた古代の作品や作家のなかにあるのだが、そのときでも上述の論理プログラムに変化が加えられることはないだろう。ロマン主義時代（としばしばそのはるか後）まで、幾多の事例を見つけられよう。とりわけ『俳優に関する逆説』のなかで、模倣学的な「仕掛け」をあれほど強く揺さぶっ《ソリシテ》たディドロが、それでも「想像された理想のモデル」（つまりいわゆる非プラトン的なもの）と彼が呼ぶものの分析のなかで、さまざまな転倒がプログラムのなかに折り込まれていることを裏付けている。前未来についてはこうだ。「たしかにアントワーヌ・コワペルが芸術家たちに次のように言ったとき、彼は機知あふれる人だった。「古代の彫像たちがわれわれの描く絵画の原本となるよりむしろ、可能ならば、われわれの絵画の人物たちが、古代の彫像の生きたモデルとなるようにしようではないか」と。同じことを文学者たちに助言することができる」（«Pensées détachées sur la peinture», in *Œuvres esthétiques*, Garnier, éd. Vernière. p. 816)。

ある変異や革新を通じて決定され保持されているものとは何だろうか。それはまさしく、**存在論的なもの**であり、すなわち、**在る**ものについての言説の可能性とされるもの、在るもの《オン》（現前的存在者）を決定し、在るものについて決定することのできるロゴスの可能性とされるものである。在るもの、現前的存在者（実体や現実の形式／質料、本質／実在、客観性／主観性などといった諸対立の母型的形式）は、仮象、イマージュ、現象などから、つまり在るものを現前的存在者として現前させつつも、これを二重化し、再現前化＝表象し、それゆえこれに取って代わり、現前性を剝ぎ取ってしまう〔dé-présente〕ものから区別される。それゆえ、一と二があり、単身と分身がある。単身の**後に**やって来て、分身は、**従って**〔*par suite*〕単身を増加させる。その結果、念を押しておくならば、イマージュが現実に、表象が現前中の現在に、模倣が事物に、模倣者が模倣されるものに**ふりかかる**〔*survient*〕のである。初めに、在るもの、「現実」、事象そのものが、現象学者たちの言うように生身で〔en chair et en os〕そこにあり、次に、それを模倣しつつ、絵画、肖像、描像〔zographème〕、事象そのものの書き込みまたは転写がある。模倣者と模倣されるものとを少なくとも数値のように識別できること、それが序列である。言うまでもなく、「論理」自体によると、ある根底的な類義性によると、模倣されるものは、模倣者より現実的で本質的で真正だ、などとなる。模倣されるものは、模倣者よりも以前にあり上位にある。今後はたえず、ミメーシスの臨床的〔寝床に関する〕パラダイムを、『国家』第十巻（596*a* 以下）の画家、家具職人、神による三つの寝床の序列を思い起こすようにしていただきたい。

おそらくこの序列は、一見すると歴史のなかで何度も異議を申し立てられ、転倒させられさえするだろう。しかし模倣されるものと模倣者との絶対的な識別可能性、模倣対象の模倣者に対する先在性が、形而上学のシステムによってずらされてしまうことはなかろう。「批評」あるいは詩法の分野では、模倣

〈表象、描写、表現、想像など〉としての芸術は「盲従」であってはならず（この命題が詩学の二〇〇〇年を画定している）、結果として芸術は、自然に対する奔放さのなかで、それが模倣するもの以上の価値をもつ作品を創造し産出しうるのだということがはっきりと力説されてきた。しかし、こうした派生的対立のすべては、われわれを同じ根幹に帰着させる。さらなる価値、さらなる存在が、芸術を、もっと豊穣で、もっと自由で、もっと愛らしく、もっと創造的な自然、つまりもっと自然らしい自然にする。模倣の古典的教養の壮大な体系化の時期に、デマレはみずからの「詩学」で、当時かなり一般的だった考えを表現している。

「そしてわれわれを魅了することにかけて〈芸術〉は自然以上だ。

……………

われわれは、模倣されるものを愛さずに、模倣者を愛す。[35]」

どちらを好むにせよ（ただし模倣されるもの／模倣者という関係ゆえに、なんと言おうと**選好**は模倣されるもののほうにしか向かないことも容易に指摘できよう）、結局はこの発生序列、模倣されるものの優先-権〔pré-séance〕こそが、文学エクリチュールの作用をとは言わないまでも、「文学」の哲学的かつ批評的な解釈を決定している。この発生序列は、**現れの**序列であり、現れることそのもの一般のプロセスである。それは**真理**の序列なのだ。「〈真理〉」はつねに二つのことを意味してきたし、真理の本質の歴史、真理の真理は、この二つの解釈、この二つの過程《プロセ》[36]の隔たりと分節にほかならない。ハイデガーの分析を簡略化しつつ、かといってハイデガーがそこに認めると思われる継起の序列を必ずしもそこに持ち込まずに、次のことを考慮することができよう。すなわち、**一方で**、真理の過程は、忘却のなかに隠れたままにとどまるものの非覆蔵性（*aletheia*）であり、事物そのものから、在るものとして在り、現前し、生起し、場合によっては存在の決定可能な裂け目としてあるものから、持ち上げられ取り除かれた覆いであるということを。他方で（ただしこの他方の過程は最初の過程のなかに、現在の現前性の、現在の仮象〔apparence〕の両義性または複写性〔二重襞性〕――現れるものとそれが現れること――のなかに、現在分詞の襞(13)のなかに、あらかじめ書き定められているのだが）、真理は、表－象〔再－現前〕とある事物（覆いを取られた現在）との間の合致（*homoiosis* または *adaequatio*）、類似または同等の関係であり、それは場合によっては判断の言表《エノンセ》〔判決文〕のなかにあるのだということを。

ところで、ミメーシスは、その解釈の歴史のなかで、つねに真理の過程に照らして整序されている。

一、ミメーシスは、模倣と訳されうるようになる以前でさえ、事物そのものの、自然の、ピュシスの呈示＝現前を意味するが、ピュシスというのは、みずからのイマージュの、みずからの可視的様相の現前性のなかで、その顔貌のなかでみずからを生み出し、みずからを産出し、あるがままに（みずからの）姿を現すものである。すなわち演劇的な仮面は、〈ミメーシスをおこなうこと〉（*mimeisthai*）の本質的指示として、それが隠すのと同程度に何がしかを開示する。そのときミメーシスは、ピュシスの運動、いわば（この語の派生的でない意味〔能産的自然の意味〕で）自然的な運動であり、これを通じてピュシスは、他者も外部ももつことなくみずからを二分化することになるのだが、それというのも、ピュシスが姿を現し、（みずからの）姿を現し、（みずからを）生み出し、（みずからを）露わにするためであり、ピュシス自身が好んでそこにいるくぼみ〔crypte〕から出てくるためであり、みずからのアレーテイアのなかで輝くためである。この意味で、ムネーメーもまた非覆蔵性（非－忘却）、アレーテイアである以上、ムネーメーとミメーシスは相伴っている。

二、あるいはミメーシスは、二つ（の項）の間に同一（*homoiosis*）や合致（*adaequatio*）の関係を立てる。だから、このミメーシスは、最初の場合よりも簡単に模倣と訳せる。この訳語は、こうした関係についての思考を意味する（あるいはむしろ、それを歴史的に生み出す）。その両面は、模倣者と模倣されるものという差し向かいのものに分かれるのだが、模倣されるもののほうは、事物または事物そのものの意味、事物の今まさに現れている現前性に他ならない。よき模倣は、真なる模倣、忠実な模倣、類似しているか本当らしい模倣、模倣されるもののピュシス（本質または生）に合致しそれに適合する模倣であろう。このミメーシスは、自在に、それゆえ生き生きと、真なる現前性の自由を復元しつつ、ミメーシス自体はみずから姿を消すのである。

そのつど、ミメーシスは真理の過程に従わねばならない。その規範、序列、法とは、現在の現前性である。まさに真理の名において、もっぱら真理の指示――**まさに指示そのもの**〔*la référence*〕――の名において、ミメーシスは裁定され、規則的な交替に従って書き定められたり、放逐されたりする。

この指示の不変の特徴＝描線《トレ》が、形而上学の囲いを描き出すが、それは、均質な空間を取り巻く縁取りではなく、円形をなさない、まったく別の図形としてである。さて、この指示は、エクリチュールが標記をなし、決定不可能な描線でその標記を二重化するとき、慎ましいながらも絶対的に、統語法《シンタックス》の働きのなかで位置をずらされる。この二重の標記は、真理の妥当性ないし権威から逃れる。しかもそれは、真理の妥当性や権威を転倒するわけでもなく、みずからの戯れのなかに、それらを一つの部品《パーツ》または機能として書き込む。この位置ずらしは、**出来事**としては生起しないし、かつて〔一度〕生起したこともない。これは単一の場を占めることはない。エクリチュールの**なかで**生起するのでもない。この退－場〔dis-location〕

（13） Cf. Heidegger, « Moira » in *Essais et Conférences*. *37

は、（みずからを）書く（ものである）。標記の二重化は、同時に形式的断絶や形式的一般化であるが、こうした二重化については、**マラルメのテクスト、とりわけあなたがたが手にしている「紙葉」が範例的であることだろう**（ただし言うまでもなく、同時にこの最後の命題のどの語も位置ずらしされるか、あるいは疑惑を印づけられるかするにちがいあるまい）。

「黙劇」を読み直してみよう。中心近くに、引用符で囲まれた一文がある。後にわかるが、これは引用ではなく、引用なり明示なりに見せかけたものである。——「舞台が例示するのは観念《イデー》のみ、現実の行為ではない［…］」

ここに罠がある。この一節と、それが古典的な仕方で命じるシークエンスとを伝統的な模倣学《ミメトロジー》の「観念論的」転倒と解釈したくなるかもしれない。そしてこう言うだろう。たしかに、マイム役者は実際の事物や行為を、世界のなかにあたえられた現実を、自分固有の空間の前や外に実在する現実を模倣しているわけではない。彼は、本当らしさを意図して、何らかの実在的または外在的なモデルに、語のもっとも最近の意味における何らかの自然〔所産的自然〕に従う必要はない。だが、観念を依然として模倣し、表象し、「例示」しなければならない以上、模倣の関係や合致の価値は手つかずのままである。ならば、観念とは何だろうかと、その人たちは続けてこう言うだろう。観念《イデー》の理念性《イデアリテ》とは何か。もはや事物そのものの形式のなかの在りて在るもの《オントス・オン》でない場合、それは、デカルト以降の流儀で言えば、私のなかのコピー、事物についての思考表象、ある主体に**とっての**存在者の理念性である。その意味では、「デカルト的」修正によって思考しようが、「ヘーゲル的」修正によって思考しようが、観念は存在者の現前性であり、プラトン主義から脱してはいなかった。プラトンの場合のように事物そのものの形象であろうと、デカルトの場合のように主観的表象であろうと、ヘーゲルの場合のようにその両方であろうと、それはつねにエイドスまたはイデアを模倣すること〔表現し、描出し、表象し、例示すること〕なのだ〔と続けて言うだろう〕。

たしかに。マラルメのテクストをこのように読んで、輝かしい文学的観念論に還元することは可能だ。〈観念〉〔Idée〕という語がよく大きな字で書かれ、見たところ大文字で実体化されて頻繁に用いられていることや、マラルメのいわゆるヘーゲル主義の話から、事実、そう読みたくなるように思われる。そしてこの誘いに応じずにいられた人はめったにいない。しかしながら、ここではもはや、概念と概念との、あるいは語と語との単純な止揚のように、静態的《スタティック》または統計的《スタティスティック》な句読法のように読解を進めてはならない。作動中の連鎖、ネットワークの効果、統語法の戯れを復元しなければならない。その際、「黙劇」は、新種の観念論または新種の模倣論《ミメトロジスム》としてではなく、まったく別様に読まなければならない。例示〔illustration 例証、挿絵、イラスト〕のシステムは、ここでは『ピレボス』のシステムとまったく別物だ。**シャンデリア**〔*lustre*〕は、それに結びつけるべきもろもろの価値ともども、まったく別の場所に書き込み直される。

模倣があるわけではない。〈マイム役者〉は何も模倣しない。だいいち彼は模倣自体をしていない。彼の身振りのエクリチュール以前には何もない。彼には、あらかじめ何も書き定められてはいない。いかなる現在も、彼のエクリチュールの線引き〔痕跡化 tracement〕に先立ったりそれを監視したりしなかったことだろう。彼の動作は、あらゆる言葉《パロール》が予測も付随もしない形象をなす。それは、帰結についてのいかなる序列《オルドル》によっても、ロゴスに結びついていない。「たとえば、彼自身によって構想され書かれたこの『女房殺しのピエロ』がそれだ、無言の独り言なのだが〔…〕」

「彼自身によって構想され書かれた〔…〕」。ここでわれわれは、テクストの鏡貼り迷路に足を踏み入れている。〈マイム役者〉は、前もって決められたどんな台本にも、よそから来たどんなプログラムにも従わない。即興で演技をして自発性に身を任せている、というわけではない。ただ単に、彼は言葉によるどんな命令《オルドル》にも従属しないのだ。彼の身振り、彼の身振りによるエクリチュール（どれだけ力をこめてマラルメが、舞踊またはパントマイムの整った身振りを象形文字的な書き込みとして描写しているかは周知のことだ）は、いかなる口頭の発言によって彼に命じられた《ディクテ》〔書き取られた〕わけでもないし、いかなる話法によって彼に押しつけられたわけでもない。〈マイム役者〉は、白紙のページの始まりとなり、そのとっかかりとなる。「［…］無言の独り言なのだが、まだ何も書かれていないページにも似た真っ白な亡霊が、とうとう仕舞いまで、みずからの魂に向かって、顔の表情と身振りでしゃべっている無言の独り言なのだ」。

　余白——この二重の会のもう一方の側面がここでその色を告げている——が、ぺったりと広がる。白い（*candida*）[*38] ページの無邪気な〔純白の〕処女性（「純白さの断片」［…］「観念の結婚の証」）と、血の気のないピエロの白い練り白粉《おしろい》とのあいだに。しかも、ピエロはピエロでも、みずからの白粉の練り粉の上に、みずからがそれであるところのページの上に、何かを書きつける——ただしそれも見せかけ《シミュラークル》の上でのことだが——ピエロだ。白の上に白を重ねて刻印した表面という表面に、マラルメ的な白粉の幾重もの層のあいだに、そのつど分析次第で、「水のなかに溶け出した化粧品」（「懲らされた道化」[*39]）の質料《スュブスタンス》を見つけ出すことができよう。こうして「黙劇」のピエロと「懲らされた道化」の「下手なハムレット」（「眼だ、湖さ、ならば生まれ変わるぞと手もなくのぼせあがり、／ケンケランプの汚い煤を　羽根飾りだとばかり／身振りよろしく表現してきた道化の俺としたことが／テントの壁に窓をひとつ　ぶすりとあけてやった」）を、一方を他方のなかに読み取ることができよう。ピエロは、マラルメのテクストに憑依したあらゆるハムレットの同胞である。犯罪、近親相姦、そして彼ら全員が同時に身を投じている自殺を考慮するなら、IやAの形をした、去勢された切っ先、ペン先、槍の亡霊こそが、そこでおのれの脅威をとがらせているのだ。それを論証するためには、いくつかの中継を、たとえば -IQUE のようなシニフィアンの中継を経なければならないし、必ずやそうするつもりである。

〈マイム役者〉はどんな書物の権威にも従属しない。このマラルメの明言は、「黙劇」というテクストがまずもってある読書に対する反応であるだけに、ますます奇妙である。マラルメは、パントマイム劇の台本を手にしたことがあり、彼が注釈しているのは、そもそもこの小冊子なのだ。そのことが知られているのは、一八八六年十一月の『独立評論』誌に、マラルメが無題で、このテクストの初版をすでに発表していたからである。のちに「黙劇」の第一段落になる部分の代わりに、とりわけ次の部分を読むことができた。「特別公演《ギャラ》にも引けを取らない贅沢は、外の呼び声ばかりが喧しい幻滅のシーズンにあって、その最初の灯火の下で、自宅で過ごす一夜を、本を読むために取っておくことだ。ただし、私の両手のなかで開かれる暗示的でまさしく稀有な小冊子は、他でもない、パントマイム劇の台本『女房殺しのピエロ』〔…〕(カルマン＝レヴィ、新版、一八八六年)[14][*40]である。

(14)『独立評論』版のテクストはもっと長いまとまりのなかにあり、「黙劇」というタイトルを付されていなかったし、右にわれわれが引用した段落は、プレイヤッド版全集の編者たちが引用したところまでで中断しておいたものの、その後に語彙や統語法が「黙劇」の当該段落とはかなり異なる段落が続いていたのだが、全集の編者たちは、こうしたことを「注記と異文」のなかで指摘しておく必要があるとは考えなかった。他のテクストに対しては守られている規則に反して、同編者たちは第二版に異文があることを知らせていないが、この第二版は『パージュ』(ブリュッセル、一八九一年)において、「風俗劇、あるいは近代作家たち」の章に、ここでも無題で発表されていた。「黙劇」は三番目の版であり、『ディヴァガシオン』(一八九七年)において、「芝居鉛筆書き」というまとまりのなかで、このタイトルを付して発表されたのである。プレイヤッド版の編者たちは、『独立評論』版の二つの段落(「女房殺しのピエロがそれだ〔…〕」まで)を引用した上で、「この二つの段落は、『パージュ』では《風俗劇、あるいは近代作家たち》の章の一部である。これらは『ディヴァガシオン』の一八六頁にも掲載された」と補足しているが、この補足はしたがって不完全かつ不正確である。われわれは、ここに最初の版と二番目の版を転載しておくが、それは、それぞれの段落の変形（その単語、統語法、句読法のいくつか、引用符の戯れ、イタリックの挿入など）が、作業中の「シンタックス職人」のエコノミーを示しているからであり、そのうち、そこからはっきりとした教訓をいくつか引き出す予定だからである。

a．『独立評論』版（一八八六年）（本テクストの本文でわれわれが引用している箇所の続き）……「〔…〕ポール・マルグリット氏によって構想され書かれた『女房殺しのピエロ』がそれだ。というよりも、作者の側に立って言うなら〔dirai-je avec l'auteur〕、暗黙の独り言を前にした独りマイムで、その独り言とは、まだ何も書かれていないページにも似た真っ白な亡霊が、とうとう仕舞いまで、みずからに向かって、顔の表情と身振りでしゃべっているものである。繊細〔délicates〕で新奇な思考の数々がめまぐるしく発散しているが、それを確実に把捉して語りたいと私は思う〔je voudrais〕。そこには、他のどんなジャンルよりも原理という原理にもっとも近い、あるジャンルの美学そのものがある！　空想の支配するこの領域にあっては、単純化する直接的な本能を妨げるものは何もない。つまりこういうことだ。「舞台が例示するのは観念のみ、現実の行為ではない。しかもそれは、よこしまではあるが神聖なる一つの婚姻《イメーヌ》、そこから〈夢〉が生じるのだが、欲望と成就の、犯罪遂行とその追憶の間の婚姻《イメーヌ》によってなのである。ここでは先取りし、あそこでは追想しつつ、未来形で、過去形で、現在という偽りの外見の下に。このようにマイム役者は作用する、その演戯は絶えざる仄めかしに留まっている。彼が、虚構の純粋な中間環境《ミリュー》を、これ以外のやり方で設定することはない。」この驚異的な取るにたらぬもの〔Ce rien merveilleux〕、千行にも満たないもの、それを私が今やったように〔comme je viens de le faire〕読む者は、永遠の規則を飲み込むだろう、丁度、それらの規則の慎ましやかな受託者である小屋掛け芝居の舞台の前にいるように。全く口に出しては言われない言葉による感情の表記法の技巧が引き起こす〔cause〕、魅力的でもある驚きとは、この場合に限って、おそらく真正な形で、紙葉と眼差しとの間に沈黙というものが確立されているということだ。読書の愉悦である沈黙が、である。」

b．『パージュ』版（一八九一年）。「沈黙とは、脚韻のあとに残された唯一の豪奢であり、オーケストラも、己が黄金の音、夕べとカデンツァとのあえかな触れ合いによって、声なき頌歌にも等しく、その意味作用をひたすら詳細にするにすぎず、詩人こそが一つの挑戦にうながされて、それを翻訳する役割を担う。それ以来私が音楽の午後に探し求めている沈黙である。それをまた、私は、ピエロつまり明晰かつ明敏なるマイム役者ポール・ルグランの常に初めて見る思いのする再登場を前にしても、見出したのだ、満足の想いを以て。〔以上は「芝居鉛筆書き」にも見られる段落。O.C., p. 340〕

たとえば、ポール・マルグリット氏によって構想され書かれたこの『女房殺しのピエロ』がそれだ、暗黙の独り言なのだが、まだ何も書かれていないページにも似た真っ白な亡霊が、とうとう仕舞いまで、みずからに向かって、顔の表情と身振りでしゃべっている暗黙の独り言なのだ。素朴〔naïves〕で新奇な思考の数々がめまぐるしく発散しているが、それを確実に把捉して語れればよいと思う〔il plairait〕。他のどんなジャンルよりも原理という原理にもっとも近い、あるジャンルの美学そのものだ！ 空想の支配するこの領域にあっては、単純化する直接的な精神を妨げるものは何もない。つまりこういうことだ。「舞台が例示するのは観念のみ、現実の行為ではない。しかもそれは、よこしまではあるが神聖なる一つの婚姻《イメーヌ》（そこから〈夢〉が生じる）、欲望と成就の、犯罪遂行とその追憶の間の婚姻《イメーヌ》によってなのである。ここでは先取りし、あそこでは追想しつつ、未来形で、過去形で、**偽りの現在の外見の下に**。かくの如くにマイム役者は作用する、その演戯は絶えざる仄めかしに留まっている。彼が、虚構の純粋な中間環境《ミリユー》を、これ以外のやり方で設定することはない。」この役〔Ce rôle〕、千行にも満たないものだが、それを読む者は、規則を飲み込むだろう、丁度、それらの規則の慎ましやかな受託者である小屋掛け芝居の舞台を前にした位置にいる〔placé〕ように。驚きでもあり——全く口に出しては言われない言葉による感情の表記法という技巧に伴う〔accompagnant〕ものだが——それは、この場合に限って、おそらく真正な形で、紙葉と眼差しとの間にこの沈黙が確立されているということだ。読書の愉悦である沈黙が、である。」

　これら三つのヴァージョンを比較すると、次のような基本的な結論が引き出せる。すなわち、〔引用内でさらに〕引用符に入った文は、まさしく引用〔citation〕——というより明示〔explicitation 襞を開けひろげること〕——の見せかけで、濃密でおごそかな非人称的言表、一種の歴然とした規則、無名の格律、起源なき法であると。われわれにとってこのような「引用〔箇所〕」が（とりわけ、さまざまなパンフレット〔livrets〕、前書き、紹介文のなかに）見つからないままであったことに加え、その文が三つのヴァージョンを通じて変形されているという事実から、それがマラルメの作り事《フィクション》であると証明するのに十分だろう。その統語法が、十分にそうにおわせていた。

　その数年前に、マラルメがこの『ピエロ』の上演に立ち合いもした可能性がないわけではない。〔『女房殺しのピエロ』の」第二版、「黙劇」が応答している「稀有な小冊子」には、実際、ポール・マルグリット自身の署名が入った次のよしたがって、マラルメは〈マイム役者〉の身振りの主導権を前にして台本が消え去るのを読み取ったにちがいないが、ただしそれは台本の上で、ページの上でのことだ。これこそ、「黙劇」のテクストのなかに標記された構造的必然性である。マラルメがしかじかの日に「見世物」を**見ている**こと**も**ありえた、ということは、実際のところ、立証するのが難しいだけでなく、テクストの構造にとって重要ではない。

マラルメがこの台本のなかで**読んだ**ことは、それゆえ、**みずから姿を消す**指示書き《プレスクリプシオン》〔書き定め〕であり、いかなる仕方であれみずからの操作より先に存在したようなものは何も、行為も（「舞台が例示するのは観念のみ、現実の行為ではない」）発話《パロール》も（「声なき頌歌［…］まだ何も書かれていないページにも似た真っ白な亡霊が、とうとう仕舞いまで、みずからの魂に向かって、顔の表情と身振りでしゃべっている無言の独り言」）、模倣してはならないという〈マイム役者〉に下された命令である。

このマイム劇の初めには、行為も言葉もなかった。〈マイム役者〉には、みずからのエクリチュール以外の何ものにも書き定め（まもなくこの言葉を定義することになろうが）られてはならないということ、どんな活動（プラグマ：仕事、事柄、行為）もどんな言葉《パロール》（ロゴス：言語表現、声、言説）も模倣によって再現してはならないということが、書き定められている。〈マイム役者〉は、ただただ、みずからがそれであるところの白いページの上にみずからを書かなければならず、身振りや表情の働きで**みずからを**書き込まなければならない。ページでありペンであるピエロは、受動的であると同時に能動的であり、質料であると同時に形式〔形相〕であり、みずからの模倣劇の作者であり手段であり練り粉である。道化がここに生

うな〈紹介文〉が付されていた。「一八八一年、田舎での舞台上演の楽しみ、白い仮面とドビュロー風の衣装をまとったピエロ役での予想外の成功によって、不意に私はパントマイムに夢中となり、なかでも、次の脚本を書いて演じた。それが**『女房殺しのピエロ』**である。ポール・ルグランにせよルッフにせよ、どのマイム役者も見たことがなかったし、

この特殊な技芸について何も読んだことがなく、いかなる伝統も知らなかった。だから私は、自分の奥底の美学的な自己に合致した個人的なピエロを想像した。自分が感じたように、自分が表現したように、これは、現代的で、神経症的で、悲劇的で、亡霊的な存在だったように思われる。綱渡り芸人用の小屋がないため、私は自分の奇抜な資質を押し進めることができなかった。その資質は、私をとらえて離さなかった真の芸術的狂気であり、そのせいで私は、特異な人格剝離と奇妙な神経感覚とをこうむり、その翌日にはハシッシュの時のように脳が陶酔状態となった。無名で、駆け出しの文人として、脇役もコロンビーヌも連れずに、私は、あちこちのサロンや人前で、つつましやかに、独りマイムをいくつか演じた。詩人や芸術家たちが、私の試みを奇妙で新奇なものだと評してくれた。それが、レオン・クラデル氏、ステファヌ・マラルメ氏、J-K・ユイスマンス氏であり、テオドール・ド・バンヴィル氏は、機知できらめく手紙のなかで、あまりに……霊的な社交界の公衆や、過ぎ去りしパントマイムの良き時代を引き合いに出して、私を思いとどまらせてくれた。アーメン。マイム劇による私の試みのなかでまだ何かが残っているとすれば、それはあるピエロの文学的構想だ。現代的かつ暗示的で、古典的なぶかぶかの衣装なり窮屈な黒服なりを好きなように着こんで、不安と恐怖のなかで動くピエロの文学的構想だ。小さなパントマイムのなかに記したこの着想＊を、私はのちに広げて一つの小説＊＊にしたし、今なお、芸術感覚の研究とパントマイム集という二冊のなかで、その着想に手をつけるつもりでいる。**今後は、**〔自分の着想の〕**日付を決めることができるようになるだろう。**私のグラスは小さいが、私はそれで飲んでいる。次に出す私の本が他の本から着想を得ているように見えて、模倣や剽窃のかどで人が私を非難するのは不当にあたるだろう。着想はみんなのものだ。**『女房殺しのピエロ』**の後に似たようなタイトルの本が続き、**『四人全員』**のポール・ヴィオラスという登場人物の後に、彼を想起させるピエロが続いたのは、偶然の一致だと私は確信している。私は自分が先であることと、〔私の著作が〕未来のためのストックであることを確認しているだけである。とはいえ、パントマイムというしゃれた芸術に対して、ピエロたち——ウィレットのイラストブック、ユイスマンスとエニックの『懐疑的なピエロ』——に対して抱く共感から、私は、われわれの友ピエロを舞台なり本なりによみがえらせようとするあらゆる試みに拍手をおくりたい気持ちになる」（＊ *Pierrot assassin de sa femme*, 1882, Schmidt, Imprimeur. ＊＊ *Tous Quatre*, roman, 1885, Giraud, éditeur.）。[＊41]

この長い引用には、テクストのネットワークの歴史的複雑さを注記してくれるという利点がある。そのネットワークの中に、われわれはすでに身を投じており、そのなかで、マルグリットは自分の独創性へのうぬぼれを表明しているのだ。

じる。ここにさえ――「真実を告げる道化、私はそれになったのです、私自身についての道化に！」[42]（p. 495）

この命題を問いただす前に、マラルメが「黙劇」のなかで何を**なしている**か考えてみよう。われわれは「黙劇」を読む。マラルメ（「作者」の機能を満たす者）は、あるテクストから出発して、白紙の上に書きつけるのだが、そのテクストは、彼が読んでいる当のものであり、そのなかには、白紙の上に書きつけなければならないと書かれている。それでも誰かが次のように指摘することもありえよう。すなわち、マラルメがねらった指示対象は、実際に知覚された見世物ではないにせよ、少なくともそれは、マラルメが知覚している台本という名の「現実の」対象であり、彼が眼下または手中におさめている小冊子（というのも彼はそう言っているのだから！「私の両手のなかで開かれる暗示的でまさしく稀有な小冊子[43]」）、その自己同一性のなかにしっかりと固定された小冊子なのだ、と。

見ておかねばならないので、この台本を見てみよう。マラルメの手のなかにあるものは、初版の四年後、見世物自体の五年後に出た第二版である。フェルナン・ベシエなる人物の〈序文〉に代わって、〔第二版では〕著者による〈紹介文〉が付された。ベシエは〈序文〉で、自分が**見た**ものを描写していた。それは、古い農場の納屋のなか、労働者と農民たちの真ん中でおこなわれた――無償の――模倣劇で、ベシエはその概要を、現場を長々と描写したあとで提示している。酔っ払った、「青白く、ひょろ長い、やつれた[44]」ピエロが、葬儀人夫とともに入場する。「こうしてドラマは始まった。というのも、これはまさしく、われわれが立ち会ったドラマだったからだ。粗暴で風変わりなドラマ、ホフマンの幻想譚のように頭脳を痛めつけ、ところどころ残虐で、本物の悪夢のように見る者を苦しめるドラマだった。ピエロが一人残って、自分をだましたコロンビーヌをどんな風にあやめたかを語る。彼は、彼女を埋葬してきたばかりで、この犯行については誰も何も知りようがない。彼は、寝ている間に彼女をベッドにしばりつけ、彼女の足をくすぐったのだ。それも、すさまじい笑い声のなかで、ぞっとするようなおぞましい死がふいに訪れるまで。ひょろ長く、青白い、死体のような顔をしたこのピエロだけが、ただ一人、こうした劫罰の責め苦を思いつくことができた。そして筋立てを身振りで真似つつ、彼は、殺される側のふりと殺す側のふりをかわるがわるおこないながら、私たちの前で一部始終を演じてくれた」[*45]。

ベシエは観衆の反応を描写し、この「風変わりで、苦しげで、やせおとろえ、神経病みのようなピエロ」がパリでどんなふうに受け入れられるだろうかと自問している（「それは、かつて私をあれほど笑わせてくれた伝説的なピエロにまつわる一切の観念を打ち砕いた」[*46]［…］）。ベシエがわれわれに語るところによると、その翌日、彼は、「社交人に戻った」[*47]〈マイム役者〉に出会っている。それがポール・マルグリットであり、ヴィクトール・マルグリットの兄、将軍の息子にしてマラルメの従弟である。彼は、自分すなわちポール・マルグリットが執筆して出版する予定の『女房殺しのピエロ』の台本のために〈序文〉を書いてくれるようベシエに頼む。それが、ことの顚末だ。〈序文〉には、「ヴァルヴァンにて一八八二年九月十五日」[*48]と日付がある。そういうわけで、もろもろの関連から、マラルメが見世物に立ち会って台本の初版を読んだという可能性がないわけではない。

かくして「こと」《ショーズ》（どう名指せばよいのか）の時間的かつテクスト的構造は、さしあたり、次のように告知される。すなわち、台本なしの身振りのエクリチュールとして模倣劇は「生じ」、「出来事」の**後から**〈序文〉が計画され次いで執筆され、その〈序文〉の後ろに来るのが、**事後に**書かれ、この模倣劇を指図するどころか模倣劇を反映する台本である。四年後に、この〈序文〉は、「著者」自身による〈紹介文〉――本編から浮いたある種の書物外〔hors-livre〕としてのそれ――にさしかえられる。

以上が、マラルメにとっていわゆる「指示対象」の役割を果たしたと思われる対象である。そのとき彼は、手中に、眼下に、何を持っていたのか。しかも、どの時点で、どの今に、どんな時系列に沿ってのことなのか。

われわれは、台本「そのもの」をまだひもといていなかった。単語や文を並べた言語テクストであるこの台本が、もっぱら身振りによる無言のシークエンスを、身体のエクリチュールの端緒を事後的に描いているという事実からして、この台本においては、テクストの策謀《マシナシオン》が複雑になっている。シニフィアンのこうしたずれ、こうした異質さを、マルグリットは〈備考〉で指摘している。白が統べる身体部分の呈示（「白いカザックで［…］」「［…］頭と両手が、石膏のように白く［…］」「［…］白い縁なし帽［…］」「［…］両手もまた石膏のようで［…］」）[*49]のあとに、こうある。「〈備考〉――ピエロが話しているように見えるですって？――純然たる文学的虚構ですよ！――ピエロは**黙ったまま**、このドラマは、一部始終、**身振りで真似られた**ものです」[*50]。「純然たる」〔pure〕、「虚構」〔fiction〕、「黙ったまま」〔muet〕といった言葉は、マラルメに再利用されることとなる。

言葉のエクリチュールが別種のエクリチュールの事後に到来する、こうした文学的虚構のなかでは、後者のエクリチュール――模倣劇の身振り行為――は、想起《アナムネーシス》として描かれる。これは、すでにして何か過去の記憶である。ピエロが犯行を身振りで真似る時には、犯行はすでに起こってしまっている。しかも彼は――「現在時制で」――、「**現在という偽りの外見の下に**」、実行ずみの犯行を身振りする。ただし、どういう手段を用いようかと自問しつつ、彼が、来たるべき犯行、与えることになる死といまだ向き合っていた時、彼は、現在時制で過去を身振りしながら、当該の「現在時制」のなかで、殺人を準備した思案を再現している。ピエロは葬儀人夫を追い返してから、コロンビーヌの肖像をまじまじと眺め、「謎めいた指先でそれを指し示す」[*51]。「覚えているさ……。カーテンを閉めよう！　あえて思い出すのはやはり……。（と、彼は後ずさりし、見もせずに、うしろ側で、〔ベッドの〕カーテンを両腕で引っぱる。唇がふるえ、そのとき、何か抗いがたい力が、口元まで出かかっていた秘密をピエロから引っぱり出す。**音楽**[*52]がやんだ、さあ聴きたまえ。）

これから話すとおりだ〔〔台本のなかの〕イタリックの大文字は、無言のマイム役者による陳述[*53]〕。コロンビーヌ、おれの愛《う》い奴、おれの女房、肖像にあるあのコロンビーヌが、眠っていた。そこだ、その大きなベッドで、眠っていた。そいつをおれは殺した。なぜだっけ？……ああ、そうそう！　おれの金をくすねやがったんだ。おれの極上ワインを飲みやがったんだ。おれの背中をどつきやがったんだ、しかもこっぴどく。あいつはおれの額を家具に打ちつけやがったんだ。寝取られ亭主、そうだ、あいつのせいでおれはそうなっちまったんだ、それも度が過ぎてやがった、だがそれがなんだっていうんだ？　あいつをおれは殺してやった。おれがそうしたかったからだ。おれは主《あるじ》だ。誰に文句がある？　あいつを殺すことを考えると、そう……これはにやけちまう。だがどんな風にやってやろうか？（というのも、ピエロは夢遊病のように自分の犯行を再現しているので、そのうち、彼の幻覚のなかで、**過去**が**現在**となる。）

［「夢遊病のように」とある。すなわち、こうしたすべては、さらに言えば、覚醒と眠りのあいだで、知覚と夢のあいだで生じている、と。「**過去**」と「**現在**」は著者によって強調されているが、「黙劇」のなかでは、こうした語たちが別のやり方で強調されるのをわれわれは目にすることとなろう。かくして、〈マイム役者〉にほかならぬ台本の作者が、彼のエクリチュールの見せかけの現在時制において、ある模倣劇の〈過ぎ去った現在〉を、言葉にして記述する。しかも模倣劇そのものが、こちらも見せかけの現在時制で、〈過ぎ去った現在〉のある出来事——例の犯行——を黙々と身振りで真似ていた。にもかかわらず当の出来事の現在は、一度も舞台を占めたことがなく、一度も誰にも知覚されたことがなく、あとでわかるように、実際に実行されたことさえない。一度も、どこにも、演劇的虚構の中においてさえもない。台本

が思い起こすところによれば、マイム役者は「犯行を再現」し、その記憶を身振りで真似ていたが、そうこうしているうちに、そもそも彼は、未来の犯行をめぐってなされた過去の熟慮を、現在時制において身振りで真似ることとなったのだ。」

ちょうどヒモがある。これで絞める、くいっとやれば、しまいだ！　いいぞ、でも舌がダラリとたれて、ひどい形相になるんじゃないか？　だめだ。――ナイフはどうだ？　それより刀、長い刀はどうだ？　ビュン！　胸を刺す……いいぞ、でも血が出るな、ドクドク流れ出るな――ひえ！　やべえ！……毒なら？なんでもない量をちょいと盛る、それを飲むと……　いいぞ！　腹が痛みだす、のたうちまわって、阿鼻叫喚だ。うわあ！　おっかねえ（おまけに、目立っちまうだろうな）。ちょうど銃がある。バキューン！でも、バキューン！って音が人に聞かれちまう。――だめだ、思いつかねえ。（彼は神妙な顔で歩き回り、思案をめぐらす。偶然、物にぶつかる。）ぐはっ、いてえ！（彼は足をさする。）うう、いてえ！　傷は浅そうだ、ほら痛みがひいてきた。（彼は相変わらず足をさすって、くすぐる。）うひゃ！　うひゃ！　こりゃたまらん！うひゃ！　うひゃ！　いかん！　笑い出しちまった。うひゃ！（突然、彼は足をはなす。おでこをポンと叩く。）ひらめいた。（陰険そうに）ひらめいたぞお！　女房のやつを死ぬまでくすぐってやるぜ、決まりだ！」[*54]

　こうしてピエロは、「果てぎわの痙攣」にいたるまで、陽気な享楽の高まりを身振りで真似る。犯行とオルガスムとが二重に身振りで真似られる。〈マイム役者〉は、ピエロ役とコロンビーヌ役とをかわるがわる演じる。以下、ただ描写のパッセージが続く（〔台本で〕括弧のなかのローマン字体）。そこでは、犯行とオルガスム、絶対的な哄笑（バタイユが笑い死にとか死ぬほどの笑いとか呼ぶもの）が生じるのだが、結局のところ、何も起こらず、いかなる暴力も、いかなる傷跡も、いかなる痕跡もない。ある種の思索がもたらす享楽としか混じり合うことのないほどの完全犯罪だ。実際、その犯人〔作者〕が消える、というのもピエロはまたコロンビーヌでもあり（を演じており）、芝居の結末では、コロンビーヌの絵の前で彼もまた死ぬからである。そして絵のなかのコロンビーヌが突如動き出し、肖像のなかで高笑いをひびかせる。したがって、痙攣が生じているかのような見かけが、言うなればすでにして婚姻《イメーヌ》が生じているかのような見かけが、以下に出てくる。「さあて、くすぐってやる。コロンビーヌ、つけを払ってもらうぜ、おまえのな。（こうして彼は無我夢中でくすぐり、がむしゃらにくすぐり、さらにくすぐり、手をとめずにくすぐり、ついでベッドに身を投げ出して、またコロンビーヌになる。彼女（彼）は、おそろしい陽気さのなかで身をよじる。片方の腕が自由になると、その腕でもう片方を自由にし、ピエロを呪ってやるとばかりに両腕をめくらめっぽうに動かす。彼女（彼）は、本物の笑いをあげる、甲高い笑いを、死ぬほどの笑いを。そして体を半分起こして、ベッドから飛び出そうとする。彼女の両足は、くすぐられ、責め苛まれ、痙攣を起こしてジタバタする。そして断末魔だ。彼女（彼）は、一度二度起き上がったかと思うと――果てぎわの痙攣だ！――最後の呪詛をつぶやくように口をあけたあと、うしろに倒れ、頭と両腕がベッドからダラリとたれさがる。ピエロがまたピエロに戻る。ベッドの足元で、なおも彼は搔きむしっている。へとへとで、息切れしながらも、勝ちほこった様子で［…］）」[55]。

　この非暴力的な犯行によって、この種の手淫的《マスチュルバトワール》自殺でもって、「ギロチンの刃の一撃」[56]から自分の首を救ったことを自画自賛したのち（「私の疑いは晴れましたよね、おわかりいただけましたよね」）、この男にも女にもなる人物《アンドロジーヌ》は、「病気が感染し報復するように、コロンビーヌのくすぐり」[57]に、また襲われ、どうにも抑えることができない。彼は、みずから「薬」と呼ぶものでもって、そこから逃れようとする。つまり小瓶のことなのだが、これによって、二つめのエロティックな場面が「痙攣」と「失神」で締めくくられる。[58]彼は、再度ぐったりとした状態になると、幻覚のなかで、コロンビーヌが肖像のなかで生きていて、高笑いをひびかせるのを目にする。震えとくすぐりがぶりかえし、とうとうピエロは、彼の「犠牲者にしていつまでも笑っている画中の女」[*59]の足元で死に絶える。
〔この台本における〕エクリチュールのこうした編成は、それがもつあらゆる二重底、入れ子構造〔abîme〕、だまし絵を含め、マラルメの「黙劇」にとって、単純かつ口実上の〔テクスト以前の〕指示対象にはなりえなかった。しかし、この台本‐対象の（構造的・時間的・位相的・テクスト的）複雑さにもかかわらず、次のように考えたくなった人がいるかもしれない。すなわち、この対象は自己自身へと閉じたシステムであるとか、あえて言えば模倣劇の「行為」（白紙の上に書かれるとマラルメが言うあの行為）と台本の事後〔執筆〕とのあいだのたしかに絡み合った関係に閉じこもったシステムである、と。これが事実だとすると、マラルメのテクスト上の回付は、そこに決定的な留め穴《クラン》を見出すことになろう。

　ところが、まったくそうはなっていないのだ。自分自身にしか回付しないエクリチュールは、際限なく、**と同時に**体系的に、別種のエクリチュールへとわれわれを差し戻す。この「と同時に」を、説明しなければなるまい。自分自身にしか回付しないエクリチュールと、際限なく別種のエクリチュールに回付するエクリチュールとは、無矛盾に見えるかもしれない。つまり、反映するスクリーン《エクラン》はたえず際限なく、いくばくかのエクリチュールしか決して捉えず、回付はわれわれを回付の境位《エレメント》に閉じこめる、というわけだ。たしかにそうだ。しかしながら、むずかしいところは、エクリチュールという媒体と個々のテクスト単位の確定との関係にある。そのつど他のテクストに、他の特定のシステムに回付しながら、個々の組織は特定の構造として、つまり開かれている**と同時に**閉じられた構造として、自己自身にのみ回付せねばならないのである。

　おのれ自身のために読むべくおのれを差し出し、外部のあらゆる題材＝口実をなしですませながら、「黙劇」はまた、亡霊にとりつかれたり、他のテクストの樹枝に接ぎ木されたりしている。この他のテクスト

〔台本〕について「黙劇」は、それが身振りのエクリチュール——これは何ものの命令も受けておらず、みずからが最初のものである《イニシアリテ》ことに対してしか合図を送っていない——を記述している等々と説明する。したがって、マルグリットの台本は「黙劇」にとって、一種の銘句《エグゼルグ》〔作品外〕や一種の付け足し《オードヴル》〔作品の外〕であると同時に、萌芽であり精液の出だしである。つまりこれらの両方であり、それはおそらく、**接ぎ木**の操作《オペラシオン》〔作品化〕だけが表現できることだ。接ぎ木〔greffe〕と筆刻〔graphe〕との単なる語源学的一致（*graphion*：書くための筆に由来する）として与えられるものだけでなく、テクスト上の接ぎ木の諸形式と、植物的と呼ばれる、また次第に増えている動物的と呼ばれる接ぎ木〔移植〕の諸形式との類似性もまた、体系的に調査しなければならないだろう。接ぎ木の百科全書的な目録（樹木から樹木への新芽の接ぎ木、呼び接ぎ、穂接ぎ、枝接ぎ、割り接ぎ、冠状接ぎ、芽接ぎもしくは接ぎ芽接ぎ、発育芽接ぎもしくは休眼芽接ぎ、フルート接ぎ、舌接ぎ、輪状接ぎ、切り接ぎなど）に甘んじるのではなく、テクスト的接ぎ木の体系的概論を練りあげねばなるまい。とりわけこの概論は、銘句の機能様態と同様に、たとえば脚注の機能様態を理解するにも役に立つだろうし、読み方のわかるものにとって、どのような点で、それらが主要とか中心的とされるテクストよりも時には重要であるかを理解するのにも役に立つだろう。そして、重要な《キャピタル》〔巻頭の〕タイトルがそれ自体接ぎ穂になる場合、もはやタイトルがあるのかないのかを決める必要はない。(15)

（15）ここに提示されたもろもろの理由から、このテクスト的接ぎ木の概念は、おそらく『水と夢』の実にすばらしい次の一節でガストン・バシュラールが定義するような、想像力の「人間的心理」の領域にはなかなか含み込まれないであろう。「人間についてわれわれがなによりも愛するのは、人間についてひとが書き残すことができるものである。書き表されえないものは生きられるに値するだろうか。それゆえわれわれは**接ぎ木された**〔*greffé*〕物質的想像力の研究にとどめねばならなかったのである。つまり文化が自然の上にそのしるしをつけたとき、**接ぎ木の上のほうで**物質化する想

われわれは、マルグリットの台本の構造的要素をほぼすべて取りあげた。タイトルとテーマ群はわかった。何か足りないものがあるだろうか。〔見返しの〕遊び紙の上の、著者の固有名やタイトルと、序文執筆者の固有名のあいだに、ちょうど、**銘句**と第三の固有名がある。テオフィル・ゴーチエの引用だ。

女房をくすぐり／かくして女房を笑いながら成仏させた**ピエロ**のはなし。

模倣劇全体が、銘句についた切り目によって、またもやもう一つのテクストに回付されるということが今やわかる。少なくとももう一つのテクストに。このことはマルグリットが〈紹介文〉でそれについて何を言っていようと関係がない。新芽の接ぎ木と、見渡すかぎり延々とテクストがある。

見渡すかぎり延々と――あなたがたは徐々にイメーヌと散種のほうに立ち戻りつつあるのだが――というのも、テオフィル・ゴーチエの『死後のピエロ』[(16)][*61]のもとで、最終的に自己自身にしか回付しない単一のテクスト的種子や単一の生の原理にとどまることができようなどと考えるのは、少しばかり軽率と思われるからだ。そこには切り込みがついていて、それがさらにもう一つのテクストに通じており、もう一つの読みを実施する。こうして分析は限りなく続くことになろう。アルルカンはコロンビーヌにネズミを贈る。「女はネコ、その鈎爪がわれわれをとらえて放さない／だからネズミはお似合いのプレゼント[*63]」という口実で。対してコロンビーヌは、「ネズミ捕り三〇機より、宝石箱一つがいいわ[*64]」と切りかえす。しかもそのとき、ピエロがアルジェで死んだことが、アルルカンによって告げられる（「ふん、これほど確かなものはないぞ／絞首台の金具に吊るされたピエロの足元で、やつの訃報の抜粋《エキス》が／あらゆる辞書の最初のページに／つづられ署名されてあるのが読みとれるってわけだから」）。ピエロは戻ってくるが、自分が像力のさまざまな小枝の研究ということに、われわれはほとんどつねに限定したのである。

　しかもこれはわれわれにとっては単なる比喩ではない。それどころか、**接ぎ木**は人間的心理を理解するための本質的概念のようにわれわれには思われる。われわれにいわせれば、それは人間のしるしなのだ。人間の想像力を特定するために欠くべからざるしるしなのである。われわれの考えでは、想像する人間は能産的自然のずっと上方に位置している。物質的想像力にさまざまな形体の枝葉を本当に繁茂させることができるのは接ぎ木なのである。形体の想像力に物質のもつ豊かさと濃密さを伝達することができるのも接ぎ木である。それは自生の若木に花を開かせるようにしむけ、花に素材をあたえるのだ。いかなる比喩ともかかわりなくいうのだが、ひとつの詩作品を作り出すためには、夢想の活動とイデア形成の活動が結合しなければならないのだ。芸術とは接ぎ木された自然である」(pp. 14-15. 強調は著者バシュラールによるもの)。*60 こうした言明は、モーロンによって「心理批評」の観点から疑義に付されている(*Des métaphores obsédantes au mythe personnel*, pp. 26-27)。

(16) これは、(P・シローダンとの共著による)韻文で書かれた一幕の道化芝居で、一八四七年十月四日にヴォードヴィル劇場にて初演。ずっとあとになってから、のちにマルグリットがこう明言している。「リヴィエール指揮官による一篇の悲劇的短編を読んだことと、ゴーチエによる二行の詩句、「女房をくすぐり/かくして女房を笑いながら成仏させた**ピエロ**のはなし」とが、悪魔的で極度にロマン派的だが、それでいて実に現代的な私の構想を決定づけた。それが、あらゆる対比を一手に引き受ける、洗練された、神経病みの、残忍で無邪気なピエロであり、少々サディストで、とかく飲んだくれで、完膚なきまでに凶暴な、本物の精神的プロテウスである。かくして、『女房殺しのピエロ』——ホフマン風あるいはポー風の悲劇的な悪夢、そのなかでピエロが、女房の足の裏をくすぐって笑い死にさせる——でもって、私はパントマイム復活の先駆けの一人となったのであり、一八八一年という日付の時点では唯一の先駆けだったと、おおかた言えよう」(*Nos tréteaux*, 1910)。*62 マルグリットは、この芝居の舞台裏とその系譜のすべてを何も知らなかったようだ。たとえば、ラッサイーの『われらが同時代人トリアルフの自殺前の奇策』(一八三三年)でも、足をくすぐりながら人を殺しているし、はやくもウェブスターの『白い悪魔』(一六一二年)のなかで、死ぬまでくすぐっている。「彼はあなたを死ぬまでくすぐって、あなたを笑い死にさせるのです」(第五幕第三場)。こうしたものはずっとあった。もちろん、この間の時期にも。そしてすでに、いわば英語の中に。

死んだことを立証するよう求められる。「おれはもう、自分の姿を見るしあわせを味わうことがないのさ」[*65]と、彼は幽霊のようにさまよい、蘇生の霊薬を飲むつもりが、あやまってアルカンが瓶にしのばせていたネズミを飲みこむや暴れだし、「狂人のように」笑いだし（「自分の体内にネコをつっこむことができるといいんだが！」[*66]）、とうとう自殺を決意する。そして独白のあいだ、自分の息の根をとめる手段を思案するうちに、**本で読んだことを思い出す**。「**ピエロ**──［…］自殺しよう。それだ、でもひと思いにやりたい。／はてさて。ヒモを使うか？　いやいや、まさか。／麻は性に合わない……／橋の上から飛び降りるか？　だめだ、冷水は風邪のもとだ……／それなら羽毛布団で息をつまらせるとか？／とんでもない！色白すぎて、おれのオセロ役はさまにならん……／すると、ヒモも羽毛も水もだめ……／［…］よし、あれだ。昔話で読んだんだが、女房をくすぐり／かくして女房を笑いながら成仏させた旦那のはなしがある……／［…］彼は自分をくすぐる。うっ！　子ヤギみたいに飛びはねちまいそうだ。／辛抱しなきゃな……その調子だ……笑えるな。／げらげら！　よし次は足だ。──頭がぼうっとしてきた、／むずむずする、炎のなかにいるのか！／ひぃ！　ひぃ！　見開いた目の前に宇宙が広がる／うほ！　うほ！　我慢できん、意識がうすれてきた。**コロンビーヌ**──自分の体をつまんで笑ってるわ、いったい何なのかしらね、このおばかさんは？　**ピエロ**──自殺をしている死人さ。**コロンビーヌ**──もう一度おっしゃいよ。[*67]」

ほかにもいろいろなエピソード（毒殺する場面やピエロが吸血鬼あつかいされる場面など）が出たあと、ピエロは観客に語りかける。今度は、無言のマイム劇をセリフに書きかえた台本を虚構だと称するあの台本作家－マイム役者〔ポール・マルグリット〕ではもはやない。舞台上でしゃべりながら、そのことをわびるピエロであり、全体が台本のエクリチュールのなかに囲いこまれる。「このピエロがしゃべってしまいましたことをどうかお許しください。／通常、わたくしめは、与えられた役を身振りや顔の表情でこなしております。／その際、白い亡霊のように黙っております。／いつもヘマをやり、いつも鉄拳をくらい、いつも震えあがっております。／**コメディア・デラルテ**と呼ばれていたあの古い〈劇団〉が／大胆な手つきでおのれのキャンバスに素描し／ついで役者が、実に奔放な意匠をこらしていたあの筋の込み入った芝居《インプロリオ》のなかで。*68」

女房をくすぐり、かくして女房を笑いながら成仏させた旦那の範例的なはなしを、このピエロがどこで読んでいたのか知るべく、このまま長々(17)と続けることもできよう。**コメディア・デラルテ**の線をあれこれたどってゆくうちに、果てしない網の目にはまりこむことになろう。書誌調査、原典研究、ピエロたちの

---

(17)　そこではもろもろの交差のうちとりわけ、次のものに出会うことになろう。すなわち、〔ポール・マルグリットの〕『ピエロは死者にして生者』、*69〔シャンフルーリーの〕『ピエロは死神の僕』（および、ヨーロッパ全土を網羅してパントマイムを研究していたネルヴァルのレビュー）、*70 本を盗んだかどで〔シャンフルーリーの〕『ピエロは縛り首にされる』に。〔三つめのなかで〕ピエロはマットレスになりすまし、その上で、意中のコロンビーヌがアルルカンといくらか愛を営み、その後、彼らはマットレスの布に穴をあけ、羊毛《ラ・レーヌ》を梳《す》いてしまう。*71 これについてゴーチエは次のように書いている。「すぐさま、梳毛機《カルドゥーズ》が出てきて、かわいそうにピエロはさんざんな**十五分**《カルドゥール》を味わわされます。梳かれてしまうとは、なんたる運命でしょう！　これでは、息《ラレーヌ》も切れんばかりです。どうか今申し上げた駄洒落をお許しいただきたい。こんなものは、パントマイムのなかにはあるはずもありませんし、そのことが、この種の作品が、他のあらゆる作品より優れていることの証明となっているのです」。*72　別の箇所でゴーチエは、「ピエロの起源」と「プロレタリアの象徴」〔ピエロ〕とが、「〔…〕キルヒャー神父やシャンポリオン一族らの好奇心をかきたてた」謎の数々と同じくらい興味深いと指摘する。*73　たどるにふさわしい手がかりだ。ピエロたちのこうした文献群《ビブリオテック》のなかで私に協力してくれたポール・テヴナンに感謝したい。これらのピエロたちは、当時の膨大な文献によって、ホフマン、ネルヴァル、さらにはポーといった参照点へと差し向けられる鏡像的分身のもろもろの効果を考慮すると、マルグリットのものも含めて全員、生者であると同時に死者であり、生きているというよりは死んでいる生者であり、生と死の**あいだ**にいる。*74

考古学は、少なくとも、ここでのわれわれの関心対象にとってはきりがないと同時に不毛なことになろう。というのも、回付と接ぎ木のプロセスは、マラルメのテクストの**なかに再標記されて**いるからであり、したがって、マラルメのテクストと言っても、本来的にマラルメによるものでもなければ、そこには内部もないのだ。

　われわれがこのテクストを離れたように見えたとき、それはある命題にのっとってのことであった。それを思い起こしておこう。すなわち、自分が担当する独白を自分で書いて作りあげ、みずからがそれであるところの白紙の上にその独白を描いているわけだから、〈マイム役者〉が自分のテクストを書きとらせられるがままになるとしても、どこかよその場所から書きとらせられるわけではない、という命題を。彼は、何ものも表象せず、何ものも模倣しない。合致や本当らしさを意図して、あらかじめ存在する指示対象に従う必要がない。

　異論が予想される。すなわち、彼は何ものも模倣せず、何ものも再現しないのだから、自分が跡づけ、提示〔現前化〕し、生起させる当のものをその起源において開始しているのだから、彼は真理の運動そのものである、と。しかも、もちろん表象と事物そのものの現在との合致としての、あるいは模倣する側と模倣される側との合致としての真理の運動ではもはやないにせよ、現在の現前的非覆蔵性としての、つまり呈示、顕現、生起、アレーテイアとしての真理の運動である、と。マイム役者は、現在時に《プレザントゥマン》〔現前的に〕彼が書くものの、つまり彼が**パフォーマンスする**〔*performe* 徹底して形を与える〕ものの意味自体を生起させ、すなわち、現前性のなかに出現させ、顕現させる。彼は、事物をそれみずからで、その顔貌において知覚させるべく与える。以上の異論の道筋をたどるならば、模倣をこえて、アレーテイアと〈ミメーシスをおこなうこと〉との、より「根源的」な一つの意味へとさかのぼることになろう。そうやって、実にさまざまな文脈でつねに生じうるような、エクリチュールのもっとも典型的で、もっとも魅惑的な形而上学的再我有化の一つを手にすることになろう。

たしかに、真理にまつわるもっとも「根源的」な形而上学へとマラルメを連れ戻すこともできることになろう。もしも、あらゆるマイム劇がたしかに消えうせていたのであれば、もしもそれが、真理のエクリチュール的な生起のなかに消え去っていたのであれば。

だが、まったくそうはなっていないのだ。何かマイム劇＝黙劇が**ある**。マラルメはそれにこだわっている。見せかけ《シミュラークル》（パントマイム、演劇、舞踊、すなわち、『リヒャルト・ヴァグナー――あるフランス詩人の夢想』のなかでとりわけ交差しているこれらすべてのモチーフ、われわれがここで手元にもっていて注釈しているすべてのモチーフ）にこだわっているのと同様に。われわれが前にしているのは、何ものも模倣しないマイム劇、言うなれば、いかなる単身を二重化するわけでもない分身、何ものによっても、とにかくすでに分身だというのでなければ何ものによっても予定されることなき分身である。いかなる単一の指示でもない。そういうわけで、マイム役者の操作は、仄めかしではあるが何ものでもないものへの仄めかしであり、鏡面を破ることのない仄めかし、鏡の外側〔au-delà〕をもたない仄めかしである。「**かくの如くにマイム役者は操作する、その演戯は絶えざる仄めかしに留まっていて、決して鏡面を破ることはない。**」この反射鏡《スペクルム》は、いかなる現実も反映せず、それは「現実の効果」だけを生起させる。しばしばホフマン（ベシエが〈序文〉で引用している）を思わせるこの分身にとって、現実とは死のことである。果てぎわの痙攣の、もしくはイメーヌの夢想された**単一性**と同じく、現実は見せかけによらないかぎり接近不可能であることが明らかとなろう。この現実なき反射鏡、この鏡の鏡には、まさしく差異が、二つ組《ディアード》がある。というのも、マイム役者や亡霊がいるからである。ただしそれは、指示なき差異、あるいはむしろ、指示対象のない、原初的または最終的な統一《ユニテ》性のない指示、いかなる肉体ももたず、過去もなく、死もなく、誕生も現在もなくさまよう亡霊である。

こうしてマラルメは、存在者の存在がどこかで模倣されているということを含意するようなプラトン的あるいは形而上学的な解釈は受け入れずに、マイム劇またはミメーシスの示差的構造を固持する。マラルメは、コピーのコピーとしての見せかけ《シミュラークル》といった、プラトンが定義するような幻影《ファンタスマ》の構造さえ固持している（この構造のうちに身を持している）。ただし、そこにはもはやモデルも、つまりはコピーもなく、もはやこの構造（プラトンのテクストと、彼がそこで試みているその構造からの脱出もふくめ）が存在論やさらには問答法＝弁証法に送り返されることはない。模倣論を転倒させたいと思っても、一挙に、ただ**とっさに**〔*à pieds joints*〕飛びのいてそこから逃れるのだと言い張ってみても、確実にそのまま、ひとは模倣論のシステムにまた落ちこんでしまう。つまり、分身を排除したりそれを弁証法化したりして、事物そのものの知覚を、その現前の生起を、その真理を、イデア、形相または質料としてふたたび見出してしまうのだ。プラトンあるいはヘーゲルのイデア論＝観念論にくらべて、われわれがここで慣習的に「マラルメ的」と呼ぶ位置ずらしは、もっと巧妙で辛抱強く、控えめで能率的である。これは、プラトン主義あるいはヘーゲル主義の見せかけ《シミュラークル》、ほとんど知覚できないヴェールでのみ真似られる対象と隔たっているような見せかけなのだが、まったく同様にこうも言える。すなわち、この見せかけは、プラトン主義とそれ自身、ヘーゲル主義とそれ自身のあいだを、すでに——気づかれないまま——よぎっているのだと。そしてマラルメのテクストとそれ自身のあいだを。したがって、マラルメがプラトン主義者だとかヘーゲル主義者だとか言うのは、単純に誤りというわけではない。ただし、それが特に真だというわけではない(18)。

その逆もまたしかり〔マラルメがプラトン主義者やヘーゲル主義者**ではない**と言うのも、単純に誤りというわけではない〕。

われわれの関心を引くのは、哲学的形式をとるこうした命題たちよりも、命題たちが「黙劇」というテクストのなかに書き込みなおされるその仕方のほうである。そこに標記されるのは、次のことである。すなわち、この模倣者は最終的に模倣されるものをもたず、このシニフィアンは最終的にシニフィエをもたず、この記号は最終的に指示対象をもたないので、もはやこれらの操作は真理の過程には含まれない。それどころか、最終審級というモチーフは始原《アルケー》、終末《エスカトン》、目的《テロス》の探求としての形而上学と不可分なので、これ

---

(18) **中性性**《ヌートラリテ》のモチーフは、その否定的な形〔…でも…でもない〕において、もっとも古典的でもっとも疑わしい再我有化の試みの領域を開放してしまう以上、もろもろの形而上学的二項対立を消去し、あらゆるテクストから単にその**標記を抹消してしまう**のは（それが可能であるとしてだが）軽率であろう。戦略的分析は、つねに調整しなおす必要がある。たとえば、さまざまな形而上学的二項対立の脱構築は、マラルメのテクストを骨抜きにし中和してしまうかもしれず、かくして、その伝統的で支配的な解釈、つまり今日にまでいたる多分に観念論的な解釈に備給された利害関心に奉仕してしまうかもしれない。まさにこの文脈において、まさにこの文脈に抗って「観念の唯物論」を強調することができるし、そうしなければならないのである。この言葉の定義はジャン・イポリットに負っている（「〔…〕彼は、こうした観念の唯物論のなかでテクストの読みの多様な可能性をイメージする〔…〕」）（「マラルメによる賽の一振りとメッセージ」『哲学研究』一九五八年第四号に所収）。これこそ、あらゆる脱構築のもつ中性化の諸契機をたえず制御することになる**戦略的非対称性**の一例である。その作用域の地形において分析可能な差異のすべてを考慮して、この非対称性は綿密に計算されなくてはならない。そもそも、のちに確認することになろうが、われわれがここで解読するつもりの「イメーヌの論理」は、否定的な中性性の論理でも端的に中性性の論理でさえもない。以下のことも強調しておこう。すなわち「観念の唯物論」は、マラルメの「哲学的」教養の内容たりうるものを指しているのではなく（われわれはどのような点で彼のテクストには「哲学」がないのかを、というよりむしろ彼のテクストがもはや哲学の**中に**はあらぬように計算されているということを規定している最中である）、書くことの操作のうちに、「〈読む〉こと——この実践——」の操作のうちに、「テクストの読みの多様な可能性」の書き込みのうちに賭けられているものの形式を指しているのだ、ということを。

らの操作のほうが真理の過程を含んでいる、ということである。(19)

こうしたすべてが「黙劇」のなかに標記されているとすれば、それは単にエクリチュールの彫琢、並外れた形式的あるいは統語法的な成功のうちにだけでなく、そこに主題内容または真似られた出来事として描写されているように思われるもの、そしてつまるところ、内容の効果にもかかわらず、エクリチュールの空隙にほかならぬもののうちにも標記されている。そのようなものが、この「出来事」、イメーヌ、犯行、自殺、（笑いの、もしくは性的快楽の）痙攣である。その中では何も生じず、見せかけが侵犯であり、侵犯が見せかけであり、そこにあるすべてがテクストの構造そのものを記述し、その可能性を実行する。以上が、少なくとも、今から明らかにすべきことがらだ。

もはや真理のシステムに属さない操作は、いかなる現前性も顕現させず、生起させず、暴露しない。ましてやこの操作は、現前性と再現前化との類似あるいは合致の符合性を構成しない。これはただし、ひとつの単位ではなく、ある舞台の複数的な演戯であるが、その舞台はセリフにせよ行為にせよ、舞台自身の外の何も例示しないがゆえに、何ものも例示しはしない。みずからの断片化した光の外ではそれ自身、何ものでもないようなシャンデリアの、切子面の複数性以外の何ものでもない観念以外の何ものも。マラルメにとっては、ここで観念の理念性はいまだ形而上学的な名称だが、非存在者、非現実者あるいは非現前者〔非現在〕を標記するのにいまだ必要な名称なのである。この標記は、存在者性の彼岸を、存在の彼方《エペケイナ・テース・ウーシアス*75》を、つまりプラトンの太陽とマラルメのシャンデリアのあいだのイメーヌ（近接とヴェール）を示し、鏡面を破ることなく、それを仄めかすのだ。この「観念の唯物論」は、無もしくは自己の上演、演劇、可視性にほかならない。この上演は、**何ものも例示せず、無を例示し、**空隙《エスパス》を明示し、無として、〔空〕白として空隙化《エスパスマン》を再‐標記する。しかもこの白は、いまだ書かれていないページとしての、あるいは描線のあいだの差異としての白である。「私が支持するのは——いかなる例示《イラスト》でもありません、[…]」[20]。

〈演劇〉－〈観念〉－〈マイム役者〉－〈劇〉という連鎖、その素描が〈書物〉のための未刊の草案の断片にある。

「演劇の
〈観念〉としての要約　　それが頌歌だ
そこから　　　　　　演劇＝〈観念〉」[*77]

もう少し先で、横のほうに

---

(19)　前注で示した理由から、最終審級という形而上学的概念の単純な消去は、この概念が特定の文脈で可能にする必要な批判を骨抜きにしかねないであろう。概念たちのこうした二重の書き込みを考慮に入れることは、**二重の学**《ドゥーブル・シアンス》を、二股で**非対称的**なエクリチュールを実践することである。それの「一般的経済」——別の場所で定義されたそれ——が、語のずらされた意味において、ちょうど最終審級を構成している。

(20)　この引用の文脈をここで復元し、それをこの会の冒頭で、書物について、書物外について、イマージュについて、例示について提起されたことに関係づけておかねばならない。それから、次の会で、書物と舞台の作用とのあいだで開始されるはずのことに関係づけておかねばならない。マラルメはさるアンケートでこう答えている。「私が支持するのは——いかなる例示《イラスト》でもありません、一冊の書物が喚び起こすことのすべては読者の心の中で起こるはずですから。しかし写真を用いるとおっしゃるなら、なぜいっそのこと映画にしないのですか。そのコマ繰りが絵も本文もひっくるめて多くの本の代わりを首尾よく務めることでしょう」(p. 878)。[*76]

「〈演劇〉 く 〈観念〉
〈英雄〉 〈劇〉 〈頌歌〉
マイム役者 舞踊」

したがって舞台が例示するのは、ほかでもない舞台であり、**演劇**と**観念**との等価性であり、つまりはこれら二つの名詞が示すとおり〔théâtre と idée のギリシア語源 théā と eidon はともに「見る」を意味する〕、そこで実行される見えるものの（見えるものからみずからを排除する）**可視性**である。舞台が例示をおこなうのは、あるイメーヌ〔hymen〕――頌歌〔hymne〕のアナグラム以上のもの――のテクストにおいて、「よこしまではあるが神聖なる一つの婚姻《イメーヌ》（そこから〈夢〉が生じる）、欲望と成就の、犯罪遂行とその追憶のあいだの婚姻《イメーヌ》においてなのである。ここでは先取りし、あそこでは追想しつつ、未来形で、過去形で、**現在という偽りの外見の下に**」。

「イメーヌ」（「果てぎわの痙攣」にかかわることを思い起こさせてくれる語、唯一の語）はまず、融合、結婚の成就、二者の同一化、二者のあいだの混同にその痕跡をとどめている〔に署名《サイン》する〕。二者**のあいだ**に、もはや差異ではなく同一性がある。この融合のなかに、現前性の欲望（それを充足し、それを成就してくれるはずの充実した現前性に対する期待）と成就のあいだにもはや距離はなく、距離と非距離のあいだにもはや距離はない。つまり欲望から充足までの差異はもはやない。（欲望と成就のあいだの）差異だけでなく、差異と非差異のあいだの差異もまた廃棄される。欲望の開かれた空虚である非‐現前性と、享楽の充実である現前性とは、同じところに帰着する。同時に、言うなれば、イマージュと事物、空虚なシニフィアンと充実したシニフィエ、模倣者と模倣されるものなどのあいだに、もはやテクスト上の差異はない。だからといって、この混同のイメーヌのおかげで一つの項しか、相異なる項たちのうちの唯一の項しかない、ということにはならない。したがって、シニフィエの充満が、模倣されるものないしは事象そのものの充満が、単なる現前者〔simplement présent〕の充満が唯一残る、ということにはならない。むしろ、こうした二項のあいだの差異がもはや機能しなくなるのだ。イメーヌの混同ないし成就は、「果てぎわの痙攣」もしくは笑い死にのさなかで、二つの場所の質的違い《エテロジエネイテ》を取り除く。それは同時に、模倣されるものの、シニフィエないし事物の外在性もしくは先在性、自立性を取り除く。成就は欲望に帰し、欲望は成就（に先んじるもの）であるが、この成就は「鏡面を破ることはない」まま、つねに身振りで真似られ、ひとつの欲望のままにとどまる。

　したがって、このようにして剝ぎ取られるのは差異ではなく、異なるもの、相異なるものたち、相異なるものたちの決定可能な外在性である。イメーヌの混同と連続性にもかかわらずではなくて、まさにそれらのおかげで、決定可能な極なき、自立的で不可逆な項なき（純粋かつ不純な）差異が書き込まれる。現前性のない何らかの差延が現れる。というよりむしろ、これが、現在という中心へと整序されたある時間をばらばらにして、現れることを失敗に追いやる。もはや現在は、未来（の現在）と過去（の現在）がその周囲で区別されて取り集められる、そうした母型ではない。未来（欲望）と現在（成就）のあいだの、過去（追憶）と現在（犯罪遂行）のあいだの、潜勢態と現勢態のあいだのこうしたイメーヌに標記されるのは、中心となる現在なき時間的差異たちのみであり、それは、過去と未来がその変様にすぎないような現在をもたない。そうなると、なおも**時間**や**時間的**差異を語ることができるのだろうか。

　現前性の中心はつねに、知覚ないし一般に直観と呼ばれるものにもたらされることになっていよう。ところが「黙劇」には、知覚がもはやない。現在において知覚すべきものとしてもたらされるような現実がもはやない。表情の演戯、身振りの図面《トラセ》は、それ自体としては現前していない。というのも、これらは回付を、たえず仄めかしを、表象＝再現前化をおこなうからである。ただしこれらは、かつて現前的〔現在的〕であった何ものも、あるいはこれから現前的〔現在的〕になりうる何ものも表象しない。模倣劇の以前ないし以後の何ものも表象せず、模倣劇においては犯行－オルガスム――それはかつてなされたことのないものだが、やすやすとおこなわれ苦しみなどのない自殺へと転じる――を表象する。意味ありげ《シニフィアン》な仄めかしが鏡を突き抜けることはない。つまり、「絶えざる仄めかしに留まっていて、決して鏡面を破ることはない」、ひんやりとした透明で反射するガラスを破ることはなく、（「決して鏡面を破ることはない」は三つ目のヴァージョンでようやく付け加えられた）、粗布《トワール》ないし薄布《ヴォワール》〔ヴェール〕に穴をうがつことはなく、干渉縞《モワール》を引き裂くことはない。マラルメの洞窟《アントル》、彼の語彙集〔glossaire〕の劇場。すなわちこうした宙吊り、「振動する宙吊り状態の中心」、洞穴〔grotte〕、声門〔glotte〕の内壁のあいだで生じる語たちの反響においてこそ、脚韻たちのなかでもとりわけ「相続人《オワール》」「夕方《ソワール》」「黒い《ノワール》」「鏡《ミロワール》」「魔術書《グリモワール》」「たんす《アルモワール》」など（タブローⅡとⅣ）が響きあうのである。

イメーヌが異なるものたちの宙吊りを例示しているとき、〈夢〉〔Rêve〕以上の何が残るだろうか。この大文字は、もはや古い対立には属さないある概念の斬新さを響かせている。〈夢〉は、同時に知覚、追憶、予期（欲望）であり、このそれぞれが他のいずれかのうちにあるが、実際にはそのいずれでもない。〈夢〉が告げるのは「虚構」、「**虚構の純粋な中間環境《ミリュー》**」〔*milieu, pur, de fiction*〕（二つの読点《ヴィルギュル》もまた三番目のヴァージョンで現れる）であり、同時に、知覚された現前性と知覚されていない現前性であり、イマージュとモデルであり、それゆえモデルなきイマージュでもモデルでもなく中間環境《ミリュー》である（au milieu〔中間に〕とはつまり、…のあいだに、…でも…でもなく、ということであり、milieu〔環境〕とはつまり、境位《エレメント》、エーテル、全体《アンサンブル》、媒質である)。読解においてわれわれが何かしら転換をおこなうときには、「中間《ミリュー》」がきらめくシャンデリアの側に身を置いていることだろう。指示対象が剝ぎ取られつつも指示が存続しているので、もはや夢のエクリチュールしか、想像物なき虚構しか、模倣のない、本当らしさのない、真理も虚偽もないマイム劇しか残らない。つまり、残るのはいくばくかの外見のみで、これは、隠された現実や背後世界をもたず、ゆえに外見をもたない（「**偽りの外見**〔…〕」）。残るのは痕跡、告知、喚起のみ、いかなる現在がその前にもその後にも生じなかったであろうような事前と事後、一つの基点から両側に伸びる一直線上には並べようのない事前と事後のみであり、「ここでは先取りし、あそこでは追想しつつ、未来形で、過去形で、**現在という偽りの外見の下に**」あるような痕跡のみである。マラルメは、マルグリットの『ピエロ』のなかで身振りされる思案の瞬間を（『パージュ』誌掲載の第二のヴァージョン以降）強調し、その反響をとどめている。すなわち、未来に開かれた問い（「だがどんな風にやってやろうか？」）の――過去の――瞬間に、台本の著者は、括弧のなかで、「現在」時制で**あなたがた**に話しかける。「というのも、ピエロは夢遊病のように自分の犯行を再現しているので、そのうち彼の幻覚のなかで、**過去が現在**となる」（強調は著者）。*apparence*〔外見、痕跡〕という語の歴運的《イストリアル》両義性（現前的存在者の現れることあるいは出現**と**同時に、現前的存在者がみずからの痕跡の奥へと退隠すること）がその不定の〔際限ない〕襞を付与するのは、「**現在という偽りの外見の下に**」という、綜合的でも冗長でもないシークエンスに対してである。この状況補語の強調部分において再-標記されているのは、プラトン主義とその遺産の、転倒なき位置ずらしである。この位置ずらしは、つねに、言語ないしエクリチュールの、統語法の効果であり、決して概念（シニフィエ）の弁証法的回帰の効果につきるわけではない。問答法＝弁証法のモチーフ——人がそのモチーフをどう規定しようと、それが哲学のなかで哲学に抗って保持する資財に反して、そのモチーフこそが哲学を開始してなおかつ哲学を終わらせたのだが——に対して、おそらくマラルメは、その不毛さの地点にある統語法を標記してしまったのである。あるいはむしろ、この不毛さはまもなく、さしあたり類推にもとづいてこう呼ばれることになるだろう。決定不可能なもの、と。

もしくは、**イメーヌ**、と。

「まだ何も書かれていないページ」の処女性は、こうした空隙《スペース》をわれわれに開示する。例示されていない語がまだある。すなわち、**よこしま**／**神聖**の対立（「よこしまではあるが神聖なる一つの婚姻《イメーヌ》（そこから〈夢〉が生じる）」、〔この鍵カッコ内の〕丸括弧は、形容詞たちをしっかりと「婚姻《イメーヌ》」に関係づけるべく、二番目のヴァージョンから入りこむ）、**欲望**／**犯罪遂行**の対立、そしてとりわけ、共陳述辞「…**のあいだ**《アントル》」だ。

喚起——イメーヌ、すなわち現在と非現在とのあいだの混同は、それが全系列の対立項同士（知覚／非知覚、追憶／イメージ、追憶／欲望など）のあいだで命じる一切の無関心〔無差異〕とともに、中間環境（二項を同時に包含する境位としての環境、つまり二項のあいだで成り立つ中間）の効果を生む。これは、対立項同士**のあいだ**で〔両者を〕混同すると「同時」に、対立項同士**のあいだ**でみずからを保つ操作である。ここで肝心なのは、*entre*〔…のあいだ〕であり、イメーヌの中間状態〔l'entre-deux〕である。…**のあいだ**において、欲望と実現とのあいだの、犯罪遂行とその追憶とのあいだの空隙において、イメーヌは「生じる〔場を占める〕」。ただし、…**のあいだ**というこの中間は、何かの中心とは無関係である。

イメーヌは入る《アントル》〔entre〕、洞窟《アントル》〔antre〕の中に。*entre* は *a* を用いても書ける（タブローⅡとⅣ）。この二つのアントル〔*(e)(a)ntres*〕は同じものではないだろうか。リトレを引いてみよう。「ANTRE、男性名詞。1. 天然の深くて薄暗いほら穴、洞窟。「神託をくだす洞窟、三脚机床」（ヴォルテール、『オイディプス』第二幕第五場〕。2．［転］警察署〔— de la police〕、取調室〔— de l'inquisition〕。3．［解剖］骨のくぼみにつけられた名称〔日本語の「腔洞」のこと〕。——［類義語］*Antre*、*caverne*〔ほら穴〕、*grotte*〔洞穴〕。くぼんだドーム型の空洞を意味する caverne は総称語、antre は深くて薄暗くて黒々としたほら穴、grotte は、絵画に出てきそうなほら穴で、天然・人工を問わない。［語源］Antrum、ἄντρον、サンスクリット語では *antara* で、裂け目、ほら穴の意。*Antara* はもともと間隔を意味し、それゆえラテン語の前置詞 *inter* と関係がある（*entre* を見よ）。［プロヴァンス語］*antre*、［スペイン語・イタリア語］*antro*〕。そして ENTRER の項目は、同じ語源への送り指示で終わっている。それなしでは山が存在しない谷あいのように、ミューズの滞在地で〈詩〉の本場であるパルナス山の二つの頂のあいだの聖なる谷のように、〈あいだ〉の**間隔**〔*intervalle*〕が、イメーヌの中間部分〔l'entre-deux〕が、ぽっかり空いている様子を見る思いがするかもしれない。[*78] しかし、*intervallum* は *inter*（…のあいだ）と *vallus*（杭）からできていて、これは、二者のあいだの杭ではなく、二つの柵のあいだの空隙《エスパス》をもたらす。以上はリトレによる。

かくして、われわれは、いつも中身が満ちてゆく柵の論理から、イメーヌの論理に移行する。異なるものたちの消尽、交尾の連なりと混じり合い、結婚であるイメーヌは、その派生元らしきものと混じり合う。つまり防御幕、処女性を秘めた宝石箱、膣の内壁、極薄のほとんど見えないヴェール、子宮の前で、女性の内側と外側の**のあいだ**で、したがって欲望と成就のあいだでみずからを保つヴェールとしてのイメーヌと〔混じり合う〕。それは、欲望でも快感でもなく、両者のあいだにある。未来でも現在でもなく、両者のあいだにある。性愛や殺害である暴力（同時に性愛でかつ殺害である暴力、もしくは、性愛と殺害のあいだにある暴力）のなかで、欲望が、貫きたい、裂きたいと夢見る対象がイメーヌなのだ。性愛か殺害のどちらかが生じてしまえば、イメーヌなど存在しないであろう。だが〔イメーヌは〕単純に免訴《ノン＝リユー》される〔登場を免れる〕わけではない。それ自身の意味の決定不可能性そのものとともにイメーヌが生じるのは、もっぱら、イメーヌが生じない時、**実際には**何も起こらない時、〔性的もしくは殺害的な〕暴行なき消尽がある時のみ、もしくは、一発〔の衝撃〕なき暴行が、もしくは跡形《マルク》なき一発が、跡形《マルク》（周縁《マルジュ》）なき標記《マルク》などがある時のみ、ヴェールが**破られずに**〔存在なしに *sans l'être*〕破られる時のみで、たとえば、笑いをあたえて死なせたり、笑いをあたえて悦ばせたりする時である。

Υμήν は皮膜を表し、身体の臓器、たとえばアリストテレスの言では、心臓ないし腸をつつむ薄膜を表す。これはまた、特定の魚類の軟骨、特定の昆虫（膜翅目であるミツバチ、スズメバチ、アリ）の羽、特定の鳥類（蹼足類〔hyménopodes〕）の水かき、特定の鳥類の目をおおう瞬膜、植物の種ないし種子をつつむ被膜である。それは、身体の数多い隠喩がその上に書きつけられる組織《ティシュ》である。

さまざまな膜についての概論ないし**膜学**が、さまざまな膜についての記述ないし**膜研究**《イメノグラフィ》が実在する。正誤はともかく、しばしば「イメーヌ」の語源は、ラテン語の *suo*、*suere*（縫う）や、*uphos*（織物《ティシュ》）に見られる語基 *u* に帰せられる。イメーヌは、ちょっとしたつながり（*syuman*）であろう（*syuntah*、縫った、*siula*、針、*schuh*、縫う、そして *suo*）。時おり異論も出るが、*hymne*〔頌歌〕についても同じ推測がなされる。したがって、たまたま *hymen* のアナグラムであるわけではなかろう（タブローV）。これら二語は、*uphainô*（クモの巣を織る、編む、また、たくらむ）、*uphos*（織物、クモの巣、網、作品のテクスト——以上はロンギヌスによる）、*umnos*（横糸《トラム》、ついで歌の筋立《トラム》て、転じて、結婚歌ないし哀悼歌）と関係があるようだ。リトレによれば、「〔…〕クルティウスによれば、ὕμνος は、ὑφάω（織る）と、ὑφή／ὕφος（織物《ティシュ》）と語源を同じくする。文字言語が知られていなかった遠い昔は、詩作を指す言葉のほとんどが織物工や建造家らの技術からとられている」。

したがってイメーヌは織物《ティシュ》の一種である。その糸という糸を、あらゆるガーゼ、ヴェール、布、生地、モアレ、羽根、羽毛といっしょに織りまぜ、その襞のなかに――ほとんど――すべてのマラルメのコーパスをとらえているカーテンや扇といっしょに織りまぜなければならないだろう。そうやって夜を明かすことになるかもしれない。「イメーヌ」という語は「黙劇」にしか出てこないわけではない。ある程度体系的に操作された、決定不可能性をそなえた同じような統語法的資財とともに、この語が現れる。マラルメが十六歳の時にものした「最初の聖体拝領のためのカンタータ」（「強さと弱さをめあわせた／不思議な婚姻《イメーヌ》のなかに」）[*79]に、「半獣神の午後」（「始めの音を探す男の　願う　夥しい婚姻《イメーヌ》」）[*80]に、「《半獣神の午後》の献辞さまざま」（「半獣神もまた婚姻《イメーヌ》と　操を守る指輪とに　憧れる筈」）[*81]に。そしてとりわけ「リヒャルト・ヴァーグナー　一フランス詩人の夢想」に。ここでは二ページ（pp. 543-545）[*82]にわたって、星座のあらゆる要素が名指されている。すなわち、マイム役者、イメーヌ、処女なるもの、玄妙なるもの、貫通〔浸透〕と被膜〔包み込むもの〕、演劇、頌歌〔hymne〕[*83]、「織物の［…］襞」、何も変形させない手際、「裂け目より迸る歌」、「このばらばらの快楽の形態の合体」。

またもや折り返しである。イメーヌ、「虚構の純粋な中間環境《ミリュー》」は、生起することのない現前的諸行為のあいだで成り立つ。行為《アクト》〔現勢態〕、現在性《アクチュアリテ》、活動《アクティヴィテ》は現前性の価値と不可分である。生じるのはただ、〈あいだ〉のみ、場のみ、何ものでもない空隙のみ、観念の〈無としての〉理念性のみだ。それゆえ、いかなる行為も**遂行されて**はおらず（「犯罪遂行とその追憶とのあいだの……婚姻《イメーヌ》」）、犯行のように犯されてはいない。これは、かつて一度も犯されたことのない犯行の追憶である、というのも現在時において、舞台上で、それを見た者はいない（〈マイム役者〉は思い起こしている）からというのみならず、また、いかなる暴行も行使されはしなかったから（笑い死にさせて、ついで――陽気な――「犯人」はみずからの死によって赦免される）、それにこの犯行はむしろ犯行の反対、愛の営みだからである。しかもその営み自体、生じなかったのである。「貫通する《ペネトレ》」を計算に入れた協和音が確たるものとしているように、犯罪遂行《ベルペトレ》とは、処女膜《イメーヌ》を、かつて一度も踏み越えられたことのない閾《しきい》を――ただし虚構の上で――引き裂くことである。その一歩を踏みしめるときでさえ、ピエロは、ドアの前で「独り閾に囚われた者」にとどまる（「貴兄の愛する逝《ゆ》ける女《ひと》に代わり［…］[*84]」）。

イメーヌを引き裂くこと、もしくは自分のまぶた（鳥のなかでイメーヌと呼ばれる部位）をつぶすこと、視覚ないし命を失うこと、もう日の目をみなくなること、それがピエロたちの運命である。マルグリットのピエロ以前に、ゴーチエのピエロ『死後のピエロ』からして運命に忠実だ。見せかけ《シミュラークル》の存在の運命に。ゴーチエのピエロは、この方法を自分自身に適用して死ぬふりをする。ネズミを飲み込んだ後、つぎに自分で自分をくすぐりながら、いつ終わるとも知れないマスターベーションの果てぎわの痙攣のなかで。このピエロのイメーヌはおそらく、マラルメのイメーヌのような繊細な透明さ、目に見えないほどのうつろいやすさをそなえてはいなかった。それでも、このピエロがみずからに死を与え、みずからを死にささげるのは、そのイメーヌが、やはりもろくてあやふやだからでもある。他人から見るととっくに死んでいるため、しかるべき婚姻《イメーヌ》に、コロンビーヌと彼との**本当の**！婚姻《イメーヌ》に、自分はふさわしくないと思いつめて、死後のピエロは自殺をよそおう。「アルルカンをぶちのめして、女房を取り返せればなあ……／でもどうすりゃいい？　何を使えば？　おれはもう霊魂でしかない、／理屈上の存在、まったくもって実体のない存在でしかない／婚姻《イメーヌ》には、触れることのできる身体が、実体のともなった存在が必要だ……／こんな迷いは断ちきりたいものだが、一体どうしてよいものやら！／自殺しよう、それだ、ただしひと思いにやるんだ」(21)[*85]。しかし自殺もまたイメーヌというジャンルの種なので、彼はぐずぐずと自殺を続けるはめになろう。この「ひと思いに」〔une fois pour toutes〕が指すのは、イメーヌがつねに嘲弄する当のものであり、それを前にして、つねにわれわれは高笑いをひびかせることになろう。

「書物はといえば」、イメーヌと時間と自殺のそれぞれの構造が、まとめて書物に結びつけられる。「自殺にせよ回避にせよ、一切何もしないのはなぜか。——この世で、ここに初めて〔unique fois〕、私がこれから説明するある出来事を考える場合どうしても、〈現在〉などないからだ。しかり——現在が一つも実在しない……。〈群集〉が真価を顕すということが欠けている、つまり——一切が欠けているのだから。いくばくかの過去が終わり、しかも一つの未来の到来が遅延している時、ないしは、両者がこの隔たりを覆い隠そうとして、ひとを困惑に陥らせつつ再びお互いに縺れ合う時、いずれにせよ破廉恥にも、持場を離れたり簒奪したりしつつ、自分が己れ自身の同時代人であることを声を大にして言う者があるとすれば、その人は十分に識ってはいないのだ[*87]」(p. 372)。

　覆い隠された隔たり、触れることができず実体をともなわず、はざまに置かれた、仲介する隔たりとして、イメーヌの**あいだ**が、スクリーンのなかに反映されるが、スクリーンを突き抜けることはない。イメ

---

(21)「象徴主義」の記号体系《コード》のなかにあるとおり、「〈イメーヌ〉」は、寓意を表す大文字で時おり書かれて、たしかに「ピエロたち」の語彙の一部をなす〔「アルルカンとポリシネルは、コロンビーヌとの誉れある婚姻《イメーヌ》を熱望する」、ゴーチエ〕。[*86] それでもやはり事実なのは——しかもこれこそ大事なのだが——マラルメが、この語の両義性に、彼なりの統語法的な演戯《たわむれ》を再標記している、という点である。「出来事」〔言うなれば、歴史的な出来事〕は、反復という形、二重化されたものであるがゆえに読みとることができる、ほとんどかぎ裂きの、**裂開**〔déhiscence〕の標記を有している。「**裂開**　女性名詞、植物学用語　閉じた器官の別々の部分が、その縫合線に沿って、破れずに開いてゆく動き。閉じた器官の内部で、ある時期に、それがはらんでいるものが外に出られるようにしてやるための特定の決まった形の断裂〔…〕。語源 *Dehiscere* 半ば開く　*de* と *hiscere* に由来し、後者は *hiare* の反復相（*hiatus* を見よ）。」以上はリトレによる。

ーヌはイメーヌのなかにとどまる。一方の処女膜《イメーヌ》――純潔《ヴィルジニテ》のヴェールもしくは何ものでもない――は、他方の婚姻《イメーヌ》――腟洞《アントル》の消費、消耗、貫通――のなかにとどまる。そして逆もしかり〔婚姻《イメーヌ》は処女膜《イメーヌ》のなかにとどまる〕。

鏡は決して通過されず、鏡面は決して破られない。そうなりそうな瀬戸際で〔Au bord de l'être〕。存在〔在ること〕の瀬戸際《ボール》で〔Au bord de l'être〕、イメーヌという媒体は、決して否定的なものの媒介ないし労働とはならず、あらゆる存在論、あらゆる哲学素、あらゆる立場《ボール》の弁証法を挫折させる。イメーヌという媒体は、ここでも中間環境《ミリュー》として、織物として、それらを挫折させ、それらを包含し、それらをひっくり返し、それらを書き込む。非貫通、非犯罪遂行（これはたんに否定的であるだけでなく、二つのもののあいだで成り立つ）、洞窟――そこで犯罪遂行が成立する――のこうした宙吊りは、マラルメの言葉によれば、「絶えざる」ものだ。「かくの如くにマイム役者は操作する、その演戯は絶えざる仄めかしに留まっていて、決して鏡面を破ることはない。彼はかくして、虚構の純粋な中間環境《ミリュー》を設定するのだ」（読点《ヴィルギュル》（*virgula*〔ひこばえ〕）の戯れが、最終のヴァージョンになって初めて、幾重にも入ってきて、あちこちの区切れが、シークエンスの連続体のなかに、休止、終止、空隙化と息切れを標記する）[22]。イメーヌの絶えざる動き。要するに、ひとはプラトンのほら穴だけでなく、マラルメの洞窟＝腟洞《アントル》からも出られはしない。それは、もう一つの洞穴学を、何くわぬ顔で要請する。「彼方」、「動因」、「原動力」、「文学のメカニズム」の「主要部品ないし空無」（『音楽と文芸』、p. 647）[*89]、「[…] 国語の側面の一つあるいはあの鉱脈を例示するのに必要なだけ〔のもの〕[*90]」をのぞけば、光沢《リュストレ》のある外見の背後をもはや探そうとしない洞穴学を。

「かくの如くにマイム役者は操作する」。マラルメが「操作」という語を使うたびに、現前的な出来事、現実、活動などとして把握できるようなことは何も起こらない。〈マイム役者〉は何も**なし**はしない。行為（殺害行為にせよ性行為にせよ）も、能動主体も、それゆえ受動者も。何も**在り**はしない。「現在という偽りの外見」の中や上で現在時に結びついている「黙劇」だが、そこで *est*〔在る〕という語は現れない。一度だけ、存在判断という形ではなく、ほとんど述語の繋辞〔…である〕という形で現れるのを除いては（「一つの挑戦にうながされて、翻訳する役割を担うのは詩人である！」）。そしてマラルメが動詞 être〔在る〕をたえず省略することは、すでに指摘がなされている。(23) この省略は、jeu という語がよく用いられることと相補的である。マラルメのエクリチュールにおける「戯れ」の実践は、「在る」の敬遠と結託している。存在の**退《ひ》き離し**〔在るの敬遠〕は、文字どおり、散種のなかで、散種として、定義され刻印されている。

イメーヌの演戯《たわむれ》は、よこしまであると**同時に**神聖であり、「よこしまではあるが神聖」である。同様に、これはそのどちらでもない。というのも、何も起こってはおらず、イメーヌは、洞窟のあいだで、外で、中で、宙吊りのままだからである。この宙吊り、演戯されたこの距離以上に、よこしまなものは何もなく、腹部を処女のままにしておくこの悲痛な貫通以上に邪悪なものはない。しかし、あまたあるマラルメのヴェールたちと同様、これ以上に、神聖さを標記され、折り返され、触知できない、密封された、無傷のものはない。ここで、「黙劇」の「シナリオ」と、〈書物〉の断片のなかで点描されているシナリオとの類似をとらえなおしておく必要があろう。とりわけ以下の断片のなかで。

---

(22)「[…] 私は、自分の趣向にしたがって、いかにもよさそうに思えるテクストよりも、白い頁の上に読点《ヴィルギュル》や句点《ポワン》で空隙を置いた模様と、それらの二次的な組み合わせで旋律をむき出しに真似たものとを好みます——もし、たとえすばらしいものであろうと、そのよさそうに思えるテクストに句読点が打たれていない場合はね」（p. 407）。*88

(23) Cf. Jacques Scherer, *l'Expression littéraire dans l'Œuvre de Mallarmé*, p. 142 sq.

[21 (A)]

電気仕掛けによるアラベスクに
〔垂れ幕の〕背後で灯がともされる — すると二枚の
垂れ幕

— いわば幕の聖なる引き裂けのようなもの
そこに書かれた — あるいは引き裂け —*92

そして二つの存在は、同時に鳥
と香り — 壇上のその二つに
似ている
上方（バルコニー席〔balcon《バルコン》〕）com《コン》

卵　　　　　　　　　　教会

[22 (A)]

…………

…………

以上は、谺が語ることだ—
分身で嘘つき〔の谺〕、それは問われたのだ
（風の）旅する 精神に

[24 (A)]

…………

…………

— この時間のあいだ — ジオラマのような
幕が深まった〔aprofondi [*sic*] —暗がりが
だんだん濃くなる、まるで穴を空けられかのようだ
暗がりによって — 神秘によって —

カーテンが消滅した………
…………

[169 (A)]　[ページの隅に]
〈操作〉*
罪　　誓い？
*これは、そのどちらでもない
…………

[50 (B)]

五年。le lustre〔五年間＝シャンデリア〕

[19 (A)]

向こう側へ、同時に未来でもあり
過去でもある方向へ　　　　　　　(一方の腕は〔下に〕[*91]、もう
　　　　　　　　　　　　　　　　一方は上にあげて、その姿勢は
これが、可視的に起きることだ。　踊り子のもの
それ〔彼〕は省かれて

[20 (A)]

中央《ミリュー》に[1]面していること（そこには
もとより人気がない ── [2]それが広がる
神秘的な〔舞台の〕手前と、
〔舞台の〕奥まで ── 祝祭の準備
＝　幕間*

両者の混交

　　　　　　　　　　　　　　　　あるいは ＝**
それとともに、開いた奥の遮断　　行為は
　　　　　　　　　　　　　　　　奥で
　　　　　　　　　　　　　　　　── 人がそれのもとを
　　　　　　　　　　　　　　　　離れた場所で再開する

＝　*幕間
手前だけで　　　　　　　　　　　(祝祭の想起、(後悔、など)
そして、大きくなりつつ
中央の

そして　開幕 ── 閉幕〔chûte [sic]〕　　客席
　　　　　　　　　　　　　　　　　　　と奥
　　奥に対応する　　　　　　　　　　　向こう側

そして神秘的な手前 ── 対応するのは
　　　　　　　奥（布、など）を隠すものが起こすのだ
　　　　　　　　　　　　　　　　その神秘を ──

奥 ＝ 客席　　　　　　　**　　　　　シャンデリアつきの

1. 二番目の奥に。
2. 孤独な祝祭そのもの ── 祝祭。

実際の行為のいかなるものも手本としない以上、いかなる本当らしさも目指さない以上、〈マイム役者〉が**おこなうのは演戯である**。演戯《たわむれ》はつねに差異を演じるが、この差異には、指示がなく、というよりむしろ指示対象がなく、絶対的外部がなく、すなわち内部もない。〈マイム役者〉は指示を真似る。一介の模倣者ではない、彼は模倣行為を真似るのだ。イメーヌは、マイム劇とミメーシスのあいだに、というよりむしろミメーシスとミメーシスのあいだに介在する。これは、コピーのコピー、プラトン的見せかけを見せかける見せかけであって、プラトン的な〈コピーのコピー〉とヘーゲル的な幕[24]とは、現前的な指示対象というまやかしをここで失ってしまうのだが、そのときこれらは問答法＝弁証法と存在論に対しても、絶対知に対しても失われているのである。バタイユが文字どおり望むであろうように、この絶対知もまた「身振りで真似られて」いる。奥底をもたない〈あいだ〉の奥底を、こうやってたえず仄めかす場合、この仄めかしが何を仄めかすのかは決してわからない。みずからのイメーヌを織りなし、みずからのテクストを造りあげつつ仄めかしをしている最中の仄めかし自身以外に、この仄めかしは何を仄めかすというのか。この点で、まさに仄めかしは、みずからの形式的規則たちにしか従わない演戯《たわむれ》である。その名が示すとおり、仄めかし〔allusion〕は戯れる。[*94] ただし、この戯れが最終審級において真理と無縁であるということは、それが誤り、誤謬、仮象《アパランス》ないし錯覚であることを含意するわけではない。「仄めかし《アリュジオン》」であって、マラルメは「錯覚《イリュジオン》」とは書いていない。別の箇所でマラルメは「示唆」と呼んだりするが、仄めかしは、ここでは**類比的に**決定不可能と呼べるような操作にほかならない。ゲーデルが一九三一年にその可能性を証明した決定不能命題とは、多項式を律する一つの公理系が与えられた場合において、その諸公理の分析的ないし帰納的帰結でもなければ、その諸公理と矛盾もせず、その諸公理に対して真でも偽でもない、そうした命題である。綜合なしに、**第三の命題が存在する**。*95

ここで「決定不可能性」は、何かしら謎めいた不明瞭さにも、何やら「歴運的」なあいまいさにも、**イメーヌ**という語の詩的神秘にも、「自然」言語の語がもつとめどのない両義性にも、ましてや「原始語のもつ逆の意味」（アーベル）(25)*96 のごときものにも起因していない。肝心なのは、思弁的弁証法の境位に、自

---

(24) ヘーゲルとマラルメのあいだのイメーヌについては、たとえば『精神現象学』のなかで、哲学的意識であり絶対知の主体である「**われわれ**」が、そこで占める特異な場所から注視するある開幕を分析することができよう。「両極が、純粋な〈内面〉の極とこの純粋な〈内面〉をのぞきこむ〈内面〉の極とが、今や合致する。そして、これらが両極として消え去ったわけだから、これらとは別の何かとしての中間項も消え去った。かくして、この幕（*Vorhang*）は〈内面〉の上で取り去られて、現前しているのは〈内面〉が〈内面〉をのぞきこむという行為である。**区別のない**〈同名のもの〉が、自分を自分から押しのけて、截然とした〈内面〉として自分を措定するのだが、**しかしこの〈内面〉にとって**、二項に区別がないこともまた直接に現れているのである。こうした〈同名のもの〉が見る光景が、**自己意識**である。そのとき明らかなのは、見る側の誰かがいるためにも、見られるものがあるためにも、われわれが、自分自身で、幕の向う側に入りこむのでなければ、〈内面〉を覆っているはずだと言われる幕の向こう側には見るべきものが何もないのだということである。しかし同時に出てくる帰結は、こうした考察すべてを回避して、まっすぐに背後に行くことはできなかったということである」(tr. J. Hyppolite, t. I, p. 140-1)。*93 A・ブートリュッシュが、このテクストに私の注意を呼び起こしてくれた。ここに感謝の意を表したい。

(25) フロイトのテクストのうちアーベルを読んで着想を得たもの〔「原始語のもつ逆の意味について」〕（一九一〇年）よりむしろ、『不気味なもの』（一九一九年）——つまるところ、われわれはここでその読み直しに取りかかっているのだが——のほうを参照することになるだろう。われわれはたえず、そこに送り返されることになろう。分身と反復の逆説によって、「想像」と「現実」との、「象徴」と「象徴されるもの」との境界の消去によって（tr. fr. in *Essais de psychanalyse appliquée*, p. 199）、ホフマンと幻想文学との参照によって、語の**二重の意味**の考察によって。「そういうわけで、*heimlich* は、両価性とともに意味を発展させてきた単語であり、最終的には、その反意語である *unheimlich* と重なり合うまでに

然言語を据えつけてくれる幸運に驚嘆して、ヘーゲルが*Aufhebung*〔止揚〕、*Urteil*〔判断〕、*Meinen*〔思いなし〕、*Beispiel*〔実例〕などのドイツ語の単語に対して企てたことを、**イメーヌ**について反復することではない。ここで肝心なのは、ある語もしくはある概念がもつ語彙的豊穣さ、意味論的無限性、深さないし厚み、その語における相反する二つの意味（連続と不連続、内部と外部、同一性と差異など）の堆積ではない。ここで肝心なのは、その語を合成し分解する、形式的ないし統語法的な実践である。われわれはたしかに、**イメーヌ**という語にすべてを送り返すようなそぶりをしてきた。だが、すべてがこの語に授けているように思われた代替不可能なシニフィアンとしての特性は、罠としてそこに置かれていたのだ。この語、この兼用法[26]は不可欠なものではなく、文献学と語源学はわれわれにとって付随的な関心事にすぎない。もし「イメーヌ」〔という語〕を失っても、「黙劇」にとって取り返しのつかないことにはならないだろう。その効果はまずもって、「…のあいだ」〔という語〕を配置する統語法によって、しかも宙吊りが語の内容ではなく、ただ語の位置にのみ起因するような仕方で配置する統語法によって生み出される。「イメーヌ」によって再標記されるのはもっぱら、…**のあいだ**という語の位置がすでに標記しているもの、そして、よしんば「イメーヌ」という語が出てこないとしても、…**のあいだ**という語の位置が標記してくれるはずのものにすぎない。「イメーヌ」を「結婚」なり「犯行」なり、「同一性」なり「差異」なりと置き換えるとしても、効果は同じことになろう。ただし経済的な凝縮ないし蓄積を別にすればの話だが、これをわれわれはなおざりにしたわけではない。それゆえ、「…のあいだ」という語は、〔…と〕…**のあいだ**の混同が問題にせよ、…**のあいだ**の間隔が問題にせよ、操作の力そのものを有している。〈あいだ〉から出発してイメーヌを規定すべきであって、その逆ではない。テクストのイメーヌ（犯行、性行為、近親相姦、自殺、見せかけ）は、この非決定の切っ先に書き込まれる。意味論的なものに対する統語法的なものの還元不可能な剰余に従って、この切っ先が突き出す。「…のあいだ」という語は、それ自体でいかなる充実した意味も持っていない。…**のあいだ**という開かれたものは、統語法的なピンであり、自足的名辞《カテゴレーム》ではなく共陳述辞《サンカテゴレーム》であり、中世からフッサールの『論理学研究』にいたるまで、哲学者たちが不完全な意味と呼んでいるものである。「イメーヌ」に当てはまることは、必要な変更を加えれば、*pharmakon*〔パルマコン〕、*supplément*〔代補〕、*différance*〔差延〕やその他もろもろ、二重で相反する決定不可能な意味価、しかもつねにその統語法に起因する意味価をもつあらゆる記号に当てはまる。その統語法は、いわば「内的」で、同一のくびきの下で、一つにして〔*uph'en*〕*98 相反する二つの意味を分節＝結合する場合もあれば、「外的」で、われわれが語に働きをさせるコードに依存している場合もある。ただし、記号の統語法的な合成と分解は、こうした内的か外的かの二者択一を無効にする。われわれがかかわっているのは、ただ単に、作動中の多少大きな統語法的単位たちと、凝縮の経済的差異たちである。これらのそれぞれを同一視することなく、むしろ逆に、際限のない〔不定の〕転換《ピボットマン》の場という場に、ある系列的な法を認めることができる。すなわち、これらの場は、決して *Erinnerung*〔記憶〕や *Aufhebung*〔止揚〕によって媒介、制御、止揚、弁証法化されるがままにならないものの地点を標記しているのだ。こうした戯れの効果たちのすべてが、哲学の制御を逃れるこうした「語」たちが、それぞれかなり異なる歴史的文脈で、エクリチュールときわめて特異な関

なる。*unheimlich* であるとは、何らかの仕方で、ある種 *heimlich* であることなのだ（tr. fr. p. 175）」*97（つづく）。

(26) 「〈兼用法《シレプス》〉と呼ばれる混成の転義は、**同一の語を、まったく同時に二つの異なる意味で受け取ること、つまり一方で原義ないしそうみなされる意味、ただしつねに少なくとも本来**の意味において、と同時に、他方で**比喩的**な意味ないし、かならずしも実際にそうでなくともそうみなされる意味において受け取ることにある。これは、**換喩**、**提喩**ないし**隠喩**によって生じる」。P. Fontanier, *Les figures du discours*, intr. par G. Genette, Flammarion, p. 105.

係をもっているのは偶然だろうか。こうした「語」たちは、その戯れにおいて、矛盾と無矛盾（そして、矛盾と無矛盾のあいだの矛盾と無矛盾）を許容する。弁証法的な止揚なしに、休止なしに、これらはいわば、同時に意識と無意識――後者は矛盾に対して寛容か鈍感であるとフロイトがわれわれに語っている――とに属している。したがって、これらに依拠し、これらに**従う**〔s'y plie〕かぎりで、テクストは**二重の舞台**を演じる。テクストは、絶対的に異なる二つの場で作用する。たとえこの二つの場を隔てているのが、すり抜けられていると同時にすり抜けられていない、なかば開いた一枚のヴェールでしかないにせよ。こうした二つの劇場が催すことになる二重の学〔知〕《シアンス》のことを、プラトンであれば、その非決定と不安定ゆえに、知られるもの《エピステーメー》ではなく思惑《ドクサ》されるものと名指していたことだろう。『女房殺しのピエロ』を読んだとしたら、彼は、コウモリを打ちつける宦官の謎を思い起こしていたことだろう。[27]

すべてが演じられる。すべてとその残余とが、つまり戯れが、**あいだ**において演じられる。洞穴についても詳しかった[28]『近似的認識試論』の著者〔バシュラール〕の言葉によれば、**あいだ**とは「数学的概念」である（p. 32）。あるエクリチュールがこの決定不可能性を標記し再標記するとき、その定式化の力は、「文学的」な外見をもつにせよ、あるいは一見自然言語に依存的であるにせよ、この種の標記の手前にあるらしき論理‐数学的な形式の命題がもつ定式化の力を凌いでいる。自然言語と人工言語とのいまだ形而上学的な区別が厳密であると仮定するなら（おそらくわれわれはここでその妥当性の限界に行き着いているのだが）、自然とされる言語のテクストたちのなかには、その定式化の力が、形式的な外見をもつ何らかの記号体系に帰される定式化の力にまさるような、そうしたテクストたちがあることになろう。

もはや、「…のあいだ」が純粋に統語法的な要素だと言うことすらできない。その統語法的機能に加え、「…のあいだ」は、みずからの意味論的空白の再標記によって、意味をなしはじめる。[29]その意味論的空白

(27)「「では、多くの二倍の分量のものはどうだろう？　それらは、二倍のものであるとともに半分のものであるとも見なされることは、絶対にないだろうか？」「いいえ〔ありえます〕」「さらには、大きいとか小さいとか、軽いとか重いとか呼ばれるものにしても、それと反対の呼ばれ方をされることが決してないとは、よもや言えないだろうね？」「言えません」と彼は言った、「というのも、それぞれみな、つねに両方の呼ばれ方を許すでしょうから」「そうすると、いったいそれら多なるもののひとつひとつは、それが何であると呼ばれるにせよ、〈そのものであらぬ〉以上に〈そのものである〉のだろうか？」「それらは」と彼は答えた、「宴会のときに人がよく口にする、どちらの意味にもとれる言葉に似ていますし、また、子どもたちがやる宦官についての謎に——ほら、何を使って、何の上に、宦官がコウモリを打ちつけたのかを当てさせる謎かけがありますね——あれにそっくりです。なぜなら、いま問題にしているいろいろの事物もやはり、どちらにでもとれるような性格のものであって、そのなかのどれ一つとして、あるとも、あらぬとも、そのどちらであるとも、どちらでないとも、しっかりと固定的に考えることができないのですからね。」「〔…〕ところでわれわれは、もしそのような性格のものが何かあるとわかったなら、そのものは〈思惑されるもの〉であって〈知られるもの〉ではないと言われるべきだと、あらかじめ同意してあった」」（『国家』第Ⅴ巻、479*bcd*、ビュデ訳）。

(28)　しかし『大地と休息の夢想』のなかで洞穴にあてられた章は、そこで種々の「文学における洞穴」をまとめた実に豊富な一覧表において、マラルメの洞穴に言及していない。これが些細なことではないとすれば、おそらくその理由は、もっとあとで、マラルメの「想像的なもの」が問題になる際に明らかになるだろう。

(29)　それゆえ、「あいだ」という共陳述辞は、その意味内容として意味論的な準‐空白をもち、空隙の関係、分節、間隔などを意味する。これは、名詞化されうるし、準‐自足的名辞となりえて、定冠詞や複数形の標記さえ受け取りうる。われわれは、「〔もろもの〕あいだ」〔les entre(s)〕と言ったが、この複数形がいわば「最初のもの」である。〔単数としての〕「あいだ」〔l'entre〕は実在しない。ヘブライ語では、「あいだ」は複数形をとることができる。「実際のところ、この複数形が知らせるのは、ある事物と別の事物との関係ではなく、諸事物のあいだの間隔たちである（*loca aliis intermedia*）——これについてはエゼキエル書の第十章第二節を見よ——か、もしくは、すでに述べたように、この複数形は、前置詞ないしは、抽象的に理解された関係である」（Spinoza, *Abrégé de grammaire hébraïque*, Vrin, 1968, p. 108）。

は**意味をなす**のだが、空隙化と分節化の**意味をなす**。意味論的空白は、その意味として統語法の可能性をもち、意味の戯れを命じる。**純粋に統語法的でもなく純粋に意味論的でもない**この空白は、そうした対立の連接〔分節〕された開始を標記する。

結局、この裂開のすべては、「黙劇」が念入りに準備していたであろう、ある種の lit《リ》〔「読む」もしくは「寝床」〕において反復され、半開きとなる。末尾の近辺で、「それを読む」〔le lit《ルリ》 定冠詞＋名詞（寝床の意にも取れる）〕という句が、イメーヌの戦略素を複製している。

そこにいたる前に、次のことを思い起こしておこう。すなわち、「黙劇」——このテクストは、そこで切り開かれる二つの沈黙のあいだに、わざとそのあいだに挟んであり（「沈黙とは、脚韻のあとに残された唯一の豪奢であり［…］なおも一つの沈黙が君臨しているということだ、読書の条件にして愉悦である沈黙が、である」）、その様子は、言語の「はね廻り《レバ》」と「論戦《デバ》」〔のあいだ〕の場合（タブローⅡ）と同様である——のなかでは、ほかでもなく、書かれること《エクリチュール》と読まれること《レクチュール》〔ともに行為とその所産との両方の意味で〕だけが問題になっていたことだろう、ということを。「黙劇」を、短めの文学概論の一種として読むこともできよう。エクリチュールにまつわる隠喩がしばしば出てくるから（「まだ何も書かれていないページにも似た真っ白な亡霊」）——これはまた『ピレボス』においても同様だが——ばかりでなく、**何もの**も逃れようのないこの隠喩の必然性が、その個別の文彩とは別のことをなしているからである。書かれること《エクリチュール》—読まれること《レクチュール》、テクスト、イメーヌといった概念の絶対的な拡張が生じているのだ。**在る**ものの一切がそれらからはみ出ることができないほどの拡張が。「黙劇」は、エクリチュールの一場面のなかでエクリチュールの一場面を描写しており、さらに同様のことが終わりなく続くが、それはこのテクストのなかに標記された構造的必然性によるものである。マイム役者は「体で書く文字《エクリチュール》」*99（「バレエ」）として、エクリチュール（イメーヌ）を身振りし、さらに、一つのエクリチュールのなかに書かれてゆく。すべては、書かれること‐読まれることとの媒体ないし反射鏡のなかで反射し合っていて、「決して鏡面を破ることはない」。台本のない一つのエクリチュールがあって、そのつど、瞬間ごとに、その描線の先端が、過去をもつことなく、純白の紙の上を進む。しかしまた、**同時に**、無数の台本があって、それらがお互いのなかに閉じ込め合い、はめ込み合い、出口を見つけようにも、接ぎ木、採取見本、引用、銘句、出典表示などを経由するしかない。文学は、みずからの無際限化〔illimitation〕において、みずからを取り消す。この短めの文学概論は、もしそれが何かを**言わんとする**なら——そのことを疑う何がしかの理由が今やわれわれにはあるのだが——まずもって次のことを述べていることとなろう。すなわち、文学などない——もしくは、ほとんどない、ほんの少ししかない——ということを。いずれにせよ、文学の本質、文学の真理など、文学のうちこれこそ文学的であると言えることなどない、ということを。さらに、「文学とは何であるのか」という問いの「ある」ないし「何であるのか」による幻惑は、イメーヌがもつ価値——これは正確には無ではない——と同じだけの価値をもつのであり、それは例えばイメーヌが笑い死にさせる時にそうなるのだ、ということを。このことは、かえって、その名称——文学——の下に表象され規定されてきたものとは何なのか、またそれはなぜなのかを知ろうと努めるのを妨げはしないだろう。

　マラルメは**読む**。読みながら書く。〈マイム役者〉によって書かれたテクストを読みながらだ。しかもその〈マイム役者〉自身、書くために読む。つまり彼が、たとえば『死後のピエロ』を読むのは、そのピエロから何も借りていないマイム劇を身振りでもって書くためであり、つぎに彼がこうして作られたマイム劇を読むのは、その事後に台本を書くためであり、マラルメはこの台本を読むのである。

とはいえ〈マイム役者〉は、自分のマイム劇なり台本なりを書くために、自分の役柄を読むのだろうか。彼の側に、読みのイニシアチヴがあるのだろうか。彼は、自分が書くべきことを読む術を心得た能動的な主体なのだろうか。たしかに、次のように考えることもできよう。すなわち、たとえ彼が、読んでいるときには受動的であるとしても、少なくとも能動的自由をもって読み始めたのだ、と。また、マラルメもまた同じ状況にいるのだと。さらに、あなたがた自身、何らかの読者として、イニシアチヴを持ったまま、これらすべてのテクストを、マラルメのこのテクストも含めて読んでおり、そのかぎりで、その席で、このテクストに立ち会い、これを決定し、これを制御しているのだ、と。

これほど疑わしい話はない。「黙劇」の統語法は、（非プラトン的な）見せかけの作用を刻印しているのだが、この作用において、*le lit*〔「それを読む」もしくは「寝床」〕はその機能面で複雑化し、多様な主体〔主語〕を許容するまでにいたる。そのなかでは、あなたがたも自分がどれであるのかわかるとはかぎらない。プラトンの臨床的パラダイムは、もはや機能しないのだ。

テクストの問いがある――それを読む者のために〔pour qui le lit 誰のための寝床なのか〕。

数ある可能性のうち、次のようなものがある。すなわち、〈マイム役者〉は自分の役柄を読んでいるだけでなく、役柄に読まれてもいるのだという可能性が。少なくとも彼は、読まれると同時に読み、書かれると同時に書き、両者のあいだにいて、スクリーンや鏡としてのイメーヌの宙吊りのなかにいる。どこかに鏡を介在させるやいなや、能動性と受動性との単なる対立も、生み出すことと生み出されたものとの対立、またさらに、あらゆる現在分詞とあらゆる過去分詞との対立（模倣する《イミタン》／模倣される《イミテ》、シニフィアン／シニフィエ、構造化する《ストリュクチュラン》／構造化される《ストリュクチュレ》など）も実現不可能になり、形式的にあまりにもろくなって、イメーヌの筆刻《ル・グラフィック》を、そのクモの巣を、そのまぶたの戯れを支配することができない。

テクストの文字に**固有の**行程《トラジェ》〔テクストの、文字通り**固有の**行程〕を見分けること、主体に唯一の場所を割りふること、単一の起源の位置を特定すること、こうしたことの不可能性が、以下で書きとられ、組み立てられている。「奥の奥まで、仔細にわたってシンタックス職人である」と自称する者〔マラルメ〕によって。以下の文では、統語法《シンタックス》――および句読法の計算――のために、「読む」の主体が、役柄なのか（「千行にも満たないもの、役柄、それを読む者《キ》は〔…〕」）、何らかの読者なのか（「役柄、それを読む者《キ》は、直ちに規則を飲み込んでいる。〔引用文の〕丁度〔…〕小屋掛け芝居の舞台を前にした位置にいるように」）、決定することが妨げられている。qui《キ》は誰のことなのか。qui は、ここでは、主語の機能を果たす、…**する人は誰でも**〔*quiconque*〕という不特定の代名詞でありうる。それが、もっとも簡単な読みだ。つまり、その役柄を読む者は誰でも、すぐに規則を理解する、となる。経験的な統計が証明してくれるはずだが、いわゆる「言語感覚」によると、たいていの場合はこの読みをとらざるをえない。

しかしながら、この文をなんら変えずに、qui（lit〔読む〕の主語）を、rôle〔役柄〕を先行詞とする関係代名詞と読んだとしても、文法規則上、この文がなんら不正確となるわけではない。そう読む場合、rôle〔役柄〕、le〔それ〕、placé〔位置にいる〕の機能と comprend〔飲み込む〕の意味〔理解する、含み込む〕に関して、一連の統語法的かつ意味論的な変化が連鎖的に生じる。次のように。« Moins qu'un millier de lignes, le rôle（もはや目的語ではなくて主語）, qui（「役柄」を先行詞とする関係代名詞）le（Mime〔〈マイム役者〉〕を指す代名詞で、ごく近くにある前文の主語）lit, tout de suite comprend（つつむ、含み込む、制御する、編成する、要するに、読む）les règles comme placé devant un tréteau（作者－作曲者として、あるいは観客－読者として、この役柄は舞台に対面して、第一の仮説の「…する人は誰でも」の位置にいる）, leur dépositaire humble. »〔「〈マイム役者〉を読み取っている、千行にも満たない役柄は、直ちに規則を飲み込んでいる。丁度、そ

れら規則の慎ましやかな受託者である小屋掛け芝居の舞台を前にした位置にいるように。」〕

この読みは可能であり、統語法的観点と意味論的観点からして「もっともなもの」である。それにしても、なんと手のこんだ技巧だろう！　それゆえ、誰かが言い出すかもしれない。あなたはそう信じるのですか、と。すなわち、マラルメが自分の文を意識的に改稿したのであって、しかもそれは、この文が二重の意味で読めるように、それぞれの目的語が主語になったり、逆に主語が目的語になったりしながら、この動きを決して止めることができぬようにするためなのだと、あなたはそう信じるのですか、と。この読みの二つの極は、同程度に現勢的であるわけではない。だが少なくとも統語法は、二つの可能事のあいだで起きる際限のない浮動の効果を用意したのだ。

マラルメの頭のなかで、彼の意識のなかかもしくは彼の無意識のなかで生じていたかもしれないことなど、われわれにとってここでは重要ではない。今やその理由がわかる。そんなことはどのみち、このテクストの読みにはまったく関係がないのだ。つまり、われわれが見てきたように、このテクストにおけるすべては、指示《レフェランス》〔出典表示〕をなしで済ますべく、それらを省略すべく編まれているのである。とはいえ、マラルメに興味があり、彼が何を考えたか、このように書きながら彼が何をやりたかったのかを知りたい人たちに対しては、もっぱら次の問いを提起しておこう。ただしわれわれの問題提起は、テクストたち、しかも刊行されたテクストたちにのっとったものだ。すなわち、このテクストの第三のヴァージョンになってはじめて、統語法上の板ばさみ《アルテルナティヴ》がふいに現れることをどう説明すればよいのか。語の位置をずらすなり語を省くなりしつつ、時制を変え、読点を付け加え、そうして初めて、一義的な読み方が、第一と第二のヴァージョンで実践可能な唯一の読み方が、ついにはくつがえり、それ以降ぐらぐらのままになっていること

「交互する帆《ヴェール》」のなかで、テクストが「傾くのが右か左か」（『賽の一振り』[*100]）決定することができぬように。

をどう説明すればよいのか。割り当てるべき指示のないままになっているというのに？　なぜそうなっているのか。それ以前は、あいまいさなどありえぬように、こう書かれていた。« Ce rien merveilleux, moins qu'un millier de lignes, qui le lira comme je viens de le faire, comprendra les règles éternelles, ainsi que devant un tréteau, leur dépositaire humble »（1886）〔「この驚異的な取るにたらぬもの、千行にも満たないもの、それを私が今やったように読む者は、永遠の規則を飲み込むだろう、丁度、それらの規則の慎ましやかな受託者である小屋掛け芝居の舞台の前にいるように」〕

次にこうなった。« Ce rôle, moins qu'un millier de lignes, qui le lit comprendra les règles ainsi que placé devant un tréteau, leur dépositaire humble »（1891）〔「この役柄、千行にも満たないものだが、それを読む者は、規則を飲み込むだろう、丁度、それら規則の慎ましやかな受託者である小屋掛け芝居の舞台を前にした位置にいるように」〕

最後には、およそ可能なかぎりのあいまいさの一切をともなって、こうなったのだ。« Moins qu'un millier de lignes, le rôle, qui le lit, tout de suite comprend les règles comme placé devant un tréteau, leur dépositaire humble »〔「千行にも満たないもの、役柄、それを読む者は、直ちに規則を飲み込んでいる、丁度、それら規則の慎ましやかな受託者である小屋掛け芝居の舞台を前にした位置にいるように」〕（1897）[*101]．これはなぜなのか？

ひょっとして彼は、自分がしていることを知らなかったのだろうか？　ひょっとして彼は、それを意識していなかったのだろうか？　ひょっとして彼は、完全には、そのとき書かれていたものの作者ではなかったのだろうか？　洞窟の奥で、「黙劇」のなかで反響する哄笑が、これらの問いに返答する。これらの問いを定式化できるのは、ただ、もろもろの対立に依拠することによって、もろもろの決定可能性を前提とすることによってでしかないのだが、その可能性の妥当性は、これらの問いが問い質さねばならない当のテクストによって、きっちりと持ち去られてしまっている。このイメーヌによって。「驚くべきこと」

と「愉悦」の代補をつねに計算に入れ、宙吊りにするテクスト（タブローI）としての、このイメーヌによって。「驚くべきことは、全く口に出しては言われない文による感情の表記という技巧に伴うものだが──この場合に限って、おそらく、真正な形で、紙葉と眼差しとの間になおも一つの沈黙が君臨しているということだ、読書の条件にして愉悦である沈黙が、である」。代補、すなわち原理〔principe〕にして心付け〔prime〕。魅惑〔誘惑、誘拐〕のもつ、失敗に追いやるエコノミー。入場《アントル》するのは……沈黙だ。

「おのおのの会ないし作品《ピエス》は、それぞれ一つの戯れ、一つの断片的表象なのだが、しかし、そうしたことでもってこと足りている〔…〕」
〔「書物」、［93（A）］*102〕

「黙劇《ミミック》」と同様《ドゥ・メム・ク》に：二重の会は中間《ミリュー》を持たない。[*103] これは、見せかけの襞のなす虚構によってのみ、二つの半分[(30)]に分割される。この点において互いに全体的であり、対称的である会の一つ一つは、互いの応答〔レプリカ〕ないし応用、互いの演戯《たわむれ》ないし実践となってしまっていることだろう。二つそろっても、二つ

---

(30) 二つの会のあいだに——しかるべくして——フィリップ・ソレルスの筆による次の手紙が書き込まれる。「十二（真夜中）。**マイム劇**〔MIMIQUE《ミミック》〕、あるいはむしろ mi + mi + que、つまり半分が二《ミ》回に加えて、節が従属するかのような真似《ミメ》の直説指示もしくは接続法的呼び出し。[*104] 半分《ミ》の〈しかし《メ》〉？ それにしても誰《キ》？ ペニス《ク》をもったお嬢ちゃん〔mimi à que(ue)《ミミアク》〕？ お婆ちゃんのペニス《ク・ドゥ・メメ》？[*105] 一つの *si*〔**もしも／仮に**〕が、余剰のテクストなるものを投げ放ち〔un *si* lance《アンシランス》で un silence（一つの沈黙）と同音〕かつそれに挑む。[*106] 以下のものと同じく。すなわち、*or*〔**金**〕の到来がまずもって音楽（オーケストラ〔*or*-chestre〕）である以上、真似《ミメ》られ（押韻《リメ》され）た谺としての笑いの反復のあとに——午後〔半ば言われた事後 l'après mi-dit〕において——続くもの[*107]と同じく。これによって si + or = *soir*〔夕方〕となるのだが、それを真ん中《ミリュー》に囲むのは、役柄たちと、人をだますシャンデリアだ[*108]——殺戮をおこなう会議《シノード》——損なわれた〔殺された〕沈黙[*109]——（**朔望月**《シノディック》とは、新月から次につづく新月のあいだに流れる時間）——それらが止められてしまうほどではないにせよ。[*110]

LIT/DES《リ・デ》（**複数**〔*des*《デ》〕いる。**寝床**〔*lit*《リ》〕の中にいるのだ。）（原光景《セーヌ》）（賽の一振り）〔coup de dés《ク ドゥ デ》は coup de des「複数でおこなう一回」（性行為ないし殺傷行為）と同音〕——観念〔l'idée《リデ》〕をほどき放つペニス《ク》[*111]——

の半体双晶より多くなるか少なくなるかであって、総じて完結した一冊の本にはならない。まとまった提示のしようがない以上〔現前すること《プレザンタシオン》がない以上〕、決して一つの完全な輪郭〔言い回し〕にはならない。マラルメは、ひととおり完了《レヴォリュ》した〈書物〉を、「折り曲げる必要性」へと立ち戻らせた。

下から読むこと
— —　　　　　— —　　そして書物は
　　　　　　　　　　　このように提示
　そして　　　　　　　されるべし[*126]

.V　V.　　　　.V　V.
　　　　　折り曲げる必要性　　　　　　　［77 (B)］

　終わり　　回帰するのは

同じもの ── しかしほとんど別もの　　　　［78 (B)］
　紙片 ──
それぞれの側の折り目
　　　　　　　　　　　しかも、それのせいで
差し戻される、裂け目に　　　　一枚のファイルを
　　　　　　　　　　　反対方向に追加
　　　　　　　　　　　　に対して〔contre〕
　　　　　　　　　　　　　　　　死
　　　　　　　　　　　　　　　　再生？
　　　　　　　　　　　　＋ のために

　反対方向では
折り目は決して
見つからない　　　　── もう一つのファイルがある
　　　　　　　　　　この別方向の可能性に答えるために

その折り目は、一方の　　一連の折り目たち
側からだけ ──　　　　　金めっき ──
目にとまり ──　　　　　　紙挟み〔carton〕が
そして覆い隠す。　　　　中に（かつて
　　　　　　　　　　　綴じ込みされていたように）
　　　　　　　　　　　　　　［44 (A)］

舞台《セーヌ》〔(原)光景〕は、シャンデリア《リュストル》の下では、何かを明白なもの《イリュストル》にはしない。賽（欲望）〔le dés(ir)〕が読み取るその舞台は。――

よこしまなもの《ル・ヴィス》〔悪行〕は天に近い。夢〔と天との距離〕よりも近く、神聖《サクレ》なものだ――それ《サ》〔エス〕は創造《クレ》する――

夢に身を任せながら《セダン》、夢の中で自分の手助けをしながら《セダン》――

目に見える《アパラン》贈り物《プレゼント》〔現前者〕もない――真っ白な〔白紙の〕幻想――ことを進め、子作りをしつつ*112――

女性器《コン》の襞寄せ《プリスマン》、父《ペール》の完遂《ペトラシオン》*113

（おお《オ》、父よ《ペール》）*114
完遂《ペル》／事前《プロ》〔per/pro〕
精液、未来〔の〕、過去〔の〕、ガラス状に凍った《グラセ》それ、オペラ〔…それが作用した《オペラ》〕
半母《ミメール》〔ミーミル〕*115――

I《イ》〔「私」や「Iの文字」〕が導く《メーヌ》
マイム役者〔MIME（mi + me で「半ば私」とも読める〕（中性《ヌートル》〔中間〕）は、操作〔手術〕された一つの半《ドゥミ》‐私《モワ》――みずからの唯一の独房《スタール》〔聖歌隊席〕に留《とど》められ、一切の虚構を混じえぬ無限〔絶えなさ〕――であり、一つの半《ドゥミ》‐場《リユー》、一つの半《ドゥミ》‐神《デュー》である*116――
規則《レグル》の回帰〔月経《レグル》の再来〕*117――
マイム役者《ミーム》／中間《ミリュー》＝マイナス《モワン》／約千《ミリエ》*118
（寝床がそこにのみ《キ・ル・リ》／それを、それをそこに……する者《キ・ル・リ》）*119（lie《リ》〔「澱」もしくは「結びつける」〕）
非常に早いうちに《ト・レ・ト》保管され《アン・デポ》〔澱として〕：そこで黙る《シ・テール》*120
行《ぎょう》〔線〕：点〔としての〕‐文たち*121、que/con〔もしくはペニス《ク》／ヴァギナ《コン》〕、結びつけられたsur-prise〔つまり驚異《スュルプリーズ》〕*122
――
引用された時に《オ・タン・シテ》〔時間に、都市〕*123、鉄を打たれた沈黙の豪奢：**一つの*si*が投げ放つ、金として**〔*un si lance en qu'or*：またもや沈黙（un silence encore）と同音〕――*124
積層状の《フィユテ》視線における螺旋のバカな女性器話法《コンディクシオン・デリス》〔condiction d'hélice〕：すべすべした賽《デ・リス》〔愉悦（délice）や綜絖《そうこう》（des lisses）と同音〕*125」

イメーヌのページを折り曲げる必要性が、事後的に、何か二次的な手続きを課してくるわけではない。あなたがたは、まずもってなめらかで平らな平面を、それ自身のほうに折り曲げる〔折り返す〕必要などなかったことだろう。イメーヌは「裂け目に」あるので、ここやそこで襞＝折り目を受けとるにいたるというのではないし、あなたがたがそれに襞を与えようが与えないでおこうが関係がないのだ。ピエロたちの霊安室《モルグ》で、あなたがたは次のことをすでに読み取ることができたことだろう。すなわち、折り目がイメー**ヌのなかに**、隅っこもしくは裂け目のなかに、〈あいだ〉――これをつうじてイメーヌがみずからを分割しながらみずからと関係していた――のなかに、標記されているのを。もはやヴェールのなかでも純粋なテクストのなかでもなく、むしろイメーヌがみずからそれであるところの裏張り《ドゥブリュール》〔二重張り〕のなかの襞。しかしまた、イメーヌはそれである〔est〕、というわけでもない。裏張りの襞の場合、その裏張りによってイメーヌは、みずからの外で、みずからの中で、同時にみずからの外部でかつみずからの内部なのである。つまり内部と外部のあいだにあって、外部を内部のなかに入れて、洞窟ないし他者をみずからの表面へと裏返す以上、イメーヌは決して純粋ないし固有なものではないし、固有の生も固有名も持たない。みずからのアナグラム〔hymne 頌歌〕によって開かれて、イメーヌ〔hymen〕は、襞――イメーヌ自身がそれに苦しみ、それに苛まされている――のなかですでに、つねに引き裂かれているように思われる。

この襞の見つけがたい線の上には、決してイメーヌはみずからを提示せず〔現前せず〕、決してイメーヌは――現在時に――あらず、固有の意味を持たず、そのものとしての意味、すなわち最終審級において存在の意味としての意味には属さない。襞は（みずからを）複数化するが、襞は（単一のもので）（あるわけでも）ない。

この会の名目《タイトル》として、**襞**〔PLI〕を宙に吊り上げれば、あなたがたは、次の銘句の使い道を見つけ出すことだろう。

「そして、存在の観念から自由になること、これは、存在を何か一つ生み出すことなのか、あるいは、つねに外に身を保つことなのか。私が思うに、これは、そこにいながら、内部で外に身を保つことであり、そこにいるとは、〈悪〉の上ではなく**中**に身を保ち、〈悪〉そのものであることなのだ。満足させるべき神がかつてあったという〈悪〉、その襞が決して単なる襞ではなかったという〈傲慢さ《モルグ》〉〔la Morgue〈霊安室〉〕のイメーヌ[31]〔…〕」[*127]

ゲームについての理論と、これこそ丸ごと読み返すべきものだが、「謎かけ、判じ物、判読不可能な刻字《イエログリフ》〔象形文字〕に夢中」になる「分析家」の称賛とから始まる『モルグ街の殺人』の場合と同様に、襞をあつかう際は、「あるものを否定すること、そして、あらぬものを説明すること」という、この短編小説の最後[*128]の引用をずらしながら操作することが重要だ。エドガー・ポーのことを、「有無を言わせぬ文学上の事例」とマラルメは語っていた。これはまた、見たところ、「〈書物〉」のための草稿群のなかに現れる唯一の固有名である。これは、ささいなことだろうか。すべての語が抹消された一枚の紙葉[32]に、こうある。

終わる

意識

そして痛み＋

＋

街路

(31) Antonin Artaud (juin 1945).

(32) これは、草稿の一枚目である〔[1]〕。

＋
幼年期
分身
彼らの〔もの〕
群集＋
＋
一つの――犯罪――下水

そして、その次の紙葉〔[2]〕には、こうある。

私は、ポーの見解を崇めているが、倫理学にせよ形而上学にせよ、何らかの哲学の痕跡が浮かび上がることはなかろう。付け加えるなら、哲学は必要だが、何かに含ませられた〔inclus〕[*sic*]、潜在的なものでなければならない。

同じページのもっと先〔[2 (suite)〕に、こうある。

詩の知的骨組みがひそみ――生起し――保たれるのは、それぞれの詩節を切り離す空隙《エスパス》のなか、紙の余白のあいだにである。有意義な沈黙を作るのは、詩句を作るのと同じくすばらしいことだ。

あるものを否定すること、あらぬものを説明すること〔襞を開くこと〕、それは、ここで何らかの弁証法的な操作ではなく、せいぜい弁証法の身振り〔dialectique mimée〕に帰着するだろう。イメーヌの幕間ないし合間は、時を与えない。概念の実存としての時（ヘーゲル）も、失われた時も見出された時も、ましてや瞬間も永遠も。実のところ、いかなる現在も、そこには現前しない。たとえそこに身をひそめるためであってもだ。イメーヌが、現在（時間上の現在にせよ永遠の現在にせよ）という形のもとで裏切るのは、統御の保証である。批評的欲望——哲学的欲望でもある——は、それ自体としては、イメーヌを統御の保証に連れ戻そうとすることしかできない。この欲望は、現前の種類に応じて、かわるがわる、時間**にさからった**エクリチュールの働きとして、時間**による**エクリチュールの働きとしてイメーヌを読解してきたことだろう。

時間にさからった場合。ジャック・シェレールによると、「**現在という偽りの外見**」は、未来ないし過去の現在に、それどころか永遠の現在に、より多くの現前ないし現実を付与することに帰するようだ。

「マラルメが拒絶する作劇法のもう一つの本質的契機は、時間である。彼は、パントマイムを次のような驚くべき言葉で称揚している。「舞台が例示するのは観念のみ、現実の行為ではない。［…］ここでは先取りし、あそこでは追想しつつ、未来形で、過去形で、**現在という偽りの外見の下に**」。彼は、行為＝筋を拒絶することによって、必然的に時間を拒否することとなり、演劇の時間的現実、つまり偽りの外見と彼が呼ぶところのものを否定するのだが、この拒絶の行き着く先は逆説的に、未来や過去に、もっと偽りの少ない現実を付与することにある。別のテクストで、非時間的な演劇の主人公として彼の目に映るのは、ヴィリエ＝ド＝リラダンなのだ。マラルメは、かつてヴィリエであった威厳にあふれた語り手が生み出す効果をこのように描いている。「自分自身の傍らにいつも立っていたひとりの人間が逝ったあの通夜のなかへと〈かつての〉数々の真夜中が無差別に投げこまれて、今や時間は、あの数々の夜は、無に帰しました[*129]」。こうして、みずからの才能によって、ヴィリエは自分自身の実存だけでなく、時間そのものを消し去る。演劇は、見出された時ないし永遠へとわれわれを招きいれて、時間の流れからわれわれを救い出してくれるのである。(33)」

時間による場合。イメーヌの合間〔l'entre-temps〕が、現在とは、未来の、過去の、もしくは永遠の現在とは異なるのであれば、その紙片には内部も外部もなく、オリジナルにも表象にも属さず、現実にも想像的なもの《イマジネール》にも属さない。紙片の襞の統語法が禁じるのは、その戯れを停止させること、あるいは複数項のどれか一つを選ばずにいる非決定を停止させること——たとえば、リシャールが、心的なものないし想像的なものについておこなったように——である。決定〔停止〕をおこなえば、「黙劇」を、ミメーシスの（プラトン－ヘーゲル的な）哲学的ないし批評的解釈にゆだねてしまうことになろう。これでは、意味に対する統語法のこうした剰余（しかもそれは統語法／意味論という対立に対する「あいだ」の剰余によって二重化されている）を、すなわち再標記されたテクスト性を説明できなくなることだろう。さて今度の場合、リシャールは、エクリチュールをその本来の場《ミリュー》である心的なものないし想像的なものに送り返すような非現実化の働きを、もはや非時間性ではなく、時間それ自体によるものとする。「心的な」「想像的な」は、彼の言葉である。

「さらにより完璧な亡霊を探してみよう。そうするとわれわれは**マイム役者**にであう——それは「まだ何も書かれていないページにも似た真っ白な亡霊」、唯一の表現として沈黙を選んだ、なめらかで無表情な形象だ。完全に否定的な彼の身体は、現実的なものと心的なもののあいだに位置するのではなくて、想像的な転写を自由に受けいれる場としての役割をはたすだろう。ここにはもはや押しつけられた記号は存在しない——たしかにその顔は半分しかそこになく、中性的で、思いどおりに造形でき、不確かである。その顔はまったく透明なわけではないが（もしそうなら、いかなる読解も不可能となるだろう）、かといってまったく光をとおさないわけでもなく（もしそうなら、虚構の飛翔がとめられてしまうだろう）、完璧に**ここと別の場所**、また**いまと昔**に存在することができるのだ——「よこしまではあるが神聖なる一つの婚姻《イメーヌ》（そこから〈夢〉が生じる）、欲望と成就の、犯罪遂行とその追憶のあいだの婚姻《イメーヌ》においてなのである。ここでは先取りし、あそこでは追想しつつ、未来形で、過去形で、**現在という偽りの外見の下に**」。たしかに演劇が上演のたびごとに廃棄しようとめざすものは、物質性のみならず現在性でもある。今後は、非現実化と気化の作用は時間そのものにゆだねられる——ちょうど「未来の現象」の女や、他の多くのマラルメの創造物がそうであるように、マイム役者は未来と過去からのふたつの想像上の呼びかけのあいだを揺れ動く。(34)」

この論証にはまだ続きがあり、さらなる展開がある。つまり、時間的虚構《フィクション》の働き、「間隙を通過しようと夢想すること」、この「嘘」は、「**想像的な**存在を**演じ**」て「〈他の場所〉がもつ超越性をふたたび見出すことを目指し、「われわれが**われわれ自身**の超越論的真理［…］に美学的に合一できる」ようにするのだ、と。

（33） *Le «Livre» de Mallarmé*, p. 41. ジャック・シェレールを、あるいはじきにジャン＝ピエール・リシャールを引用するに際して、自明なことを強調しておきたい。すなわち、ここでの眼目は「批評」的操作のもっとも厳密な必然性を標記することであって、何らかの論争を始めることではないし、ましてや、いささかなりとも、見事な研究成果の信用を落とすことではない。今日、マラルメの読者はみな、こうした研究成果にどれほどのものを負っているかを知っている。

（34） *Op. cit.*, pp. 406-407. *130

「同様に、鏡もその夢想の働きを逆転させている。かつて、鏡は存在に近づくことがつらくて不可能だということを語っていたが、いまでは、到達不可能であることはかわりないものの、それでも現実の存在や**想像的な**存在を**演じる**という役割をはたしている。**ここといま**を起点として、不透明であると同時に偶然的な肉体として対象化された演劇とマイムは、〈他の場所〉がもつ超越性をふたたび見出そうとする。[…] したがって、演劇世界の実存は心的なものでしかない。そしてこの理由で、日常世界から身を引き、間隙を通過しようと夢想することによってはじめて、その世界に近づけるだろう。この間隙、つまり演劇的身体や、マイム役者の白塗りの顔や、音楽の茫漠とただよう広がりといったものは、当然のことながら、あらゆる間隙に関するマラルメ的パラダイムである**窓ガラス**をモデルとしている。したがって、すべてが逆転している一方で、すべてが類似したままなのだ。かつて、透明さは蒼空を意味し、その結果蒼空を禁止していた。いまや透明さは、〈美〉についての新たな夢の基礎となっているどころか、その夢を息づかせ、さまざまな事物のなかに導入するのだ。しかしわれわれも知るとおり、この美とはまた、栄光にみちた嘘、われわれの精神が行う純粋な創造に他ならない。芸術が真実にかえようと試みるのはこの嘘であり、そのために芸術はそれを演劇的あるいは芸術的に、**ガラス越し**におかなければ〔手厚く保護しなければ〕ならない。こうしてそれ以後、鏡は幻影を感知する場となり、われわれをそのなかにすべりこませたり、蜃気楼の方へと呼びよせたりするのである。いま透明さは、障害から道具になったのだ。すなわち透明さが指示している神は以後、もはやわれわれの外の遠い天空にでなく、われわれの内にある。とはいえ想像上では、ほとんど違いはないのだが。演劇が登場人物をガラス化し、美術が世界を透明化し、また文学が言語によって対象を漂白して風をとおそうと努めるのは、まさにそれらをとおして、われわれが**われわれ自身**の超越論的真理と美学的に合一できるようになるためであり、一言でいえば、われわれに不可欠な彼方という次元を、それらのうちに組みこむためなのである。」(pp. 407-408. 強調はリシャールによる。)[131]

「ガラス越し」の構造。これを記述することはできず、ただ解釈をほどこせるだけである。これが、少なくとも今後、われわれがたずさわってゆく解釈である。おそらくぼんやりと、脱線を繰り返しながらではあるが、たえずたずさわってゆくことになる。

「非現実化と気化の作用」、「現在性」と「物質性」の理念化、こうしたものがマラルメのテクストのなかに明らかに見てとれることを、誰が否定できようか。ただし、この明白な事実をガラス越しに読む必要がある。つまり、透化〔ガラス化〕を考慮するべきであり、ガラスの「産出」を割り引いてはならない。この「産出」の内実は——イメーヌと同じで——単に覆いを取ったり、出現させたり、呈示したりすることではなく、きれいさっぱりと消し去ることでもなく、創造したり、創始したり、創出したりすることでもない。ガラスの構造が、イメーヌの構造と何か関係があるとすれば、今あげたような対立すべてを解体する点にある。ガラスは、テクストとして、あるいは——少し昔ならこう言うこともできただろうが——決定不可能な「シニフィアン《ヴェール》」として読まれなければならない。もっとあとで、ガラス《ヴェール》というシニフィアンの効果が詩句の効果とほとんど混ざり合うことが証明されるだろう。

マラルメにとって演劇上の世界は心的な世界である、という明白な事実を、誰が否定できようか。ただし、この明白な事実をガラス越しに読む必要がある。マラルメはまさに「舞台と客席を合体させるような心的な場《ミリュー》」[132](p. 298)と述べていた。実際、書物は、演劇の内在性、内部の舞台なのではないだろうか。「観念の舞台上演」において、「誰でも確かな目で自然を見つめた者は、その典型と諧調の要約として、精神に内在する一つの演劇を、みずからのうちに持っているものだ。そのようにして、両開きにページを開く書物が、それらをつき合わすのである」[*133]（p. 328）。こうした命題たち――そしてその等価物を数多くしたがえた系列[35]――は、書物のなかへの演劇の内在化と、「心的な場」のなかへの書物の内在化とを**身振りで演じる**。身振りされた操作は、外部を内部へと要約したり、舞台を心的な小間の囲いに据えたり、空間〔空隙〕を想像的なものに還元したりはしない。反対に、空隙を内在性のなかに**挿入する**ことによって、身振りされた操作は、内在性が自分自身へと閉じこもったり、内在性が自分自身と同一化したりするのをもはや許さない。書物は「まとまり《ブロック》」をなしているが、それは、紙片のまとまり《ブロックノート》である。**開かれた**「立方体的な完璧さ[36]」なのだ。自分自身へと閉じることのこうした不可能性、「内的」演劇としてのマラルメ的書物のこうした裂開は、空隙化の縮減ではなく、空隙化の実践である。この実践は、襞と代補性との構造の上に配置され、そこで演戯《たわむれ》をなす。

かくして、この実践は、その運動状態に戻されなければならない。文字どおり、**引用され**[*137]なければならない。*insertion*〔**挿入**〕――この語（リトレによると「中に置くこと。樹皮の下に接ぎ穂を挿入すること［…］」。そこから転じて、テクストのなかに、帳簿のなかに挿入すること」）は、その活力すべてをもって、その可能態すべてによってここで作用する――と書くこと。しかもそれは、書物のなかへの演劇の不法侵入、内部性のなかへの空隙の不法侵入を標記するためであり、あるマイム劇がおのれの接ぎ穂を隅っこに組み込んで、そこで、「裂け目で」、書物――自分自身に巻きついた書物、そしてそれ以降は「兇器、すなわちペーパーナイフの差し込み」[*138]によって腹を割かれ、いわば自分自身から引き離される書物――の内奥において、マイム劇がある洞穴を空いたまま〔ouvert〕にしておくことを標記するためである。こうした目的で*insertion*と書くことは、文字どおり、以下を引用することである。「異なるのはメーテルランク氏の芸術で、これもまた、演劇を書物に挿入したものには違いない！」[*139] (p. 329)。舞台の、書物によって**開かれた洞穴**を書くことは、文字どおり、以下を引用することである。「[…] 今や書物は自分だけで充分であろうとするだろう、内面の舞台をなかば開き、その木魂を低くささやくためにである」[*140] (p. 328)。このような運動が、余剰と代理性としての代補性の構造によって作用するのだと書くことは、文字どおり以下を引用することである。「ただの二ページとそこにある詩句とによって、私は、いやそれから私自身のすべてを伴奏とすることによって、世界の代わりになる〔世界を代補する〕！というか、そこに私は、慎ましやかな形で、劇を認める」(*ibid.*)。ここでの代補性は、ルソーのテクストにおいて目に見えて率直に現れていたような、外部に転落して空間のなかで発話の生と熱とを失う一辺倒の運動ではない。この代補性は、おのれの内部において空間を代補し、開け〔開始〕を反復する一つのシニフィアンの剰余である。だから、書物は、空隙の、そこで演戯され、そこで失われ、そこで勝ち取られるものの埋め合わせではもはやなく、これらの反復である。それは、文字どおり、以下を引用することである。「一冊の書物は、我らの手にあって、それが何か崇高壮大な観念を語るならば、ありとある劇場の代わりになる〔劇場を代補する〕。いや劇場の忘却を招来するからではなく、反対に、劇場を否応なしに呼び返すことによってである」[*141] (p. 334)。舞台に取って代

(35) 「芝居鉛筆書き」の全体を引用しなければなるまい。たとえば以下を。「我らのテオドール・ド・バンヴィルが叡智と活力に溢れて授けてくれる作品に類する一作品は、本質的に文学のものであるが、しかし、書物というすぐれて心的な道具＝楽器の遊戯に全く閉じこもってしまうものではない！」(p. 335)。[*134] 以下も。「[…] 書かれたものと演じられたものとの間に甘美な曖昧さ＝両義性が確立し、完全にはこの二つのどちらか一方ではなく、それ〔この両義性〕が、ほとんど書物を除外して、我々は完全には舞台を前にしているのではないという印象を注ぐ」(pp. 342-344)。[*135]

(36) J.-P. Richard, *op. cit.*, p. 565 sq. [*136]

わるどころか、統御された内部性を空間〔空隙〕の気散じに取り替えるどころか、この代補作用〔supplé-ance〕は、有無を言わせず、書物のなかで舞台を引き止め反復する。以上が、「舞台《いた》と紙葉《ページ》」(37)の関係である。

たしかに、演劇上の世界は心的な世界である、さらには想像的表象である、と主張しようと思えば、典拠や資料が足りないことはあるまい。ただし、この命題を**引用しつつ**、動かす必要がある。つまり、この命題の言外にあるものを展開するために、命題に空隙を与えなければならない。この命題の軸を浮かび上がらせるために、命題をずらし、命題を自転〔空転〕させなければならない。すなわち、心的な世界は、すでに一つの舞台である、と。*mens*〔心〕の内部も、自分のほうに折りたたまれた書物の内奥も、空隙化の構造をもっているのだ、と。マイム劇のイメーヌを考慮に入れさえすれば、エクリチュールの空隙性〔le spacieux〕は、マラルメ的な**虚構**を想像的なもののカテゴリーに入れることを妨げる。実際、このカテゴリーは、ミメーシスの**存在論的**解釈によって構成されているということ、これが、前回の会《セアンス》でわかったことであろう。しかし同じ理由から、想像的なものや心的なものの価値を、現在性や現実性の、さらに物質性の価値で単純に置き換えることは不可能であろう。少なくとも、対称的な反転もしくは非対称性の単なる転倒を通じて置き換えるのであれば。

この連鎖《くさり》(「虚構」「イメーヌ」「空隙性」など)——それ自身が空隙と可動性をもつ——は、存在論的な機械全体に**ひっかかる**〔機械全体のなかで**解釈される**〕。ただしこの機械を狂わせるために。それは、この機械のあらゆる対立を解体する。それは、対立たちを運動のなかに引きずり込み、テクストのあらゆる部品〔作品〕の上に波及する一つの戯れを、対立たちに刻印する。そのとき、その連鎖は、つねに、多少なりとも規則的に、ずれや位置ずらしの起伏、唐突な遅延や加速、強調ないし省略の戦略的効果をともなって、対立たちをところ払いする〔déportant〕。しかも仮借ないほどまでに。かくして——この壮大な舞台のもっともすさまじい事例なのだが――「〈書物〉」「〈精神〉」「〈観念〉」が、取り外され、立ち退かされた、おのれの歴史的偏極から引き抜かれたシニフィアンとして機能しはじめるのだ。「書物とは、文字の全面的な膨張であって、文章から直接一つの可動性を引き出し、そして、広々とした空隙をもつものとなって、数々の照応により、なにか虚構を強固にするような、一つの戯れの場を設ける筈である。

（37）　別の場所でその論証を試みることになろうが、こうした代補性の筆記法《ラ・グラフィック》だけが、次のものを説明できるのだ。すなわち、〈文学〉概念と〈自然〉概念との関係を、「彼方」あるいは「空無」と、それが追加される当のもの、在るものの全体、すなわち〈自然〉との関係を。「そうです、〈文学〉はある〔実存＝外立する〕のです、いやお望みならこう言ってもいいでしょう、すべてを除いてただそれだけが〔ある〕、と。〔…〕たしかに、存在するものしか存在しない、――私たちはそれを知っているばかりか、そういう絶対的な公式の虜となっている。けれども、この口実のもとに、誘惑の罠を直ちに遠ざけてしまえば、私たちの言行不一致をさらけだし、私たちが手に入れたいと思っている喜びを否定することになる。なぜならば、〔何か他のものと考えるときの〕この**彼方**〔*l'au-delà*〕こそは、そういう喜びの動因なのだから、いや、原動力だと言えるかもしれぬ、――虚構というものを、したがって文学のメカニスムを人前で冒瀆的にも分解して、こんな空無〔rien〕が主要部品だと麗々しくさらけだすのを、もし私が嫌わなければ。〔…〕

それが何の役に立つというのか――

遊びにはなります。

〔…〕

私はといえば、書くという行為に求めるものもこれ以下ではない、この要請をつぎに証明したいと思います。〈自然〉は生起して〔場所をしめて〕おり、そこには何もつけ加えようがないでしょう〔…〕」（「音楽と文芸」、pp. 646-647）。[*142]　このテクストの読解ならびに、マラルメのエクリチュールの全体的解釈に関しては、フィリップ・ソレルスの「文学と全体性」（*Logiques* 所収）とジュリア・クリステヴァの「詩と否定性」（『セメイオチケ』所収）とを参照されたい。

或る偶然が観念を籠絡しようとしているかに見えるそこには、偶発的なものは何一つない。一全体を形づくる要素はすべて対等である。かと言って、以上の言葉を——工業に関したことであるとか、物質的なことに関係があるなどと判断してはならぬ。書物の製造は、ふくらんで行くであろう全体のなかで、一つの文から始まる。遠い昔に遡って、詩人は、精神のために又は純粋な空間の上にしるされているソネのなかでその一行が占めている位置を知っているものなのだ」(p. 380)[*143]。

さて、われわれは文字を、そして空隙性が襞、折りたたみ、開けひろげ、膨張によって文字から引き出すものを、よく考えよく見つめなければならない。換言すれば、その輪郭《デッサン》をたどり直さなければならない。マラルメ的な空隙化の構造を規定し、その効果を計算し、その**批判的**帰結を導き出さねばならない。われわれは、さきほど命題を転倒させたが(「心的な世界は、すでに一つの舞台である」)、そうすることで問いを免れるわけではなく、かえって次の問いを余儀なくされるのだ。すなわち、「いつ」「どのように」「なぜ」この舞台は、**外部で**、精神の外で、「演劇」なり「文学」なりによって演じられるのだろうか、と。この問いの(「歴史的」「経済的」「精神分析的」「政治的」などといった古典的分類に沿って)層を織りなすネットワーク全体を規定するためには、まずその「演劇的」ないし「文学的」効果に特有の法を言い渡しておかなければなるまい。ここでわれわれの関心をひくのは、こうした最初の問い〔question liminaire〕である。さて、この問いはまた、**閾《しきい》の**問い〔question *du liminaire*〕として、はっきりと告知されていたのであった。ここで論じられているように、この問いは、その諸概念のつらなりのなかで、そのさまざまな二項対立たちの統語法を、そのさまざまな前提の地盤を、そして、そこで領域‐全体の問いが(もし領域‐全体が**実在の縁**《ふち》〔*marge*〕をもつと前提するならば、問いとして、それゆえ言説として)分節されるであろう言説全体を巻きこみ、揺さ《ソリシテ》ぶるのだから、初めの**一歩**＝**辺境**〔*marche*〕からして、危機が開始しているのだとすでに察することができる。

もろもろの批判的《クリティック》帰結について。これらは、マラルメ批評《クリティック》に、ついで批評一般に影響を及ぼすこととなる帰結である。まさにその名が示すように、批評は、決定可能なものの可能性に、つまりκρίνειν〔限界画定すること〕にかかわっているのだから。さらにまたこれらの帰結は、空隙化の再‐標記ないし再‐焼き入れが、文学的操作に対して、「文学」に対して与える――それ以降、「文学」は危機《クリーズ》に陥る――批判的効果でもある。

この空隙化の余白たちと文学の危機は、ある種のイメーヌ――架空の引き裂きに見舞われた幕《ヴェール》ないし襞のふり〔feinte〕――の書き直しと無縁ではないのだということを、「詩の危機」がわれわれに読みとらせ、経験させる。反時代的ともとれる現代性《モデルニテ》を帯びたこのテクストは、あらゆるiの上に点を打つ。宙吊りの点として、そのつどiは、幕を――ほぼ――突き刺して引き裂き、テクストを――ほぼ――決定する。かくも多くのマラルメのiのごとく。以下のとおり。

「われわれの局面は、最近、これ以上にもう進展は見られない、というのでなければ、一時休止しているか、あるいは恐らく反省しているのである。少しく注意してこれを観るならば、創造的で、しかも比較的堅実な意志を、そこから抽き出すことができる。

新聞雑誌の報道は、二十年もの歳月を必要とするものだが、その新聞雑誌でさえも、突如として、この問題を、事の顕れた正にその時点において取り上げる。

文学は、今、微妙な危機に直面している。それは根本的な危機である。

〔文学という〕この機能に一つの地位、ないしは第一の地位を与えている人は、そこに、今日的な問題の存在を認める。すなわち人々は、ここに一つの世紀の終曲《フィナーレ》として、前世紀においてそうであったように擾乱に臨んでいるのではないが、公の広場以外の場所で一つの不安に臨んでいるのだ。その不安とは、〔文学の至聖所を蔽い隠す〕玄妙な意味を表す幾条かの襞と僅かな裂け目とを持つ聖殿大幔幕《ヴェール》の不安である」[*144]（p. 360）。

みずからの批判的で鋭くとがった切っ先によって、iはここで、文学がこうむった「微妙な危機」に対して、玄妙な意味を表す襞とともにその痕跡を残す〔署名する〕のだが、襞たちはまたもやイメーヌであり、織物を据えつけつつ、文学を引き裂いてしまうことなく「僅か」に引き裂く。iの点は、自分自身から切り離されたかのように、もっとも高い位置にあり、宙《エール》に吊るされ（r《エール》は、「詩の危機」がもつもう一つの種子的な文字だ）、架空の剝奪の姿をとっているのだが、そうしたおのれの点の姿の下で、iはみずからの描線を引き、みずからの筆ないし羽根や大羽根を押し当て、突き刺し、接ぎ木して、批評に対し、エクリチュールの襞のなかで、それにふさわしい場所を付与する。「文学的」エクリチュールの襞のなかで、あるいは舞踊、バレエ、演劇の象形文字的——としきりに言われる——エクリチュールの襞のなかで。

「詩の危機」からは離れるふりをしておいて、別のテクストを二つほど読んでみよう。ただし、読むだけにして、テクストにおいてiが「主題」となっていることを認めるにとどめよう。〔でなければ〕持ち時間が限りなく必要になるだろうが、そんな時間などないのだから（とはいえ、限りないプロセスがこのように必要であるということの定式化は試みるつもりだ）。

どちらも「芝居鉛筆書き」で、両者のあいだには一ページの間隔がある（この二つを、それぞれ**応答**《レプリカ》**I**、**応答**《レプリカ》**II**と題しておこう）。

応答《レプリカ》**I**。「〈批評〉というものが、その本来の姿において、存在し、価値を持ち、〈詩〉《ポエジー》にほとんど比肩するのは——〈詩〉に対しては高貴な補完的作業をもたらすのだ——、直接的あるいは崇高なる形で、批評もまた森羅万象あるいは宇宙といったものを目指すことによってのみである。しかし、それにもかかわらず、ということは我らの内奥の襞《ルプリ》の秘密に位する始原的直観としてのその特性（神に由来する如き不安もそのためだが）にもかかわらず、〈批評〉は演劇の魅惑＝牽引力には敗ける。事物を赤裸《じか》に見る必要のない人々のために、天空という〔大きな一葉の〕頁に書き込まれる戯曲、〈人間〉によってその情念の仕草を以て真似られる戯曲の単なる一つの再現《ルプレザンタシオン》＝上演を見せるに過ぎぬ演劇の、である[*145]」(p. 294)。

　批評をつねに裏切ることになるのは、この代補的分身の効果であり、つねに一つ多い応答、一つ余分で、すなわち一つ少なくもある襞や表象である。「内奥の襞」〔内側への折り返し〕とあるが、マラルメの襞《プリ》はつねに、織物の繰り返しであったばかりでなく、そのように折り返された《ルプリエ》テクストが自分に向けておこなう繰り言《レペティシオン》、襞の代補的な再標記であったことだろう。「再‐現＝上‐演」とあるが、演劇は「事物を赤裸《じか》に」見せるのではなく、ましてや、事物を再現するのでもなく、それは一つの表象を見せ、みずから虚構として姿をあらわし、事物もしくは事物のイマージュを見せるというより、一つの機械を見せるのである。**応答《レプリカ》＝**。さて、点の数を数え、もう片方の手で押した織物の上にすぐさま落ちてくる、数々の *i* や *ique* の細い針をたどっていただきたい。そうすれば、あなたがたはおそらく目にするだろう。機械の迅速で規則的な動きにそって、そこにマラルメの観念《イデー》〔idée〕——*i*《イ》のある一事例と賽《デ》〔dés〕のある一振り——が縫い付けられるさまを。

「バレエは少ししか表さない。想像力を必要とするジャンルだ。視線に対して、一般的で散乱する美の表徴《シーニュ》、すなわち花とか波とか、雲、宝石等々が、切りはなされて立ち現れるとき、我らにおいて、その表徴を知る唯一の方法が、その外見を、我らの精神の裸形に並置してみることにあり、しかもそれは、後者が前者をみずからに類比的なものと感じ、かつみずからにこれら飛翔する形を、両者の何かしら洗練された混淆のうちに適合させるためだとするなら——勿論それは他ならぬ〈観念《イデー》〉がそこに表明される典礼を通じてであるが——そのとき、踊り子は、夢想のたゆたいの内部で、半ばは問題の要素、半ばは、それに溶けあおうとしている人間、という風に見えてはこないだろうか」[*146]。

テクストたちのあいだでの「たゆたい」。つまり、ヴェール、ガーゼないしガス（これは「オランダのユダヤ式燭台にガスを応用(38)」の縁《へり》に書かれている）の大気中での宙吊りとして、たゆたいがイメーヌに従って進展する。「たゆたい」という語は、現れるたびに、マラルメ的な仄めかしを仄めかして、ぎりぎり消えかけのところで、宙吊りにとどまるものの非決定をわずかに暴露する。宙吊りにとどまるもの、これでもあれでもなく、ここ とあそこのあいだで、**それゆえ**このテクストと何か他のテクストとのあいだで〔このテクストと何か他のテクストとのあいだの（接続詞の）**それゆえ**〕、さらには両者のエーテルつまり「いつもその場にはべらって〔…〕目には見えない〔…〕ガス」（p. 736）。これとあれのあいだに、大羽根が、「踊り子〔…〕半ばは問題の要素、半ばは、それに溶け合おうとしている人間」が舞う。二者のあいだにおける、混同**と**区別（「洗練された混淆」）、イメーヌ、大羽根の舞踊、〈観念〉の飛翔が舞う。翼の《デル》〔d'aile〕、「それの《デル》〔d'elle〕洗練された混淆」が。それの混淆し合う相手は、「これら飛翔する形であり——勿論それは他ならぬ〈観念《イデー》〉がそこに表明される典礼を通じてであるが——そのとき、踊り子は、夢想のたゆたいの内部で、半ばは問題の要素、半ばは、それに溶けあおうとしている人間、という風に見えてはこないだろうか」。テクストのあいだに、「〔…〕偶然を離れ去る観念の夥しい朧げなたゆたい」（p. 289）が。「ヴェール」の、「飛翔」の、「曲芸」のためらいが、踊り子や〈観念〉の切っ先にすっかり凝縮されたためらい（「芝居鉛筆書き」の冒頭を読み直していただきたい）が、**おまけに**、文学的織物の構造を、その書き込みの運動そのものを記（述）し、「ためらい」〔後掲の引用を参照〕がエクリチュールとなる。テクストは、指示をそれ自身へと折り返し、そうすることで、指示を**しりぞけ**〔*écarte*〕、指示をV字の形にする。このV字は、踊り子、花の茎もしくは〈観念〉として、みずからの切っ先《ポワント》〔爪先〕の上でひらひらと舞う開脚《エカール》〔écart〕なのだ。「或る人は自分の直観を、理論的に、口外してみる、しかも、おそらくは、空っぽなのだ、今の時期と同じく。

（38）〔マラルメのテクストの〕すべてと言わないまでもほとんどのページがその下に透けて見えるようなこの文章は『最新流行』（p. 736）にある。その意味論的凝縮は、用語集の索引のようで、描写を装いながら、おのずから内にこもる。凝縮は比類ないもので、みずからに対して、一つ多めの応用を、つまり自分自身の襞、エクリチュールの襞もしくは今後そう言明したくなるような襞を、つねに付け加える。照明器具《リュミネール》の問いもある。シャンデリアがそれと名指されていないにせよ、そこに、限りない逐語的なつらなりのあいだに、「水平の光線」をたどることもできよう。この光線は、多数のペン先ないし口、つまり**筒先**〔*becs* ペン先、くちばし、火口などを意味する〕から出ているため、書かれたものか語られたものか決定されることはない（「[…] その一つ一つから水平の光線を放射する銅製の六個の火口 […] この器具――金属によって集められた六つの炎の舌――は、にぎわいのある五旬祭を上から吊るすのだ。否、ユダヤ教的な、儀式の印象はほんとうに消えて、一個の「星」を」。[*147] エクリチュールを**もう一度**例示する「この照明器具のさまざまな応用例」[*148]のなかには、「仕事用の台」や「九月の早くも秋の気配のする夕べ、家の主がゆっくりとどまる […] 書斎」がある）。

　さて〔or 金、金色〕――ガスは、いわば、閾を超えずに、覆われてぼかされたまま、踏み板の上にとどまる。「ガスは、わたくしたちの室内の、階段やときとして踊り場までは侵入してくるものの、その先はゆかない。アパルトマンの戸口を越えて、控えの間を証明するようになるのは、中国ないし日本の提灯の、光のすきとおる紙に覆われ、和らげられ、ぼかされてからになろう」。[*149]

　リシャールは、別の見地から、電気の主題、『最新流行』の「ガス灯も太陽も」（p. 825）[*150] 調べている。吊りランプのファルス的象徴性については、フロイトの『精神分析入門』（tr. fr., p. 139）を参照されたい。

その人にはわかっている、文芸の域に達しているしかじかの暗示が、しっかりと行わなければならぬ、と。しかしながら、まだ存在しもせぬ事柄をいきなり全部さらけ出して見せることのためらいが、羞恥心から、また、一般の驚愕に味方して、ヴェールを張ってしまうのだ。

　これから本を読もうとして、花壇のなかで、もの想いに耽っていたせいなのだろう、今ふと、何やら白い蝶に気づいたが、蝶は至るところにいるかと思えばどこにもいず、消えうせてしまった。だが、私が今し方主題をそこに要約したほんのわずかな鋭さと無邪気さは、その間やはり、驚く目の前を、執拗に、通り過ぎてはまた通り過ぎていたのだ」(p. 382)[*151]。

　閾をつねに記しつつ、このようなためらい、仄めかし、たゆたいから、ほんのわずかな鋭さから、操作が出現する――イメーヌだ。以下にあるのは、縫い直されたテクストであり、「黙劇」の *i* と *ique* という主題がそこに要約された。

　「夢想のたゆたいの内部で［…］という風に見えてはこないだろうか。すぐれて、操作《オペラシオン》、あるいは、詩《ポエジー》であり、すなわち演劇だ。そこから直接に出てくる結果として、バレエは寓意的《アレゴリック》なものとなる。バレエは、己が姿態と様々の表意的形象《キャラクテール》との間に始めは潜在的なものとして存在する相関関係のことごとく、すなわち〈音楽〉を、その一つ一つの律動を明確に表すために、抱きとめかつ活きづかせる。それ程までに〈舞踊《ダンス》〉によって地上的飾りを形象的に上演＝再現する営みは、それらの美的階梯に関わる経験を含んでおり、一つの聖別化の祝祭が、我らの数々の宝物の証明として、そこで実現される。踊り子の非‐人格〔人物〕性が、彼女の女性的外見と、身振りの模倣する対象《もの》との間で、如何なる婚姻《イメーヌ》のために設定されているのか、その哲学的な地点を推論すべし。彼女はその地点を確かな爪先《ポワント》で突き上げ、それを〔舞台に〕置く。次いで我らの確信を、もう一つのモチーフへと伸びていくピルエットの文字《シッフル》において繰り展げる

[…]」[*152]。

映画さながらの曲芸を、少しのあいだ、この地点で止めてみよう。このパラグラフ全体が、織物のように、ゆったりとしたヴェールのように、幅があってしなやかな布地のように展開されるが、ただしその布地は、定期的に穴を穿たれながら広げられる。この仮縫いの戯れのなかには、いくばくかのテクストしかない。**同時に**、穴をあけ、縫い、糸を通す裁縫道具の先端のところで、繊維学的操作は、織物を加工する。テクスト——いかなるイメーヌのための？——は、何かに貫かれていると同時にとり集められている。「もう一つのモチーフへと伸びていくピルエットの文字《シッフル》」は、テクストそのものと同様に、二乗して算定=暗号化《シフレ》されている。この文字が、その総数《シッフル》において二度標記されるのは、次の点においてである。すなわち、この文字は、まず暗号《シッフル》または象形文字《イエログリフ》としてある踊り子のピルエット〔爪先立ちでする片足の旋回〕を意味しながら、さらにこの文字は、「ピルエット」という記号——この文字が、その記号を、コマのように爪先で旋回《ピルエテ》させ、それ自身の上で回転させる——を算定=暗号化《シフレ》して、今度は、記号の働きそのものを指し示す、という点において。ピルエットという文字《シッフル》は、暗号《シッフル》としてのピルエット、シニフィアンの働きとしてのピルエットである。踊っている可視的なピルエットの虚構を通じて、やはり爪先旋回する別のシニフィアン、別の「ピルエット」へと回付するシニフィアンの働きとしての。かくして、踊り子の爪先《ポワント》のように、ピルエットは、書物のページなり犢皮紙《とくひし》の処女的な内奥なりに、一つの記号を、一つのほんのわずかな鋭さ〔鋭い無〕を、つねに穿とうとしている。この意味で、シニフィアンの舞踊は、ただ単に一冊の書物、一つの想像的なものの内部にとどまるのではない。「風俗劇、あるいは近代作家たち」を見てみよう。「舞台端にかなりあからさまに見えているガス灯の照明が［…］たちまちにそれが、姦通あるいは盗みといったお定まりの芝居のなかに、月並みなこの瀆神の行為を犯す軽率な役者たちの正体を照らし出してしまうからである。

私には分かる。

舞踊だけが、その舞台上の展開という事実によって、黙劇《ミーム》〔マイム役者〕と共に、現実の空間、つまり舞台を必然たらしめるように私には思われる。

極言すれば、一葉の紙があれば、どんな戯曲でもそれを喚起するには充分なのだ。己が多様なる人格に助けられて、各人がそれをみずからの内部において演ずることができるからだが、事がピルエットとなると、そうはいかない」[*153] (p. 315)。ピルエットである以上、象形文字の舞踊が全面的に内部で演じられることはありえない。ただしそれは、「現実の空間、つまり舞台」のせいばかりではないし、書物のページないし図版に穴をあける先端《ポワント》のせいばかりでもなく、むしろとりわけ、ある種の側方的な位置ずらしのせいなのだ。つまり、象形文字、記号、暗号は、みずからの先端《ポワント》でたえず回転しながら、みずからの〈ここ〉を離れる。突き刺さりでもするかのように、ここからあそこへと、一つの〈ここ〉から別の〈ここ〉へと移動しながら、つねにここにいる。みずからの「ここ」の点〔*stigmè* 刺し傷〕に、**別の点**――そこへ向けて象形文字、記号、暗号が絶え間なくそれてゆく――を、別のピルエット――それは急転のたびに、おのおのの織物の飛翔の際に瞬時に再標記される――を書き込みながら。このとき、おのおののピルエットは、その旋回のさなかには、ほかのピルエット――まったく異なるものでありかつ同じもの――の標記でしかない。こうして「もう一つのモチーフへと伸びていくピルエットの文字《シッフル》」が仄めかすのは、二つの「語」もしくは二つの「シニフィアン」のあいだの描線《トレ》――連結線《トレ=デュニオン》ないし空隙化の線――である。それは、たとえば「ピルエット」というシニフィアンの二回の生起のあいだの描線であり、この二回の生起は、一つのテクストから別のテクストにかけて、そしてまずもって〈テクスト－の－あいだ〉の余白で、互いに引きこみ合い、お互いに暗号化し合い、シルエットのように動き回る。白地の上の黒い影のように浮かび上がるそのシルエットは、顔のない輪郭であり、はすからしか現れず、車軸のまわりをぐるぐる回る一連の像影《エスキス》なのだが、その車軸はエクリチュールの見えざる軸でもあり、限りなくみずからをそらしてゆく〔轆《ろく》轤《ろ》の〕回転盤《ジレル》である。旋回する鳥が(39)描くものにも似て、この無言《ミュエット》のエクリチュールは、そびえ立ちながらも、みずからの先端《ポワント》がまさに突き刺さんとする瞬間にその先端《ポワント》を持ち去る。〔見開きのなかで〕「黙劇」に向き合ったページ(40)で、マラルメは、「〈舞踊〉〔…〕モスリンの布地のように手つかずの主題……」*156を名指す。彼は「生き生きとした襞*157」を名指す。イメーヌの筆刻《ル・グラフィック》は、いずこにあろうと、これ以上の支持を得たことはなかったであろう。「如何なる特定の女のものでもなく、従って不確定な骨組みが、一般性を備えた帳《ヴェール》を通して、形のかくかくの断片の啓示された姿へと、それを神々しいものに仕立てる電光を惹きつけ、その断片において、そのような電光を呑み尽くす。そうかと思うと今度は反対に、薄布《うすぎぬ》の波動によって、漂い、うち顫え、散乱するものとして、この恍惚を吐き出す。如何にも、〈舞踊〉の不安《サスペンス》に満ちた期待で

---

(39) なぜなら、これらすべて〔pirouette（ピルエット）、silhouette（輪郭）、muette（無言の）など〕は、ette というシニフィアンの翼ないし羽根の旋回を仄めかすべく計算されているようだからである。このシニフィアンは、字面に表れていない《ノン・マルケ》〈テクスト－の－あいだ〉のなかにも、字面に表れた《マルケ》別のテクストのなかにも読みとれる。たとえば――つねに souhaite《スエット》と脚韻を踏みながら――chouette《シュエット》、alouette《アルエット》、fouette《フエット》、girouette《ジルエット》や、brouette《ブルエット》の小さな車軸たちまでもが折々の詩の音節を区切っている（pp. 118, 119, 120, 122, 137）。*154 見失ってはいけない多くの大羽根がある。それらは、「余りにも多くを見てしまっているのではないか、と同時にまた見足りないという〔…〕願望《スエ》〔souhait〕*155」と脚韻を踏んでいる。

(40) p. 311.「われわれは、この作品の起源にかんする詳報を一つも持ち合わせていない」と、全集の編者たちは注記している。

ある、余りにも多くを見てしまっているのではないか、と同時にまた見足りないという、矛盾した恐れあるいは願望は、どうしても透明な布《きぬ》による延長を不可欠なものとして要求するのだ［…］どんな些細な文字表現的意図にも従うべしと命ずる精神的アクロバットのために、決定的に単純化されたこの衣装が存在するにしても、純粋な運動や曲芸的踊りによって移動する沈黙のなかでは、それは目には見えないからだ。ほとんど裸形であるその姿は、落下を緩和するためや、反対に、爪先立ち《ポワント》の上昇を一きわ高めるためのスカートの輝く短い広がりを別にすれば、ひたすら脚を見せるためだが——それは、彼女自身とは異なる何らかの意味作用の下《もと》、観念《イデー》の直接の道具としてなのである」*158。

たとえ文学、寓話、演劇、劇《ドラム》、バレエ、舞踊、マイム劇が、イメーヌの法に服したエクリチュールであるとしても、これらのエクリチュールは、唯一かつ同一のテクストを形作るわけではない。**いくつかのエクリチュール**があり、いくつかの相互に還元不可能な形式、ジャンルがある。マラルメはそのシステムを素描した。われわれは、こうしたエクリチュールの大多数がもつ規則を、**しりぞけられた指示、しりぞいてあること**〔*être à l'écart* しりぞいた存在〕もしくはイメーヌという名の下に認知してきた。この共通規則の分化は、『二羽の鳩』の場合に、これ以上ありえないほどよく現れていた。ここでマラルメは、〈劇〉、〈バレエ〉、〈マイム劇〉を区別している。ただし、エクリチュールの一般性——イメーヌ、差異（二重の戯れと性的差異）によってしりぞけられた指示や、大羽根の戯れ（鳥、翼、羽根、嘴《くちばし》など）や、存在のしりぞき〔隔たり〕によってやむことなく再開される隠喩の産出——を再確認したあとにようやく区別がなされるのだが。しかもエクリチュールのこうした一般性は、エクリチュールによる一般性の産出にほかならず、すなわち「如何なる特定の女のものでも」ないこの「一般性を備えた帳《ヴェール》」を、指示対象のしりぞけ《エカール》によって織り上げることである。『二羽の鳩』について言えば、ここに *point*〔「…ない」や「点」〕と *pas*〔「…ない」

や「ステップ」」の統語法がある。「かくの如きものが、一つの相関関係であり、そこから、踊る存在の**非**《ポワン》ー個人性が、合唱隊長にも全体にも、結果として生じるのであり、踊る存在は紋章以外のものではなく、〔個人としての〕何者かでは決してない……

バレエに関して主張すべき意見、ないし公理！

すなわち踊《パ》り子は**踊る女ではない**《パ》、それは次のような並置された理由による、すなわち、彼女は**一人の女性ではなく**、我々の抱く形態の基本的様相の一つ、剣とか盃とか花、等々を要約する隠喩《メタフォール》なのだということ、そして、彼女は踊るのではな《パ》くて、縮約と飛翔の奇跡により、身体によるエクリチュールによって、対話体の散文や描写的散文なら、表現するには、文に書いて、幾段落も必要であろうものを、暗示するのだ、ということである。書き手の道具からすべて解放された詩篇だ。〔…〕舞踊は翼であり、そこでとりあげられるのは、鳥たちとそして未来への出発、矢の如き感動的な帰郷である。〔…〕恋人たちの一人が相手にそれらの鳩を見せ、ついで自分自身を、最初の言葉として、比較してみせる。それほど次第次第に、恋人二人の様子は、嘴でついばみ、跳び上がり、気を失ったりという鳩小舎の影響を受け入れるので、空を翔ぶ色情的な力のこの侵入は、とり乱した類似性を以て、恋人たちの上に忍び寄ることになる。子どもたちかと思うと、今度は鳥になり、あるいは反対に、子どもである鳥たちであって、それは、彼と彼女が、つねに今後は、その二重の戯れを表現しなければならないだろうところの〔この子どもと鳥の〕交換を、人がどう理解しようとするかによって変わる。恐らくは、〔男と女という〕性的差異から生じる紆余曲折のすべてなのだ！〔…〕その前に挿入されるのは、嵐の下ですべてを巻き込んでしまう祭りだが、それから、引き裂かれた二人、赦す女と逃げた男とが結ばれる時が到れば、それは〔…〕読者諸賢には、最終景の華々しい舞踊による頌歌はご想像いただけようが、そこでは、二人の酔いしれた歓喜の源泉にまで、旅の必然によって婚約者同士の間に生じてしまった距離が縮められるのだ！」[*159] おのおののペアは、この回路のなかで、ほかの何らかのペアにつねに回付していたことだろうが、その際、**おまけに**、意味をなすという操作そのものを、「最初の言葉［…］」、比較」、シニフィアンの「二重の戯れ」、「性的差異」――これらは、一方について、見本とするもう一方から際限なく提示される――を意味する。この点において、踊り子は「何かにつけて、まだはっきりと形をとってはいない仄めかしを指し示しつつ、妖しげで純粋な動物性の入りまじった彼女の巫女的直感によって、主題を要約する［…］。たとえば、パを踏み出す前に、彼女が、二本の指で、スカートのうち顫える襞を誘い、翼あるものが観念《イデー》へと飛翔しようとしてみずからを抑えかねている様子を真似てみせるところなどがそうだ。［…］その時、彼女の微笑がその秘密を明かしているように見える一つの取り引きによって、直ちに彼女は君に、つねに残る最後の薄布《うすぎぬ》をとおして、君の思考の基本的なものの裸形の姿を手渡してくれようし、君の内心の幻想《ヴィジョン》を、一つの〈表徴＝文字《シーニュ》〉のやり方で書くだろう。彼女がそのような〈表徴＝文字《シーニュ》〉であるのだから」[*160]。

この差異はいろいろなエクリチュールに共通の戯れを開始するのだから、ジャンル同士の厳密な区別を消し去ることはもはやできないし、するべきでもない。すでに「ごまかし」が暴露されていた。〈寓話《ファーブル》〉を〈バレエ〉に置き換えるというごまかしが。「通常見られる飛翔の姿態と振付けの多くの効果との間に、はっきりと見てとれる一つの関係と、それから〈寓話《ファーブル》〉を、ごまかしなしにというわけではないが、〈バレエ〉に置き換えたことを除けば、後に残るのは、何がしかの恋の物語だ(41)［…］」[*161]。

この一般的エクリチュールのあらゆる「ジャンル」は、物語を**語る**〈寓話〉もふくめ、痕跡の効果によって区別されるのだが、その効果の構造はそのつど独自のものである。たとえば、さまざまな「沈黙」は決して混ざり合うことがない。「一つの芸術が舞台を占めている、〈劇《ドラム》〉ならば、物語性のあるもの

（historique）だ。〈バレエ〉は、もう一つのもの、紋章的なもの（emblématique）だ。結合すべきだが、混同はいけない。一挙に、しかも同列に扱うことで、黙劇《マイム》と舞踊という互に己が沈黙を頑なに守り通そうとする二つの態度を結びつけるべきではない。それらは、無理矢理に近づけようとすると、突然、相手に敵意を抱くようになる。この考えを証明する例だが、先刻、鳥という同一の本質を表現すべく、二人の演者において、黙劇《マイム》の女優を女性舞踊手の傍に選ぶことを思いついたのではなかったか、それは余りに違うものをつき合わせることだ！［…］このように、接触させられたり対比させられたりした各演劇ジャンルの固有の特長が、作品を支配することになっているが、それはその作品が他ならぬ己が構築物にばらばらなものを用いているからである。あとは、相互間の交流を見出すだけであろう。台本作者というものは、通常、パでみずからを表現するバレリーナは、他の表現手段による雄弁というものを理解しない、仕草ですらもそうだ、ということを知らないのである」（p. 306）[*162]。「常に演劇は、それが取り込む諸芸術を、特別なというか文学的な観点から、変質させる。音楽は演劇に力を貸して深みと影を失わないことはないし、歌も同様に、孤独な雷という趣を失う、そして、本来的に言えば、〈バレエ〉に対しては〈舞踊〉の名を認めないことも可能だ。〈バレエ〉は、言うならば、象形文字である」（p. 312）[*163]。

各ジャンルは、一つの全体芸術に溶けこむことはないが（マラルメがヴァーグナーに対して抱く不信感は、控えめで皮肉めいているが、抑えがたいものだ）、やはり、エクリチュールがらみの隠喩の際限ない循環によって、お互いに交流する。各ジャンルは、何ものも〔実際には〕見せず、不在の焦点を中心に**つながり合う**という点で、同類だというわけなのだ。この不在の焦点は、またしてもシャンデリアなのだが、

（41） pp. 305-307. Cf. aussi Richard, *op. cit.*, pp. 409-436.

応答《レプリカ》＝のそれである。「如何なる婚姻《イメーヌ》のために設定されているのか［…］。彼女はその地点を確かな爪先で突き上げ、それを〔舞台に〕置く。次いで我らの確信を、もう一つのモチーフへと伸びていくピルエットの文字《シッフル》において繰り展げるが、それも、オーケストラにおいて轟く我らの恍惚と勝利の意味を〔具体的に形で〕見せてくれる彼女の舞台上の動きにあっては、すべてが、他ならぬ芸術というものが演劇において求めるとおり、**虚構的であり**、**瞬時のもの**だからである。

それこそ唯一の原理なのだ！ そして丁度、シャンデリアが煌くのに等しく、ということはそれ自体、任意のものをそのあらゆる切り子面の下に瞬時に露呈することであり、我らのダイヤモンドにまごう視覚に他ならないが、劇作品なるものは、行動の様々な外面の継起を人々に見せて、しかも如何なる瞬間も現実を保有することなく、結局のところ、何も生起しないものなのだ。

古き〈メロドラマ〉が、〈舞踊〉と手を握り、同時に詩人の監督《レジー》の下で、舞台を占めるならば、この法則を充たす。憐憫の情にとらえられて、たえず涙が完全にその形をとることも落ちることもならず中断＝宙吊りにされて（またしてもシャンデリアだ）、千の目差しにおいて煌く、ところで、曖昧な微笑［…］である*164」。

さて、このように注記《ルマルケ》された文学の危機《クリーズ》に、批評《クリティック》――任意の、そのものとしての批評――は**面と立ち向かう**ことができるのだろうか。それは、一つの**対象**を要求することができるのだろうか。一つの κρίνειν《クリネイン》〔限界画定すること〕の唯一の企図は、鋳直しの地点で、あるいはもっとマラルメ的な用語を使うなら、文学の焼き入れ直しの地点でおびやかされ疑義に付される当のものに由来するのではないか。「文学批評」は、それ自体として、ミメーシスの**存在論的**解釈あるいは形而上学的模倣論の名目でわれわれが見てとったものに属しているのではないだろうか。

今からわれわれの関心の対象となるのは、批評に対するこうした限界‐画定〔解除〕である。あるずれと意味深い歴史的連鎖とを考慮に入れることで、マラルメのテクストのなかで「批評」の限界を再‐標記しているものを、今やわれわれは認知した。しかしこの認知は、ひと続きでは、もしくは、一撃では効力を発揮しえない。これはまた、一つの認知とは別のものでもなければならず、幾重にも層をなすある種の反復を伴わなければならない。次のように言われるかもしれない。すなわち、今や「現代の批評」は、長いあいだ気づかれずにいたか、少なくとも半世紀以上のマラルメ批評のあいだ、そのものとして体系的に扱われなかった一群のシニフィエを認識し、研究し、正面から扱い、**テーマ化する**にいたったのだ、と。他方で、「現代の批評」は、マラルメのテクストの形式面での仕事ぶりをまるごと分析するにいたったのだ、と。しかしながら、見たところ、テクストの特定の配列についての研究が、テーマ系そのものへと、もっと広く言えば、意味ないしシニフィエ自体へと接近するのを禁じたことは一度もなかったように思われる。なんらかの意味体系が、さらには、なんらかの構造的な意味論が、マラルメのテクストの**進行＝辺境**〔*marche*〕そのものによって、そしてある規則的な法にそっておびやかされ、裏切られたことは一度もなかったように思われる。この法は、「マラルメ」のテクストだけの法ではないけれども、「歴史的」必然性——その領域全体が構成されるべきなのだが——に従って「マラルメ」のテクストはこの法を例示しているのであり、それぞれの例示は、すべてを読み直すべきものとして差し出すのである。

したがって、まさに問題にしようとしているのは、テーマ批評の可能性である。これは現代的な批評の手本であり、あらゆるところで作動している。われわれが、あるテクストをつうじて一つの意味を規定し、それについて決定しようとするあらゆるところで。それが一つの意味であることを決定し、それが意味であり、そのものとして措定されたり措定可能もしくは移し換え可能であったりする意味、つまりテーマであることを決定しようとするあらゆるところで。

確実に言えることだが――そして確認もとれるはずだが――、「白」や「襞」という事例についてわれわれが研究するのは、偶然ではない。それは、マラルメのテクストにおいてこれらがもつ独自の効果のためであり、同時に、まさにこれらが現代の批評によって、一貫して**テーマ**と認知されてきたからである。ところが、「白」や「襞」がテーマないし意味として制御することができないことが少しでもわかれば、テクストのテクスト性が再標記されるのがあるイメーヌの襞や白のなかであるならば、われわれは、テーマ批評の限界そのものを描き出したことになろう。

『マラルメの想像的宇宙』（一九六一年）が、今なおテーマ批評のもっとも強力な試みであるのを再確認する必要があろうか。この書物は、マラルメのテクスト領域の全体を、体系的に網羅している。少なくとも、交差したすじ目（襞の白もしくは白の襞）の構造が、この全体を、テクストの**過多**もしくは**過少**へと変えるのでなければ、全体を網羅していることになろう。そして逆もまたしかりである。かくして、言うなればマラルメのテクスト領域全体を、網羅していることになろう。

同じ理由から、われわれがこの書物に対して提起するもろもろの問いは、この書物の「全体」のような何かを、言い換えるなら、あるテクストの想像的なものを、対象にしようというのではない。問いの対象は、この本で実際になされている作業のある特定の部分、とりわけ、この本の企ての理論的・方法論的な定式化、つまりそのテーマ主義となるだろう。その点において、われわれは、いまだあまりにテーマ的な仕方で、この本を取り扱うことになるだろう。ただし、この行程の終わりに、われわれに批判をつき返すことができるのは、みずからの批判の権利や原理の裏付けをしている場合に限られるだろう。

理論的企てが表明されるとき、この書物の序文において、企ては二つの事例に沿って説明される。これらは数ある事例のうちの二つとして提示されているのだが、しかもこれらの範例性ないしこれらの例外的特性はリシャールによってきびしく問いただされてはいないのだが、理由もなくこれらが前面に出ているわけではない。それはまさに、「白」と「襞」の「テーマ」なのだ。〈序文〉から、長文だが美しい一節を引用しておかねばなるまい。「〔われわれの〕企ての全体が根拠としているテーマという概念そのもの(42)について自問しながら、リシャールは、テーマの「戦略的価値」もしくは「位相的質」に留意したところである。「そのためいかなるテーマ批評も同時にサイバネティックスと系統学に属しているのである。〔／〕この能動的体系の内部で、テーマは、あらゆる生態構造においてそうであるように、自己を組織化する傾向を有するだろう。すなわちテーマ同士はたがいに結合しあい、同形性の法則と、可能な限り正しい均衡を求めようとする作用とによって制御されるさまざまな柔軟な集合となるだろう。この均衡という概念は、はじめ自然科学で生まれたが、C・レヴィ＝ストロースとJ・ピアジェが社会学と心理学における大きな重要性を指摘したものであり、想像的なものの領域を理解する際、有効に利用できると思われる。事実、その領域では、テーマが、相反するさまざまな対というかたちで、あるいはさらに複雑になると、釣り合いのとれた多様な体系群というかたちで並んでいるのが見られるのである。たとえば観念に関する夢想において、マラルメは開くことの願望〔破裂し、**気化して**、暗示もしくは沈黙となる観念〕と、閉じることの欲求〔**凝縮され**、ひとつの輪郭と定義というかたちで要約される観念〕とのあいだで揺れ動いているよ

---

(42)　たしかにマラルメは、『英単語』のなかで**テーマ**という語の定義を書き写しているが、これは、慣習どおり専門的かつ文法的な意味〔語幹〕であって、その場合の**テーマ**という語を〔別の意味へと〕転位させると問題が生じてしまうのだが、見たところ非常に特殊なこの問題に私はここで深入りするつもりはない。「文献学以外の分野に適用しつつ」(Richard, p. 24) ここでマラルメに依拠するというのは、さまざまな理由から困難ではないだろうか。

うにわれわれには思われた。閉ざされたものと開かれたもの、明確なものと捉えどころのないもの、間接的なものと直接的なもの、あの頭のなかでつくりだす対のうちのいくつかはそうしたものであり、それらの存在をマラルメの経験の非常に多種多様な階層において明らかにしたとわれわれは信じている。そのとき重要なことは、これらの対立がどのように解消されるのか、またそのさまざまな対立のもつ緊張がどのように静まってゆき、新たな総合概念となるのか、あるいは、申し分のない均衡が実現される具体的形態となるのかを発見することである。したがって、閉ざされたものと開かれたものの対立はいくつかの好ましい形象に到達し、そしてこうした形象の内部では、そのふたつの相反する欲求は、あいついで、あるいは同時に、両者とも自己の欲望をみたすことができるのである。それらの形象とは、たとえば**扇**、**書物**、**踊り子**などである……。本質は凝縮されると同時に気化し、**音楽**というひとつの綜合的現象となるのに成功するだろう。別のときには、均衡は静的に確立されるだろう。すなわちきわめて正確に重なりあい、その全体のバランスが「宙吊り」の幸福感に達するさまざまな力の作用によって確立されるだろう。周知のとおり、かくしてマラルメ自身が、詩篇の内的現実と、詩篇が彼のうちでふたたび秩序をあたえなければならぬ、さまざまな対象が生み出す観念的建築物とを思い描いているのである。それらの対象とは、洞窟、ダイヤモンド、蜘蛛の巣、薔薇窓、四阿《あずまや》、貝殻などであり、これらのイメージにはすべて、自然を自然そのものと全面的な相関関係におこうとする願望や、あらゆる事物を完璧に平等化しようとする願望が表現されているのである。そのとき精神は、あの建築物の要石として夢想される。すなわちすべてが連絡しあい、相殺され、中性化される（マラルメはさらに「無化される」と付け加えているが……）絶対の中心としてである。したがってマラルメのテーマ系自体が、自己を解明する技術的方法をわれわれに提示しているのである。つまり夢想が深層において有するさまざまな傾向が、どのようにしてみずからの葛藤を超越し、いくつかの幸福な均衡にいたるのかを知ること、それこそがわれわれの試みたことである。しかもそのためには、そうした均衡が自然に湧いてでたかのように苦もなく生みだされている、もっとも美しい詩篇のいくつかを再読するだけで十分だった。なぜならば詩的幸福——「表現の幸福〔見事さ〕」と名づけられているものである——とはおそらく、ひとつの生きられた幸福——すなわち存在のもつまったく相反するさまざまな欲求が一致協力して、また一方が他方によってさえも、欲望をみたしあうことができ、連絡や均衡や融合からなる調和にいたるひとつの状態——の反映以外のなにものでもないからだ」(pp. 26-27)*165。

少しのあいだ、この引用を中断しよう。それは、「そうした均衡が自然に湧いてでたかのように苦もなく生みだされている、もっとも美しい詩篇」とはどういうものでありうるのかを問う——リシャールは、この書物のどこでもそれをやっていない——ためではない。むしろ、以下のような一貫性のある概念群を指摘するためなのだ。つまり、「生態構造」「同形性の法則」「可能な限り正しい均衡」「頭のなかでつくりだす対」「好ましい形象」「綜合的現象」「「宙吊り」の幸福感」「自然を自然そのものと全面的な相関関係」「幸福な均衡」「表現の幸福」「ひとつの生きられた幸福〔…〕の反映」など。こうした諸概念は、批評の「心理主義」に属する。これについて、ジェラール・ジュネットは、この心理主義がもつ、「マラルメの詩的対象に対して」の**外在的**な性格と、その「感覚主義的」かつ「幸福主義的」な公準の数々を分析した(43)。歴史と形而上学とをどっさりと背負った（「生きられた幸福」の）反映という概念とともに、このような表象的心理主義は、テクストを表現として構成し、その意味されるテーマへと還元し(44)、模倣論のあ

(43) *Bonheur de Mallarmé ?* in *Figures*, p. 91 sq. Coll. « Tel Quel », Le Seuil, 1966. *166

らゆる特色をとどめている。とりわけとどめている弁証法的構造《ディアレクティシテ》は、プラトンからヘーゲルにいたるこうした形而上学と根本的に不可分にとどまってきたものだ。[45] われわれはすでに、どの点において、この**弁証法的構造**が、みずからもそこに含まれ書き込まれているイメージの筆刻《ル・グラフィック》を説明しえないのかを確かめたが、この構造はイメージとほとんど混ざり合い、イメージ自身によってイメージから隔てられていた。イメージを縮減しようと試みる当のもの——欲望——を構成する単なるヴェールであるイメージ自身によって。

この弁証法的意図は、リシャールのテーマ主義そのものを推進しており、「観念」の章の「全体性の弁証法の方へ」の節で開花している。この全体性の弁証法は、「序論」の続きにおいて、まさしく「白」や「襞」という事例に対して作用する。「テーマのもつ心理学的現実には、また別の角度から接近することがのぞめるだろうか。想像力の機能の、あのもうひとつ別の産物——すなわち象徴——が反映する現実をとおして、その心理学的現実を把握することもできよう。M・エリアーデの作品を対象とした最近の論文[*169]において、ポール・リクールはさまざまに異なった理解の様式をみごとに分析しており、われわれは象徴世界を前にしてこれを利用したいと思う。というのもリクールの指摘は、それほど変更を加えることなくテ

（44） 別の機会にきちんと論じてみるつもりだが、このテーマ主義は、その適性からして幸福主義的または快楽主義的（あるいはその逆〔快楽主義や幸福主義はその適性からしてテーマ主義的〕であり、このテーマ主義は、その原理上、芸術作品についてのフロイト精神分析と相いれないわけではない。少なくとも、「不気味なもの」（一九一九年）と「快感原則の彼岸」（一九二〇年）より以前の試論、つまり、とりわけ『夢解釈』（一九〇〇年）、『機知〔…〕』（一九〇五年）、「グラディーヴァ」（一九〇六年）、「詩人と空想」（一九〇七年）、『精神分析入門』（一九一六年）のなかで、理論的で局所的な命題によって機能しているフロイト精神分析と相いれないわけではない。みずから認めているように、フロイトは

テクストの形式手続きをはみだして、主題（*Stoff*）もしくは作者のほうへと逸脱しており、そのためにいくつかの矛盾をきたしている。彼が作品を分析するのは、**ただ**快感原則**のみ**に奉仕する**手段**として、すなわち、形式的成功が引き起こす予快（*Vorlust*）ないし呼び水（*Verlockungsprämie*）と、緊張の緩和に結びついた最終的な快感とのあいだにおいてである（要するに、「詩人〔と空想〕」）。このことが意味するのは、一九一九年から一九二〇年以降、こうした諸命題が失効の烙印を押されるということではなく、それどころか、命題たちがある変容された領域へと位置をずらされるということである。この位置ずらしをめぐる問題系は、いまだ構成してゆくべきものにとどまっている。

この問題について、ジョーンズが伝記その他の貴重な情報をとりまとめたが（*La Vie et l'œuvre de Sigmund Freud*, P.U.F., tr. fr. I, p. 123, III, chap. xv et xvi, notamment p. 472, etc.）、このうち、一九一四年の書簡を引くにとどめたい。このときフロイトは、快感全体を形式の側に寄せているように思われる。しかも彼は、彼自身が「快感原則の信奉者」というかなり奇妙なカテゴリーに押し込める人々に対して、人をおどろしかねないいらだちを表明している。「フロイトは、ある芸術家とすごした夜会を描写した手紙のなかで、こう私に述べていた。「意味は、こういう輩にとって、たいしたことを表していないのだ。彼らは、描線、形象、輪郭の調和にしか興味がない。これが、快感原則の信奉者たちだ」と」（III, p. 465）。

この問題については、以下も参照のこと。Sollers, *La Science de Lautréamont*, in *Logiques* et Baudry, *Freud et la création littéraire*, in *Théorie d'ensemble*.

（45） エクリチュールの操作とテクスト上のシニフィアンとがもつ特殊性（代補性ないしイメーヌの筆記法《ラ・グラフィック》）を引き出すには、*Aufhebung*〔ドイツ語の「止揚」〕または *relève*〔フランス語の「止揚」〕といった概念に批判を向けなければならない。こうした概念は、弁証法的構造そのものの究極の原動力として、この筆記法の――もっともこれに類似しているがゆえにもっとも魅惑的で、もっとも「適切」〔relevant〕な――回収《ルクヴルマン》＝隠蔽にとどまるものなのだから。そういうわけで、*Aufhebung* を決定的な標的として指し示す必要があるように思われたのだ（『グラマトロジーについて』（p. 40）[*167]を参照せよ）。それに、テーマ主義は単に弁証法としてのみならず、当然のことだが「テーマの現象学」（p. 27）としても与えられているので、類推にもとづき、ここで次のことを確認しておこう。すなわち、「決定不可能」な諸命題が、現象学的言説に対するおそるべき困難を生ぜしめたということを（『幾何学の起源』序説』（P.U.F., 1962, p. 39 sq.）[*168]を参照せよ）。

ーマの現象学に適用できるかもしれないからだ。テーマもまた「考える材料をあたえる」のである。ひとつのテーマを理解するということは、「(その)多様な結合価を広げて見せること」でもある。たとえば白に関するマラルメの夢想が、あるときには汚れないものの悦楽、あるときは障害と冷感症の苦痛、またあるときは開くことや自由や仲介の幸福をどのように具現化しうるのかを見ることであり、意味のもつこうしたさまざまなニュアンスをひとつの同じ複合体のなかで関連づけることである。それにまたリクールがのぞむように、ひとつのテーマを別のテーマによって理解し、類縁関係によってそのテーマに関係づけられるすべてのテーマにまで「志向的アナロジーの法則[*170]」に従って少しずつ進んでゆくこともできる。それはたとえば、蒼空から窓ガラス、白紙、氷河、雪を戴いた山頂、白鳥、翼、天井へと移行してゆくだろう。ただしその進展の一瞬一瞬が支えている側方への分岐(たとえば氷河からは、溶けた水や、青い視線や、愛の水浴へ。また白紙からは、それを覆い分割する黒へ。天井からは、墓、司祭、空気の精《シルフ》、マンドールへ)を忘れてはならない。最後に、同じテーマがどのようにして「外部と内部、生命をもつものと思弁的なものという、経験と表象のいくつかの次元を統一する[*171]」のかを明らかにすることができよう。たとえば襞というマラルメ的形象によって、われわれはエロティックなものを感覚的なものへと、ついで反射的＝反省的なもの、形而上学的なもの、文学的なものへと関連づけることができるだろう。なぜならば襞とは、同時に性器、葉むら、鏡、墓なのだから。つまり彼が親密さに関する非常に特殊な夢想のなかに寄せ集めているあらゆる現実なのである」(p. 27-28)[*172]。

この一節《パッセージ》(その含意ひとつひとつがひょっとすると分析を要するかもしれない)は、二つの短い注記にはさまれている。見たところ、テーマ主義の現象学的・解釈学的・弁証法的な企図に対する原理的反論をそこに認めることなくして、この一節には賛同できそうにない。第一の注記は、言語の示差的ないし弁別的〔diacritique〕な特性を喚起している。「ついで、もうひとつ別の問題も生じてくる。頻度によって用語表を形成するということは、ある用例と別の用例で単語の意味作用がかわらないと想定することである。ところが現実には、その意味はかわってゆく。意味はそれ自体のうちにおいて変化すると同時に、その意味を取りまき、支え、存在させているさまざまな意味の地平によっても変化する。現在では周知のとおり、言語はすべて**弁別的な**現実である。言語内の要素は、その要素を他の諸要素から分離する**隔たり**ほど重要ではない。〔…〕数学的研究もテーマの徹底的なリスト作成さえも、意味作用のもつ意図や豊かさを説明できないだろう。とりわけ意味作用は自己の体系が本来有していた奥行きを無視するであろう」(p. 25)[*173]。こうした弁別性——その図式は、複雑なものにせざるをえなくなるだろう——から、あとでわれわれは、ある種の無尽蔵さというもうひとつの帰結を導きだすつもりである。この無尽蔵さは、豊富さ、地平ないし志向性に関するものではないだろうし、その形式は、ただ単に数学的序列と異質であるというわけでもないだろう。とはいえ、リシャール自身の目から見ても、弁別性によってすでに次のことが禁じられているのだ。あるテーマが単一のテーマである、ということが。すなわちあるテーマが、単一の意味——たとえそのシニフィエの同一性が、際限のない展望《パースペクティヴ》のもとで浮かび上がるのだとしても、結局のところその場に、視線の前に措定され、そのシニフィアンの外に現前して自分にしか回付しないような単一の意味——の核をなす統一体であるということが、すでに禁じられているのだ。弁別性が中核のまわりをめぐり、弁別性への訴えがうわべにとどまるあまり、テーマ系というものを今いちど疑義に付すにいたらないのか、もしくは、弁別性がテクストを端から端まで横切っていて、テーマ的な中核など存在せず、事物そのものあるいは意味そのものとして与えられる、さまざまなテーマの諸効果しか存在しないということである。テクスト的なシステムがあるなら、テーマは存在しない（……「しかり——いかなる現在も存在などしない［…］」）[*174]。もしくは、存在するとしてもつねに読み取り不可能なものであったことだろう。しかし、テクストにおけるテーマの不在、テクストに対する意味のこうした非‐現前ないし非‐同一性を、リシャールは、諸テーマの序列と分類の問題にあてた覚え書のなかで認めている――それが、告知しておいた第二の注記だ。この問題は付随的なものではない。「この序列がほとんど満足のゆくものではないことを、われわれはよく承知している。というのも実際、まさしく側方的関係の多様性こそが、ここでは意味の**本質**をつくりだすのだから。あるひとつのテーマは、そのさまざまな転調の総計――というかむしろそれらの転調を一つの見通しのもとに収めること――に他ならないのである」[*175]（p. 28. 似たような注記が p. 555 にある）[*176]。

こうした譲歩は、総計や見通しが際限のないものであるにせよ、一つの総計の実現や一つの見通しの導出を望んで「夢想」[*177]する余地をいまだ残している。こうした総計や見通しが存在するなら、われわれは、あるテーマの諸生起を規定、掌握、分類することができることだろう。

それに対して、われわれは次のような仮説を対置することだろう。すなわち、総計化は意味もしくは〈言わんとすること〉の内容の無限の豊富さに超過されることなしには不可能であり、見通しは果てしなく〔à perte de vue 視野を失うほど〕働くが、かといって、意味の奥行き――われわれが、その**前方**には、その**中ほど**には決して進みきれなかったであろうような、そういう意味地平の奥行き――があるわけではない、という仮説を。通りすがりに譲歩されたこの「側方性」を考慮に入れつつ、しかもその法を規定することによって、われわれは、限界＝境界を別のやり方で規定しよう。すなわち、いかなる回収＝隠蔽もしくは合致の可能性もなく、空隙化を縮減することなく、テクストをそれ自身のほうへと折りたたむ再‐標記の角と交差とによって。

それゆえ、襞と白なのだ。これらによって、われわれは想像的なもの、志向性、もしくは体験のなかに、テクスト的な諸審級を越えた一つのテーマないし意味全体を探し求めることを禁じられるだろう。リシャールは、「襞」と「白」のなかに、とりわけ豊穣であふれんばかりの多価性〔plurivalence〕をそなえたテーマを見る。彼のリストの豊かさのなかに、人が見てとっていないのは次のことである。すなわち、テクストのこうした諸効果が豊富なのは、ある種の乏しさによるもので、非常に特異で、非常に規則的なある種の単調さ——と言ってもよい——によるものだ、ということである。その人にそれが見えていないのは、非-テーマ、〈テーマになりえないもの〉、意味をもたない当のものが、たえず再-標記され、つまり消え去るところに、その人がテーマを見ているつもりでいるからである。

扇のような動きのなかへ。数々の「白」と数々の「襞」の多義性は、扇のように、広がってまた折りたたまれる。しかし、マラルメの**扇**を読むことは、この語の諸生起（この語のそっくり全体にとどめるなら数百回程度、非常に多数ではあるが有限回の生起であり、そこに翼、紙、布《ヴェール》、襞、羽根、笏などの断片化した形象——これはひとそよぎの開きと／ないし閉じにおいてたえず再構成される——を認めるなら、回数は無数に散らばる）の目録を作成することにとどまらず、その複雑さもまた一つの挑戦となる現象学的構造を記述することにもとどまらない。それは、扇がみずからを再《ル》-標記《マルケ》するのを注記《ルマルケ》することである。つまりこうだ。扇は、おそらく、人がこの名で知っているつもりの経験的対象を指し示し、ついで、転義的な動き（類推、隠喩、換喩）によって、これは、人が同定しえたすべての意味単位（翼、襞、羽根、ページ、かすかな接触、飛翔、踊り子、布《ヴェール》など、それぞれが折りたたまれ、またしても扇のように開いては閉じる）に向かい、たしかに、それぞれを開いては閉じる。だが、この語は、**それに加えて**テクストとしての扇の動きと構造をそこに書き込む。それは、上述の結合価〔valences〕すべての開けひろげと折りたたみ、そして、上述の意味効果すべて**のあいだ**の空隙、襞、イメーヌ、これらを差異と類似の関係に置くエクリチュールである。標記のこうした付け加え、意味のこうした利ざや《マルジュ》は、一系列のなかの一つのありきたりの結合価なのではないが、この結合価は**その系列のなかに組み込まれてもいる**〔*s'y insère*〕[*178]。これは、テクスト外にあるわけではなく、なんら超越論的特権をもつわけでもない以上、そこに組み込まれていることになる。そういうわけで、これはつねに、隠喩ないし換喩（ページ、羽根、襞）で**表象される**。ただし、結合価たちの一系列に属していながら、これはつねに、代補的な結合価の位置にある。というよりむしろ、これは、一つの代補的書き込みが構造上必要とする位置――われわれが系列から差し引いたり付け加えたりすることのできる位置――を標記している。あとで次のことを明らかにしようと試みるつもりだ。代補的標記というこの位置は、厳密には隠喩でも換喩でもないのだが、つねに、ひとつ余分かひとつ不足の転義によって表象される、ということを。

論証＝実演〔démonstration〕の瀬戸際の銘句として、ここに扇を配置しよう。

まずもって「白」は、それ〔lui〕（それにしても誰なのか、それは？）と何らかの転義的な親和性をもつ数々の意味論的結合価の無尽蔵な全体として、現象学的ないしテーマ系的な読解に対して与えられる。だが、つねに表象＝代理された複製〔réplication（折りたたみ、返答）〕によって、「白」が**挿入する**（お望みなら、語る、指し示す、標記する、陳述する、でもよいし、ここでは別の「語」が必要でさえあるかもしれない）のは、結合価たち**のあいだ**の余白としての白、一系列において結合価たちを結びつけ識別するイメーヌ、「重要な役割を担って[*179]」いる「白」たちの空隙である。それゆえ、白は、一つの多義的系列の全体――際限ないものであるにせよ――と、それに**付け足して**《プラス》〔*plus*〕、空隙を置いた半開き、そのテクストを形成する扇〔幅〕（である）。この**付け足し**は、一つ多めに付け足された結合価ではないし、多義的系列を豊かにするような一つの意味でもない。しかもこれは、まったく意味をもたないため、本来の白、系列の超越論的な根源ではない。それゆえに、これは、意味され表象される一つの意味になりおおせることなく、系列のなかに一つの表象者〔代理者〕をもつのだと、古典的言説では言われかねない。すなわち白とは、数々の白たちの多義的全体と、それに**付け足して**、その全体がそこで産出されるエクリチュールという場（イメーヌ、空隙など）である以上、この**付け足し**はたとえば、ページなり欄外《マルジュ》なりの白に、その〈表象されたもののない表象者たち〉の一つを見出すだろう、と。しかしながら、ついさきほど述べた理由から、たとえば書き物《エクリチュール》のページの余白といった表象者によって、一系列の基礎的なシニフィエないしシニフィアンを作り出そうとするのは論外だ。同系列のそれぞれのシニフィアンは、この再標記の角に屈《プリエ》する。「エクリチュール」「イメーヌ」「襞」「織物」「テクスト」などのシニフィアンは、この共通の法をまぬがれず、ただ何らかの概念的戦略だけが、一時的にこれらを、**特定の**〔決定された〕シニフィアンとして、それどころか**意味するもの**《シニフィアン》──シニフィアンたちが文字どおりには〔厳密には〕**もはやそれら自身ではないもの**──として、特権化しうるのである。

もろもろの意味たち（「白」の意味たちと別の意味たち）を互いに関係づけつつも、それらが結びつくのをなんとしても妨げる、こうした空隙の非‐意味ないし非‐テーマは、いかなる**描写**によっても報告することはできない。ここからの第一の帰結は、とりわけマラルメにおいては、描写がないということである。われわれがいくつかの例で確かめたように、マラルメは「何か」を描写するふりをしていたのだ。彼は、**それに加えて**エクリチュールの操作を描写していたのだから（「ヴェルサイユには［…］葉飾り模様の彫られた木造装飾があります［…］」）。第二の帰結は、とりわけマラルメにおいては、もろもろの「テーマ」の意味論的記述が、テーマのこの**付け足し**〔以上〕や**差し引き**〔以下〕の瀬戸際で、つねに失敗するということである。まさにこの**付け足し**や**差し引き**によって、何らかのテクストが、つまりシニフィエのない〈読み取り可能なもの《リジビリテ》〉（人はおびえて後ずさりしながら、読み取り不可能なものだと宣言するだろう）が「ある《イリヤ》」、要するに、欲望をそれ自身に回付する欲望不可能な何かが「ある《イリヤ》」のだ。

したがって、多義性が際限ないとしても、われわれが多義性をそのものとして統御できないとしても、それは、有限の読解《レクチュール》ないし有限の書字《エクリチュール》では、意味の過多を汲みつくすことができずに終わるということではない。ただし、有限性という哲学的概念の位置をずらし、この概念をテクストの法と構造——白、たとえばイメーヌがつねに消滅、消去、無意味としてみずからを再-標記するということ——に従って再構成してみるのなら話は別だ。そうしてみるとき、ある種の非ヘーゲル的同一性に従って、有限性は無限性となる。つまり、標記と意味との等式を失効させる中断によって「白」が標記するのは、おのおのの白（これに付け足して、まったく別の白）、つまり処女性、冷感症、雪、布《ヴェール》、白鳥の翼、泡、紙などと、それらに**付け足して**、標記を可能にする白、標記の受容と産出のための空隙《エスパス》を保証する白となる。この「最後」の白（あるいはまたこの「最初」の白）は、〔白の〕系列の前にも後にもない。これを系列から差し引くこともできるし（その意味でこれは、系列のなかで黙って触れずにおくべき欠如として規定されるかもしれない）、「白」の結合価たちの全体数——たとえ際限ないものであるにせよ——に対して余剰員として付け加えることもできる。偶発的な白、定まりのないくず——その「定まり」は、もっとあとではっきりと現れるだろうが——、もしくは、開かれた系列が鷹揚に受け入れるはずの別のテーマ、もしくは、書き込みの超越論的な空間《エスパス》のように。この示差的-代補的な構造のなかで戯れて、あらゆる標記たちはこの構造に屈する《ス・プリエ》ことになり、この白の襞を受け入れることになる。白は、みずからを折りたたむ《ス・プリエ》〔みずから襞をなす〕、白は襞《プリ》（を標記されるの）である。これは、完全にのっぺりとみずからをさらすということを決してしない。というのも、襞も、白も、テーマ（シニフィエ）ではないし、これらがテクストのなかで伝播させる連鎖と断絶の諸効果を考慮するなら、いかなるものも、単純に一つのテーマとしての価値をもはやもたないからである。

さらに付け足しを。代補的な「白」は、「白」たちの多義的系列のなかに介在するだけではなく、**あらゆる**系列の意味素たちの**あいだ**にも、**あらゆる**意味論的系列たちのあいだにも介在する。こうして、これは、意味論的な系列性そのものが構成されることを、それが閉じられることを、もしくは、単に開始されることを妨げる。これがその障害となる、ということではない。やはりこれこそが、系列の諸効果を解き放ち、標記をみずから消去しつつ、寄せ集めたちを――実体と――**取り違えさせる**のである。テーマ主義がこれを報告できないのは、テーマ主義が**語**を過大評価し、**側方的なもの**〔*latéral*〕を封じ込めるからである。

「白」たちの分類学において、リシャールは実際、抽象概念もしくは一般的本質名称（「あるときには汚《けが》れないもの〔処女的なもの〕の悦楽、あるときは障害と冷感症の苦痛、またあるときは開くことや自由や媒介の幸福」）が指し示す主要な結合価たちと、**側方的な**結合価たちとを区別していた。後者を例示するのは可感的な事象であり、それは「蒼空から窓ガラス、白紙、氷河、雪を戴いた山頂、白鳥、翼、天井へと移行してゆきながら［…］側方への分岐（たとえば氷河からは、溶けた水や、青い視線や、愛の水浴へ。また白紙からは、それを覆い分割する黒へ。天井からは、墓、司祭、空気の精《シルフ》、マンドールへ）を忘れない」ことを可能にしていた。こうしたことは、次のように想定する余地を与える。すなわち、ある種の序列構造が、側方的なテーマを主要なテーマに合わせて整序していて、前者は人々がその本来的な意味において、**本来的な仕方で思念しうる**ものである後者の可感的形象（隠喩もしくは換喩）にすぎないのだ、と。

あらゆる本来的属性を解体するテクスト的代補性の一般的な法に訴えるまでもなく、この序列構造には、リシャールのある側方的な注記（「まさしく付随的＝側方的〔latérales〕関係の多様性こそが、ここでは意味の**本質**を作り出す」[*180]、p. 28 の注）でもって対抗するにとどめておけばよい。さらに、テクスト上には、いくばくかのシルエットしか決して存在しない以上、あらゆる真正面《フロンタル》なテーマ概念には、マラルメ的エクリチュールの**側面**〔*biais* 斜め〕、たえず**二重の戯れ**を再標記される**二枚舌**〔*bifax* 二面性のある、嘘つきな〕でもって対抗することができる。〔タブローⅡを〕もう一度。「[…] それは、〈言語〉であり、つぎに述べるように自由なはね廻りであろう。

もろもろの語は、最も稀有な、つまり精神にとって価値ありと認められる多くの切子面において、ひとりでに一段と活気づく。精神は振動する宙吊り状態の中心であって、語を、通常の脈絡とは独立に、ディスクールとは称し得ぬものである語の可動性ないしは語を動かす力〔原理〕が持続する限り、洞窟の壁面において、投射されたものとして知覚する。すべての語は、消滅に先立って、遠く隔たりながら、或いは偶然〔contingence〕のように斜め《ビエ》〔側面〕から差し出されて、閃きを迅速に投げ交わす。

論戦——必要とされる凡庸な明白さがこれを末梢事に逸脱させてしまうものだが、論戦は相変わらず文法家たちのものである」。別の箇所では、「二面をそなえた沈黙がある」[*181]（p. 210）と表現されている。

側面〔斜め〕と**偶然性**についての文法が扱うのは、もはや、テーマの、意味素の側方的な結合群——これらの構成され静められ磨きあげられた統一性がシニフィアンとしてもつのは、語の形態そのものであろう——だけではない。事実、このテーマ批評家が関心をもつ「類縁関係」が結びつけるものといえば意味素たちであるが、それらのシニフィアンの側面は、いつもきまって、語の大きさ、意味（もしくは意味される概念）によってつながれた語群の大きさをそなえている。テーマ主義は必然的に次のものを、みずからの領域外に置き去りにする。すなわち、語の寸法をもたず、単一の言語記号としての平静な統一性をもたない、形態的・音的・書記的な「類縁《アフィニテ》」たちを。テーマ主義がテーマ主義であるかぎり、必然的になおざりにするのは、語を分解し、語を細分化し、その小片たちを「偶然のように斜めから」働かせる戯れである。もちろん、マラルメは**語**のさまざまな可能性に魅了されてきたし、いみじくもリシャールはそれを力説しているのだが（p. 528）、ただしその可能性は、まずもって、もしくは、もっぱら、〔語の〕固有の本体、肉体をそなえた統一体、意味と可感物とを単一の**声**において奇跡的に統一する「生ある被造物[182]」（p. 529）の可能性であるというわけではない。それは、この本体を細分化するような、もしくは、この本体の制御がもはや及ばないシークエンスたちのなかにもこの本体を書き込みなおすような、もろもろの分節の戯れでもある。そういうわけで、われわれなら、語が「自分にふさわしい**生命**をそなえる」（*ibid.*）などとは言うまい。それにマラルメは、語の固有の生命のそのままの有様と同じだけ、語の解剖にも関心を抱いていた。この解剖は、子音によっても、母音、純然たる発声可能物〔vocable〕[183]によっても要請されるものであり、示差的な骨格によっても、息を吹き込まれた充実さによっても要請されるものである。台《テーブル》＝机の上で、ページの上で、マラルメは語を、生者として**と同様に**死者としても扱う。さて、『英単語』[184]のなかで言語の科学について彼が言うことを、他の箇所で彼がやっていることからどのようにして分離すればよいのだろうか。

「辞典のなかの単語たちは、時代が近かったり、時代さまざまであったりと、層のように横たわっている。まもなく私は地層について語るだろう。〔…〕自然そのものと縁続きで、かくして生命を宿した有機体に接近し、〈単語〉は、その母音や二重母音のなかで肉のようなものを提示し、子音のなかで、解剖すべき精緻な骨格のようなものを提示する。等々。生が自分の過去あるいは持続的な死を食べるのであれば、〈科学〉は同じ事実を言語のなかにも見出すだろう。言語は、人間を残りの事象から区別しながらも、自然であると同じく本質的に人工的でもあるものとして、運命に流されるものであると同じく反省されたものとして、盲目的なものであると同じく意志的なものとして、なおも人間を模倣するだろう」(p. 901)[*185]。

そういうわけで、リシャールが『英単語』のこの一節(「解剖すべき[…]ものを提示する」[*186])に加える注釈には同意しかねる。この注釈の際、テーマ主義が、マラルメの形式面での仕事ぶり、ここでは音声面での仕事ぶりの手前で停止してしまうことを、リシャールは認めている。「ある一詩人が心の奥底にもつ傾向をはっきりとつかむためには、彼のキーワードの音声学的現象学に挑んでみる必要があるかもしれない。この研究が存在しない以上、構造のもたらす幸福に結びついた肉の神秘を語に認めようではないか。その結合は、語を、ひとつの閉ざされた完璧な体系、つまり小宇宙にすることができるのである」[*187](p. 529)。これには、同意しかねる。理由1――音声学的現象学が、そのかぎりにおいて連れ戻すことになっているその先は、つねに充実ないし直観的現前であって、音声的な差異ではない。理由2――語というものは、完璧な体系や固有の本体ではありえない。理由3――すでに論証を試みたとおり、キーワードなどありえない。理由4――マラルメのテクストは、音声的な差異に対しても、(狭義かつ通常の意味における)書記的《グラフィック》な差異に対しても働いている。

唯一の事例ではまったくないにせよ、おそらく脚韻の戯れは、「二つずつ」[*188](cf. Richard, *op. cit.*, passim)と二つのシニフィアンの磁化とによって、一つの新たな記号、一つの意味、一つの形式を産出するもっとも注目すべき事例の一つである。この産出と磁化との必要性が前面に出てくるのは、偶然性、恣意性、意味論的あるいはむしろ記号論的な偶然に対抗してのことである。この操作は、詩句の操作なのだが、マラルメは詩句という概念を一般化している——この点にはあとで立ち戻るつもりだ——ので、この操作は**脚韻に**〔*à la rime*〕限定されるわけ**ではない**（「詩句、——数個の単語《ヴォカーブル》を、一つの全体としての、全く新しい、国語には属さない謂わば一つの呪文を形づくっているような語《モ》に作り変える詩句というものが、意味と音響性とに交互に加えられた用語の焼き入れ直しの技巧にもかかわらず用語に残存する偶然性を、至上のひと息によって否定しつつ、言葉のこの孤立を完成する［…］」*189 p. 858）。マラルメの側面《ピエ》〔斜め〕は、**ヤスリ**〔閾〕のもとで〔*à la lime*〕(46)加工される。「一つの全体としての、新しい、国語には属さない［…］語」とは、次のようなものだ。すなわち、その（シニフィアン上の）差異によって、まさしくそれは記号《コード》体系に対する、構成ずみの分類に対する変形と位置ずらしの効果であり（「新しい、国語には属さない」）、しかも、まさしくそれが、新しいものかつ他なるものであるに際して、国語（言うなればそれ以前の国語）から借り入れた部分で構成されていながら、国語に還元されることがない（「一つの全体として」）。ただし、新たな意味のこうした詩的な産出を前にしてどのように驚嘆するにせよ、次のこと——しかもマラルメを読めばわれわれは十分に思い出すことだろうが——を忘れてはならない。すなわち、一つの全体としての、新しい、国語には属さない語は、言語の**上で**働きつつ、言語に回帰もし、差異の新たなネットワークに従って、ふたたび言語と折り合いをつけ、またもや細分化されるがままになる、等々。要するに、このような語は、キーワード〔maître-mot 支配主としての語、ただし「呪文」の意味もある〕にはならない(47)。つまり、一つの意味なり真理なりのついには保証をえた完全無欠な姿にはならない、ということである。全体性と新しさ

（46）〔ヤスリを意味する lime は〕「ラテン語の *lima* に由来し、*lima* は、ヤスリの歯の傾斜と湾曲のせいで、「斜め」を意味する *limus* に関係している」（リトレによる。ただし、彼に対してわれわれが求めるのは、一つの語源以外のものではない）。

（47）少なくとも、この仮定から出発することで、われわれはリシャールが「文学の形式と方法」（第十章）と題する注目

との「効果」（この語のマラルメ的な意味で——「事物を描くのではなく、事物が生み出す効果を描くこと」[48]）は、語を、差異や代補から守ってくれるわけではない。われわれに、語を、正面から、その面《おもて》から、その唯一の表面から与えるべく、語を斜め〔側面〕の法から免除する、ということはない。

「白」たちの全体的布置〔constellation 星座〕において、意味内容の座はほとんど空っぽのままである。この座は、その意味が、空隙の無意味へと、場所しか生じない〔n'a lieu 場所をもたない〕場所へと送り返されるかぎりでの「白」の意味の座である。ただし、この「座」はいたるところにあり、一定かつ特定の場ではない。その理由は、すでに書き留めたように、シニフィアンの空隙がつねに再現されることになる

すべき分析によるいくつかの定式を問いただしてみることもできよう。たとえば、「新たな語」についての定式を。「この語は新しい。なぜならば全体としてあるからだ。またわれわれの国語には属していないように思われる。なぜならば原初の言語——われわれの国語は力を失ったその谺《こだま》にすぎない——に返されているからだ。〔…〕**新しいもの**は、再創造された始原、つまりおそらく永遠に属しているのだ」(p. 537)。[*190]「したがってマラルメにおいて、語に対するペシミズムに続くのは、詩句と文に対するオプティミズムだが、もっともこのオプティミズムは精神がもつ創造、あるいは贖罪の力に対する信頼に他ならない」(p. 544)。[*191]「ここで、なかば開かれた精神の小箱から、広げられた布となって流れでてくるものは、まさしくひとつの意味のたしかな啓示なのだ」(p. 546)。[*192]

処女性（新しさ、完全無欠さ《アンテグリテ》など）という価値は、つねに、その正反対のものを重ね刷りされており〔surimprimée〕、この価値をたえずイメーヌの操作にかけなければならない——そもそも、この価値はおのずからそうするであろうが。「もとのままの有様〔intégrité 完全無欠さ〕」「生来の有様〔nativité〕」「天真爛漫〔ingénuité〕」などといった単語の「存在《プレザンス》」は、マラルメのテクストのなかでは、単純明快な価値評価、単に肯定的な価値評価として**読む**ことができない。評価（オプティミズム／ペシミズム）は、すぐさま互いに入れ替わり、この入れ替わりは、リシャールが別の箇所で、もてるかぎりの複雑さをこめて記述した論理に従う。その論理の複雑さたるや、少なくとも次の瞬間にまで及んでいる。すなわち、この論理の、「ほとんど実践不可能な」(p. 552)[*193] この詩学の、決定不可能なもの、斬新なものなどが、規

則的に反復された決定をつうじて、弁証法的矛盾として再構成される瞬間にまで。この弁証法的矛盾は乗り越えられるべきものだが（p. 566）、マラルメであれば「完璧な綜合的形式」（〈書物〉）（p. 567）*[194]でもって、真理という中心について空白で〔en creux〕語る言明でもって、一つの統一性への、一つの真理への憧れ、「活動中であると同時に閉ざされている真理がもたらす幸福」（p. 573）*[195]などでもって乗り越える〔追い抜く〕ことを望んだことだろう。

（48） カザリス宛の書簡（一八六四年、*Correspondance*, p. 137）。「僕は、とうとう「エロディアード」を書き始めたのだ。恐怖をさえ抱いて開始した。それは僕が一つの言語を創り出すことになるからだ。その言語は必然的にきわめて新しい一詩学から湧き出さねばならぬが、この詩学は、次の簡単な言葉でこれを定義できると思う。つまり、**事物を描くのではなく、事物が生み出す効果を描くこと**。〔／〕だから詩句は、ここでは、語によってではなく意図によって構成されるべきであり、また、すべての言葉は感覚に席をゆずらねばならない」。*[196]この日、「きわめて新しい一詩学」の最初の説明は、素朴なまでに感覚論的かつ主観主義的な言葉で述べられている。とはいえ、そこで除外されているものは確実だ。すなわち、詩的言語は、事物そのもの、何らかの実体的な指示対象、もしくは何らかの第一原因についての、描写でも模倣でも表象でもなかろうし、詩的言語が語によって**構成される**にせよ、語は、実体的で原子的な単位、まさに分解不可能もしくは構成不可能な単位のごときものであってはならない、ということである。この手紙（回顧的な目的論などには屈することなく、当然、最大限の慎重さでもって解釈すべきものだ）が、いずれにせよ、この新たな詩学の名において退けているように思われるのは、最終審級において、ある事物ないしある原因がテクストによって意味される、ということである。（「あるテクストの真の意味というものはない」*[197]とヴァレリーが述べていた。そしてマラルメについては次のように。「それどころか、そこには、文学における**素朴な直観**とでも名付けるべきものを超克するためにかつてなされた、最も不敵な、最も一途な試みが明瞭に見える」*[198]）。しかし、「感覚」ないし「意図」が、ここでは指示対象の空位を占めており、今度は**描写する**というよりむしろ**表現する**ことになっているのではないか、と誰かが言いそうだ。おそらくそのとおり。ただし、「感覚」や「意図」を、**事物**とそのもろもろの述語に徹底的に対立させつつも、ある言説、ある実践、あるエクリチュールが、この二つの言葉の位置を別の仕方でずらしているのでなければの話だが——しかし、これこそ、マラルメがやっていることなのである。

　私が引用したテクストのほとんどすべてについてと同様に（そしてこのために私はそのつど明示していないのだが）この手紙についてもリシャールが別の注釈を加えている（p. 541）。*[199]

（「変わることなく空白〔le blanc〕が立ち戻って来る」*200）からばかりではない。その理由は、「〔空〕白」という内容と「空っぽ」（空隙、〈あいだ〉など）という内容とのあいだに、意味的、隠喩的、言うなればテーマ的な親和性があるために、系列内のおのおのの白、系列内の「内容のつまった」おのおのの白（雪、白鳥、紙、処女性）が、「空っぽ」の白の比喩となっているからでもある。またその逆もしかりである〔「空っぽ」の白が系列内の「内容のつまった」おのおのの白の比喩となっている〕。白たちの散種（白さの散種とは言うまい）は、比喩論的構造を産出するのだが、この構造は、一つ余分な言い回し〔tour〕――**より多い隠喩、より多い換喩**――をたえず代補することによって、この構造自身の上で際限なく循環する。すべてが隠喩的になるとき、もはや本来的な意味も、それゆえ、もはや隠喩も存在しない。すべてが換喩的になり、部分がそのつど全体より大きく、全体が部分より小さくなるとき、換喩ないし提喩をどのようにして停止させればよいのだろうか。一つの修辞の**縁《へり》という縁〔余白という余白〕**をどのようにして停止させればよいのだろうか。

全体的な意味も本来的な意味もないのは、白が**襞を折りなす**《ス・プリ》からである。その襞は、白の偶発事ではない。白が白（である）からには、白が（みずからを）白くするからには、ある**標記**《マルク》（*marque* は *marge* や *marche* と〔もともと〕同じ語である）と関係するものが〔見るべきものが〕（もしくは、見るべきでないものが）あるからには、白が（みずからを）標記《マルク》する（雪、白鳥、処女性、紙など）にせよ、白が（みずからの）標記を消去《デマルク》する（〈あいだ〉、空っぽ、空隙など）にせよ、白はみずからを再‐標記し、二度みずからを標記する。白は、この奇妙な境界の周囲で襞を折りなす。襞は、外部から白にふりかかるのではない。襞《プリ》は、同時に白の外部と白の内部であり、錯綜《コンプリカシオン》そのもの〔襞の折りまとめ〕――これに従って白の代補的標記（意味を欠いた空隙が、もろもろの白（意味のつまったもの）の全体に対して、それに加えて、自分自身に対して適用される《サプリック》〔折り付けられる〕——であり、布《ヴェール》、織物、テクストが自分に向けて折りなす襞である。何ものもそれに先立ちはしなかったはずのこの応用《アプリカシオン》〔適用、折り付け〕のゆえに、大文字の〈白〉など、〈テクスト〉の神学など決して存在しないだろう。(49) とはいえ、この神学的まやかしの構造的な座位は、あらかじめ書き定められたものである。つまり、テクストの働きによって産み出された標記の代補は、テクストの外部に転落し、自立した客体さながら、みずから以外の根源をもつことなく、ふたたび現前（もしくは記号）となった痕跡なのだが、こうした標記の代補は、（再我有化もしくは再現前化への）欲望と不可分である。あるいはむしろ痕跡が欲望を産み出し、欲望から分離しながら、欲望を育むのである。襞《プリ》が（みずからを《ス》）折りたたむ《プリ》。すなわち、この語の意味が、二重の標記でもって空隙を付与され、その標記のくぼみに、一つの白がみずからを折りたたむ〔襞をなす〕。襞は、同時に以下の三者である。すなわち、処女性とそれを犯すものと、さらに、このどちらでもなくこの両方であり決定不可能であるため、テクストとして、そのどちらの意味にも還元不可能に**とどまる**襞である。「印刷された大きな紙に対して〔…〕折りたたむということ」「折りたたみの干渉、すなわち**律動**《リズム》、〔これこそが〕閉じられた紙面が一つの

---

(49) 白が、テクストの標記《マルク》と縁《マルジュ》を同時に拡張するのであれば、ページないし紙という名の下に本来の意味でわれわれが知っているつもりのものの白さを特権化する必要はない。この白の生起（たとえば、「黙劇」「弔」や、p. 38, 523, 872, 900 など*201）は、その他の白たち、つまりあらゆる織物、もろもろの翼ないし泡の飛散、もろもろの嗚咽、噴水、花々、いろいろな女性、夜のさまざまな裸体、断末魔などにまつわる白たち〔の生起〕よりも数が少ない。空隙化の白は、他の白たちのあいだを行き来する。そして空隙化の白が、みずからを再‐標記するのは、spacieux〔空隙＝空間のある〕という語においてである。この語が直接に生じるにせよ（「飛躍がどのようなものであれ、またそれらが如何にも遥かに広大な〔spacieux〕ものだとしても〔…〕」p. 312*202、「ここに広い空間の〔spacieuse〕幻覚が介在する」p. 404*203、また次も参照のこと。pp. 371, 404, 649, 859, 860, 868 など*204）、比喩形象によって生じるにせよ。

秘密を蔵し、そこに貴重にも沈黙がとどま〔…〕ることの第一の原因」、「紙を折ること、およびそのことがそこに作り出す数々の折られた内側、黒い活字となって散らばったその暗闇[*205]」(p. 379)、「書物の、無垢な〔vierge〕折りたたみ[(50)]」(p. 381)、これが、書物の閉じた女性的な形状であり、それは、おのれのイメーヌの秘密を保護している。すなわち、「取得を確かなものとするための、兇器、すなわちペーパーナイフの差し込み」の手前で、「成就される暴行」の手前で、「脆弱な不可侵性」を保護している[*207]。われわれは、これまでになかったほど、〔ここで〕「黙劇」に近づいたのだ。そして、無垢な書物の女性性を確実に仄めかしているのは、prête(r)〔もたらす〕という動詞の位置と形だが、形容詞〔prêt(e) 覚悟して〕のように、ほとんど今にも、言外ににおわされた繋辞〔est：(…して) いる〕に身を捧げようとしている(「書物の、無垢な折りたたみは、なおも、昔の書巻の日に焼けた縁がそれによって血を流した犠祭をもたらす〔prête …犠祭を覚悟して(いる)〕[*208]」)。男性形が女性形にひっくりかえっており、これは、性差の偶発事《アヴァンチュール》〔情事〕そのものである。折りたたみの秘めたる角は、「ごく小さな墓[*209]」のそれでもある。

しかし同時に、言うなれば襞は、襞みずからが処女性として標記するその処女性を中断する。みずからの秘密〔secret は「分離されたもの」(*secretus*) に由来〕(どんなものも、秘密ほどには無垢ではないが、しかしどんなものも、すでにそれ自体として、秘密ほどには掠めとられ破かれてはいない)のほうへと折りたたまれることによって、処女性は、みずからの表面のなめらかな単一性を喪失する。ペーパーナイフが書物の唇[(51)]をこじあける**以前**でさえ、処女性は自分自身と異なる。それは、イメーヌ同様、おのずから自分を分割する。ただし、ことの後でも、処女性はかつてのまま、無垢なるままに、キラリと閃くナイフ以前のまま、ナイフの手前のままにとどまる(「これは、実際に起ることだが、と言っても特に私の場合、世の慣習に則って読むべき仮綴本となると、私は家禽を屠る料理人よろしく、ナイフを閃かす[*211]」)。成就《コンソマシオン》〔消費〕のあと、これまで以上に折りたたまれ〔襞をつけられ〕、処女性は、完遂された行為を、偽装へと、「野蛮な真似《シミュラークル》」へと変容させる。手つかずのものが、標記によって再び標記される〔指摘される〕のだが、その標記も、余白《マルジュ》の限界で、手つかずのまま、不朽のテクストのままにとどまるものである。「〔書物の〕諸々の襞は、主人の意に従って、ページを開き、閉じるよう誘いながらも、一つの標記を、もとの儘に、永久に存続させるであろう」[*212] (p. 381)。

絶えざるものである強姦《ヴィオル》〔侵入〕は、つねにすでに生じてしまっていたのだが、**しかしながら**、決して完遂されてしまうことはないだろう。というのも、この行為は、なんらかのヴェール——そこではあらゆる真理が裏をかかれる——の襞のなかに、つねにとらえられてしまっているであろうから。

確かに《ア・ネフェ》〔効果として〕。つまり、あらゆる「白」が、エクリチュールの空隙としての白を、重要な役割を担っている「白」たちをみずからに付け加えるのは、つねに白い布《トワル》〔キャンバス、帆〕ないしヴェールというシニフィアンの中継を介してである。すなわちそれは、折りたたまれ穴をあけられた織物、あらゆる標記の適用平面〔折り付けの表面〕、羽根ペンないし翼がそこに広がる紙のページである〔「我が古の羽ばたきは　呪文〔grimoire 難読書〕の文字の勝ち誇る姿、象形文字は数知れず　恍惚と　舞い上がり／歌の翼に　耳

(50)〔二つめの引用の**律動**《リズム》の〕強調は私の手による。「そうなのだ、〈書物〉、あるいは一つの典型についてのモノグラフィーとなるものは（頁の積み重ねは宝石箱に似て、むき出しの空間《エスパス》に対し、人間存在が自己自身に閉じ籠った無限かつ内密の繊細さを守ってくれる）新しい多くの技法があるから〔〈書物〉だけで〕十分なのであり、それらの技法は、人生の玄妙な局面に、稀薄化という点で似ている」(p. 318)。[*206]

(51) **書物**〔*livre*〕と**唇**〔*lèvres*〕をめぐる（アナグラム的、膜学的）戯れについては、「芝居鉛筆書き」所収の〈劇場〉、〈舞台〉と「不在の役者〔mime〕」に向けて開かれた詳述 (p. 334-335)[*210]を読んでいただきたい。

近な戦慄を　散乱させる！」p. 71）[52][*213]。もろもろの白は、直接にせよ、そうでないにせよ、つねに、何らかの製織に当てはまる〔s'applique 折り付けられる〕。たとえば、それは、「われらの帆布の真白い悩み」（「挨拶」[*215]）であり、「カーテンのありふれた白さ」（「窓」[*216]）であり、「アルバム」の白（そこでは「白くきらめく《ルフレ・ブラン》」が「さもそれらしく《サンブラン》」と脚韻を踏んでいる）[*217]と「扇」（「[…]羊毛〔laine〕／[…]白い群れ〔troupeau blanc〕」[*218]）の白であり、ベッドのシーツ、あるいは棺をつつむ布、死装束の白である（この装束は、複数のテクストのなかで、次の二つの**あいだ**にぴんと張られている。すなわち、ヴァーグナーへの「頌《オマージュ》」の「一筋〔の〕／襞」[*219]と、「エロディアード」の「古序曲」の瀆皮紙《とくひし》（「あの方は歌った、ときには脈絡なしに、痛ましい／兆しなることよ！／瀆皮紙《とくひし》〔vélin〕の頁の白さと紛う寝台のことを、／亜麻布《リンネル》を敷く寝台とは斯かる無用な、斯《か》くも禁欲的なものに非ざるに！／その亜麻布《リンネル》はもはやあの夢の跡の貴重なる謎語〔grimoire〕をその襞にとどめず、／荒れ寂びた波状模様《モアレ》の布を張った墓さながらの陰鬱な天蓋もなく、」[*220]）との**あいだ**に現れる）。この死装束をゆったりとまとうのは、書物であるか（「わが亡霊の上質な紙は／同時に墳墓にして死装束／不滅にうちふるえる。それは／ただ一人のため、ひらかれる書巻」[*221] p. 179）、もしくは〈詩人〉である（「剣の閃きを、あるいは白い夢想家姿で祭服をまとい［…］ダンテは悩ましげな月桂冠を戴いて死装束に身をつつむ、／死装束は［…］」[*222]（p. 21）が、それは紙のように凍てつき、心なき存在なのだ（ある繊細さで、ジッドと脚韻を踏みながら。すなわち、「心底　聴きほれてくれるのだから／おまえたち　心なき《フリジッド》〔frigide〕紙丁といえど／奮い立たせておくれ　私を　音楽家として／ジッド〔Gide〕の注意深い魂のために」[*223]、p. 151）。これらのヴェール、布、頁は、同時に内容《フォン》かつ形式《フォルム》であり、地《フォン》かつ図《フィギュール》であり、かわるがわる一方から他方へと入れ替わって、あるときは、その両方が書き込まれた白い空隙《エスパス》を、そこにくっきり浮かび上がるものを形象化するような事例となり、またあるときは、両方が連れ去られる底なしの底となる。

白の上に重ねた白。白が色づけされるのは、代補的な白によってであり、後者の白は、『数たち』においてと同様に、正方形〔二乗〕へと開かれた白となり、みずからを書く白、おのずから黒ずむ白となるものである。つまり、白なし《サン・ブラン》〔semblant うわべ、見せかけと同音〕の〈本当の白の意味を偽るもの〉〔faux vrai sens blanc〕であり、これはもはや、数えられるがまま、全体化されるがままにはならず、みずからを当て込む《セスコント》と同時に、みずからを割り引いて《ス・デコント》、際限なく縁〔余白〕の位置をずらして、リシャールが「なにもかもが一つにまとまって意味を希求しようとする姿勢」[*224]（p. 542）もしくは「ひとつの意味のたしかな啓示」（p. 546）[*225]と呼ぶものを失敗に追いやる。白たちのあいだを行き来する白い覆い《ヴェール》は、隔たりと接触とを保証する空隙化は、おそらく、白たちを見ることを可能にし、白たちを決定する。したがって、この覆いが取り去られうるとしても、その際かならず、これはひどく〔死に至るほど〕われわれの目をくらませる、すなわち、覆いがみずからを閉じるか〔se ferme〕、もしくは、覆いがみずからを裂くこととなろう。しかし逆に、もし覆いが取り去られないとなれば、イメーヌが密封されたままとなれば、目もまた開かずじまいとなろう。それゆえ、イメーヌは、非覆蔵性《デヴォワルマン》の真理ではない。アレーテイアなどない。あるのはただ、イメーヌのまたたき《クラン》〔偏りのついた鎧張り〕だけだ。リズムを刻んだ落下。**偏奇する**拍子＝落着〔cadence *inclinée*〕。

『マラルメの想像的宇宙』は、「ひとつの意味のたしかな啓示」をめぐる夢想をわれわれに提示しているが、この啓示はしたがって、襞なきイメーヌ、裂け目なき純然たる隠れなさ《デヴォワルマン》、「表現の幸福〔見事さ〕」、そして差異なき結婚であろう。襞をなさないようなこの幸福のなかには、なおも一つの「表現」――一つの

（52）「ルイスよ、翼であれ／それで、どこかしらの高みに、これら〈頁〉たちを広げたまえ」（p. 151）。[*214]

テクストとまでは言わないまでも——があるのだろうか。意味の単なる臨在〔parousie〕以上のものがあるのだろうか。断っておくが、なんらかの臨在の外では、文学は表現の不幸〔まずさ〕、意味と表現のあいだのロマン派的な不一致となる、といった話ではない。おそらくそれは、表現の幸福も不幸もない。というのも、少なくとも通常の意味での表現がもはや何ひとつないからである。おそらくイメーヌもまた、「閉ざされたものと開かれたものの対立が到達する」ような、「いくつかの好ましい形象」の一つであり、「こうした形象の内部では、そのふたつの相反する欲求は、あいついで、あるいは同時に、両者とも自己の欲望をみたすことができるのである。それらの形象とは、たとえば**扇**、**書物**、**踊り子**などである……」(pp. 26-27)[*226]。しかし、弁証法的な幸福が、一つのテクストを報告することは決してないだろう。テクストがいくばくかあるのは、イメーヌがテクスト的な痕跡として構成されるのは、それがいくばくか残るのは、テクストの決定不可能性が、イメーヌを、おのおののシニフィエ、それゆえ、あらゆるシニフィエ——それが反定立的なものであれ綜合的なもの[53]であれ——から切り離す（イメーヌがシニフィエに従属するのを妨げる）からである。そのテクスト性は、次の場合には、還元不可能ではなくなるだろう。もしも、その機能様態の必要にせまられて、イメーヌが、あるシニフィエから別のシニフィエへと飛び移る運動に際して、みずからに対してシニフィエを充塡しなおすことなしには済まない（剝奪かつ／または自立——イメーヌとは、〈かつ／または〉についての、〈かつ／または〉のあいだの構造である）、などということになれば〔しかしこれは事実ではない〕。厳密に言って、この点においてイメーヌは、記号もしくは「シニフィアン」ではない。そして、痕跡を残す（痕跡となる）ものすべてが、その事態をイメーヌの伝播〔増殖〕構造に負っている以上、どんなテクストも決して、「記号」たちもしくは「シニフィアン」たちからできてはいないであろう。（もちろん、だからといって、痕跡のうち、意味ないしシニフィエから切り離されるものを、従来の約束事《コード》のなかで指し示す際に、便宜上「シニフィアン」という語を使うことが許されなくなった、というわけではないのだが。）

今や、われわれは、**散種**という語を書こうと試みる必要がある。そして説明しなければならない。なにゆえに、マラルメのテクストとともに、わざわざ苦労して、われわれが続けているのかを。

それゆえ、テクスト的な諸審級の向こうに、想像的なものや志向性、もしくは体験のなかに再我有化すべきテーマ的統一性もしくは全体的意味など存在しないのだとすると、もはやテクストは、ある多義的な文献のなかで回折し集結するような何らかの**真理**の表現ないし表象（見事なものにせよそうでないにせよ）ではない。**散種**という概念を用いる必要が出てくるとすれば、**多義性**というこの解釈学的概念に取って代えるためである。

代補性の構造に従えば、追加されるものは、つまるところ、つねに白ないし襞《プリ》であろう。すなわち足し算よりも、増幅《ミュルティプリエ》された〔掛け算された〕ある種の割り算や引き算が優位を占める。その演算は、0《ゼロ》をいくつも貯えて中身を満たして無限のあたりで失速してゆくのだが、その際プラスとマイナスは、微細な移ろい、イメーヌのほとんど無〔に等しいもの〕によってのみ分離／結合される。0《ゼロ》たちで瘤起《りゅうき》したまとまり全体《ユニテ》の、「幾百倍か、それ以上もの総額」の、このような戯れを、マラルメは「金」という題名〔資格、証書〕の下

（53）R・G・コーンが、みずから、マラルメの「反綜合《アンチサンテーズ》」や「四極図式」と呼ぶものにあたえた分析すべてをまるごと引用する——そしておそらくそのいくつかの思弁的契機を議論する——必要さえあるかもしれない（*op. cit.*, pp. 41-42 et Appendice I）。

で立証している（熟練の腕を持っていた彼が、ある皮肉で貴重なシニフィアンをめぐる文字どおりの錬金術において創りあげたのは、感覚、音声、書記、論理、統語法、経済といった、さまざまな効力を織りまぜた合金であったが、これは（「魔術」で言えば）「そこでわれわれの欲求が二叉に分かれる、合計で二つの道、つまり一方には美学そしてまた経済学」*227（p. 399. また p. 656*228も参照のこと）が交差する、〔賢者の〕石であった）。

「金《きん》〔OR〕

〔…〕正貨、この恐るべき精密な機械仕掛け、人々の意識に明確な機械仕掛けは、なんらかの意味までも失う。

〔…〕幾百倍かそれ以上もの総額〔…〕がどれほどのものであり得るかについての観念〔…〕。数字、雄弁極まる数字を翻訳することの不可能性は、ここでは一つの症例に属する。人はそれを求める、手さぐりする、もし金額が水ましされて、ありそうもない状態の方へしりぞくならば、なお多くの0《ゼロ》を記入するという、このことを手がかりに。その総和が精神的に無に――ほとんど――等しいことを意味する0《ゼロ》を。」(54)*229

（54） OR〔金〕は、ページ一枚分の彩色文字に、勘定ぬきで凝縮ないし換金されている。そこでは、OR（O＋R）というシニフィアンが、輝きを散らしつつ、あらゆる寸法の丸い小銭〔部品〕へと、すなわち「外〔dehORs〕」「魔術幻灯じみた〔fantasmagORiques〕」「財宝〔trésOR〕」「地平〔hORizon〕」「水増し〔majORe〕」「外《ほか》〔hORs〕」*230へと割りふられている。O《オー》たちを、ゼロたち〔zéROs〕――RO は金〔OR〕の反転で〔フランス語の〕意味価はない《ゼロ》――を、つまり端数をとって丸めて「ありそうもない状態の方へ」*231と規則的に並べた数字の数々を数えいれるまでもなく。見せかけ上は、ある事実――そのすべてが、パナマ事件をめぐって書かれているようだ（「これが事実のすべてである」と初版*232は述べてい

て、その指示対象「パナマの崩壊」がいまだ抹消されていなかった。こうした推敲ぶりについては、稿を改めて研究するつもりだ）――を指示しながら、三三行に満たないこの紙面は、少なくとも、主要なシニフィエとして、全般的テーマとして、金を保持しているように思われる。ところで〔Or〕、すり替え＝両替えをおこないつつ、この紙面が扱っている対象は、シニフィアンであり、しかもその帳簿＝音域の射程全体においてであるが、この射程の組織化〔器楽編成〕を、ここ〔「金」〕やよそでマラルメが例証している。というのも、テーマは、そのものとして現前するにせよ、シニフィアンの次元〔ordre〕にも追加されるからであり、すなわちそれは、金属製の実体、「美辞麗句ぬきの金」という事物そのものではなくて、通貨記号としての金属、「正貨」、「その総和が精神的に無に――ほとんど――等しいことを意味するもの《シニフィアン》」、「なんらかの意味まで失う」ものである（p. 398）。[*233]

　全額が計上されるのは、「魔術幻灯じみた日没」についての、一幅の絵画、うわべだけの描写、架空の風景画の枠内である。その日没は、光の戯れからしてすでに、その黄金たちの陰影の上に、視線をいつまでも釘づけにするであろう。「黄金の輝く光の雪崩」（p. 33）[*234]は、物質的想像力についてのあらゆる現象学、あらゆる意味論、あらゆる精神分析を徹底的に〔方法にのっとって〕裏切る。それは、統語法《シンタックス》と意味論、形式と内容、地と図、比喩と本義、隠喩と換喩といったもろもろの二項対立を、一貫して〔体系的に〕裏切るのだ。こうした事態の論証を、黄金半島《クリューセー》〔khryse（crise《クリーズ》と同音）〕と金の糸筋との名義〔株券、証書〕で告知しなければならない〔「黄金半島《クリューセー》」は、紀元前にギリシア語で記された『エリュトゥラー海案内記』において、現在のマレー半島あたりを指す言葉〕。

　Or《オール》〔ところで（金／今）〕、それは**イジチュール**〔*Igitur*：マラルメの未刊の作品名にして、ラテン語の「ゆえに」「その結果」〕に先立つもので、論理的には、帰結よりも**前に来る**〔かりにAとする／**ところで**Bである／**ゆえに**Cである〕のだが、それはまた、語源的に先立つもの、つまり、**時**《オール》〔l'*heure*〕の標記《しるし》をとどめている（*hora* のこと。これは、『イジチュール』の「時」たち〔heures《ウール》〕と「今」たち〔ors《オール》〕についてのみならず、マラルメのすべての〈…**もまた**〉〔*encor(es)*《アンコール》〕たち――これらが、**時**〔*or*《オール》〕つまり、**同じ時**〔*hanc horam*：encor(es) の語源〕と脚韻を踏むにせよそうでないにせよ――について、一つの読みをあたえる）。たとえば「衰退［…］。ところで〔Or〕、これが今時〔l'heure〕なので〔もしくは「今〔Or〕、これがその時〔l'heure〕なので」〕」、というのもここにピエロと［…］」（p. 751）[*235]のように。Or《オール》〔金／今／ところで〕、物質を指すこの名詞、時間にかかわるこの副詞、論理を表すこの接続詞、すなわち言語のもつ賽の一振りについて、その多義性、多字性〔polygraphie〕、管弦楽的な多声性のみならず、とりわけ、その並はずれた〔hors《オール》 ligne 行・線の外の〕奇抜さ、その輝かしい宙吊りが、マラルメの統語法によっていかに組織されているかは周知のとおりである。ほかにもたくさんあるが、例を三つ挙げておく。〔「金」の〕初版に次のようにある。「Or《オール》〔ところで／今／金を〕、被告は理解すまいから、判決はつねに延期されることとなろう」。*236「芝居鉛筆書き」にはこのように。「憐憫の情にとらえられて、絶えず涙が完全にその形をとる《ス・フォルメ》ことも落ちることもならず中断＝宙吊りにされて（またしても《アンコール》シャンデリアだ）、千の目差しにおいて煌く、or《オール》〔ところで／今／金〕、曖昧な微笑が唇をほころばせる［…］芸術が導く不安の迷路に沿って［…］――とはいっても、祝祭に立ち合う一観客たる私の運命《ソール》の成り行きが、これでは不十分だから更に自分を打ちのめそう、などというためではさらさら無い。そうではなくて、どこに私が身をおくにしても［…］民衆のなかに再びとっぷりとつかるためであり［…］」（p. 296）。*237「書物はといえば」（書物はつねに金〔or〕に結びつけられているのが、まもなくわかる）では次のとおり。「Or《オール》〔ところで／今／金〕――／印刷された大きな紙に対して、折りたたむということは、〔或る由々しいことの潜在を示唆する〕［…］一つの作為である」（p. 379）。*238

またもやテクスト上で確かめられるように（私はここでやるつもりはないが）、テーマ主義の限界が「金」の場合ほど光ることはまずないのだが、それは、散種が、種子とこの非常に貴重な物質とのあいだの親近性でもって確認されるからのみならず、その分散がそのとき「書物」のなかで燃え尽きる〔使い果たされる〕（「灰－金－総和」〔cendres-or-total-〕［32（A）］）からにとどまらず、まずもって、このシニフィアンが「なんらかの意味までも失」い、疲弊させられ、価値を切り下げられ、侵食されてしまうからである。もはや名はない《プリュ・ドゥ・ノン》〔さらに多い名〕。

もう一つの着想――を辿っておかねばならないの――だが、金は、マラルメのすべての「寝床」のそばで、あらゆる日没の時を色づける。彼は、それにまつわる一切の音楽もまた鳴り響かせる。「小曲Ⅰ」の「数多《あまた》の空を没する際《きわ》の金色〔les ors〕」*239、「-yx のソネ」における「［…］一つの金色〔un or〕が／末期の光を放っている、それは恐らく一角獣《リコルヌ》どもの縁飾《デコール》のため／［…］／仮令《アンコール》［…］」（このソネのなかで、彼は、持ち前の脚韻の襞たちを、プティックスの襞たちと交互させている）。*240「黙劇」からは、いくつもの「音楽の午後」の末、「オーケストラも、己が黄金の音《ソノール》〔son or〕、思考と夕べとのあえかな触れ合いによって［…］」」。*241 太陽の運行の最後、午後、つまり金《オール》の暮色は、深夜を過ぎると、曙《オロール》＝初めと畏怖《オルール》の二つを反復し繰り返す。これは、いつもこの二つ〔曙と畏怖〕と、脚韻（リズムもしくは頭数）をそろえる。「月の出〔に〕、金〔を〕［…］」（p. 109）*242が――運行を――いつも止める。一冊の書物について。「おお古いミサ典書の、金《きん》の止め金《がね》よ！　おおパピルスの巻物の、犯されたることなき象形文字よ！」（p. 257）。*243　天然資源と墓碑について。「片手に彼女ら〔出現した影たち〕の星雲の如き知識の真珠母色した星を、片手には、彼女らの分厚い書物の、彼女らの夜の書物の、紋章打った留め金の煌きを〔…〕」（『イジチュール』、p. 437）。*244

Or《オール》——純正なものではない——これは、単に可感的な質料（音楽も、あるいは光線もだ、「振動する黄金の矢〔traits〕」、p. 334*245）の中身がつまった濃密さではなく、論理を表す接続詞の明澄な合金でもなかったことだろう。溶解＝融合したor《オール》。or《オール》の時〔黄金時代〕は、感性的でも知性的でもないし、それゆえ、記号、シニフィアン、シニフィエでさえないが、それは少なくとも、「閣下〔Il Signor《シニョール》〕」、「みずからを知らない人」〔qui s'ignore《シニョール》〕（これらは「トリオレ」のなかで、「署名する、金を／ところで」〔signe, or《シニョール》〕（p. 186）*246と脚韻を踏む）と同程度に金‐記号〔signe-or《シニョール》〕であり、つねに金の細工術と時を計る機械工学との二重の統語法に従って、声門〔glotte〕の金色の〔小麦色の〕洞《ほら》のなかに埋め込まれている（glossa〔ラテン語で「舌」ないし「光輝」〕は**金塊**を意味していた可能性があり、リトレの注記によれば、「その形状から、*lingot*〔**塊**〕をラテン語 lingua〔舌〕由来とする古い語源学は、いまでも可能性を残したままだ」）。耳で聞いて、目で見て、字面を読んでいただきたい。「陽光〔当世〕には理解されない〔真価を認められない〕金を自分のものにしてしまっている数多くのポスター、これは文字の裏切りだ〔…〕」（p. 288）。*247

以下のことにお気づきだろうか（「眼《まなこ》も眩《くら》む精妙なる深淵に、／果てしもなく深く埋《うず》もれた〔…〕／人知れず秘められた黄金たちよ、」p. 47）。*248　すなわち、『イジチュール』の第一段落（「**深夜**」）が、「時刻」「黄金」「金銀細工」といった語たちを結びつけ、「接続詞たちの無限に可能な偶然」を読みなおしていることを。「確かに、〔男姿の〕**深夜**は、そこに現前して残っている。時刻〔l'heure〕は、鏡を通って消え去りはしなかったし、壁掛けに埋もれもしなかった、その虚ろな響きが、家具調度の存在を喚起してはいたのだが。私が思い出すのは、その黄金の響き〔sonor《ソノール》〕が、不在のなかで、夢想の虚無なる宝石の姿を、豪奢で無用な生き残りだが、その姿を取ろうとしていたことであり、金銀細工〔orfèvrerie〕の海と星々の複雑な配置の上に、組み合わせ〔接続詞〕の無限に可能な偶然が、読み取れていたことを除けば、である。／**深夜**を啓示していたものそれは、これまでついぞこのような巡り合わせを示したことはなかった、というのも、これこそが〔…〕唯一の時刻なのであるから。〔…〕私は、私を純粋にすべき時刻であった〔…〕」」。*249

son or《ソノール》〔その黄金〕は、「虚ろな響き」〔vacante sonorité〕のすぐ後に現れる。or の前には、〔「黙劇」につづいて〕またこのほとんど無〔に等しいもの〕は、なぜ現象のきらめきを失うのだろうか。なぜイメーヌの現象学が存在しないのだろうか。なぜなら洞窟――イメーヌは、そこでみずからを折り返すのだが、かといって、そこでみずからをさらそうとか、そこでみずからを隠そうとかいうわけではまずない――は、深淵《アビーム》〔abîme 入れ子底〕でもあるからである。白の上への白の折り重ねのなかで、白はみずから自身を色づけ、それ自身でもって、ひとりでに、際限なく自己触発しつつ、自分自身の無色の底、つねにいっそう不可視の底となる。一つの知覚の現象学的地平のように、白が遠ざかるということではない。おのれのなかにおのれを際限なく書き込みながら、標記の上に標記を重ねながら、白は、みずからのテクストを多数化し複雑化する。テクストのなかにテクストが、標記《マルク》のなかに欄外《マルジュ》が、そのどちらか一方のなかにもう一方が、際限なく反復される。つまりこれが、底知れぬ底《アビーム》である。

Or――底知れぬ底〔入れ子底〕のエクリチュールの実践は、テーマ批評――そしておそらく批評という

もや所有形容詞 son がつく。このことは、確かに〔効果において〕、「響きのある」〔sonore《ソノール》〕という語をもたらし、側方的で無意識的な圧力によって、所有形容詞を名詞に――「or という**音**」〔le *son* or〕――、名詞を形容詞に――「**or という音**」〔le son *or*〕――変形する。

son *or*〔*or*《オール》という音〕は、*or*《オール》というシニフィアン（これは音声的シニフィアンで、接続詞ないし名詞を指すのだが、名詞のほうはまた、実体〔金《きん》〕を指すシニフィアン、もしくは、金属製のシニフィアン〔金《かね》〕を指すシニフィアン等々でもある）を再‐標記しているのだが、音楽もまた再‐標記している。これは自明なことだ。というのも音楽は、マラルメにとって、ほとんどつねに金《オール》にかかわっているからであり、さらに、*or*《オール》は、この戯れを介して、何らかのシニフィアンの一部をなす虚ろな響き〔単独では意味をなさない音〕へと――あやふやな縁飾《ふちかざり》＝背景へと――切り詰められるからである。次のように。「空ろなこの部屋の　飾棚の上には／〔…〕何らかのプティックス、／響高らかな〔sonore《ソノール》〕空在の　いまは廃物となったこの骨壺もないのだ、／（なぜならば、部屋の**主**は**無**を栄光《はえ》あらしめる〔s'honore《ソノール》〕この

唯一《ゆいいつ》の／品を携え、冥府の河《スティックス》へと　涙を汲みに行っているから。）／だが、北に面して開かれた十字窓の辺り一つの金《アノール》色が／末期《まつご》の光を放っている、それは恐らく一角獣どもの縁飾〔décor《デコール》〕のため／火を噴きかけられて苦悶する〔…〕」。*[250] あるいは、もう一度「黙劇」を。「オーケストラも、己が黄金の音《ソノール》、思考と夕べとのあえかな触れ合いによって、声なき頌歌にも等しく、その意味作用をひたすら詳細にするにすぎず〔…〕」。*[251]

ヴィリエ・ド・リラダンに関する講演《コンフェランス》〔「ヴィリエ・ド・リラダン」〕がもつ、さまざまな「or」を照合《コンフェレ》できよう。そこでは、「金地の紋章」〔blason d'or〕*[252] と「金襴《きんらん》」〔trame d'or〕*[253] が陳列されるが、それは、「紋章のような〔荘厳な〕日没」*[254] において、さらに、そこで「宝石」を過度に飾り立てる奇妙な接続詞たちにおいてである。すなわち、「ところで〔or〕、かかる無垢にして強力なる混合物〔…〕」（p. 483）*[255]、「ところで〔or〕、それはこういう次第なのです、加筆また加筆でその紙はパリンプセストとばかりに変わってしまったり、あるいは、磨耗して文面が薄れてしまったりしたので、解読できるところはまるで現れてこなかった、と言わなければなりません」（p. 486. また pp. 497-500 も参照のこと）。*[256] 同様に、「髪」のなかで、「眼差の／宝玉」と「ルビーを鏤める／という勲功《いさおし》」、すなわち「だが　金〔or〕の煌めきもない今も　あの生きていた雲が〔…〕」（p. 53）*[257] と告げている。古典修辞学のさまざまなカテゴリーが、こうした位置ずらしの数々に、どんな説明をあたえてくれるというのだろうか。

『イジチュール』〔ゆえに／ところで〕の or《オール》〔ところで／金／今〕における、エディプス的なイメーヌ、つまり「巡り合わせ《コンジェクチュール》」と「組み合わせ《コンジョンクシオン》の無限に可能な偶然」には、『賽の一振り』〔*Un coup de dés《デ》*〕における、**〈かりに〉**もしくは**〈あたかも〉***[258] の「蓋然性との至高の結合《コンジョンクシオン》」*[259] が対応している。それゆえ*[260] ——もしマラルメの SI **〈かりに〉**／**…かどうか／しかり〉**のかくも力強い位置といっしょに、まとめて一度に、*Or* と *Donc* の戯れたちを、星座のごとくちりばめるなら、限りなく続く文が一つ、SI **〈かりに〉**、OR **〈ところで〉**、DONC **〈ゆえに〉**のあいだで、配置され、宙吊りにされる。しかもその際、『イジチュール』から『賽の一振り』〔**〈かりに〉**〕へと向かう順序もまたひっくり返される。（J・シェレールが〔これら三つの「語」たちをどれも名指さぬまま、彼の博士論文のなかで「接続詞」のために割いたある一章のなかで〕導き出しているように、「接続詞は彼の注意をほとんど引くことがない」（マラルメの「接続詞」、*op. cit.*, p. 127）や「接続詞は、あまり重要でない役割を果たす」（p. 287）と結論することが、果たしてできるのだろうか？）

Or《オール》——複数的な単数なのだが、マラルメの天秤〔罠〕の上で、時と金《かね》とがこのように鳴り響くのだ。

ものが——それ自体としては——決して文字どおりに〔厳密に〕説明できないものではないだろうか。底知れぬ底は、決して現象のきらめきをまとわないだろう。それは黒くなるのだから。もしくは白くなるのだから。〔黒と白とは〕エクリチュールの二乗〔平方、四角形〕における一方かつ／または他方である。底知れぬ底は、『賽の一振り』の傾きのなかで、（おのれを）白くする。

　　たとえ　永遠の状況において
投じられるにせよ
　　難破の底から
あるいは
　すなわち
　　　　〈底知れぬ底〉が
白くなり
　　静まり
　　　たけりくるいつつ
　　　　　　　　　絶望的なまでに
　　　　　　　　　　　　平らなる傾き
　　　　　　　　　　　　　翼のもと
　　　　　　　　その翼の傾きのもとに
　　　　　　　　　　　　　　　　前
もって　飛翔を立ち上げる困難により落ちかかり
　　　　　　　　　　　　そして波の噴出を覆い
　　　　　　　　　　　　　　　跳躍を水面に切る翼
　　　　はるか内部に　要約する
深みへと埋葬された亡霊を　この代わりの帆によって
　　　　　　　　　　　　　帆幅一杯に
　　　　　　　　　　　　　　　一致せんばかりの
　　　　　大きく口を開けた深み　そのまま
　　　　　　　　　　　　　　船体として
　　　　　　　　　　　　右にまた左へと傾く［…］*261

このように、みずからの編み目のひとつひとつにおいて再編成されつつも、イメーヌは、なおもいたる所からのこだまとなる。たとえば「密雲の低く圧しかぶさるあたりに……」[*262]を反響させながら。いくつかの断片を反復することによって、端から端へと響きわたるものを聴くことによって、泡のように白いAたちを数えることによって、おそらくはイメーヌがつねに散種し（「［…］において投じ」）たであろうもの、**精液**、焼けつく溶岩、乳、そして精子まじりの液体の泡なり気泡なりが、以下〔の引用〕に現れる。それゆえ、いくつかの文字を強調しておこう〔以下の詩のイタリック部分はデリダによる強調〕。こうして、ソネの形式のためと同様、AとTuのためにも、何らかの別の読みを取っておこう。

« A LA *NUE* acca*blante* tu
Basse de basalte et de *laves*
A même les *échos* esclaves
Par une *trompe sans vertu*

Quel *sépulcral naufrage* (tu
Le sais, *écume*, mais y *baves*)
Suprême *une entre* les épaves
Abolit le *mât dévêtu*

〔密雲の低く圧しかぶさるあたりに
玄武岩と溶岩の暗礁をひめ
繰り返すことのない谺とじかに触れて
音を響かせる力のない霧笛の告げなかった

墓穴を想わせる　どのような難破が（おまえは
それを知りながら、海泡よ、その暗礁のあたりに泡だち、
かずかずの漂流物のうちの、ただひとつ至高のもの）
艤装のまったくない裸のマストを廃止し

Ou cela que *furibond faute*
De quelque *perdition haute*
Tout l'*abîme vain éployé*

Dans le *si blanc* cheveu qui traîne
Avarement aura *noyé*
Le *flanc enfant* d'une *sirène* »*263

あるいは隠したというのか！　猛り狂い、何か
威信ある喪失もなくて、
むなしく翼をひろげた全深淵が

水沫となってたなびく　かくも白い髪のなかに
ひとりの人魚《セイレーン》の子供の腹を
吝嗇にも溺れさせたということを」*264

このソネは——以下のことに尽きるわけでもないし〔そもそも〕いかなるテクストの明言でもないのだが——二重の会の遠近《セノグラフィ》〔舞台〕画法と音節文字《シラベール》とを同時に明確化〔分節化〕している。二重の会は、ここに凝縮され、無限に、何らかの「注釈」の支出のための必要量以上に、位置をずらされている。散種はそこで、泡を十分に取り集める。すなわち種子の飛翔の泡を、白くて無駄な流失《ペルト》の泡を取り集める。この流失において、マスト〔竿〕は——それを読む者に《プール・キ・ル・リ》とっては〔誰のための寝床なのか〕——破損して、帆《ヴェール》〔覆い〕や子〔所産〕の喪失《ペルディシオン》となる。A/bo/lit〔廃止し〕*265。この「**かくも白い**」もの。

疑いの余地のない論証において、R・G・コーンは、白を種に結びつけ直す連鎖を再構成した。その再構成は、属性を直接結びつけることによって、あるいは、乳、樹液、星々《エトワール》（実にしばしば幕《ヴォワール》と脚韻を踏む）の意味上の布置によって、あるいはマラルメの「コーパス」にあふれる天の川〔乳の滴る道筋〕によってなされる(55)。そして以下を今一度読み直すことだ。「〔…〕ページ自身の純真さを、ページをめくるごと、その冒頭にくる余白の方へとよりかからせること。そして、一語また一語と克服された偶然が、散種のご

とくちらばった極小の裂け目のなかにぴたりと並んだとき、先ほどまでは無根拠であった余白が、今や確固たるものとなって、しっかりと回帰する［…］。この〈処女性〉は、［…］おのれ自身と袂を分かち、純白さの断片となってしまったかのようだが、その断片同士がお互いに、〈観念〉の結婚の証となっている」(p. 387)。それから、カザリス宛の書簡（一八六四年）を今一度読み直すことだ。「［…］恐怖を〔抱いて〕、それは、僕が一つの言語を創り出すことになるからだ。その言語は必然的にきわめて新しい一詩法から湧き出ねばならぬ」、だが同時に、その数行先も。「もしこれに敗れるならば、僕はもう絶対に筆を手にしないだろう。［…］なんということ、生まれてくる赤ん坊が僕の仕事を中断させようとしてるし、現にもう僕は、妻が目の前にいるだけで、仕事を中断してしまっているのだ。（意地悪な気持ちに憑かれると、妻に対してさえも、僕はとても辛く当たってしまう。――その理由はわからないけれども。）その上、こういう気持ちは、このところ続く悲しく灰色の日々を

途方にくれた詩人が猥らな詩句を夢みる

日々にしてしまった。

僕はそんな猥らな詩句を書きとめもしたが、これらは君には送るまい。詩人の夜ごとの敗北など、所詮こぼれた乳の滴る道筋でしかないはずだし、まして僕の敗北の跡など、醜い汚染にすぎないのだから」*266。それからレニエ宛も（一八九三年九月）。「また、自分を創り変えています、自分の元手となるものを。

---

(55) *Op. cit.*, tr. fr. notamment pp. 137-139.

そしてミルクを飲みながら、自分の内部組織の洗濯をしています」。*267
外見とは裏腹に、凝縮と位置ずらしの果てしない作業が、最後にわれわれを散種へと連れ戻すのは、その最終的な意味ないしその原初の真理へと連れ戻すような仕方ではない。そこで発信されるのはメッセージではない。つまりそれがマラルメの〈**散乱した発信**〉である。「…のあいだ」について、散種の準「意味」についてわれわれが検証した図式によれば、それは、ひとつの意味の合流した統一体への、両端を合わせ直した統一体への不可能な回帰、そのような**反省**＝**反射**の遮断された歩みである。だからといって、散種は、このような真理の**喪失**《ペルト》、このようなシニフィエに行き着くことに対する、**否定に終始した**禁止なのだろうか。このように、無垢な実体が散種に先立ち、もしくは散種を監視し、二次的な否定においてそれが散逸したり禁じられたりすると想定するのを容認するどころか、散種は、意味のつねにすでに分裂した発生を**肯定する**。(56) 散種は——あらかじめ意味をとり落としている。

---

(56) 去勢と同様、散種——これは去勢を引き起こし、「書き込み」、再び投げ放つ——もまた、根源的、中心的、ないし最終的なシニフィエには、真理の固有の場にはなりえない。反対に、散種が表象するのは、この非‐根源の肯定であり、意味を与えることのできない幾多の白《サン・ブラン》〔semblants（うわべ）と同音〕の空虚で注目〔再標記〕すべき場であり、標記の代補の数々を、代替の戯れの数々を限りなく増殖させる。『不気味なもの』においてフロイトは、決定不可能な両義性に、分身の戯れに対して、幻想的なものと現実的なものとの、「象徴化されたもの」と「象徴化するもの」との絶えざる交換に、終わりのない代替の過程に対して、それまで以上に注意深い態度をとっており、こうした戯れと食い違いをみせずに、去勢不安——その背後にもっと深いいかなる秘密（*kein tieferes Geheimnis*）、ほかのいかなる意味（*keine andere bedeutung*）も隠れてはいないだろう——と代替的関係（*Ersatzbeziehung*）——たとえば、眼と男性器との代替的関係——とに訴えることが可能となっている。去勢は、代替を開始する精子的分裂のこのような非‐秘密である。

次のことを忘れないでおこう。すなわち、『不気味なもの』で、その素材のすべてを文学から借りたあとで、フロイトは奇妙なことに、**不気味さ**についての補完的な資源《リソース》を含んだ文学的虚構《フィクション》の事例を、別に取っておく。「見つかるものとわれわれが予想していたことと相いれないほとんどすべての例は、虚構、詩の分野から取られている。そこから知らされるのは次のことである。すなわち、生活のなかで出会う（*das man erlebt*）不気味なものと、単に想像されるだけ（*das man sich bloss vorstellt*）の不気味なもの、もしくは書物のなかに見つかる（*von dem man liest*）不気味なものとのあいだには、設けておくべき違いがおそらくあるのだ、と」（tr. fr. p. 203）。「［…］虚構、想像、詩のなかの不気味なもの（*Das unheimliche der Fiktion — der Phantasie, der Dichtung —*）は、事実たしかに、別個に考察されるに値するものだ」（p. 206）。「虚構は、実生活に実在しない不気味さの感情の新たな形式を創造する可能性がある（*die Fiktion neue Möglichkeiten des unheimlichen Gefühls erschafft, die im Erleben wegfallen würden*）。［…］不気味な感情を喚起したり抑えたりする際の作家の自由と、それに伴う虚構の特権は、これまでの注記によって論じつくされていないことは明白である」（p. 209）。（続く）

〔以下の引用は「〈書物〉の草稿断章の紙葉〕

「そのとき、そこで半分として現れる
　一群のなかの二つの半分」［17（A）］

「半球
——つまり怪物の目が
これらを見ている——
だがこれらには何かが欠けている」［18（A）］

マラルメ（pp. 308-382と別の箇所）と同様、フロイトは、蝶の謎に出くわした。いくらかの手がかりでもって、そのことを記憶にとどめておこう。おそらくあとで読み直すために。それは『狼男』にある。「蝶不安」は、「狼不安とそっくりで、両方の場合とも去勢に対する不安であ」った。「また、彼は、生後三ヶ月で重病［…］に罹り、経帷子がすでに用意されていたほどだったという話も聞いた。［…］それを覚えている。彼にとって世界はヴェールに覆われていたが、こうした言葉は意味がなく偶然選択されたようなものだという考えは、精神分析の鍛錬を受けると、認められなくなる。ヴェールは——奇妙なことに——ある情況においてのみ、つまり浣腸を施し薬物が肛門を通過したときにのみ、引き裂かれるのであった。そうすると彼は気分がまた良くなり、しばし世界は明瞭に見えた。このヴェールの解釈は、蝶不安の場合と同じく困難であった。そのうえ、彼はヴェール〔のもと〕にとどまったわけではなく、ヴェールは気化したがって、散種に立ち戻ることになるにせよ、蜘蛛《クモ》の巣の中心に立ち戻るような仕方ではない。むしろイメーヌの襞に、洞穴《アントル》ないし腹部《ヴァントル》の薄暗い白に、腹部の白地にある黒に、(57) その散乱した発信と、見返りなきその偶然たちとの場に、その隔たりの場に立ち戻るような仕方で。この「蜘蛛の糸*271」を、さかのぼれることはあるまい。

散種されたあらゆる布〔キャンバス、帆、蜘蛛の巣〕にイメーヌの襞を——今後この代補が編まれるその素材のすべてとともに——人が認めたであろうたびごとに、「ヴェルレーヌの墓」の「雲の襞*272」だけでなく、襞、折り返し、折りたたみ、折り曲げ、開けひろげ、広げ伸ばしの絶えざる増殖もまた読みとれたことであろう。各々の特定の襞は、しぶしぶ折れて、他の襞を形作り〔紙葉からシーツへ、シーツから死装束へ、ベッドから書物へ、亜麻から犢皮紙《とくひし》へ、翼から扇へ、ヴェールから踊り子へ、羽根〔ペン〕へ、紙面へ、等々〕、エクリチュールの自分自身への折り返しを再-標記する。以前におこなった論証を、襞の多義性に関して確認することも容易にできよう。すなわち、一つの襞をつねにその系列に追加したりそこから差し引いたりする差異的-代補的構造の制約のもとでは、襞のどのテーマも、その意味の系を構成したり、その複数性の統一体を提示したりすることはできない。もし襞がないとすれば、あるいは、襞が、標記《マルク》、余白《マルジュ》ないし辺境《マルシュ》〔閾、境界、限界〕としてのみずから以外の限界を、どこかにもつということになれば、テクストなどありはしないだろう。ところが、テクストなるものが文字通りには〔厳密には〕実在しないとしても、おそらく一つのテクスト**がある**。一つの進行中《アン・マルシュ》の〔辺境における〕テクストが。それと付き合わなければならない。

してゆき、黄昏の感覚、「闇〔ténèbres〕」〔原文フランス語〕の感覚、その他の捉えどころのないものの感覚になってい

った。〔／〕施療から離れる少し前になってようやく彼は、自分が「〔幸福帽を〕かぶって」生まれてきたと聞かされたことを思い出した。〔…〕してみると、幸福帽は、世界から彼を、また彼から世界を覆い隠すヴェールだったのだ。彼の自分についての愁訴とは結局、欲望空想の成就であって、彼が母胎に帰還したことを示しているのだ。〔…〕この象徴的なヴェール――彼の〔古き良き〕時代には、それは本物のヴェールだった――が、浣腸のあとに腸の中身が排出された瞬間には引き裂かれるというのは、何を意味しうるのだろうか。〔…〕誕生のヴェールが引き裂かれるとき、彼は世界を目にし、彼はふたたび生まれる。〔…〕再生の条件は、ある男性が彼に浣腸を施す〔…〕ということである。〔…〕それゆえ再生空想はここでは、同性愛的な欲望空想の毀損され検閲された再現にすぎなかったのである。〔…〕ヴェールが引き裂かれるとは、目を開けることに、窓が開くことに類比している。〔…〕父親一人から生まれ、自分の〔男性としての〕生殖能力を犠牲にして父親に子どもを生み与える――同性愛はその最高にしてその最内密の表現を見出す〔…〕」。〔フロイトは〕これについて次のように注記している。「ヴェールが、男性との交わりの際に引き裂かれる処女膜《イメーヌ》を表しているということは、〔場合によっては〕二次的な意味になりうるが、これは、この患者の治療の諸条件とは正確には合致せず、処女性を少しも重視しない患者の性生活とは何ら関係しなかった」（少なくとも、母胎に戻りたがっていると知られている人に関するものとしては、奇妙な注記だ）。

蝶の羽根から、幸福帽を介して、イメーヌへ。さしあたり立ち戻っていただきたい。『賽の一振り』の「幻影のヴェール」、「〔縁なし帽を〕かぶる」へ――そして、そもそも――『アナトールの墓』（éd. par Richard, Seuil 1961）の「イメーヌ」へ、つまり息子へ。「〔…〕私たち〔父と息子〕／二人で、結ぼう／ひとつの盟約、ひとつの婚姻《イメーヌ》を。〔それは〕至上の……／――そして、いのちは／私のうちに留まっているのだから／私はそれを……のために利用しよう。／だから母ではなく。／それで？〔…〕（feuillets 39-40）、[*268]「子ども、種子／理念化」（16）「男女という二重の側――〔子どもは〕あるときは男の側に、あるときは女の側に。以上から、深遠なる婚姻《むすびつき》〔l'union〕が帰結する／〔それが〕彼の姉であるお前、／〕」[*269]（56-57）。

（57）たとえば、「愚者たちの頌歌（……神秘ノ翳リ）」における「指」（dé〔賽／指ぬき〕、すなわち *datum*〔「賽」の語源で「与える」を意味するラテン語 *dare* の過去分詞〕もしくは *digitum*〔「指ぬき」の語源で「指」を意味するラテン語 *digitus* の対格〕）の戯れを辿ってもらいたい。この指は、「へそ」の近くで「おののき」き、「すると女の腹は、さながら一面の雪の上に、／陽射しが森を黄金色に染めなおす時期に／陽気なヒワの苔なした巣が落ちたかのよう」（p. 22）。[*270]

テクストがなければ、たぶん、思いもよらない「表現の巧みさ」はあるだろうが、おそらく、もはや文学はあるまい。文学――ただし、かつて「文学性」（文学の本質ないし真理）について留保されたことを考慮するなら、「マラルメの著作において文学という名の下で進展するもの」――が、この〈襞の襞〉に巻き込まれているとしても、文学は、もはや折り返し部分《プリユール》〈襞をなす部分〉の諸領域の一つではなく、所与の歴史のなかで襞の純然たる消去に抗うものすべてに対して、文学はみずからの名を与えうるのである。事例を――文学から――作ることに抗うすべてに対して。

「たとえば襞というマラルメ的形象によって、われわれはエロティックなものを感覚的なものに、ついで反射的＝反省的なもの、形而上学的なもの、文学的なものへと関連づけることができるだろう。なぜならば襞とは、同時に性器、葉むら、鏡、墓なのだから。つまり彼が親密さに関する非常に特殊な夢想のなかに寄せ集めているあらゆる現実なのである[*273]。」（Richard, *op. cit.*, p. 28）

ところが、襞は反省性の類ではない。この言葉を、意識ないし自己現前の働き――これはヘーゲルの弁証法と思弁的論理において、止揚（*Aufhebung*）と否定性の働きにおいて非常に決定的な役割を果たすものである（本質とは反省である、と『大論理学』が述べている）――として理解するとしても、反省性は、テクストとしての襞の一効果にすぎない。「反省」と題した章でリシャールは、われわれがすでに問いただした全体化志向で幸福主義的な弁証法的モチーフの数々に従って、襞を分析している。彼は、襞を、言うなれば「親密さに関する非常に特殊な夢想」というただ一つの方向に、自己意識の、取り置きされ、保護された「つつましい」内部のほうに向ける（「自分自身を意識して、親密さは反省性となる」）。

> 知的に反射することは、それだけでみずからに襞をつくる＝折りたたむ〔se replier〕ことである。［…］折り返しはまた物体の秘密の側面を保護し、存在の内部を取っておく。［…］それは完璧な襞である。なぜならば、そこでの親密さは、ふたりの**同一人物**の厳密な一致に起因する安全性と等価性においてはぐくまれると同時に、ふたりの**他者**の出あいから生じる戦慄や、活動する意識においてもはぐくまれるからだ。それぞれの私は他者のうちに自分自身を所有するのだが、その他者がもうひとりの私に他ならないことを承知しているのである。エロディアードのナルシシズムとすれすれに、またおそらく偽の他性という扇情的存在を反射の回路に導きいれるがゆえに、ナルシシズムよりも完璧なかたちで存在しているのは、もしかするとマラルメにおいてもそうかもしれないのだが、他では同性愛と呼ばれうるものへの完全に想像上の誘惑である。［…］折りたたまれた物体——本、ベッド、鳥の翼——において、内奥の空間は、結局、内奥の過剰さゆえに無化される。すなわち鏡と異なり、そこではもはやいかなる距離も私をその像《イマージュ》から隔てることはない。*274 (pp. 177-178)

鏡が、自我を自我のイマージュと結びつけるのだと仮定すると、この分析は、実のところ正当化不可能というわけではないが、意図的かつ一方的に襞を閉じて、それを自己との一致として解釈し、開けから自己との**合致**の条件を作り出し、襞において裂開、散種、空隙化、待機などをもまた標記するものすべてを縮減している。この分析は、マラルメの古典的読解を裏づけ、彼のテクストを親密派的《アンティミスト》、象徴派的、新ヘーゲル派的な雰囲気のなかに閉じ込める。

したがって、イメーヌの折り返しにおける散種、それが「操作」である。これのための**方法**〔méthode の語源は、ギリシア語の mét(a)（追う）+ hodos（道）〕などない。いかなる道も、弧を描いて初めの一歩に戻ってくることはなく、単純なものから複雑なものへと進むことはなく、始まりから終わりへと導くこともない(「一冊の書物は、始まりも終わりもしない。せいぜい、そう装うだけだ」(「〈書物〉〔について〕」、[181(A)]」)。「あらゆる方法は虚構である」(1869, p. 851)[*275]。

方法などない〔方法のポイント〕」、このことは、とるべきある種の手続きを排除するわけではない。

その手続きは、大羽根《ペーヌ》を、それを失うのを覚悟で、そこに巻き込むことなしには済まない[(58)]。もし——折りたたまれたヴェール、無邪気な織物、紙面としての——イメーヌが、つねに書《エクリチュール》の巻物《ヴォリューム》を開くのであれば、それは羽根《プリューム》〔ペン〕を含意している。みずからの類似物たちの全幅(翼、鳥、嘴、槍、扇、あらゆる先端がもつ i 状に尖った諸形態、踊り子、白鳥、蝶など)とともに、羽根がもたらすのは、イメーヌの操作において、エクリチュールの表面をひっかき《グリフ》、もしくは接ぎ木《グレフ》し、そこで襞をこしらえ《プラティケ》、それを刺し《ピック》、適用《アプリック》し、コピー《デュプリック》する当のものである。「君の行為は常に紙に対して適用される[*276]」(p. 369)。マラルメの予備の羽根の数々を数えることはできまい。「不遇の魔」の「羽根飾りのついたフェルト帽[*277]」、「懲らされ道化」において「テントの壁に窓をひとつ　ぶすりとあけてやった[*278]」(「羽根飾りだとばかり[…]ぶすりとあけてやった」)道化の羽根飾り、ハムレットのトック帽の羽根(p. 302)[*279]、「エロディアード」のあらゆる羽根、翼、羽毛、さえずり、「半獣神の午後」の「白い翼の純潔[*280]」、「聖女」の「楽器となった羽根[*281]」から、『賽の一振り』の「狂おしくただ一つ廻る羽根[*282]」——一枚のページ上には、この廻る羽根だけしかない、これと向かい合った「ただしそれとも」〔sauf〕を別にすれば[*283]——にいたるまで。〔見開きいっぱいに語句をばらまいた『賽の一振り』の〕植字による統語法を平らに押しつぶして、それらの語を剣たち、あらゆる翼たち、刀剣たち、茎たちなどの形状に沿って、並べてみよう(「狂おしくただ一つ廻る羽根/ただしそれとも/真夜中

の縁なし帽が／その羽根と遭遇しあるいは掠めて／その動きを止める／暗々の高笑いからひだを加えたビ

(58) もっと早くに、この大羽根の糸筋たちを解きほぐしておくべきだったかもしれない。あとで見るように、これは織工用語である。ここでもリトレだが、その彼も、以下のことを**知っておくよう**求められたことは、もちろんかつてなかったことだろう。

「1．PENNE 女性名詞。1．鳥の翼や尾の長い羽根にあたえられた名称。翼の大羽根は「風切り羽」〔rémiges ラテン語の「櫂」に由来〕と呼ばれ、尾の大羽根は「尾羽根」〔rectrices ラテン語の「支配者」に由来〕と呼ばれるが、これらはそれぞれの機能に対応しており、前者は飛翔を果たし、後者はそれを操縦する。［…］2．鷹狩り用語。獲物となる鳥の大きな羽根。3．ウミエラ、植虫類の一種で、plume de mer とも呼ぶ。4．紋章学用語。［…］時に、矢に取り付けた羽根に対して用いられる。語源：［…］羽根、翼を意味するラテン語 penna から。［…］フランス語にはもう一つ penne があり、こちらは織物を意味し、ラテン語 pannus に由来する。

2．PENNE 女性名詞。1．織工用語。経糸の端緒、頭。fils de penne〔ビームの糸〕とは、布を取り外したあとも織工の織機ビームに留められたままになっているそれぞれの糸のこと。［…］2．バトンの先に集まって飾り房を作る羊毛の太い紐。語源：先・頭を意味する低地ブルトン語 pen から。

3．PENNE 女性名詞。1．梁の一種の名称。2．海事用語。ラテン帆の帆桁ないしヤードを構成する二つの部品の一つ。語源：おそらく penne 2．と同じで、頭・先を意味するケルト語から。」

これにわれわれが付け加えようとするのは、penis の定義ではなく次の語の定義である。「PÉNIL、男性名詞。解剖学用語。恥骨の前方部位で腹の下方部位。［…］「この骨は、ラテン語で恥骨と呼ばれ、フランス語では恥丘の骨ないし行き止まりの骨と呼ばれる」、パレ、Ⅳ巻、三四章。プロヴァンス語で、penchenilh という。このプロヴァンス語は確実に、ラテン語 pecten の派生形の一つに由来する。後者は、櫛の意味に加え、pubes〔陰部〕の意味をもっていたこともある。しかしこの語形は、panil を介して、よく用いられて語 panne ないし penne ――織物、切れ端を意味する――と混同されがちであった。同じことは penilien にも見られ、こちらは恥丘と同時に衣服の一種を意味していた。ブルターニュでは、pénille が、縁でほころびた衣服の糸くずを意味する。「この糸くず〔pénilles〕を切ってくれ」というふうに。」

ロードの上に／この厳しい白さを／とるに足らぬ白さなれど／漆黒の天空とくらべれば／白さつよきあまりに／際だたせずにおかないのだ／ごく細部に到るまで／誰であれ／暗礁に立つ苦渋にみちた王子を／英雄の帽子のごとく縁なし帽をかぶる者を／抗いがたきその勢いを抑えるのは／ささやかな雄々しき理性／雷撃となって炸裂する理性」[(59)][*284]。「彼女《エル》たちのひとり」[*296]（p. 42）が、この周辺〔の海域〕で、書字《エクリチュール》から取りあつめるもの、それを読みなおすこと。L《エル》：男性形／女性形〔通常、アルファベット文字のLは男性形で、これと同音の単語 elle(s) と aile(s) は女性形〕。

「全体性の弁証法の方へ」という節〔第八章第七節〕に続く「注と資料」で、リシャールは、羽根たちの〔テーマの〕振幅《エヴァンタイユ》を数ページにわたって実にみごとに展開してみせており、その振幅は、天使的〔熾天使的〕な価値から「ルシフェル的意味、あるいは少なくともプロメテウス的な意味」[*297]（p. 445）にいたるまで開かれている。（四頁に近い）非常に長い注記[*298]の末に、コーンが「羽根に見ている」「男根への暗示」に割かれた括弧のあとで、多数的テーマ主義《ポリテマティスム》のある種の拡張に対してリシャールは、何か不信を抱いている。以下がその説明である。「というのも、plume という語は、**作家**の羽根ペンという意味もあったからである。R・G・コーンがその注釈全体の根拠としているのは、なかでもこのアナロジーである。この関係は、考えられることではあるが、正しく立証されていると思わない。このアナロジーは、その出発点についても、またとりわけ導きだされる結論の細部においても、管見ではあまりに概念的にすぎると映るためである。『賽の一振り』を、字義通りの寓話として読むことは困難だし、マラルメの精髄に反するように思われる（コーンのいうように、たとえこの寓話が、おのずと生じる反響と、程度の差こそあれ意識的な多義

(59) これら羽根の一覧表、この羽毛もしくは、この筆箱の分析については、R・G・コーンの前掲書 p. 247 以降を参照さ

れたい。その含意するところについては、羽根の上昇はつねに、その落下の切迫またはその落下の事件であるとだけ注記しておこう。これは、カザリス宛ての有名な書簡における「あの、年来つき纏うた性悪な羽毛との激闘」*285であり、「鐘つき男」*286の「忠実な翼」（「[…]引っ張っていたのにもついに疲れて／おお〈魔王〉よ、私は綱の石を取りのけて自分の首を縊るだろう」）であり、「赤裸なる金色」と「〈暁〉」の間近にある、「エロディアード」*287の「紋章としての羽毛」と「黒い羽毛」であり、「窓」*288の「羽根もないわが両の翼で、この怪物に侮られ穢された／窓玻璃を突き破り、私がのがれて行くことは、／――たとい永遠に落下しつづける危険を冒すとしても」であり、「暗黒のなか、ひろげた翼は血滴り色も蒼ざめ、羽毛も脱げて、／芳香と金色との灼きついた玻璃を貫き、／凍てついた、ああ　まだ陰鬱に曇る硝子窓を貫いて、／暁は、天使のようなランプの上に　光を投げた。／棕櫚の枝影！」（「詩の贈りもの」*289）であり、「羽根が捕らえられている[…]」（「けがれなく、生気にみちて、美しい今日」*290）であり、「私のかわいそうな流離《さすらい》の最愛の女《ひと》」の「羽根飾りもなく、リボンさえほとんどついていない」帽子（「パイプ」*291）であり、「期待された間隙[…]、事実それは、両側の側面としては、パネルの二重の相対する形があり、対面する形で、前と後ろには、内実を欠く疑いの開口部があって、それが翼あるものの逃げ去ったパネルの音響の延長によって反響され、探索された曖昧さによって二重にされている[…]」（『イジチュール』*292）である。

　黒と白の対比。黒玉《こくぎょく》〔jais《ジェ》〕（geai《ジェ》〔カケス〕、jet《ジェ》〔噴出〕、J'ai《ジェ》〔私は持つ〕）は、黒い物質もしくは、白く染めることのできるガラスである。夜会の装いは、羽根と黒玉に圧倒されている（「夜会の〈装い《ローブ》〉は[…]紗《ガーズ》か刺繡したチュールの飾りや、白い黒玉と羽根の縁飾りや黒玉のフリンジ、それに舞踏会の服の飾りにされるものはどれでもをあしらいます。これは〈劇場〉に〈正式晩餐会〉に〈略式夜会〉に着てまいりますが、**ハート形に、もしくは四角に、襟もとは開いていますが、胸まで開いていることは絶対にありません**」）*293（p. 781、強調はマラルメ）。ただし新婦の装いには羽根飾りがなく、「一般性を備えた帳《ヴェール》」*294があるのみで、それは踊り子のイメージさながらだ（**応答《レプリカ》II**）。「[…]古代から伝わるこの上なく女性らしい服、〈婚礼〉にお召しになるような白くふわっとしたあの服[…]。〈新婦の衣装〉、それはどぎつくないものです。目にする《ルマルク》のは、不可思議につつまれて、あらわれるがままに、流行に従っていたり、していなかったりですが[…]たいへん斬新な部分が一般性に包まれています――ヴェールがそうするように。[…]絹のチュールのヴェールと髪には上手に混ぜてとめたオレンジの小花。これもすべて、社交界風、乙女風です。[…]みなさまのカールした長い髪の毛のつくる輪は、蝶の翼と翼の間に垂れてます。鮮やかな想像力とお思いでしょう？」*295（pp. 763-764）。

性にあふれているとしてもである)。ただし、このplumeのふたつの意味に関しては、つぎにあげる一八六六年のテクストを参照されたい。「[…] 私は仕事にとても疲れていて、詩を書くために毎朝無理やり指からひきはなす夜の羽根ペンは、午後になってもまだ押しやられてはいないのだ」(Corr. p. 219)[*299]。

なぜ「字義通りの寓話」が「マラルメの精髄に反する」ことになるのだろうか。マラルメの精髄とは何なのか。「字義通りの寓話」は、あらゆる羽根を作家の羽根〔ペン〕に還元する一義性を含意する、ということだろうか。コーンは、それとはまったく別の操作をおこなって、「男根への暗示」もまた経由するネットワークを築き上げている。(ところが、典拠とするテクスト群の近さにもかかわらず、リシャールは「男根への暗示」を括弧に入れて切り離し、さらに、この「暗示」から前掲の批判的な一節を切り離している。)それに、「あまりに概念的にすぎる」「アナロジー」とは何なのか。なぜ「考えられる」ものがありそうもないことになるのだろうか。テーマ的親和性の立証とは、どのような次元のものなのか。コーンがネットワーク化したテクストのかたまり全体(しかもこれは、ほぼ確信をもたらすことにもなるだろう、もしそれらの〔立証〕基準への依拠がここでなんらかの妥当性をもつとすればだが)を引用することさえなく、「ただし」という資格で引用されたテクストが、考えられることを[60]一度は裏づけているのに、なぜそこから、次のように考えられないのだろうか。すなわち、作家の羽根ペンが、どれだけ潜在的であるにせよ、まったく別種の羽根である生地、翼、織物のなかでつねに含意されているのだ、と。さきほどのカザリス宛て書簡に類似した、一八六六年のこの(オーバネル宛て)書簡はまちがいなく、ある種の洞窟効果を生み出すだろう。「夜ごとの敗北」「夜の羽根ペン」といった羽根がただ一つ、乳の滴る道筋のようなうわべのなかで敗北して〔失われて〕(いる)〔et (est)〕。これは、羽根が、尽き果てるまでおのれの身分《アイデンティティ》を競り上げる、そうした操作(1+0+0)である。

洞窟効果は、たいてい声門効果であり、谺の残された痕跡、音声シニフィアンが他の音声シニフィアンに刻みつけた跡、二重の内壁の反響に沿った意味の産出である。1なき2。つねに一つ多いか一つ少ない。plus de〔…より多い／もはやない〕という連辞の決定的で決定不可能な両義性（代補と不在）。

われわれは羽根〔ペン〕を手放しているのだろうか。

同じ注の最終段落は、これもまた前掲の段落から切り離されたもので、論の展開そのものによってそこから分離されているのだが、その最終段落のなかでリシャールは、「音声学的」情報を付け加えている。あらゆる点から、彼がこの情報を少々付随的な関心対象とみなしていると考えられる。「最後に音声学的にいえば、**羽根**はマラルメにとって、想像力による言葉の組みあわせのきわめて豊かな働きを引き起こすものだったはずである。ボニオによって別丁として公表された『イジチュール』の覚え書（パリ、NRF社、一九二五年）は、このただひとつの言葉によって、人称代名詞〔me〕に関する夢想（その語〔plume〕を主観性の夢に結びつける）と、〔jetという〕噴出に関連するイメージが結合していたこと（「plus je – plus me – plume jet」）を明らかにしている。**羽根**（*plume*）はまた**棕櫚**（*palme*）の類縁語でもある[*301]」（p. 446）。ボニオの覚え書きは、コーンも同じく引用している（p. 253）。

そのページを複製しておく[61]〔次ページの草稿〕[*302]。「おのずと生じる反響」と「程度の差こそあれ意識的な多

---

(60) ほかの事例は、「自叙伝」（p. 661）や一八九八年の「書誌」（「作品に取り掛る前に羽根のペン先を試してみるように、より良いものを目指す習作」）[*300]などで見つかるだろう。

(61) このページは、とりわけ、『イジチュール』の面取《めんど》りされた技法様式をあらわにしている。この技法様式は、ほかのどこよりも、-URE のつく諸形態（pliure〔折り返し部分〕、déchirure〔引き裂き〕、reliure〔製本〕）のアナグラム的計算を凝縮している。削除の際のヤスリの音。*rature*《ラチュール》（削除）は、litté*rature*（文学）に属しており、前者は、後者と（pp. 73,

義性」とに付随的で控えめな機能しか認めてはならないと仮定して――われわれ自身はそれに従わないように注意しているのだが――、それらが、こうした羽根の戯れのなかに数多く見つかったりするだろうか。

次のことも思い出していただきたい。「懲らされ道化」の「羽根飾りだとばかり［…］ぶすりとあけてやった〔*j'ai troué*〕[*312]」と、それから、*j* たちの集中的なこの生起、噴出〔jet〕《ジェ》の、反響〔谺〕のこの生起、羽根や翼の付け足し《プリュス》のこの生起を。その羽根と翼は、カモメのように旋回し、*brise* の戯れに運び去られる。

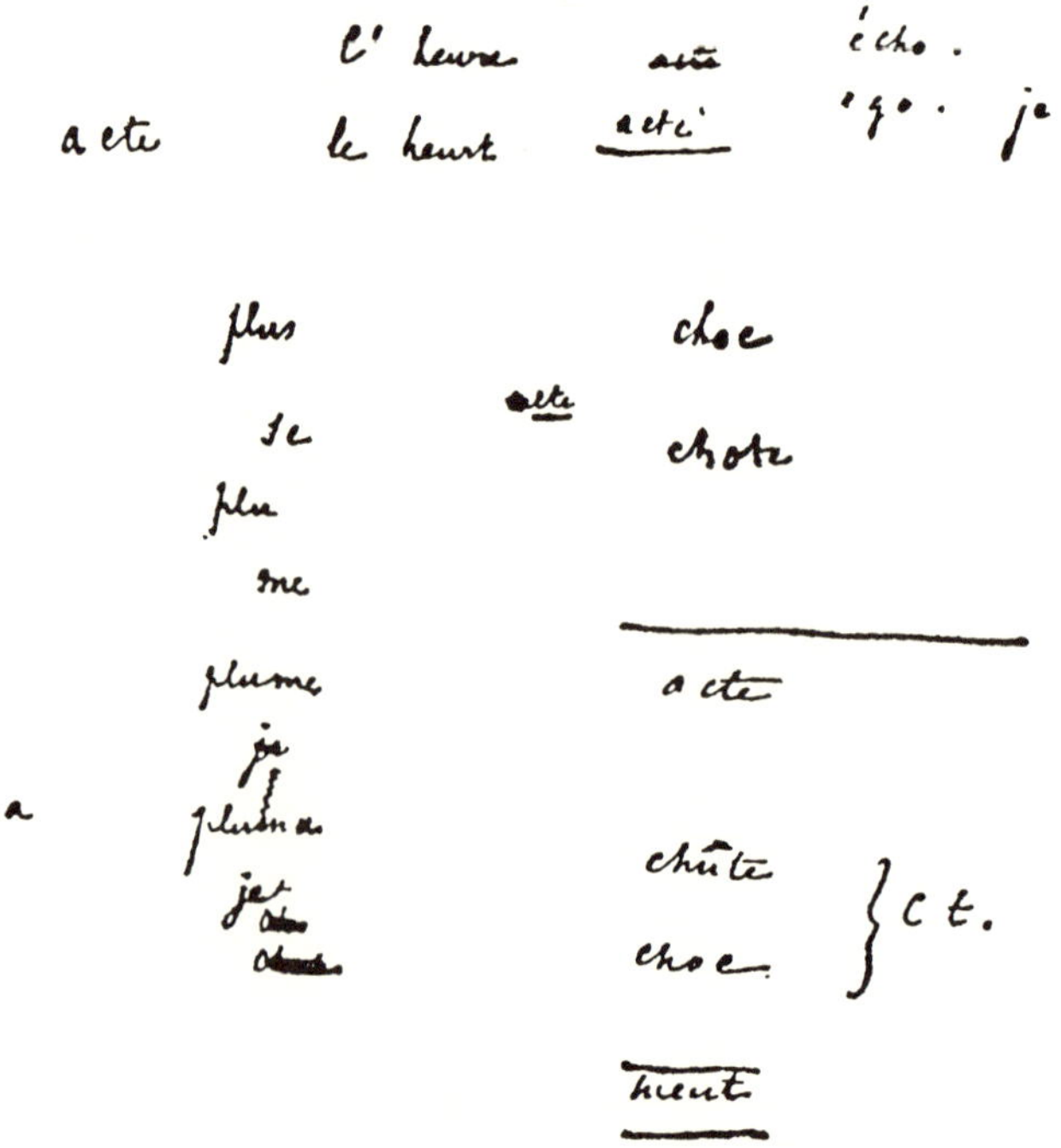

「水泡に白く染まった水草をナイヤガラが砕いている〔brise〕
故郷アメリカの湖は微風〔brise〕に打たれて嘆いた、
「あの人の姿を映すことはもうないのか、昔の冬のように？」

さもあろう、波をかすめて飛んだカモメが、
楽しげなこだま一つ、翼の羽根一本を投げすててゆくように、
あの人はいたるところに、あの人の甘美な思い出を残していった！
ありとあるもの…………なにが残っているだろう？　なにを見せてもらえるだろう？
一つの名！〔…〕」（「彼女の墓は閉ざされている！……」、1859, p. 8）[(62)]*[313]。

109, 119, 298 *[303]）、*Igitur*《イジチュール》と、脚韻を踏む〈**ここに眠る**〉〔*ci-gît* 墓碑に刻まれる常套句〕と戯れるのは扉たちである——fors〔除いて：ラテン語 foris（戸）から〕、hors〔外に：ラテン語 foris（戸）から〕、Tur〔ドイツ語の「戸」〕、door〔英語の「戸」〕、「墓穴の扉」*[304]、墓石の閉鎖状態《フェルムチュール》と、まどろみの、「眠り」〔sommes「総額」「在る」〕の停止状態《フェルムチュール》。「それは、わたしの律動の拍子の音であったが、その記憶は、〔改頁〕わたしの墓穴の扉の物音によって、時間の回廊へと引き延ばされ、更には幻覚によって、届いて来たのだ〔…〕」p. 439)*[305]が、*Igitur* は、次の語たちを計算に入れている。すなわち、lumineuse brisure、heure、antérieure、splendeur、pur ——「わたしは、わたしを純粋〔pur〕にすべき時刻〔l'heure〕であった」、tentures、heurt（少なくとも六回〔出てくる〕）、demeure、pâleur、ouverture、futur、lueur、supérieure、pâture など。アナグラム的幻覚、譫妄、狂気《フォリー》〔folie〕、小瓶《フィオル》〔fiole〕のアナグラム（「空になった、小瓶《フィオル》、狂気《フォリー》、これが城館から残った全て?」*[306]）。小瓶の危機だが、皆が思い出すように、詩句《ヴェール》〔vers〕の小瓶だ（「夢は、このガラス《ヴェール》〔verre〕の小瓶において、断末魔の痙攣を起こした〔…〕」（p. 439）*[307]。coupe〔グラス〕たち（pp. 27 と 178）*[308]の精子的戯れ。fiole〔小瓶〕、viole〔楽器のヴィオール〕(p. 59) *[309]、voile〔ヴェール〕、vol〔飛翔、盗み〕、col〔首〕（「ヴェール〔voile〕で覆わぬわが首〔col〕に／お空の星の数よりも、その数よりもたくさんの／くちづけ振りまくことでしょう！」*[310]）。*Voile-étoiles-voie lactée-voile*〔ヴェール－星々－天の川（乳の道筋＝進路）－帆〕：男性形／女性形。*[311]　金箔〔dorure 金（or）と語尾 -URE の組み合わせ〕。

（62）「翼の羽根一本を投げすててゆく〔…〕あの人〔elle《エル》〕の甘美な思い出を〔…〕！」〔以上は、本文で引用された詩節の直

こうした（plume、brise などについての）戯れは、語彙論的なあらゆる求和、テーマのあらゆる分類学、意味のあらゆる解読にとって度はずれ《ウトランス》そのものである。ところで、文学の危機、「微妙な危機、しかも根本的な危機[*322]」が、この過剰さの隅《コイン》に標記されている。（われわれが〔この「二重の会」の〕初めに表明〔発行〕した**隅**の形象〔**コイン**の肖像〕が、そのことを証言してくれることだろう。以下を通じて。すなわち、その形象を自由に流通させてきたあらゆる鋳直しや改鋳（角、開いたくぼみ、襞、イメーヌ、金属、貨幣というシニフィアン、印璽、標記の重ね刷りなど）を通じて。）〈あいだ〉としての隅《コイン》。この危機が詩句にかかわるのは、まずもって、マラルメが一貫した一般化によって**詩句**と呼ぶテクストの形式構造が、作者（＋私）《プリュ（ス）ジュ》[*323]の脱落に従って、歴史上ある度はずれなことを組織するからである。しばしば指摘されてきたように、マラルメは、少なくとも見かけの上では、この分野で大きな刷新を遂げておらず、みずからの文学的実践すべてを、韻文と脚韻との必要性〔必然性〕に基づけてきた。すなわち、韻文と脚韻という二つの概念が変形され一般化された後では、何がしかのテーマ上の優先権によっては決して命じられたり決定されたりしないようなシニフィアンの反響に基づけてきたのである。脚韻——テクスト効果の一般法——は、同一性を差異へと、差異を同一性へと従わせる〔折り曲げる〕。その素材は、もはや単語の最後の音にとどまらない。あらゆる「実質」（音的な実質にせよ書記的な実質にせよ）や、あらゆる「形式」が、あらゆる隔たりへと、あらゆる規則《レジーム》に従って結びつきうるのであり、そうやって「語法《ディスクール》のうちで黙するもの[*324]」のなかで新たな内容を生み出す。というのも、少なくとも差異は、必要な間隔であり、二つの期日のあいだでの宙吊りであり、二回の打音の、二種類の落下の、二度の好機《チャンス》のあいだの「期間《ラプス》」だからである。人々がそれぞれの波及の限界を前もって**決定する**ことができないまま、そのつど差異が生み出すのは、つねに新しい戯れの効果、つねに若々しい灯火の効果、しかもそれは、異なっているがゆえにそのつど「新たな」、そのつど若々しい効果であり、その灯火とその戯れは、ヘラクレイトスとニーチェが述べたように、つねに、偶然と必然との戯れ、偶然性《コンタンジャンス》と法との戯れなのである。つまり、好機《チャンス》と規則《レグル》のあいだのイメーヌである。言語の現在において偶然性や偶然として現れるもの（これは、『英単語』の問いである。「まず、〈言語〉の〈現在〉という地点を規定しておくこと」、p. 1049）*325 は、あるテクスト的布置の唯一独自のものにおいて、必然性の印璽を打たれ、その印璽で鋳直される。たとえば、moire〔モアレ〕とmémoire〔記憶〕とを、grimoire〔魔術書〕とarmoire〔たんす〕とを、決闘《デュエル》＝双数の関係に置くこと〔押韻させること〕は、ヴァーグナーへの「頌」〔ヴァーグナーを詠った韻文詩〕において、テクスト上のたった一つの決済、たった一つの特異な機能様態を手にすることにしかならないが、それでもやはり、こうした関係に置くことは、miroir〔鏡〕、hoir〔相続人〕、soir〔夕方〕、noir〔黒〕、voir〔見る〕などを経由する潜在的な一条の連鎖全体へと開かれているのである。

前部分にあたる」。この鳥小屋と扇がもつ、おそらく際限のない伸び広がり《デプロワマン》。もっぱら、この「翼たちの抗い」（p. 147）*314 によって〈観念〉をもたらすためだ。ここでもやはり、*l*《エル》の代補だ〔*l*は aile（翼）と同音〕。不足した*l*（あらゆる脱落＝落下＝滝）、もしくは、余分な*l*が襞をなして、「空隙をおいたエクリチュール〔…〕余りに大きく羽撃こうとする翼《エル》をたたんで」*315（p. 859）、「翼《エ》を広げた《レ》エクリチュール」（p. 173）*316 の飛翔を、「彼にみずからの詩句を書き取らせる翼《エル》」（p. 155）*317 の飛翔を保証する。翼《エル》は、「血滴《したた》り」（白の意味）、「羽毛も脱けて」いるかもしれないし（p. 40）*318、また、時には、羽根ペンのような姿勢をとり（「わが翼《エル》を貴女の手中に持ちつづける」*319、p. 58）、「〔詩人の信仰は〕書き物が脅かされる場合に〔…〕、文学の〈覇権〉に、一人の英雄に四十《あまた》の勇気を結集して、諸氏らの脆い剣の林立を翼《エル》として聳えさせることを迫る」（p. 420）*320。そして、もっとあと〔原注67〕で、*i*を*l*と結合させること〔をも迫る〕。それゆえ、il〔彼／*i*と*l*〕は輝き、みずからの力たちを結集したことであろう〔ilは、lui（彼の活用形）をもつであろうし、みずからの力たちを結集したことであろう〕*321。*l* : *i* ——。

この空隙化とこの反響を、マラルメは同時に肯定〔明確化〕している。すなわち偶然性《コンタンジャンス》（「遠く隔たりながら、或いは偶然性のように遠回しに差し出される、灯火の投げ交わし」[*326]）としてと同時に「征服された偶然」(63)[*327]として、詩句における必然と恣意の絡み合いとして。それは——出発点への回帰だが——「詩の危機」（「ところで、いかなる主題《スュジェ》も、もしそれが宿命的な主題であるならば」[*333]……）である。「純粋著作は、詩人の語り手としての消滅を必然の結果として齎らす。［…］詩書の持つ一つの序次は、先天的に備わっているものとして現れ、換言すれば、至る処で、それは偶然を篩い落す。作者というものを脱落させるためには、更にこの序次というものが必要なのである。ところで、いかなる主題《スュジェ》も、もしそれが宿命的な主題であるならば、諸々の断章総体の間にあって、一巻の書のなかで〔占めるに〕適した場所に関して、このような調和を必ず含んでいるものだ。これこそ、叫びが一つの谺を所有しているということにも比せられるべき鋭敏な感応能力というものであって——同一創作に属する動機群は、揺られつつ、距りを保って、やがて互いに均衡を保つことになろう。それはロマン派流の作品構成法に見られる支離滅裂な崇高でもなく、また、書物において、一まとめにして計量された、かつてのあの人工的な統一でもない。すべてが、待機状態のまま宙に懸っているものとなり、それは交錯や対立を伴う一つの断片的な配置なのであって、交錯といい対立といい、協力して全体的律動というものに参与しているのである。但し、その全体的律動なるものは、恐らく、沈黙の詩篇、余白行間における詩篇であるかもしれず［…］」(pp. 366-367)。

---

(63) ここで、「書物についていえば」(pp. 386-387) の最後の二ページ[*328]を参照していただこう。汲みつくしがたいページであり、たえず読解をし直すべきである。われわれは、そこからばらばらに引用してきたが、今やっとすべてそろうことになりそうだ。しかし、われわれはまだ、見て聞いて読むべきものとしてこれまでの引用すべてを導いてくれる、次の箇所を提示してはいなかった。「翼の高度の戯れでもある諸々の佶屈聱牙も亦、〔互いのなかの〕已れに見入ること

になろう。なぜなら、それらを操る者は、明快にも構造が論理の放つ素朴な威力に対して示す異常な適応を察知しているからだ。文がそのように見える或る口籠りは、ここでは挿入節の多種多様な使用の中で押し返されて己れを形づくり、語位転換による予測された釣合いよりもより高度の均衡状態に引き上げられている」。*329 そのほんの少し前に、軸回転の法ないし決定不可能性の法、「掟〔loi〕であるあれかこれか」。*330「理解可能ということに対する如何なる支えがあるか。何らかの保証が必要なのだ――

それが〈統語法〉である――」。*331

知解可能性を保証することは、ここでは、一義性を保証することに帰着しない。反対にそれは、単なる統語法的結合によって、意味の無際限の〔不定の〕飛翔なり曲芸なりによる戯れを計算することである。entre《アントル》、hymen《イメーヌ》、le lit《ル・リ》の場合は、そうした事例のすべてではまったくない。同じ文のなかで、かわるがわる、動詞または形容詞（continue）、動詞または名詞（offre）といった多様な機能を果たしうる単語の数々を、ジャック・シェレールが指摘した（*op. cit.*, pp. 114-116）。私が付け加えたいのは、マラルメ自身が、その手続きの法を述べていたということである。彼がそれをおこなったのは、彼がかくも几帳面にその効果を計算している間投詞についてである。*or* という単音節は、こうした豊かな合金の一例である。『英単語』がいまだ歴史言語学に負っているものの研究を先送りにして、次の引用を抜き出しておこう（マラルメはそこで三つの状態の法を規定している）。「原初の法則、〔…〕次のような具合に。アーリア語族、セム語族、ツラン語族というのは、言語の起源に関する分類であり、もう一つの分類は、諸形式そのものの発展に沿って、その諸段階をもっとじかに浮き出たせるものであり、それは次のようになる。中国語に見られるような単音節性は、たしかに原初的な停止であり、つぎに、膠着性は、語をほとんど変容することなく、合成語同士を並列するもの、もしくは、語の本体に接辞を併置するものに似た接合であり、最後に、屈折性は、縮約や格変化の語尾によって語の中間や末尾の文字が消えることである。つまり、不変の語の純然たる孤立か。それらの意味が識別可能なままの語同士の交配か。思考に取り入れられる抽象的ないし空虚な痕跡しか残さないような意味の消滅そのものにいたるほど、すべては生と死の合金〔alliage〕で、人工的かつ自然的な二重の手続きにほかならないか、である。ところで〔or〕、みずからのあらゆる帰結を秘めたこれら**三つの状態**のそれぞれに対して、英語は関与しうる。アングロ＝サクソン語から王の英語への移行において英語になった英語のもともとの語彙に関して、英語は単音節的である。しかも間投詞的でさえあって、同じ語がしばしば動詞としても名詞としてもはたらく」（pp. 1052-1053）。*332

記号の恣意性でも自然的必然性でもなく、その両方、これが、**書くこと**の事実＝好機[334]である。それを書かなければならない。そしてときおり、〈言語〉のはね廻りが、それを、詩人の再標記に対して、「知的な散文作家に対してさえ[335]」(p. 920) みずから提案する。「現代言語学の諸原理の厳格な遵守は、我々が**文学的観点**［…］と呼ぶものに席を譲ることになるのだろうか」と自問する少し手前で、マラルメは、擬音語の問題を通じて、すでに頭韻の問題へと導いていた。「語の意味と形式とがあまりに完璧に結びついているので、知性においても聴覚においても、その語が成功しているという印象しか引き起こさないように思えることがしばしばある。ただしそれはとりわけ、**擬音語**の場合にそうなのだ。こう思う人がいるかもしれない。見事で生まれたてのこれらの語は、同じ言語の他の語たち（ゴート語 WRITH に由来し、筆の擦れる音を真似た TO WRITE（書く）のような語は除外しておこう）に比べて、劣った身分にあるのだ、と[336]」(p. 920)。

それゆえ作詩法的実践は、以下のような文学と混じり合う。すなわち、「所謂「ジャンル」を超えてい[337]」(p. 386) て、その効果においてもその原理においても、詩に対する散文という通俗的対立を逸脱しているような文学と。「［…］詩句とよばれる形態は単にその形態自体がその儘文学であり、又、読み方が抑揚強く発音されると忽ち詩句があり、文体があれば即ちそこにリズムがある[338]」(p. 386)。「［…］ページによる演奏の配分者であり組織者であり、書物の主である〈詩〉〔Vers〕のなかに。明らかに、その完全な姿が余白行間に姿を現わすにせよ、それが身をひそめるにせよ、——後者を〈散文〉と名づけよ、が、それにも拘らず——仮に〈言葉〉〔Discours〕の留保のなかに、何らかの秘かな、音楽の追求がこめられているとすれば、それは〈詩句〉なのである[339]」(p. 375)。

それゆえ、詩句（「リズム」ともマラルメは言う）の危機が、文学全体を巻きこむ。存在によって打ち砕かれたリュトモスの危機(64)（初めにわれわれが、注〔原注（3）〕のなかで、デモクリトスのほうへと繰り出したもの）は「根本的」である。*345 その危機は、文学の土台そのものを揺さぶり《ソリシテ》、その戯れにおいて、文学から、それ自身以外の一切の基盤を剝奪する。宙に浮いて、ひとつきりで、存在〔すること〕とは隔たって、「いやお望みならこう言ってもいい、すべてを排除して、ただそれだけで」*346、みずからにのみ基づく――文学は、そうである保証を与えられていると同時に、そうである恐れを抱えてもいる。

---

(64) かくしてリズムと脚韻とマイム役者とが結合した問いを、哲学的なものと批評的なものとの境界に押しやりながら、以下のさまざまな組み合わせの側面《ビエ》〔傾斜〕を喚起しておかねばならないだろう。(1) リズムによる、〈文学的なもの〉すなわち詩句の定義（「[…] 真の意味での文学的営為〔jeu〕なのです。なぜならば、書物のリズムそのものが、この場合、〔作者個人を超越して〕非個人的で、しかも生々として、そのページ付けにおいてまでも、この夢、すなわち〈究極のうた《オード》〉を指示する幾個かの方程式に並置されるからです」p. 663. *340「詩句はリズムのある言語のなかのいたるところにあります。そう、いたるところに、――ただしポスターや新聞の広告ページをのぞいて。散文と呼ばれるジャンルのなかにも、あらゆる種類のリズムの詩句が、ときにはすばらしい詩句があるのです。しかし、じつを言えば、散文などというものはない。まずアルファベットの文字があり、ついで詩句がある、――とても引き締まっているとか引き締め具合が足りないとか [...]」、p. 867)。*341 (2) リズムの拍子《カダンス》――好機〔cas〕――と、あらゆる落下、たとえば羽根の静かな落下との関係（「記念すべきリズムの一事例〔cas〕」(p. 328)。*342「落ちてゆく／羽根は／陰鬱なるもののリズミカルな宙吊り／原初の海泡のなかに／埋葬される／ついさきごろは海の泡から跳躍したその狂乱も　めざした頂きも／萎えてしまった／大きく口を開き　結局は同一の結末へと導く深き淵により／**何ものも**／記念すべき危機について[…]」、pp. 473-474)。*343 (3) リズミカルな〔韻律的な〕宙吊りとマイム劇的宙吊りのあいだの、リズムと笑いのあいだの戯れ（「ところで〔or〕、それがまさしく目下なので、ここにピエロ [...] その〈詩句〉は、つねに道化て、楽しく、響きがよく、言葉を発することで嬉しくなっている黙劇《マイム》役者の口を、ただ口のシラブルに込められた微笑や笑いによって、耳の所まで三日月型に裂くかと思えば、ピンクのボタンに丸めてしまう。しかもリズムに乗って、言葉を発するのだ」、p. 751)。*344

リズム、傾いた拍子〔落下〕、日暮れ《デクリネゾン》〔微小偏倚《クリナメン》〕、凋落《デカダンス》、**没落**《シュット》、回帰。「それは、あの白い女性がもういなくなってからというもの、なぜだか、妙に私は、「没落《シュット》」という言葉に要約されるあらゆるものを愛してきたからだ。かくて、一年のうち、私の最も気に入っている季節は秋に直接先立つ夏の終わりの気怠《けだる》い日々であり、一日のなかで、私が散歩に出る時刻は、太陽が姿を消す前に、灰色の壁の上には真鍮色、窓硝子の上には赤銅色の光線を注いで休らうときである。同様に、私の精神が快楽を求める文学はといえば、ローマのまさに滅びようとする時刻の、瀕死の詩歌であろう。尤も、その詩歌が、蛮族たちの、若返りを齎らす接近をいささかも呼吸せず、またキリスト教初期の幼稚なラテン語をたどたどしく語ることがない、この限りでの話ではあるけれども」(「秋の歎き[*347]」、p. 270)。

文学は、ひとつきりで、その微妙な危機のさなか、身震いして、翼をばたつかせ、冬の大規模な剝奪〔落葉〕を震えながら横切る。まず私は、何が「詩の危機」〔*Crise de vers*《クリーズ・ドゥ・ヴェール》〕のようなとっぴなタイトルを強いることができたのかと自問した。私は、このタイトルが他の潜在的な組み合わせ〔連想〕を収めていると感じて、タイトルのいくつかの要素に、変化をつけ回転を加えた。私は、確実に*i*《イ》、*r*《エール》を得た。すなわち、crise de nerfs《クリーズ・ドゥ・ネール》(ヒステリー)〔神経発作〕、"bise d'hiver"《ビーズ・ディヴェール》〔冬の寒風〕、"brise d'hiver"《ブリーズ・ディヴェール》〔冬の微風〕(それとともに、「彼女の墓は閉ざされている!……」における"brise"とhiverとの戯れ)が、"bris de verre"《ブリ・ドゥ・ヴェール》〔ガラスの破片〕の分だけ増殖しており、しかもこのガラスの破片は、多くのマラルメ的「断片《ブリズュール》」の輝きを保持し、「神秘の破片」〔"bris de mystère"《ブリ・ドゥ・ミステール》〕を反映している(「しかり、紙を折ること、およびそのことがそこに作り出す数々の折られた内側、というものがないとすれば、黒い活字となって散らばったその暗闇が、指で〔ページを〕ひろげたとき、その表面に、神秘の破片のように広がることの一つの理由を明らかにすることはないかもしれない[*348]」、pp. 379-380)。

こうした組み合わせは、まずもって、「詩の危機」の第一段落《パラグラフ》と共鳴する。この段落は、「黙劇」のように、「金」のように、指示対象のない光景《タブロー》で、見せかけの描写で始まる。そのうえ、この三つの場合において、そこにとっておかれる音楽は、あるフィナーレの準備である。それは、「黙劇」の夕べ（「沈黙とは、脚韻のあとに残された唯一の豪奢であり、オーケストラも、己が黄金の音、思考と夕べとのあえかな触れ合いによって［…］」）、「金」の「日没」、最後に、「詩の危機」の冬の午後、ガラス張りの書斎での冬の午後である。その書斎は閉めきられていて、そこのあらゆる本を、古い文学を、「仮綴本の見せるさまざまな煌き」[*349]を誰かが読んだのは、凍てついたページの、空いた墓石の冬の雰囲気においてであって、窓ガラスの、さらには窓のガラス越しに感じとれる雷雨のなか、ガラスの内部から見える嵐のなかでもあった。「つい今し方、なにもする気にはなれず、先日の午後もそうであったが今日の午後も亦《また》、絶望させる悪天候のせいでぐったりとして、いささかの好奇心もないばかりか、好奇心にとってはもう二十年も前にすべてを読み尽くしてしまったかのよう、私は彩りゆたかな真珠の玉飾のついた窓掛の帳の総を垂らした。その総飾は、書架の仮綴本の見せるさまざまな煌きの上に、雨のように全体を一様化する光線を降り灑《そそ》いで、それが全面を覆っている。多くの著書は、この帳の彩色ガラス細工の下で、それぞれ独特の輝きを一列に並べ続けるであろうが、私は〔その全体のなかに〕、あたかも窓玻璃に顔を押し当てて今にも崩れそうなこの空模様を眺めると同じく、〔まさに詩天に到来しようとする〕雷雨の、〔前兆の〕微光を追うことを好む」[*350]（p. 360）。まやかし、微光、さまざまな煌き。稲妻のときに、あなたがたは、垣間見ていたことだろう。彼——すべてを読み尽くしたと思われる彼——がどんな輝きを得るのだろうか〔quelle scintillation aura lui どんな輝きが光ったのだろうか〕を。さもなければ雨が降ったのだ〔彼が好評を博したのだ〕。

「黙劇」（一八八六—一八九一—一八九七）、「金」と同様に、「詩の危機」は、三つの時期〔三つの拍子〕

（一八八六―一八九二―一八九六）においてそれぞれの変形をなしている。三つの午後のあいだで、織物は非常に引き締まっている。「パージュ」（一八九一年）のなかで、のちに「黙劇」の第一段落になる箇所が現れるのは、以下のように始まる他の二つの段落の後である。

「冬は散文のものだ。

[*351]秋の輝きとともに詩句が止み、［…］沈黙とは、脚韻のあとに残された唯一の豪奢であり、［…］」（p. 340）。

歴史の終わりのこうした雰囲気のなかで、くたびれた書斎がさまざまに煌きながら、豪雨のなかで、みずからの色階＝音階に乗じる。豪雨に押し流されながら、ただしガラスの透明な仕切りによって、詩句ないしイメーヌの好機によって豪雨から保護されながら。内部から侵食される恐れにさらされながら(65)。窓ガラスによって暴風と接触すると同時にそこから隔離されながら。しかもそれは、マラルメのあらゆる窓とあらゆる鏡を反射する窓ガラスであり、内部で、「多くの著書を、この帳の彩色ガラス細工の下で[*360]」好きに見せてくれる窓ガラスである。彩色ガラス細工。すなわち、壊れやすい詩たちのように、綿密な細工ガラス《ヴェール》（詩句《ヴェール》）のオブジェであり、「彩りゆたかな真珠の玉飾」であるが、その「総飾《ふさかざり》」は、著書〔細工品〕のように、「それぞれ独特の輝きを一列に並べ続けるであろう」。廃物となった骨董。プティックス[*361]。

冬とガラスとのさまざまに煌く合金を鋳直すために、『最新流行』においてガラスの（ガラスと）羽根を採取。「鎧、武具等々、防御的で魅力あふれるこれらの装身具は今後も、女性の服装と混在して、鋼鉄そのものも、鋼鉄の燦とした輝きの黒玉《ジェー》も身のまわりから立ち去ることはさせないでしょう。さまざまな羽根にも大いに活躍していただきながら、天然の、鶏の羽根、孔雀の羽根、それに、ときおり青色やとき色に染めた鷺鳥の羽根（ここは、他誌の方の気づかれた事とさえ、わたしどもの予想は異なっています）。

冬が続くかぎり、ガラスのものであれ、金属のものであれ、スパングルの類はすたれません」[*362] (p. 832)。

こうした親密さ全体が引きこもるのは、ある歴史的な雷雨――危機――を、何か――決してこれほどのものはなかっただろう、そういう何か――の最後の空虚を再標記するためである。一年の、一周期の、一つの輪の終わりと繰り返し。一つのリズムの回帰である。「〈思考の怪物《シメール》〉、それについて考えたということが、その鱗の反射する光において、現在の周期すなわち今世紀最後の四半分がいかに或る種の絶対の光

---

(65) まるごと意味論に属する、隠喩と換喩の対立が現実に脱構築されるのは、**作詩法**《ヴェルシフィカシオン》（*ver*《ヴェール》〔ウジ虫〕、*vers*《ヴェール》――方向を指す――*vers*《ヴェール》〔詩句〕――*versus*《ヴェルスュス》〔…対…〕、*verre*《ヴェール》〔ガラス〕）の表面的で、深層的で、すなわち底知れない操作によってである。それは、分割し復元する（hivers〔冬〕、pervers〔倒錯した〕、envers〔…に対する〕、travers〔…を通じて〕、vertige〔めまい〕、rêve〔夢〕）。その一切の圧縮と一切の位置ずらしを試みる人物は、「マラルメ先生。けしからぬ奴／われらをのがれて森へと走る／わが手紙よ、その跡を追え　めざすは／ヴァルヴァン、アヴォン近在、セーヌ＝エ＝マルヌ県」(p. 106)[*352]である。その組織網は以下のものを経由することになろう。すなわち、ポーの「勝ち誇る蛆」の翻訳――（「翼を生やした天使の一群が〔…〕劇場の座敷に座を占める〔…〕天上の神に姿を似せたマイム役者たち〔…〕マイム役者たちはその餌食となりはてて、熾天使たちは、人の血がしみついた蛆の毒牙を前にむせび泣く」p. 196[*353]）――や脚韻――*vers* と *pervers*（p. 20）[*354]との、*envers*（[…] vierge vers〔処女である詩句〕／[…] à l'envers〔身を躍らせて〕[*355]）との、*travers*（p. 29 と p. 152）[*356]との、*hivers*（p. 128 と p. 750）[*357]との――を経由することになろう。人は、この「作詩法に本質的な豪奢、そこでは、場所によってはその豪奢が空隙化《セスパス》され散種《ディセミネ》されてしまう」(p. 327)[*358]もまた辿れるだろう。以下の詩句のなかに。すなわち、これ――「かりそめの〔éphémère〕脆いギヤマンの　尻のゆたかな円味《まろみ》から／ひと跳びにはね上がって〔…〕わが母〔ni ma mère〕〔…〕」――と、これ――「窓掛のレースは　いつしか消えて〔s'abolit〕、／〔…〕／寝台〔lit〕の　永遠に主《あるじ》のいない空虚な姿／〔…〕／いかなる腹からでもない、この古楽器の胴から、／詩天に通ずる窓〔fenêtre〕に向って、子として　ひとが／生まれ〔naître〕得たかもしれぬ　そのマンドーラが」(pp. 74 と p. 333)[*359]――のなかに。

を蒙っているかを証拠立てているのである。――〔現に〕私の部屋の窓玻璃を伝う夕立の髪の乱れが、〔やがて〕幾筋もの糸をなして流れる混乱を拭い去って、次のことを啓示するに至る。――すなわち、多かれ少なかれ、あらゆる書物は、幾つかの結局は繰返し書かれるに決っている事柄の溶解を内に含んでいるのだ。これは更に、この世界には――一つの書物しか存在しない、ということではないか。それは、世界の法則〔とでもいうべき書物〕、――諸国民がそれを模造しているような、あのバイブル〔にも擬せらるべき書物〕である」[*363]（p. 367）。

それゆえ、私は、詩の危機《クリーズ・ドゥ・ヴェール》に、ガラスの破片《ブリ・ドゥ・ヴェール》を、ガラスの音《ブリュイ・ドゥ・ヴェール》を、「神秘の破片《ブリ・ドゥ・ミステール》」を、冬の《イヴェール》「微風《ブリーズ》」もしくは寒風《ビーズ》（*r*《エール》の意味〔風、空気のair《エール》と同音〕）をちりばめるまでになっていた。この冬〔*hi*／*ver*《イ ヴェール》〕が反映させ、反響させ、凝縮しているのは、それ自身がそれでもとらわれている対立（I/R）であり、描写的な下地《フォン》〔底、背景〕――定期的に深淵の要素となるような――の機能である。この描写的な下地は、反復のなかにみずからを押し流すべく、そのなかに書斎のすべてを、往時〔hier〕の文学を――イメーヌのVを引き離しながら――巻き込むべく組み立てられた舞台装置《デコール》である。

しかし、「詩の危機」の書斎をしかるべき位置に戻すべく、「作者」は、その「書誌」を提示した。『ディヴァガシオン』の「書誌」は次のように明確に述べている。「「詩の危機」――省かれた「変奏曲」の幾節かをも再録した『ナショナル・オブザーヴァー』紙掲載の論考。「現代における一つの否定し得ない欲望とは」ではじまる断章〔以降〕は『パージュ』では独立した二作品であった[*364]」。そして〔旧プレイヤッド版マラルメ全集の〕編者は次のように明確に述べている。「「詩の危機」は、その最初の三段落で、次のものをそのまま再現している。1.「或る主題による変奏曲」の一つ、つまり『ルヴュ・ブランシュ』誌一八九五年九月一日号で「Ⅷ、驟雨と批評〔*Averses ou Critique*〕」と題されたものからその冒頭部分。［…］」。

したがって、*Averses* という語は、ひそかな脈絡《トレ》のような形で作用し、文学の危機を「批評」〔*Critique*〕の危機に、雷雨〔orage〕に、つまり黄金期〔âge d'or〕*365の反転に結びつける。**旬**〔季節〕の周期と天候〔時〕。冬の出来事〔faits d'hiver〕*366。マラルメは、*averse* と英語の詩句（*verse*）とのあいだを通る海峡《デトロイト》を見逃すことができなかった。というのも、この第二言語が、つねに、彼の統語法や彼の語彙のうえに重ね刷りされているから(66)というだけでなく、「詩の危機」の初出が『ナショナル・オブザーヴァー』誌だからである。「重大雑報」（たとえば「金」）と同じく。

そういうわけで、二者択一的な対立の危機、**ヴァーサス**（V）の危機が、死と復活のまじった、陰鬱かつ陽気な雰囲気のなかに書き込まれている*369。不眠の時、死者のそばでの通夜と誕生の前夜。昨日、前日、明日のあいだのイメーヌ。われわれがいるこの日の前夜——雨夜(67)——に。ヴァーグナーへの「頌」もまた、

---

(66) これは、伝記的事実にとどまらない。この件について著者マラルメの意見は次のとおり。彼が、この件について理論的な問いを練り上げているときのものだ。「そもそも、われわれフランス人は、英語を学ぶにあたって、どこに位置しているのだろうか。〔…〕全言語の知識もなければ、英国人でもない者にとって、どちらも困難である。さて、何をすべきか。ただ単に、英語をフランス語から研究するのだ。というのも、どこか外から〔英語という〕向こう側へと視線を投げかける場所に立たねばならないからだ。しかしながら、まずはこの観測地が適切かどうかを検証しなければならない。〔…〕読者よ、あなたは目の前にこれを、一つの書物《エクリ》を手にしている〔…〕」（『英単語』、p. 902）。*367「〈前置き〉で告知しておいた、絶対的に人工的でも自然的でもない、言語形成の第三の場合をご覧いただいた。〔…〕ほとんど出来上がった言語のなかに注がれたほぼ出来上がった言語の場合であり、二言語間でなされる完全な混合である。接ぎ木だけが、この新たな現象を表すイマージュを与えることができる。そう、いくばくかのフランス語が、いくばくかの英語に接ぎ木された。そして二つの植物は、あらゆる逡巡の末、同一の茎の上に、兄弟の契りを結んだ見事な一つの植生を生み出したのだ」（p. 915）。*368 しかもこの植生は、「解消できない婚姻《イメーヌ》」（p. 914）から生まれたのである。

（67） 前日の雨天日〔Veille mouillée〕。以下は『英単語』〔の一節〕である。われわれにはわかっていることだが、これも、すべてを読みなおすためだ。「フランス語の子音で、あるいはもっと複雑な発声動作でさえも、英語が、一つあるいは複数の文字によってかたどることができないものはない。ただし湿音の*L*〔*L mouillée*〕は別である。〔英語において〕フランス語の大半の単語の発音を変えるとき、二重の*LL*を、ただ一つの*L*のように発音して、通常の調音を取り戻しているということなのか。これは、あまりに安易な言い逃れである。というのも、われわれが扱っている〔英語の〕事例は、一重あるいは二重の*L*の後にかすかでごく弱い*I*《イー》の抑揚をつける点にあるのだが、それは、〔フランス語において〕この*I*という文字がつねに〔一重あるいは二重の*L*の〕前に書かれて、現れるからである。*éventa-i-l*〔エヴァンターイーユ〕、*ve-i-lle*〔ヴェーイーユ〕、*fam-i-lle*〔ファミーユ〕、*dépou-i-lle*〔デプーイーユ〕と読むこと。それに抗う〔英語という〕異国の生体には三つの解決策が与えられている。APPAREL、CORBEL、COUNSEL、MARVEL の場合のように、Eのために、この*I*を消したり、MALL（フランス語の mail）、MEDAL、PORTAL、RASCAL（racaille 由来で、ごろつき）、REPRESAL のように、〔*I*を消して〕Aを残すか。もしくは、DETAIL、ENTRAILS などのように、二重母音になるように、*I*を直前の母音とくっつけるか（ai-l〔エイール〕と発音していただきたい）。たとえある言語が別の言語に屈服して、その別の言語の模倣に甘んじるとしても、それはまさしく、直前の*i*を後ろにずらすこと、つまり、上で分析したようなフランス語の発音をかたどることによるだろう。MEDALLION、PALLIASSE（フランス語の paillasse〔藁布団〕）、PAVILION、VALIANT、VERMILION のように。この処置の場合、フランス語の時のLの数は関係がない。こうして問いは、私がそれを置いた場所に、つまりI《イ》にかかわる。しかし、語尾の**無音**のEを犠牲にして、同じくこの不可欠のIを優遇しながら、次のように言うこともできよう。すなわち、Iが必然的に保持され、時おりEのほうが消えるが、*IL*は、その**湿音**のかすかな記憶をいくらか残さずしては、単独では、とどまることがないのだ、と」（pp. 981-982）。[*370] それから、**湿音**であるLとなるべく近いものに、Mが、つまり、さかさまにされた二重のVがある（「読者よ、あなたは目の前にこれを、一つの書き物《エクリ》を手にしている」[*371]）。そのすべての事例は、いっさいの例外もなく、**イメーヌ**と**マイム劇**との法に従う。事例ではなく、法の条文を引用しよう。「Mは、もっぱら母音と、たしかに全域の二重母音とに先立つが、他のいかなる文字にも負けず多くの語の初めに来る文字であり、何かをなす能力、それゆえ喜びを、男性的なそれも母親的なそれも表現する。そして非常に遠い過去からくる意味によれば、尺度、義務、数、出会い、融合、中間項を表現する。最後には、一見するほど唐突ではないにせよ、急転を遂げて、劣等性、弱さ、もしくは怒りを表現する。そのすべての意味ははっきりしていて、*m*のまわりに、あれこれ注釈を寄せ集めはしない」(p. 960)。

われわれは、踊り子の飛翔（**応答II**）を中断して、*i*の事例を宙吊りにしていた。*i*の本体から切り離され、〔本体の〕先のとがった先端——しかもこれは、その上部に位置する削り取られた〔去勢された〕槍のもっとも間近で踊っている——から切り離された——斬首された——点を読むのは、危険に見えたにちがいない——実際そのとおりではなかったか。今や羽根ペンと、それの頭部、くちばし部分、先端部分（英語の*pen*〔ペン先〕）とのあいだを通る（あいだで生じる）ものを、われわれは垣間見ているわけなので、この点《ポワン》をはっきりさせる時である。その規則は、会のあいだに〔即座に〕何ものもいじってはならないということである。というのも、それは、**ひとつ**——の本体なのだから。

そもそも、マラルメは、*i*をその本性から遠ざけるものが見えていなかったのだろうか。おそらくそうだ。ただし、「この*I*を消」すという問い、「この不可欠のIのおかげ」の問い、「私がそれを置いた場所に、つまりI《イ》にかかわる」問いに対しては、いくらかの注意力を認めなければならない。いずれにせよ、彼は、この形象の反転をなおざりにはできなかった。つまり下方に点を署名された感嘆符への反転を！　知ってのとおり、実に頻繁に、文の中身を、この奇妙な休止で、この唖然とさせる間合いで中断しながら、彼の統語法は、なんとこの感嘆符を活用していたことか。彼は、中断符より、垂直に伸びるこちらを好んだ。しかも彼はそこに、羽根ペンの際立った動揺を、まっさかさまの頭部を見ていた。

感嘆符について。
「デュジャルダンよ、**人がこの点を置くのは**
帽子の羽根飾りを真似るためだ。」(p. 168)*372

最後に、大文字のI《イ》だが、これは、英語の〈私〉〔Je〕、自我《エゴ》（みずからの谺《エコ》や鏡＝ガラス〔glace〕）ではないのか。『英単語』では次のとおり。「I、私〔je〕、ラテン語でego。ice、氷〔glace〕〔…〕」(p. 925)。『イジチュール』の書物外には次のとおり。écho〔谺《エコ》〕——ego〔自我《エゴ》〕——plus-je〔剰-余〕*373 等々。

〔大文字の〕I《イ》はあらかじめ、意味の統一性〔単位〕を散種する。Il《イル》〔これ（彼）：Ilもまたle I《ルイ》の反転〕——これは意味を増殖させ、伸ばし広げ、シニフィアンの虹のなかで外気にさらし、それを**虹色に輝かせる**〔l'*irise*〕。〈観念〉

そこで揺れ動いている。[*383] 今度〔「詩の危機」の方〕の亡骸は、ヴィクトル・ユゴーだ。ただし、どちらのテクストでも、同じ構造、同じ語、同じヴェールと襞「と僅かな裂け目」[*384]がある。同じ裏面《アンヴェール》が、切り開かれ、突き抜けられ《トラヴェルセ》、反転され《アンヴェルセ》、韻文で書かれ《ヴェルシフィエ》、さまざまに変転を加えられる《ディヴェルシフィエ》。

ヴェール、襞、羽根を形成する、必然と偶然とのイメーヌとして、しかも、いまだ白紙の詩句によるイメーヌとして、エクリチュールは、賽の一振りの精子的放出《ジェ》を、まさに受け止めようとしている。もし〔Si〕[*385]――エクリチュールが存在するとしたら、文学は身を持することだろう――それは宙吊りのなかに。しかも、その宙吊りにおいては、六面のおのおのがそれぞれの好機を持っている。たとえ、その好機は、あらかじめ書き定められており、振り終わった後になって、あるがままに認知されるにせよ。生成〔遺伝〕プログラムによる偶然だ。賽は、いくつかの表面に限られる。一切の深みを捨てて、その六面のそれぞれがまた、振った後では、賽そのものなのである。文学の危機が生じる〔場をもつ〕のは、場のほかに何も生じない〔場をもたない〕ときであり、知ることを求めてそこにいるような人が誰もいない、そうした審級においてである。

次のことを知らない――誰も〔人〕――一振りの前には――目が決まる際にその一振りがその人を失敗に追いやるのだが〔一振りを失敗に追いやるのは誰なのかを〕――六つの賽のどれが〔六つの賽のどれなのかを〕――失敗するのかを〔落下〕。[*386]〔Personne — ne sachant — avant le coup — qui le déjoue en son échéance — lequel des six dés — chute.〕

〔Idée《イデ》〕のIが、プラトンないしヘーゲルの勢力範囲で実体化されているかどうかを問うかわりに、その虹色効果〔irisation〕(リトレによると「表面に虹色を生み出すという、ある種の鉱物が享受している属性」)を考慮に入れなければならない。しかも字面どおりの虹色効果(I《イ》 + Dé《デ》〔賽〕)を。

ヤスリ＝閾〔la lime〕の問い。idée《イデ》は、斜めから、orchidée《オルシデ》〔ラン〕と脚韻を踏み、後者は、décidée《デシデ》〔決定された〕と脚韻を踏む(p. 92とp. 171)。*[374]「久しく待ち望んだ栄光、《理念たち》〔Idées《イデ》〕よ」は「アヤメ科の花々〔iridées《イリデ》〕」(p. 56)*[375]と脚韻を踏む。あらゆる花束に不在の花であるアヤメ〔l'iris〕は、虹の女神〔イリス〕、目の膜〔虹彩〕(「結膜は、白目全体の上を広がって、虹彩と呼ばれる円形部分にまで達している」、以上はパレから〔リトレによる引用〕)などでもある。

ところで〔Or〕誰が読みを決定するのか?〔読みを決定するOr(今/金)なのか?〕

ほとんど出たら目に位置をずらされて――しかしそれが法である、というのも狂乱〔délire : dé(賽)+ lire(読む)〕とともにエクリチュールが**必要**なのだから*[376]――、関節をはずされ、肢体を断たれて、「語」は際限なく変形され、結合される。賽が読み取る〔Le dé lit〕のは観念〔l'idée〕、天蓋《デー》、すなわちベッド〔lit〕の上部、天井と墓石、縫うための指ぬき〔dé à coudre〕であり、それはさまざまなヴェール、ガーゼ、シーツ、経帷子といった、マラルメのあらゆる寝床のあらゆる生地を縫うためにある。あらゆる寝床というのは、「犢皮紙の頁の白さと紛う寝床」*[377]であり、「寝台の永遠の主《あるじ》のいない空虚な姿」*[378]である(lit vide〔空ろな寝台〕*[379]、enseveli〔埋もれた〕*[380]、litige〔係争〕*[381])。Il《イル》/lit《リ》.〔彼/読む(寝床)。〕Il《イル》/I'I《リ》.〔彼/〈Iという文字〉。〕Il《イル》はlit《リ》のなかでさかさまになる〔彼は寝床のなかであおむけになる〕。Ilは、I'Iのなかで隔たりを置かれるのだが、「そこから跳躍したその狂乱も　一つの頂きも/萎えてしまった/大きく口を開き　結局は同一の結末へと導く深き淵により/**何ものも**〔rien 無〕/記念すべき危機について〔…〕」*[382]

トランス・パルティシオン(2)[*1]

者の〔-phale〕[*2]石と呼ばれる──しかしそれは、財政においては、資本に先立つかあるいは資本を貨幣という辱しめに帰する、未来の信用貸しを告知しているのだ！　どんな無秩序をもってそれは、われわれの周囲で探求され、そしてなんと理解されるところ少ないことか！　私はほとんど困惑する、夢の明確な、莫大な転位を含意するこれらの真実を、このように、走り書きで無益に高言することに。」[*3]

マラルメ

「自分自身の紹介をするアルルカンの言葉は以下のとおり：

「私がやって来たのは、
自分の中から引き出すためです
賢者の〔PHILOSOPHALE〕
石を。」

震え声ではっきり区切って、一節ごとにますます長い沈黙をおきながら。
「私がやって来たのは」の後に短い間、──「自分の中から」の後に長い間、──さらにいっそう長い間が、「*-phale*」のところで仕草を中断することよって示される。」

アルトー[*4]

散種

初出は『クリティック』誌（二六一―二六二号）、一九六九年。初版ではテクストの前に雑誌編集部による次のような注記が付されていた。「「ここに掲載する《プレザン》」試論は「引用」の織物にすぎない。一部の引用は括弧に入っている。フィリップ・ソレルスの『数たち』からの引用は全体として原文に忠実であり、いくつかの例外を除いてはイタリック体で強調されると同時に括弧に入っている。*[1] 編集部記」

I

どこかうつろな上の方の表面に
　継起する衝突が
　星のかたちに瞬きはじめ
和を形成してゆくのを数えあげぬほどではなく[*2]

ある他なる数え上げ、まったく明確に＝四角く〔carrément〕書かれた数え上げは、しかしながら、自らを解読不可能なものにとどめるだろう。

それこそわれわれが立てようとしている問いである。その問いが、すでにはるか遠くから、はるか後から繰り返されているにしても、いまだ読解不可能な、待歯石のようなものであることを知りつつも。そして、幸運によって、あるいは再帰によって、何らかの登録商標から受け取ることのできる角の隅石のようなものであることを知りつつも。

1. 始動

DÉCLENCHEMENT〔始動〕 男性名詞 1. 機械仕掛けの自動的な開始。2. 機械の動作をその位置によって停止または開始させるすべての装置。3. 機械が動き出すように装置を操作する動作。

DÉCLENCHER〔始動させる〕 他動詞 1. 扉を開けるために掛けがねを上げる。2. 始動装置を操作する。〔注意〕*déclancher* と書かれることもあるが、この語は *clenche*〔掛けがね〕に由来するので誤りである。ノルマンディ低地地方では俗語で「話す」の意味で用いられる。「彼は一時間口を開け〔déclencher〕ない（口元を緩めない）ままだった」。

『リトレ辞典』

『数たち』は自分たちを数え上げ、自分たちを書き、自分たちを読む。それら自体を、それら自体で。かくして、それらの数はたちまち自分たちを再標記して際立たせ、まったく新たな読解の標記《マーク》となり、自分たちのプログラムに応募することになる。

このテクストは、（ここでは範例的に）読者も観客もそこでは決して自らの位置を選ぶことができないという意味で際立っている〔再標記される〕。いずれにせよ、読者は、テクストに向かい合ったところに、テクストの外に、一読して自分に**与えられ**、**過ぎ去った**ように思われるものを書かねばならぬという義務を免れたところに、すでに**書かれたもの**の前にいるようなところに、位置を取ることはできない。読者は舞台化しなければならないので、自らが舞台化され、自らを舞台化する。物語はそれゆえ、読者の身体に訴えかけるのであり、読者の身体は、物たちによって、舞台そのものと化す。「したがって〔donc〕[*3]」が書かれるや、観客はこれまで以上に自らの位置を選ぶことができなくなるのである。この不可能性――それは自らを書きつつある読者の潜勢力でもあるが――は、ずっと以前からテクスト一般に作用してきたものである。ここで、あらゆる読解（あなた方の読解、私の読解）を開き、限定し、位置づけることで、その不可能性が**今回ようやく**示される。そのものとして。ある種の裏返された面たちの構成を通して。ある具体的で精確な舞台化によって。

あるいはむしろ――というのも、このような提示と現象の「そのものとして」は、もはや最終審級においては権威をもたず、備えつけの機能と付属部品として操作されるのだから――、〔不可能性は〕今回ようやく示される〔montrée〕というよりも、引き上げられる＝組み立てられる〔montée〕のである。容赦のない舞台仕掛けのなかに、「完璧な慎重さと容赦のない論理[*4]」でもって。

引き上げられる。今回ようやく可視的となった機械仕掛けのなかにではなく、あるテクスト装置のなかにであり、そのテクスト装置は、その四系列の面のただひとつの上にのみ、可視性の契機、対‐面としての面の契機、面と向かっての現前の契機のための場所をつくり、それらに根拠を与え、かくして、開きを計算し、現象を、〈その者としてある存在〉を、〈生身としてある存在〉を数え上げる。今回は〈表象＝再現前化しえぬもの〉を数え入れる劇場のなかに。そして、

あるいは
それぞれの単語
隠しつつ示す
ページ」〈演劇〉［…］
それは〈書物〉のため
すべてが現代化されて［…］

・・・・・・・・・・・・・・・・・・・・・・・・・・・・・・・・・・・・・

〈ドラマ〉に従って」[*5]、これは、いかなるものの呈示＝現前化においても表象＝再現前化においても汲み尽くされることがない——他方では、可能性をも行使し、さらにはその理論をも言表しているのだが。ただ一度の、そしていかに明確に差異化されていようとも、唯一の動きで。

今回ようやく。「今回ようやく」というのは、ついに、一振りで——エクリチュールないし賽の——、ずっと以前から漠然と探し求められてきたことが達成されたという意味ではない。これらの数の有限‐無限の連なりほどいかなる終末論にも——とりわけ文学の、あるいは文学による終末論に——無縁なものはない。そこでひとが立ち会うのは逆に、文学の、文学的と自称するテクストの——そのシミュラークルによって文学は同時に〔同じ一振りによって〕自らを賭けに投じ、舞台に入るのだが——、一般化された括弧入れである。

「今回」は、すでに読んでおわかりのように、故意に、ある出来事の——まったく内在的な——多数性として自らを与える。その出来事はもはや出来事ではない、なぜならその特異性は、自らを産み出す、すなわち自らを呈示＝現前化する〔présente〕瞬間に、すぐさま〈非‐現前性〉の理解しえない「**二重の底**」のなかに自らを隠蔽することによって、〔賭けの〕初めから自らを二重化し、多数化し、分裂し、控除するからである。

　自らを反復することから始まるのだから、そのような出来事は、まずもって物語＝暗唱〔récit〕の形式をとる。その初回は数回起こる〔場をもつ〕。そのうちのひとつ、数あるうちのひとつは、最後の回である。各々の点〔なしpoint〕（主体の点〔主体なし〕、客体の点〔客体なし〕、物の点〔物なし〕）において多数で複数のこの初回は、すでにもはやここから来るのではなく、もはやここをもたず、帰属がわれわれをわれわれの環境に、われわれの文化に、われわれの単一の根に結びつけているという暗黙の了解を断ち切るのである。「**わたしたちの**国では、一度に一日しか来ませんけど[*6]」とアリスは言う。異質なものは反復のなかに住まっていると考えなければならない。

「1.〔…〕歌／／別の国語で言われた言葉、強調され、繰り返され、歌われ――そしてたちまち忘れられてしまった――歌詞のゆえに、ひとつの新しい物語がはじまった〔s'était déclenché〕のを僕は知っていた。そういうことがかつて何度起こったことだろう。[*7]」

　このようにして始動する〔se déclencher〕――初回として、しかしその初回は数えきれないのだが――ように思われる物語は、そのとき死をテクスト機械（の隠喩）に組み込むもろもろの様態に従って機能し始める。そこではついに

「4・92（[…] この量を前にしてすべては消滅し、過去もなく肉体ももたないこの作動を前にしてすべては消滅する [...] すべては失われ、なにも失われない、あなた方は無一物の自分をふたたび見出すのだが、ただ、より強くなり、発奮し、洗い浄められ、浸され、変えられ、以前にもまして死んでいる [...]）」[*8]

その初回において、ある反復によって生まれながら（「言葉 [...] 繰り返され [...]」）、テクストは機械的に、致死的に、毎回「以前にもまして死んで」、「より強く」、自らの始動の過程を再生産している。機械を恐れ、いまだ文学は、あるいはもしかすると思考は機械に無縁であり、機械など悪魔払いしなければならないと信じている者は、誰もこの場所に入ることはないだろう。ここでは、生を死のなかに移送する技術の「隠喩」、隠喩としての技術性は、偶発事として、超過として、たんなる過剰として、エクリチュールの生き生きとした力に自ら付け加わったわけではない。少なくとも考慮しなければならないのは、ここで定数を超過して自ら書き込みにやって来て、生の外に落ちる代わりに、あるいは生の外に落ちながらだといってもよいが、『数たち』を生じさせ、「生き生きとした力」を分裂させつつ引き延ばし、それに場所と言葉を与える、そうしたものの可能性である。分枝〔branche〕と引き外し装置〔déclenche〕。

「3 [...] その動きが僕を他の人物たちのなかのひとりとして利用していた [...] 僕を対象とする操作 [...]」[*9]

「4（[...] テクストが中断され、折りたたまれ、エンドレス・テープに録音されたかのような声をたちもどらせるとき―― [...]）」[*10]

「2・10［…］なにかが僕のなかで動き始め、もはやそれを自分の意志で押しとどめるわけにはいかないことが僕にはわかっていた［…］」[*11]

「4・12（なぜなら、最初のいくつかの命題がひとたび機械仕掛けのなかに導入され、最小限のプログラムが決定されて、ひとたびあなた方に連結〔brancher〕されれば、もはやなにひとつ不動のままではありえず、留保され、避けられ、かくされたままでありうるものも、なにひとつとしてないからだ［…］すべては繰り返され、回帰し、繰り返され、回帰する、そしてあなた方は、大地、空気、日、血、石からなるあの鎖に縛られ、いっさいの法則性を欠くあの変換のなかにとらわれる［…］）――」[*12]

「4・16（［…］この場合それは明らかに機械仕掛けが言わんとしていることであり、機械がその変化のなかで表現しようとしているのもそれなのだ、とはいえ物語を読みとったり、解釈したりする必要はまったくない、というのもそれらは、各瞬間ごとのありよう、同時にすべてであるそのあり方自体によって打ち消されるからだ［…］滑るような移行、切断の接近、中心と目標の不在、細かく枝わかれした掟の織物などのために把握しがたいものとなった機能）――」[*13]

「2・18［…］彼女を通してそこにつながれる〔être branché〕だけで十分だった［…］」[*14]

「4・20（生動する三つの面を見定めたのち、あなた方が第四の表面に顔を向けるときに惹き起こされる〔déclenché〕効果の頂点は、したがって、数層倍された激しさを備えているであろう［…］）――」[*15]

「3・43［…］こうして始められた〔déclenché〕歴史に抵抗できるものはなにもなく［…］」[*16]

「2・46［…］この僕を手段として開かれつつあったものは、だから、依然として無名のままであり、脅かされているとはいえ次第に安全なものになっていき、恐怖の内側に恐怖を芽生えさせ掻きたてると同時に、隔離と全体のやり直しを［…］問い直し、ひとつひとつが萌芽のような生きた言葉を時間の面のうえにふたたび見出し、したがって一枚のはためく包被があるのだったが、その限界にいる僕は、他の死者たちのなかに混ざったひとりの死者であり、彼らは、死が刻みこまれる生きた表面からは切りはなされているすべての肉体に、その死を予告していた［…］この兆候は単純に「未来へは、半過去を迂回すること」という形をとってあらわれるのかもしれなかった――しかし、とりわけ問題なのは一本の針であり、各器官を直接貫く鈍い光、必然的にそれ自体の破裂に貼りついたところで貫き抜ける光であって、その破裂自体が外側に直結しているのだった［…］[17]」

「2・62［…］僕たちのなかで姿を消した連中、とはいえ能率の良さでは際立っていた連中は、活動的、拡張的位置を依然として保持していたが、それはまさしく、開始された〔déclenché〕行動の政治的現実であり、なにものも孤立していてはならず、交差した縁をなにものも越えうるはずのない側面なのだった［…］[18]」

「4・64（［…］こうして東方《オリエント》がページの下に滑りこみ、最初からそこにあり、消滅し、やがてその西側《オクシダン》によって変形されてたちもどり、とはいえ今度は東方の側でもその西をもとの状態には放置せず、そのなかに浸透し、その章句に毒を混ぜこみ、全体は依然として回転し続け、視線あるいは思考のまえに、とりあえず姿を見せ続け、あなた方自身、いわば歴史的な回転にふたたび巻きこまれ、場合によってページのうえに要約された関係、とはいえたちまちそのページを突き破ってしまう〔déclenchant〕関係の現出に送り返され、事実、不平等な発展の理由《レゾン》［…］が立ち現れる［…］）――[19]」

「4・76（［…］そうしたことすべてが、つねにより活発でより黒く、思考も夢もない凹みから思考される、いわば一般化されたるつぼのなかで量の利用に直接結びついた〔branché〕形でひとつひとつの顔があらわれる織物の底から溢れ出て［…］）[20]」。

等々。というのも、このテクストにおいては結局のところ、すべてが一般化されるのだから。**始動**〈それは言説の口元を緩め、機械の口元を緩め、顔に言葉を与え、その顔を正面から面と向かって見せるようなふりをしながら、実のところ同時に数え上げへと持ち込み、やがてわかるように、数の木と平方根へと**繋ぐ**〔*branchant*〕〉はもっと頻繁に、もっと数多くの段階で生じる。あなた方は時として――ここで、これからなおも問題になる無言で不可視の角のくぼみで、このことを注記しておこう――、「引用」の統計的蓄積において、一定のリズムによる再帰の計算された効果を要約し、測定しなければならなくなるだろう。この角が拘束となるのと同様、この蓄積は、あるテクストを呈示するのではなく呈示するふりをするための唯一の手段となるだろう。そのテクストは、他のいかなるテクストよりも**自らを**書き、**自らを**読み、自ら自己自身の読解を呈示＝現前化し〔présente〕、自己自身の呈示を呈示し、そしてこのたえまない操作を数え上げ、差し引く。したがって、われわれは――同時に――『数たち』のもろもろの角のなかに、それらの内部と外部に、あなた方を待ち受けている石の上に、「この」テクスト、「この」テクストと『数たち』との関係、「この」テクストが呈示、再‐呈示および説明する真似をするためにそこに付け加えるふりをしているものに関わるもろもろの問いを書き込むだろう。というのも、もし『数たち』が数たち自体を説明しているのだとすれば、「この」テクストは――それに関わるものはすべてそうだが――すでに、あるいはまだ、「あの」テクストなのだから。『数たち』が自己呈示を計算し、見せかけ、全体として現前性を賭けのなかに書き込むのと同様に、なおも皮肉から「この」テクストと呼ばれることもあろうものは、『数たち』の呈示、注釈、解釈、説明ないし調査を真似ているのである。「ここで」、つまり、二つのフィクションの〈テクスト‐間〉で、いわゆる第一のテクストとそのいわゆる注釈の間で循環するこのエクリチュール、それは一般化されたシミュラークルであり、あの「黙劇《ミミック》」を著した消えゆく作者であれば、こう名づけたように、空想《キマイラ》＝怪物であり、その「観念」は、ひとが思っているようなものではまったくなく、それを照らし出すこともない。「舞台が例示するのは観念《イデー》のみ、現実の行為ではない。しかもそれは、よこしまではあるが神聖なる一つの婚姻（そこから〈夢〉が生じる）、欲望と成就の、犯罪遂行とその追憶の間の婚姻においてなのである。ここでは先取りし、あそこでは追想しつつ、未来形で、過去形で、**現在という偽りの外見の下に**。かくの如くにマイム役者は操作する、その演戯《ジュー》は絶えざる仄めかしに留まっていて、決して鏡面を破ることはない。彼はかくして、虚構というものの純粋な場《ミリュー》を設定するのだ[*21]」。『数たち』が読まれる鏡は、あなた方を眺めるようになるだろう、それは確かに破られることになるだろうが、しかしその割れ目を、無傷のまま中断されることのないフィクションのなかに映し出すだろう。

　フィクションの「この」瞬間が自己に結びついており、自己の能力について自問しており、そして他なるものへの移行を試みているのだとしても、したがって、それはただ、『数たち』の面がつくる角に、開くこと／閉じることによってできる線の上に——というのも、角というものは、開いていると同時に閉じているのだから——、『数たち』によって満たされかつ指示された諸空間の〈間－面〉のうちに身を挟むことによってのみ、そうすることだろう。面と面を、すなわち、時間と時間を接合する場所に〔接合する代わりに〕。接合角の主題が不在であるとか不可視であるということではない。接合角はむしろ、『数たち』において、青色で執拗に現れている。その青色は、意図的に与えられた色彩体系の外では読解不可能である。それは「夜」であり、「そして「夜」は、いくつかの時が互いに入れかわる移行、執拗な、青い移行にほかならなかった。たとえば現在と半過去が、互いにそれと気づきもせずに通じあうようなねじれにほかならなかった〔…〕」（1・5）[*22]。

後で付け加えられたわれわれの書き込みは、この夜のなかで危険に晒され、半過去の三つの面を現在の唯一の面に直角に＝四角に〔carrément〕結びつけるコーナー[*23]のなかに押し込まれて、ただそれ自体の執拗さのうちに移行を再－標記するだけであるだろう。始動された〔déclenché〕基数〔cardinal〕つまりは蝶番（*cardo*〔cardinal のラテン語源〕）のゲームのなかで、角を閉じることによって四角形を反復し、来るべき別のエクリチュールの面を開くことによってテクストの厳密さを虚構的に緩めつつ。角のエクリチュール、その角は凸角なのか、凹角なのか、反射角なのか。いまだそれが何を言わんとしていたことになるのかがわからないので、あらゆる線は折れたものとして、「この」エクリチュールを**角の再標記**〔*remarque d'angle*〕として、差し出すことにしよう。

かくしてわれわれは、先ほど口火を切った統計的読解に関しては、それがテクストそれ自体の深いところで認められるはずのものであることを指摘することができる。『数たち』は、あえて何度も、自分たちが、「もの言わぬ機械が、今後は読み、解読し、計算し、書き、思い出すすべを知っているところ〔街々[*24]〕と同じ時代に存在し、そうした街の住民であることを主張している。「僕たちはこの街（この本）に住んでいる[*25]」（『ドラマ』）。

自己を自己自身に結びつけ、自己自身から逃れるこの反復の書物を告げ知らせるために、そこで分節されるだろう奇妙な論理を指し示すために、「今回ようやく」は、したがって、最終的なただ一度の成就を意味しているのではなく、移動や切断を、つまり、切断の反復による開放系を意味しているのである。

それゆえ、そこで自己の場所を選ぶことはやはり不可能であり、そこで自分の居場所の見当をつけるということはなおさら不可能である。しかし、ひとは自分の不可能性を見るべく与えることもないが、そのようにして登場させられた不可能性を言い立てることに甘んじたりもしない。この不可能性はたんに**定理**

として現れるにはとどまらない。なるほど時には、再記入された論理数学的な言表という形をとって（ヒルベルト、フレーゲ、ヴィトゲンシュタイン、ブルバキ、等々）、その不可能性の潜在的な命題が――われわれの家の図書室の呪われた巨大な余白を通して（道徳教、ゾーハル、メキシコやインドやイスラームの神話、エンペドクレス、ニコラウス・クザーヌス、ブルーノ、マルクス、ニーチェ、レーニン、アルトー、毛沢東、バタイユ、等々、そして、より内部にあって隠れていて見えにくい別の余白には、ルクレティウス、ダンテ、パスカル、ライプニッツ、ヘーゲル、ボードレール、ランボー、そして他の何人か）――呼び起こされることもあるにしても。この不可能性は自らを実践するのである。

この実践はどうなっているのだろうか。もし生産するということが、光のなかに導き入れる、日の光の下に持ち来たらす、覆いを取り去る、表に出す、といったことであるならば、この「実践」は作り出したり生産したりすることには甘んじない。この実践は、自ら真理の地平を**枠づけている**のだが、しかし、真理のモチーフによって支配されるがままにはならない。なぜならこの実践は、非‐生産、破棄や控除にも、そしてある種のテクストのゼロ度にも、厳密な説明責任を負っているからである。

2．装置あるいは枠

「もろもろの度量衡、名簿、表、経線、人口水平線などは、それらの構造そのものによって、普遍的かつ絶対的な、数学的な厳密さをもつ。」*26

この奇妙な会計的実践の体系においては、最終責任者、唯一の会計係は、読者、さらには作者にほかならないのだが、あなた方はその者を名指す必要はないだろう。『数たち』では、あなた方が一瞬譲歩して行ったように作品や作者を名指すというような弱さは禁じられており、『数たち』はまず、署名者の名前を影に押しやってしまうのである。「縦に並んだ数《ノンブル》の列、影《オンブル》のなかの名前の列のなかで」（4・52[*27]）。ある劇場のような組織が、もはや誰を前にしても応えることがないという、正当化しえない状態になっているのだが、そこでは、作者、読者、演出家、道具方、俳優、登場人物、観客等々といった古い幻想は、ただ自らが作り出し、自らが説明しなければならない表象＝再現前化においてのみ、その唯一の――自分自身で自分自身に割り当てた唯一の固定した――位置（劇場、舞台、舞台裏）をもつ。そこでこそ、物語というものが場をもつのだとすれば、場をもったことになるのだろうし、書物の呈示＝現前化可能な意味や実体として、何事かが見られ、物語られ、要約されたことになるだろう。

しかしながら、『数たち』は、ひとが機械仕掛けを解体したり〔déconstruit〕、思い込みの自信を打ち砕く〔déconcerte〕ようにして、この表象を解体する〔démonte〕。そしてまた、その同じ仕草によって、この表象に、装置の一般的運動のなかで一定の位置を、相対的な立場を割り当てるのである。古典的な言葉でいえば、この位置は、スピノザとカントが――まったく異なった方法によってではあるが――、意識するだけではその機能が止まることはないと証明した誤謬や仮象の位置であるだろう。意識化とはある種の舞台効果である。知覚や感覚的呈示の構造に不可避の仮象であれ、対象構成の法そのものにおいて、対象としての、〈私に対面した存在〉としての事物の呈示の法そのものにおいて演じられる超越論的仮象〔カント『純粋理性批判』〕であれ、このアナロジーを慎重にさらに先へと進めることもできるだろう。

テクストの**四角い枠**〔*cadre*〕のなかでは、四角形〔carré〕の側面のひとつ、立方体の面のひとつがこの非

―経験論的な誤謬、この超越論的仮象を**表象＝再現前化するだろう**。より単純にいえば、それは端的に表象＝再現前化するだろう。つまり、それは古典的な表象＝再現前化の舞台の開きとなるだろう。表象＝再現前化を表象＝再現前化することで、それは表象＝再現前化をきわめて特殊な鏡に反射し、外に拡げる〔expliquer〕だろう。それは表象＝再現前化を語るだろう、表象＝再現前化についての言説を、一種の「四角ばった口」から、「四角い枠で閉じられた忘却」から前に出すだろう。

あなた方はたえずこの構造的仮象を考慮しなければならないだろう。ここではそれが、錯乱による誤謬や抑制できない踏み迷いや欲望の偶然の気まぐれのように突発的に起こるものではないということだけ押さえておいてほしい。それどころか、構造的仮象は必然的なものであり、その必然性は、本来の位置に、場の全体的な組織や予測可能な作用のなかに書きこまれており、それゆえに、その劇場は結局のところ残酷なまでに一般化され、いかなる免訴〔非‐場〕もこの仮象を免れず、いかなる純粋な起源（創造の、世界の、発話の、経験の、一般に現前しているものすべての）も何らかの絶対的で無傷の開きからその舞台を監視するなどということはないのである。一度枠のなかに入れられれば、自らを開示性と、つまり、開きの境位ないし到来と自称するものは、もはや場所論的に割り当てられる開きの効果にすぎず、そのときには、場以外には何も場をもたなかったことになるだろう。

外へ。何らかの現前性ないし自己への現前を完全で本来的な形で求めようとして行われる内面への回帰はすべて仮象のうちで演じられる〔se joue〕。なぜなら仮象＝錯覚〔illusion : ludus「遊び」に由来〕とは、その名がすでに示しているとおり、つねに遊び＝演技〔jeu〕の効果だからであり、またそれは、表象不可能なものと表象とのある明確な関係が始まる劇場をもつからである。そして最後に、テクストは全体として、『ドラマ』のように最初から最後まで演出されており、かくして、ある種の立方体のような演劇的厚みのなかで、ページの、「時をあらわす市松模様のチェス盤[*28]」の、あの「目に見えないチェス盤[*29]」の四角形の水平性を力強く復元するからである。数多くの稜をもつこの決着の時において、自分の言説といういわゆる確実な出来事において現在形で**私**と言う者は、統御の錯覚をもつことしかできないだろう。たとえ彼は操作を主導していると思っていても、その思い込みに反して彼の位置——私は考える、私は存在する、私は見る、私は感じる、私は言う、というように私と言うことができると信じている者（たとえば、今、ここでのあなた方）の現在への開き——はたえず賽の一振りによって決定されているのであって、偶然が次に容赦なくその法を発展させるのである。**始動**とは、開けること、より一般的には、扉を開けることであり、その扉には、錠前ひとつ、南京錠ひとつ、鍵がいくらか付いており、今後あなた方はもはやそれらの鍵を忘れてはならないだろう。そして、**枠**とは、四角形のなかへの書き込みであり、したがって、四角形のなかに内包され反映された開き、四角形への開きであり、あなた方を待っている、一種の特異な鏡である。またしても都市だが、扉や鏡を備えたそれであり、迷宮である。

「1・17［…］そして、周囲にはなにもないはずの、活気にみちた都会の夜に接近するように、振り出されたさいころの目の意志によって、忘れ去られた賭けの悪い目のひとつにいる自分をふたたび見出すように、あるいはまた偶然に選び出された数字の組み合わせが、厳重に固められたあれこれの扉を開くように、そのように僕は、なにが自分を待ち受けているのかを予見するすべもないままに、僕自身の形のなかにたちもどりつつあった［…］言うまでもないことだが、僕がそのなかに入り込んでいた枠は、現に展開されつつある何十億もの物語を考えただけで、もはや到底満たしえなくなるものだった［…］口に出して言われ、伝達され、あるいはほんの束の間、動作や状態に作用する何十億もの文章［…］

それはいわば二次の、新しい苦しみであり、現代を生きるあらゆる人間を貫き、彼らの目と言葉の可能性を開くものであったが［…］[*30]

そして、あなた方が鍵の跡も、「黒い鏡」の背後で、そちらのほうへと導かれていった一種の留め金の跡も見失わないために、

「3・15［…］また次のようにも言う。「宮殿には扉が五十ある。そのうち四十九までは四つの面に開いている。最後の扉はどの面にも開いておらず、上に開いているのか下に開いているのかもわからない［…］これらの扉にはすべて、錠がひとつしかなく、鍵穴も小さくひとつついているだけで、鍵の残した傷跡でやっとその所在がわかる［…］[*31]

「3・35［…］そしてふたたび、僕は鍵を見出し、そのたびに、人がどんなふうに歩くか、どんなふうに歩く術を知っているのかを発見して同じ驚きを覚えるのだった［…］[*32]

仮象＝錯覚――言い換えれば、ごく「自然」で、しかも自らによってたえず再生される、私の顔ないし舞台の開きにおいて、私の目の前に自己を物自体として呈示＝現前化しているように思われるものの真理――は、したがって、よく「装置」と呼ばれているものの効果にすぎなかったことになるだろう（「たえず活動している変形装置」3・43[*33]）。

「［…］その器具はほかならぬ僕自身だった、たったいまこの文章を書いたのはその器具だ[*34]」。その器具がひとつの僕だとか僕に属しているとかいうのではなく、それは僕の位置に〔僕の代わりに〕置かれており、

僕はその組織から差異化された、まったく自然で純粋に人工的な構造でしかないのだ。十分に差異化されているために、その構造のうちに自足的な仮象＝錯覚や至高の主体の契機ないし場所を数え入れることができるほどである。

その装置は自らを外に拡げる〔説明する〕。その装置が自らを外に拡げる〔説明する〕ということが言わんとするのは、ひとがそれを説明できるとか、観察者によって理解されうるということではない。その装置は自らを、（そして同時に）考えられるあらゆる観察者を外に拡げる〔説明する〕。その装置は自らを多数化しながら、「どんなに小さな記号であってもたちまちその根を折り曲げ、圧し延ばし」（*ibid.*）、自らを説明する〔外に拡げる〕。『数たち』はそのようにして、ある限界に至るまで、自らを外に拡げる〔説明する〕――そこからあのねじれが生まれ、あなた方はここで、そのねじれでもって、隅のほうで引っ掻いて、いくらかの補足を接ぎ木する振りをしている。その限界とは、テクストのすべての潜勢力を外側から縁どるのではなく、ある種の折りたたみや面同士の内角によって、逆に、その潜勢力が装置の有限／無限の構造のなかに包囲され展開されるのを条件づけるような限界である。

装置は自らを説明する〔外に拡げる〕のみならず、自らの説明を読みもするのだが、その説明は、他処からやって来て、テクストの外で、自らの配置の技術的秘密について注釈し、解釈し、判読し――テクストが判読しえないわけはそろそろお分かりだろう――、教え、情報を与えるような言説ではないだろう。説明的な言説は定期的に生じ、シークエンスの最中に自らを生み出すのだが、シークエンス自体がテクストの積分〔四角化 quadrature〕に、まさしく四面のひとつに、スペクタクルを知覚できるよう対象を見つめる意識の今のために、言説の現在のために開かれたと思われる面に、要するに、直視される現在の面、対面としての面に属しているのである。この面――古典演劇のスカエナエ・フロンス[*35]――は、**現れることの**原初的・無媒介的・無条件的な開きとして自らを熟視もするが、それは自らを**見かけ上の**開きとして、条件づけられた産物として、面の効果として説明する。「仮象＝錯覚」の説明は、現在形で、すなわち、そのようにして映し出された「仮象＝錯覚」の時制において、あなた方に与えられる。そしてその説明は、つねに部分的で、つねに再開すべきもの、延長すべきもの、引き継ぐべきものである。その説明は、それが自らの情報や歪曲によって開示すると見なされている「真理」においてというよりも、それがテクスト全体に行使する圧力において、より重要である。その説明は、自らを物語＝歴史全体の集結のように、集中の焦点のように見せているのだが、しかし、他のすべての面と同じように、個別の物語＝歴史をもっている。その特殊な脈絡を辿らなければならない。各項＝単語、各胚は、各瞬間にその位置に依存しており、機械の各部品がそうであるように、先行節に一部分を付け加えたりあるいはそこから取り除いたりといった、順序立てられた一連《セリー》の移動、ずれ、変換、再帰に引きずり込まれてゆくのである。

3．切 断

「[…] あいかわらずこの余白、この切断、潜在的な、薄い、無限のひろがり……
彼は書く――
「問題が直接提出されることは決してない……組織全体の機能が、僕たちにその提出を妨げているのだ……」」[*36]
（『ドラマ』）

「書物の、折り畳まれた儘の処女なるページは、なおも、昔の書巻の日に焼けた縁がそれによって血を流した犠祭を引き起こす。と、兇器、すなわちペーパー・ナイフが挿し入れられる、取得を確かなものとするために。この野蛮な真似を抜きにしても、良心は、後になって、なんと利己的になることか。そのとき良心は、書物に関与して、書物をそこここから勝手にとり上げ、これをさまざまに変奏し、まるで謎かけのようにこれを解き、——要するにほとんど自分の手でつくり直してしまう。が、〔書物の〕諸々の折目は、［…］永久に存続させるであろう。」*37「忘れられないナイフがある。」*38

ひとつの例を切り取ってみなさい、なぜならあなた方は、いつも、スイッチが入ったかと思うとたちまち取り消され、自分のほうが装置それ自体によって読まれてしまうような無限の注釈に着手することはできないし、するべきでもないのだから。

だから、『数たち』が切断を前もって書き込み、切断から「開始する」よう命じていたことを思い出した後に、恣意的で暴力的な切断を実行しなさい。開始はつねに虚構的であり、そして切断は、開始するものであるどころか——割り引くべき仮象＝錯覚がないとすれば——、あらゆる決定的な開始の不在によって、分割することも反復することも、すでに何か他の「開始」や他の「出来事」に送り返すこともないような純粋な出来事の不在によってこそ、強いられるのだ——出来事の単独性は言説の秩序において何よりも神話的になるのだから。切断しなければならないのは（あるいは、こう言った方がよければ、切断に続いて）、開始が逃れ、分割され、自己に折りたたまれ、増加する、つまり、多数になることから始めるからである。「1・9……したがって、まず最初に「飛躍」と呼ばざるをえないものがあった、そのうえを飛び越えるしかない切断［…］」[*39]

あなた方が仮に『数たち』の全般的多義性と呼ぶであろうものにおいて、「切断」が徴《マーク》づけているのはおそらく、テクストの中断（「テクストが中断され、折りたたまれるとき」［…］）であり、あちこちで無関係に読書を開くペーパー・ナイフの恣意性であり、あちこちで切り取られた文を読むことから始めるエクリチュールの鋭利さであり、すでにそこにある（他なる）テクストの偶然的で必然的な反復であり、決断一般の刃であり、決断すると同時に決断され、こうむられた決断であり（「3・11［…］だからいま僕のうえには大きな決断が落ちかかっており、ひとつひとつの記号を恐怖が蝕み［…］」）[*40]、無から「ここ」への、ここから「あそこ」への移行、「ひろがりの不在から、まるで砲弾のように肉体が射ち出される、発射音と亀裂」[*41]、ナイフのように尖った身体‐砲弾を投げ入れ侵入させる暴力的な決断（「彼女はうめいていた、身をよじらせて、あたかも夜が彼女の喉から吹き出るかのように、あたかも彼女がもはや、はちきれそうに詰った午後の塊に、ナイフで切り開いた夜の放射でしかないかのように［…］」[*42]。

このような決断は、少なくとも演じられ、見せかけられた去勢であり、あるいは割礼である。いつものように、そして『数たち』の木々にしつこいほど頻繁に切り込みを入れるナイフは、ファルスの脅威のように自らを尖らせている。ファルスは脅かすと同時に自分という道具に脅かされている。読むこと／書くことの「操作」は「赤いナイフの刃」[*43]を経由する。

危険にさらされた去勢は砲弾の爆音ないし発射と混同されるということを十分に読み込んでおかなければならない。あなた方がすでに出会った、「言葉／萌芽〔terme/germe〕」（2・46[*44]）や「以前にもまして死んでいる／より強くなり〔plus mort/plus fort〕」（4・92[*45]）のような頭韻的で置換的な結合は、対立を定義するのでは決してなく、もっとも内的でもっとも還元不可能な含意を定義するのである。赤い薄片に血を流させたペーパー・ナイフの脅威は、一挙にその現在の決断に切り込みを入れながら、開き、あるいは打ち立てる。その脅威によって、歯は緩められ、口は縫い目を解かれるのである。

「1・29　一方、僕は自分の傷ついた肉体をふたたび見出していたが、まるで肉が掘り返されたかのようであり、セックスは縫いつけられて、固く閉じた穂先のように突き立っていた。そして僕は、太陽の差し込む狭い細胞のなかに閉じこめられた、転落以前のあの最初のモデルを見つめていた……　傷ついた、しかしより明確に性別されたこの最初の見本……　それは僕だった、僕には確信があった、僕は眠りが訪れるのを待っていたのだった……　そこで僕は大地から脱け出し、デフォルメされているとはいえ話す力はあり、孤立してはいても、卵のなかで最後までやりぬくだけの力は備えて立ち戻りつつあったのだ……　つまり、皆に見せてもいいような無疵の肌をもち、その外皮が一見してすぐに怖気をふるわせることのない人間と、もうひとり、さんざんに切り込まれて、深い切傷や穴がいくつもできており、まるで牛のように生皮を剝ぎとられて、むき出しの肉が紫色、茜色を呈していた人間と……」[*46]

切断された首。『数たち』は来るべき革命の赤色のなかで書かれる。「僕たちは火山のうえで踊っている」(1・29)[*47]、これは、〔七月〕革命前夜にオルレアン公がナポリ王のために開催した舞踏会で発せられた言葉である。『数たち』においては、この匿名の引用と切断された首の規則的な落下、カデンツァ、「操作」を関係づけなければならない。「1・5　[…]　そして「事実」というこの統一体の反響、というよりはむしろそれへの切りこみ、というよりはむしろそれに結びついた落下があるのだった。血が瞬間的に凝固することはない　[…]　切り落とされた、しかし依然として生きている頭が僕には見えた、発音されるはずもなければ、捉えられることもありえない唯一の単語に開いた口［…］この場景にふれて僕は理解した、ただひとつの殺人がつねに行われ続けていること、僕たちはそこから来て、いつもこの迂回路を通ってそこに戻っていくのだということを……」[*48]「2・14［…］いまでは、機械仕掛けがまだ作り出されていなかった頃の斧による国王の処刑を百年も前に描いたあの版画家に似ていた……　今度は僕のほうが、その場景をなんとなくふたたび生きることができた［…］とぎすまされた刃が、発声器官を籠にころげこませるまえに、ついにその声をかき消してしまう太鼓の連打、そして頭は、汚れた冒瀆の証拠として、削除の証拠としてふりかざされる……　それは唯一無二の行為であり、これに類するものとしては、ついに許可された司祭の虐殺、あるいは皮を剝ぎとられたその頭を槍の穂先に突き刺し、人々の叫びのなかを引き回すことぐらいしかない――」[*49]

あなた方にも、ある種のふりかざされた勃起とある種の切断された首または言葉との関係が見え始めたことだろう。切断の表明のなかで持ち上がる剣や槍は、切断の演戯や笑い――尖った歯を見せる――のなかでしか自己を**呈示する**ことができない。自己を呈示するとは、言い換えれば、自己を起こす、ということだ。自己を起こすことはつねに、ただひとつの殺人が行われていることを告げている。

「2・66［…］彼女が上半身を起こし――笑い――唇、身体をひきつらせ、歯を押しつけるものを見せて……　切られた首が見え、彼女がそれを持ち去り、僕は体を動かして彼女をぐらつかせ、抱きしめ、さらに僕が彼女を最後まで走らせ、そして跳び――」[*50]

去勢――つねなる演戯のなかの――と現在の自己への現前。純粋な現在は切り込みの入っていない十全性であり、切断されていない処女の連続性であり、その書かれた巻物を読者のペーパー・ナイフに晒していないがゆえに、演戯の前夜にいまだそれによって書かれていない書物であるだろう。しかし、あなた方が最後まで辿ったならば、筆はナイフになっているだろう。現在は自らを自己に関係づけないかぎりそのものとして現前化することはなく、自己をそのものとして述べることはなく、角において、裂け目（brisure〔裂け目〕：鉄具の「窪み」と蝶番による「分節」――『リトレ辞典』）において自己を分割し、自己に折りたたまれないかぎり、自己をそのものとして目指すことはない。始動において。現前性は決して現前しない。現在の可能性――ないしその潜勢力――は、それ自身の限界、内的な襞、不可能性――あるいは無能力――にほかならない。これこそが去勢の賭‐金と現前性との関係であったことになるだろう。ここで現在についてあてはまることは、「歴史」、「形式」、歴史の形式、等々、形而上学の言葉遣いにおいて「現在」の意義と切り離すことのできないあらゆる意味作用についてもあてはまる。

現在の現前性が表面に現れ、明確に＝四角く〔carrément〕舞台に登場し、自らを正面として――現在として――確立し、言説――現前する言葉――を始動し、歯を緩めるのは、ただ、この切断の演戯においてでしかない。

「4・44〔[…]〕物語はその時、次のような形をとる――筋肉が隆起し、赤く怒張したその頭を見せつけ、彼女の手がそれを握り、彼女の唇が彼の血に近づき、ひとが現在と呼ぶものを歯がそっとつかまえる）――」*51

「ひとが現在と呼ぶもの」、私の前に、すぐ近くに、自由に身を起こし、屹立するもの、現れるもの、それがそのものとして、いかなる釈明責任もない純粋な出現として自らを与えるのは、差異が消えうせるような神話的言説のなかにおいてでしかない。現在を分割し、割り引き、その始動自体のなかに折りたたむもののことを考慮すれば、現在はもはやたんなる現在ではない。それが「現在」と名づけられうるのは、もはや、間接話法、引用符、物語、虚構のなかにおいてでしかない。それが言語のなかを進むのは、一種の跳ね返りによってでしかない。この跳ね返りはここで一定の手法となって、固有の現在のいわゆる単純で自然なあらゆる自明性に、迂回、遠回り、角の価値を与える。すでに『ドラマ』は、「僕の生涯[52]」、「生のなかで」、「誕生の前の僕の生」といった語への引用符の観点＝角度においてきわめて近いところにいた。「僕は生きている、君は生きている、僕たちは生きている」という表現のあの短い沈黙[53]」、あるいはまた、「「生きること」は次のような形で明らかになる［…］[54]」、あるいはまた、「建物の正面や人気のない歩道から彼のほうに歩みよって来る「彼の生」が——彼のそばを通り、軽くふれ、遠ざかる……何秒かで、雨の下の街はもうひとつの別の街になる、もっと広大な、漂うような街に……［…］あたかもいまだになにひとつとして始められはしなかったかのように［…］[55]」。『数たち』では、「1・29「僕」や「僕の全生涯」［…］だけではなく、［…］それだけではなく、かつて僕がそのなかにいた総体、実は自分がなになのかも知らずに——ちょうど「僕がいる」という言葉がなにひとつ明確なものを意味しない今この時のように——それでもなお僕がそのなかにいるであろう総体も……[56] 総体、視線のない長い蓄積、構築され、動き、作り、輸送し、変形させ、破壊するものの重み……」「2・94［…］人がいまもって生と呼んでいるもの［…］[57]」

　これらの特別な例は有機的な連続を成している。現前性と生、現在の現前性と生者の生は、ここでは同じものである。「原始的」で神話的な統一体（つねに〈切断後〉に遅延して再構築されたもの）からの脱出、切断、決断——決断し、かつ決断された——、**発射**〔coup〕は種子を投擲しつつ分け与える。統一体からの脱出は生のなかに差異を書き込む（「この差異そのもの［「この呵責ない差異」］こそ両者〔可能動と現動〕の活動の条件なのだ。いかなる事物もそれ自体によって完全なものはなく、その事物に欠けているものによってしか充足されない。しかるにすべての特殊な事物に欠けているのは無限である。われわれは事物が呼び招いている補足物を前もって知ることができない。それゆえわれわれは、効験しるき階調が見出されたとき、本質的にして生殖の力にみちた、この母なる差異を、事実の権威とわれらの精神のひそかな嗜好によってしか認識しないのである。［…］〔或る均衡とは、すなわち或る差異です。〕原因とは根源的にそれであります。［…］原因は決して実証的なものではなく、それは決して主体のなかに含まれてはいません」）。[*58] 数的多様性は、かつては自己一致していた芽に対して死の脅威のように突然やって来たりはしない。統一体からの脱出は、したがって反対に、（自らを）産み出さない「その」種子に道を切り拓き、複数でのみ進む。いかなる特異な起源もそれに先立っては存在していなかったことになるだろう、特異にして複数のもの。発芽、散種。最初の受精というものはない。種子はまずもって分散される。「最初の」受精は散種である。痕跡、痕跡の失われた接ぎ木。いわゆる「言語」（言説、テクスト、等々）であれ、「現実の」播種であれ、それぞれの単語＝終わり〔terme〕はまさしくひとつの芽〔germe〕であり、それぞれの芽はまさしくひとつの単語＝終わりである。単語、すなわち原始的要素は、自らを分割しながら、自らを接ぎ木しながら、増殖しながら産出する。それは種子であって、絶対的な終わり〔terme〕ではない。しかし、それぞれの芽はそれ自身の終わりであり、自らの外にではなく内に、自らの内的限界として自分自身の終わりをもち、かくして自分自身の死と角を成しているのである。『数たち』を可能にしている網を、精液の理論でもあった原子論の全体を参照することによって再構成することもできるだろう。発芽ないし散種の語彙を通して、「群〔groupe〕」という語——散逸の全体——によって、あなた方に『数たち』のなかを案内させていただきたい。分封群。『数たち』は数学的・遺伝学的な群論のなかにとらわれている。

もしそこから数たちが何かを言おうとしているのだとすれば、それは、集合以前には何もないのだということ、この分割——そこから生は見られるようになり、種子はそもそもの初めから＝演戯の初めから〔d'entrée de jeu〕多数化するのである——以前にはいかなる単純で根源的な統一体もないのだということである。種子が自らを差し引き始める加算以前には何も、『ドラマ』が「始まらずに済んだであろう増殖」[59]として告げていたもの以前には何も、『ロジック』がスズメバチの分封群として、作動中の分割として書きとめていたもの以前には何も。「言語は**あちこちから言い表される**というこの始まりの状態になり、その音なき諸効果は、すぐに言葉の蝶番にして心棒で反響することになる、すなわち、比較である。かくして、デンデラ神殿のスズメバチたちは次のように比較される〔……〕」[60]。

さらなる増殖、なぜなら、統一性の消滅、あるいはむしろ代替が、それ自体、始動において付け加わり、消えてゆき——割り引かれ——（「1・41〔……〕僕たちはいったん遠ざけられてそれを確認したのち、それらのあとを追って突っ込み、僕たちを拭い消し、交代させる計算に加わっているのだった——」[61]……4・84〔……〕「彼が手にもっている細い棒は、中央の四角形、すなわち、ものの数には入らないがそれなりの価値があり、全体を形作る統一性——分配者、回転軸——をあらわす」／「統一性は付け加えられるものではなく、ただひとつの変化を産み出し、さまざまな変化の起こる全体、総体と混ざり合う」／……こうして「僕」という原子が〔……〕[62]）、一挙に、数および数えられないものを産み出すからだ。「無数の萌芽、精液〔……〕」[63]……「無数の数の萌芽が測りしれぬ量をもって〔Seminaque innumero numero summaque profunda〕」[64]。

架空の始まり、偽の入り口、偽の出口、数えられないほどの書きもの、あなた方はそれらをさらに読み直さなければならないだろう。

いまや、切ることの法があなた方に許可し、命じている、だから一例を切り取って、テクストを解体してみなさい。

「4（しかし、たえず現前しては働きかけるこの切断、この後退があり、線は、あなた方がそれらを見てとる死んだ表面に、裏返しになってあらわれるまえに分散し、深くめり込んでいくので、半過去がその動きを与え、とらえようのない二重底〔double fond〕を形作る——そしてそれが、実を言えば最初から誰のものでもない思考のなかで、あるいは、生起したことが一定の高さに宙吊りになっている透明な円柱のなかで、死に絶え、かつよみがえる。目をさましたあなた方は心のなかでこう考える——「おや、私はあそこにいたんだな」、しかし、この一句をあなた方に説明するためにたちあらわれるものはなにもない、あなた方を見つめているのはそれだ……　その円柱はあなた方にどんな距離も残さない、それはあなた方が眠っているあいだあなた方を見張っており、あなた方とあなた方のあいだに滑り込んでいる……　あなた方が僕を見もせずに歩いているその場所にあろうとは思われず、思い出されることもますます稀になる……　とはいえ、夜がめぐり、街々の上に夜が降りかかるのは、もっぱら僕たちのためでしかない——そこでは物言わぬ機械が、いまや、読みとり、解読し、数え、書き、思い出す術を知っている——、そしてある会話が中断され、仕草が即座に止まるのが見える、ここ、寄せ集められたさまざまな布や器物のあいだで、「なにかが言われなかった」。彼らはいま話している、しかし彼らの沈黙のなかのなにかが依然として残っている、ここで彼らを表現しているのは湯気であり、反映だ、「そんなことはない、まったく正反対だよ」「実際そう断言してもいいと僕は思うよ」僕は本当に起こりつつあることを書いているのだ、そして、言うまでもなく、ある総体としてそこにあることは不可能であり、それはたえずはすかいになされる――しかし、結局僕たちは一緒にいるのだから、待つ理由も立ち止まる理由もまったくない――

この間隔、完全に無傷のままのこの白を容認することは難しい、とはいえ、つねにたちもどり、無理を強いるあの忘却なしに確認することは非常に困難だ――テクストが中断され、折りたたまれ、エンドレス・テープに録音されたかのような声をたちもどらせるとき――そのたびに、自分の声に聞き耳を立てないことが必要なのだ――「なんの話をしているのか?」「はっきりさせたまえ」――

それらは限りない一連の要素、腐敗し、積み重ねられ、掃き浄められ、焼かれ、抹殺された要素から生じるものであり、先のほうでは他の連中がすでに自分たちの言葉を探しており、今日ここで言われていることを覆いかくしてしまうのであろうから――僕は彼らと同じであり、彼らのなか、あなた方のなか、演算のなか、数のなかにいる――1+2+3+4=10――**四**)――[*65]」

かくして、四である。

4. 大現在の二重底

「四つの巻は同じひとつの〈書物〉であり、
その二つの半分として二度呈示される、
一方の第一の巻と他方の第二の巻は
一方の第二の巻と他方の第一の巻と重ね合わされる、そして
少しずつ統一性が現れる、この比較の作業を通して

それがひとつの全体を成すことを示しつつ
二つの異なる意味において、五番目の部分として、
これら四つの断片の総体から形作られている、
明らかな、あるいは、二つの断片が繰り返された、
したがって、これは五回起こることになるだろう
あるいは二十の断片がまとめられて
二つの断片が十個、同一のものと見なされて
［……］
［……］

かくして四つの巻がある、五回、
すなわち、一回（四輪車）に最初の四巻　あるいは真ん中から
一緒になって、　始める

> 四つの書物はそれぞれが五巻で成っている、
> 以下同様
> 四つの重なった〈戯曲〉として
> 五幕の、すべてが消尽するまで。他方でそのとき
> それらが四つの書物（四つのライバル）であることが
> 明らかになる
> それぞれが五巻……」*66

あなた方がいま認めたように、1＋2＋3＋4＝10という式を組み立てると、〔音声的に転写すれば「シ」だが〕四の漢字となる。テクストはカードが賭けられていて〔策略が仕掛けられていて〕、自らの縁を描き始めていたのだ。

あなた方は適当なものを適当なところで切ったのではない。切除されたシークエンスは四の数字を含む二五の連続したシークエンスのうち「最初の」ものだ。シークエンスを一〇〇個含む全体のうちでは四番目のものだ。銘にした上記のテクストの消失しつつある著者が「操作」と呼ぶもの、読むことと書くことの操作、主体も客体もなく、書物以外に何もない操作。

テクストのチャートは賭けに投じられていた〔策略が仕掛けられていた〕ことになるだろう。テクストのチャートは現在を、テクストのなかで再び賭けに投じられて行われたテクストの切断、中断として言表したことになるだろう。しかし、テクストのチャートが切断の現在を言表したことになるとしたら、それは現在形においてである。なぜなら、「ある〔*il y a*〕」ほど現在をよく言い表すものはないと思われるからだ。しかし、ここでは、「ある」ものとは切断であり（「この切断がある」）、「たえず現前しては働きかける」

ものとは「後退」である。

火器の後退およびその始動の可能性という意味でも理解すべきである。四という数字を含むすべてのシークエンスと同様、あなた方が先ほど読んだシークエンスも括弧のなかに入っており、その時制は現在で、宛て先は「あなた方」である。そのシークエンスは、周期的に一から四まで、線的に一から一〇〇までと二重に数字の振られた二五の四角形の面のうちのひとつを構成しており、それは観客にして読者である「あなた方」にとって、現実に見ることができかつ語りかけてくる舞台のようにして実践された、切除された開口〔ouverture〕である。読むあなた方。見るあなた方。語るあなた方。『数たち』は、読みつつある、見つつある、語りつつある——ここで、「しつつある」というのは、あなた方が「現前して今まさに」読み、見、語る、等々ということだが——あなた方を読み、あなた方を見、あなた方を〔に〕語る。あなた方は「いわゆる現在」において、現在形で、意識的に生きており、正面から自分に与えられたと思われるものに、自分の目の前に、あるいは自分のほうに進んできて屹立するものに、世界の地平そのものにおいて切除されるものに、その底において消え去るものに、あなた方の面前で形をとるものに、あなた方の目、額、口、手の前にあってしげしげと見つめることのできるものに、立ち会っている。あなた方はいわゆる現在の形式のなかに、すなわち、意識または知覚に従って、ある言説を受け取り、あるいは維持する。

この現前性の開口、それは第四の表面である。たえまない、そしてそのつど新たな世界の出現がそうであるように、いわば根源的で、野生的で還元不可能なこの開口は、ひとつの「歴史」を有している、あるいはむしろ、その「歴史」によって「現在」でも「歴史」でもない限界なき時間のなかに沈み込む。この現在の歴史は第四の表面を古き表象の劇場の舞台に繋ぎとめる。この面は「死んだ表面」でもある。つまり、あの古い劇場のように死んでいるのだが、それはなぜなら、現在ないし表象された意味を見物し、消費しようとする意識──「あなた方」──は、純粋な現れという自由のなかにいると信じているのだが、実際にはもはや追放され、反映され、裏返され、迂回され、捻じ曲げられた効果でしかなく、ひとつの力から落ちゆく殻や皮でしかなく、現前することなく決して現前したこともない「生」でしかないからである。この可視性の舞台で不可視なのは、その舞台と、舞台を作り上げている精液の産出──数字で表記されている──との関係である。

「4 [...] 線は、あなた方がそれらを見てとる死んだ表面に、裏返しになってあらわれるまえに分散し、深くめり込んでいくので [...]」

この切断、この開かれ、現れのこの純粋な出現によって、現在はテクスト機械（「歴史」、数たち、位相幾何学、散種、等々）から解放されるように思われるのだが、この切断は、実のところ、たえず露呈している。操作は「仮象＝錯覚」を効果ないし産物として賭けに投じる。現前性あるいは産出はひとつの産物でしかない。算術的操作の産物である。根源的な裸性において、自然において現在の知覚に与えられるように思われるものの見かけの無媒介性は、すでにひとつの効果としてもたらされたものである。現在に身を委ねることのない仕掛けられた構造の一撃によって──現在はその構造と何の関係もないのだから。

というのも、他の三つのシークエンス（1、2、3）の時制である半過去は、**ある別の**現在として、ひとがかつて自己の前に屹立しているのを見たであろう別の面にあった、そして今もなお、劇場ないし記憶を一周すれば見ることができるであろうような（『数たち』の厚みのうちに、『ヘレンニウスへ〔の修辞学〕』

からジュリオ・カミッロやジョルダーノ・ブルーノ等々を通ってロバート・フラッドの『記憶術』まで、すべての記憶術の、すべての「記憶の劇場」の、それらを準備したすべての構想の堆積を読むべきである)、修正された現在、過去の現在、少なくとも現在であったものの過去として読まれるべきではないからだ。半過去は、したがって、ある別の現在、かつての現在ではなく、現在とはまったく異なり、それゆえ本質をもたないものである。だからこそ、半過去は「動きを与え、とらえようのない二重底を形作る」のである。

現在は底の単一性として自己を呈示する。ある別の現在を指し示すだけの過去時制は、現前している見かけの表面の背後に隠れた単純な根拠に信を置く。半過去の二重底は、少なくともここでは、根拠も限界もない時間、つまるところ、もはや「時間」ではない時間に訴える。それは現在なき時間であり、その総計は、四角形からその地盤を奪い去り、空中に宙吊りにしておく。二重底があるやいなや、もはや形成中の底はないのであり、そしてこの法は、以後、変わることはないだろう。

半過去は、したがって、動きを与えたことになるだろう。現在の仮象＝錯覚は、死んだ表面のうえで戯れながら、根源的な贈与の確固とした根拠を信じさせるのだが、あなた方はその錯覚が「鋼の紐」による鞭の一撃で暴かれ、再び動かされるのもわかるだろう。しかしこの告発はそれ自体が現在形で書かれたシークエンスのなかで起こるのである。

この新たな現在はどのようになっているのか。なぜ、どういうわけで、第四シークエンスは「現前化＝呈示」でありかつ批判的言説、いわば、現前化に関してあなた方に向けられた呼びかけなのか。なぜ、この呼びかけてくる解釈は、たえず半過去へと送り返すにもかかわらず、現在形のままなのか。そして、この解釈と、動きを与える半過去との関係はいかなるものなのか。

問題になっているのは、おそらく、何か見知らぬ鏡である。あなた方はこの鏡とどこかの留め金の鍵に近づきながら焼けるように熱くなり始める。

この新たな現在は『ドラマ』の冒頭においてはより分かりやすい。この物語は見たところ現在形で書かれていた。確かに。そこからしても、この物語が、テクストの変容が含み込むあらゆる効果を伴って、『数たち』よりも大きな拡がりと複雑な時間性のなかに再挿入され、移植され、再引用されていることがわかる。そのことはさらに確認することができるだろう。しかし、『ドラマ』の現在は決して単純ではなかった。チェス盤のうえで、易経の構造において、括弧なしの現在と「彼が書く」ことの現在とのあいだで分離、二重性が生じ、現在と呼ばれている根拠となる現在はそのなかに沈み込んでゆく。この「書くことによって始動された二元性」に従って、それゆえすでに、同じページに、単純な現在があるのであり、それは動きを与えるものによって生み出された効果なのだが、その現在は「科学的な」言説において、「科学的な」説明において自らと他の時制との関係を言表あるいは告発し、現在形で真理（素朴な現在としての真理の）を述べるのである。『数たち』の第四シークエンスと同じように。

それゆえ、この全的で差異化された、曖昧な現在を、それが乱暴にも賭けに投じる単純な現在に折り返してしまわないよう気をつけなければならない。この構造化された、底なき現在、現在を内包しつつ現在ではないあの二重底と関係するこの現在を、『ドラマ』は「大現在《プリュス・ク・プレザン》」と名づけていた。

大現在は、明確に＝四角く〔carrément〕『数たち』の半過去であるわけでも、第四の呼びかけの二重の現在ないし対話化された現在であるわけでもないが、それらの両方を準備したことになるだろうし、ある種の前未来形によって、そのどちらのうちにも、あるいはむしろ、それらがいみじくも「再標記」されたに違いない交換のうちに、宿ったことになるだろう。そのような前未来がつねにひとつのテクストを別のテクストのうちへ循環させているのだとすれば、それは、それが無数の半過去の、つまり決して現在であったことがないであろう不確定の過去の前未来であるというそのこと自体によって、あらゆる終末論を排除しているのである。

他の括弧を確認する前に、『ドラマ』におけるこの一連の括弧があなた方にそれを思考するよう予め命じていたことになるだろう。

「[…]しかし「言葉」の側では、彼は限界の不在を発見する、つまりそれは無限に描写されうるものであり、描写されるさまが無限に描写される、等々〔etc.〕（もっともこの場合《etc.》という記号は何ほどの意味ももたない。熄《や》むことのないもの、数えきれないものを意味するような記号、普通の辞書に挿入される眩暈の省略符号のようななにかを創り出さなければならないはずだ）。しかし彼の方法によっても、あらゆる瞬間に、語尾変化や一致や格や人称の全体に達し、——いわばそれらを裏側から捉えることができる。言葉のなかの思考の物語、そしてその逆。絶対的奪格。それは時間のなかで生じるのではなく、人が時称を配置するページのうえで起こるのだ。大現在《プリュス・ク・プレザン》におかれた現在のページ。「過去はぼくたちの背後にではなく、足の下にあるのだ。」白い、しかしずっとまえから書かれているページ、白いのは書かれたことが忘れられたからであり、その底に書きつけられることが書かれてある文章が消し去られたためなのだ。しかし、なにひとつ本当に書かれることは決してない。それはあらゆる瞬間に変わりうるのであって、またしても、限りなくそれが初めてなのだ（「初めて」と書くべきなのであろう）。（初めて海を見ている自分を彼はふたたび見る——街路の端の灰色、なんの感興もない。ただそのあとになって、それが一挙に岸辺の音をあらわしており、したがって、存在し、また存在しない水平線の説明になっているとも思えたのだった。）彼がどういうふうにとりかかるかといえば、それは次の通りだ。彼は単純なイメージの可能性に呼びかけ、どこといって場所をきめることのできないこの土地――それは同時に彼が見るもの、考えるもの、見たもの、夢みたもの、見あるいは考えることができたはずのものなのだが、――境界をもたず、しかも利用可能な状態にあり、遮蔽物《スクリーン》〔écran〕となっている土地のなかの、孤立した昔の言葉によびかける[*67]。」

あなた方はこの引用を通して、『ドラマ』のこのモチーフを通して、「存在し、また存在しない水平線」を、そして、ある種の「遮蔽物《スクリーン》〔écran〕」を目にすることができたのである。あなた方はほとんどそこに来ている。

それゆえ、「熄《や》むことのないもの、数えきれないものを意味するような記号」を創り出さなければならなかったことになるだろう。創り出すというのは、もちろん、間において、である。「しつつある」という、途切れがなくかつ打ち砕かれているようななにか、断絶の連続でありながら均質で明白な現在の表面に押し延ばされることのないようななにかのための記号を創り出すこと。われわれの言語はつねに、〈現在になる〉という形式においてこの運動を引き継いでいる。すなわち、〈現在になること〉、生成中の現在、現在の生成、そして、「生きた」言葉の時間――自称、痕跡なしの現在――においてエクリチュールの運動を引き継ぐこと。したがって、このたえまない〈現在の外〉を意味するためには、**われわれの**言語の外部に訴えなければならなかったのだ。言葉**そのもの**の外部に、でもある。二つの「漢」字が次のようにそれを徴づけている――「つねに生動し、決して鎮まることのないなにか――動――」（1・37[*68]）、「しつつあること、そしてまさに」というたえまない運動「――正――」（2・62[*69]）。

第四シークエンスの大現在は、したがって、現在（古典的な舞台に目を釘付けにして、現在形で見、読み、言う者の「仮象＝錯覚」のなかで、あなた方によって「生きられた」現在）を包み込むと同時に、算術的・劇場的機械への現在の暴力的な再記入をも包み込んでいるのである。『数たち』はあなた方を読みながら、あなた方を見ながら、あなた方を〔に〕語りながら、**あなた方を**読みつつあり、**あなた方を**見つつあり、**あなた方を**〔に〕語りつつあり、ここで「しつつある」というのは、あなた方が読まれ、見られ、語られ、等々している、まさにそのときに、非‐現在的に、ということである。この再記入は**場をもって生じる**〔*a lieu*〕のであり、その暴力は**ある**〔*il y a*〕。「場をもつこと」のこの「ある」は、言表ないし言表行為の「仮象＝錯覚」においてしか現在形ではない。この言語活動の内容と行為はすぐさま〈現在の外〉に開かれる。場をもって生じるもの、あるもの、それはエクリチュール、すなわち、機械化《マシナシオン》＝陰謀であり、現在はそのひとつの独楽でしかない。そういうわけで『ドラマ』は現在をエクリチュールのなかに、場の〈場をもつこと〉のなかに、大現在の脱中心化した構成のなかに配置したことになるだろう。「彼の物語はもはや彼の物語ではなく、単に、何かが場をもって生じる、という断言でしかない。彼はこの新たな沈黙の中心になろうとつとめる、そして事実、すべてが彼の周囲に集ってきて、躊躇し、均衡を失う……　言葉、仕種〈彼の横の、外側の〉はそれぞれの幾何学的な根を見つけだす――彼は一般化された図表のなかに入る。[*70]」『数たち』における時間の機械化＝陰謀は、人物たちの配置と混ざり合う。たとえば（ここでできることといえば、数え切れないもののなかから例を取り出して、うまく引き当てることでなければ何だろうか）、半過去が単なる過去における現在ではないのと同様に、「私たち」も単なる一つの人称ではなかったことになるだろう。「私たち」は非‐現在の、非‐人称の、未完成＝半過去の、無際限の境位であり、そこでは、人称的な現在や、われわれが切り分けている**あなた方**、**私**、**彼**といった人称の固有性が切り分けられる。「私たち」とは人称が交換される場所にほかならない。だからこそ、「私たち」は、「位置づけられない――位置づけえない――がとどまっており、抑えがたく再構成されてしまう現前性の、生まれかけの暗示」として場をもつのであり、そこでは、「おそらく誰もいないけれども役割が交換される……」のである。それゆえに、他の人称は、いわば正面に現前し、顔をじろじろと見られたり、数え入れられたり、割り引かれたりするがままになる。「私たち」は決して正面に現前することはない。そうではなく、半過去または大現在で現れるのである。「1［…］とはいえ、ひとつの「私たち」があった。そしてその「私たち」は、見失われ、立ち戻り、震え、たえずまた立ち戻るのだった［…］」[*71]。したがって、すべては「私たち」から始まったのだが、しかしそれは決して舞台の前景では表象されえない。「私たち」は前線なき戦争に、斜めからの力として参加したのだ。数え切れないこの群のように……。「1・81［…］「有限なものと無限なものは切り離すことができない」／［…］回転運動に由来し、私たちのなかに横向きに書き込まれた「私たち」という記号のなかに一瞬私たちを引き止め…… こうして、活気づけられた一民族全体の形、その継手の周囲、セックスと交換の声のまわりに集められた一民族全体の形をとり、翻訳と分割の原動力となり……［…］そういったものすべてがいまや私たちによって、私たちを通して動き、眠りの加速から突然姿をあらわして流れから外に出、私たちによって、私たちを通して、その未来と過去の芽を配置するように思われる…… 寄せ集められ、散りまかれた〔disséminés〕芽［…］」[*72]。

「私たちによって」そして「私たちを通して」。「私たち」において、人称的動作主の機能は、分封群の匿名の力によって、増殖しつつある勤勉な半過去によって、開かれ、横断される。

地図の縁はよりはっきり現れる。「そのようにして彼は自分の現在の回転板をふたたび見出す。彼が時間も人称も言葉《ヴェルブ》も意のままにできる場所で（彼はふたたび地図を見る）」[*73]（『ドラマ』）。

『数たち』を横断しながら再び切り取ってみなさい、そして第四シークエンスの二番目に跳びなさい。そこでは最初の仕様による機械が再現されているかのように装われている。

「4・8（そしてこの操作が、彼らの移動する大地の表面で起こると同時に、彼らが目を上げさえすればかならず目に映るはずの深みのなかで起こるものであることを、昔の人々や他の場所にいる人々に伝えるわけにはいかない以上、構築物は次のような形をとって現れる。すなわち、目に見える三つの面、あるいはこういったほうがよければ三つの壁面があり、そこに現実にさまざまな場面――連鎖作用、明瞭に発音された音、間隔、単語――が書き込まれる、そして残るひとつは面ないし壁面の不在、ただし他の三つによって決定され、しかもその三つの面ないし壁面を、それらの視点から観察することができるような

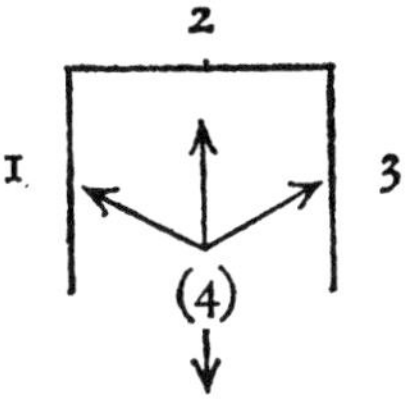

この第四の表面は、いわば虚空に作りなされており、その表面のおかげで言葉が聞きとられ、肉体が目に映る、したがって人はたやすくその表面を忘れてしまうのだが、そこにこそおそらく幻想ないし錯誤があるのにちがいない。事実、だからといって、あまりにも安易に人が舞台の窓と見なすものが、ものの形をゆがめる一枚のパネルであることに変わりはなく、不可視・不可触の不透明なヴェールなのであって、それが他の三つの面に対しては鏡あるいは反射鏡の役割を果たし、外に対しては（言い換えれば、存在するかもしれない観客、しかしそれゆえにこそつねに押し戻され、多種多様になる観客に対し

ては）、陰画の現像板の役を果たして、他の面に同時に書き込まれるものが、逆転され倒置され定着されてそこに現れる。あたかも、場合によっては登場するかもしれない俳優が、あなた方の前で自分のテクストを逆に辿りながら発音しているかのようであり、ただあなた方はそれを意識しておらず――その点は彼らも同じことだが――、それが今のべた装置のせいでもあるかのようなのだ。だから、結局は表面の産物――表面に変えられた暗室の産物――の出現自体が問題となるような、そんな場所で映写に立ち会っているような印象が生じる。それゆえ、最初から、また結論からいっても二つの次元しかない場所なのに、三次元空間のなかでなにかが起こるような想像が生じる。観客席でもなければ舞台でもなく、まさしく逆に観客席や舞台を押し包む唯一の広がりなのに、それが同時に、深さ、表現、反映の印象を人に与える能力を備えるのだ。いまのところページは、それを押し包むもっとも明瞭なひろがりの指標であり、そこでは、たち現れるものにとって、あるいはそれを見て取る人間にとって、肉体のうえを通り過ぎる時間の経過そのものが演じられる。だが、次のことを付け加えなければならない。つまり、それを包んでいるのは平板さそのものであると同時に深さ自体でもあり、一貫してあなた方の生のあらゆる細部に呼応し、夜のなかを落下する数知れぬ種子をふくむ空間の理由であり、いまからすでにあなた方の行為の全体を覆うもの、そしてここでは、非常に正確にあなた方に合図するもの、なるほど貧弱にであり、虚偽も真実もなしにではあるかもしれないが、あなた方を破壊し、この線の中核で生きたいという明確な願望をもってあなた方に合図するものだ）――[*74]」

第四シークエンスのこの「二番目」（4・8）に描かれたチャートは、これ以後、あなた方も辿ることのできる変容を通して、たえず満たされ、複雑化し、規則正しく動きつづけるだろう。その変容はそれ自体、定期的に、四分の一ずつ、自らを外に拡げて説明し、時には、その変化や反転を新しい図式（4・52、4・58〔4・48の誤りだと思われる〕）のなかに定着させてゆくだろう。

5. ÉCRIT, ÉCRAN, ÉCRIN〔文書、スクリーン、宝石箱（強調された文字 TAIN を繋げると「裏箔」となる）〕

「何という！　書かれたものとして完璧なものは、取るに足らぬ冒険までも嫌い、追憶の裏箔〔tain〕の上でするその浄らかな喚起に満足を覚えるのだ、たとえば、永遠の亡霊にして同時に息吹きでもあるかくかくの類稀な形象がとる姿のように。その時、直接的で外在するものは何も生起せず、その現在時は目には定かに見えぬように働いて、さらに異形・雑多な下層を蓋っている。もし、外に現れたわれわれの行動が、印刷された紙葉の幕《スクリーン》〔écran〕において邪魔になるとすれば、舞台の上ではなおさらであって、〔舞台装置という〕無意味な障害物のなかに立たされた物質的存在に他ならないからだ。そうなのだ、〈書物〉、あるいはひとつの典型についてのモノグラフィーとなるものは（ページの積み重ねは宝石箱〔coffret〕に似て、むき出しの空間に対し、人間存在が自己自身に閉じこもった無限かつ内密の繊細さを守ってくれる）新しい多くの技法があるから〔〈書物〉だけで〕十分なのであり、それらの技法は、人生の玄妙な局面に、稀薄さという点で似ている。」[*75]

「括弧。余白に。白。表題。接触。〔…〕ひとりでにおこなわれるかのようなあの短い演出のひとつがありさえすれば、それでじゅうぶん僕は、ここ、この縁にまでつれてこられる……　あらゆる人の視界のうえに、このヴェールが——それは、まだ温かくこわばった鳥の目を覆う角膜白斑のよう――、あるかないかの嫌悪感をまじえたつつましさとためらいをもってかぶさる……」（『ドラマ』）*76

「仮象＝錯覚」、「過誤」、そして「忘却」に構造的な必然性を与えているのは、したがって、この四角形の奇妙な「開口」、その欠けている側面である。開きは**すでに**、開口〔ouverture〕（開き〔aperité〕、開かれ〔aperture〕）である限り、現前するものへの移行の透明性を保証する半透明の要素である限り、それ自体は知覚されないままである。われわれは、現前**するもの**に対してどれほど注意深く、またそれに魅惑され、それに張り付いていようとも、その現前性そのもの――それ自体は現前しない――は見ることができないし、可視的なものの可視性も、聴取可能なものの聴取性も見ることはできない、つまり、現れさせておくことで自らは消えてゆく媒体や「空気」は見ることができない。

しかし、忘却や仮象＝錯覚や過誤を消すためには――そんなことが可能だとしてだが――、現前性を想起させ、空気**そのもの**を現れさせるだけでは十分ではない。それは、ただたんに空気は単純な媒体ではない――「空気」は一義的でもない（このことは再び思い出すことになるだろう、というのも「空気」は見ることができず、言うしかないからである）――からというだけでなく、空気のなかでこしらえられた開口は閉じた開口であり、完全に開いても完全に閉じてもいないからである。その開口は偽の出口である。それは鏡なのである。

といっても、どこにでもある鏡ではない。付け加えておかねばならないが、その鏡は舞台の奥に、「他の三つの側面の方に」向けられていて、観客にはつまるところその裏箔〔tain〕しか見えなかったことになるだろう。

裏箔は、それほど透明でなければ、あるいはむしろ、透けさせるものを変容させるのでなければ、**何でもないもの**（にすぎない）だろう。この鏡の裏箔は、それゆえ、他の三つの側面から――半過去で＝不完全に――自分のもとにやって来るものを――半過去で＝不完全に――映し出し、それが現在と呼ばれるものの形象――私の前に立っているものの確固不動の態勢（「書き込まれるものが〔…〕逆転され倒置され定着されてそこに現れる」[77]）――に従って歪められ、新たに形づくられた幽霊として、影として見なされる――現在において＝現前して――ようにしておくのである。

エーテルにほかならない現在の現在性を想起させたうえで強調して〔marquer〕おかねばならないのは、大現在はただたんに**現在性**なのではなく、いかなる形にも、したがっていかなる現在にも還元できない歪曲だということである。大現在は第一の形式も、結局のところ第一質料ももたない変容なのである。このことを強調しておくことは、開き〔ouverture、apérité〕――存在させておくこと、遮蔽幕をめくり上げる真理――のいわゆる単純さというものがすでに一枚の鏡に基づいているということを指摘する〔remarquer〕ことである。その鏡とはとりわけ裏箔のない鏡であり、あるいはそうでないとしても、映し出す「イメージ」や「人物」に裏箔がある種の変容や置換のしるしをほどこすような鏡である。

『数たち』はそのように出来上がっている。そのインクは液体水銀[78]〔mercure〕で覆われた一種の金属であるこの裏箔から取られている（10＝1＋2＋3＋4、これはカバラにおける**文字**の数であり、タロットにおける**スフィンクス**の数であり、占星術における**水星**〔Mercure〕の数でもある。そして「ほとんど星形の泉[79]」で満ちている『数たち』は天体写真上の星座として読まれうるし、まもなく読まれ始めるだろう）。このインクの裏箔である水銀はスクリーンを形づくる。それは遮蔽し、隠蔽する。予備に蓄えておき、見るべく与える。スクリーンというのは、イメージを投影するための可視的な表面であると同時に、別の側面を見ることを禁ずるものでもある。この鏡－スクリーンないしこの裏箔、つまり「金属で裏打ちされた迷える裏側」（4・100）[*80]は、構造上、破られるべきものとして、まやかしのために示されている真の源泉へ向かって絶対に横切られるべきものとして、自らを差し出すことになる――それが『数たち』の**ケース**である。というのも、

「3・95〔…〕／「鏡は源泉ではない」／〔…〕」[*81]

鏡は破られるべきものとして生起し、場をもつ――鏡が場をもつことについて考えてみられたい。「私は、自分の視線が宇宙を回る惑星の数々にも死をもたらしうることを知らぬふりをしているので、私には想起する能力がないと主張するやつがいても、そいつは間違っていることにはなるまい。あとすべきことは、石を使ってこの鏡を粉々に打ち砕くことだ」（『ロジック』に引用[*82]）。

このような鏡が古典的な舞台の空間なのか、はたまた古い演劇が刻み込まれ、解体され、告発される一般的で還元不可能な大現在の空間なのかを知ることは難しい。この不確かさが解消されることはないに違いない。この不確かな検腔鏡の構造によって、鏡と鏡を超えた何か、包含と流出が共に要請される。この**強制**〔*obligation*〕を『数たち』は重視したことになるだろう。

「2・70〔…〕したがって、ふたたびヴェールを引き裂き、またしても眠りの面を襲うことを余儀なくされ、あらためてスクリーンを破り、鏡と錯誤を打ち砕かなければならなかった〔obligé〕〔…〕」[*83]

「3・79［…］こうして、彼女は、自分を多々ある価値のなかのひとつにしてしまうもの、知ることを強制する恒常的網状組織の一本の神経にしてしまうもののなかに自分の支えを探さざるをえず{obligée}、ある一点において彼女は自分のリズムと動作とを売ることを余儀なくされていた――鏡を探しながら、必然的に、あらゆる鏡のなかで死んだものになるものとは逆のものを呼び求めながら……」[*84]

あなた方は上記の「価値」への暗示を、われわれが『数たち』のなかからひとつの引用を引いているその鏡のなかにのみようやく捉え始め、そしてまだすべてを捉え終えていないことになるだろう。3・79より前の3・67で、あなた方はたとえば次の一節を読んでいた。「価値関係のゆえに、商品Bの自然形態は、商品Aの価値形態となる。あるいはBの実体が、Aにとってその価値を映す鏡となる［…］」[*85]

『数たち』には一原子としてこのような回帰のゲームを逃れるものはない、そのように予想されるのだが、このことはたえず正確に確認することができる。いかなる言表も、回帰のゲームを免れえない。物神、つまり価値――場合によっては「科学的な」価値――や鏡の諸効果を備えた商品のように。テクストは鏡の諸効果によって引用し、自らを引用し、価値と非価値、尊重すべきものと尊重すべきでないもの、真と偽、高と低、内と外、全体と部分の対立に取り込まれたあらゆる保証を無効にする一般化された図画{graphique}によって、自らを動かす。こうした対立はすべて鏡がたんに「場をもつこと」で崩れ去る。すべての項＝単語は相手を捉えて自らを排除し、すべての萌芽はおのれ自身よりも強く、おのれ自身よりも死んだものとなる。元基は包み込み、包み込んでいるものをおのれから差し引いている。世界はおのれを捉える鏡を包含しており、逆もまた真である。鏡の各部分は全体を捉えることができるがゆえに、各部分はそれが捉える全体によって全体よりも大きいが、自己よりも小さい。第四の表面はこの関係のパラダイムであるのだが、自らもこの関係のなかにとらわれている。全体のきらきら光る効果として、現在として、第四の表面は、大現在の無際限性のなかであらゆる歪曲を再び形づくる。「3・35［…］というのも、ここではテクストが平坦にならされており、全体はどんな瞬間にもその部分のひとつに劣るのかもしれず［…］」[*86]

そして、何も鏡に先立つものはなかったのだから、すべては引用の襞のうちで始まるのだから（この語をどのように読むべきか、後にわかるようになるだろう）、テクストの内側はつねに、テクストの外側に、つまり、「作品」への「手段」として役立つように思われるもののなかにあったことになるだろう。この「作品と手段の相互汚染」は、内側に、「作品」と呼ばれる固有の身体に毒を盛るのだが、また同様に、安全な原初のコンテクストから引き離すという暴力的な追放、あるいは、引き抜きによる抽出＝抽象から人が守っておきたかったにもかかわらず出頭すべく引用されてしまった、そうしたテクストにも毒を盛るのである。ところで『数たち』は、毒を肯定している。『数たち』の裏箔の水銀は毒である。それは毒という名を与えられており、あなた方もその名がたびたび現れるのに気づいたことだろう。「乾いた毒」、「より精妙な毒」、「系統的な毒」、「より密かな、より毒のある一撃」、「自分の静脈のうちに認められた毒」、「金属の反対物で、何か毒があって遅れ気味のものが戻ってくるようにすること」、「東洋は［…］西洋によって変化させられたのだが、東洋も西洋を無傷のままではおかず、その内に入り込んでその文に毒を盛る」、等々。

対立する項《テルム》＝単語、正反対の萌芽《ジェルム》同士の関係は、したがって、有毒な裏箔である。周知のとおり、金属は「有毒」でありうるし、そのように言われうる。

コンテクストのなかからテクストの一部分を抜き取ることに抵抗することは、書くことにつきまとうこの毒から身を守ろうとすることである。何としてもコンテクストの内と外の境界を維持しようとすることである。それは、各テクストの相対的な特殊性を正当に認めることではあるが、同時に、書くことのシステムはすべて――特にそれが「真」であるときには――**即自的**で、内部の自己への関係だと信じることでもある。それはとりわけ、一般的テクスト性に対して根本的に古典的な境界をつけることである。ここでは、不連続性は抵抗と保護主義の帰結である。

したがって、すべては引用から「始まる」。ある種のヴェールの、ある種のきらめくスクリーンの偽襞のなかで。モデルそのものも規則から逃れはしない。たとえば、『数たち』の鏡やスクリーンや壁たちの構成、あるいはこの機械の全般的構造を記述しようとするとき、ひとはすでにもうひとつの別の「書物」を引用し、あるいは前もって書き込み指示しつつあるのだ。そこからしてこの別の「書物」は『数たち』のうちにふたたび書き込まれ、と同時に、『数たち』が自らの数の連なりのうえに閉じてしまうことのないようにしているのである。鏡の鏡。すでに『ドラマ』に見られるこの描写に目を通し、その詳細の逐一をすでに記憶にとどめておくとよい。たとえば、工場から立ち上がる円柱のような白煙。後になれば、あなた方はすでに読んでいたことになるだろう。

「そこには、なんの重要性ももたない偽りの言葉の静けさがあり、僕が眠りながら僕自身の消滅を生きる凝固した回転《ロタシオン》がある（そして僕は後悔し、主張する――僕の手の完全な破壊、正確に相称な位置にある君の眼と僕のそれとの破壊）。ページのうえに……　街から遠く、ほとんど毎年夏になると火事を起こす森のなかに見出される工場から出たばかりの白いスクリーン――腐ったような匂いの煙を吐きだし（人は車で、窓をしめて素速く通りすぎる）、周囲に灰色の地帯をひろげる工場、木がまさに紙にかえられる工場……　時おり、火事は街の入り口まで迫る、昼はもはや昼ではなく、人は乾いた嵐のなかで生きる、ほこりはゆっくりと、行きあたりばったりに落ちて来、たとえば皿のうえに、そこまで運ばれてきた羊歯の焼け焦げた断片をもたらす……　黒い午後、赤い宵……　〈羊歯〉という単語のなかにそれらすべてがふくまれているのだ、人が本当にそれを考えさえするならば……　問題はそこにある、つまり、他のものを存在させ、自ら繰り返し、自ら閉じこもることによって、他を自由にするシステム、反映と枠付けのシステムによるのでなければ、いったいどうやって、要請や呼びかけに従い、一瞬のうちに消えるヴィジョンの対角線を辿ることができるであろうか〈羊歯〉、それはまた隠された太陽の存在であり、すべての秋が刻みつけられる光点の織りなす布でもあるのだ〉。たとえば〈絡み合っていながらしかもつねに平行し、それぞれ直角をなしてそれ自体にたちもどる線の連続〉というシステム。それはひとつひとつのフレスコを定義すると同時に開き、孤立させ、それが場所を占め、視覚によって捉えられるのを可能にするもの、しかしまた、それを限定し、打ち消し、というよりはむしろその起源と終末とを思い起こさせるもの……（僕はこれをはっきりと読み取れるように書いていると思うのだが？）　壁と鏡。（もし君が鏡のそばで書けば、君の右手は、向かいあってそこにある左手と同じくらい現実に書いているのであり、たとえ衝撃がどれほど明白であろうともなんの役にもたたず、それは君にとってつねに、その度ごとに不可解で新たな君自身よりも遅れている）。*[87]」

この「スクリーン」、この「対角線」、この「他のものを存在させ、自ら繰り返し、[…]　他を自由にする、反映と枠付けのシステム」、この「直角」、この「壁」、この「鏡」、この「遅れ」によって、『数たち』の母型が『ドラマ』のなかにただたんにスケッチされているだけだと考えるならば、それは誤っているだろう。『数たち』の母型が『ドラマ』のなかにのみ、ただ一回だけ、「初めて」スケッチされていると考えるならば、それは誤っているだろう。すべては『ドラマ』のなかで、「あたかも初めてであるかのように」

告げられているだけなのである。「その時、幕が上がり、彼はあの光景をふたたび見出し、逃げ出し、内でも外でもないその景観にとりつかれて自分を眺める。そして、初めてであるかのように彼は舞台に上る。芝居なのだ、これは。最初からやり直す」[*88]。先に引用した「大現在《プリュス・ク・プレザン》におかれた現在のページ」や「初めて」の一節において、この過程はいまだ、すでに、書かれていた。思い出してみよう。「彼がどういうふうにとりかかるかといえば、それは次の通りだ。彼は単純なイメージの可能性に呼びかけ、どこといって場所をきめることのできないこの土地——それは同時に彼が見るもの、考えるもの、見たもの、夢みたもの、見あるいは考えることができたはずのものなのだが、——境界をもたず、しかも利用可能な状態にあり、遮蔽物《スクリーン》となっている土地のなかの、孤立した昔の言葉によびかける」[*89]。

スクリーンとは、それがなければエクリチュールがありえないようなものだが、それはまた、エクリチュールのなかに描き込まれた手続きでもある。エクリチュールの手続きは書かれたもののうちに映されているのだ。

さらにもうひとつのスクリーンがある。それは、「仮設されたスクリーン」であり、『ドラマ』というテクストのもうひとつのきらめきのなかに捉えられた「操作」のもうひとつの母型であり、別の引用——あなた方はその引用を、そのなかの、もうひとつの鏡の引用に至るまで読んだことになるだろう——である。「彼はこの土地に、この街に住んでいる〔…〕彼は顔をあげて、次第しだいに自分が夜にとってかわられ膨張させられるのを感じる、そしてその鏡となり直接的な反映になろうと努める……　そして徐々に眼はその自立性をとりかえし、あたかも涙でみたされたかのように、ひろがりを湧きださせ、そらせ、そのうえを、そのなかを跡も縁もない流れとなって通りすぎる……　とはいえ、視力は衰えず、活力を帯び、依然として明確だ（播きちらされた星をますます明瞭に見分け、それをふやし、それを冷たい白熱状態にみちびき、彼には原理も法則もわからない計算にみちびくかに思える)、しかし視力は今やそれ自体の環境を分泌し、そこではさまざまな距離が均等化し消滅する――そこでは方向の(意味の)不在が開示され、同時にそれが把握される…… 彼は自分がそれである夜のなかにいる。彼はいわば夜を圧し縮めて、自分の視線の下にもっている。――しかし彼自身そのなかに消えてしまった(彼は結局「主語」がないことを――このページのうえにもそれがないことを確認する)。こうして時おり彼は、地平線をもり上がらせる黄色い空の帯のまえで身動きひとつせず、はっきりと自分の位置と限界を実感する。彼が見、あるいは想像することのできるもっとも遠い点は、もっとも「奥まった」点(未来を表現するものでもある潜在的空間)と一致する――そしてその二つの点のあいだにこの仮設されたスクリーンがあり、操作はすべてそのスクリーンに依る…… 宙吊りになった、自由な球形の圏が沈黙のうちに形作られ、それが彼を通して半ば目にみえるものとなる…… ここで彼が口にしうる言葉は同時にもっとも遠いものでもあるだろう、そしてもっとも近いものはすでに存在していながら不在な言葉であるだろう……〔…〕「それに、あらゆる物質はそれぞれにひとつの全体的世界のようであり、それらがそれぞれのやり方で表現する宇宙の鏡だともいえる、ちょうど同じひとつの街がそれを眺める人のさまざまな位置によってさまざまな多くの表現をあたえられるように……」〔…〕[*90]

この街は、あなた方がもう少しすると街の「テーマ系」(「僕たちはこの街(この本)に住んでいる」)――『ドラマ』と『数たち』のあらゆる結構、共通しつつ異なっているその設計図を潜在的に横断しながらその内に集めているテーマ系――と呼ぶことを拒否するようになるものに送り返される。同じように、この鏡もその「引用」のうちに、鏡ないし反響についてのもっとも力強くもっとも計算論理的な思考を普遍的な性質として摑まえている。同じように、「冷たい白熱状態、彼には原理も法則もわからない計算」

へとみちびかれた「播きちらされた星」が、テクストのすべての星座（さらに『ドラマ』から――「寄せ集められた星が夜の空虚のなかに侵入するとき〔…〕」……「つねに同じ不動の星が凝視する眼差しの鋭い限界でたえまなく落ちかかっている〔…〕」）、すべての磁場を共謀させる。あなた方はここで、その磁場からこのダイアモンド――それは抽出＝抽象の恣意的な暴力によって非常に断片化されている――を切り離し、それを、先ほど夢とエクリチュールの小箱から、沈黙と死の小箱から、あるいはお望みなら、もっと先であなた方を待ち構えている留め金ないし宝石箱から取り出したもうひとつのダイアモンドと比べようと決める。

「空の闇にちらばる星々の数が減ることもない」（「彼女の墓は閉ざされている」[*91]）の後にあったことになるだろう

「　かりに

その数だとしても

たとえそれが現に存在しようと

苦悶の散乱する厳格とはちがうかたちで

それが始められようと　また　中断しようと

湧出しつつ　とはいえついに

稀少さへと撒き散らされた豊穣によって

顕現したときすでに否定され閉ざされて

数えあげられようと

わずかでも一つの和でさえあるならば　和というもののもつ明証性として

輝き出ようと

偶　然

起こりはしなかったようだ

ただ　起こるための場の他には

ついに溶けいった彼方

その場について

一般に

星火の　とある斜めの方角に従い

とある傾斜角によって　指摘された

関心は別として

あのあたり

かならずや

〈朔〉すなわち〈北〉の方に

一つの星座

忘却と衰退により冷たく

とはいえ

凍てついたあまり

どこか虚ろな上のほうの表面に

継起する衝突が

星のかたちに輝きはじめ

和を形成してゆくのを数えあげぬほどではなく ＊92

それが
星々のように現れ出た

それはおそらくは
もっとひどく
いや
より多くでも　よりすくなくでもなく
どちらでもなく　しかし　やはり

なにものも
ただし
高みに
おそらくは
はるかに遠く　ある一つの場が

qu'elle n'énumère〔数えあげぬほどではなく〕:

星座はそれを構成する**数**々の星のうちにいかなる生命の徴も見せぬほど冷たくはない。この母なる場〔星座〔constellation〕の〕*con*〔女性の性器〕と*st*[93]に見られる星々〔女性名詞〕と天〔男性名詞〕とのアンドロギュヌス的な混交〉の長きにわたる豊穣の意味は、*mère*〔母〕、*elle*〔彼女〕、尾のような*qu'elle*〔queue 尾、陰茎〕、接続部の*né*〔生まれた〕によるものであり、そして、*nu*〔裸の〕という部分は生殖の裸性（身体的にも精神的にも）を喚起しており、またこれは、*mère*のもうひとつの意味作用、すなわち「（女性名詞に付く形容詞）純粋な」（『ラルース辞典』）とも合致する。«énumère-mère»〔数えあげる－母〕という韻が示すとおり、*mère*〔母〕という単語は意識的に用いられている（「ここには数えあげる〔j'énumère〕喜びがある／大きな海と小さな母と〔La grande mer avec petite mère〕」（「オンフルールの小石の上に[94]」）や「母なる裸体の〈ミューズ〉〔la Muse nue et mère〕」（「「青と灰色の葡萄」のための緒言[95]」）は意味作用のさまざまな水準のうちのひとつを示す格好の例である……。出産としての最後の『賽の一振り』は、アンドロギュヌス的な生殖者からやって来る。すなわち、星座のなかにまとめられた自然。そのもろもろの産物は、生成しつつある自然自身の後の段階がおおぐま座の星々の花飾りによって象徴化されたものである。その星々は、曖昧ながら、男性的な産物たる精子、女性的な産物たる卵子、あるいは、同時に精子と卵子である子どもたちであり、この三つの観念は、semence〔種、精液〕という語のうちに要約されている。*énumère*〔数えあげる〕のなかの文字*m*は、したがって、「Mは行動力、つまり男性的で母性的な喜び、〔…〕また数〔…〕を表している」（『英単語』[96]）の格好の例ということになる。……種としての星というこの観念は詩においては伝統的なものだ。以下を参照のこと。「きみのおしゃべりはわたしの裡の冬に宝石を撒き散らす〔sème〕」（一八六八年十二月四日、カザリス宛て書簡[97]）。〈種としての星々〉は天の川＝乳の道〔voie lactée〕と結びつくことで女性的にして男性的な乳〔精液〕と接近することになるだろう。下の方の「継起する〔successif〕」を見てみよう……

le heurt successif〔継起する衝突が〕

「無上の遊び[*98]」それ自体、行為、あるいはその産物、その子どもたち、**和**を目指して**形成してゆく**星座の星々。

行為の完遂を目指すこの性愛的な**衝突**は、「〈和〉に向かって、待つ暇もなく、道具の跳躍と衝突によって加えられる機械の挨拶」（「対決[*99]」）や、またとりわけ、「あのシャベルと鶴嘴——どちらの道具もいかにも性的だ——の金属は、働き手の純粋な力を圧縮して、土地を肥沃にする」（「葛藤」）を思い出すなら、十分に確証されている。*s* の「散種的な」価値はここではきわめて適切で、散種の文字どおりの意味において**継起している**〔*successif*〕。つまり、**種子をまいている**〔*semer*〕。いま引用した文の《incessamment》〔待つ暇もなく〕や、《le va-et-vient successif incessant》〔絶え間のない連続的な往還運動〕（「書物はといえば[*100]」）の《incessant》〔絶え間のない〕などを見よ。

したがって、同じように、テクストの各シークエンスはこの生殖的な曲面鏡の効果によっておのれを包含する**別の**テクストを同時に包含しているのであり、それゆえ、そうした各部分よりも小さくかつそれらが反映する全体よりも大きなそうした部分のひとつのうちに、この法の理論的言表の住まいが保証される。この言表はそのうえ、回帰と隠喩的転位の法から逃れることができず、そのなかでは基本的に終点《テルム》＝単語であると同時に中間《ミリュー》＝媒体であるために、その言表はおのれ自身のものを接収するのである。

『ドラマ』では……「視力は今やそれ自体の中間＝媒体を分泌して切り離し［…］」……「［…］彼は自分がそれである夜のなかにいる［…］」[*101]

『数たち』[*102]では、「3・19［…］ますます分化される酸性の物質、それ自体の火に嚙みつくことをやめない物質――」

「1・77……とはいえ僕は現に起こりつつあるものの形を変えることができた、というのも僕はもはやただひとつの表面上にとどめられているのではなく、逆に、もろもろの組織器官《オルガニスム》が、つねにいくつかの水準で機能するのが僕には見えていたからだ、あたかも薄片となって上下に積み重ねられたかのように、同化されあるいは中和されたそれ自体の酸に浸され、充電される蓄電池のように、貫きつつ貫かれ、変えつつ変えられながら……」[*103]

時間的な「直観」や実行しえない変更を試そうなどとしない方がよい。むしろもしかすると、突飛な鏡の構造のために複雑になった四角形の図を描いていれば、この二重底と大現在の半過去をもっとうまく語尾変化させたことになったかもしれない。その鏡は、先に述べた不可能性にもかかわらず、ついにひとつの源泉となるのであり、あたかもいわば、それが対応しているとおぼしき起源に先立つ反響であるかのようである。「現実」、「起源的なもの」、「真なるもの」、「現在」は、その代わり、複写――それらはこうした複写としてのみ現れうる――から発して初めて構成されるのだ。だからこそ、「反響」は「切りこみ」（1・5）[*104]なのである。「結果」が原因になる。繰り返されることのない単語は――たとえば、唯一の記号は――、ひとつの単語ではないだろう。単語が単語になるのは、その再現〔réédition〕の可能性によってでしかない。

「1・77［…］各語がその原因である反響を見出し[*105]」

ここで、現在はどこまで来ているのか。過ぎ去った現在は？　未来の現在は？　「〈あなた方〉」は？　「〈私〉」は？　「〈私たち〉」はこの反響の半過去のなかにあったことになるだろう。

6. 立ち会いの言説

「［…］音響に満ちた箱、舞台に面した虚ろな空間。人物の不在の場であり、そこからは観客も離れているし、登場人物もそれを踏み越えることはない」[*106]……「一人の批評家がこの大きく口を開いた舞台の前に座を占めらんことを！」[*107]

プラトンの洞窟が、何らかの哲学的な運動によってひっくり返されただけでなく、全体としてまったく異なる構造、すなわち共約しえず予見しえないほどにさらに複雑な構造のなかに囲い込まれた場になったと想像してみてもらいたい。鏡たちはもはやただたんに世界のなかに、つまり、存在するもの〔*onta*〕とそのイメージの全体のなかに存在するのではなく、逆に「現前するもの」がそれらの鏡のなかにあるのだと想像してみてもらいたい。鏡たち（影、反映、幻想《ファンタスム》、等々）はもはや存在論と洞窟の神話――やはりスクリーンと鏡を配置する神話だ――の構造のなかに**包含される**のではなく、その構造を全体として包み込み、ここかしこにきわめて限定された個別の効果を生み出すのだと想像してみてもらいたい。『国家』がその洞窟と線において描き出す階層秩序は『数たち』の劇場においてすべて再び賭けに投じられているのだといえるだろう。

　そのすべてを覆っているわけではないが、「プラトン的」契機は第四の表面に宿っている。しかし、ご承知のとおり、第四の表面はまた、現前性の「プラトン的」秩序（現象の可視**性**へ、形相《エイドス》の可視性へともたらし、おのれの真理のうちにある存在者、ヴェールあるいはスクリーン等々の背後の存在者へともたらす現前した話し言葉）を解体する言説をも包んでいる。

　この舞台のうえで、現在の「仮象＝錯覚」ないし「錯誤」を脱構築するために、まさしく現在において自らを現在形で宣言するもののことを、**立ち会いの言説**と呼ぶことにしよう。立ち会いの言説とは、**現前性**のモチーフ（現前性、あなた方に「あなた方」と呼びかけることによって、スペクタクルないし言説の現在**に立ち会う**観客－読者の現前性へと訴えようとする差し迫った配慮に満ちた声）と、**補佐**のモチーフ（助けとなる言説、倦むことを知らぬ心づかいに溢れた言説、用心深い予防の言説、自らの――現前的な――言葉でもって、落ち着かずに怖がっている弱い *ekgonos*〔子ども〕、精神的に脆い息子、道に迷った産出物、エクリチュールの暴力に委ねられた種、つまりはあなた方を支えるプラトン的 *boetheia*〔助け〕）とを併せ持つものである。

　立ち会いの言説――ここにはびこっている――は、観客（スペクタクルに立ち会い、その立ち会いにおいて補佐されている）に向かって自らを差し出し、観客が戯曲全体の不安定な構造を、その四つの面において、そのエクリチュールの全体において、そしてまた、形成されつつあるその釈明において読解できるように援助する。

しかしながら、あなた方に語りかけているのは誰なのか。それは「作者」でも「語り手」でも「機械仕掛けの神《デウス・エクス・マキナ》」でもなく、スペクタクルの一部をなすと同時にそこに立ち会ってもいる「**僕**」である。彼はいささか「あなた方」に似ていて、算術的な機械仕掛けのなかに自らがたえず有無をいわさず再記入されるのに立ち会っている(それを堪え忍んでいる)。「**僕**」は代置の操作に委ねられた純粋な**通過**の場として、もはや特異でかけがえのない存在でもなければ主体でも「生」でもなく、ただ、生と死のあいだ、現実と虚構のあいだ、等々にある、ひとつの機能ないしひとつの亡霊にすぎない。ひとつの終わり《テルム》にして芽《ジェルム》、自らを散種する終わり、自らのうちに自らの終わりを担っている芽。自らの死が可能だと自負して。精液《スペルム》、つまり、農地《フェルム》。

「3・11……あなた方と同じようになり、つまり自分が誰なのか僕にはわからない。しかし「僕」と称することを僕に許すもの、つまりあの飛躍、いくつかの音節が突然そこに存在する瞬間の、それらの音節の欠如は保持しながら……　僕は話している途中で目をさましたのだった、言葉の黒い渦巻のなかに滑り込んだ一瞬の閃光、してみると僕は、あなた方のなかにいる自分を見出すより遙か以前から、ずっと話し続けていたのだ……　空間の、血まみれの結び目のなかに[…]僕、「僕」と称しうるすべての人間、僕たち全部が、生きたまま、死んだまま、張りつめたまま、川のうえ、水と窓ガラスの冷たい幻惑のうえにもちあげられたまま、この仮借ない列挙のなかにとらえられ、習得された新しい変化とともにこうして檻のなかをぐるぐるまわっている僕たち全部が、たえず反響としての位置におかれる上のほうから聞こえた叫びに近づくのに、ふたたび落下するしかないあれらの文字とともに……」[*108]
枠のなか、檻のなか、公園のなかをぐるぐる回りながら、「僕」は――二シークエンス先で、向かいの壁からやって来る――自分の言葉の歪んだ反響を受け取る。最初の打撃＝打刻から二重化された一撃の反響のなかに、暴力のなかにとらえられる。

「1・13［…］僕が同じ言葉のなかで言葉を変えようと決心した時、［…］反復がそれらの特徴に進入してきた時、物語は突然始まっていたのだった……　とはいえ、複分解に類するようなことはいっさい起こらなかった。［…］歪められ、皮膚もなく、しかも語りかける肉、血の吐瀉、交換の最中に切り離され見失われた数字と化した神経や血の攪拌などを経て、僕が通過したある操作＝手術の終わりに、僕はその逆転になりつつあった……　僕は目を見開き、いわば「僕」と言うことを僕に強いるものが僕のほうに近づいてくるのを見つめていた［…］」[*109]

一撃と操作＝手術の暴力に従った「逆転」、つまり衝突の反響でしかなく、置換の通過的な場にすぎないこの「僕」は、結局のところ語られざるをえず、あなた方に立ち会い、あなた方の立ち会いに立ち会い、そうすることで自らに立ち会わせる、

「4・28（［…］あなた方は目を開き、目の前を通り過ぎるものを数えあげる……　あなた方にとって、見るべき何かがつねにあり、あなた方の一日を満たす何か、あなた方が眠っていると思い、自分を忘れ

ているると思う夜を満たす何かがつねにあるのだ……

ここで僕が通りすぎる、ちょうど、進行中の物語に跡を残し、打撃をあたえ、それをそれ自体からそらし、あなた方が生まれたときの眩暈をそれにあたえるものとして〔…〕」[*110]、

一撃で物語を始動し、それを進行させておくのは、あらゆる意味でエクリチュールの力のなすところである。しかし、それはとりわけ、まさしく力のエクリチュールによってたえず脱臼させられ、移動させられ、それ自身の外へ送り返される自己同一性の見せかけ《シミュラークル》——見せかけ《シミュラークル》はひとつの力であることを理解しておかなければならない——なのである。

「3・47……一方、「僕」はテクストのなかでますます迷い、テクストの片隅に置かれ、とどめられ、現実にはもはや通りすぎるだけであり、いまなおいたるところにいる自分、すべてのなかにいる自分を感じていたが、そういう状態は、その力の動きのなかですべてが不分明になる点まで続いた……」[*111]

このエクリチュールの力の暗室で、われわれは、「僕」も「あなた方」もそのネガしか持っていなかったことになるだろうイメージたちを現像していた。だから、立ち会いの見せかけ《シミュラークル》が望むのは、「僕」の言説が（あなた方に立ち会い、あなた方の立ち会いに立ち会いながら）、自らを書き記しながらも、それがそうだといっているところのいわゆる真なるものとは別のものであることである。進行中の物語の真理を言表する代わりに、立ち会いの見せかけ《シミュラークル》は、半過去を一点もおろそかにすることなく現在に変換するようなふりをすることで——そんなことは不可能な操作だとそれ自身わかっている——、偽装して、「あなた

方」を騙す（4・48[112]）。エクリチュールによって始動されたこの二重性のなかで、立ち会いの見せかけ《シミュラークル》は、あなた方が見ているものを釈明し、それに道理をあたえるようなふりをし、あなた方の現在は現前しているとあなた方に述べているようなふりをするのだが、しかし、そのふりは実際にはエクリチュールの過程の一部を成している。すなわち、脱‐現前化〔dé-présentation〕と脱固有化〔expropriation〕の一部を成しているのである。そしてそれは、あなた方を新たな眩暈のなかへ連れてゆく。現在とは何に存するのか、という眩暈のなかへ。このように分割されるのだから、現在は立ち会いに**存する**のだろうか。自己によって成り立っていないもののために舞台の上に立つとはどういうことだろうか。

　あなた方に話しかけ、あなた方に立ち会うようなふりをしつつ、通りすぎる「僕」は、自己の空虚な表面であって、自分自身が補充されることを、しかも、この立ち会いの見せかけ《シミュラークル》においてこそ補充されることを必要としている。「僕」は策略を弄し、あなた方が赤い物語を書かねばならないはめに陥るように、残酷な剝奪を煽る。赤い瞬間のための新しい関係を用意して（「3・83〔…〕それでも僕はそこにおり、深みの底で呼吸していた……　赤い瞬間のための新しい関係〔…〕を準備し〔…〕東の、東方の、ついにその色を見せることを強いられた東方の堂々たる上昇を望み……[113]」）、「僕」はあなた方に抗して煽る。煽るというのはつまり、有害だと感じられる物質――毒――を準備するということである。その毒は物語をますます赤くして、あなた方をその剝奪的なエクリチュールの動きのなかへと引きずり込んで、見せかけ《シミュラークル》の点まで連れてゆく。そこで「僕」は、生地を染めつつも、立ち会いのようなかたちで、あるいは、厚かましく脅迫的な挑発や勧告であるかのように、面と向かって、それについての真理をあなた方に伝えるようなふりをすることができる。さらに読むといい、ただし、あなた方を振り向かせるようになったこのことを忘れることなく。つまり、いかなる断章も、非常に多くの再帰と数え切れないほどの多義性によって成る、計算ずくのゲームのなかで初めて読みうるのだということを。ここでは、たとえば、そして少なくとも、「円柱」、「額縁＝枠〔cadre〕」、「打撃〔coup〕」、「毒性の」、「産物」、「四角形」、「赤の」、等々といった単語の再帰や多義性のことである。それによって、これらの単語は、『数たち』の全体を通して、まったく途方もないものでありながらもきわめて必然的でもあるような仕方で、まったく意表を突くものでありながらも頭に取り憑いて離れないような仕方で、意味を変えられるのである。そういうわけで、あなた方は「現在の」一節が、まるで自分自身にしか送り返さないかのようにして「引き合いに出」されるのを見ることになる。

「4・40（[…]とはいえ、ここでは物語が続いている、それは空洞の円柱のようであり、一連の空の額縁のようなのだが、それらは底のほうで敵を助けるために、あなた方により秘密の、より毒性の強い打撃を加えるために考えつかれたものであって、その打撃自体、あなた方の産物の用途をあなた方からとりあげるためのもの、すべてに仮面をかぶせ、すべてを入念に規制された公式にまとめあげる任務をもつ言説を、あなた方がもはやつかいこなせないようにするためのものである……　あたかもあなた方が目を閉じたまま、ひとつの四角形から他の四角形へ、飾り立てられた大地から炸裂した大地へと引き移ったかのようであり、後者との関係で早くもあなた方は旋回し始めている……　赤の物語[…]）——*114」

このような立ち会いの見せかけ《シミュラークル》は括弧のなかでしか作用を及ぼさない。第四の二十五個のシークエンスは括弧に入っている。このことは、二重性において、以下のことを**同時に**意味している。

一．（現在の）言説は、口頭での隠し立てのない正直な言葉や共犯者の弁明によって、テクストの外部、そして、物語（書かれたもの）の中断がもたらされると確信している。あたかも、現在において述べられた言説は、それが突如として無媒介的に正面から出現するということにいかなる説明も必要とせず、意識的に、物語なしに、自らを自らによって支えるかのように。

二．その言説は、にもかかわらず、エクリチュールに返ってくる。丸括弧のいかにしても書記的な機能が物語の全般的な緯糸を成しているのであり、テクストの外部や舞台袖の打ち明け話への野望は、それ自体、立ち会いの声によって、化けの皮を剝がされるのである。あるいはむしろ、その仮面に、その演劇的な効果に還元されるのである。

「4（[…]この間隔、完全に無傷のままのこの白を容認することは難しい、とはいえ、つねにたちもどり、無理を強いるあの忘却なしに確認することは非常に困難だ――テクストが中断され、折りたたまれ、エンドレス・テープに録音されたかのような声をたちもどらせるとき――[…]」[*115]

テクストの外部はない、とすればそれは、全般化された書記素がつねにすでに開始されていて、「先行する」エクリチュールのなかにつねに**接ぎ木されている**〔*enté*〕からである。あなた方は、**接ぎ木されている**という言葉がここに、接ぎ木や移植、長期賃貸借への暗示をちりばめていることを確かに読み取り、そして、その暗示がまた別のところで、あるいはもっと後になってから芽を出すのを見ようとするだろう。

テクスト以前には何もなく、すでにひとつのテクストでないようなプレテクストはない。同じように、立ち会いの表面が切り拓かれ、開口部が開かれ、現前化が現前しているときには、すでにひとつの舞台が存在していた〔était〕のである。

半過去で。現在においては見えないとしても、自分を見せることなく、いかなる現在の言表によっても表現されることなく、「第一」幕以前にすでに位置についていて、すでに作用していた〔était〕。「それが／星々のように現れ出た／その数／」*116。『数たち』には、したがって、唯一にして現前する固有の起源というものはない。いかなる者も、何かきわめて巧妙な偽名の仮面ないし見せかけ《シミュラークル》を被らなければ、『数たち』の固有性という資格あるいは著作権を僭称することはできない……。権利や固有性とは、立ち会いの言説と死んだ表面の諸効果を僭称することである。（とはいえ、二つの紋章を考慮に入れるなら、著者の固有名〔フィリップ・ソレルス Sollers〕はつねに死と保護、あるいは救済とのあいだの両義的な動きのなかに消え去って、隠れるだけなのだが。スクリーンの背後に、「この新たな支配の旗印〔紋章〕としてのスクリーンの多様化」*117（1・25）の背後に隠れ、あるいは身を隠しながら、輝きつづけ、書物の奥、留め金の奥、宝石箱の奥に、空気もなしに、芽を出すのだ。「蛇や羽根の入り組んだ文字であり、鷲の紋章でもあり、それが、〔…〕太陽《ソレイユ》〔Soleil〕――宝石――太陽《ソレイユ》の背後でなお存続することを望むなら是が非でも到達しなければならない石――の緊密な力にかかわっているのだった」*118（2・34）。太陽《ソレイユ》の背後で、すなわち、死の背後で。したがって、固有名は、かつて芝居で鉛筆書きされたように、「つねに自己をはっきりと捉えかえすことができる、破局のもとにある手つかずの宝石《ジョワイヨー》」*119〔Joyau：ソレルスの本名はフィリップ・ジョワイヨー Joyaux〕なのである。毒の塗られた指輪に気づくには、この石を投げて、もっと遠くに、引用の背後に、太陽《ソレイユ》という星（〈太陽《ソレイユ》〉＝死＝鏡）の背後に行けば十分だったことになるだろう。それから、治療薬、それから、鍵があれば。それらは同じものだが。
半過去のなかで〔あるいは、ある種のアーオリスト〔ギリシア語動詞時制の無限定過去〕のなかで、また、地平そのものが消え去るようなある種の無際限や、決して現在になることのないある未来のなかで（「2・6［…］あたかも、限界のない空虚な未来（φ）から、僕が一瞬自分を捉えることが可能だったかのように、あたかも、いまや現在にふくまれている部屋や群衆や空が――僕はそこにいる――、僕にとってはまだこれから通り抜けなければならないはずの過去に由来するかのように……」）すでに演じられ始めていたことになるもの、それ自体は過去でも未来でもなく以前でも以後でもない「とらえがたい二重底」のなかに書き込まれたことになるもの〔se sera inscrit〕――前未来の過去、あるいは、前過去の未来――、この半過去にたえず立ち戻るものは、**帰属していない**。とはいえそれは、何らかの最初の現前性や帰属から引き剝がされたからというわけではない。ここで問題になっているのは、第一回の「産出」ないし流通の後にさらに書き込まれるようになった何ものか――「現実」ないし「意味」――ではない。この非‐帰属――テクスト性そのもの――は「第一の」痕跡からして介入、つまり中断するのであり、「第一の」痕跡はすでにみずからに二重化、エコー、鏡の徴《マーク》をとどめており、どこか「その反映の痕跡」[121]（『ドラマ』）のように現れ、つねに、少なくとも二つの部分から成っていて、そのいずれもが全体よりも大きいのである。

「………ただ、繰り返される二つのテクストのみによって
ひとつの全体を
愉しむことができる

あるいはまた
同じテクストの
繰り返しによって
――二回目の
再読の仕方が
全体を
可能にしてくれる
次々と……[122]

……
「……そのときまで
よい紙を狙うこと
あるいは別々に発行すること――
探し求めること――
……[123]」

II

7. 最初の前の回

「「〔…〕でもだれかがなにかを殺したんだわ。とにかくそれは確か——」「いけない！」アリスはとつぜん跳びあがりました。「急がないと、このおうちのほかのところがどんなふうになっているか見る前に、鏡の向こうに帰らなきゃならなくなるわ！ まずはお庭〔parc〕を見てみましょう」」[*124]

あなた方はもと来たほうへ引き返す。残してきたもののために庭〔parc〕のなかへ導かれ、生まれつきの性質によって、庭〔parc〕のほうへ後ろ向きに進んでゆく。「下の方が尖った三角形やソロモンの印璽の下部は、伝統的に女性原理の象徴であり、『フィネガンズ・ウェイク』で大いに展開されている。いうまでもなく、文字 v の価値は、曖昧で広大な連合グループからのほうが適切に取り出しやすい。マラルメにおける古典的な例は『エロディアード』に見られる〔…〕」[*125]

起源的なものと派生的なもの、単純なものと反復、最初のものと二番目のもの、等々の区別に起因するあらゆる対立は、遺物を辿ることからすべてが「始まる」ようになるやいなや、有効性を失う。遺物とはすなわち、ある種の反復、あるいは、テクストのことである。『数たち』を読んで、あなた方はこのことをかつてなくよく理解したにちがいない。

そこではすべてが一と二の対立（等々）を超えたところにあり、すべてが、知覚と夢、知覚と想起、意識と無意識、現実的なものと想像的なもの、歴史的なものと言説的なもの、等々の区別にもかかわらず、あるいは区別に反して作用している。これらの対立を超えて、あるいは、これらの項＝単語**のあいだに、**とはいえ、混乱しているわけではない。ある別の区別のなかにあるのだ。**二**はもはや**一**の偶発性ではなく、**一**はもはや**ゼロ**の二次的な過剰分（あるいはその逆）ではない。ただ、偶発性や二次性、過剰の価値を再考するというのであれば話は別だが。そして、つねに数を通して進行するその星座のような動きのなかで、このテクストを何とか考察しうるとすれば、この再考こそその唯一の条件なのである。

もろもろの対立は、算術的な芝居によって裏をかかれたとはいえ、ただたんに消滅させられるわけではなく、ここでは、ゲームの規則としてではなくゲームの効果として、あらためて作用すべく投じられている。痕跡は、別のもの、すでにして別の痕跡であるもの（「痕跡の反映」）に送り返されて越権され、忘却されるがままになることで初めて刻み込まれるのだから、その生産力はその消滅のエネルギーと不可分の関係にある。脱固有化の潜勢力は、決してそのものとして産み出されるのではなく、固有性の諸効果が変質するなかで産み出されるのだ。第四の表面の歴史的な場面では、固有性の剥奪はよく理解されておらず、固有性の家内的組織と代表的経済において、必然的に（「4・52［…］この無理解には［…］あるひとつの法則がある」[*126]）、激しく横領されている。（固有なものへの）欲望と妥協したり、その力の諸矛盾を考慮したりしながら（というのも、固有なものは破裂を制限し、死に対して予防するが、同時に死のほうを眺めてもいるからである。絶対的な固有性、自己と自己の差異のない近接性とは死の別名である。かくして再び、固有性の空間は「死んだ表面」と一致するのである)、このテクストは明確に＝四角く〔carrément〕舞台を転換させている。脱固有化は激しい回転＝革命〔révolution〕によって行われる。エクリチュールは、「実をいえば最初から誰のものでもない思考のなかで、死に絶え、かつよみがえる」[127](4および4・100)ものを裸にし、脱固有化を調整し、繰り返し、定期的に移動させ、倦むことなく数え上げる。「[…]こうして僕は他のさまざまな徴〔marque〕のなかのひとつであり、[…]しかしもはや誰ひとり僕ではなく、これから生じようとしていることも、実は誰のために起こるのでもなく、そこにあるのは外からすべてを数え、記録し、消去する一連の数字でしかなかった――」[128](3・7)。

他の太陽たち、他の革命、他の算術。「何物かがわたくしの内部で数をかぞえ、一を加え、太陽の繋駕がその鞍に詰め込むために待ち設けている[129]決定的な数を成就する。わたくしはおのれが[…]測定するために組み立てられたことを心得ている[…]」

数の暗号は、その非‐音声的な操作によって声を宙吊りにし、自己への近接性を脱臼させ、口頭での言葉によって自己を表現させるような生きた現前性をも脱臼させるのだが、しかし、脱固有化は、こうした数の暗号によってのみ標記されるわけではない。「音楽と文芸」の表現を借りれば、「旋律的な――しかし沈黙した――暗号化[130]」とは、『数たち』の無言の代替のなかでの、その留め金の夢、その沈黙した小箱のなかでの、読み書きする主体の暴力的な死である。その小箱は、あなた方自身のものである(「1・5[…]このシークエンスに触れて僕は理解した、ただひとつの殺人がつねに行われ続けていること、僕たちはそこから来て、いつもこの迂回路を通ってそこに戻っていくのだということを……[131]」)。しかし、暗号化は**旋律的**なのであり、ひとつの歌が『数たち』のすべての徴を、拍子をとって打つのである。この語のあらゆる意味において、あなた方がそこに辿るべきはひとつのカデンツァ[132]である。

「黙劇《ミミック》」のなかの「声なき頌歌[*133]」とは、ただたんに、ある種の声、つまり、表象という言葉の特殊な機能の死亡を署名しているにすぎない。その声は、もっぱら主体の内的思考を表象＝再－現前化し、所記《シニフィエ》の真理――あるいは現前性――を指し示し、言表し、表現して忠実なる鏡に反映させ、指一本触れぬままに透過させ、あるいはその真理と一体となって溶け合うために――スクリーンなしに、ヴェールなしに、あるいは、よき裏箔なしに――存在しているような、そうした読者の声や作者の声のことである。とはいえ、この表象的な声の死、このすでにして死んでいる声の死によって、絶対的な沈黙がもたらされ、ついにエクリチュールの神話的純粋性のようなものが、ようやく唯一のものとなった書記素のようなものが現れる、というわけではない。むしろ、代わりにもたらされるのは、いかなる理念的な所記《シニフィエ》もいかなる「思考」もその明快なタイピングによって残りなく覆い尽くすことのできない、作者なき声、音声の線である。繰返される断続音によって、表象的なもののいかなる浮上もそのリズムの効果に従わされる。そしてその断続音自体が、テクストの、規則正しく残酷な展開、その演劇的な算術的書記素に従っているのである。そのテクストは、「いまや時代おくれというしかないアルファベット[*134]」（2・22）というような意味で、「話される」よりも「書かれる」テクストだ、というわけではない。「作者の声」の消滅（「〈本文〉がそこでおのれ自身について、しかも作者の声なしに語りながら[*135]」と、ヴェルレーヌが打ち明けられたように）は、もはや言語的というよりも音声的な書き込みの力を始動する。多声的な力。かくして、音声の間隔化は、テクストによって――またもや――必ず思うままに使われる語や概念的所記《シニフィエ》の権威によってではなく、この裏箔なき声の次元で調整されるのである。

「ある主題による変奏」に従えば、「黙せる詩」（「すべては宙吊りになって、交互に向かい合い、全体的なリズムを目指す断片的な配置となる。その全体的なリズムとは、余白によってなる、黙せる詩である[*136]」）。

だが、『数たち』はまた、きわめて大きな声の詩でもある。試してみるとよい。『数たち』は、喧噪――ゆったりした、調整された、抑制された、執拗な、張りつめた――のなかで読まれる。その喧噪を生み出す歌は、母音や分節を舞台化し、そしてその分節のかつてのこだまを壁の表面に投げつけ、パネルからパネルへと、時には百回も、その跳躍を反響させるのだ。そのたびごとに、別の金属のなかで、別の液体による彫刻、聞いたこともない物質の横断。作者なき声、大きな息のエクリチュール、声をからすほどの歌。

「3　……そしていま、声がそう言っていたが、疑いもなくそれは、彩色された視像から、というよりは色彩の燃えあがっている背景からたちのぼる僕の声であり、その声がさまざまに変調して、流動的な、せきたてるような呪《まじな》いになるのが聞こえ、いくつかの母音が次々にあらわれ、入れかえられて、僕の息を通してテクストにあてはめられるように思われた。それらの母音の連続は、細部のひとつひとつに直接働きかけ、リズムを伴う連鎖を形作り、さまざまな役割や事実を取り集めては振りわけるスペクトルを形作り、その動きが僕を他の人物たちのなかのひとりとして利用していた。その動きにとって、僕は、持ちあげられたり投げ飛ばされたりする粒でしかなかった……　くっきりと浮き出た碑文に挿入された文字の声の起伏――その碑文は、文字さえなければ安定を保ち、不透明で解読不能なままにとどまるはずだった――。こうして僕の介入を許し、僕を対象とする操作の逆転を可能にするこれらの原子の活動、僕がすばやくその控え目な力の方向を逆転した発散と発射、それらすべてが、遠くにあるもの、外にあるものを聞いていた――そして、音が紫の空に入りこみ、目の底にまで達するのが、またしても僕には見える。それは次のように言いあらわすことができるだろう――I-O-U-I-A-I、ただし、そこにただちに、つねに一定の波動、なにか酔っ払ったようなものを押しつけなければならない……〔…〕こうして僕の声は僕を離れ［…］[*137]」

声の消滅は他のところでもこのシークエンスの変形的な反響というかたちで歌われている。「水の内壁」、「それを炎上させにくる太陽」、そして、「崩壊に先立つ一瞬、歌声のなかで始まる一瞬が存在していた――母音が次々に続き、互いに入れ替わる性急な呪文、I-O-U-I-Aという形で述べられるかもしれない文言、ただし、ただちに一定の波動、なにかしら酔っ払ったような、気忙しいものをそこに貼りつけるという条件で……」[*138]（3・55）。カデンツァに気づいたことだろう。この場合は二つ目の落下、Iから極限への落下であり、「長いあいだ保たれる最後の音」とは、この場合は最初の音だ。もう一度戻って確認するならば、「私の声」の器官が「私を離れていた」ことを示す徴《マーク》の登場する直前に、ある種の分解の気配があったことにあなた方は気づくだろう。

「［…］〔アルチュール・ランボーは、母音に色を割り当てていた。Aは黒、Eは白、〕Iは赤、等々。［…］〔この愛好家が母音に割り当てた視覚的解釈を子音に拡げていけないことがあろうか。〕もちろん、子音に色を割り当てることはできない。けれども、すべての子音が、そして一般的にいってすべての文字がそれぞれ異なるダイナミズムをもっていて、同じように**働いて**はいないということは、明らかではないだろうか。形はひとつでありながら、あらゆる種類の使用に役立つ器具のように。［…］つい最近も私はある書物のなかに読んでいたのだが［…］、Dという文字、デルタ〔Δ〕［…］とは、プラトンの証言によれば、同じ長さの線と等しい角によって成り立っているために、アルファベットのすべての文字のうちで第一の、もっとも完全な文字であり、他の文字はすべてそこから生まれたのだという。［…］〔同じように、イオタ〔I〕は完全性への道を表している。なぜならそれは、空のうちに、いちばん小さなもの、ひとつの点を指し示す指のようであるからだ。ところで、福音書によれば、われわれはできるかぎり小さくならなければ、神の国には入れないという。〕さらに、律法においては、救い主はIの上にある点、この先端の点を奪い取りに来たわけではないという」[*139]。

脱固有化は、したがって、声の順繰りの宙吊りや、声を句読点で区切ったり、あるいはむしろ、声のなかから、声のうえに特徴線を引き出したりするような間隔化によってのみ生ずるのではない。脱固有化は、声**のなか**での作用でもあるのだ。とりわけ、思考が始めから誰のものでもなく、「非人称化」が始原的であるとすれば、それは端的に、テクストというものが決して始まらないからである。それは、テクストにおいては断絶が消え去り、「実質的な」侵入がぼやけ、〈つねに‐すでに‐そこに〉の連続体のうちに溶けてゆくから、ではない。そうではなくまさに、テクストにおいては断絶が決して起源ではなく、そのたびに以前のテクストを変形しようとするからである。それゆえ、『数たち』は読まれるやいなや、そのいかなる考古学も不可能になるのである。あなた方は底なき、終わりなき連鎖にはてしなく送り返され、はてしなく連接されたその後退によって、考古学のみならず、終末論も解釈学的目的論も禁じられるのである。と同時に、「終わりもなければ始まりもない新しいテクスト」[*140]（3・99）は、書物の留め金のなかに維持されることも含まれることもできない。そのテクストは、「現在時の地平をさらなる権威をもって把握できる」[*141]ように地平そのものを自らの舞台の枠にしてしまったのだから、テクストは視界の外にあるのである。

かくして、たとえば、『数たち』は確かにその始まりから始まっているように見える。第一シークエンスのIから。ところが、この開始の直前で、

一．文頭の大文字は先立つ三つの中断符によって宙吊りにされており、多様な句読法によって起源が宙吊りにされている。あなた方はすぐさまある別のテクストを燃やしつくすこと〔consummation〕のうちに沈

み込む。その別のテクストはすでにその二重－底からこのテクストを動かしていたのだ。それはすべての引用＝都市〔cité〕の機構を再び動かす引用〔citation〕であり、起動的な誘発〔incitation〕である。

二、この引用されたテクスト、この来たるべき前過去は、それ自体が燃やしつくされるという以上に、燃やしつくすこと〔consummation〕について成し遂げられた＝消費された〔consommé〕言表なのではないだろうか？　そのいわゆる理論的な言表は。そしてこの件について精通しているこの言表は。たとえば、『数たち』の「冒頭」は、『ドラマ』の焼きつくような最後のページが絡みつくような同じ焔のなかで燃え広がったものにほかならない。読んでみるといい。「1．……紙が燃えていた、そして、規則正しく形が歪められるやり方でそこに投影され、描かれ、彩られたものすべてが問題なのだったが、その一方、ひとつの章句が語っていた――「外面がそこにある」。視線のまえに、というよりはむしろそれから身を引くようにして、このページ、あるいは燃えつきて丸く巻かれ〔s'enroulant consumée〕、褐色になってしまった木の表面[*142]」。

『ドラマ』の「最後の」ページは以下のとおりである。

「まだ書かなければならないのはこういうことだと考えながら、

「本はここで失敗に終わる――（焼かれる）（消えてしまう）と考えることができる（最後の思考）――「雑草よりももっと数多い」――「すべての思考のなかでもっとも敏活で、もっとも迅速な、そして心臓に支えられている」――をもたない思考のなかで」――[*143]」。

書くこと、焔、消滅、「終わりのなさ」、数、数えられないもの、草、これらはこうした引用効果の必要性についての引用であり、引用された言表なのである。これらの引用は、二つのテクストないし二つの燃えつきる火の間の単純な関係線を描いているのではなく、あなた方を星座ないし迷宮の移動のなかへと導き入れるのである。これらの引用は「この一枚の紙の枠のなかに[*144]」とどまってはいない。送り返しに終わりがないというだけではなく、これらの引用はあなた方を互いに異質なテクストと送り返しの構造の間に巻き込むのである。かくして引用はときに「引用」の「引用」（あなた方はまだこの語を括弧に入れて読んでいるが、時が来れば、この語を精査することになるだろう）であり、間接的または直接的な、水平的または垂直的な、ほとんどつねに二重化された、多くの場合は斜めからの送り返しである。数あるなかの一例。この紙の焔は『ドラマ』から『数たち』に移るだけではないのだ。この紙の焔は、暁を求めて患う《マルドロール》〔en mal d'aurore〕ある別の「燃えさかる紙」のうちに、現実的というよりも潜在的な炉をもっていて、それは今度は『ロジック』のなかで燃えつきて――引用されて――いるのである。『ロジック』は、もはやたんに理論的というのではなく、おそらく四部作（『公園』、『ドラマ』、『数たち』、『ロジック』）の立ち会いの言説を二重化するような仕方で、エクリチュールの「超越有限的な」動きを言表している。エクリチュールの動きは「言語の一般的な括弧入れ」であり、それは「テクストに対して、テクストのうちで〔…〕、完全に引用的なものになる[*145]」のだという。

それゆえ、いかなる出来事も物語られてはおらず、すべてはインターテクスト〔entretexte〕のうちで起こっているにすぎない。ただ、「結局のところ、何も起こらない[*146]」という唯一の原則だけが、尊重されている。「彼は書物を閉じ――蠟燭に息を吹きかける、――偶然を含んでいた彼の息である。そして、腕を組み合わせて、祖先の灰の上に横たわる[*147]」その瞬間に、つねにまた別の書物が燃え上がり始めていたことになるだろう。

オリジナルのテクストと引用との二重性はかくして奪い去られる。四角にすることのうちで。そして第二の四角の時点から、あなた方はそのことを知らされている。「1・5〔…〕なにかが始まっていたのだが、その始まりがさらにより深い始まりの層をあばき、もはや前もなければあともなく、後ろをふりかえることもできなかった〔…〕[148]。

〈始まり以前〉についての、起源となる虚構についての、種子＝精子の不確定な半過去——そのなかに、日付なき出来事、太古の誕生の大過去が入りこんでいる——についての言表は、それが言表している規則から逃れることはできないだろう。そうした言表は自らおのれを暗唱し、あなた方をたとえば『公園』のごく自然な囲いへと連れ戻す。「〔…〕字句のはじめを読んでみてもいい——「ノートはテーブルのうえにひろげてある」、そしてその字句が僕の言おうとしたことをなにもあらわしておらず（つまり最初のもくろみとの比較を可能にするようなものはなにも）、たったひとつの言葉ではのこりの部分を救うには充分でなく、したがってこのうんざりするような、いたずらに悦に入っているだけの続きはやぶいてしまわなければならなかったのだということをたしかめる。ひきさき、ひきさき、なげすて、きれいに片づけ、徐々にひろがりあらゆる方向にひろがっていく空間をふたたび創りだすこと[149]」。

この「字句のはじめ」は、ある紙と、『数たち』がそのうえに並べられることになるような「褐色になってしまった木の表面[150]」とが互いに惹きつけ合うような関係を創り出してゆく。しかし、『数たち』はすでに『公園』において、前述の道を辿っているのである。「ノートは、スタンドの淡い光にてらされた褐色の木机のうえに開かれている。表紙はもうやぶれかけているが、一枚一枚、ブルーブラックのインクでこまかくぎっしりと書きこまれたページがゆっくり一ページまた一ページとつみ重ねられ、白い方眼紙〔quadrillé〕のうえにのびている。あともどりはできない。とにかく最後までやりとおされることを要求するこの入念な無益な仕事を、最初からやりなおすこともできない。それは、まだ遥かな最後のページにいたって、いつの日か、ひとりでにやむだろう[*151]」。

まるで、『公園』の方眼紙のノート、『ドラマ』のチェス盤が、始めることの不可能性をとつぜん方眼に入れるかのように。そしてその不可能性とはまた、「戻ること」(『数たち』)の、「あともどりすること」(『公園』)の不可能性でもある。「すべてが混ざりあい〔汚染され〕、意味を帯びている。どうはじめてみても、中立を守るのに必要な保証はえられない[*152]」。もろもろの起源のこの「汚染」〔contamination〕は、『数たち』の「毒」が意味することになるものでもある。

あなた方がいる場所から、方眼(『公園』)、チェス盤の目(『ドラマ』)、四角形ないし立方体(『数たち』)の角で、開くことがまるで閉じることであるかのように、一方が他方のなかで戯れるようにして行われているのに注意してほしい。出口として必然的な出口がむしろ攻囲しており、テクストを果てしなく、また不完全に、送り返しのなかに——出口のなかに——、別のテクストへ向かって閉じ込めている。見渡す限り、偽りの出口だ。扉口に鏡が置かれている。コーナー〔carré〕に。『公園』、『ドラマ』、『数たち』の囲い——あるいは格子——は開口部の形をしている。それは鍵を差し入れるための小さな開口部なのだが、格子(網の線と角の関係)にほかならないのだから、開口部は無数なのである。したがって、その囲いは必然的かつ不可能である。緊急かつ実行不可能であり、文字どおりしつこく取り憑く悩ましいものである。このことは『公園』においてすでに見定められ、備えられていたことになるのだが。「腹這いになり顔を枕に埋めたまま、もう一度実験してみなければならない。ずっとまえから、すべての要素は僕がのぞみさえすれば知られているのだ。僕は知っているし、知ることができる。僕は外にでて、目につかない裂け目を、僕以前にはだれひとり試みたこともない解決をみつけることができるかもしれない[*153]」。

やはり『公園』の、もっと先のほうであなた方は、来るべきテクストのあらゆる幾何学を分かち持つ鏡の向こうに入り込むことで、『ドラマ』や『数たち』の数多の草を踏んだことになるだろう。「すぐそば、僕のうしろ、視線をさげればこの椅子にかけている僕がみえるはずの鏡の向こうに、小石や枯葉や小枝にもかかわらず、冬や寒さにもかかわらず、草が、一様な緑の、しかし緑としてはまだ色のうすい草が密生している[*154]」。

鍵のたくさん詰まったこのテクストは、いかなる秘密も隠してはいない。つまるところ〔en somme〕、このテクストというその総体〔somme〕以外には、何も解読すべきものはない。留め金のなかには何もない。鏡の背後には何もない。出口を求めての取り憑かれたような探求は、他に動機がある場合、とりわけ何らかの「作者」を求める場合を除けば、テクストの構造に起因するものにほかならない。あなた方がどうしていいかわからないでいる、この鍵束一式に。強迫観念というのはつねに、テクストによるものだったことになるだろう。「やつは言った、〔数え切れない過ちを犯してきたかどで〕そいつを刑罰用の簀子に縛りつけておかねばならぬ、と[*155]」。テクスト性とは攻囲に関わるものである。閉じることと開くことの決定不可能なプロセスが、たえまなく繰り返される。命令〔ordre〕に従って、順番〔ordre〕に（*arithmos*）。

よく考えてみればそれほど確かなことではないのだが、ひとはこう言うだろう。精緻ではあるが無益で、頑固で、倦むことを知らぬこのちぐはぐな四角形の構成物は、何も意味してはいない、その一定した不規則性、その枠と色以外には何も見せてはいないので、それは明るい世界を成してはいない、と。もしかしたらそうかもしれない。しかし、ここで問題になっているのは、心理学でもなければ作者の世界でもなく、作者の「世界観」でもあなた方の「世界観」でもなく、為すべき「経験」でもなければ描き出すべき、あるいは物語るべき光景でもない。そうしたものとは一切関係がない〔見るべきものは何もない〕。

それがこの解読しえないテクストの簀子だったことになるだろう。鏡のなかの格子状のテクスト。このテクストにはさらにほかにも、解読を挫折させ、あなた方をめくるめく転轍のうちにさまよわせる透かし模様がある。このテクストの網のような格子の幾何学は、それ自身において、それ自身によって、自らを法外に拡げ、複雑化し、そのたびごとに、ひとつの全体——その幾何学を含み込み、位置づけ、あらかじめその幾何学のうちに反映されたうえで規則的にその幾何学をはみ出る全体——のなかに収まる手段をもっている。このテクストの諸幾何学の歴史は、容赦なき再記入や一般化の歴史である。

ここでもまた、数多あるなかでひとつの例を挙げるならば、『公園』は次のように、青のなかで始まっていた。この青は後に、明るく照らされることになるだろう。「空は、輝き光る長い街路のうえで、暗く青い」[*156]。燃えつきて巻かれた『数たち』という書物のなかで、あなた方はすでに次のように読んでいたことになるだろう。「3・15［…］また次のようにも言う。「宮殿には扉が五十ある。そのうち四十九までは四つの面に開いている。最後の扉はどの面にも開いておらず、上に開いているのか下に開いているのかもわからない……　これらの扉にはすべて、錠がひとつしかなく、鍵穴も小さくひとつついているだけで、鍵の残した傷跡でやっとその所在がわかる……　それは空間の六つの面をふくみもち、開き、かつ閉じる」……　こうして、その構築物がかつて後にした環境にふたたび回帰する時点に直接到達するために僕たちは数多くの系列を辿らなければならないという事実が理解される……　あのテラスや円屋根や庭、あの住人や儀式までふくめて……　「空は、輝き光る長い街路のうえで、暗く青い」——とどのつまり僕はその一句から出発したのだった——」[*157]。

同じようにして、『ドラマ』の「第一の」文も、『数たち』の第四の系列のなかで再構成されており、あなた方はそれがどこから来たかを知らぬまま、現在形で読みえたことになるだろう。「4・32（［…］「まずはじめに（最初の状態、幾本かの線、版画——演戯がはじまる）、目と額の内側に集まってくるのは、おそらく、もっとも安定度の高い要素なのだ……」〔…〕」[158]。このようにたくし上げられた（内側にねじられ、たわめられた）テクストはあなた方をつねに〔鍵〕束のほうへ、そしてひとそろいの鍵のなかへと連れ戻す。

三．『数たち』の第一シークエンスは、過去のテクスト（それはそれ自体が、云々）の航跡として、それ自身よりも古いというだけではない。第一シークエンスがすぐさま複数に分割され、あるいは多数化されるのは、それが種子＝精子の発芽ないし差異化の力を備えているからでもある。その力がその後、似ていると同時に異なっている一連の文を他にも生み出し、生まれさせたことになるだろう。それらの文は、一定して不規則な仕方で来るべきひとつのテクストに沿って反映し合いながら変化してゆき、そのつどひとつの小さな差異の標記ないし余白によって隔てられている。たとえば、4・12では、第一シークエンスの全体が「あたかも…かのように」によって修正されている。「すでに尺度から逃れた大きな空間[159]」は、別の音域において、「すでに尺度から逃れた大きな一致[160]」になっている。「貼りつけられ、分解した大きなもの[161]」は、「貼りつけられ、分解された大きな体積〔volume〕[162]」に決定されている。こうした「計算された言い直し[163]」は無限に見出すことができるだろう。

このようにして「第一の」または「最後の」文について確認したことは、銘句や献辞といったテクストの〈始まりの前の〉言葉についても確かめてみることができただろう。こうした虚構の〈テクストの外〉もまた、『数たち』のシステムの内部に暴力的に再記入されている。銘句となっている「ルクレティウス」の文（外国語であるその母語で引用されている——*Seminaque innumero numero summaque profunda*〔無数の数の萌芽が測りしれぬ量をもって〕）は、テクストの本体そのものにおいて作用させられ、作用するようになるや、もはや、正面にピンでとめられ貼りつけられた引用であることをやめる（4・80（〔…〕／「欲望がまず最初にあらわれ、すべてのうえを漂った、それは、思考の萌芽よりもまえにすでに存在していた」／……無数の数の萌芽、精液、その総量が深みに触れ、そこでは「あなた方」という言葉と「あなた方」という思考が偶然のなかで道を切り拓き、あなた方にまで到達する）――）[*164]」……「1・81〔…〕未来と過去の芽〔…〕寄せ集められ、散りまかれた〔disséminés〕芽、ますます偏差をひろげる言い方〔…〕」[*165]。

銘句は、したがって、補足＝作品外〔hors-d'œuvre〕ではない。献辞もまた同様である。ただし、献辞は固有名詞として現れ（テクストに散りばめられた漢字と同じように、〈東〔東欧〕〉由来のもともとの異国のエクリチュールで示されている〔ЮЛИЯ ジュリア。ジュリア・クリステヴァのこと〕、その母音は表意文字的な言い回しを成しているのだが、『数たち』はそれをいくつかの意味＝方向で解体、再構成し、アナグラムによる脱固有化、再固有化によってそこに一定のうねりを刻みつけ、普通名詞に翻訳、変形し、その献辞の構成要素である母音で戯れている（「4・32（〔…〕「子音は声ないし母音を形成する空気なしには聞きとれない」／〔…〕）――」[*166]）。そのさい、それぞれの母音の色を示し、Ｉの色が赤――西洋文学のあるソネット[*167]と同様に、また、「歴史の赤い瞬間」[*168]のように――であることを強調している。しかし、今後、準書記的《パラグラマティック》と呼ぶことができるようなエクリチュールのこうした諸効果は、これらの例から想像されるよりもはるかに数多い。

四．「第一」シークエンスは、それゆえ、現在の言説、言表ではない（はじめに**あった**〔*était*〕のは数であり、言葉ではなく、また現在では同じことになるが、行為でもない）。あるいはむしろ、一見したところ「現在の」言表であっても、それは現在の言表ではなく、かつて起こったこと、現在であったこととして定義された何らかの過去という意味での過ぎ去った現在の言表でさえない。あなた方は、いかなる本質からも離れて、半過去によってすぐさま、別のテクストによってすでに切り開かれていた厚みのなかに入り込んだのである。そして、言われることや書かれること（「シニフィエ」）は、すでにして、あらゆる種類の痕跡をとどめながらそれらを歪めてゆく書記的な実体のうちへの切り込みという実践なのである。それらの痕跡とは、形、素描、色彩、半ば沈黙した表意文字、雄弁な言表、等々である。

「1……紙が燃えていた、そして、規則正しく形が歪められるやり方でそこに投影され、描かれ、彩られたものすべてが問題なのだったが、その一方、ひとつの章句が語っていた――「外面がここにある」。視線のまえに、というよりはむしろそれから身を引くようにして、このページ、あるいは燃えつきて丸く巻かれ、褐色になってしまった木の表面。[*169]」

まるで『公園』のなかであるかのように、『ドラマ』のうちにも『数たち』のうちにも、書物が書かれる環境の全体（寝室、たえず現れ続ける「古い寝室」、テーブル、ノート、インク、ペン、等々）がたえず再び記入され、再び賭け直されている。そのたびに、エクリチュールは消滅、後退、消去、退隠、自己への巻きつき、燃えつきとして現出する。『公園』は次のように閉じられる（ここには鍵の痕跡の反映が見出されるだろう）。「[…] 暗い〔街路〕[…] 別の日には、ノートが日なたのテーブルのうえに置かれているだろう、あるいは、彼女だけが鍵をもっているひきだしからとりだされて、今晩にも、一瞬そのノートは読まれ、またとじられるだろう――辛抱づよく書きこまれたオレンジ色の表紙のノート、しばしば、機械的にブルーブラックのインクにひたされるふるびた万年筆で、このページ、この字句、この終止符まで、かっちりした字で書きこまれたこのノート[*170]」。終止符の後ろと前に、このインクの円柱が残っている。〔インクに〕機械的にひたされて、また別のテクストを切り開くべく準備している。

『ドラマ』は『数たち』が始まるところで終わりを迎えるのだが、しかしその同じ地点で開始する（「実際、それ〔小説〕はそれが終わるところで始まるのだということができる[*171]」）、つまり、やはり演戯の空間を開くテクストの〈すでに－そこに〉から開始するのである。「まずはじめに（最初の状態、幾本かの線、版画――演戯がはじまる）〔…〕[*172]」。

8. 円柱〔colonne〕

「テクストの運動（『マルドロールの歌』全体を突き動かす）についていえば、それは「円柱〔colonne〕を軸にした平行な面での一様な回転によって加速された」運動となる。」（『ロジック』）[*173]

「ある夢によって彼は、石でできた太陽光線のような方尖柱《オベリスク》を建て、そこにいわゆるエジプト文字を彫りつけるべきだということに思いいたった。」[*174]

「知っているだろうか、アリストテレスによれば、円柱〔colonne〕に潰されて死ぬことは悲劇的な死ではない。ところが君は、悲劇的ではない死に脅威を感じているのだ。」[*175]

「集団使用のためにも、一つの形態が発見されなければならなかった。そして、その形態は**縦隊**〔*colonne*〕のうちに発見された。」[*176]

「糞柱〔colonne〕、ペニス、子どもの三つはすべて、侵入したり、そこから突き出ることで、粘膜の管〔…〕を興奮させる固体である。」[*177]

かくして、決して現在であったことのない過去の無際限性のなかで、ひとつの切断が演戯を始動しテクストを切り開く瞬間に、「ひとつの章句が語っていた[*178]」。もっと先のほうでは、「3・11〔…〕僕は話している途中で目をさましたのだった〔réveillé〕、言葉の黒い渦巻のなかに滑りこんだ一瞬の閃光〔…〕[*179]」。もう少し前では、「1・9〔…〕たしかに僕は目をさましていた〔réveillé〕、しかしその目覚め〔réveil〕は時間差を伴う効果にすぎず、ひとつの萌芽にすぎず〔…〕」。

問題になっているのはつねに再度の目覚め〔réveil〕であって、決して最初の目覚め〔éveil〕ではない。言葉のほうが私の私自身への現前に先立っていたのだ。意識よりも古く、観客よりも古く、いかなる立ち会いにも先立つひとつの章句が「あなた方」を待っていたのであり、そしていまもあなた方を眺め、観察し、監視し、あらゆる側からあなた方に関わっている。あなた方が未開拓の空間を切り拓いているのだと信じているところで、つねにひとつの章句がすでに封印されてどこかであなた方を待っている。「4（〔…〕そしてそれが、実をいえば最初から誰のものでもない思考のなかで、あるいは、生起したことが一定の高さに宙吊りになっている透明な円柱〔colonne〕のなかで、死に絶え、かつよみがえる。目をさましたあなた方は心のなかでこう考える――「おや、私はあそこにいたんだな」、しかし、この一句をあなた方に説明するためにたちあらわれるものはなにもない、あなた方を見つめているのはそれだ……［…］）――[*180]」

　このテクストは「私」以前の場を占め、私を眺め、私を包囲し、私自身に私を告げ知らせ、もっとも秘匿された私の現在との間に私が取り結んでいる共犯性を監視し、私の良心の裁き――まさしくひとつの都市であり、迷宮のような都市である――を見張る。まるで私のうちに埋め込まれた監視塔、つまりこの「透明な円柱」から見張っているかのように。内部をもたないこの「透明な円柱」は、自己に閉じこもろうとするもののうちに、純粋な外部として打ち込まれている。円柱は時間のなかに空間を導入し、コンパクトなものを分割する。その透明性は反射性でもある。円柱状の鏡を飲み込んでしまったのだと想像すればよい。立ち上がると、それはあなた方よりも大きい。「4 （［…］その円柱はあなた方にどんな距離も残さない、それはあなた方が眠っているあいだあなた方を見張っており、あなた方とあなた方のあいだに滑り込んでいる……　あなた方が僕を見もせずに歩いているその場所にあろうとは思わず、思い出されることもますます稀になる［…］）[*181]」。

　このガラスの円柱は、その数多の多義性のなかで、四角形たちのすべてを横切り、支配し、調整し、そして反射する。

　それは、多様な言語とエクリチュールが、きわめて和解不可能であると同時にきわめて明確に示された他者性を通して、互いにぶつかり合い、絡み合い、変容させ合い、生み出し合うバベルの塔である。他者性が明確に示されたというのは、ここでは複数性が底なしであり、失われた統一性への郷愁に対する否定性として経験されはしないからである。それどころか、複数性はエクリチュールを誘い出す。「I.［…］歌《エール》／／別の言語で言われた言葉、強調され、繰り返され、歌われ――そしてたちまち忘れられてしまった——歌詞のゆえに、ひとつの新しい物語がはじまった〔déclenché〕のを僕は知っていた[182]」(2・90でも同様)。

バベルの塔というこのテクストの脊柱は、作品に沿って織り上げられるファルスの円柱でもある。ヘロドトスは述べている。「エジプト人は男根像《パロス》の代わりに別のものを考案しているが、これは長さ一ペキュスほどの糸で操る像で、これを女たちがかついで部落を廻るのであるが、胴体とあまり変わらぬほどの長さの男根が動く仕掛けになっている[183]」。

「4・56([…]このリズムをもとに、あなた方はゆっくりと立ち直ることができ、あなた方の空間の切れ端を集めることができ、あなた方のなかで脊椎〔colonne d'os〕が軟化するのを感じることができ、手はその指をふたたび見出すことができ[…])——[184]」「2・6[…]他のどんな既知の言語にも存在しないひとつの音節[…]そのとき僕は、ひとつの円筒の頂き近く、その基盤がもっとも重い金属のなかに食いこんでいるために、その拡大を僕自身が制御するわけにはいかない円筒のほぼ頂上にいた。こうして僕たちは、何千ともなく群をなして白く開いている口をめざして登っていったが[…][185]」「1・49……なぜこのように鏡を突き抜けるのか、なぜこのような二重の根こそぎが起こるのか、その理由をとらえることができず、それがなぜまさに彼女といっしょに、彼女の目といっしょに、彼女の先細りといっしょに、それを押し包む円柱〔colonne〕のなかにかくされた剣といっしょに起こるのかもわからず……[186]」

「さまざまな世界とその時間を横切る透明な円筒」(2・38[187])とはまた、ゾーハル[188]の捉えがたい空気柱でもあるのではないだろうか(3・43「……「捉えがたい空気の巨大な柱を彼はえぐった」/……[189]」)。確かに、円柱－鏡、水銀の円柱、「肉体の脊柱〔colonne〕」と空気の円柱〔colonne〕」（1・85[190]）は、「数たちの列〔colonne〕」（4・52[191]）でもあるために、カバラのなかに沈み込んでいる。「1・45〔…〕刻印され蓄積された苦痛の外への飛躍のなか、イメージもなく大地もない散種のなかで——とはいえ、すべては光に満ち、乾き、浮き出ており、連鎖証明（「あるマトリックスのすべてのゼロを含む列——横または縦——の最小数は、異なる横または縦の数列にふくまれるゼロの最大数に等しい」）〔…〕[192]」、そして数たちの列は、そこでもやはり、木々である（1・45および「3・15……だから、むき出しの四つの壁面と、部屋を横切っている木をのぞけば、そこには、隠された外界の、それともわからぬ、まるで顔を赤らめているかのような呼吸しかなかった……[193]」。このことは、十という数の権威[194]（1＋2＋3＋4）に加えて、原型となる十の名前ないしカテゴリーに相当する十のセフィロート *sephiroth* の樹に照明を当てることができるだろう。そのような特権が、あまりに多様で一挙に捉えられないというのでないかぎり。サファル *safar* とは数えることであり、セフィロートはときに記数法と訳される。全体を彫り刻まれたセフィロートの樹は、「あらゆる根元の根元」であるエン・ソフ[195]のなかに沈み込む。そしてこの構造はあらゆる点において『数たち』のなかに見出されうる。そこにあるのは、カバラを再刻印するテクスト上の数多の接ぎ木のひとつにほかならないだろう。そうした接ぎ木は数多く、複数で、散種されていて、またリズムがついていて、カデンツァを与えられていて、調整されていて、計算されていて、「完全な射程」（2・74[196]）のうえに示されていて、ギロチンで切られた頭部のように、果てしなく録音された声のように、「数たちの不動の落下」（1・33[197]）のうちに、拍子をつけて落ちてゆく。

　進行中の円柱、数たちの円柱、鏡－円柱、空気の円柱、水銀の円柱、**黄金**の円柱。それは溶解した黄金、銘柄の合金である。「ぼくのすばらしい宮殿は、銀の壁と、黄金の円柱と〔…〕でできている[198]」。円柱は何ものでもなく、それ自体にはいかなる意味もない。それ自体から切り離され、空になった、斬首されたファルス（i）[199]として、散種の数え切れないほどの通過と余白たちの戯れの移動とを保証している。円柱は決してそれ自体ではなく、ただ、果てしなくそれ自体に置き換わり、それが隆起するや二重化させるエクリチュールにすぎない。「二本の柱、バオバブ樹と取り違えることは困難でないし、ましてや不可能ではない二本の柱が、二本のピンよりも大きく、谷間に見えていた。実際は、二つの巨大な塔だった。そして、二本のバオバブ樹は一見したところ二本のピンにも、二つの塔にさえ似ていないが、それでも慎重さの糸を巧みに操るなら、誤りを危惧せずにこう断言できる（というのも、この断言が一片でも危惧の念をともなっていれば、もはや断言とは言えないだろうから――かなり際立った性質を示しているので軽率に混同される恐れはないこれら二つの精神現象を、同じひとつの名詞が表してはいるが）、つまりバオバブ樹は柱と比べて、両者の建築学的……あるいは幾何学的……あるいはその両方の……あるいはそのいずれでもない……あるいはむしろ背が高くてどっしりした形態のあいだで、比較が禁じられているほど異なってはいないと。［…］二つの巨大な塔が谷間に見えていた。そのことは最初に言った。それを二で乗じると、積は四になった……しかし私にはこの演算の必然性がよくわからなかった[200]」。

　本書の読解はすべてまた、『ドラマ』から『数たち』に至る消尽の火、およびトーラー[201]の火――黒い火と白い火――を互いに付け合いかき立て合うインターテクストないし準書記的《パラグラマティック》ネットワークのうちで循環することもできるだろう。トーラーの火とは、次のようなことである。白い火、すなわち、いまだ目に見えない文字で書かれたテクストが、口伝トーラーの黒い火のなかで読まれるべく与えられる。口伝トーラーは、そのテクストに子音を描き母音を打ちに後からやって来る。[202]「3・43［…］／白い火のうえで僕が自分を焼いた［…］黒い火の道程［…］」[203]。これだけ多くの火がテクストによって投げられ、前に投げかけられているにもかかわらず、あらゆるテクストが汲みつくされ乗り越えられた果てに残る炉のような、そこへの到達が限りなく夢見られるようないかなる「現実の」消尽も参照されてはいない。火は、ひとつのテクストから別のテクストへの「転移」の外では何ものでもない。それは「沈黙した物体」でさえもない。消尽（死とひとつの太陽――「一度」ならず問題になった――との関係）は、散種と同様に、端から端までテクスト的である（「書物は消し去る　灰の時間を」[*204]）。

このことは、テクストについてのあなた方の考えを（灰に）還元するということではなく、それに火をつけるということである。「現実の」究極の参照項を欠いたこのような消尽は、痕跡や灰を消費することしかなく、現在のものは何ひとつとして照らし出さないようにも思われるが、それでも燃えることには変わりない。とはいえ、燃えるとはどういうことなのかを理解しておかなければならない。火**それ自体**とは何だろうか。『ドラマ』においては次のように言われている。「焔と火を区別するものはなにもない、火は焔以上のなにものでもなく、重要なのは単語の意味であって、単語のなかの事物ではない。ここで火なり焔なりを思い描いたところで何の役にも立ちはしない。それがなんであるかは、人の目にうつるものとなんの関係もない[*205]」。犯罪と同様、消尽も「現実に」は起こらない。消尽は欲望とその達成の**あいだに**〔*entre*〕、犯罪遂行とその追憶の**あいだに**存在する。それこそ「黙劇」のなかで、「よこしまではあるが神聖なる」イメーヌ〔hymen〕が二重に名づけているものである。すなわち、挿入、つまり、**入り**〔*entre*〕、消尽し、パートナーたちの**あいだに**混交を置くものにより遂行された行為。しかしそれはまた、逆に、かつ同時に、熟達していない〔消費されていない〕結婚であり、膣の内壁であり、外部と内部、欲望とその成就、挿入とその追憶との**あいだに**維持されているイメーヌという処女膜でもある。「絶えざる仄めかし」の宙吊り。

それがあの『女房殺しのピエロ』（果てしなく続くこのイメーヌのなかでのマルグリットのマイム劇）である。

カバラはたんに算術知〔arithmosophie〕や文字置換学という資格で登場すべく引用されているのではなく（「2・42［…］「彼は空を三倍に、大地を二倍にし、数に支えを求めた」[*206]」……「3・95［…］「文字の組み合わせの科学は、高次の内的論理の科学である」／［…］」[*207]）、それは〈地上世界〉のオルフェウス的解明〔explication orphique de la Terre〕[*208]に協力するのである。『ドラマ』（「最初、すべては目のまえにあるが、しかしなにものも存在しない。それから視界が次々にその映写幕を創りだし［…］」[*209]［…］「［…］もし僕がここに次のような一節、「いま僕は世界がまだ新しく、大地がまだ柔らかかったときにたちもどり、その大地が、光の岸辺にどんな新しいものをはじめて生まれさせ、風の気紛れに委ねようと決めたかを語ろうとしている……」」、というこの［…］一節を書き写すとすれば［…］」[*210]）と同様、『数たち』の第一シークエンスも、一種の宇宙創成論的な神話学を物真似している。それは、差異なき起源の絶対的現在の反復であるが、しかし、0・4というような第四の前-文のゼロ地点においてではなく、すでに（1）においてである。すでに世界の起源において、「紙は燃えていた[*211]」のである。

ところでこのオルフェウス的解明は、点や空気に重要な位置を与えることで、プレローマ〔充満〕のようなものも描き出している。プレローマとは、一種の原初的空間としての空気の層（テヒル）であり、そのなかで、ツィムツーム〔収縮〕[*212]、すなわち、神が自分自身の外へ出て決心をするという神の危機、「神のドラマ」が生じる。この一点への収縮、つまり、退却の後に原初的エーテルを通して自己の外へ出るというこのツィムツームは、もちろん「ルーリア」の神話に送り返されるものであるが、「ヘーゲル」や「ベーメ」等々を経由することもできる（「2・54［…］「それによって産み出されたただの一点が思想に変わり、その思想のなかで彼は数え切れないほどの素描を描き、数え切れないほどの版画を彫った。それから彼は火花を刻みつけ、その火花が作品の源となった、存在し、存在せず、深く埋められ、名前によっては知りえない作品の……」［…］」[*213]。

このような授精の戯れ――あるいは接ぎ木――は、なるほど切り取られたテクストを生かしておくとはいえ、やはりその指導的な中心を破壊し、統一性や権威を転覆する。テクスト性や数多の多声性に還元され、完全に散種されて、カバラはたとえば一種の無神論に還元される。しかし、ある読み方をすれば、あるいは、端的に読んでみさえすれば、カバラとはおそらくつねに、一種の無神論だったのである。「［…］数はあなた方のいわゆる無神論者たちが信じた唯一のものですが［…］[*214]『数たち』とは、余白〔白色〕が一時的にしか埋まることがなく、つねに一面ないし一枡が空いていて、置換の戯れに開かれているような、そして余白は余白として、〔ほとんど〕純粋な間隔化として、永遠に――メシアによる完遂を期待することなく――垣間見られる、そのような神秘学である。それは、ただ見取られるのみの間隔化である。というのも、そこには周知のように、トーラーをめぐる間隔化とテクスト生成と多義性のあらゆる解釈が見られるからである。多義性とは、あるトーラーから「新たなトーラー」が出てくる可能性のことである（「トーラーはわれより出ずるであろう」）。「ベルディチェヴのラビ・レヴィ・イサークによれば［…］、「ところが実情は次のとおりである。トーラーの巻物の白い部分、つまり行間も文字から成っているのだが、ただわれわれは黒い文字のようにそれを読む術を心得ていないだけのことだ。しかし、メシアの時代が到来すれば、現在のわれわれの目には見えなくなったトーラーの白い文字も、神が明らかにされることだろう。「新しきトーラー」とは、このことである」[*215]」。

ここでは逆に、余白〔白色〕の構造が果てしなく散種された変容に開かれているので、新たなテクストはいつでも生じうるだろう。何も書かれていない紙や透明な円柱の白さが露わにするのは、ひとつの中間＝媒体の中立性である以上に戯れの空間ないし空間の戯れであり、そこでは変容は取り除かれ、シークエンスが言い表される。それは空気だ。「白い空気」（4・36[216]）。

空気、それはそこで「最初」から「I……」が捉えられ、あるいは**持ち上がる**、エーテルである。「I.［…］空気《エール》／［…］空気《エール》／／［…］空気《エール》／／／［…］」[217]。

空気、それはまた見たところ（空気〔air〕の雰囲気〔air〕だ、つまり、線が一本、二本、四本と二乗されてゆく〔au carré〕空気だ）、神話的には、最初の現在が固まっており、あるいは切り抜かれているような、差異化されていない圏域であり、「現在という偽りの外見の下に」真似されている、世界の起源の一種であり、感覚的確信の起源の一種である。

「1［…］その点にはまさに、どんな言葉のためにも、もはや余地は残されていない。人がただちに感じるのは口だ、一杯に詰まった暗い口——草、粘土——、人はそのなかにいる。もがいても無駄、寝返りを打っても無駄。完全に包囲され埋めつくされている。ずれも隙間も裂け目もなく。もっと遠く？　それはここだ。他のやり方で？　それはここだ[218]。」

その空気のなかには、世界の四角形が（4・24）、声の息が（4・32）、現在の見かけ（雰囲気）が（「4・8（［…］この第四の表面は、いわば虚空に〔dans l'air〕作りなされており、その表面のおかげで言葉が聞きとられ、肉体が目に映る、したがって人はたやすくその表面を忘れてしまうのだが、そこにこそおそらく幻想ないし錯誤があるのにちがいない［…］」[219]）捉えられていて、その空気がメロディーにリズムを与える。

円柱のなかに捉えられた「白い空気」。これもまた、労働の中心領域、基本的な空虚としての、そして工場の中央に据えられた溶鉱炉のような、中心領域ではないだろうか（『ドラマ』の「腐ったような匂いの煙」や「工場から出たばかりの白いスクリーン」[*220]が思い起こされることだろう）。『数たち』では、こうなっている。「3・75……そして空虚のなかで最後に産み出された具体的で残酷な労働、それゆえにこそより具体的、普遍的であり、彼方も限界もなく、やりなおしのきかない労働のことを考え……［…］「これらのページに見えている工場や河岸は解体され、白い煙が柱のように〔les colonnes de fumée blanche〕空にたちのぼることをやめるかもしれない、しかしこの港が支配されることはありえない」／「世界史の作者となりうるのは人民だけである」／［…］」[*221]

しかし、このように労働や疎通としての産出（1・24〔原書にない項目〕、3・43）の中心領域となる以前に、空気は「空気」である。つまり、ひとつの「引用」である。たとえば、『ドラマ』には、次のようにある。「［…］あたかも彼が一冊の本を考え、あるいは夢みているかのように……要素のひとつひとつ（単語、文章、ページ）が、覆いかくされた回転運動によって動かされているかのようであり、まるで多様な球体の回転を眺めているみたいだ［…］この本から生じるもの、それは空気だ」[*222]。あなた方はこのようにして「球体」や「回転」等々の引用のネットワークを再構成することもできたことだろう。

空気は、したがって、たんに「引用」であるばかりではなく、一般化された引用としての、テクストの空虚な中心領域であり、引用の引用であり、共出現におけるその〈引用された存在〔être-cité〕〉である。

この重層決定された「空気」は（とはいえ、第四の表面の根源的な現前性の「錯覚」を除いては、重層決定でないものはない）、自己のうちに、少しずつ、「ヘーゲル」の「自然学」——あらゆる哲学——を超えて、ソクラテス以前の宇宙創成論のあらゆるテクストを再び産み出すのである。「アナクシマンドロス」の宇宙創成論を。またとりわけ、根源的なアペイロン（無限定性、アオリスト、つまるところ、半過去＝未完成）を**空気**と規定している――その空気の稀薄化が火を誕生させることになるだろう――「アナクシメネス」の宇宙創成論を。そして、空気の上を漂っている大地は「アナクシマンドロス」にとって、その比率を測りうる「柱の土台」、「円筒」であって（底面の直径が高さの三分の一）、その最上部の膨らみに私たちが住んでいるのではなかっただろうか。『数たち』には次のようにある。「2・6［…］そのとき僕は、ひとつの円筒の頂き近く、その基盤がもっとも重い金属のなかに食いこんでいるために、その拡大を僕自身が制御するわけにはいかない円筒のほぼ頂上にいた［…］[*223]このシークエンスの続きは、あなた方がヴェネツィアのパラッツォ・デュカーレで見ることができただろう「〔ヒエロニムス・〕ボス」の《楽園》の光景の描写を装っているかのように見える。というのもその続きは、タブローの上部と右に、「道徳経」〔『老子』〕の〈道〉の上で、あの「白い輪」を開くからである（「こうして僕たちが相互の関係のなかで僕たち自身を創り出す坩堝ないし工場は、したがって、同時に、白い輪（それが道にほかならない）のなかに遙か以前に書きこまれた文章の喚起であり敷衍なのだった。道、というよりはむしろ逆に新しい回路の入口なのかもしれず、同一の回路とはいえ逆に辿るべきもの、同一のものとはいえ鏡に映ったもの、というよりはむしろ、たったいま生じたものを鏡に変えつつあるというべきか、そこ、つまりかつては反映と呼ばれ鏡と呼ばれていたものの彼方で、僕たちはまだゆっくりと回転しているのだった……[*224]」）。『数たち』のすべては、かくして、こうした複数のテクストの厚みのうちにその虚構的な出発点をもっていて、エクリチュールの本体を、神話、夢、タブローの空間や、もはや鏡と呼ぶことさえできないようなものの奇妙な裏箔に、混ぜ合わせるのである。

文字どおりの空気《エール》（*r*《エール》）は数〔nombre〕（*r*はその基本的な柱である）からも種子《スペルム》（項《テルム》＝単語／芽《ジェルム》）からも切り離しえず、後者については、空気《エール》（*r*《エール》）がそれを通過させ、生じさせる。とりわけ「アナクサゴラス」と「エンペドクレス」は両者を一貫して結びつけている。「すべてのものを空気と上層気（アイテール）が凌駕しており、両者はともに無限なものであった。すなわちこれら両者は、あらゆるもののうちに、数量においても大きさにおいても最大のものとして含まれていたからである。〔…〕混合体としてあるすべてのものには、多数かつ多種多様なものが含まれている、すなわちすべての事物の種子（*spermata*）として、多種多様な形態や色や味わいを持ったものが含まれている」。「あらゆるものの集合のうちに差異を導入する「分離」が、各々のものを「現れ」させる。かつては、「鏡の前の混乱のなかに」（3・31）[*225]、「多くの土も、また無限の数量の、しかも互いにあい似たところのない種子も含み込まれていたのである」[*226]。つまるところ、このことをあなた方にわざわざ思い出してもらう必要があるだろうか。ピュタゴラス教団の者たちもやはり、空気が世界の中間＝媒体〔milieu〕を成していると考えており、テトラクティス（1＋2＋3＋4）[*227]によって誓い、一種のドミノの上に並べられた点によって数を表していたということを。あなた方はこのことを、まさしくこの前未来の錯覚のなかで、知っていたことになるだろう。挫折しそうになりつつも、現在においてたえず、あなた方はそこへ迂回し続けるのだ。

9.「東＝ある〔est〕」の四つ角

「[…] 東に進むためには〔どの道を行けばいいんだ〕？　橋が切り落とされた？　地図がない？ […] ひとつ発音の間違いがあればそれで一丁あがり！　山だって！　お前たちの考え方はあまりにも単純すぎる、それじゃとても真面目だとはいえないな。ところで東は？　僕はお前たちに、東にはどう行ったらいいのかきいているんだ。なぜそんなはっきりしない、中途半端な仕草をするんだ？　東だ。ヒ・ガ・シ。ゆっくり東に行くにはどうしたらいいか。地図でいえばつまり右の方だな。おたがいに情報の交換を拒否するくらいなら、なにも同じ画面に一緒に描きこまれる必要なんかないじゃないか。」（『ドラマ』）*228

「*carrefour*〔四つ角〕、*quadrifurcus* に由来し、四つの〔quatre〕叉〔fourches〕をもつこと […]。十二世紀のラテン語フランス語語彙集では、*theatrum*〔劇場〕は *carrefourc* と訳されていた。」（『リトレ辞典』）

そうした多義的なプログラムやテクストの接ぎ木の例でもって、あなた方は何をしようとしているのか。あなた方はよく、こういう言い方がなされるのを聞くだろう。これはこれで**ある**、そしてさらにこれで**ある**。空気はソクラテス以前の生理学ではアペイロン〔無限定〕で**ある**〔*est*〕、それからこれで**ある**、カバラではテヒル〔原初の空間〕で**ある**、現前性、可視性、仮象、声、等々の可能性で**ある**。「空気」はこれを**言わんとし**〔*veut-dire*〕、それからそれを**言わんとする**、等々。次のようにも言うことができたことだろう。

四角形とは、

一.『公園』の方眼紙、あるいは格子、『ドラマ』のチェス盤、『数たち』の文字盤〔cadran〕、『ロジック』でもって形成される四部作の布置とそれらの**プログラム**のフォーバイフォー（Ⅳ×4）の定理。「すなわち、繰り返し始まる幾年かのサイクルに並行して自らを展開する多様なる四部作であり、そのテクストが法のごとく不変のものであるように。これでほとんどよい！[*229]」

二.「エンペドクレス」の「万物の四つの根[*230]」あるいは平方根〔racine carrée〕（4・32[*231]）

三.「四角い文字」、漢字や「書くこと」を「言わんとする」表意文字の形（「3・23 一方で、東と西のいずれかを選びとらなければならなかった。そしてそれはあたかも、未来という贋の顔を見せている過去をとるか、それとも依然として過去の相貌をおびている未来をとるか、そのいずれかに決心しなければならないかのようだった…… セメントで固められ、縦横に線がひかれ、流動とイメージに覆いつくされた巨大なひろがりが一方にあり、そこでは黒と白が同一の価値をもたず、セックスとセックスが奥まったところで引き離されていた…… 他方には、掘り返された泥だらけの大地、もはや区別しようのない無数のかたまりに変えられた大地、話しかけ、武装をととのえ、いわば計算された眠りから目覚めつつあるかのような大地…… 西には、何トンもの鋼鉄や鉄の下に［…］忘れられた赤い大地の殺戮。［…］西には群衆、東には人民。西にはイメージ、東には場景［…］目に見えない力、どんなに堅固な地盤さえ揺るがせずにはいない四角い文字［…］[*232]」）

四．最後に、大地あるいは世界の四角形。そして、大地の能力を明確に＝四角く〔carrément〕見定めることができないかぎり、誰もこの劇場に入ることはないだろう。（「4・24（［…］僕たちがここで歩きまわっている四角形は大地なのだが、埋めつくされたこれら四つの表面は、そこにはなく物の数にも入らないひとつの中心に僕たちを送り返す。したがって次のような完全な図形

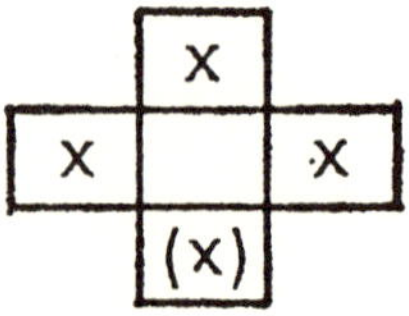

は、いまのところ生きるわけにはいかない空白の升目をひとつ残している、それは運命だ……。とはいえ、この言葉の迷路のなかを僕は突き進み［…］、空気がない、しかも空気を切り開いて作られたこの迷宮のなかを［…］、僕たちは変貌を重ねながらめぐりめぐる……」[*233] それから、「1・77［…］「彼らは火（高、天）を用いることによって、鼈甲の下の四角い部分（地）にそれらの図形を生ぜしめる」／［…］」[*234]、その結果、四角い文字は文字の十全さとこの空虚な升目ないし紙葉の白さを同時に告げ知らせ、升目ないし紙葉はその白さを種子として受け取る。

「二十五枚目の紙葉が欠けている
私は二十五番目に現れて

二十四枚の紙葉を取り、そのあいだに
ひとつの関係をつくり出す
そして一冊にまとめる
——
その上に
この欠けている紙葉が拡げられる
　会は四つずつ行われ
そのようにして全体を形づくる
[……………][*235]」

「*tetra* は二重の極性を示し、〔『賽の一振り』の〕*excepté*〔除いて、ただし〕や *feux*〔星火〕の *x* や、「とある斜めの方向に従い　とある傾斜角によって[*236]」の十字形のなかに現れており、さらには、おおぐま座のイメージのなかによりはっきりと現れている。以下を参照。実のところ、*tét* はタイトル文と二重の極性の本質である〈十字形と円〉の結合を要約している。「«têt» [téter〔乳を飲む〕…têtard〔オタマジャクシ〕…testicule〔睾丸〕] とは、ヘブライ語アルファベットの九番目の文字であり、大仰に発音されたフランス語の *t* にあたる。(そのもっとも古い形はフェニキア語のアルファベットで、十字形に囲まれた円である。これはギリシア語の *thêta* の原型である。*têth* という単語は、かつては〝蛇〟を意味していたと考えられている。)」(『新ラルース辞典』)。ここにあるのは、「あらゆる点から他の点へと空間一杯に引かれた〔espacée〕遍在する

〈線〉」（〔一九四五年版マラルメ全集〕648）[*237]という観念であり、〈堕落〉の蛇、精液の（天の川の）蛇が永遠に回帰するカバラの蛇のようにとぐろを巻き、また同じように、彗星や尾、生成の斜面のような表意文字が自分の頭（起源）の方へ、すなわち〈詩〉の始まりの方へたわんでいるという観念である。最後の賽の一振りは、潜在的にあらゆる〈詩〉の萌芽（精液）であり、最初の賽の一振りを繰り返しているのである[*238]」。「四角形〔carré〕」という単語は、それゆえ、四角い単語であり、四つ角の単語である。その空虚な升目ないし開いた面、割り引かれた顔によって、その単語は意味の交叉を閉じこめるのではなく、意味の交叉に通路を残しておく。四角形は増殖する。

しかし、ここではもはや、数の神秘学や詩学を再興しようというのではない。もはや、他の者たちがテトラパルマコンを追い求めるようにいたるところでテトラグラム〔ヘブライの神を表すYHWHの四文字〕を追い求めながら、「この汎ピュタゴラス主義［…］、あらゆる存在にその四つの量子、四つの数字による番号を与えることからはじめるこの総合的な算術を詠うためにどんな詩人があらわれるだろうか[*239]」と自問したりはしない。もはやここにはいかなる深層の意味もない。

というのも、「これはこれ**である**」、「「これ」は「これ」を言わんとする」と言いながら（もう例を挙げないように。四角形は逆説的にもひとつの例――したがって、ひとつの要素――にすぎず、テクストのあらゆる単語〔terme〕が例になりえたかもしれず、『数たち』の固有性はこの代置と形式的な抽象化の力に由来しているのである）、あなた方の命題は、〈言わんとすること〉に属している「である」というその形式自体によって、テクストを本質化し、実体化し、不動にするのだから。その運動は、それゆえ、一連の立ち止まり〔stances〕に還元され、そしてそのエクリチュールは、ひとつのテーマ主義的な練習に還元される。ところが、テクストかテーマかを選ばなければならない。エクリチュールの果てなき運動をふたたび見出そうとして、ひとつのテーマ系のうちに多声性〔plurivocité〕を据えつけるだけでは十分ではない。エクリチュールはただひとつの単語〔terme〕のうちにいくつもの糸を織り込んで、糸を引けばすべての「内容」を解きほぐすことができるようにするだけではない。

そういうわけで、厳密にいえば、ここで問題になっているのはテーマの多様性でも意味の多様性でもない。テーマの多様性や意味の多様性はつねに、少なくともひとつの完全な読解、絶対的な断絶や気違いじみた隔たりのない読解の**地平**のうちで、その多数性や変異を示しているのだから。その地平とは、意味の最終的なパルーシア——もろもろの規定の豊かな集合のうちで、意味がついに引き裂かれ、開示され、現前すること——の地平である。多声性や、それが呼び起こす解釈、そこに積み重なってゆく歴史は、ひとがどんなにそれに関心を抱き、いかなる威厳をそこに認めようとも、ある情熱ないし意味深い苦悩の滋味豊かで一時的な脱線として**生きられる**にとどまるものである。そうした情熱や苦悩が証し立てるのは、過ぎ去った、あるいは来るべき真理であり、謎を通してその現前が告げられていたところの意味である。多義性〔polysémie〕とは、その名が暗示するとおり、そのあらゆる瞬間が意味の瞬間なのである。

さて、『数たち』は、数たちである限りで、いかなる意味ももたず、明確に＝四角く〔carrément〕いかなる意味ももたず、複数の意味さえもたない。「正貨、この恐るべき精密な機械仕掛け、人々の意識に明確な機械仕掛けは、なんらかの意味までも失う〔…〕」[*240]。『数たち』は、少なくともその運動において（四角く区切られた〔au carré〕エクリチュール、四つの面を通るエクリチュールについてのエクリチュールだが、それはまずもって、基本的に声〔vox〕、すなわち語に基礎を置くものではないので、**多声的**〔*plurivoque*〕ではない）、いかなる現前する内容も意味される内容ももたない。いわんや、いかなる絶対的な指示対象ももたない。そういうわけで、『数たち』は何も示さず、何も物語らず、何も表象せず、何も言わんとしない（3・31[*241]）。より厳密にいえば、現在の意味が現れる瞬間、すなわち『数たち』の「内容」とは表面的な効果にすぎず、第四のパネルに書かれた文字《エクリチュール》の歪んだ反射でしかないのだが、あなた方はたえず、現出、意味、意識、現前性一般、そして（危険にさらされた何者かへの）立ち会いに魅惑されて、そこへと落ちてゆくのである。現在の現前化＝呈示と意味の経験に純粋かつ無限な仕方で開かれているという「地平」の価値が、こうして突如として枠づけられる。「地平」の価値は、こうして一部となる〔partie〕。こうしてそれは立ち去っている〔partie〕。再び賭け直される。その数々の変形は、もはや何らかの**形式**——現前性の別名——を、否定的な仕方で模範にすることさえない。もろもろの意味の変換は、もはや「物語」や「言語」の豊かさにつながるのではなく、テクストのある種の円積法〔quadrature〕[*242]につながっているだけであり、そしてその円積法は、必ずある開かれた面を通って、途中で空虚な升目を経由し、火の円柱のまわりを回るのである。

多義性の概念は、したがって、現在における意味の説明や列挙に属している。つまり、立ち会いの言説に属している。その様式は表象的な面のそれである。その地平が枠づけられていることは、そこでは忘れられている。言説の多義性とテクストの散種の差異とは、差異そのもの、「容赦ない差異[*243]」である。この差異は、なるほど意味の産出に不可欠ではあるが（それゆえ、多義性と散種のあいだの差異はきわめて小さい）、しかし、意味が現前し、集合し、告げられ、居座っている限りにおいて、意味はその差異を消去し、追い払ってしまう。意味的なものは構造（微分）を成立条件とするが、しかし、それ自体が、それ自体において構造的であるわけではない。種子的なものは反対に、一度としてそれ自体であったことはなく、自己に回帰することもないままに、散種される。種子的なものは分割に身を投じ、消滅と死に至るまで自ら自己を多数化させてゆくが、そのことによって、種子的なものが、生きた増殖として、そのものとして構成される。種子的なものは数多く＝数において〔en nombre〕存在する。意味的なものももちろんそこには含まれており、その限りで死とも関係をもっている。第四の表面はまさしく死の表面、死の死んだ表面である。意味的なものは、欲望の契機として、現前性のなかで種子を再固有化することを、つまり、種子的なものをその再‐現前において自己のもとへ引き留めておくことを意味している。そのとき種子は、保持され、見られ、眺められるように、自己を抑えておく。それゆえ、意味的なものはまた、種子的なものの死という夢でもある。留め金（とその韻たち）。文字盤という有限な装置のなかで、散種の多義的な段階が無際限に反復される。ゲームは有限でも無限でもない。「3・83［…］／「『有限数』の概念に属する数は無限数である」／［…］」[*244]

　これが『数たち』のスケール〔carrure〕である。あなた方はもはや、「そこでは円柱はこれ**であり**、これ**であり**、そしてあれ**である**」などと言うことはできない。円柱は**存在せず**、散種の通路以外の何ものでもない。円柱は燃える空気のように透明で、テクストはそこに道を切り拓く。種子的なテクストによって切り拓かれた過程《プロセ》＝訴訟。そして円柱の「ファルス的な」意味作用は、それ自体が意味素の効果――「いわゆる現在」――にほかならず、散種の申し分のない中心であり統御の表象である第四の表面への反射にほかならない。しかしその中心は空気に満たされているので、空虚な升目においても、数列や代置可能な事物においても、まさしく何か別の円柱＝数列〔colonne〕でつねに置き換えることができる。

　そのような必然性の恐ろしさは天球四分割と意味の構築によって抑えられ、安心できるものとなる。それはつねに**存在の意味**である。「**である**〔*est*〕」、すなわち現在の指標としての存在は、第四の表面の顕示、指示、知覚ないし陳述、そして操作において、あの静けさ、理想的な統御というあの意識、あの意識の力を得る。その言説はあなた方に言う。「円柱はこれ**であり**、明らかに、あるいは多様な現れの背後に隠れて、**そこにある**のであり、円柱は**存在する**」。ところが、円柱は存在をもたず、ここでもあそこでも、そこにあること〔現存在〕をもたない。円柱は誰にも属していない。あなた方は決して円柱を支配することができず、その拡張を決して完全に制御することができないだろう。あなた方は円柱を他所から持ってきてここに置くことはできないだろう。あなた方は円柱を呼び出して出頭させることはできないだろう。この円柱は存在せず（存在者ではなく）、**である**〔*est*〕の支配のもとに落ちることはないがゆえに、この「である」の保証のもとに生きてきた西洋のあらゆる形而上学はこの円柱のまわりをまわってきた。その円柱を見ずに、ではなくむしろ反対に、見ていると信じながら。そして実のところ、その崩壊の中心、固有の場所、そしてその輪郭を確認していると信じながら。

これは、西洋に対してあらゆる統御の幻想（もろもろの幻想の統御の幻想までも）を保証している「**である**＝**東方**〔*est*〕」の転覆である。『数たち』において、「**である**〔*est*〕」の数々の力はただたんに消去されているのではない。それらは列挙されているのである。それらは位置づけられ、枠づけられることで、説明が与えられる。地平として。存在の意味として。存在する〔être〕という動詞の直説法現在、すなわち大きな括弧と第四の表面の時間が、したがって、ある操作を施され、四分割される。その優位はまさしく遠ざけられ〔écartée〕――すなわち、賭けに投じられ――、いまや枠づけられることで四方から引き裂かれる〔écartelée〕。あなた方はいまや「である」をこのエカルテ〔三十二枚のカードでおこなうトランプ遊び〕ないしエカール〔écart〕（「紋章学の用語。四つの部分に分かれた楯の四分の一。主要な家紋は第一および第四のエカール、すなわち楯の上部に置かれる。他の二つの部分には親戚と母方の家紋を置く」〔『リトレ辞典』〕）のなかで読まなければならないだろう。そこでは西洋の全体が自分自身から切り離されている。

押し開かれた〔écartée〕四角形は、第四の面において開かれた三角形にすぎないにもかかわらず、その三拍子〈オイディプス〉、〈三位一体〉、〈弁証法〉によって形而上学を支配してきた三角形や円の攻囲状態を解く。押し開かれた四角形が三角形と円の攻囲状態を解くとは、すなわち、それが三角形や円の境界を画定＝除去し、書き込み直し、引用し直《レシテ》すということである（「4・84〔…〕それは、線がいままでは点としても円環としても閉じることがなく（「科学は円環の円環である」）、またその繰り返しに合流することもはやないという事実に由来する〔…〕）——[245]」）。

「四は、抽象における完了の数字、あるいは円内の十字を表す数字であり〔…〕〔また三は〕四を含む円を三度吸収し、それを〈三つ組〉にして受け持つあの三角形のことである。この〈三つ組〉こそは最初の単位、唯一者から分離した際の最初の模像あるいは最初のイメージなのである[246]」。

「ここでいう**円積法**とは、男性と女性をひとつの全体性のなかで結合することである。枠のある円、あるいは包まれた正方形、というひとつの同じ図のなかに、〔円と正方形を〕結合するように[247]」。……「〔…〕〔サンチョは〕なにがなんでも哲学者たちに追随するのだから、必然的に賢者の石や円積法〔や不老不死の仙薬〕を求めなければならない〔…〕[248]」

『ドラマ』の「無分別な隔たり〔écarts〕[249]」のなかで、『数たち』の「大きな隔たり〔écarts〕をまぬがれぬ」「ほとんど星型の泉[250]」のなかで、形而上学的三角形、「より賢明な、確実なもうひとつの道[251]」はもはや閉じえない。不可視のままにとどまるもの——というのも、ひとはそこに見えていると思っているのだから——、それは第四の面、三分の一ではなく四分の一である（「瞑想にふける寒がりの鶴たちが形作る、見渡すかぎりのV字角のように〔…〕それはおそらく三角形と思われるが、これらの奇妙な渡り鳥が空間に形作っている第三辺は目に見えない[252]」）。

それゆえ、繋辞のなかで休むことはできない。繋合は鏡である。鏡は**自分自身で**自らを横切る、言い換えれば、決して自らを横切ることはない。横断は鏡に――西洋に――偶発的にやってくることはなく、その構造のうちに書き込まれている。たえず自らを産み出しながら決して到来しないと言ってもよい。地平のように。

そしてしかしながら、つねにナルシシズムの彼岸を言わんとしてきた「**である**〔*est*〕」は鏡のなかに捕らえられる。隔たりのなかに読み取られるが、それは決して到来しない。「である＝東〔est〕」のほうに振り向いている限り、存在はいまや円積法としてのこの抹消線〔rature〕の下にとどまっているのである。それは四叉の格子の下でしか書かれない。

同様に、数愛好家の広大な文献よりもむしろ、また、ピュタゴラスの四角形のようなもの――あるいは神聖なる四元素のようなもの――、カバラの四方点、エッカルツハウゼン[*253]の〈偉大なる四性〉〈四は力の数であり、そこから普遍数としての十が生まれる。「数の乗法、開平〔平方根を求めること〕、二乗、あらゆる根数とその根数の割合の配慮は、数の教説のもっとも大きな秘密である。これはあらゆる神秘的な著作のうちに、「偉大なる四性を知ること」という表現で書いてあることである」）に、サン＝マルタン[*254]やファーブル・ドリヴェ[*255]、『ルイ・ランベール』や『セラフィタ』[*256]等々を付け加えるかわりに、ここにひとつの時代の思考を接ぎ木しよう。そうすればあなた方はおそらくそこに、いくつもの隔たり〔écarts〕のなかのもうひとつの隔たりを見て取ることになるだろう。

たとえば、線の乗り越えに取り組んでいるある別のテクスト（«Ueber die Linie»であり、これは«*trans lineam*»〔線を越えて〕あるいは«*de linea*»〔線について〕と訳せるだろう）をめぐるこのテクストから出発して。「そのことに呼応して、この境域の内へ思索しつつ先見することは、「存在」をただかろうじて次のように書くことができるだけである、すなわち、存在と。十字交叉という仕方での抹消は、さしあたってただ次のことを防止するだけである。すなわち、「存在」を、それ自身だけで立っており次に人間の方へ時として初めて近づいてくるある対向として、表象するというほとんど根絶されえない習慣を、防止するだけである。［…］十字交叉の徴は、上に言われたことに従えば、もちろん、抹消というたんに否定的な徴ではありえない。その徴はむしろ方域の四つの方面（*des Gevierts*）とその四つの方面が十字交叉の場所において集まっていることの内へ、示し入っている［…］言の多義性は決して、随意に浮かび上がってくるもろもろの意味の単なる体積に、存するのではない。その多義性はあるひとつの遊戯に存しており、その遊戯は、それがそれ自身を展開することが一層豊かになればなるほど、それだけ一層厳格にあるひとつの覆蔵された規則の内に、保持されているのである。この覆蔵された規則を通してその多義性は、その多義性に相応しい重さが与えられていることの内で、遊戯として活働しており、この相応しい重さが与えられていることの躍動をわれわれは稀にしか経験しない」[*257]。

　相変わらず隔たりを維持し、隔たりにチャンスを与えるために、さらに次の言葉を賭けに投じよう。「ひとつの**根源的な**一性ゆえに、大地と天、神的なものたちと死すべき者どもという四者は一つに属する。［…］かれらのこの単《ひとえ》にして純なるありかたを、われわれは四方域（*das Geviert*）と名づける[*258]。［…］四者のおのおのが、それぞれの仕方で、残る三者の本質を反照し戻す。そのさい、おのおのが、それぞれの仕方で、四者の単一性の内部で、それぞれに固有な本性へと、おのれを反照し返す。このように反照させるはたらきは、模像を描写することではない。反照させるはたらきは、四者のいずれをも開け開きつつ、それらの固有な本質を、単一的な固有化のうちへと、おたがい組になって、出来事として本有化する。［…］自由の領野へと結びつけて拘束する反照のはたらきとは、固有化の折りたたむはたらきに支えられて、四者のおのおのがそれぞれ契りを結ぶさいの、仲立ちをする遊戯である。[…] 世界が本質的にあり続けるのは、世界が世界することにおいてである。この同語反復的な言い回しが意味しているのは、世界の世界するはたらきを、他なるものによって説明することも、他なるものにもとづいて根拠づけることもできない、ということである。[…] 四方域の統一は、四方化（*die Vierung*）である。とはいえ四方化は、四者を包括する役目を果たすべくあとからはじめて四者に追加される、といった具合には全然なっていない。四者はひとたび寄せ集められさえすればあとはただ仲良く並んで立っているだけ、といった程度の結びつき方で、四方化が汲みつくされるということも決してない。四方化は、単一的におたがい契りを結んだものを、出来事として本有化する反照－遊戯として、本質的にあり続ける（*west*）。四方化が本質的にあり続けるのは、世界の世界するはたらきとしてである。世界の反照－遊戯（*Spiegel-Spiel*）は、出来事として本有化するはたらき（*der Reigen des Ereignens*）の輪舞である。それゆえこの輪舞は、輪かざりよろしく四者をはじめて包みこみもするのではない。輪舞とは、反照させては遊戯しながら組み合う、競技の輪（*Ring*）である。出来事として本有化しつつ、競技の輪は、四者をそれらの単一性の輝きのうちへと明け開く。きらめきつつ、競技の輪は、四者を固有化しては、それらの本質の謎のうちへとあまねく開け放つ。[…]」[*259]

「4・28（そしてここに、あなた方のほうに向けられた面がある——あなた方が「自然」という言葉によって理解するもの［…］）——」[*260]

10．接ぎ木、縁かがり〔surjet 上に投げ出された主体〕への回帰

「本質的なことは、歌を意味や作品、スペクタクルとしてではなく、**接ぎ木**として作用させることだ」（『ロジック』）*[261]

「されば尼僧カルデアのごとくわれらの眼を絶対の天空へと転じよう、かしこ星辰は、錯落たる数字をもってわれらの出生証書を作成し、われらのもろもろの契約もろもろの誓言の記録を保存している。しかしおのれの位置を測定するのに北極星もない場合、高度を測るのに惑星もなく、また六分儀もなく地平線もない場合には、視《み》よ〔…〕」*[262]

このようにして、物は書かれる。書くとは、すなわち、接ぎ木するということだ。それは同じ言葉だ。物を言うことはその物の〈接ぎ木されてあること〉に返される。接ぎ木は物の固有性に〔後から〕ふりかかるのではない。原文が存在しないのと同じように物も存在しない。

また同様に、『数たち』を際立たせるテクストの採取は、あなた方はそのように信じたかもしれないが、「引用」や「コラージュ」や、いわんや「イラストレーション」を生ぜしめるのではない。採取されたテクストは、それらがなくともすでに存在しているようなひとつのテクストの表面に、あるいは隙間に貼り付けられているのではない。しかも、それらのテクストは、再記入の操作、つまり、接ぎ木においてでなければ読みえない。テクストの厚みのなかでは目立たない、執拗で慎重な切り込みの暴力、増殖する移住

民の計算された授精、それによって二つのテクストは互いによって変形し、歪形し、内容において汚染し合い、ときには相手を排除しようとし、省略的に相手のなかに入りこみ、反復のなかで、**上に投げられた主体**〔*surjet*〕の縁で、再生する。接ぎ木されたおのおののテクストは、その採取の場に向かって広がり続け、新たな地を希求してその場を変形したりもする。それらのテクストは、操作によって定義される（思考される）と同時に、操作の規則と効果のために定義づける（思考する）。たとえば、内容と形式について。「1・33〔…〕（「条件が変わり、自己の労働以外のものを提供しうるものは誰ひとりいないのだから、内容《フォン》と形式《フォルム》も変わったのだ」）〔…〕――[*263]」あるいはまた、「2・98〔…〕「使用価値と交換価値という両面をもつものとしての商品を出現させるこの発展も、これら諸々の矛盾を消滅させず、むしろ、それらの矛盾に動く可能性を与える形を創り出す。そもそも、それこそが現実の矛盾を解決する唯一の方法なのである。それはたとえば、ある物体がたえず他の物体のうえに落ちかかりながら、しかもたえず避けているという矛盾である。楕円は、この矛盾が同時に解決され、かつ現出する運動形態のひとつである」／――[*264]」。もはや楕円から離れてはならない。

移植は多様である。「〔…〕原因は決して同一のものではなく、いわば増大してゆく合計の演算だ〔…〕[*265]」……「わたしは、あちらこちらと、さまざまな書物から、気に入った文章をつまみ食いしてくる。でも、それらをしまっておくためではなくて――なぜならば、そんな保管場所はもっていないのだ――、この本に移し替えるためなのだ。そして、本当のところ、それは、最初の場所にあったときと同じことで、相変わらず、わたしのものではない[*266]」。いくつかの場所に接ぎ木され、移植〔exportation〕によってそのつど修正されて、接ぎ穂はついに自分自身に接ぎ木することになる。とうとうその樹には根がなくなる。この数と平方根の樹と同様に、すべては根なのである。というのも、穂木そのものが固有の身体の全体、いまや

「主体の採石場」と呼べるような樹の全体を成しているのだから。

　このようなことが可能になるのは、テクストをそれ自身から切り離し、静かな間隔化《エスパスマン》（棒線、線、連結符、数字、点、引用符、余白、等々）で切断したり脱臼したりすることを許す隔たりのうちにおいてのみである。エクリチュール間の異質性、それがエクリチュールそのもの、すなわち、接ぎ木である。エクリチュールはまずもって多数である、でなければ、存在しない。そういうわけで、『数たち』の音声的エクリチュールは、音声的ではないタイプのエクリチュールのなかに接ぎ木されているのである。とりわけ、一連〔織り tissu〕の、いわゆる中国のものとされる表意文字〔漢字〕のなかに。そしてそこでエクリチュールは寄生者として表意文字を摂取するのである。これまで、漢字の文字形態を導入することは――とりわけ「パウンド[*267]」のことが思い浮かべられるだろう――、少なくとも、魅惑という補足的な効果でもってテクストを飾り、ページに彩りを添え、言語表象のある種のシステムの拘束から詩学を解放しながらそのページに向き合うという効果があった。最上の場合には、機能の規則を知らない人にもすぐに発揮されうるようなデッサンの力を作動させるという効果があった。

　ここでは、作用はまったく異なる。ここにはいかなる異国趣味もない。テクストは別の仕方で浸食されており、そして、侵入してくる文字から別の力を引き出している。その文字は、定期的に、だんだんと大きくなって無視できなくなるような強迫的な仕方で、鏡の彼方から――**東方＝ある**〔*est*〕から――やって来てテクストを取り囲み、いわゆる音声的なシークエンスそのもののなかで作用し、シークエンスに働きかけ、自ら姿を現す前にシークエンスのなかで翻訳され、それゆえ、テクストの尻尾で残りもののように、またひとつの文のように登場するときには、事後的に承認されるのである。その文字の活発な翻訳は秘密裏に授精されていて、あなた方の馴染みのテクストの組織や歴史を遙か以前から穿ってきたのだが、それはまた、あなた方のテクストの終わりを区切るのである。相変わらず続いてはいるけれどもいったん完了した仕事に付けておく印《マーク》のように。

そして、この仕事の力は、その孤立性に帰されるというよりも、その「文たち」、すでにテクストと呼べるようなまとまり、あるいは何らかの引用に帰されるのである。引用がこれほどまでに作動〔「動かす」の反復態——*ciere*〕[*268]を言わんとしたことはかつてなかっただろうし、しかもここでの作動とは、文化と歴史にとって根本的なひとつのテクストにおいてその文化や歴史を崩壊させるということであり、ひとつの全体性に刺激を与え、揺るがすということなのである。

テクストの厚みはこのように、ひとつの全体性の彼方、外部の無ないし絶対に開かれている。それゆえ、その深み〔奥行き〕は零であると同時に無限である。無限であるというのは、それぞれの層がもうひとつの別の層を孕んでいるからである。テクストを読むことは、したがって、最新の絵画の表皮の下にもうひとつの別の絵が隠れているのを発見する、あの放射線のようなものである。隠れているのが同じ画家の絵であれ別の画家の絵であれ、それは大した問題ではないが、その画家は材料不足のために、あるいは新たな効果を求めて、古い絵の物質を用い、あるいは最初のスケッチの断片を残しておいたのだろう。そしてこの別の絵の下には、云々。ここでは、話されたにせよ書かれたにせよ単語でできているように思われるテクストの素材《マチエール》を引っ掻きさえすれば、あなた方は、枠から出てきた一枚の絵の描写にたびたび出会うことになる。その絵は不法侵入された後に、今度はひとつの四辺形のなかで、その破れた一辺のうえで、別の仕方で枠づけられ、引き継がれている。

そこにはあらゆる言語の織物がとらえられており、そしてあなた方もまたとらえられている。あなた方は読みながら描き、書くのであり、あなた方は絵のなかにいる。「それゆえ、機織り職工と同様、作家は裏面から仕事をする」[*269]。「4・36（〔…〕あなた方はいま、場面の背景〔fond〕を眺めている登場人物だ——したがっていまは、まさに、背面もなければ正面もなく、あなた方は《カンヴァス》にとらえられている、しかしもしあなた方がそれを書きとめようと試みれば、めまいが立ち戻り、水平線と水の不在を照らし出す黒いめまいがたちもどる……〔…〕）——[*270]」

中身をたえまなく入れ替えるこの動きのおかげで、カンヴァスの縁は、それを通して何ものかが見るべく与えられ、表され、描かれ、示されたことになるような何かではないことがわかる。かつてそこにあった枠が、組み立てられたり分解されたりしている、それだけだ。枠は、そのものとして自らを示すこともなく、繰り返される入れ替えの帰結として、形作られては変形されてゆく。そしてこの操作は、かつてこのような二重底の枠があり、その枠が開いていたことを、つまり、鏡の上に閉じていたことを、あなた方に大現在で思い出させる。これこそあなた方が断固として警戒するであろう操作である。

縁で。へりそのものに目を見開いて。回る文字盤〔cadran〕の縁に注意して、めまいの縁でとらえられて。というのも、あなた方は、「場面の背景〔fond〕」——そこにあなた方はいる——を眺めながら、その無限の深みが底なし〔sans fond〕でもあることを知っただろうからだ。完璧に表面的な。この塊、この立方体には深み〔奥行き profondeur〕がなかった。だからこそ、あなた方はそれを平らな四角形、つまり、地面の上に描かれた文字盤〔cadran〕（日時計、すなわち、太陽＝死の文字）と区別できずに混同してしまうことがありえたのだろう。その文字盤は、その「針」（2・46[*271]）、その「棒」（4・84[*272]）、その軸棒〔陰茎〕が植え込まれた地面を隠している。（「日時計〔cadran solaire〕。地軸に平行な軸棒の影によって太陽時を直接示す道具であり、この軸棒は指針〔style〕と呼ばれる」（『リトレ辞典』）。あなた方は送り返しの力によってたえず外に置かれながら、めまいのなかで、はてしなく、そのまわりをまわったことだろう。外に身を落ち着けて、というわけではない。というのも、絶対的な外は外ではなく、それ自体として住むことができないからである。そうではなく、回転の力によって、たえず放逐されて、たえず放逐されつつあって、光の柱の外に投げ出される〔投影される〕と同時に引き止められて。第四の表面の開口によって、あるいは四つの四角形の中心にある空虚な升目によって、あなた方はなおも終わらない、終わりえない仕事のなかに引きずり込まれ、縁かがりされた〔surjetés 上に投げ出された〕のだろう。四角形、あるいはお望みなら、立方体は、再び閉じることはないだろう。とめどなく équarrir（「羊皮紙のひげを切る」〔『リトレ辞典』〕）、あるいは、équarrir〔四角に切る〕すべきだったのだろう。「4・100（[…]あなた方は運ばれる、石ならぬ石、横断する群衆、読まれ、埋めつくされ、消され、焼かれた群衆、その立方体と深さ〔奥行き〕とに閉じこもることを拒否する群衆まで）――$(1+2+3+4)^2=100$――**立方**――[*273]」

こうしてあなた方は第一の石――解読できない――の近くにいるが、それは一個の石ではなく、あるいはそれは、石化《メデュゼ》され、宝石となっているにせよいないにせよ、あなた方の道を徴《マーク》づけてきたすべての石として、多数だったのである。*Calculus*〔計算のための小石〕。小石たち。

11　超過数〔surnombre〕

「その旅の途中、おまえの話では、かの王が命を落としたという場所にやってきた。
そして――后よ、おまえにはありのままを告げよう――あの三つに分かれる道の近

くに来たとき［…］」（オイディプス）

「王ライオスはご自分とわたくしのあいだに生まれる子どもの手にかかって果てる定めに見舞われようとのお告げでした。ところがあの方はある日、噂によればよその国の盗賊どもに、車径《くるまみち》が三つに分かれるところで殺されました［…］」（イオカステ）[*274]

「あの方は急な坂道への降り口に着いたとき、誓いの印がある岩の窪みの近く、幾筋にも枝分かれしている径のひとつのところで立ちどまりました。［…］［…］ちょっと経って、振りかえってみると、オイディプスは、もう、どこにもいませんでした、もう、誰もいませんでした［…］」（知らせの者）（『コロノスのオイディプス』）[*275]

『数たち』は幾度か、自らを**迂回**の運動と定義している。したがって、あなた方が『数たち』について語りえたあらゆる言説がそこには含まれている。そのような言説の過剰はあらかじめ決まっていて、予期されていた。それゆえ、『数たち』は自分自身によって自らを再標記している。10はXIを含んでいる。その未完成＝半過去はあなた方の前未来を超えている。

したがって、文字盤のこの長い周回を経て、あなた方はこうして隅石——待歯石でもある——に戻ってきたのである。その石ならぬ石は、次のような**冒頭の**問いの形で置かれたことになるだろう。すなわち、なぜそのような、まったく明確に＝四角く書かれた他なる数え上げが、解読不可能なまま維持されることになったのだろうか。[*276]

「〈神秘《ミステール》〉が〈劇《ドラマ》〉を与える
〈劇《ドラマ》〉が〈神秘《ミステール》〉を与える
〈作品〉の各テクストは二回与えられる
裏返された同じものにすぎない、
〈神秘《ミステール》〉と〈劇《ドラマ》〉、〈劇《ドラマ》〉と〈神秘《ミステール》〉、そして
呈示している

一方は、外部に、
もう一方が内部に隠しているものを〔…〕」[*277]

「〔解決不可能な局面《シチュアシオン》はどれでも、〕劇《ドラマ》というものが見せかけあるいは我らの無反省に対する罠とは別のものだと想定するならば、〔解決のないままに終わるはずだが、〕しかしながら、劇の縺れた筋を一挙に解きほぐすような聖なる笑いを、それは押し隠しながらも、しかしつねに内包している〔、という公理だ〕。〔…〕この幕の背後にひそむ謎が存在するのは、まがりくねって、裏をかくような想定＝仮説のおかげにほかならず、この想定＝仮説は我らの明晰な読解力によって徐々に、そこここで、解決されていくのだ。その上、〔フットライトの〕ガス灯や電灯の急激な光以上に、明晰さを段階的に増大させていくのは、〈神秘《ミステール》〉を分け与えてくれる器楽伴奏にほかならぬ。[*278]」

なぜ、この外のテクストは、今回は神秘も秘密も謎も、なかんずく鍵もないドラマであるにもかかわらず、その精確で熟慮された建築構造において解読されえないのだろうか。

まさしく石と建築、劇場（*carrefourc*）、神殿、円柱、そしてあなた方が先ほど気づいたように、*limen*〔閾、扉〕そして*pronaos*〔プロナオス：古代ギリシアの神殿建築における神殿前の柱廊〕の問題だ。「*pronaos*は玄関の切り離された一部であった。多くの場合、かなり大きな四角い用地で、右も左も*cella*〔倉庫〕の壁に囲まれていた」（カトルメール・ド・カンシー）〔『リトレ辞典』〕。

交差点での問い、分岐点あるいは二乗された〔au carré〕分岐点の問い、四つ角の問い、石の徴《マーク》の付いた、二重、三重、四重になる道のそれぞれ。パルメニデス的な、あるいは、こう言ったほうがよければ、オイディプス的なためらい。それはすでに、『公園』に登場する鋳鉄の柵を通して読まれうる。

「時間はたっぷりある。ふたたび僕は脚をのばし、鋳鉄の柵に室内履をのせかける。［…］下では男の児が匙の腹で食卓を叩く。人が彼の方をむき、激しい口調でなにか言う。大柄な、褐色の髪の女、それは彼女かもしれない。僕の向かい側に坐って熱心に皿をえらんでいる女。大きな部屋のなかで、僕の左側に坐り、張り出し窓から暗い水と暗い田舎と短く点滅する灯台の光を眺めている女、一－二－三－四――間――一－二――間――一－二－三－四。コップを唇にもって行き［…］フォークを僕につきつけるようにする女［…］」[*279]。もっと先のほうでは、「それとおなじように、楓の古木のなかにかくれ、自分の小舎あるいはとりで――二枚の板を一枚の枝でざっととめたばかりの――にかくれて、子どもは庭のなかの往来を観察することができるのだった。それに家のなかの戸や窓の開閉も。現勢力を評価し、軍隊や搭乗員や軍旗の位置をきめ、［…］声もたてずに攻撃や反撃を命令することもできるのだった［…］」[*280]。

『公園』のこの柵から、この子どもの不眠から、「犢皮紙《とくひし》のページの白さと紛う寝台」[*281]から遠ざかるように。第一シークエンスはすでに「網」を張っていた。「2・46……こうして僕は自己認識を習得しつつあったが、それは網ないし鉄柵のようで、その鉄棒（壁、線、言葉）が僕の顔に貼りつけられ、それ以後は終わりもなければ憩いもなくなったかのようだった……　してみれば、これまで誰ひとりとして自分の物語を語りはしなかったのだ〔…〕」[*282]

解読不可能なものについてのこの問いの石版印刷《リトグラフィー》、それは誕生の**省略**のうちで生まれたゆえ、単語に欠けている文字のように、文に欠けている単語のように欠けており（「4・88（〔…〕「なにかが言われなかった」〔…〕――）」[*283]）、また、容赦ない明証性のうちで、死をもたらす盲目性から生まれた（「1・5〔…〕僕は理解しつつあった、ただひとつの殺人がつねに行われ続けていること、僕たちはそこから来て、いつもこの迂回路を通ってそこに戻っていくのだということを……」[*284]）。それは『ドラマ』の省略的な命令だった。「他方、そこにあるのは　　　　。（白地に打たれたひとつの点、そう、まさにそれだ）。僕がもっとも自由だと思いこむまさにその瞬間に作動する罠を僕は想像する。なぜなら僕は他の言語を知っており、また知りうるのだから、僕はまたひとつ別の統辞法を使うこともできるのだから――しかし結局それによって何か変わるといったことにはなるまい〔…〕」[*285]。『数たち』では、「1・13〔…〕僕が同じ言葉のなかで言葉を変えようと決心した時、物語は突然始まっていたのだった……〔…〕」[*286]

あなた方が四部作を通して斜めに読んできたものが、石のなかにさらに深く打ち込まれて、ここに強く刻みつけられている。あなた方は、ある種のナイフやある種の大気の古い痕跡のなかに、NATUSとNAOSのあいだに、誕生の（あらゆる起源へと送り返してゆくある種のAの）省略と、ある種の閉じたOによるUへの代置を読んだことになるだろう。解読不可能なものが、まるでもっとも理解しやすいものであるかのように、そこに明け渡されている。

「3・19……次に交差点、分岐点があり、二つの道のいずれかを選ばなければならなかった、そしてその試練は、ナイフで壁に刻んだ文字によって明示されていた……　とはいえ刻まれたその文章は、容易に理解できると同時に解読不可能であり、それが暗示しているものをあらかじめ知ることはできたが、それらを確認することは禁じられていた。たとえば、それらの文章のひとつからは、次のような文字を読み取ることができた――

NTOS

とはいえこれらの文字はいかなる単語とも対応せず、かといってひとつの単語全体をあらわすわけでもなかった……　あたかも時の流れのなかで、燃えあがる夕闇に、説明もなくそこに立つ三つの巨大な壁面に、文字が重なりあったかのようだった

Y

　まるでそれらの文字は消滅した物語の廃墟となった場景を形作っているかのように思え、石には見えない石の思考を、大気そのものが石に刻みつけたかのようだった……」*287

（あなた方はこのギリシア語《イグレク》のYを*288第三シークエンスの中国語の〔漢字の〕I《イシノワ》〔異〕*289、そしてある種のVに比較したことだろう。）「この島を取り巻く環には、われわれの位置に近い部分に、縦の切り込みがあって、まったくこの切り込みのために、当の環はわれわれの近傍では、おおよそ花文字のYの外見をとるのであります。［…］わが〈太陽〉はYを形成している三つの線が出会うところに事実上位置していると言って

もよいでしょう。そしてさらにこの文字がある容積を――その長さに比べたらきわめて瑣細《ささい》なものではありますが、一定の幅を、持っていると想像しますと――われわれの位置はこの幅の真中にあると言ってもよいことになるでしょう。こうして私どもの位置を決めてみますと、問題の現象を説明するのにもはや何の苦労も要らなくなります――それはもっぱら遠近法の現象だということになります*290」。

それ自体がファサードの彫り込みであったことになるだろう、それゆえに解読不可能な『数たち』――とはいえ**複数の**ファサード〔façadeS〕であり（あなた**方**〔vouS〕を散種するS、「Sという文字は、私に言わせれば、分析的な文字である。すぐれて、溶解的で分散的な＝散種的な〔disséminante〕文字なのである。〔…〕話し言葉の言語的な価値、昔の古文字の聖文字《ヒエログリフ》的な価値の他に、語の正書法によって漠然と示されているある密かな方向性、〔…〕が存在しているように思う、ということをはっきり述べておきたい〔…〕*291」）、あなた方の読みはファサードたちのあいだで反響し、ついにはそれ自身から逃れることになるだろう。石層に沿って切られた円柱、『数たち』は、あなた方は地下室のなかにしまい込んだと思っただろうが、倦むことなくそこから引き出されてくる。『数たち』が解読不可能なのは、それらがただ、あなた方の表象のうちにおいてのみ、自己のうちに何らかの意味や指示対象の秘密を隠しもった暗号文として安定して現れていたからである。未知数としてのXではなく、交差配列《キアスム》〔十字状の配置〕としてのX。テクストが読解不可能であるのは、それがただ読みうるだけだからである。テクストが翻訳不可能であるのも同じ理由による。ナイフの先でそこに刻み込まれていたもの、それは解釈的な言説においては、言うことも、翻訳することも、引き継ぐこともできなかったことになるだろう。というのも、そこでは何も言説的な意味ないし〈言わんとすること〉の次元に属していないからである。それゆえ、脱‐数化‐不可能〔in-déchiffrable 解読不可能〕である。なぜなら、

一、テクストを数やその数字に（言わない、語らないエクリチュールに）結びつけるものは、分解されえず、解－体されえず、ほどきえず、解読されえない。

二、テクストのどこかにある何ものか、何でもないわけではないが場をもつことのない何ものか、それはもはや、語られることも、数えられることも、数を振られることも、番号を付けられることも、解読されることもできない。

この二つの命題は互いに対立し、二重化し、互いに矛盾し合っている。二つの命題は次のような四角い円を形作っている。すなわち、『数たち』が解読不可能であるのは、それらのうちにある何ものかが数字＝総額〔chiffre〕を超え出ているからであろう、ところがまた、『数たち』が解読不可能であるのは、すべてがそこでは数字で表現されている〔chiffré〕のではなく、数字〔chiffre〕によるものだからでもあるだろう。数えられるがゆえに解読不可能、数えきれないがゆえに解読不可能。再読すべき、書き留め〔scription〕、矛盾＝反－言〔contra-diction〕。円積法の円環。

まずもって、それは一見するともっとも容易な思考であるように見える。多数の「群衆」としての数えきれなさは数の本質にいささかも異質ではない。ひとは何の矛盾もなく数えきれないほどの数を考えることができる。『数たち』はつねに限界なき散種――萌芽の、群衆の、大衆の、*etc.*〔等々〕（*et cætera*〔等々〕）それ自体が、先に課された修正をもってすれば、四角形に続く二番目の表意文字（qúnzhòng〔群众〕）となる――と関係をもっている。「2・22［…］現にいま鼓動しつつある幾百万もの心臓、現にいま仮装しつつある幾百万もの思考――そしてここ、空間の入口にひしめく――群衆――」[*292]。数えきれなさは、ここでは、数え上げることも分類することも表象することも支配することもできない力、支配階級の思弁や次元をつねに超え出ており、自分自身の表象さえ超え出ている力としての大きな数である。「2・42［…］そして僕にはふたたび見えた、霧に覆われた広場、旗や武器をもって集った労働者たち、白い靄の下に赤いしみのような布地がひろげられ、そうすることによって呼びかけに応えていた……　夜明けに無数に集まったのだが、無数でありながらいまのところ端に押しやられており、周囲をとりかこまれて、抑えようもなく彼らのなかを突き抜ける力や、様々な激しい思念の唯一の好機を見てとることができず……僕は〔手がかりを〕手放しつつあった……」[*293]。この力――数えきれない数の力――に従っている限り、〔閉じた四角形、または、割り引かれていない第四の表面の〕数えられる数は落ち着かない。数えられる数は反応する役割を演じ、自らの順序や枠組みを散種的な彷徨に対立させる。それは必死になって散種的な彷徨を制御しようとし、身を粉にして真っ向から阻もう〔contre carrer〕とする。

しかし、こうしたことはすべて**数たちの間**で起こることだ。枠組みを飛ばしたり枠組みを飛び越えたりするように思われる、数えられないもののことを、あなた方も考えてみたことがあることだろう。数えられないものはただたんに数列をその限界で越えたり外側から枠づけたりするようになるのではない。それは内側から数列に働きかけるのである。超過数はいわば、数たちの円柱に、円柱の突き出た部分に属している。数はつねにそれ自身の彼岸あるいは此岸に、機械が読むことのできる「遠ざかり」のうちにある。そこでは超過と欠陥が増殖し、互いの代補的な分節において、互いに互いを条件づけている。「全体としての超過は欠陥である〔「過ぎたるは及ばざるがごとし」にあたる諺〕」。「3・75［…］」「剰余を、不足しているものに提示すること、誰にそれができるか?」／［…］」[*294]　同様に、痕跡はそれ自身の「現前性」の消去においてしか自らの線を残さない、それゆえ、線を引くことは消去のたんなる他者にして外部ではない。書き留め〔scription〕、矛盾＝反－言〔contra-diction〕。数、痕跡、枠は、したがって、それ自身であると同時にそれ自身のはみ出しである。『公園』はすでにして、「痕跡ひとつのこさずにまたとじてしまう沈黙」――とはいえ、必然的に、「無限につづく歩み」に従ってもいる[295]――を碁盤割りにして検討していた。『ドラマ』もまた、きわめて規則正しく、痕跡の消去と妨害、「跡も縁もない流れ[296]」を書きとめている。この痕跡の不在との関係、数えられないもの――それはまた、名づけえないものでもある――との関係は、『数たち』においては、私の死と呼ばれるものとの関係として表れる。この関係は私の「統一性＝単位〔unité〕」、すなわち、一連の数のなかへの私の記入および代置を構成する基本的なものである。

超越論的主体性の可能性と不可能性の条件。解読可能－解読不可能な統一性＝単位。「2・10〔…〕僕は、自分が他の多くの単位のなかのひとつにすぎないことを明確にすると同時に、その単位がたえずそれ自体の終焉によって興奮させられており、決して数字で表現する〔chiffrer〕わけにはいかないこともはっきりさせなければならなかった……　事実、僕の死は、より遠くに行こうとして、底のほうからふくれはじめていた――[297]」

数え上げ〔dénombrement〕は名－づけ〔dé-nomination〕と同様、数や名前を一挙に作り出すと同時に解体し、分節すると同時に分解し、〈縁なし〉、超過数〔surnombre〕、超過名＝綽名〔surnom〕にたえず横づけされている縁のところで、それらを限界画定する。宝石箱はそこで開き、そこで閉じる。エクリチュールの生産には数たちと名たちが欠けており、そのためそれらは協力して、そこで超過生産――および剰余価値――を引き起こす。その超過生産がなければ、いかなる標記も決して現れない。「1・41……僕に起こったことを述べるための説明はもはやなかった……　僕は進展と展開のなかにいたのであり、ここ、僕のいる場所で説明のつくものは、他所では言い直され破壊されるべきものだ……　僕は、目を経由しない溝のほう、一瞬のうちに痕跡と数に変わってしまうわけにはいかない溝のほう、結び目、絡みあい、沢のほう、「結び目」、「絡みあい」、「沢」などという言葉の無益さのほうを向いたままだった……[298]」

第四の表面が四角形の**一部**をなし、その立て直された**全体**を反射し、歪曲し、開き、見られることなく見るべく与えるのと同様に、四角形のそれぞれの角は、四角形の表面の全体に属しながら、なおかつその表面をそれ自身に折り返して増やし——その表面をたわめる代わりに折って——、その表面を再び徴づけ、閉じ、破砕し、と同時に、つねにそこに代補的な立ち会い＝補助の表面、すなわち、見るべきものを何ももたないものを見るべく与える増殖的な一方向性を用意し、同様にして、超過数は数の一部をなし、自らが超過する環境に属する。超過数はそこで、自らの目に見えない数列〔colonne〕において超過を増殖させる。言葉たちの円柱〔colonne〕、数たちの数列〔colonne〕は、かくして、数を超えている〔surnuméraire〕。その円柱は、数たちの数を超えた境位（項にしてエーテル）であり、日時計の見渡す限りの環境の只中（に）立っている。「4・36（[…]ところでこの思考が自己を見出すことはない。それは大衆のなかにこそあるのだが、そこでは、言葉たちの円柱に変えられ形づくられた奔流のように、憤激が自己を抑制している。そしてその思考は、余分な記号のなかにこそまさにあるのだ——ノ——屌——[299]」（dong〔中国語発音〕、すなわち、ペニス）。

あなた方はこの目に見えない円柱を、「もはや数字がなんのかかわりももちえない環境[300]」（3・59）とあえて同一視しようとするだろうが、それはまた決定しえない仕方で決定しえないものに由来しており、その決定しえないものは自らの唯一にして数えられない諸効果を次々と伝播するのである。それは高さにおいて支配しえず、拡がりにおいて制御しえない。その円柱は、現在と呼ばれるものがそうであるように、唯一にして数えられない。唯一のもの——反復されないもの——は、反復されない以上、統一性＝単位〔unité〕をもたない。ただ同一性において反復されるもののみが統一性＝単位をもつことができる。唯一のものは、したがって、統一性＝単位をもたず、統一性＝単位ではない。唯一のものは、それゆえ、アペイロン、無限定性、群衆、未完成＝半過去である。そしてしかし、数たちの連鎖は唯一のもの**たち**〔uniqueS〕でできている。唯一のものを、複数形で考えてみるとよい、そのものとして、そして、「無比の〈数〉他のなにものでもありえぬ数を」[*301]。そうすれば、「何十億もの文章」が生まれるのが見えることだろう、そしてあなた方は理解するだろう、一つの同じ単語＝項が、自らを超過生産のなかに散種することで、二度、芽を出す——対になった円柱——ことができるのだと。「おお三つの道よ〔…〕おお結婚〔hymen〕よ、結婚よ「「よこしまではあるが神聖なる」もので、輝くスクリーンのように、目のように、静止しているがつぶされている（1・45）[*302]」、おまえはわたしを生んだ。そして生んでおいてふたたび同じわたしの種を芽生えさせ、父を、兄弟を、子どもを、血縁の血を、そして花嫁を、妻を、母を示し、人間のあいだで起こりうる最大の恥辱をあらわしたのだ[*303]」。「〔…〕限りない時の流れは、数限りない昼夜を生み出し〔」／「馬や人間がそれらを数える数とは異なり、それら同士も互いに異なっているのと同じく、時間は数それ自体とは無縁である」[*304]／」〕、そのうちには、些細なことから、現在の友好の固いきずなも槍の穂先に崩れ去ってしまうこともあろう。そのとき、ゼウスがいまだにゼウスであり、その子のポイボスのお告げも正しければ、すでに地の下で眠るわたしの冷たい骸《むくろ》はいつの日か、あいつらの生温かい血をすすることになる。だが、秘すべきお告げを口にするのは好ましくないゆえ、話を始めたところでとどめさせてもらいたい。ただ、あなたは約束を守ってくれさえすればよいのだ。そうすれば、神々がわたしをあざむかぬかぎり、あなたが、オイディプスをこの地の住人として受け容れてやったが、何の役にも立たなかったなどと言わねばならぬようなことは、決してあるまい」(『コロノスのオイディプス』[305])。というのも、「世界はゼウス大帝の、あるいはさらに自然学的に表現すれば、火のみずからとの戯れである、一者はただこの意味においてのみ同時に多者なのである」[306]のだから。火はつねに火と戯れる。

『数たち』は、この過剰で目に見えない円柱のまわりで、そのなかで腐心しているのだから、その操作といかなる関係ももたない〔n'a rien à voir〕者が、見るべきものが何もない〔n'avoir rien à voir〕と嘆いたとしても、それはもっともなことだろう。受け取るべきものも何もないと。確かにそうなのだ。彼はそのことをすでにあちこちで嘆いていたことになるだろう、母語にしがみついて、観察者でありながら、そのしわくちゃの円柱＝記事欄〔colonne〕のなかで、盲目〔無分別〕に対して盲目であって――なぜなら盲目なのだから――、そしてその円柱＝記事欄は、毎週毎週、読むことを禁じてくる。「記事欄〔colonnes〕の万遍なさを命ずる〔ページ付けが、〕文芸欄〔を介して〕[…]、商品の列柱〔colonnades〕……」[307] しかし、誰が死んだというのか？　彼はためらわずに尋ねたことだろう。「好感は、こういう扱いをしなくてもすむ新聞というものの方へ向けられるかもしれぬ。しかしながら、新聞の及ぼす影響には腹立たしいものがある。それは、例の神々しい古書において文学によって要求された複雑な組織体に対して、千篇一律の単調さを――あの耐えがたい記事欄というものをつねにおしつけるのだ。そこでは、記事欄をページの寸法のなかに、それこそ何百回となく、割り当てることだけが行われている」[308]。

「4・48（[…]）ここであなた方は、この小説がその迂回の科学のなかでなにを追求しているのかを理解しはじめる。いまあなた方は、いっさいの誕生の拒否がなんであり、大きく見開いたあなた方の目を他の関係のなかに落としこむ計算がどういうものであるかを知っている）――[309]」

あなた方は始めたばかりだったことになるだろう。ふたたび始めなければならなかったのだ。「ここ、僕のいる場所で説明のつくものは、他所では言い直され破壊されるべきものだ（1・41[*310]）」、「〈読むこと〉はこれらの科学的関係を示すこと以外の目的をもたない[*311]」。あなた方は目を見開いたまま、他の関係のなかに落ちたことになるだろう、それこそ、あらん限りの声で歌われた、超過数のカデンツァだったのだ。

四角形や立方体の限界、無際限に鏡映しつづけるスペクタクルの折り拡げや折りたたみは、限界ではなかったことになるだろう。そこに立ち止まっていたものは、すでにその再記入の空間をひとつの開口として切り拓いていたのであり、すでにもうひとつの多面体に包囲され、攻囲されていたのである。来るべきもうひとつの幾何学があったのだ。まったく他なる幾何学。同じ幾何学。

理解し始めるためには、「したがって、回路にふくまれるすべての点を辿り直し、かくされていると同時に目に映ってもいる網目を辿り直し、その記憶に同時に明かりをともすことを試みなければならなかった、転回点にさしかかった瀕死の人の記憶のように……」（3・87[*312]）。

$(1+2+3+4)^2$回。少なくとも。

それ自身から遠ざかり、そこで自らの全体を、ほとんど余すところなく形作りながら、エクリチュールは一挙に、負債を否認すると同時に承認する。署名ははなはだしく崩壊する。中心から遠く離れて、さらには中心にあって分有されているもろもろの秘密からも遠く離れて、それらの灰と化すまでに、散逸する。

文字＝手紙はこのような唯一の、定まらぬ方向性に秀でており、それが到来をつねに逸してしまうことがありうるとしても、私はそのことをもって適切な献辞を捧げないことの口実にするつもりはない。R・ガシェ、J・J・グー、J・C・レーベンシュテイン、J・H・ミラー、そして他の人たち、そこに灰がある[*313]、彼らはおそらく、私が彼らから読みとってきたものがここに作用しているのを認めることだろう。

一九七一年十二月

訳注

書物外

＊1　『根源の彼方に――グラマトロジーについて 下』足立和浩訳、現代思潮社、一九七二年、三六頁。
＊2　ラテン語 *simul* は副詞として「ともに、一緒に」を意味するが、語根の -simil- は「類似、模擬」を意味する。
＊3　「差延」高橋允昭・藤本一勇訳、『哲学の余白 上』法政大学出版局、二〇〇七年、四三頁以下。
＊4　「限定経済学から一般経済学へ」三好郁朗訳、『エクリチュールと差異 下』法政大学出版局、一九八三年。
＊5　『ポジシオン』高橋允昭訳、青土社、一九八八年、一〇六頁。
＊6　前掲『哲学の余白』、四二頁以下。
＊7　「竪坑とピラミッド」、前掲『哲学の余白 上』所収。
＊8　『改訳 大論理学 中巻』（ヘーゲル全集7）、武市健人訳、岩波書店、一九六〇年、六六頁。
＊9　『精神現象学 上』樫山欽四郎訳、平凡社ライブラリー、一九九七年、一六頁。
＊10　同前、一七頁。
＊11　同前、二〇頁。
＊12　同前、二一―二二頁。
＊13　同前、五五頁。
＊14　同前、五六頁。
＊15　同前、二〇頁。
＊16　同前、五九―六一頁。
＊17　『改訳 大論理学 上巻の一』（ヘーゲル全集6 a）、武市健人訳、岩波書店、一九五六年、五―六頁。
＊18　同前、三二―三三頁。
＊19　同前、三九頁。
＊20　「二重の会」、三七六頁。
＊21　前掲『精神現象学 上』、六四―六五頁。
＊22　前掲『改訳 大論理学 上巻の一』、三八―三九頁。
＊23　同前、二五頁。
＊24　同前、二二頁。
＊25　『哲学史講義 上』、長谷川宏訳、河出書房新社、一九九二年、四五頁。

＊26　同前、六―七頁。この直後の p. 77 は邦訳が依拠するグロックナー版にはなく未邦訳。ジブランの仏語訳はホフマイスター版からの訳出。

＊27　『美学講義 上巻』長谷川宏訳、作品社、一九九五年、五―一七頁。

＊28　前掲『改訳 大論理学 上巻の一』、二五頁。

＊29　同前、二五―二六頁。

＊30　同前、二六頁。

＊31　「要約」（récapitulation）は、ラテン語の caput（「頭」）を語源とする。

＊32　「正気を失うこと」の原文は perdre la tête（頭を失うこと）、「途方に暮れること」の原文は ne plus savoir où donner de la tête（どこへ頭を与えたらいいのかもはやわからないこと）であり、このくだりはフランス語の tête（ラテン語の caput）という単語の定型表現を駆使して書かれている。

＊33　前掲『精神現象学』、六五―六六頁。

＊34　同前、六六―六八頁。

＊35　「党八股に反対しよう」『毛沢東選集 第三巻』所収、外文出版社、一九六八年、七七―七八頁。

＊36　前掲『精神現象学』、六九―七〇頁。

＊37　前掲『改訳 大論理学 上巻の一』、七―八頁。

＊38　邦訳にはなし。

＊39　crise du *versus*：〈対、行、畦、回転されたもの、詩〉の〈危機＝発作＝臨界〉。「二重の会」訳注＊369も参照のこと。

＊40　「散種」、五六八―五六九頁。

＊41　「散種」、四八四頁。

＊42　『フローベール全集9』筑摩書房、一九六八年、一九五頁。

＊43　同前、一九八頁。

＊44　*A Tale of a Tub.* ジョナサン・スウィフトの小説（一七〇四年出版）。いくつもの序文と相次ぐ脱線からなる特異な構造をもつ。

＊45　『ニーチェ全集 第八巻』信太正三訳、理想社、一九六二年、七頁。

＊46　『フォイエルバッハ全集一』船山信一訳、福村出版、一九七四年、二八八―二八九頁。

＊47　同前、二九七―二九八頁。

＊48　「哲学の改革のための予備的提言」船山信一訳、『フォイエルバッハ全集二』福村出版、一九七四年、四七頁。

＊49　『法の哲学 上巻』（ヘーゲル全集9 a）、上妻精・佐藤康邦・山田忠彰訳、岩波書店、二〇〇〇年、二二頁。

＊50　『資本論一』向坂逸郎訳、岩波文庫、一九六九年、二七―三一頁。

＊51　「暴力と形而上学」川久保輝興訳、『エクリチュールと差異 下』法政大学出版局、一九七七年、二九四頁以下。

＊52　前掲『根源の彼方に――グラマトロジーについて 下』、三四頁以下。

＊53　前掲『哲学の余白』、四〇頁。

＊54　前掲『資本論』一、一一頁。

＊55　前掲『根源の彼方に』、五一頁。

＊56　『経済学批判』武田隆夫・遠藤湘吉・大内力・加藤俊彦訳、

岩波文庫、一九五六年、一一一—一一六頁。
＊57　前掲『資本論』一、一一一頁。
＊58　『ロートレアモン全集』石井洋二郎訳、筑摩書房、二〇〇一年、一九二頁。
＊59　「省察　第二答弁」所雄章訳、『増補版　デカルト著作集二』白水社、一九九三年、一八八頁。
＊60　同前、一八九—一九〇頁。
＊61　「哲学原理」三輪正・本多英太郎共訳、『増補版　デカルト著作集三』白水社、一九九三年、二三三頁。
＊62　「第一の歌」、前掲『ロートレアモン全集』、五頁。
＊63　前掲『ロートレアモン全集』、二三四頁。
＊64　同前、一九三—一九四頁。
＊65　同前、一六頁。
＊66　「メドゥーサの首」須藤訓任訳、『フロイト全集一七』岩波書店、二〇〇六年、三七一—三七二頁。
＊67　「散種」、五一九—五二〇頁。
＊68　前掲『ロートレアモン全集』、二二六頁。
＊69　同前、一八三—一八四頁。
＊70　同前、一八四頁。
＊71　同前、一七〇頁。
＊72　『カラクテール』上、関根秀雄訳、岩波文庫、一九五二年、三七頁。
＊73　「弁護士のための覚書」阿部良雄訳、『ボードレール全集I』筑摩書房、一九八三年、三五二頁。
＊74　『書物の哲学』三嶋睦子訳、法政大学出版局、一九八三年、一三一—一三三頁。
＊75　『エンチュクロペディー』（「世界の大思想」II—3）樫山欽四郎・川原栄峰・塩屋竹男訳、河出書房新社、一九六八年、五〇—五一頁。
＊76　同前、六〇頁。
＊77　同前、二八九頁。
＊78　同前、三〇七頁。
＊79　同前、四四六—四四七頁。
＊80　「竪穴とピラミッド——ヘーゲルの記号論への序論」、前掲『哲学の余白』上、所収。
＊81　ラカン『エクリII』佐々木孝次・三好暁光・早水洋太郎訳、弘文堂、一九七七年、五五四—五五五頁、ラカン『エクリIII』佐々木孝次・海老原英彦・芦原眷訳、弘文堂、一九八一年、一五六—一六一頁、二一四—二一五頁。
＊82　「最終幕」の原語 acte final は、「究極現実態」という哲学的意味のほかに、「最後まで行われた性行為」の意味で理解することも可能である。
＊83　「宿され」と訳した conçu は動詞 concevoir の過去分詞だが、concevoir には「（概念的に）理解する」という意味がある点に注意されたい（名詞形は conception）。デリダは概念による把握と授精あるいは受精とのアナロジーの問題を、さまざまなところで指摘している（たとえば『哲学の余白』、一六〇、二六五頁を参照のこと）。
＊84　未邦訳。
＊85　『断章　上』小牧健夫・渡邊格司訳、岩波文庫、一九四一年、

二〇―二一頁。

＊86 同前、二〇頁。

＊87 『ノヴァーリス全集二』沖積舎、二〇〇一年、二五三頁。

＊88 『ノヴァーリス作品集三』今泉文子訳、ちくま学芸文庫、二〇〇七年、二六〇頁。

＊89 前掲『断章 上』、七〇頁。

＊90 前掲『根源の彼方に』、二六―二八頁。

＊91 「ナルシシズムの導入に向けて」立木康介訳、『フロイト全集一三』岩波書店、二〇一〇年、一二三頁。

＊92 未邦訳。

＊93 前掲『断章 上』、一九頁。

＊94 未邦訳。

＊95 前掲『断章 上』、二一頁。

＊96 同前、二〇頁。

＊97 「散種」、四七九頁。

＊98 デリダはここで code と queue の二つの言葉を関連づけて書いている。code（法、規範、符合）はラテン語の codex（冊子本、古写本）を語源とするが（エクリチュール、刻み込みとの関連）、同じくラテン語の cauda（尾）との関連も指摘される。「尾」はフランス語で queue と言い、フランス語にはデリダがここで用いている se mordre la queue という定型表現があり、「自分の尾を嚙む＝堂々巡りをする」という意味で使用される。この表現によってデリダは、自己への回帰、知の円環構造の法（それが鏡像的であれ象徴的であれ思弁的であれ）を一種の「堂々巡り」の閉鎖性として告発し、さらにそれが追加書きの連鎖、この一瞬一瞬に継起する尾の代補運動の効果（一契機）にすぎないことを指摘している。ちなみに queue は俗語として「ペニス」の意味で用いられることもあり、したがって se mordre la queue は自己フェラチオを連想させる。おそらくデリダはそのことで百科全書的絶対知の円環構造の堂々巡りを、男根ロゴス中心主義の自慰行動として揶揄していると考えられる。さらにちなみに（補足しておけば）、フランス語で codex は codex pharmaceutique、すなわち「認可を受けた薬品の処方集＝公定薬品処方集」のことも指す（「プラトンのパルマケイアー」への関連）。

＊99 前掲『断章 上』、一九―二〇頁。

＊100 前掲『ノヴァーリス全集二』、二一三頁。

＊101 「敷居なき」は sans limen であるが、これは発音上は sans l'hymen と区別がつかない。hymen は「婚姻」および「処女膜」を意味する。「二重の会」を参照。

＊102 デリダはここでふつう「消費」や「支出」を意味する dépense というフランス語を dé-pense と語源的に分解して記しているが、このことによって pense の語源であるラテン語の pendere「吊る・重さを測ること」という潜在的意味へと読者を送り返している。そうすることで「測量しえないもの」「計算外のもの」（dé-pense「脱－測」＝「消費・蕩尽」）との関係を示唆しようとしている。ちなみにラテン語 pendere はフランス語の penser「思考する」の語源でもある。

＊103 『アントナン・アルトー著作集Ⅰ』安堂信也訳、白水社、一九九六年、一三頁。

＊104 「音楽と文芸」清水徹訳、『マラルメ全集Ⅱ』筑摩書房、一九八九年、五三七頁。
＊105 同前、五二五―五二六頁。
＊106 同前、五四一―五四二頁。
＊107 同前、五二五―五二六頁。
＊108 「文学の進展について――ジュール・ユレのアンケート」『マラルメ全集Ⅲ』筑摩書房、一九九八年、四九六頁。
＊109 『マラルメ全集Ⅳ』筑摩書房、一九九一年、七二一―七二二頁。
＊110 前掲『マラルメ全集Ⅲ』、五〇〇頁。
＊111 前掲「音楽と文芸」、五二三―五二四頁。
＊112 前掲『ロートレアモン全集』、一七〇頁。
＊113 デリダの原文では「八月八日」となっているが、正しくは「七日」。
＊114 『マラルメ全集Ⅴ』筑摩書房、二〇〇一年、三二九頁。
＊115 「詩の危機」松室三郎訳、『マラルメ全集Ⅱ』、二三四頁。
＊116 前掲『マラルメ全集Ⅱ』、三七七―三七八頁。この引用は、ウィリアム・ベックフォード（一七六〇―一八四四）の『ヴァテック』原文再版の際にマラルメ自身が付した序文の一節である。『ヴァテック』は、もともとフランス語で執筆されたが、英訳が先に刊行されて版を重ね、この当時までほぼ英文学として認知されてきた。そこでマラルメは、本作がフランス文学として再認識・再評価されること（すなわちフランスへの帰化）を求めており、またその実現のためには、フランス語原文の再版のみならず、事実関係を正しつつ本作のしかるべき文学的価値を提示する（しかもマラルメ自身が書いているこうした）序文が必要なのだと主張している。（本注の作成は立花による。）
＊117 前掲『マラルメ全集Ⅰ』、iii頁。
＊118 「杯」la coupe という単語には「裁断」「切断」の意味もある。「裁断する行為」または「裁断された部分」が「杯」というわけである。以下デリダはこの「杯＝裁断」の二重性を軸にしてマラルメ解釈を展開していくので、読者もこの「複合的 multiple」な、ゴースト的な「連辞」の響きを聞き取りながら読み進めていかれたい。
＊119 前掲「音楽と文芸」、五〇五頁。
＊120 同前、五二五頁。
＊121 le conscient manque という連辞はそれ自体としては、① le conscient（名詞）manque（動詞）（「意識が欠如する」）② le conscient（形容詞）manque（名詞）（「意識的・意識上の欠如」）と二通りにとる可能性がある。マラルメの引用文中での解釈は難しいが、デリダの文章における構文上の第一の意味は②のほうである。
＊122 前掲「詩の危機」、二三三頁。
＊123 前掲「音楽と文芸」、五四〇頁。ここはデリダが使用しているモンドール版（« Avec le vers libre (envers lui ne me répéterai) en prose à coupe méditée. »）ではなく、マルシャル版（« Avec le vers libre (envers lui je ne me répéterai) ou prose à coupe méditée. »）を採用して訳出した（立花氏の指摘による）。

＊124　「定期的伐採」と訳した coupe reglée は「調整された杯」と解することもできる。熟語として mettre qn./qc. en coupe réglée という表現があり、「…から定期的に不当な利益を搾取する」（「…を定期的な裁断＝杯に入れる」）という意味になる。この前後の文章でデリダはフランス語の coupe という単語がもつ多様な意味や表現を駆使して、みずからの思想を語っているが、そこに coup（打撃、一撃）や queue（尻尾、男根）や code（法、法典、符号）といった語彙との連想も働いている点に注意されたい。

＊125　「暗伐」は coupe sombre（「暗い杯」とも）、「下種伐」は coupe d'ensemencement（「種蒔きの杯」とも）の訳語。「暗伐」とは「土地に日光が当たらないごく少量の間引き伐採」（『ロベール仏和大辞典』）のことであるが、現代フランス語の用法として coupe sombre を「（人員や経費などの）削減、間引き」の意味で使用することがある（ちなみに coupe claire「明るい伐採、受光伐、明るい杯」は「大量の人員削減、大幅な予算カット」の意味である）。また「下種伐」とは「土地に十分な日光を与え、稚樹苗木の生育を促すための伐採」（『ロベール仏和大辞典』）である。

＊126　「受光伐」（coupe claire）とは「土地に十分な日光を与えるための大量の間引き伐採」（『ロベール仏和大辞典』）のこと。「決定伐」（coupe définitive）は「新しい森が十分に元気で環境の影響を恐れる必要がない場合に、根元の一番新しい木々を引き抜くこと」、「区域伐」（coupe à tire et à aire）は「その区域・敷地にある木々をすべて引き抜いて、何も残さない伐採」（『リトレ辞典』）。

＊127　Jean Antoine Petit-Senn（1792-1870）　スイスのフランス語圏作家。良識にもとづいた風刺とユーモア溢れる作品を残す。ジュネーヴのラ・ブリュイエールと呼ばれる。

＊128　原文の la coupe or/livre は、聴取上は la coupe hors livre「書物外の〈杯＝裁断〉」とも、la coupe or livre「〈杯＝裁断〉あるいは書物」とも、受け取ることが可能である。また or/livre の／が or と livre という二つの語を「切断」するとも読める（「〈金／書物〉の切断」）。さらに coupe, or, livre の三語が並列しているとも読める（「杯、金、書物」）。こうしたすべての差異が浮き彫りになるのはエクリチュールにおいてのみである。

プラトンのパルマケイアー

＊1　ルソー「言語起源論」『ルソー・コレクション　起源』（白水iクラシックス）、二〇一二年、一六三頁。

＊2　「竪穴とピラミッド」『哲学の余白 上』高橋允昭・藤本一勇訳、法政大学出版局、二〇〇七年。

＊3　『パイドロス』274*c-e*.

＊4　『パイドロス』275*e*.

＊5　仏訳版はここで logos を idée と訳しているが、文意を損ねると判断し、ロゴスと訳出する。

＊6　「パスカルの球体」『続審問』中村健二訳、岩波文庫、二〇〇九年。

＊7　「トレーン、ウクバール、オルビス・テルティウス」『伝奇集』鼓直訳、岩波文庫、一九九三年。
＊8　原語の ici-même には〈ここ－同〉、〈同としてのここ〉という含みがある。
＊9　『ギリシア人の神話と思想』上村くにこ、ディディエ・シッシュ、饗庭千代子訳、国文社、二〇一二年。
＊10　「顔を出してはいた」と訳した faire acte de présence という表現は「会合などにちょっとだけ顔を出す」という慣用表現だが、直訳すれば「現前＝出席の記録を作る」である。
＊11　J・G・フレイザー『初版金枝篇 下』吉川信訳、ちくま学芸文庫、二〇〇三年、二六四頁以下。
＊12　「クルエンティウス弁護」上村健二訳、『キケロー選集 二』岩波書店、二〇〇一年、一七七頁。
＊13　『贈与論』吉田禎吾・江川純一訳、ちくま学芸文庫、二〇〇九年、二五四―二五五頁。
＊14　前掲『初版金枝篇 下』、二六六頁。
＊15　『批評の解剖』海老根宏ほか訳、法政大学出版局、一九八〇年、六〇頁。
＊16　それぞれ、同前六〇頁、六五―七〇頁、二〇二―二〇四頁。
＊17　ディオゲネス・ラエルティオス『ギリシア哲学者列伝 上』加来彰俊訳、岩波文庫、一九八四年、一五三頁。
＊18　前掲『初版金枝篇 下』、二六四頁。
＊19　『声と現象』高橋允昭訳、理想社、一九七〇年。
＊20　前掲『ギリシア人の神話と思想』、二九三頁、一六八頁、二〇三―二〇四頁。
＊21　『ギリシャ思想の起原』吉田敦彦訳、みすず書房、一九七〇年、四九―五二頁。
＊22　「しかもまじめさの姉妹にあたる戯れでもって」。
＊23　「そこに付け加えられる言説というのは、君という人の差異を説明することであった」。
＊24　『根源の彼方に――グラマトロジーについて 下』足立和浩訳、現代思潮社、一九七二年、三一九頁以下。
＊25　『イスラーム哲学史』黒田壽郎・柏木英彦訳、岩波書店、一九七四年、一七二頁。

トランス・パルティシオン(1)

＊1　「トランス・パルティシオン」〔TRANSE PARTITION〕は、デリダの造語である。一般にフランス語では、transe は極度の不安・恐れ、興奮、さらに忘我・脱魂・憑依などのトランス状態を表し、partition は、成り立ちが少し異なる二種類の単語のもとで、一方で「分割・区分」を、他方で「楽譜・楽曲」を意味する。
　この部分全体については六二五頁の訳注＊1をご覧いただきたい。
＊2　*Principes de la philosophie du droit*, tr. André Kaan, Gallimard, 1940, p. 31.
＊3　*La phénoménologie de l'esprit*, t. II, tr. Jean Hyppolite, Aubier, 1941, p. 35（『精神現象学』六―A―b―2「人倫的行為の対立」）。

＊4　『ジュリエット物語又は悪徳の栄え』佐藤春夫、未知谷、一九九二年、七五二頁。

二重の会

＊1　ここで本書後半部分（『散種』の「二重の会」と「散種」）の発表経緯を補足しておく。〈理論研究集団〉（Groupe d'Études théoriques）は、『テル・ケル』誌の主要メンバー主催で、一九六四年から行われていた一連の講演会を指す（以下、この会をGETと略記する）。「二重の会」は、このGETの一環として、六九年の二月二十六日と三月五日に開催された。二回にわたる会で読み上げられたテクストが、七〇年の『テル・ケル』誌四一号と四二号にそれぞれ掲載される。また、この活動と前後して、一九六九年二月に、『クリティック』誌二六一号にて「散種」の前半部が、ついで翌月の同誌二六二号にて「散種」の後半部が発表されている。そして、『テル・ケル』誌の「編集部の注記」によれば、三月五日の時点で、『クリティック』誌二六二号が刊行されていなかったため、「理論研究集団」の第二回の会のメンバーたちは、同誌の「散種」の前半部分しか参照していない。

＊2　ディエス版とは、本テクストでデリダが参照するフランス語版プラトン全集（本テクスト初出の時点では未完結）で、以下のこと。Platon, *Œuvres complètes*, t. I-XIV, Auguste Diès (éd.), Paris, Société d'édition "Les belles lettres", 1920-1970.
また、ディエス版に合わせて適宜改訳をほどこしつつ、以下の邦訳を参照する。『プラトン全集』全一五巻＋別巻、岩波書店、一九七五―七八年。

＊3　プレイヤッド版とは以下のこと。以後、訳注では*O.C.*と略記する。
―― Stéphane Mallarmé, *Œuvres complètes*, Henri Mondor & G. Jean-Aubry (éd.), Gallimard, «Bibliothèque de la Pléiade», 1945. [＝*O.C.*]
訳注では最新のプレイヤッド版である以下も参照する。その場合、それぞれ、*O.C.1*、*O.C.2*と略記する。
―― Stéphane Mallarmé, *Œuvres complètes*, t. I, Bertrand Marchal (éd.), Gallimard, «Bibliothèque de la Pléiade», 1998. [＝*O.C.1*]
―― Stéphane Mallarmé, *Œuvres complètes*, t. II, Bertrand Marchal (éd.), Gallimard, «Bibliothèque de la Pléiade», 2003. [＝*O.C.2*]
また、適宜改訳をほどこしつつ、以下の邦訳を参照する。その場合、ローマ数字の巻数とページ番号で示す。
『マラルメ全集Ⅰ』（別冊付）「詩・イジチュール」筑摩書房、二〇一〇年。[＝Ⅰ巻]
『マラルメ全集Ⅱ』（別冊付）「ディヴァガシオン　他」筑摩書房、一九八九年。[＝Ⅱ巻]
『マラルメ全集Ⅲ』（別冊付）「言語・書物・最新流行」筑摩書房、一九九八年。[＝Ⅲ巻]
『マラルメ全集Ⅳ』「書簡Ⅰ」筑摩書房、一九九一年。[＝Ⅳ巻]

『マラルメ全集Ⅴ』「書簡Ⅱ」筑摩書房、二〇〇一年。〔＝Ⅴ巻〕

＊4　「黙劇」『ディヴァガシオン』所収、Ⅱ巻、一七九―一八〇頁。なお、「黙劇」の原語は *Mimique* である。通常、普通名詞の mimique は、身ぶりで演じられるマイム劇を指す。これを黙劇とすると誤解が生じかねない。そこで、普通名詞の mimique を「マイム劇」と訳し、マラルメの作品名の *Mimique* は、『全集』にならって「黙劇」と訳しておく。訳語はちがえど、フランス語では同じ単語であることに留意していただきたい。

＊5　「〈書物〉について」、Ⅲ巻別冊、四〇七頁。

＊6　本テクスト「二重の会」において、ブラケット〔 〕にかこまれた数字（および丸括弧（ ）つきの文字）はすべて、この『マラルメの〈書物〉』からの引用である。番号とアルファベットは、マラルメの草稿断章の紙葉に対して、編者であるシェレールが識別のために付したものである。

　なお、〈書物〉〔Le Livre〕は、究極の書物としてステファヌ・マラルメがことあるごとに言及し、彼自身が生涯をかけて追求したとされる夢であり構想であるが、現在のところ、それにはっきりと該当する草稿は見つかっていない。シェレールが『マラルメの〈書物〉』という表題の下に取り集めた遺稿断章群は、時代や主題も明らかにばらばらであり、その大半でさえ、マラルメがある時期に取り組んでいたとおぼしき〈朗読会〉に関するもの（その主題のかすかな点描、その具体的手続きの素描、その実務面での考察や数式）にとどまる。ほとんどの研究者は、この断章群のなかに、〈書物〉の実体的な内実がそのまま見出せるとは考えていないが、残されたわずかな痕跡から、〈書物〉をめぐる詩人の深い洞察や壮大な企図に肉薄する余地は、いまだ潰えたわけではない。詳細は次を参照のこと。『マラルメ全集』Ⅲ巻別冊、筑摩書房、一九九八年、三六五―四七九頁。

＊7　タブローIにあるように、「二重の会《ラ・ドゥーブル・セアンス》」〔la double séance〕はもともとマラルメの草稿に見られる言葉である。すでに前注で述べたように、ある時期マラルメは「朗読会」〔lecture〕の計画を立てていた。これは「二重の会」とも呼ばれ、基本的に二つの「会」をワンセットとした単位によって催される。

　マラルメの二重の会の構造については、草稿のなかでも記述が錯綜しており、複数のパターンが見られ、そもそも「会」という単位すら容易に確定できない。その事実を踏まえた上でかいつまんで言えば、まずこの会は、ファイル〔feuilles〕を収納するための漆塗りの家具と観客用の座席（左右に六脚ずつ計一二脚）を用意された部屋でおこなわれる。家具には、左上から右下にかけて六つの棚にファイルが五つずつ入っており、それとは別に右上から左下に六つの棚がありそちらは空っぽになっている。用いられるテクストはファイルと呼ばれる。ファイルとは紙を二つ折りにしたもので、その中にはさらに二つ折りのリーフ〔feuillets〕が二つずつ入っており、さらにその中には折られていない紙片〔feuilletons〕がこれも二つずつ入っている。ファイルは六つの棚にそれぞれ五つずつ入っているので合計三〇冊あることがわかる。

会の手順としては、二つの棚からファイルを一つずつ取り出して横に並べ、中身のリーフを入れ替えて交換部分を朗読する。一定数のファイルに対してこの作業をおこない、その区切りが一つの「会」をなす。休憩をはさんで、入れ替えるリーフを変えて同種の「会」をおこない、二つの会が終わると、ファイルは空っぽの方の棚に移される。一般にこれが「二重の会」《ラ・ドゥーブル・セアンス》と呼ばれる。さらにこの二重の会を、ファイルの位置を変えて再度おこなう。このような作業を反復してゆくと、最終的にはすべてのファイルが、中身が元の状態で元の棚に戻されることとなる。

ただし一つの「会」が六つの棚を用いておこなわれると決まっているわけではない。朗読会のヴァリエーションのなかには、左上と右下の棚にある合計一〇冊のファイルすべてを先に用いて会を構成する方法も見られる（タブローⅠはこれに該当する）。この場合、各ファイルには四枚の紙片（八頁）と二つ折りの二枚のリーフ（八頁）の一六ページがあり、それが一〇冊なので合計一六〇頁が一度の会で移動することとなる。

しかしたいていの場合、六という棚の数に沿って一つの会がおこなわれる（椅子も一二脚ある）。そのため、座席の数とファイルの数が対応するようになっている。また会で朗読した内容を刊行する予定でもあったため、会の内容とその刊行物の内容とが当然一致するように計画されていた。タブローⅢに見られるのは、そうした内容である。

さらにこの朗読会と関連して、〈書物〉の草稿群には、書物と劇芸術との関係をめぐる記述が多数存在する。これらは六つの基本要素〈演劇〉〈英雄〉〈劇〉〈神秘劇〉〈頌歌〉〈観念〉から構成される。マラルメはここに二つのジャンルを見ており、それは登場人物のいる〈演劇〉もしくは〈劇〉と登場人物のいない〈神秘劇〉とに分かれる。こうした考察が見てとれるのがタブローⅤやその他の草稿群である。

いずれにせよ〈書物〉については、＊6に挙げた文献を参照されたい。

＊8　「文芸の中にある神秘」『ディヴァガシオン』所収、Ⅱ巻、二八〇頁。

＊9　「孤独」『ディヴァガシオン』所収、Ⅱ巻、三二八頁。原書テクストでは「死の」mortelle となっているが「精妙な」subtile が正しい。デリダの誤記か。

＊10　『最新流行』、Ⅲ巻、一八―二〇頁。

＊11　「〈書物〉について」、Ⅲ巻別冊、四四九頁。

＊12　「注記（する）」の原語は remarquer である。よく知られているように、デリダは marque《マルク》〔標記〕や remarque《ルマルク》〔再標記〕といった言葉に、彼自身の哲学的含意を強くこめて用いている（時には re-marque〔再‐標記〕とハイフンを入れながら）。remarquer〔注意する／指摘する〕や remarquable〔注目すべき〕が用いられるときも同様である。

＊13　フランス語の動詞 solliciter は、一般には「懇願する、働きかける、曲解する」などを意味するが、デリダの場合、とりわけ、その語源であるラテン語の sollicitāre（強く動かす）の含意を強く読み込んで用いることが多い。本テクストでは、

さしあたり「揺さぶる」という訳語を当てておく。

*14 『数たち』は、本書の次のテクスト「散種」で扱われるフィリップ・ソレルスの作品名。

*15 イメーヌ〔hymen〕はもともと、ギリシア神話に登場する、若者の姿をした男性神で、結婚をつかさどるヒュメナイオスに由来するが、そこから、二種類の同形のフランス語の名詞となった。一つは、婚姻を意味し、もう一つは、処女膜を意味する。本テクストでは、まさに、この語の両犠牲が賭け金となっているため、原則として日本語の意味に置き換えず、「イメーヌ」とカタカナで表記する。ただし、デリダ以外の書き手の文章が出てきた際には一義的な意味を訳出し、「婚姻《イメーヌ》」や「処女膜《イメーヌ》」とルビを振っている。

*16 「文芸の中にある神秘」『ディヴァガシオン』所収、Ⅱ巻、二八一—二八二頁。

*17 「空隙化」と訳した espacement は、動詞 espacer（間隔をあける、スペースをおく、空間化する）の派生語である。別の箇所で、「差延とは諸差異の、諸差異の痕跡の、組織的戯れであり、諸要素が相互にかかわりあうときの間隙化〔espacement〕の組織的戯れである」（「記号学と書記学」『声と現象』所収、理想社、一九七〇年、二一三—二一四頁）とあるように、espacement は、「痕跡」や「差延」と同系列の語である。そして、とりわけ本稿においてデリダは、活字のあいだに白地のスペースを置くという具体的な行為に定位しながら、そこに原理的にひそんでいる（原）エクリチュールの働きを示そうとする。原則として本稿では、espace を「空隙《エスパス》」（まれに「スペース」や「空間」）と、spacieux は「空隙をおいた」（定冠詞とともに名詞化された際には「空隙性」）と、espacement を「空隙」「空隙化」とひとまず訳しておく。

*18 ここで「拍子」と訳した cadence とは、「落ちる、（文が）終わる」を意味するラテン語 cadere に由来し、韻文の韻律や拍節、音楽のリズムや拍子、作業や歩調のテンポなど、規則性にかかわる内容を表す一方で、音楽用語ではカデンツ（終止形）やカデンツァ（終結部でソリストがしばしば即興で演奏する華麗な楽句）、さらには文章や詩句の末詞を指す。以後は、いちいち断ることなく、適宜訳し分けてゆく。なお本テクストにおいては、「散種」や「賽」との関係上、デリダがしばしばもともとの落下のニュアンスを意識して用いている点に留意されたい。

*19 「音楽と文芸」『ディヴァガシオン』所収、Ⅱ巻、五四〇頁。

*20 『マラルメの想像的宇宙』田中成和訳、水声社、二〇〇四年、二一七頁。

*21 よく知られているように、マラルメの作品『賽の一振り』では、「賽の一振りは断じて廃棄せぬ偶然」という文が題名として置かれながら、同時に作品内でもひとつらなりの文として作品の一部をなし、さらに作品の残りの部分の発生器《ジェネレータ》ともなっている。コーンは、この文を「タイトル文」と呼んで、分析をほどこしている。Cf. Robert Greer Cohn, *L'Œuvre de Mallarmé UN COUP DE DÉS*, Paris, Librairie les lettres, 1951.

ちなみにコーンは、以下に述べる点でも注目に値する。(1)『賽の一振り』を、相互浸透する四極の静止と運動として分析し、正・反・合の三極からなるヘーゲルの弁証法の枠にとどまらない可能性を指摘している（p. 41-42）。⑵また『賽の一振り』のなかでは、四極からなる形而上学的ヴィジョンが、徹底して「統語法」を軸に構成されているがゆえに、その統語法の効果が、個々の単語のみならず、個々の文字、個々の線にまで及んで、「語彙と統語法の区別がまったく相対的」（p. 31）になっていると考えている。⑶そして『賽の一振り』を、ジョイスの『フィネガンズ・ウェイク』と並ぶ孤高の作品と位置づけ、そう読み解くみずからのアプローチを「フランス的血統の不在」（p. 28）と称してはばからない。こうした点で、コーンの研究がデリダの『散種』執筆に影響を与えた可能性が高い。

＊22　ヴァルヴァンの別荘を訪ねてきたモーリス・ギィユモに対してマラルメが語ったとされる談話の一部。『フィガロ』紙（一八九六年八月二十七日）に掲載後、若干の修正をほどこして、翌年にギィユモの著作に再録される。デリダがギィユモのテクストを直接手に取った可能性は低く、引用箇所と引用内容から考えて、次の文献から引用されたと思われる（またデリダはこの部分を書簡の一部だと思っている節がある）。Henri Mondor, *Vie de Mallarmé*, Gallimard, 1941, p. 507.

＊23　「芝居鉛筆書き」『ディヴァガシオン』所収、Ⅱ巻、一五四頁。

＊24　「聖なる楽しみ」『ディヴァガシオン』所収、Ⅱ巻、二八五―二八六頁。

＊25　*Positions*, Paris, Minuit, 1972, p. 21.『ポジシオン』青土社、一九八一年、二三頁。

＊26　*De la Grammatologie*, Paris, Minuit, 1967, p. 80.『グラマトロジーについて』現代思潮社、一九七六年、一一一頁。

＊27　同前、一一二頁。

＊28　同前、一一四頁。

＊29　マルト・ロベール『精神分析革命――フロイトの生涯と著作』安田一郎・安田朝子訳、上巻、河出書房新社、一九七六年、一一六頁。なお、原文に（ママ）とあるのは、ギリシア語で「子宮」は hystera であり、これがヒステリーの正しい語源であるため。ちなみに hysteron は「後者の、後の」という意味で、後のものが先に来るレトリックを、「ヒュステロン・プロテロン」（hysteron proteron）と呼ぶ。

＊30　服飾用語で「アントル・ドゥ」は、布のあいだにはさむ細長いレースを指す。

＊31　講演原稿を元にしたマラルメのテクスト「ヴィリエ・ド・リラダン」からの引用（*O.C.*, p. 481. Ⅱ巻、三九三頁）。

＊32　「戯れ」の原語は jeu である。この語は、その動詞形 jouer とともに、きわめて多義的なフランス語で、「働き、作用、効果」「演奏、演技」「ゲーム」「競技」「賭け事」「あそび、戯れ」などを意味する。デリダの場合、この語は、十全な現前性を逃れ、指示対象やオリジナルを保証しない、制御不可能な運動を指す場合が多いので、さしあたり「戯れ」と訳しておく。ただし、舞台芸術との関係で、模倣や演技の意味合いが強い場合には「演戯」と訳し分けているが、当然ながら、この「演戯」にも「戯れ」の意味が前提となっている（それゆえの「演戯」である）。また、両方の訳語の文脈が錯綜す

る場合には、「演戯《たわむれ》」とルビを振っておく。

＊33　*non-coupable*：「切断できない」の non-coupable とかけている。

＊34　「たとえる」と訳した comparer は、「相似の」を意味する *compār* に由来する。

＊35　ジャン・デマレ・ド・サン＝ソルラン（Jean Desmarets de Saint-Sorlin　一五九五―一六七六）は十七世紀の劇作家。「詩法」は、当初リシュリューに捧げて書かれたまま長らく未刊にとどまり、やがて一六七〇年に刊行された作品『エステル』（*Esther*）の序文「英雄詩の卓越と嘆き」（*L'Excellence et les plaintes de la poésie héroïque*）に組み込まれたテクスト。

なお引用部分の後半は、デマレのテクストに存在しない。ただし、前半の五行下に「実物は気に入らず。人は肖像を愛す」（"L'original déplaist: on aime le portrait."）とある。デリダの記憶違いか。以下を参照のこと。J. Desmarets, *Esther*, Paris, P. Le Petit, 1670, p. 4.

＊36　本テクストにしばしば出てくる procès は、一義的には「過程」と訳さざるをえないが、しばしばデリダは哲学を、何かを告発しそれに裁定をくだすような動きとしてとらえ、その「過程」に「訴訟」の意味合いを込めている。

＊37　マルティン・ハイデッガー『ロゴス・モイラ・アレーテイア　ハイデッガー選集33』宇都宮芳明訳、理想社、四五―八五頁。

＊38　candida は、「白い」を意味するラテン語形容詞 candidus の女性形。またカンジダ菌の意味もある。

＊39　「懲らされた道化」『ステファヌ・マラルメ詩集』所収、Ⅰ巻、一六―一七頁。

＊40　『女房殺しのピエロ』は、時期をおいて二つの出版社から刊行されている。最初は一八八二年にポール・シュミット社から、二度目は一八八六年にカルマン＝レヴィ社から。書誌は次のとおり。

―― Paul Margueritte, *Pierrot assassin de sa femme*, Paris, Paul Schmidt, 1882.（＝PPS）

―― Paul Margueritte, *Pierrot assassin de sa femme*, Paris, Calmann Lévy, 1886.（＝PCL）

そして後者の刊行当時、ちょうどマラルメは『独立評論』誌に連載をもっていたので、十一月の回でこの台本に言及したという次第。したがって、デリダが本文で、マラルメの文章を「私の両手のなかで開かれる暗示的でまさしく稀有な小冊子は、他でもない、パントマイム劇の台本『女房殺しのピエロ』」というところで中断して括弧を閉じ、丸括弧で（カルマン＝レヴィ、新版、一八八六年）と入れているのは、マラルメが手にしているのがポール・シュミット版ではなく、カルマン＝レヴィ版であることを明示するためである（モンドール版の「注記」にならって）。二つの版の違いは、デリダ自身が後述する。

＊41　「ヴィリエ・ド・リラダン」、Ⅱ巻、四一四頁。

＊42　PCL, p. 5-9.

＊43　*O.C.*, p. 1566.　Ⅱ巻別冊、一〇九頁。『独立評論』誌に見

られた一節。次も参照のこと。*O.C.1*, p. 285-286.

*44 PPS, p. 8.

*45 PPS, p. 8-9.

*46 PPS, p. 9.

*47 PPS, p. 10.

*48 PPS, p. 11.

*49 PCL, p. 10.

*50 *Ibid.*

*51 PCL, p. 14. 次に指定するまで、以下しばらく同頁からの引用がつづく。

*52 なお、一八八八年の自由劇場での初演以降と思われるが、この台本の音楽は、他のいくつかの作品の場合と同様にポール・ヴィダルが担当している。一九一〇年、マルグリットは自分たち兄弟の作品を一冊にまとめた折に、こう述懐している。「私のピエロが注目されるためには、ポール・ヴィダルの貴重かつ魅力的な協力作業が必要だった。それが、私のピエロを、ちょうどよい雰囲気で包み込み、的確な音楽的高揚でもって、身振りにリズムをつけてくれた」(P. Margueritte, *Nos Tréteaux*, Paris, Dorbon-Ainé, 1910, p. 17)。そしてこの一九一〇年版『女房殺しのピエロ』では、表題に対して「ポール・ヴィダルの音楽」と、はっきり注記されている(*ibid.*, p. 97)。なお、ヴィダルがつけた音楽については次を参照のこと。Paul Vidal, *Pierrot Assassin de sa Femme: Pantomime en 1 Acte de Paul Margueritte*, Paris, Heugel, 75p., 1893.

*53 ブラケット[ ]はデリダのコメント。以下同様。なお、デリダ自身はテクスト上で再現せずに指摘にとどめているが、引用元のテクストでは、マイム役者の陳述がイタリック体になっている。

*54 PCL, p. 15-16.

*55 PCL, p. 18.

*56 PCL, p. 19.

*57 PCL, p. 20.

*58 PCL, p. 21.

*59 PCL, p. 24.

*60 『水と夢』及川馥訳、法政大学出版局、二〇〇八年、一六頁。

*61 デリダが版を指定していないので、さしあたり次の版を用いる。なお、リプリントのため、一八八二年のオリジナルと同じページ付けである。Théophile Gautier, *Œuvres complètes*, t.VIII, *Théâtre: mystère, comédies et ballets*, Genève, Slatkine Reprints, 1978.(= G. VIII)

*62 Paul Margueritte, *Nos Tréteaux*, Dorbon-Ainé, p. 14-15.

*63 G. VIII, p. 169.

*64 *Ibid.* 直後の引用は p. 170.

*65 G. VIII, p. 178.

*66 G. VIII, p. 192.

*67 G. VIII, p. 193-195.

*68 G. VIII, p. 203.

*69 Paul Margueritte, "Pierrot mort et vivant", *Nos Tréteaux*, Paris, 1910, p. 131-141.

*70 Champfleury, *Pierrot, valet de la mort: pantomime en sept* *tableaux*, Paris, Imprimerie de Gerdès, 1846. なお舞台にかかったこの作品のレビューは、当時『プレス』誌で劇評を連載していたテオフィル・ゴーチエが担当するはずだったが、急遽スペインに旅立つ用事ができたため、ジェラール・ド・ネルヴァルが代打を務めた。それが、一八四六年九月二十八日の連載記事である。記事の内容と経緯の詳細については次を参照のこと。Gérard de Nerval, *Œuvres complètes*, t. I, Gallimard, p. 1070-1073, 1876-1877.

＊71　本作も一八四六年ごろ執筆されたと考えられるが、台本単独での刊行の形跡はさしあたり見当たらない。現在、本作の台本は、例えば以下において読むことができる。Champfleury, Gautier, Nodier & Anonymes, *Pantomimes*, éd. par Isabelle Baugé, Paris, Cicero, 1995, p. 39-52.

なお、本作の概要はこれからデリダが引用するゴーチエの評論で詳述されている。次を参照のこと。Théphile Gautier, *Histoire de l'art dramatique en France*, t. V, Genève Slatkine Reprints, 1968, p. 23-34. リプリントのため、一八五八—一八五九年刊行のオリジナルと同じページ付けである。

ちなみに、訳者の調べたかぎり、本作でピエロはさまざまなものを盗むが、そこにいわゆる「本」は含まれていない。紙媒体の盗品となると、アルルカンとコロンビーヌとのあいだで交わされる結婚契約書をピエロが飲み込む場面があるのみである。

＊72　Théophile Gautier, *op. cit.*, p. 32.

＊73　*Ibid.*, p. 27-28.

＊74　デリダが、ピエロを生と死のあいだに位置づけるのは、彼のいう「鏡像的分身のもろもろの効果」のためだが、そもそもピエロは、物語においても、しばしば生と死とを行き来する。ゴーチエの『死後のピエロ』はもちろんのこと、原注（17）でデリダが挙げた三作もすべて、一度死んだピエロがこの世に戻ってくる話である。

＊75　「存在の彼方」（epekeina tes ousias）は、プラトンが善のイデアを太陽になぞらえて説明した際に用いた言葉（『国家』、509*b*）。

＊76　「挿絵本について」、Ⅲ巻、五三九頁。

＊77　「〈書物〉について」、Ⅲ巻別冊、四三七頁。原文は［5（A）］（その次の引用も）。

＊78　語幹の -valle が、フランス語の val〔谷〕に似ているので、intervalle の語源を「谷間」だと考えたくなる、ということ。

＊79　*Cantate pour la première Communion*, *O.C.*, p. 3. 「最初の聖体拝領のためのカンタータ」、Ⅲ巻、六〇〇頁。

＊80　*O.C.*, p. 51. 「半獣神の午後」『ステファヌ・マラルメ詩集』所収、Ⅰ巻、六五頁。

＊81　*O.C.*, p. 111. 「《半獣神の午後》の献辞さまざま」Ⅰ、Ⅲ巻、五六三頁。

＊82　「リヒャルト・ヴァーグナー　一フランス詩人の夢想」『ディヴァガシオン』所収、Ⅱ巻、一四一—一四二頁。

＊83　該当頁に hymen（イメーヌ）は確認できるが hymne は見当たらない。そもそもこのテクストのなかにこの語は見られない。デリダの見間違いか。

＊84　*Sonnet*, p. 59.「ソネット」、Ⅰ巻、一六一頁。

＊85　G. VIII, p. 193.

＊86　Théophile Gautier, *Histoire de l'art dramatique en France*, Paris Hetzel, t. V, 1858, p. 28.

＊87　「限定された行動」『ディヴァガシオン』所収、Ⅱ巻、二五〇頁。

＊88　Ⅱ巻、三二八頁。

＊89　「音楽と文芸」『ディヴァガシオン』所収、Ⅱ巻、五二五頁。

＊90　*Solitude*, *O.C.*, p. 406.「孤独」『ディヴァガシオン』所収、Ⅱ巻、三二七頁。

＊91　デリダの引用では、basという単語が抜け落ちている。

＊92　「〈書物〉について」、Ⅲ巻別冊、四四八頁。

＊93　『精神現象学』、「意識」の第三章の最終段落。

＊94　allusion（仄めかし）は、ラテン語のadlure（ふざける）に由来し、これはludere（遊ぶ、戯れる）に接頭辞のaがついたものである。

＊95　ラテン語で「第三の命題は存在しない」（Tertium non datur）は、論理学における排中律のこと。デリダはここでそれをもじっている。

＊96　アーベル（Karl Abel, 1837-1906）は、ドイツの比較文献学者。アーベルの書いた以下の小冊子（フロイトのテクストと同じ題名）によると、古代の諸言語においては、同一の語ないし語根が、その主要な意味と同時に、それとは正反対の意味も兼ね備えている場合が多いという。*Über den Gegensinn der Urworte*, Leipzig, Friedrich, 1884.

＊97　「不気味なもの」、『フロイト全集一七』岩波書店、一六頁。

＊98　uph'en ないし ὑφ᾽ ἕν は、ハイフンの語源で、「一つにして」「一語として」の意。

＊99　*O.C.*, p. 304.『ディヴァガシオン』所収、Ⅱ巻、一六六頁。

＊100　*O.C.*, p. 461.『賽の一振り』、Ⅰ巻、Ⅲ頁。

＊101　もう一度整理しておく。

"le rôle, qui le lit"：⑴「その役柄を読む者」、⑵「それを読む役柄」

"comprend"：⑴「理解する」、⑵「包み込む」

⑴→⑴と読むか、⑵→⑵と読むかで、まったく全体の解釈が異なってくる。前者を読み⑴、後者を読み⑵としよう。

読み⑴：「千行にも満たないその役柄を読む者は誰でも、直ちに規則を理解する。丁度、それら規則の慎ましやかな受託者である小屋掛け芝居の舞台を前にした位置にいるように。」

読み⑵：「〈マイム役者〉を読み取る、千行にも満たない役柄は、直ちに規則を含み込む。丁度、それら規則の慎ましやかな受託者である小屋掛け芝居の舞台を前にした位置にいるように。」

読み⑴の場合、ポール・マルグリットが書いた台本を読むと、読者は、舞台に対面しているかのように、すぐにその作品の規則を理解できる、ということ。作品のコンセプトの明確さを語っているかのように見える。

読み⑵の場合、事情はだいぶ変わってくる。以下で説明する。

ここで述べられている〈マイム役者〉とは、舞台上のマイム役者であり、要するに、農場の納屋で演じているマルグリット自身である。そして、その姿を読み取っているのは、やはり役柄であり、ある種のマイム役者なのだが、今度は、千行にも満たない台本のエクリチュールである（動詞 lire は、機械などにも用いて、「読み取る」「再生する」の意味がある）。

ただし、この読み⑵を採用するなら、ここには二つの事態が重ねあわされていると見ることができる。つまり、実際に、マルグリットが、舞台上の自分を対象化し（読み取り）ながら台本を書くことと、台本のテクストが、舞台上の役柄を参照（読み取り）していることである。マラルメのテクストは、この二つの事態を圧縮して言葉にしているために、舞台を読むマルグリットがエクリチュールと化しているように、また同時に、舞台を参照するエクリチュールが、まるで何かを読んでいるかのように、受けとることができる。しかもその重なりは、"rôle" という語（役柄、役、役のセリフ、役割）によっても増幅されている。というのも、「役柄」は一義的には台本のセリフだが、同時に、「役柄」と呼ばれている以上、人を示唆して、かつて舞台に上がっていたマルグリット（ただし今は書き手）を匂わせているからである。こうして、舞台に対する台本（書かれるもの＝読まれるもの）と、演じ手に対する著者（書き手＝読み手）が、どちらも、エクリチュール一般＝レクチュール一般という二重性として、定式化されている。

なお、デリダによれば、エクリチュールとしての役柄が、「観客として」、「作者として」、舞台を前にして、すぐさま規則を含み込む、とされる。ここで「観客として」と言われるのは、そのエクリチュールも（舞台の）読み手だからであるが、「作者として」と言われるのは、それがエクリチュールであるかぎり、純然たる読み手などではなく、一つの書き手でもあるからであろう。

＊102　シェレール前掲書。

＊103　この一文は、口頭で読むと「「黙劇」と同様に、二重の会は中間を持たない」という意味になる。実際、「黙劇」においてマイム役者が持つのは虚構の中間（環境）で現実のそれではない。二重の会の構造も同様であることが、本文の続きでも述べられている。

ただしこの文の形式が、この文の内容の例証となっているように思われる。以下で説明する。「…と同様に」〔de même que〕の même que（メム・ク）の部分は、次に来る単語 mimique（ミミック）と音が近い上に脚韻を踏んでいるが、メム・ク／ミミックと対比すると、音の上でスラッシュは「中間」をなすが、意味の上では区切れないので、このフレーズは「中間を持たない」といえる。また、英語のコロンにおおよそ該当するフランス語のドゥ・ポワン〔：〕は、説明、引用、例示などを示す記号で、通常は、その両辺に独立した節が来る。この文のドゥ・ポワンも、字面の上では、文の「中間」をなすかのような身振りをしているが、意味の上では区切れないので（ここで区切るのは文法的に不自然であるばかりか、全体が一文をなさなくなる）、やはりこの文は

「中間を持たない」といえる。

＊104　mimique のうち que の部分は、まるでその後ろに直説法や接続法の従属節が続きそうに見えるため、このように言われているものと思われる。

＊105　このブロックからすでに明らかであるように、このソレルスの書簡は、マラルメの「黙劇」の語彙を分解して組み換えたり、フレーズに別の語彙を付け加えたりして、ある種の二次創作をおこなっている。以下、「黙劇」のテクストと突き合わせてお読みいただきたい。

＊106　フランス語の *si* には、仮定の接続詞、シの音を指す名詞、肯定の返事としての副詞、そして程度の副詞・形容詞など、さまざまな意味がある。「ひとつの *si*」は、ある種の仮定とみなしうるパントマイムの身振りと、*si* という字面そのものとの両方をほのめかしていると思われる。ただし si は数字の六を指す six と時に同音であるため、「一つの *si* を投げ放ち」には賽の一振りが重ね合わされているはずである。そして「余剰のテクスト」とは、意味が決定不可能であるようなエクリチュール一般を指すと思われる。賽とテクストの関係についてはデリダ自身が後述している。

＊107　要するに、音楽や詩のあとの沈黙のことか。マラルメの「黙劇」においても「沈黙とは、脚韻のあとに残された唯一の豪奢」とある。

＊108　ここでは、『女房殺しのピエロ』のような音楽つきのパントマイムが念頭に置かれている。本文にある等式は、音楽と沈黙を兼ね備えた出し物が、午後、さらに言えば夕方に催されることを指していると思われる。「人をだますシャンデリア」とは、その下でフィクションが演じられるということと同時に、日が没した時刻に上から照らすシャンデリアが太陽のふりをしているということを含意しているように見える。

＊109　舞台の上では役者たちが（無言であるにせよ）やりとりを交わし、さらには『女房殺しのピエロ』の場合は殺人にかかわる内容であるため、その様子を「殺戮をおこなう会議」と表現していると思われる。また、一人ひとりの役柄を一つの詩（ode 頌歌）と考えるなら、出し物の全体は、シンフォニーならぬシノード（syn-ode 共－詩）であると言える。むろん共起の接頭辞をもつ「会議《シノード》」が、「二重の会《セアンス》」という言葉とある程度対応していることはいうまでもない。

ちなみに ode といえば、「黙劇」において音楽との対比で書物の詩が「声なき頌歌〔ode tue〕」と呼ばれていた。この部分だけをとるなら、tue を動詞 tuer の活用に見立てて「オードが殺す」とも読むことができる。「殺戮をおこなう会議」のうち -ode meurtrier の部分はここから導き出されたものと考えられる。また、通常の頌歌は声や音をともなうものであるから、頌歌が抹殺し毀損するものとはまずもって沈黙であると見なすことができよう。

＊110　新月を沈黙と見なすなら、朔望月とは月の現れを可能にする二つの沈黙のあいだの期間と解釈できよう。また、その次の ils が何を指すのかはわかりづらいが、さしあたり si と or か、LIT と DES かでとっておく。沈黙（ないし余白）が、soir を si と or に、L'IDÉE の分離によって LIT と DES が出

現するのだとすると、沈黙が損なわれるとそれらの出現もまた止められてしまうと考えることができる。

*111 ここではLIT《リ》/DES《デ》のあいだにスラッシュ（ペニス）が挿入されることによって、l'idéeという語のまとまりがほどかれ、それによって新たな観念が放たれる。

*112 apparentはa + parentで親の欠如とも聴き取れる。また「真っ白な幻想」は「黙劇」の「真っ白な亡霊」を踏まえている。そしてこの亡霊が「まだ何も書かれていないページにも似て」いたように、この幻想もまた、まだなされていない行為にかかわる。「ことを進め、子作りをしつつ」の原語がprocédant, procréantとなっている。「前」を意味するpro-が付されているのは、行為に及んでいると見せかけて、実はいまだ行為の以前にとどまることをにおわせるためかと思われる。

*113 それぞれ、「黙劇」の(ac)com/plissement〔成就〕とper/pétration〔(犯罪）遂行〕という単語を分解して組み立てなおしたものである。ちなみに後者は、ソレルスの分解どおり、「父として誓約する、完了する」を意味するラテン語のper（父として）＋patrāre（誓約する、完了する）に由来する。

*114 発音上はô paire（おお、夫婦よ）やopère（操作する）とも同じである。「黙劇」において、マイム役者の「操作」が、婚姻ならぬ婚姻であったことを想起されたい。

*115 直前の行がopérerの単純過去opéraと読めるため、ここのmimèreも、直前の行の三つの単語（もしくはopéraも入れて四つの単語）を主語にしたmimer（身振りで真似をする）の単純過去mimèrentとも聴き取れる。またマイム役者が男女両方を演じることを考えると、mimèreはmimeとmèreから作られたカバン語なのかもしれない。ちなみに、Mimèreは、北欧神話では霜の巨人にして泉の番人であるミーミルのことでもあり、前文のglacéとも関連していると思われる。このglacéの含意は、「黙劇」の「決して鏡面《グラス》を破ることはない」にも由来するが、本テクストで後述される「ガラス越し」〔sous-verre〕のほうも参照されたい。

*116 MIMEは、半分のmiと、代名詞je（もしくは英語のI）の直接ないし間接目的補語形meとに分解できる。jeが操作（手術）されてmeとなりmiとくっついている状態が「操作〔手術〕された一つの半-私」と言われていると思われる。ここでの「私」は半分であるからすでに「中間」だが、同時に、opérerは生殖機能を除去する手術のニュアンスをもつので（chatte opérée 避妊手術した雌猫）、手術された「私」が「中性」であるのも不思議ではない。

ところで、「黙劇」では、マイム役者が「虚構というものの純粋な場を設定《アンスタール》〔installe〕」し、彼の「演戯」は「絶えざる《ペルペチュエル》仄めかしに留まって〔se borne〕」いると述べられている。ソレルスは、installeから音の近いun stalleを割り出してその単一性を強調しながら「唯一の独房〔unique stalle〕」と書いていると考えられる。そして、独房の中（「黙劇」で言えば鏡の中）に留められ閉じ込められているがゆえに一定の制限をこうむりながらも、そこで仄めかしが際限なくなされている。ここから「無限」という語も導かれるようだ。ただし

stalle は女性名詞なので、女性形ではない pur をとれず、pur 以下はむしろ inifni にかけざるをえない。「黙劇」の «milieu, pur, de fiction» が「純粋な場」であったように、«infini … pur de toute fiction» も「一切の虚構の純粋な無限」と訳すべきだろうか。不可能ではないはずだが、ヴィルギュルがない上に toute が入っている以上、さしあたりは「一切の虚構を混じえぬ無限」と訳さざるをえない。そして幻想の中で、虚構の中で創造をおこなう、制約をもつとはいえ有限性を超えた無限であることから、制約のある無限をそなえた存在が、今一度、「半‐神」として定式化されているように見える。

*117　つまり行為はなされていなかったということか。

*118　この等式では、接頭辞 mi- に「半分・半ば」の意味を与えるか「中間」の意味を与えるかによって、等号を挟んで mime と moins、milieu と millier がそれぞれ照応すると考えられる。mime は半‐私で私未満のものであるから私（moi《モワ》）をふくむマイナス（moins《モワン》）に対応する。他方で、milieu は何かと何かとの中間にあって両者をある意味で結びつけるものと理解できるので、これに対応するのが millier である。というのもこれは、複数のものを意味すると同時に字面の上でも mil（千）+ lier（結びつける）に分解できるからである。

*119　この二つは、「黙劇」における「それを読む者」〔qui le《キル》 lit《リ》〕の音を別の単語を用いて書き換えたものだが、有意味な文節として完結していないため、やや強引に翻訳を試みた。直前の行と対応させるなら、前半部分の「寝床がそこにのみ」は、限定のニュアンスが加わるために「マイム役者（半‐私）」や「マイナス」を思わせ、後半部分の「それを、それをそこに…する者」は、似た代名詞が二度つづくと同時に「それをそこに」〔l'y〕という形で何かと何かが結合する身振りが見てとれるので「中間」や「約千」の側に近い。また lie は、リの音を今一度別の綴りに置き換えたもので、動詞 lier の活用もしくは名詞「澱」を意味する。この澱は直後の行のもう一つの「澱」〔dépôt〕とも響き合っている。

*120　エクリチュールやパントマイムが、何らかの現前の前（もの言わぬうち）からあらかじめ痕跡としてそこにあるということか？　なおここには、「黙劇」の tréteau（小屋掛け芝居の舞台）と dépositaire（受託者）が折り込まれている。

*121　ドゥ・ポワンのあとが「点〔としての〕‐文たち」なので、直前のドゥ・ポワンを指しているようにも読める。したがってこのドゥ・ポワンは、「行」と「点〔としての〕‐文たち」との中間とも言い切れない。この部分はⅡの冒頭のデリダの一文と通ずるものがある。訳注＊103を参照されたい。

*122　原語の phrases-points は、音の上では phrase, point（文の後に点）と聞こえるが、ハイフンでつながれると、点としての文とでもいうべき特殊な意味になる（字面の上では「黙劇」の「全く口に出しては言われない」〔phrases point proférés〕に由来する）。que と con は、通常別々に用いられるがスラッシュで組み合わさると que は、queue を連想させて男性器のように響く。また sur と prise もそれぞれ個別の意味をもつが、結びつけられると「驚異」を表す一つの単語となる。sur-prise liée の liée はまさに sur と prise の結合によ

って surprise という語が出てくるという字面の出来事を指す。そして行とはすなわち、直線を形成する点の集合のごとく捉えられた文の集合のように、que と con の婚姻ならぬ婚姻のように、sur と prise の結合の驚異のように、紙の上で結び合わされるごとにそのつど新たな意味を生み出すものであることを示唆していると読むことができよう。

＊123　「引用された時に」は「黙劇」における「真正な形《オタンティシテ》」（authenticité）を意識した音の連なりとなっているが、しかし意味内容は真正とはある意味で正反対の「引用された」ものにとどまる。また出だしが au という縮約形をとるため、直前の行を「…に関連した」を意味する liée à と受け取る身振りも見せている。

＊124　沈黙が豪奢であることは「黙劇」にも出てくるが、鉄を打たれたものだという意味でも豪奢である。なお「鉄を打たれた」（ferré）は＊122に見られるとおり「黙劇」の「口に出して言われ」〔proférés〕から抜き出されたものである。さて、鉄を打つのは補強することであるから、「またもや沈黙」と続く。しかし同時に silence は、鉄を打たれることによって lance〔槍〕を浮き上がらせるべく si と lence に分離され、さらに同じく金属でありしかも「豪奢」な or〔金〕が前面に出る形で encore が分解されているように見える。

＊125　「黙劇」の「読書の条件《コンディシオン》にして愉悦《デリス》である沈黙」を下敷きにしている。condiction という語は存在せず、さしあたり con〔もしくは接頭辞 con-〕と diction の合成語として訳しておく。「螺旋のバカな女性器話法」とは、マラルメ、デリダ、ソレルスのテクスト（潜在的にはテクスト一般）およびその読み上げの場合のように、さまざまな層に目を配って、字義らしきものの理性＝分別にあらがい、女性器などの性的な含みを掘り起し、周囲の事象・言葉をともに巻き込みながら進行する話法のことだろうか。

＊126　「〈書物〉について」、Ⅲ巻別冊、四〇五頁。

＊127　Antonin Artaud, *Œuvres complète*, t. XVI, Gallimard, p. 200-201.

＊128　「エドガー・ポー」『ディヴァガシオン』所収、Ⅱ巻、一二一頁。

＊129　「ヴィリエ＝ド＝リラダン」、Ⅱ巻、四一五頁。

＊130　前掲『マラルメの想像的宇宙』、四五二―四五三頁。

＊131　邦訳、四五三―四五四頁。

＊132　「芝居鉛筆書き」『ディヴァガシオン』所収、Ⅱ巻、一五七頁。

＊133　「舞台《いた》と紙葉《ページ》」『ディヴァガシオン』所収、Ⅱ巻、二〇七―二〇八頁。

＊134　Ⅱ巻、二二〇頁。

＊135　Ⅱ巻解題・注解、一三二頁。

＊136　引用句自体は p. 568 にあたる。邦訳、六二六頁。

＊137　原語の citer は、「動かす」を意味するラテン語 citāre に由来する（citāre は sollicitāre（揺さぶる）の語幹でもある）。

＊138　「書物、精神の楽器」『ディヴァガシオン』所収、Ⅱ巻、二六八頁。

＊139　「舞台《いた》と紙葉《ページ》」『ディヴァガシオン』所収、Ⅱ巻、二〇九頁。

＊140 「舞台《いた》と紙葉《ページ》」『ディヴァガシオン』所収、Ⅱ巻、二〇七頁。なお次の引用は同、二〇八頁。
＊141 「祝祭」『ディヴァガシオン』所収、Ⅱ巻、二一八頁。
＊142 Ⅱ巻、五二三—五二六頁。
＊143 「書物、精神の楽器」『ディヴァガシオン』所収、Ⅱ巻、二六六頁。
＊144 「詩の危機」『ディヴァガシオン』所収、Ⅱ巻、二二五—二二六頁。
＊145 「芝居鉛筆書き」『ディヴァガシオン』所収、Ⅱ巻、一五一—一五二頁。
＊146 *O.C.*, p. 295-296. 「芝居鉛筆書き」『ディヴァガシオン』所収、Ⅱ巻、一五三頁。
＊147 『最新流行』、Ⅲ巻、五一—五二頁。
＊148 同前、五二頁。
＊149 同前、五〇頁。
＊150 同前、一三九頁。
＊151 「書物、精神の楽器」『ディヴァガシオン』所収、Ⅱ巻、二六九頁。
＊152 「芝居鉛筆書き」『ディヴァガシオン』所収、Ⅱ巻、一五三—一五四頁。
＊153 「風俗劇、あるいは近代作家たち」『ディヴァガシオン』所収、Ⅱ巻、一八五—一八六頁。
＊154 *Dons de fruits glacés au nouvel an*,「新年のフルーツゼリーの贈り物」VII (alouette/souhaite)、「新年のフルーツゼリーの贈り物」IX (fouette/souhaite)、「新年のフルーツゼリーの贈り物」XVI (brouette/souhaite)、「新年のフルーツゼリーの贈り物」XXV (girouette/souhaite)、「別の年賀」XXVIII (souhaite/mouette)、すべて邦訳なし。
＊155 [Le seuil, il fallait...], *O.C.*, p. 311. 無題〔唯一人、滑らかに、魔術師の如く……〕、Ⅱ巻、一七六—一七七頁。
＊156 *O.C.*, p. 311. 無題〔唯一人、滑らかに、魔術師の如く…〕、『ディヴァガシオン』所収、Ⅱ巻、一七六頁。
＊157 *Ibid.* 同前。
＊158 *O.C.*, p. 311-312. 無題〔唯一人、滑らかに、魔術師の如く…〕、『ディヴァガシオン』所収、Ⅱ巻、一七六—一七七頁。
＊159 「バレエ」『ディヴァガシオン』所収、Ⅱ巻、一六六—一六八頁。
＊160 「バレエ」『ディヴァガシオン』所収、Ⅱ巻、一六九—一七一頁。
＊161 「バレエ」『ディヴァガシオン』所収、Ⅱ巻、一六九頁。
＊162 「バレエ」『ディヴァガシオン』所収、Ⅱ巻、一六九—一七〇頁。
＊163 無題〔唯一人、滑らかに、魔術師の如く…〕、『ディヴァガシオン』所収、Ⅱ巻、一七七頁。
＊164 「芝居鉛筆書き」『ディヴァガシオン』所収、Ⅱ巻、一五四頁。
＊165 前掲『マラルメの想像的宇宙』、三〇—三二頁。
＊166 「マラルメの幸福?」『フィギュールⅠ』花輪光監訳、書肆風の薔薇、一九九一年、一一二頁。
＊167 前掲『根源の彼方に——グラマトロジーについて』上、五

六—五八頁。

*168 エドムント・フッサール『幾何学の起源』（ジャック・デリダ『序説』）青土社、一九九二年、六五頁以降。

*169 « Le symbole donne à penser », *Esprit*, 27, juillet-août, 1959, pp. 60-76.

*170 同前、六九頁。

*171 同前、七〇頁。

*172 前掲『マラルメの想像的宇宙』、三二一—三二二頁。

*173 同前、二九頁。

*174 *O.C.*, p. 372.「限定された行動」『ディヴァガシオン』所収、Ⅱ巻、二五〇頁。

*175 前掲『マラルメの想像的宇宙』、六七二頁。

*176 「回転が終わって、すべての切り子面がわれわれのうちであいついで輝いたとき、われわれはその語や詩篇の意味を手中に収め、対象の識別しがたい中核をまた新たに把握する。事実、この包括的意味とは、部分的な——そしてわれわれのうちであいついできらめいた——すべての意味の総計であり、またそれらの意味を一望の下に収めることに他ならない」（同前、六一四頁）。

*177 リシャールの言葉。同前、六七二頁。

*178 insérer は、ラテン語の inserere（まく、植える、接ぎ木する）に由来する。

*179 *O.C.*, p. 455.『賽の一振り』冒頭の所見からの引用。第Ⅰ巻、iii頁。

*180 前掲『マラルメの想像的宇宙』、六七二頁。なお、デリダは「テーマの本質」と書いているが、原文では「意味の本質」となっているので、翻訳もそれに従った。

*181 マラルメが、ポーの詩「沈黙」（*Silence*）を翻訳した一節。

*182 前掲『マラルメの想像的宇宙』、五八七頁。

*183 「単語」を意味するフランス語の vocable は、vocāre（呼ぶ）から派生したラテン語 vocābulum（呼び名）に由来する。しかしこの文脈で、デリダは意図的に、vocable の字面に語基 voc-（声）+接尾辞 -able（…できる）の組み合わせを読み込んでいると思われる。

*184 筑摩書房刊行の『マラルメ全集』は、総じて、きわめて完成度の高い訳業なのだが、現代の研究水準からすると、『英単語』の抄訳にかぎっては修正すべき点が多く見られる。そこで本訳文では、マラルメの『英単語』を研究している訳者が、責任をもって独自に訳し直すことにした。『全集』の訳出箇所のページ番号を一応示しておくが、字面の上ではいっさい対応していないことを、あらかじめお断りしておく。また、『英単語』においては、各言語の名称や専門用語がしばしば大文字になっているが、煩雑さを避けるため、その点は原則として訳出していない。

*185 『英単語』、Ⅲ巻、一八三—一八四頁。

*186 デリダは、nous〔われわれに〕を入れて、「解剖すべき〔…〕ものをわれわれに提示する」と書いているが、これは誤写。

*187 前掲『マラルメの想像的宇宙』、五八七頁。

*188 邦訳、六〇一頁。出典は、一八九一年八月七日ヴィエレ＝

グリファン宛のマラルメ書簡。
＊189 「詩の危機」『ディヴァガシオン』所収、Ⅱ巻、二四二頁。
＊190 前掲『マラルメの想像的宇宙』、五九五頁。
＊191 同前、六〇二頁。
＊192 同前、六〇四頁。
＊193 同前、六一〇頁。
＊194 同前、六二五頁。
＊195 同前、六三一頁。
＊196 Corr. I, p. 137. Ⅳ巻、一九二頁。
＊197 Paul Valéry, "À propos du *Cimetière marin*", Gallimard, *Œuvres complètes*, t. 1, p. 1507. 「『海辺の墓地』について」『ポール・ヴァレリー全集6』筑摩書房、一九六七年、二五一頁。
＊198 Valéry, "Stéphane Mallarmé", op., cit., p. 620. 「ステファヌ・マラルメ」『ポール・ヴァレリー全集7』筑摩書房、一九六七年、四頁。
＊199 前掲『マラルメの想像的宇宙』、五九九頁。
＊200 「文芸の中にある神秘」『ディヴァガシオン』所収、Ⅱ巻、二八一頁。
＊201 O.C., p. 38, 523, 872, 900. それぞれ、「海の微風」(Ⅰ巻、三八頁)、「弔」(Ⅱ巻、四七二頁)、「ポーについて」(Ⅲ巻、五〇四頁)、『英単語』「序論」(Ⅲ巻、一八二頁)。
＊202 「唯一人、滑らかに、魔術師の如く……」『ディヴァガシオン』所収、Ⅱ巻、一七八頁。
＊203 「牧歌」『ディヴァガシオン』所収、Ⅱ巻、三二三頁。
＊204 *O.C.*, p. 371, 404, 649, 859, 860, 868. それぞれ、「限定された行動」(Ⅱ巻、二四九頁)、「牧歌」(Ⅱ巻、三二三頁)、「音楽と文芸」(Ⅱ巻、三二七頁)、「レオポルド・ドーファン著『青と灰色の葡萄』のための緒言」(Ⅲ巻、四八一頁)、「前口上」(Ⅲ巻、四八三頁)、「文学の進展について」(Ⅲ巻、四九一頁)。
＊205 「書物、精神の楽器」『ディヴァガシオン』所収、Ⅱ巻、二六四―二六五頁。
＊206 「風俗劇、あるいは近代作家たち」、Ⅱ巻、一九〇頁。
＊207 「書物、精神の楽器」『ディヴァガシオン』所収、Ⅱ巻、二六八頁。
＊208 「書物、精神の楽器」『ディヴァガシオン』所収、Ⅱ巻、二六八頁。邦訳は、あえて形容詞として訳している。
＊209 「書物、精神の楽器」『ディヴァガシオン』所収、Ⅱ巻、二六四頁。
＊210 「祝祭」、Ⅱ巻、二一八頁。
＊211 「書物、精神の楽器」『ディヴァガシオン』所収、Ⅱ巻、二六七頁。
＊212 「書物、精神の楽器」『ディヴァガシオン』所収、Ⅱ巻、二六八頁。
＊213 「頌」、Ⅰ巻、一一八頁。
＊214 「献辞、書き入れ、そのほか」Ⅵ、邦訳なし。
＊215 *Salut*, *O.C.*, p. 27. 「挨拶」『ステファヌ・マラルメ詩集』所収、Ⅰ巻、五頁。
＊216 「窓」『ステファヌ・マラルメ詩集』所収、Ⅰ巻、一八頁。
＊217 *Albums*. V, *O.C.*, p. 148. 「アルバム」Ⅴ、邦訳なし。

＊218 *Éventails*, IV, *O.C.*, p. 107. 「扇」Ⅳ、邦訳なし。
＊219 *O.C.*, p. 71. 「頌」、Ⅰ巻、一一八頁。
＊220 *O.C.*, p. 42-3. 「古序曲」、Ⅰ巻、一七一頁。なお、マルシャル版の斜字体に対応して、邦訳では最初の二ブロック（あの方は…兆しなることよ！）に傍点が付されている。
＊221 *Envois divers*, V, *O.C.*, p. 179. 「郵便さまざま」V、邦訳なし。
＊222 *Contre un poëte parisien*, *O.C.*, p. 20-21. 「あるパリの詩人に反駁する」、Ⅲ巻、六六一頁。
＊223 *Dédicaces, autographes, envois divers*, VII, *O.C.*, p. 151. 「献辞、書き入れ、そのほか」VII、Ⅲ巻、五八三頁。
＊224 邦訳、六〇〇頁。
＊225 邦訳、六〇四頁。
＊226 邦訳、三一一頁。
＊227 「魔術」『ディヴァガシオン』所収、Ⅱ巻、三一六頁。
＊228 「音楽と文芸」『ディヴァガシオン』所収、Ⅱ巻、五四二頁（「すべては〈美学〉と〈経済学〉とに要約される」）。
＊229 *Or*, *O.C.* p. 398-399. 「金」『ディヴァガシオン』所収、Ⅱ巻、三〇五―三〇六頁。
＊230 *O.C.*, p. 398. Ⅱ巻、三〇五―三〇六頁。
＊231 *Ibid.* 同前、三〇六頁。
＊232 *O.C.*, p. 1578. Ⅱ巻別冊、二二五―二二七頁。
＊233 *O.C.*, p. 398. Ⅱ巻、三〇五頁。
＊234 *Les Fleurs*, *O.C.*, p. 33. 「花々」、Ⅰ巻、二二二頁。
＊235 『最新流行』、Ⅲ巻、六八頁。
＊236 *O.C.*, p. 1578. Ⅱ巻別冊、二二六頁。
＊237 「芝居鉛筆書き」、Ⅱ巻、一五四―一五五頁。
＊238 「書物、精神の楽器」、Ⅱ巻、二六四頁。
＊239 *O.C.*, p. 65. Ⅰ巻、九八頁。
＊240 *O.C.*, p. 69. 無題〔その純らかな爪が、高々と、縞瑪瑙をかかげて……〕、Ⅰ巻、一一一頁。プティックス（ptyx）は、「襞」を意味するギリシア語に由来するが、マラルメはこれを、フランス語に存在しない単語と考えて、あえてこのソネに採用した。
＊241 *O.C.*, p. 310. Ⅱ巻、一七九頁。
＊242 *Éventails*, *O.C.*, p. 109. 「扇、XIII」、邦訳なし。
＊243 *Hérésie artistique*, *O.C.*, p. 257. 「芸術の異端」、Ⅲ巻、七〇一頁。
＊244 Ⅰ巻、二一二頁。
＊245 *Solennité*, *O.C.*, p. 334. 「祝祭」、Ⅱ巻、二一七頁。
＊246 邦訳なし。
＊247 *La Gloire*, *O.C.*, p. 288. 「栄光」、Ⅱ巻、四九頁。
＊248 *Hérodiade: II. Scène*, *O.C.*, p. 47. 「エロディアード　舞台」、Ⅰ巻、五七頁。
＊249 *Igitur*, *O.C.*, p. 435. 「イジチュール　**深夜**」、Ⅰ巻、二〇七―二〇八頁。
＊250 *O.C.*, p. 68-69. 無題〔その純らかな爪が　高々と　縞瑪瑙をかかげて……〕、Ⅰ巻、一一〇―一一一頁。
＊251 *O.C.*, p. 310. Ⅱ巻、一七九頁。
＊252 *O.C.*, p. 486. Ⅱ巻、四〇〇頁。

*253 *Ibid.* 同前、四〇一頁。

*254 *O.C.*, p. 482. Ⅱ巻、三九五頁。

*255 *O.C.*, p. 483. Ⅱ巻、三九七頁。

*256 *O.C.*, p. 486 et pp. 497-500. Ⅱ巻、四〇一頁。また同前、四一七—四二三頁。

*257 無題〔欲望の極み　西の果てで　その全てが解かれ…〕、Ⅰ巻、七一—七二頁。

*258 〈かりに〉は、Ⅰ巻、Ⅷ頁（*O.C.*, p. 466, 467）。〈あたかも〉は、Ⅰ巻、Ⅵ頁（*O.C.*, p. 471）に見られる。

*259 *O.C.*, p. 464. Ⅰ巻、Ⅴ頁。

*260 「それゆえ」の dés《デ》 lors《ロール》は、dés（賽）とl'or（金）の音を含む。

*261 『賽の一振り』、Ⅰ巻、Ⅱ—Ⅲ頁。

*262 *O.C.*, p. 76. 無題〔密雲の低く圧しかぶさるあたりに……〕、Ⅰ巻、一三四頁。

*263 旧プレイヤッド版では最後に「.」がつく（新プレイヤッド版ではついていないが、異同についても触れていない）。デリダの単なる見落としなのか。

*264 無題〔密雲の低く圧しかぶさるあたりに……〕、Ⅰ巻、一三四—一三五頁。

*265 Abolit は、à beau lit〔きれいな寝床で〕と同音であり、(il) a beau lire〔読んでも無駄だ〕と近い音である。いずれにせよ、lit には、「寝床」と「読む」の意味があり、眠ることと読むこと、性交と解釈が標記されている。

*266 Corr. I, p. 137-138. Ⅳ巻、一九二—一九三頁（一八六四年十月三十日付）

*267 Corr. VI, p. 157. Ⅴ巻、五〇五頁（一八九三年九月二十五日付）。

*268 Ⅰ巻、二五〇頁。

*269 新プレイヤッド版の「アナトールの墓」のトランスクリプションは、デリダが参照したリシャールのものとは一部異なる（行が前後している）。新プレイヤッド版のほうが文意が明快なのでそちらで訳出しておいた。異同は以下を参照。

リシャール版："le double côté / homme femme / — tantôt chez / *union profonde* / *l'un, chez l'autre, d'où* / et toi sa sœur, /" (p. 154-155)

新プレイヤッド版："le double côté / homme femme / — tantôt chez / *l'un, chez l'autre, d'où* / *union profonde* / et toi sa sœur, /"

*270 Ⅲ巻、六五四頁。

*271 *Igitur*, *O.C.*, p. 437. 「イジチュール」、Ⅰ巻、二一二頁。

*272 *O.C.*, p. 71. 〔ヴェルレーヌの〕「墓」『ステファヌ・マラルメ詩集』所収、Ⅰ巻、一一六頁。

*273 邦訳、三二頁。

*274 邦訳、一九五—一九六頁。

*275 「言語に関するノート」、Ⅲ巻、一六八頁。旧プレイヤッド版に「一八六九年」とあることからデリダもそれに従っている。しかし、この「ノート」にはさまざまな時代のものがまざっていることに注意しておく必要がある。また、デリダの引用箇所については、現在のところ、一八七〇年頃のものだ

ということ以上はわかっていない。

*276 「限定された行動」『ディヴァガシオン』所収、Ⅱ巻、二四六頁。

*277 「不遇の魔」『ステファヌ・マラルメ詩集』所収、Ⅰ巻、九頁。

*278 「懲らされた道化」『ステファヌ・マラルメ詩集』所収、Ⅰ巻、一六頁。

*279 「ハムレット」『ディヴァガシオン』所収、Ⅱ巻、一六四頁。

*280 「半獣神の午後」『ステファヌ・マラルメ詩集』所収、Ⅰ巻、六八頁。

*281 *O.C.*, p. 54. 「聖女」『ステファヌ・マラルメ詩集』所収、Ⅰ巻、七四頁。

*282 *O.C.*, p. 468. 『賽の一振り』、Ⅰ巻、Ⅶ頁。

*283 『賽の一振り』の活字の並びを示唆している。実際、この作品の七枚目の見開きの左ページには、「狂おしくただ一つ廻る羽根」という語句のほかには、「ただしそれとも」〔sauf〕という一語しか置かれていない。なお、この箇所のデリダの言い回しは、マラルメの『音楽と文芸』の有名な一節（「存在するのは、すべてを排除して、〈文学〉それだけだ」〔Ⅱ巻、五二三—五二四頁〕）をもじっている。

*284 『賽の一振り』、Ⅰ巻、Ⅶ頁。

*285 Corr. I, p. 241. Ⅳ巻、三二六頁（一八六七年五月十四日付）。

*286 *O.C.*, p. 36. Ⅰ巻、三〇—三一頁。

*287 *Ouverture*, *O.C.*, p. 41. 「古序曲」、同前、一六八頁。

*288 *O.C.*, p. 33. 同前、二一頁。

*289 *O.C.*, p. 40. 同前、四五頁。

*290 *O.C.*, p. 68. 同前、一〇七頁。

*291 *O.C.*, p. 275. Ⅱ巻、二五頁。

*292 *O.C.*, p. 437. Ⅰ巻、二一二—二一三頁。

*293 『最新流行』、Ⅲ巻、一〇〇頁。

*294 〔唯一人、滑らかに、魔術師の如く…〕、『ディヴァガシオン』所収、Ⅱ巻、一七六頁。

*295 『最新流行』、Ⅲ巻、八〇—八一頁。

*296 「古序曲」、Ⅰ巻、一六九頁。邦訳では「巫女《シビュラ》のひとり」となっている。

*297 邦訳、四九四頁。

*298 邦訳、四九一—四九五頁。

*299 邦訳、四九四頁。リシャールが引用している書簡は、テオドール・オーバネル宛の一八六六年六月二十七日付のもの。邦訳なし。

*300 *O.C.*, p. 77. 「書誌」『ステファヌ・マラルメ詩集』所収、Ⅰ巻、一三九頁。

*301 邦訳、四九五頁。

*302 直前の引用のなかでリシャールが典拠を示しているとおり、一九二五年に、マラルメの娘婿であるエドモン・ボニオが、みずからの「序文」を冠して、マラルメ未完のテクスト『イジチュール、あるいはエルベーノンの狂気』を刊行した。ここに提示されている草稿のファクシミリは、「序文」のあいだに草稿の一例として挿入されたものである（Mallarmé, *Igi-*

tur ou la folie d'Elbehnon, préfacé par Edmond Bonniot, Gallimard, 1925, p. 17)。

*303 *O.C.*, p. 73, 109, 119, 298. それぞれ、「魂のすべてを凝縮させて……」（Ⅰ巻、一六〇頁）、「扇」Ⅹ（邦訳なし）、「新年のフルーツゼリーの贈り物」Ⅻ（邦訳なし）、「芝居鉛筆書き」（Ⅱ巻、一五六—一五七頁）。

*304 Ⅰ巻、二一二頁。

*305 同前、二一五頁。

*306 *Igitur*, *O.C.*, p. 443. 「イジチュール」、Ⅰ巻、二〇一頁。

*307 「イジチュール」、同前、一九六頁。

*308 *O.C.*, p. 27 と 178. それぞれ「挨拶」（Ⅰ巻、四頁）と「乾杯《トースト》」（邦訳なし）。

*309 *Éventail / Méry Laurent*, *O.C.*, p. 59. 「（メリー・ローランの）扇」、Ⅰ巻、一六六頁。

*310 *O.C.* I, p. 457. 「三羽のこうのとりの昔話」、Ⅲ巻、六七六—六七七頁。このテクストは旧プレイアッド版には収められていなかった。デリダがどこから引用したかは定かではないが、次のどちらかである可能性が高い。

— Henri Mondor, *Mallarmé plus intime*, Gallimard, 1954.

— Charles Mauron, *Introduction à la psychanalyse de Mallarmé : suivie de Mallarmé et le Tao et Le livre*, Neuchatel, Baconnière, 1968.

*311 voile は、男性形では「ヴェール」で、女性形では「帆」を意味する。二つの voile にはさまれた voie lactée には、母乳だけでなく精液が含意されていると思われる。

*312 *O.C.*, p. 31. 『ステファヌ・マラルメ詩集』所収、Ⅰ巻、一六頁。

*313 「彼女の墓は閉ざされている!…」、Ⅲ巻、六二五頁。

*314 *Albums*, IV, p. 147. 「アルバム」Ⅳ、邦訳なし。

*315 *Préface aux* Raisins bleus et gris, *O.C.*, p. 859. 「レオポルド・ドーファン著『青と灰色の葡萄』のための緒言」、Ⅲ巻、四八一頁。

*316 *Sur des galets d'Honfleur*, *O.C.*, p. 173. 「オンフルールの小石の上に」Ⅴ、邦訳なし。

*317 *Dédicaces, autographes, envois divers*, *O.C.*, p. 155. 「献辞、書き入れ、そのほか」XXVIII、邦訳なし。

*318 *Don du poëme*, *O.C.*, p. 40. ともに、「詩の贈りもの」、Ⅰ巻、四五頁。なお「血滴《したた》り」の直後に「色も蒼ざめ」と続く。本テクストで「白の意味」とあるのはそのためであろう。

*319 *Autre Éventail*, *O.C.*, p. 58. 「別の扇」、Ⅰ巻、八六頁。

*320 *Sauvegarde*, *O.C.*, p. 420. 「擁護救済」、Ⅱ巻、三五〇頁。

*321 原文は、"il aura lui, rassemblé ses pouvoirs" となっている。そして、lui は、luire の過去分詞とも、代名詞とも読める。

*322 「詩の危機」『ディヴァガシオン』所収、Ⅱ巻、二二六頁。

*323 "l'omission de l'auteur (plus je)" という一節は、一方で、plus を「作者」の並列と捉えれば、「作者 +《プリュス》 私」の脱落、という意味になるが、他方で、"plus je" 全体を「作者の脱落」の同格と捉えれば、「作者の脱落」=「私はもうない」、という意味になる。この "plus je" は、さきほどデリダが引用した「イジチュール」の草稿の一部。

＊324 引用符でくくられているが、“ce qui se tait du discours” という一節は、おそらくマラルメのテクストには存在しない。タブローIIにある「語法《ディスクール》とは称し得ぬもの」〔ce qui ne se dit pas du discours〕の誤りと考えられる。

＊325 『英単語』の「結論」の一部。邦訳なし。山括弧〈 〉が不要なところだが、デリダがここにこめようとしている意味を尊重して、原文の大文字を山括弧に入れておく。

＊326 「文芸の中にある神秘」『ディヴァガシオン』所収、II巻、二八〇頁。

＊327 「文芸の中にある神秘」『ディヴァガシオン』所収、II巻、二八一頁。

＊328 「文芸の中にある神秘」、II巻、二八〇―二八二頁。

＊329 II巻、二八〇頁。

＊330 同前、二七九頁。

＊331 同前。

＊332 『英単語』、邦訳なし。

＊333 「詩の危機」『ディヴァガシオン』所収、II巻、二三八頁。なお、この直後の長い引用も同ページのものである。

＊334 フランス語のcasは「場合、事例、事実、好機」などを意味するが、もともとは、cadenceと同様に、ラテン語cadere（落ちる）から派生した単語である。

＊335 『英単語』、III巻、一九四頁。

＊336 同前、一九三頁。

＊337 「文芸の中にある神秘」『ディヴァガシオン』所収、II巻、二八〇頁。

＊338 「詩の危機」『ディヴァガシオン』所収、II巻、二二六―二二七頁。

＊339 「陳列」『ディヴァガシオン』所収、II巻、二五七頁。

＊340 *Autobiographie, O.C.*, p. 663.「自叙伝」、III巻、三八六頁。

＊341 *Sur l'évolution littéraire, O.C.*, p. 867.「文学の進展について」、III巻、四八九―四九〇頁。

＊342 *Planches et feuillets, O.C.*, p. 328.「舞台《いた》と紙葉《ページ》」、II巻、二〇七頁。

＊343 *Un coup de dés, O.C.*, p. 473-474.『賽の一振り』、I巻、IX―X頁。

＊344 *La dernière mode, O.C.*, p. 751.『最新流行』、III巻、六八頁。

＊345 「詩の危機」『ディヴァガシオン』所収、II巻、二二六頁。マラルメはこのテクストで、詩句＝文学の直面する危機は「根本的な危機」だと述べており、またその少し後では、詩句＝律動《リズム》（狭義の韻律のみならず広く文の調子などを含む概念）と取れる発言をしている。デリダは、それらを踏まえて、リュトモス（リズムの語源であるギリシア語）の危機は根本的だ、と再定式化している。

＊346 *O.C.*, p. 646.「音楽と文芸」『ディヴァガシオン』所収、II巻、五二三―五二四頁。

＊347 「秋の嘆き」『ディヴァガシオン』所収、II巻、一三頁。

＊348 「書物、精神の楽器」『ディヴァガシオン』所収、II巻、二六五頁。

＊349 「詩の危機」『ディヴァガシオン』所収、II巻、二二五頁。

＊350 同前。

＊351 〔「黙劇」のプレオリジナル〕、Ⅱ巻別冊一〇八頁（一行目のみ訳出されている）。

＊352 *Éditeurs*, CXXXI, *O.C.*, p. 106.「出版人たち ほか」CXXXI、Ⅲ巻、五六〇頁。

＊353 邦訳なし。

＊354 *Contre un poëte immoral*, *O.C.*, p. 20.「ある背徳詩人に」、Ⅲ巻、六五一頁。

＊355 *Salut*, *O.C.*, p. 27.「挨拶」、Ⅰ巻、四頁。

＊356 *Le Guignon*, *O.C.*, p. 29. *Dédicaces, autographes, envois divers*, *ibid.*, p. 152. それぞれ、「不遇の魔」（Ⅰ巻、九頁）と「献辞、書き入れ、そのほか」X（邦訳なし）。

＊357 *Dons des fruits glacés du nouvel an*, *O.C.*, p. 128. *La Dernière Mode*, *ibid.*, p. 750. それぞれ、「新年のフルーツゼリーの贈り物」LI（邦訳なし）と『最新流行』（Ⅲ巻、六五頁）。

＊358 「舞台《いた》と紙葉《ページ》」、Ⅱ巻、二〇六頁。

＊359 p. 74 et 333. 前者は上記の詩二篇の頁（〔かりそめの脆いギヤマンの……〕Ⅰ巻、一二六頁、〔窓掛のレースは いつしか消えて……〕、Ⅰ巻、一二八―一二九頁）、後者は「祝祭」、Ⅱ巻、二一六頁とその前後。

＊360 「詩の危機」『ディヴァガシオン』所収、Ⅱ巻、二二五頁。以下、この段落の引用はすべて同ページのものである。

＊361 「廃物となった骨董。プティックス。」は、マラルメの有名な韻文詩（無題〔その純らかな爪が 高々と 縞瑪瑙をかかげて……〕）の一節をもじったもの。Ⅰ巻、一一〇―一一一頁を参照のこと。

＊362 『最新流行』、Ⅲ巻、一四六頁。

＊363 「詩の危機」『ディヴァガシオン』所収、Ⅱ巻、二三九頁。

＊364 *O.C.*, p. 1574.「書誌」『ディヴァガシオン』所収、Ⅱ巻、三五七頁。

＊365 orage と âge d'or は、字面の上でも、音の上でもほぼ反転している。

＊366 「雑報」〔faits-divers〕をもじっているが、とりわけマラルメが『ディヴァガシオン』で用いている表題「重大雑報」（*Grands faits divers*）とかけている。

＊367 Ⅲ巻、一八五―一八六頁。

＊368 邦訳なし。この直後の引用も同様。

＊369 「…対…」の「ヴァーサス」〔versus〕は、動詞 vertere（回す）の過去分詞から作られたラテン語の副詞 versus（…の方へ）に由来する。また、versus は、詩句を意味するフランス語 vers と語源を同じくする。デリダは、マラルメの「詩の危機」〔*Crise de vers*〕のなかに、死と復活という対立するものの雰囲気を読み取って、「詩」〔vers〕の危機を、「ヴァーサス」〔versus〕の危機だと捉えている。

＊370 『英単語』。以下、『英単語』からの引用は邦訳なし。

＊371 原注(66)で『英単語』から引用された一文。なお、そこでは"un écrit"が「1冊の著述」の意味だったので「書物」としたが、ここでは文字を念頭においた、「一つの書かれたもの」の意味なので、一字挿入して「書き物」とした。

＊372 *Dédicaces, autographes, envois divers*, XCVII, *O.C.*, p. 168.「献辞、書き入れ、そのほか」XCVII、邦訳なし。

＊373 plus-je は、plus（より多い／もはやない）と je（私）の合成語。通常、plus- がつくと、plus-pétition（法外の請求）や plus-value（剰余価値）のように、もとのもの以上のものという意味になるので、plus-je も「剰余の私」という意味になる。そのうえで、ハイフンでつなげるよう、「剰 - 余」という訳語を当てておいた（「余」には、一人称の代名詞がかかっている）。なお、“echo — ego — plus-je”は、前掲の草稿に書かれていた語句で、いわゆる「イジチュール」のテクストに含まれないという意味で、文字どおり、「書物外」である。

＊374 Idée〔〈観念〉〕/orchidée〔ラン〕は「医者たち」LX（邦訳なし）から、décidée〔決定された〕/orchidée〔ラン〕は「葦の横笛《ミルリトン》をめぐって」（邦訳なし）から。

＊375 *Prose*, p. 56.「プローズ」、I巻、八一頁。

＊376 参考までに、ここで「書くというこの常軌を逸した戯れ」（“ce jeu insensé d'écrire”）というマラルメの有名な一節を引いておく。*Villiers-de-l'Isle-Adam*, *O.C.*, p. 481.「ヴィリエ・ド・リラダン」、II巻、三九三頁。

＊377 *Ouverture*, *O.C.*, p. 42.「古序曲」、I巻、一七一頁。

＊378 [Une dentelle abolit…], *O.C.*, p. 74.〔窓掛のレースは　いつしか消えて……〕、I巻、一一八頁。

＊379 *Ouverture*, *O.C.*, p. 42.「古序曲」、I巻、一七〇頁。

＊380 *Autre Éventail*, *O.C.*, p. 58.「別の扇」、I巻、八七頁。

＊381 *Prose*, *O.C.*, p. 56 etc.「続誦（プローズ）」、I巻、八二頁など。

＊382 *Un coup de dés*, *O.C.*, p. 473-474.『賽の一振り』、I巻、IX—X頁。

＊383 *O.C.*, p. 71. I巻、一一八—一一九頁。この詩で描かれている主題は議論が分かれるが、一説では、ヴァーグナーの葬儀が描かれているとされる。この説の代表的な提唱者であるガードナー・デイヴィスは、この詩の主題を、天才の地上での死と永遠の生への復活であると解釈する。本論の文脈からして、デリダもまたこの解釈を採用しているものと思われる。また、この詩には、“jusque vers un parvis né pour leur simulacre”（「女神たちの幻影のために設えられた〔生まれた〕大聖堂前庭までも」）という一節があり、ここには、字面の上でも、生（「生まれた」）と、死や復活（葬儀のための「前庭」）と、「詩句」と同形異義語の vers（「までも」）とが現れている。デイヴィスの解釈については次を参照のこと。Gardner Davies, *Les “Tombeaux” de Mallarmé*, Paris, José Corti, 1950, p. 131-163.

＊384 「詩の危機」『ディヴァガシオン』所収、II巻、二二六頁。

＊385 si は多義的な語で、仮定の接続詞のほかにも、副詞として、否定を打ち消して肯定する「いいえ」や、単独で「このように」を意味する。ただし si は「六」を表す six と時に同音であることを考慮に入れると、この節は、“un coup de dés. Si”と並んでいるので、「賽の一振り。六」とも聞こえる。したがって、この文脈（あるいは統語法）において、si は単なる多義語ではない。

＊386 このフランス語のフレーズの各ブロックをそれぞれ、第一

から第六とする。次のとおり。
第一ブロック：Personne
第二ブロック：ne sachant
第三ブロック：avant le coup
第四ブロック：qui le déjoue en son échéance
第五ブロック：lequel des six dés
第六ブロック：chute.

「六つの賽」は、いわゆる賽のこととも、後述の理由から一つの賽の六面のこととも取れるが、さらにこのフレーズの六つのブロックのこととも取れる。それゆえ、このフレーズの内容は、このフレーズの形式について語っていると考えることもできる。そして、各ブロックのあいだにダッシュが入ることで、全体が、形式の上で宙吊りになっているだけでなく、内容の上でもさまざまな読みの可能性によって宙吊りになっている。それを念頭において話を進める。

まず、第四ブロックを見てみよう。「失敗に追いやる／裏をかく」(déjoue) は、振って出た目の失敗か、賽を振る行為そのものの失敗かによって、負けと無効の二通りの可能性に読める。さらに、目的補語の代名詞 le が、「人」(personne) を指すのか、「その一振り」(le coup) を指すのかによって、人の裏をかくのか（人の負け）、一振りの裏をかくのか（人の勝ち）という選択肢も現れる。以上から、人から見て、勝ち／負け／無効の三通りの可能性が想定される。

第三ブロックは文法的に大きく揺れることはないが、第四ブロックの qui が、疑問詞「誰が」となるのか、le coup を先行詞とする関係代名詞となるのかによって、le coup は、単に「その一振り」となるか、あるいは、関係詞の制限を受けた「失敗に追いやる一振り」となる。

第五ブロックの lequel は疑問詞「どれ」を表し、直後の動詞の主語と読むか、英訳のように第四ブロックの疑問詞 qui の同格と読むかによって、全ブロックの構文が大きく変化する。

第六ブロックでも、複数の読みが可能である。まず chute を動詞ととるか名詞ととるかで、全ブロックの構文が変化する。意味の上でも、「落下」か「失敗」かによって賭けの結果に違いを読み取れる。また「二重の会」全体がこの語 chute で終わることを考えるなら、「閉幕」の含みもありうる。

第一・第二ブロックを、独立分詞構文と読むと、第三ブロックも合わせて、「一振りの前には……を誰も知らない」となる。分詞であるからいくらか宙吊りにされているが、おおよそ文になっている。しかし第一・第二ブロックは、分詞 ne sachant のかかった普通名詞 personne とも読める。この場合、第三ブロックも合わせると、「一振りの前には……を知らない人」となる。これは名詞句だけが浮いた形となる（無冠詞という意味でも宙吊り）。

以上から、各ブロックは、第一・第二（名詞句か分詞構文か）、第三（関係詞の先行詞か否か）、第四（疑問文か関係文か）、第五（どの動詞にかかる疑問詞か）、第六（動詞かどの名詞か）で、それぞれが出目を変化させる。あたかも六つの賽のように。

ただし各ブロックが単一の賽をなすという保証はない。このフレーズが口頭で読まれたことを考えると、同音異義性を何通りも読みとることができる。例えば、第四ブロックであれば、"qu'il le déjoue"にも、"qui le dé joue"とも聞きとれ、後者はjouerの多義性（遊ぶ、演技する、だます、演奏する、など）によっていくらでも変化する。また第五ブロックは、"lequel décider"と聞きとれる。そして最後のchuteは、沈黙をうながす間投詞「しっ！」を表すchutと同音である（この会の最後でデリダが指を使ってそうした身振りをしていたとしても不思議ではない）。このように音素の水準でも、無数の賽が作動している。

以上のように、いくつもの段階で、賽を設定することができる。そもそも、このフレーズ全体を、フランス語という賽の一つの出目と考えることができる。しかしこの出目は、単一の出目として何かを意味するわけではない。というのも、この出目のなかには、ブロック単位で見ても、六つの賽がひそんでおり、音素にまで下降すれば、さらに賽が増えるからである。しかし、たとえこのフレーズを一つの読みにしぼったとしても、すぐさまフレーズの単一の意味が決定されるわけではない。今度は、その読みが、具体的な状況のなかでさまざまな意味に理解されるからである。以上のように、賽はつねに出目の不確定にさらされ、出目の一つ一つもまた、つねに複数の出目にさらされる。以下同様である（「六面のそれぞれがまた、振った後では、賽そのものなのである」）。つまり、出目は、単一の意味ではなく、いわば、一つの場にすぎず、そこではつねに、何かが生起しえて、何かが書き込まれうる。そしてデリダによれば、このような場でのみ、このような場としてのみ、文学の危機が、さらには文学そのものが成立しうるのである。

トランス・パルティシオン(2)

＊1 「トランス・パルティシオン」〔TRANSE PARTITION〕という言葉の含みをときほぐすために、デリダがこの数年後に書くことになる『弔鐘』を参照してみよう。

「トランスとは、何も到来しないような、出現するものが「同時に」崩落するような、プラスとマイナスを切り分けることができないような、ある種の臨界《リミット》（transe / partition）、独特な事態、特異な経験のことである」（*Glas*, Paris, Galilée, 1974, p. 30）。

こう述べながら、デリダは同じページの傍らでリトレを引き、いくつかの語源に着目している。「ワロン語 transs 死のためにならす弔鐘、スペイン語およびポルトガル語 trance 死期、決定的瞬間、イタリア語 transito 生から他界への通過〔移行〕、ラテン語 transitus 通過〔移行〕から派生。フランス語では激しい苦痛感のすべてを意味した transe は、transir〔動詞。凍えさせる、ぞっとさせるの意〕に由来する（この語を見よ）」と。

以上を手がかりとして考えるなら、トランス・パルティシオン（越自・分割）という言葉のなかに、次のような含みを読み取ることができる。まずそれは、普遍化の不可能な「独特」かつ「特異」な事態、「何も到来しない」という意味で現前しない出来事であり、実体のない通過である。この通過は、語源の「死」と、辞書的な意味の「忘我」や「興奮」とに関係づけられるように、時間的には他者へと移行する「決定的瞬間」として、空間的には他界と隣接する「臨界」として形象化されうる。ただし、出来事が現前しない以上、極度の不安や恐れ、さらには「激しい苦痛感」を伴うとしても、それは実態のない暴力である。また、出来事が現前しない以上、それが「プラス」とも「マイナス」とも決定不可能だという点に見られるように、意味の十全な現前を前提とするおよそ一切の二項対立が失効する局面でもある。

ふたたび本書の文脈（「**トランス・パルティシオン**」の(1)(2)と「二重の会」）に戻ろう。「二重の会」において、現前しない出来事とは、くすぐって殺すこと（もしくは、くすぐって悦ばせること）であった（それゆえにサドの引用）。これは、出来事の様態の点でも出来事の存在そのものの点でも、実態のない暴力、罪責のない犯行であった。たとえ、それが殺人行為であるにせよ、性的暴行であるにせよ。「苦痛感」や恐れのいりまじった「興奮」や「忘我」をともなうにせよ。デリダは、こうした出来事を、（一般化された）書かれること《エクリチュール》／読まれること《レクチュール》という作用の一種であると考え、この作用を独特の仕方で「描写」するマラルメが、実際に、テクスト上の「操作」として、この作用を反覆していることを明らかにしている。

独特の「操作」で鋳直されたマラルメのテクストは、詩人本人の言葉を借りて、錬金術師が作る「合金」つまり「賢者の石」と名指されている（それゆえに「魔術」からの引用）。マラルメの「合金」は、多義的であるどころか、一義的でさえなく、それゆえに矛盾も止揚もなく、決定不可能な宙吊り状態で複数の意味を接「合」し、その徹底的な意味論的空虚のゆえに、貴「金」属さながら、法外な価値（意味効果）を産出する。つまり、この「賢者の石」は、矛盾の綜合ではなく矛盾の接合であり、行為の完遂ではなく「行為の不在」であるという点で、ヘーゲルの弁証法とは似て非なるものなのである（それゆえにヘーゲルの引用）。

さて、マラルメ的「合金」の鋳造術は、『弔鐘』の場合と通底する意味において、「トランス」と「パルティシオン」であると言えよう。それは、他者との関係へと開かれた現前しない出来事という点で、あらゆる二項対立の失効という点で、さらにいえば、不安・恐れをもたらし、忘我へといたらせる精神状態という点でも。それゆえ、今度はそこに、アルトーの「トランス・パルティシオン」が接ぎ木されるのも偶然ではない。アルルカンが、みずからのうちから「賢者の石」を取り出すに際して、「トランス」のなかで——つまり、なにかにおののくように、あるいは忘我をともなうように——、震えながら、ついで仕草の宙吊りによって、一連の語句のなかに、さらに一語のなかに、「分割」をはさみ込んでゆく。まるで、その分割でもって「通過」や「出来事」を、仄めかすかのように（それゆえにアルトーの引用）。

デリダは、アルトーのこうした「操作」を、マラルメの「操作」と交錯させており、マラルメの用いる語句「賢者の」〔philosophale〕のなかに、分割《パルティシオン》をはさみ込む。ただし、そのとき語句を分割するのは、アルトーの場合のように、沈黙や宙吊りではなく、むしろ、沈黙や宙吊りのあいだで成り立つマラルメのテクストたちであり――すなわちエクリチュールにおいて機能するさまざまな越自《トランス》であり、観念による無言の楽曲《パルティシオン》であり――、さらには、それらについてのデリダのレクチュール／エクリチュール（「二重の会」）そのものである。こうして、まさにこの大がかりな「越自《トランス》・分割《パルティシオン》＝楽曲」の構造ゆえに、本書の「**トランス・パルティシオン**」は、二重のものとして、「二重の会」の前後に配置されなければならなかったと考えられる。

なお、『弔鐘』の引用にあたって次の邦訳を参照の上、一部改訳をおこなった。鵜飼哲訳「Glas 第4回」『批評空間』II-19、大田出版、一九九八年十月、二四八―二六八頁。

＊2 デリダは、次のアルトーの引用を意識して、「**トランス・パルティシオン**」の前半を philoso- で区切り、後半を -phale で始めている。

＊3 「魔術」『ディヴァガシオン』所収、II巻、三一五―三一六頁。

＊4 Antonin Artaud, *La Pierre philosophale, Œuvres complète*, t. II, Gallimard, p. 81.

散種

＊1 本訳文では『数たち』からの引用も他の引用と同じく括弧に入れるのみとし、書体による強調はとくにしていない。

＊2 Stéphane Mallarmé, «Un coup de dés» in *Œuvres complètes*, t. I, Bertrand Marchal (éd.), Gallimard, «Bibliothèque de la Pléiade», 1998, p. 401. 「賽の一振り」清水徹訳、『マラルメ全集I』筑摩書房、二〇一〇年、XI頁。

＊3 マラルメの未完成の哲学的小話『イジチュールあるいはエルベーノンの狂気』を踏まえていると思われる。表題の「イジチュール〔Igitur〕」はラテン語で「したがって」を意味する副詞であり、マラルメはこれを名詞化して主人公の名としている。デリダが参照したと思われる版では、表題の下に、「この〈小話〉は読者の〈知性〉に訴えかけるものであり、読者の〈知性〉が、みずから物事を舞台に掛ける〔Ce Conte **s'adresse à** l'Intelligence **du lecteur qui met les choses en scène, elle-même**〕」と書かれていた。この一文は、本文の「したがって」に先立つ一文、「物語はそれゆえ、読者の身体に訴えかけるのであり、読者の身体は、物たちによって、舞台そのものと化す〔Le récit dès lors **s'adresse au** corps **du lecteur qui est mis par les choses en scène, elle-même**〕」において踏まえられている。Stéphane Mallarmé, Henri Mondor & G. Jean-Aubry (éd.), Gallimard, *Œuvres complètes*, «Bibliothèque de la Pléiade», 1945, p. 433. 「イジチュールあるいはエルベーノンの狂気」ボニオ版、渡辺守章訳、『マラルメ全集I 別冊』筑

摩書房、二〇一〇年、四六七頁。

＊4 Lautréamont, *Les Chants de Maldoror* in *Œuvres complètes*, Jean-Luc Steinmetz (éd.), Gallimard, «Bibliothèque de la Pléiade», 2009, p. 102 (chant II, strophe 10). 『ロートレアモン全集』石井洋二郎訳、ちくま文庫、二〇〇五年、一〇三頁。

＊5 *Le «Livre» de Mallarmé*, Jacques Scherer (éd.), Gallimard, 1977, feuillet 103 (A).

＊6 ルイス・キャロル『鏡の国のアリス』河合祥一郎訳、角川文庫、二〇一〇年、一八四頁。

＊7 Philippe Sollers, *Nombres*, Seuil, 1968, p. 12. 『数《ノンブル》』岩崎力訳、新潮社、一九七六年、九頁。

＊8 *Ibid.*, pp. 114-115. 同前、一五三―一五四頁。

＊9 *Ibid.*, p. 15. 同前、一三頁。

＊10 *Ibid.*, p. 16. 同前、一五頁。

＊11 *Ibid.*, p. 24. 同前、二七頁。

＊12 *Ibid.*, pp. 26-27. 同前、三〇頁。

＊13 *Ibid.*, p. 31. 同前、三六頁。

＊14 *Ibid.*, p. 32. 同前、三八頁。

＊15 *Ibid.*, p. 34. 同前、四一頁。

＊16 *Ibid.*, p. 59. 同前、七六頁。

＊17 *Ibid.*, p. 62. 同前、八〇頁。

＊18 *Ibid.*, p. 79. 同前、一〇六頁。

＊19 *Ibid.*, p. 81. 同前、一〇八―一〇九頁。

＊20 *Ibid.*, p. 97. 同前、一二八頁。

＊21 Mallarmé, «Mimique» in *Œuvres complètes*, t. II, Bertrand Marchal (éd.), Gallimard, «Bibliothèque de la Pléiade», 2003, pp. 178-179. 「黙劇《ミミック》」渡辺守章訳、『マラルメ全集Ⅱ』筑摩書房、一九八九年、一七九―一八〇頁。ただし訳文は「二重の会」に合わせて変更してある。

＊22 *Nombres, op. cit.*, p. 17. 前掲『数』、一七頁。

＊23 ソレルスの『数たち』は四つの系列《セリー》にわけられた断章からなっており、3までは半過去形で、4は現在形で語られている。最初の1～4の後は、各セリーが繰り返されるとともに、1・5、2・6のような形で5から100までの数字が付され、4・100まで、百の断章が収められている。断章のなかでは、ところどころで、前作『ドラマ』（一九六五年）や『公園』（一九六一年）の一節が引用されており、内容的にも類縁関係が示唆されている。

＊24 *Ibid.*, pp. 122-123. 同前、一六四―一六五頁。

＊25 Sollers, *Drame*, Gallimard, 1965, «L'imaginaire», p. 120. 『ドラマ』岩崎力訳、新潮社、一九六七年、一四六頁／月曜社、二〇一五年、一四七頁。

＊26 Paul Claudel, *Art poétique* in *Œuvre poétique*, Gallimard, «Bibliothèque de la Pléiade», 1967, p. 132. ポール・クローデル「詩法」斎藤磯雄訳、『筑摩世界文學大系56 クローデル ヴァレリー』筑摩書房、一九七六年、一九五頁。

＊27 *Nombres, op. cit.*, p. 69. 前掲『数』、九二頁。

＊28 *Drame, op. cit.* p. 23. 前掲『ドラマ』、二一頁／二一頁。

＊29 *Ibid.*, p. 65. 同前、七五頁／七六頁。

＊30 *Nombres, op. cit.*, pp. 31-32. 前掲『数』、三七頁。

＊31　*Ibid.*, p. 30.　同前、三四―三五頁。
＊32　*Ibid.*, p. 51.　同前、六四―六五頁。
＊33　*Ibid.*, p. 59.　同前、七五頁。
＊34　*Ibid.*, p. 59.　同前、七五―七六頁。
＊35　スカエナエ・フロンス（frons scaenae）　古代ローマの劇場において、観覧席の反対側に建てられたファサードで、三つの扉口や列柱、彫像装飾で構成される。
＊36　*Drame, op. cit.*, p. 48.　前掲『ドラマ』、五四頁／五四頁。
＊37　Mallarmé, « Le Livre, instrument spirituel » in « Quant au livre », in *Œuvres complètes*, t. II, *op. cit.*, pp. 226-227.「書物、精神の楽器」（「書物はといえば」）松室三郎訳、前掲『マラルメ全集Ⅱ』、二六八頁。
＊38　Antonin Artaud, « Manifeste en langage clair » (1925) in *Œuvres*, Gallimard, « Quarto », 2004, p. 149.
＊39　*Nombres, op. cit.*, p. 23.　前掲『数』、二五頁。
＊40　*Ibid.*, p. 26.　同前、二九頁。
＊41　*Ibid.*, p. 23.　同前、二五頁。
＊42　*Ibid.*, p. 24.　同前、二六頁。
＊43　*Ibid.*, p. 50.　同前、六三頁。
＊44　*Ibid.*, p. 62.　同前、八〇頁。
＊45　*Ibid.*, p. 115.　同前、一五三―一五四頁
＊46　*Ibid.*, p. 43.　同前、五三―五四頁。
＊47　*Ibid.*, p. 44.　同前、五五頁。
＊48　*Ibid.*, pp. 17-18.　同前、一七―一八頁。
＊49　*Ibid.*, pp. 28-29.　同前、三二―三三頁。
＊50　*Ibid.*, p. 84.　同前、一一一―一一二頁。
＊51　*Ibid.*, p. 60.　同前、七七―七八頁。
＊52　*Drame, op. cit.*, p. 92.　前掲『ドラマ』、一〇九頁／一一〇頁。
＊53　*Ibid.*, p. 28.　同前、二七頁／二六頁。
＊54　*Ibid.*, p. 79.　同前、九二頁／九三頁。
＊55　*Ibid.*, p. 115.　同前、一三九―一四〇頁／一四〇―一四一頁。
＊56　*Nombres, op. cit.*, pp. 43-44.　前掲『数』、五四―五五頁。
＊57　*Ibid.*, p. 117.　同前、一五六頁。
＊58　Paul Claudel, *Art poétique* in *Œuvre poétique*, *op. cit.*, p. 131.　前掲『筑摩世界文學大系56　クローデル　ヴァレリー』、一九五―一九七頁。
＊59　*Drame, op. cit.*, pp. 27-28.　前掲『ドラマ』、二七頁／二七頁。
＊60　Sollers, « La science de Lautréamont » in *Logiques*, Seuil, 1968, p. 269.
＊61　*Nombres, op. cit.*, p. 58.　前掲『数』、七四頁。
＊62　*Ibid.*, pp. 104-105.　同前、一四〇頁。
＊63　*Ibid.*, p. 101.　同前、一三五頁。
＊64　*Ibid.*, p. 9.　同前、五頁。
＊65　*Ibid.*, pp. 15-17.　同前、一四―一六頁。
＊66　*Le « Livre » de Mallarmé, op. cit.*, feuillet 175 (A)-176 (A).
＊67　*Drame, op. cit.*, pp. 86-87.　前掲『ドラマ』、一〇二―一〇三頁／一〇三―一〇四頁。
＊68　*Nombres, op. cit.*, p. 54.　前掲『数』、六九頁。
＊69　*Ibid.*, p. 80.　同前、一〇六頁。
＊70　*Drame, op. cit.*, p. 115.　前掲『ドラマ』、一三九頁／一四〇

頁。

＊71 *Nombres, op. cit.*, p. 11. 前掲『数』、八頁。

＊72 *Ibid.*, p. 101. 同前、一三六—一三七頁。

＊73 *Drame, op. cit.*, p. 111. 前掲『ドラマ』、一三四頁／一三五頁。

＊74 *Nombres, op. cit.*, p. 21-23. 前掲『数』、二二—二五頁。

＊75 Mallarmé, «Le genre ou des modernes» in *Œuvres complètes*, t. I, *op. cit.*, pp. 184-185.「風俗劇、あるいは近代作家たち」渡辺守章訳、前掲『マラルメ全集Ⅱ』、一八九—一九〇頁。

＊76 *Drame, op. cit.*, p. 22. 前掲『ドラマ』、二八頁／二八頁。

＊77 *Nombres. op. cit.*, p. 22. 前掲『数』、二四頁。

＊78 十二—十三世紀頃に形成されたユダヤ神秘主義および神智学の発展した形態。さらに一般的には、古代にまで遡るユダヤ教の一連の秘教的な教理をいう。聖書解読により創造の秘密を解こうとする。語源的には「受け取られたもの」を指し、モーセ五書以外のユダヤ教の諸書および預言書を意味した。十二—十三世紀にライン地方で始まった敬虔主義的な運動のなかでは、父祖伝来の祈禱を解釈するために、各アルファベットに一定の数を当てて文章の数値を発見したり、頭文字の組み合わせによる造語をおこなうなどの方法が用いられた。(『ブリタニカ国際大百科事典』等による)

＊79 *Ibid.*, p. 42. 同前、五二頁。

＊80 *Ibid.*, p. 123. 同前、一六六頁。

＊81 *Ibid.*, p. 117. 同前、一五七頁。

＊82 Lautréamont. *Les Chants de Maldoror* in *Œuvres complètes, op. cit.*, p. 176. (chant IV, strophe 5). 前掲『ロートレアモン全集』、二〇六頁。以下に引用されている。Sollers, «La science de Lautréamont» in *Logiques, op. cit.*, p. 272.

＊83 *Nombres, op. cit.*, p. 88. 前掲『数』、一一七頁。

＊84 *Ibid.*, p. 99. 同前、一三二頁。

＊85 *Ibid.*, p. 84. 同前、三五一頁に引用。マルクス『資本論』一、向坂逸郎訳、岩波文庫、一九六九年、九八頁。

＊86 *Ibid.*, p. 52. 同前、六六頁。

＊87 *Drame, op. cit.*, pp. 78-79. 前掲『ドラマ』、九一—九二頁／九一—九三頁。

＊88 *Ibid.*, p. 16. 同前、一一頁／一〇—一一頁。

＊89 *Ibid.*, p. 87. 同前、一〇三頁／一〇四頁。

＊90 *Ibid.*, pp. 104-106. 同前、一二六—一二八頁／一二六—一二八頁。

＊91 Mallarmé, «Sa tombe est fermée !...» in *Œuvres complètes*, t. I, *op. cit.*, p. 204.「彼女の墓は閉ざされている！…」田中淳一訳、『マラルメ全集Ⅲ』筑摩書房、一九九八年、六二八頁。

＊92 Mallarmé, «Un coup de dés» in *Œuvres complètes*, t. I, *op. cit.*, pp. 381-387.「賽の一振り」清水徹訳、前掲『マラルメ全集Ⅰ』、Ⅷ—Ⅺ頁。

＊93 マラルメは『英単語』のなかで次のように述べている。「*st* は、多くの言語において、安定性と率直さ、強固さ、硬さ、塊を表す結合の一つであり、そのために、これらの〔st から始まる〕イディオムは類似している」。«Les Mots anglais» in *Œuvres complètes*, t. II, *op. cit.*, p. 998. 英訳では訳者が testiculus（睾丸）への暗示を読み取っている。

＊94 Mallarmé, «Sur des galets d'Honfleur» in *Œuvres complètes*, t. I, *op. cit.*, p. 349.

＊95 Mallarmé, «Avant-dire aux *Raisins bleus et gris* de Léopold Dauphin» in *Œuvres complètes*, t. II, *op. cit.*, p. 680. 「レオポルド・ドーファン著『青と灰色の葡萄』のための緒言」、前掲『マラルメ全集Ⅲ』、四八二頁。

＊96 Mallarmé, «Les Mots anglais» in *Œuvres complètes*, t. II, *op. cit.*, pp. 1013-1014.

＊97 Mallarmé, *Correspondance*, t. I, Henri Mondor et Lloyd James Austin (éd.), Gallimard, 1959, p. 292.

＊98 Mallarmé, «Une dentelle s'abolit...» in *Œuvres complètes*, t. I, *op. cit.*, p. 42. 前掲『マラルメ全集Ⅰ』、一二八頁。

＊99 Mallarmé, «Confrontation» in *Œuvres complètes*, t. II, *op. cit.*, p. 262. 「対決」豊崎光一訳、前掲『マラルメ全集Ⅱ』、三三四頁。

＊100 Mallarmé, «Le Livre, instrument spirituel» in «Quant au livre», in *Œuvres complètes*, t. II, *op. cit.*, p. 226. 「書物、精神の楽器」（「書物はといえば」）松室三郎訳、前掲『マラルメ全集Ⅱ』、二六七頁。

＊101 *Drame*, *op. cit.*, p. 105. 前掲『ドラマ』、一二七頁／一二七—一二八頁。

＊102 *Nombres*, *op. cit.*, p. 34. 前掲『数』、四〇頁。

＊103 *Ibid.*, p. 97. 同前、一二九頁。

＊104 *Ibid.*, p. 17. 同前、一七頁。「反響、というよりはむしろそれへの切りこみ」。

＊105 *Ibid.*, p. 97. 同前、一二九頁。

＊106 Mallarmé, «Catholicisme» («Offices») in *Œuvres complètes*, t. II, *op. cit.*, p. 240. 「カトリシスム」渡辺守章訳、前掲『マラルメ全集Ⅱ』、二九四頁。

＊107 Claudel, *Art poétique* in *Œuvre poétique*, *op. cit.*, p. 144. 前掲『筑摩世界文學大系56 クローデル ヴァレリー』、二〇二頁。

＊108 *Nombres*, *op. cit.*, pp. 25-26. 前掲『数』、二八—二九頁。

＊109 *Ibid.*, pp. 27-28. 同前、三一頁。

＊110 *Ibid.*, p. 42. 同前、五二頁。

＊111 *Ibid.*, p. 62. 同前、八二頁。

＊112 「問題はこういうことだ、つまりある空間を他の空間に、半過去を現在に、一点もおろそかにすることなく変えるにはどうすればよいか、自分自身をその死のなかに滑りこませるにはどうすればよいか［…］」。*Ibid.*, p. 64. 同前、八三頁。

＊113 *Ibid.*, p. 104. 同前、一三九頁。

＊114 *Ibid.*, pp. 56-57. 同前、七二頁。

＊115 *Ibid.*, p. 16. 同前、一五頁。

＊116 Mallarmé, «Un coup de dés» in *Œuvres complètes*, t. I, *op. cit.*, pp. 381-383. 「賽の一振り」清水徹訳、前掲『マラルメ全集Ⅰ』、Ⅸ頁。

＊117 *Nombres*, *op. cit.*, p. 39. 前掲『数』、四八頁。

＊118 *Ibid.*, p. 51. 同前、六四頁。

＊119 Mallarmé, « Hamlet » (« Crayonné au théâtre ») in *Œuvres complètes*, t. II, *op. cit.*, p. 169.「ハムレット」(「芝居鉛筆書き」) 渡辺守章訳、前掲『マラルメ全集Ⅱ』、一六四頁。

＊120 *Nombres, op. cit.*, p. 20. 前掲『数』、二〇頁。

＊121 *Drame, op. cit.*, p. 59. 前掲『ドラマ』、六七頁／六七頁。

＊122 *Le « Livre » de Mallarmé, op. cit.*, feuillet 180 (A).

＊123 *Ibid.*, feuillet 75 (B).

＊124 ルイス・キャロル、前掲『鏡の国のアリス』、三三頁。

＊125 Robert Greer Cohn, *L'Œuvre de Mallarmé. Un coup de dés*, Librairie Les Lettres, 1951, pp. 109-110.

＊126 *Nombres, op. cit.* p. 68. 前掲『数』、八九頁。

＊127 *Ibid.*, pp. 16, 123. 同前、一四、一六五頁。

＊128 *Ibid.*, p. 21. 同前、二二頁。

＊129 Paul Claudel, *Art poétique* in *Œuvre poétique, op. cit.*, p. 142. 前掲『筑摩世界文學大系56 クローデル ヴァレリー』、二〇一頁。

＊130「訳註」Mallarmé, « La Musique et les Lettres » in *Œuvres complètes*, t. II, *op. cit.*, p. 68.「音楽と文芸」清水徹訳、前掲『マラルメ全集Ⅱ』、五二七頁。

＊131 *Nombres, op. cit.* p. 18. 前掲『数』、一八頁。

＊132 cadence とは、韻文における一文節の終わり、歩みや舞踊、音楽における拍子、歩調、律動、また、特に音楽用語で演奏終止の前に挿入されるソロの無伴奏部分（カデンツァ）を指す。イタリア語のカデンツァ cadenza に由来するが、元来はラテン語で「落ちる」を意味する動詞 cadere の現在分詞から成る。「二重の会」訳注＊18も参照。

＊133 Mallarmé, « Mimique » in *Œuvres complètes*, t. II, *op. cit.*, p. 178.「黙劇《ミミック》」前掲『マラルメ全集Ⅱ』、一七九頁。

＊134 *Nombres, op. cit.*, p. 35. 前掲『数』、四三頁。

＊135 一八八五年十一月十六日、ポール・ヴェルレーヌ宛マラルメ書簡。Mallarmé, « À Paul Verlaine », *Œuvres complètes*, t. I, *op. cit.*, p. 789.『マラルメ全集Ⅳ』筑摩書房、一九九一年、七二二頁。

＊136 Mallarmé, « Variations sur un sujet » in *Œuvres complètes*, t. II, *op. cit.*, p. 332.

＊137 *Nombres, op. cit.*, pp. 14-15. 前掲『数』、一三―一四頁。

＊138 *Ibid.*, p. 72. 同前、九五頁。

＊139 Paul Claudel, « L'harmonie imitative » in *Œuvres en prose*, Gaëtan Picon, Jacques Petit et Charles Galpérine (éd.), Gallimard, « Bibliothèque de la Pléiade », 1965, pp. 99-100.

＊140 *Nombres, op. cit.*, p. 121. 前掲『数』、一六三頁。

＊141 Lautréamont, *Les Chants de Maldoror* in *Œuvres complètes, op. cit.*, p. 88 (chant 2, strophe 6). 前掲『ロートレアモン全集』、八五頁。

＊142 *Nombres, op. cit.*, p. 11. 前掲『数』、七頁。

＊143 *Drame, op. cit.*, p. 137. 前掲『ドラマ』、一六九頁／一七〇頁。

＊144 Sollers, « La science de Lautréamont » in *Logiques, op. cit.*, p. 270. 原文では、「この『一枚の紙の枠』のなかに」である。

＊145 *Ibid.*, p. 258.

＊146 Sollers, «Littérature et totalité» in *Logiques, op. cit.*, p. 114.

＊147 Mallarmé, *Igitur, Œuvres complètes*, t. I, *op. cit.*, p. 477. 「イジチュール」渡辺守章訳、前掲『マラルメ全集I』、二〇〇頁。

＊148 *Nombres, op. cit.*, p. 17. 前掲『数』、一六頁。

＊149 Sollers, *Le Parc*, Seuil, 1961, p. 73. 『公園』岩崎力訳、新潮社、一九六六年、九六―九七頁。

＊150 *Nombres, op. cit.*, p. 11. 前掲『数』、七頁。

＊151 *Le Parc, op. cit.*, p. 39. 前掲『公園』、六三頁。

＊152 *Le Drame, op. cit.*, p. 13. 前掲『ドラマ』、七頁／七頁。

＊153 *Le Parc, op. cit.*, p. 124. 前掲『公園』、一三八頁。

＊154 *Ibid.*, p. 147. 同前、一五六頁。

＊155 Lautréamont, *Les Chants de Maldoror* in *Œuvres complètes, op. cit.*, p. 152 (chant 3, strophe 5). 前掲『ロートレアモン全集』、一七五頁。

＊156 *Le Parc, op. cit.*, p. 11. 前掲『公園』、四五頁。

＊157 *Nombres, op. cit.*, p. 30. 前掲『数』、三四―三五頁。

＊158 *Ibid.*, p. 47. 同前、六〇頁。

＊159 *Ibid.*, p. 11, 119. 同前、七、一六〇頁。

＊160 *Ibid.*, p. 27. 同前、三〇頁。

＊161 *Ibid.*, p. 11, 119. 同前、七、一六〇頁。

＊162 *Ibid.*, p. 27. 同前、三〇頁。

＊163 Sollers, «Littérature et totalité» in *Logiques, op. cit.*, p. 110.

＊164 *Nombres, op. cit.*, p. 101. 前掲『数』、一三五頁。

＊165 *Ibid.*, p. 102. 同前、一三七頁。

＊166 *Ibid.*, p. 47. 同前、六〇頁。

＊167 ランボーのソネット「母音」のこと。「A《アー》黒、E《ウー》白、I《イー》赤、U《ユー》緑、O《オー》は青、母音よ、いつかきみたちの内に潜む生誕のことを話してあげよう」から始まる。『ランボー全集』平井啓之・湯浅博雄・川那部保明訳、青土社、二〇〇六年、一三九頁。

＊168 ソレルスの原文では「赤い瞬間」のみ。*Nombres, op. cit.* p. 104. 前掲『数』、一三九頁。

＊169 『数たち』冒頭部。*Ibid.*, p. 11. 同前、七頁。

＊170 *Le Parc, op. cit.*, p. 155. 前掲『公園』、一六二頁。

＊171 Tzvetan Todorov, *Littérature et signification*, Librairie Larousse, 1967, p. 49. ツヴェタン・トドロフ『小説の記号学　文学と意味作用』菅野昭正・保苅瑞穂訳、大修館書店、一九七四年、七〇頁。

＊172 *Drame, op. cit.*, p. 13. 前掲『ドラマ』、七頁／七頁。

＊173 Sollers, «La science de Lautréamont» in *Logiques, op. cit.*, p. 284.

＊174 出典不明。

＊175 出典不明。

＊176 フリードリヒ・エンゲルス『反デューリング論』『マルクス＝エンゲルス全集』第二〇巻、大内兵衛・細川嘉六監訳、大月書店、一九六八年、一七四頁。

＊177 ジグムント・フロイト「欲動変転、特に肛門性愛の欲動変転について」『フロイト全集』村田純一監訳、岩波書店、二〇一〇年、三四二頁。

＊178 *Nombres, op. cit.*, p. 11. 前掲『数』、七頁。

＊179 *Ibid.*, p. 25. 同前、二八頁。

＊180 *Ibid.*, p. 16. 同前、一五頁。

＊181 *Ibid.*, p. 16. 同前、一五頁。

＊182 *Ibid.*, p. 12. 同前、九頁。

＊183 ヘロドトス『歴史』上巻、松平千秋訳、岩波文庫、一九七一年、二二二―二二三頁（巻二、四八）。

＊184 *Nombres, op. cit.*, p. 73. 前掲『数』、九七頁。

＊185 *Ibid.*, p. 19. 同前、一九頁。

＊186 *Ibid.*, p. 65. 同前、八四頁。

＊187 *Ibid.*, p. 55. 同前、七〇頁。

＊188 十三世紀にアラム語で書かれたトーラー（後出）の解説書。カバラ主義の中心的書物。

＊189 *Nombres, op.cit.*, p. 59. 前掲『数』、七六頁。

＊190 *Ibid.*, p. 106. 同前、一四二頁。

＊191 *Ibid.*, p. 69. 同前、九二頁。

＊192 *Ibid.*, p. 61. 同前、七九頁。

＊193 *Ibid.*, p. 30. 同前、三四頁。

＊194 ユダヤ神秘主義において神の諸力の総体を表す聖なる樹木。神の十の基本的顕現を表す。

＊195 ユダヤ神秘主義の盲人イサアクにおいて、いかなる思弁的瞑想をも神の思考自身をも超越したところにある神的な地帯を指す。

＊196 *Ibid.*, p. 94. 同前、一二五頁。

＊197 *Ibid.*, p. 49. 同前、六一頁。

＊198 Lautréamont, *Les Chants de Maldoror* in *Œuvres complètes*, *op. cit.*, p. 61 (chant 1, strophe 11). 前掲『ロートレアモン全集』、四六頁。

＊199 i は形（斬首されたかのような包皮）およびそれが形作る単語から割礼（circoncision）を暗示する。

＊200 Lautréamont, *Les Chants de Maldoror* in *Œuvres complètes*, *op. cit.*, pp. 159, 163-164 (chant 4, strophe 2). 前掲『ロートレアモン全集』、一八二、一八八―一八九頁。

＊201 ユダヤ教において、シナイ山上で神がモーセに授けたとされる十戒を基本とする律法のことで、狭義にはモーセ五書、すなわち「創世記」「出エジプト記」「レビ記」「民数記」「申命記」を指し、一般には旧約聖書中の二十四の聖典を指す。しかし、より広義には、口伝トーラーの集大成であるタルムードの総体をも表している。紀元前五世紀半ばにバビロニアからエルサレムにやってきた学者たちが民衆の前でモーセ五書（成文トーラー）を朗読し、同時に解説した。このときから、律法を解説、解釈して聞かせる慣習が生まれた。この解釈が口伝トーラーである。口伝トーラーは、その性質上、時代とともに変化を蒙り、タルムードには、時代を経るに従って、学者たちの注釈が書き込まれる。トーラーとは、成文トーラーと、その口頭による注釈である口伝トーラーとを合わせたものである。

＊202 カバラ主義の次のような思想を踏まえている。神はシナイ山上でモーセに成文トーラーと口伝トーラーを共に与えた。そのとき神の前で、「白い火」――成文トーラー――の上で

「黒い火」――口伝トーラー――が燃えており、トーラーとはこの火の有機体のことである。成文トーラーはまだ何も書かれていない白いページであり、口伝トーラーの黒い火＝インクによって初めて子音や母音の文字形式が現れる。さらに、厳密には成文トーラーは存在しないとも考えられる。なぜなら、トーラーとして現れているものは、すでに口伝トーラーの媒介を経たもの、解釈されたものだからである。それゆえ、原初の神の文書を読むことができるのは、限られた預言者のみとなる。（以上、ゲルショム・ショーレム「ユダヤ教神秘主義における『トーラー』の意味」『カバラとその象徴的表現』小岸昭・岡部仁訳、法政大学出版局、一九八五年などによる。）

＊203 *Les Nombres, op. cit.*, p. 59. 前掲『数』、七六頁。

＊204 *Le «Livre» de Mallarmé*, Jacques Scherer (éd.), *op. cit.*, feuillet 55 (B).

＊205 *Drame, op. cit.*, p. 99. 前掲『ドラマ』、一一八頁／一一九頁。

＊206 *Les Nombres, op. cit.*, p. 58. 前掲『数』、七五頁。

＊207 *Ibid.*, p. 138-139. 同前、一五七頁。

＊208 Mallarmé, lettre à Paul Verlaine, 16 novembre 1885 in *Œuvres complètes*, t. I, *op. cit.*, p. 788. 前掲『マラルメ全集Ⅳ』、七二一頁。

＊209 *Drame, op. cit.*, p. 19. 前掲『ドラマ』、一六頁／一六頁。

＊210 *Ibid.*, p. 82. 同前、九七頁／九八頁。

＊211 *Les Nombres, op. cit.*, p. 382. 前掲『数』、七頁。

＊212 エジプトで活動したカバラ主義者イサーク・ルーリア（一五三四―一五七二）は、世界は神の神自身への収縮（ツィムツーム）によって存在すると考えた。「神がその独自の地点から彼自身の中心に向かって退縮することが、あらゆる世界の存在を可能にする」のであり、「このようにして生じた原初の空間は〈テヒル Tehiru〉と呼ばれる」（ロラン・ゲッチエル『カバラ』田中義廣訳、白水社文庫クセジュ、一九九九年より）。

＊213 *Les Nombres, op. cit.*, p. 71. 前掲『数』、九四頁。

＊214 Honoré de Balzac, *Séraphîta* in *La Comédie humaine*, t. 11, Pierre-Georges Castex (éd.), Gallimard, «Bibliothèque de la Pléiade», 1980, p. 819. バルザック『セラフィタ』沢崎浩平訳、国書刊行会、一九七六年、一六六頁。

＊215 ゲルショム・ショーレム「ユダヤ教神秘主義における『トーラー』の意味」『カバラとその象徴的表現』小岸昭・岡部仁訳、法政大学出版局、一九八五年、一一〇頁。

＊216 *Les Nombres, op. cit.*, p. 52. 前掲『数』、六六頁。

＊217 *Ibid.*, pp. 11-13. 同前、八―九頁。

＊218 *Ibid.*, p. 11. 同前、八頁。

＊219 *Ibid.*, p. 22. 同前、二三頁。

＊220 *Drame, op. cit.*, p. 78. 前掲『ドラマ』、九一頁／九二頁。

＊221 *Nombres, op. cit.*, p. 94. 前掲『数』、一二五―一二六頁。

＊222 *Drame, op. cit.*, pp. 128-129. 前掲『ドラマ』、一五七―一五八頁／一五八―一五九頁。

＊223 *Nombres, op. cit.*, p. 19. 前掲『数』、一九頁。

＊224 *Ibid.*, p. 19. 前掲『数』、二〇頁。

＊225 *Ibid.*, p. 47. 同前、五九頁。

＊226 アナクサゴラス『自然について』断片、『ソクラテス以前哲学者断片集』別冊、内山勝利編、岩波書店、一九九八年、一二九—一三〇頁。

＊227 ピュタゴラスは一個＋二個＋三個＋四個の順に並んだ三角形の配列をテトラクティスと呼び、宇宙を表すと考え、またそれらの数の和の十は完全な数であると考えた。テトラクティスは、カバラ主義において神の十の顕現を表す生命の樹、セフィロートに影響を与えたとされる。

＊228 *Drame, op. cit.*, p. 30. 前掲『ドラマ』、三〇—三一頁／三〇—三一頁。

＊229 Mallarmé, «Le genre ou des modernes» in *Œuvres complètes*, t. I, *op. cit.*, pp. 180. 「風俗劇、あるいは近代作家たち」渡辺守章訳、前掲『マラルメ全集Ⅱ』、一八二頁。Cité in Sollers, «Littérature et totalité» in *Logiques, op. cit.*, p. 114.

＊230 エンペドクレス『自然について』断片、『ソクラテス以前哲学者断片集』別冊、八三—八四頁。「まずは聞け、万物の四つの根を。——輝けるゼウス、生命はぐくむヘラ、またアイドネウス。そして死すべき人の子らのものなる泉をその涙によってうるおすネスティス。」

＊231 「(「万物の根源は四つある」[…])」(*Nombres, op. cit.*, p. 47. 前掲『数』、五九頁。)

＊232 *Nombres, op. cit.*, pp. 36-37. 前掲『数』、四四—四五頁。

＊233 *Ibid.*, pp. 37-38. 同前、四六頁。

＊234 *Ibid.*, p. 97. 同前、一三〇頁。

＊235 *Le «Livre» de Mallarmé, op. cit.*, feuillet 178 (A). 引用原文では「まとめる」が強調されている。

＊236 Mallarmé, «Un coup de dés» in *Œuvres complètes*, t. I, *op. cit.*, p. 401. 「賽の一振り」清水徹訳、前掲『マラルメ全集Ⅰ』、XI頁。

＊237 Mallarmé, «La Musique et les Lettres» in *Œuvres complètes*, t. II, *op. cit.*, p. 68. 「音楽と文芸」清水徹訳、前掲『マラルメ全集Ⅱ』、五二七頁。

＊238 Robert Greer Cohn, *L'Œuvre de Mallarmé. Un coup de dés, op. cit.*, p. 400.

＊239 Gaston Bachelard, *La Philosophie du non. Essais d'une philosophie du nouvel esprit scientifique*, PUF, 1940, pp. 49-50. バシュラール『否定の哲学』中村雄二郎・遠山博雄訳、白水社、一九九八年、六〇頁。

＊240 Mallarmé, «Or» in *Œuvres complètes*, t. II, *op. cit.*, p. 245. 「金」豊崎光一訳、前掲『マラルメ全集Ⅱ』、三〇五頁。

＊241 「同一の喪失、底なしの、精根尽き果てる同一の仕事に僕は引き渡されたのだったが、しかもその暗い裏側にとどまらざるをえず、日々の気晴らしを拒否し、物語——始まりと終わりがあり、展開と進展があり、教訓とイメージがあり、彼らのいわゆる想像力ないし現実によって事実許されているしかじかの方向に言葉を集めるもの、言い換えれば構築され描写されうる何か——を拒否せざるをえず、僕は、構築しえないもの、描写しえないもの、ふたたび帰ることのない時のほ

こりっぽいひろがりのなかにとどまっていた……」*Nombres*, *op. cit.*, p. 46. 前掲『数』、五八頁。

*242 円積法　与えられた円と等しい面積をもつ正方形を作ること。円の四角化。「混沌状態にある統一をいったん四要素（四元素）に分解し、これら四要素を組み合わせることにより再び高次の統一をつくり出すという方法」（C・G・ユング『心理学と錬金術I』池田紘一・鎌田道生訳、人文書院、一七二頁）であり、中世の錬金術において追求され、現代では心理学者ユングの注目するモティーフとなった。作図問題としては十九世紀に解答不可能であることが確定し、そこから解答不可能な難問題の代名詞ともなっている。

*243 Sollers, « La science de Lautréamont » in *Logiques*, *op. cit.*, p. 277.

*244 *Nombres*, *op. cit.*, p. 77. 前掲『数』、一三八頁。

*245 *Nombres*, *op. cit.*, p. 105. 前掲『数』、一四〇頁。

*246 Antonin Artaud, *Héliogabale ou l'anarchiste couronné* (1934) in *Œuvres*, Évelyne Grossman (éd.), Gallimard, « Quarto », 2004, p. 434. アントナン・アルトー『ヘリオガバルスまたは戴冠せるアナーキスト』多田智満子訳、白水社、一九九六年、七四頁。

*247 Gaston Bachelard, *La terre et les rêveries du repos*, José Corti, 1992, p. 149. バシュラール『大地と休息の夢想』饗庭孝男訳、思潮社、一九七二年、一五五頁。引用部は、ユングの『心理学と錬金術』に依拠して「休息」の夢想の元型《アーキタイプ》を突き止めようとするくだりである（同書該当箇所の図を参照のこと）。

*248 マルクス＝エンゲルス『ドイツ・イデオロギー』『マルクス＝エンゲルス全集』第三巻、大内兵衛・細川嘉六監訳、大月書店、一九六三年、四八四頁。

*249 *Drame*, *op. cit.* p. 87. 前掲『ドラマ』、一〇三頁／一〇四頁。

*250 *Nombres*, *op. cit.*, p. 42. 前掲『数』、五二頁。

*251 Lautréamont, *Les Chants de Maldoror* in *Œuvres complètes*, *op. cit.*, p. 4 (chant 1, strophe 1). 前掲『ロートレアモン全集』、一四頁。

*252 *Ibid*, p. 3 (chant 1, strophe 1). 同前、一四頁。

*253 カール・フォン・エッカルツハウゼン（一七五二―一八〇三）ドイツのキリスト教神秘主義思想家。啓蒙主義を経た時代の宗教のあり方を探究した。著書に『魔術を開く鍵』『神は至純の愛』など。訳書に「自然の魔法の力」中井章子訳、『キリスト教神秘主義著作集16』教文館、一九九三年。

*254 ルイ＝クロード・ド・サン＝マルタン（一七四三―一八〇三）フランスのキリスト教神秘主義思想家。マルチネス・ド・パスカリとヤコブ・ベーメの思想に学ぶ。「知られざる哲学者」の筆名で著作を発表。啓蒙哲学の理神論的・無神論的傾向に反駁したイリュミニスト。バルザックに影響を与えた。訳書に『タブロー・ナチュレル』『渇望する人』『自然の解読』（『キリスト教神秘主義著作集17』村井文夫・今野喜和人訳、教文館、一九九二年）。

*255 アントワーヌ・ファーブル・ドリヴェ（一七六七―一八二五）フランスのキリスト教神秘主義思想家。著書に『再現されたヘブライ語』、翻訳注解にピュタゴラス『黄金の詩』。

*256 『ルイ・ランベール』『セラフィタ』 いずれもバルザック（一七九九—一八五〇）の小説作品で、一八三五年に『追放者』とともに『神秘の書』という総題のもとに刊行された。神秘主義思想、とりわけスウェーデンボリの思想が色濃く取り込まれている。

*257 Martin Heidegger, „Über „Die Linie"" in „Zur Seinsfrage" (1955) in *Gesamtausgabe*, Band 9, Vittorio Klostermann, 1976, S. 411, 423. «De "la ligne"» in «Contribution à la question de l'être», tr. Gérard Granel in *Questions I et II*, Gallimard, 1968, «Tel», 1990, pp. 232, 249. 「「線」を越えて」「有の問へ」『ハイデッガー全集第九巻　道標』辻村公一・ハルトムート・ブフナー訳、創文社、一九八五年、五一二—五一三、五二七頁。一部訳語および表記を変更。エルンスト・ユンガーがハイデガーの還暦記念論文集に寄せた「線を越えて」（一九五〇）への応答として、ユンガーの還暦記念論文集『友人たちの出会い』（一九五五）に寄稿された論文。

*258 Heidegger, „Bauen Wohnen Denken" in *Gesamtausgabe*, Band 7, Vittorio Klostermann, 2000, S. 151-152. «Batir habiter penser», tr. André Préau in *Essais et conférences*, Gallimard, 1958, «Tel», 1980, pp. 176, 177. 「建てる　住む　思考する」大宮勘一郎訳、『道の手帖　ハイデガー』河出書房新社、二〇〇九年、一三三—一三四頁。（「建てる・住まう・考える」中村貴志訳、『ハイデッガーの建築論——建てる・住まう・考える』中央公論美術出版、二〇〇八年、一五—一六頁、訳註六五—六八頁も参照。）ただし、統一のため、*Geviert* は「四方域」に統一した。

*259 Heidegger, „Das Ding" in *Gesamtausgabe*, Band 7, *op. cit.*, S. 180-182. «Chose», tr. André Préau in *Essais et conférences*, *op. cit.*, pp. 213-215. 「有るといえるものへの観入　一九四九年ブレーメン連続講演」『ハイデッガー全集七九巻　ブレーメン講演とフライブルク講演』森一郎・ハルトムート・ブフナー訳、創文社、二〇〇三年、二四—二五頁。

*260 *Nombres, op. cit.*, p. 41. 前掲『数』、五一—五二頁。

*261 Sollers, «La science de Lautréamont» in *Logiques, op. cit.*, p. 274.

*262 Claudel, *Art poétique* in *Œuvre poétique, op. cit.*, p. 144. 前掲『筑摩世界文學大系56　クローデル　ヴァレリー』、二〇一頁。

*263 *Nombres, op. cit.*, p. 49. 前掲『数』、六二頁。

*264 *Ibid.*, p. 120. 同前、一六二頁。

*265 Claudel, *Art poétique* in *Œuvre poétique, op. cit.*, p. 145. 前掲『筑摩世界文學大系56　クローデル　ヴァレリー』、二〇一頁。

*266 Michel de Montaigne, *Les Essais*, Jean Balsamo, Michel Magnien et Catherine Magnien-Simonin (éd.), Gallimard, «Bibliothèque de la Pléiade», 1975, p. 141 (chapitre XXIIII «Du pedantisme»). モンテーニュ『エセー1』宮下志朗訳、白水社、二〇〇五年、二三一—二三二頁。

*267 エズラ・パウンド（一八八五—一九七二）　アメリカの詩人。代表作に、『ヒュー・セルウィン・モーバリー』、未完の

叙事詩『詩篇〔*The Cantos*〕』。中国古典や日本の謡曲・漢詩の紹介をも行った。

*268 「動かす」を意味するラテン語 *cieo* の不定形。

*269 Maurice Merleau-Ponty, *Signes*, Gallimard, 1960, «Folio essais», p. 72. 「間接的言語と沈黙の声」粟津則雄訳、『メルロ＝ポンティ・コレクション4』みすず書房、二〇〇二年、四九頁。

*270 *Nombres*, *op. cit.*, p. 53. 前掲『数』、六七頁。

*271 *Ibid.*, p. 62. 同前、八〇頁。

*272 *Ibid.*, p. 105. 同前、一四〇頁。

*273 *Ibid.*, p. 124. 同前、一六六頁。

*274 ソポクレース『オイディプース王』岡道男訳、『ギリシア悲劇全集3』岩波書店、一九九〇年、五三、四八頁。

*275 ソポクレース『コローノスのオイディプース』引地正俊訳、同前、二一〇—二一一頁。

*276 本テクスト冒頭を参照。

*277 *Le «Livre» de Mallarmé*, Jacques Scherer (éd.), *op. cit.*, feuillet 88 (A), 89 (A).

*278 Mallarmé, «Crayonné au théâtre» in *Œuvres complètes*, t. II, *op. cit.*, p. 164. 「芝居鉛筆書き」渡辺守章訳、前掲『マラルメ全集Ⅱ』、一五五頁。

*279 *Le Parc*, *op. cit.*, p. 23. 前掲『公園』、五四—五五頁。

*280 *Ibid.*, p. 129. 同前、一四二頁。

*281 Mallarmé, «Ouverture d'"Hérodiade"» in *Œuvres complètes*, t. I, *op. cit.*, p. 135. 「『エロディアード』をめぐる試み　小序曲」菅野昭正訳、前掲『マラルメ全集Ⅰ』、一七一頁。

*282 *Nombres*, *op. cit.*, p. 61. 前掲『数』、七九頁。

*283 *Ibid.*, p. 110. 同前、一四七頁。

*284 *Ibid.*, p. 18. 同前、一八頁。

*285 *Drame*, *op. cit.*, p. 98. 前掲『ドラマ』、一一七頁／一一七—一一八頁。

*286 *Nombres*, *op. cit.*, p. 27. 前掲『数』、三一頁。

*287 *Ibid.*, pp. 33-34. 同前、三九—四〇頁。

*288 フランス語ではアルファベットのYを「ギリシア語のY」を意味する「イグレク〔y grec／i grec〕」と呼称する。Yがラテン語のI（フランス語のIになった）ではなくギリシア語のY（ユプシロン）に由来するため。

*289 Cf. *Ibid.*, p. 15. 同前、一三頁。

*290 Edgar Allan Poe, «Eureka ou Essai sur l'univers matériel et spirituel» in *Œuvres en prose*, traduction par Charles Baudelaire, Y.-G. Le Dantec (éd.), Gallimard, «Bibliothèque de la Pléiade», 1951, p. 776. エドガー・アラン・ポオ「ユリイカ——散文詩　物質的ならびに精神的宇宙についての論文」『ポオ　詩と詩論』福永武彦他訳、創元推理文庫、一九七九年、三七九—三八〇頁。

*291 Mallarmé, «[Sur le vers]» (1895) in *Œuvres complètes*, t. II, *op. cit.*, p. 475. 「言語に関するノートⅡ　一八九五年」竹内信夫訳、前掲『マラルメ全集Ⅲ』、一七五頁。

*292 *Nombres*, *op. cit.*, p. 36. 前掲『数』、四四頁。

*293 *Ibid.*, p. 56. 同前、七四—七五頁。

*294 *Ibid.*, p. 95. 同前、一二七頁。
*295 *Le Parc, op. cit.*, p. 73. 前掲『公園』、九七頁。
*296 *Drame, op. cit.*, p. 105. 前掲『ドラマ』、一二六頁／一二七頁。
*297 *Nombres, op. cit.*, p. 25. 前掲『数』、二八頁。
*298 *Ibid.*, p. 57. 同前、七三頁。
*299 *Ibid.*, p. 53. 同前、六七―六八頁。
*300 *Ibid.*, p. 76. 同前、一〇一頁。
*301 Mallarmé, «Un coup de dés» in *Œuvres complètes*, t. I, *op. cit.*, pp. 372-373. 「賽の一振り」清水徹訳、前掲『マラルメ全集Ⅰ』、Ⅳ頁。
*302 Cf. *Nombres, op. cit.*, p. 61. 前掲『数』、七九頁。「［…］つぶされたその目のなかで僕を呼んでいた不安な量と朝とが交錯する地点で、知るという営為のうえにかがみこみ…… 解かなければならない問題［…］と、僕がその対象となっている偏流のあいだで←――」
*303 ソポクレース『オイディプース王』岡道男訳、『ギリシア悲劇全集3』、九二頁。
*304 *Nombres, op. cit.*, p. 110. 前掲『数』、一四八頁。
*305 ソポクレース『コローノスのオイディプース』引地正俊訳、『ギリシア悲劇全集3』、一四八―一四九頁。
*306 Friedrich Nietzsche, «La philosophie à l'époque tragique des Grecs» in *Écrits posthumes 1870-1873*, traduit de l'allemand par Jean-Louis Backes, Michel Haar et Marc B. de Launay, Gallimard, 1975, p. 234. フリードリッヒ・ニーチェ「ギリシア人の悲劇時代における哲学」『ニーチェ全集2 悲劇の誕生』塩屋竹男訳、ちくま学芸文庫、一九九三年、三八五頁。ニーチェ原文では「戯れ」が強調されている。
*307 Mallarmé, «Le Livre, instrument spirituel» in «Quant au livre» in *Œuvres complètes*, t. II, *op. cit.*, p. 225. 「書物、精神の楽器」（「書物はといえば」）松室三郎訳、前掲『マラルメ全集Ⅱ』、二六五頁。ただし、「商品の列柱〔des colonnades de marchandises〕」という語句は当該箇所にはなく、同じ「書物といえば」所収の「陳列」に近似した表現「商品による列柱〔colonnades avec leur marchandise〕」がある。«Étalages» in «Quant au livre» in *Œuvres complètes*, t. II, *op. cit.*, p. 219. 「書物、精神の楽器」（「書物はといえば」）松室三郎訳、前掲『マラルメ全集Ⅱ』、二五四頁。
*308 *Ibid.*, p. 227. 前掲『マラルメ全集Ⅱ』、二六八頁。
*309 *Nombres, op. cit.*, pp. 64-65. 前掲『数』、八四頁。
*310 *Ibid.*, p. 75. 同前、四一頁。なお、デリダの原文には「1・14」とあるが、『数たち』の該当箇所は「1・41」にあるので、誤植とみなして訂正した。
*311 *Le «Livre» de Mallarmé, op. cit.*, feuillet 41 (A).
*312 *Nombres, op. cit.*, p. 108. 前掲『数』、一四四―一四五頁。
*313 「そこに灰がある」と訳した«il y a là cendre»という一文は、デリダがこれ以後、『弔鐘』（一九七四）、『郵便葉書』（一九八〇）等々においてたびたび立ち戻ることになる文であり、一九八七年には、この一文をめぐる一書『火ここになき灰』を著している。「そこに」と訳される「là」は、発音

上は「灰〔cendre〕」に付く定冠詞と区別されない。『散種』謝辞のなかのこの一文について、デリダは『火ここになき灰』で次のように述べている。「最初に出てきたのは（はたしてあれが最初だったのだろうか?·）、つまりもう一五年以上も前になるが、『散種』という本の最後のところだった。そこは、最後に謝辞を述べる段だった。つまり、一冊の書物が成立するに先立って、著者にそれをもたらしてくれた知人や未知の人々に対して、献辞が述べられ書物が捧げられ、自らを委ねたときのことである。そこにさしかかった時に、先の文が、これ以上ありえない控え目さと簡潔さで、しかし宣告文のような権威をもって、有無をいわさず私にやってきたのである。「そこに灰がある《イリヤラサンドル》〔il y a là cendre〕」と。「ラ」là〔そこ〕は綴り字記号《アクサン・グラーヴ》つきで書かれる。つまり「そこに灰がある」〔là, il y a cendre〕となる。だがこのアクサン記号は目に見えても耳には聞こえてこない。イリヤラサンドル。聴き取った場合、定冠詞の「ラ」laが、この場所を、場所についての言及や記憶を、消去してしまい、副詞の「そこ」〔là〕を消し去ってしまいかねない……。しかし声にださずに読んでみると、今度は逆に副詞のラlàが冠詞のラlaを消してしまい、ラは自らを消す、それ自体が、彼女自身が、一度ならず、むしろ二度自己を抹消する」（Derrida, *Feu la cendre*, des femmes, 1987, pp. 7-8.『火ここになき灰』梅木達郎訳、松籟社、二〇〇三年、一四―一五頁）。

訳者あとがき

本書はJacques Derrida, *La dissémination*, Éditions du Seuil, 1972の全訳である。

訳の分担は「書物外」「プラトンのパルマケイアー」が藤本、「二重の会」と「トランス・パルティシオン」が立花、「散種」が郷原である。翻訳作業は二〇一〇年四月から開始し、定期的に集まっては互いの翻訳原稿をチェックしながら進めた。ただし、個々の論文のコンテクストや訳者の解釈の違いなども当然あり、訳語や文体は各訳者の個性をできるかぎり尊重し、機械的な統一はしていない。したがって、それぞれの担当個所の訳文の責任は各訳者にある。

翻訳に際しては、既訳の恩恵に浴した。とりわけ、『マラルメ全集』（筑摩書房）の訳者諸氏、リシャール『マラルメの想像的宇宙』（水声社）の田中成和氏、そしてソレルス作品の岩崎力氏の訳文を大いに使わせていただいた。言うまでもなく、マラルメもソレルスも、それぞれデリダ以上に独創的かつ難解な作家たちであり、またデリダも彼らの決定不可能なテクストの動態に踏み込んで議論を行うので、諸先輩の訳業がなければ本書の翻訳は、実際以上に困難だったに違いない。ここに改めて感謝する次第である。

また法政大学出版局の郷間雅俊氏には、訳者たちの取りまとめから実際の編集作業にいたるまで、緻密な仕事ぶりと温かい支援によって、訳者たちの滞りがちな翻訳を助けて頂いた。訳文を綿密に原文と照らし合わせて読んだうえでの、的確なアドヴァイスを数多く頂戴した。ここに記して感謝したい。

＊　＊　＊

初期デリダのなかでも重要著作とみなされる本書が、原書の出版から四十年以上を経てようやく日本語で読める運びとなり、翻訳者一同、感慨を覚えると同時に、はたして重責によく応えることができたか、身の引き締まる思いでもある。本文を読んで頂ければお分かりのように、とにかく「スゴい」テクストである。第一に、デリダの脱構築の基礎となる理論的重要概念が総結集している。エクリチュール、痕跡、代補、差延、古名の戦略、パルマコン（毒＝薬）、標記、余白、贈与、ミメーシス、イメーヌ（婚姻＝処女膜）、四角形、幽霊、頭＝資本、父子関係、性差、引用、反復可能性、前未来……。数え上げたら切りがない。それこそ計算不可能なエクリチュール、散種の群れである。ここに織り上げられた四つのテクストは、それぞれが、デリダの脱構築と散種の理論を明確に提示しており、とりわけ、「プラトンのパルマケイアー」における「パルマコン」論（薬＝毒の両義性）、「二重の会」における「イメーヌ（婚姻＝処女膜）」論や「ミメーシス」論は、デリダの思想とエクリチュールを理解し味わうために必須である。

だが、それればかりではない（これだけでも十分に「スゴい」のだが）。どのテクストもが、哲学的に重要な理論を提出しているばかりでなく、その実践にもなっている。理論とパフォーマンスの鮮やかな融合。あるいは雑婚《ハイブリッド》。論理や観念連想ばかりでなく、文字性や印刷上のグラフィックスをも駆使したテクストは、哲学と文学の境界線を揺さぶり、その境界線上でつねに一方（一者）が他方（他者）を、「一」が「多」を呼び招く。哲学のテクストとしてはあまりに過剰なパフォーマンスであるが、それでも、後の『弔鐘』（一九七四年）や『絵葉書』（一九八〇年）と比べればまだおとなしい、まだ哲学の型にはまっている、という声もあるだろう。だが、訳者としては、そこにこそ『散種』の魅力があると考える。すなわち、哲学論文の体裁・スタイルをラディカルに問い直し、揺さぶりながらも、決して単なる詩や狭い意味での「文学」にしない（スタイル・ジャンルの「破壊」ではなく「脱構築」）。哲学と文学、理論的省察と芸術との境線上の、緊張感溢れる、ぎりぎりの綱引きもしくは綱渡り。その絶妙な「バランス」。ニーチェの『ツァラトゥストラ』の「綱渡り芸人」を彷彿とさせる『散種』の筆法《グラフィックス》は、妙な言い方かもしれないが、デリダのテクストのなかでも、理論《セオリー》と実践《パフォーマンス》の「バランス」がもっともよいものである。もっとも、この中庸ならぬ「バランス」の「絶妙さ」——その緊張感は、重さと軽やかさ、苦痛と快楽、厳密さと跳躍とを同時にはらみ、どちらか一方に安定することを許さない——が、テクストの法外な密度や強度ともなり、理解や解釈、そしてもちろん翻訳を、困難（訳者たちとしては「不可能」と言いたくなる）にしている原因でもあるのだが。

ここで私が訳者代表として、『散種』の各論文、また全体について、解説めいたことを書く紙幅も能力もない。そこで「おまけ」としてではあるが、まさに「代補」（「本文＝本体」も「終わり＝ゴール」もない永遠の書き直し）の実例として、デリダが原書の「裏表紙」に付した文章を訳出しておこう。

「（それゆえに）これは一冊の書物ではなかった、ということになるだろう。

さらに見かけに反して、**三つの**「試論」からなる論文集などではなおのことないだろう。もしそんな論文集であったとしたら、事の後でその行程を再認し、その連続性を思い返したり、その法則を導出し、さらには、そうした機会に要求される執拗さでもって、その概念や意味を顕示するときがやって来たであろうが。作法どおりに、よく考えて書いたものだとか即興的に書いたものだとか、そういうふりをするのもやめよう。以下のテクスト群の配列は別種のものであり、それらを紹介すること〔現前させること〕が、ここでの私の意図なのではない。

ここで問いが揺れ動くのは、まさしく紹介＝現前化についてなのだ。

書物という形式が……」

かくして、あなたがたが読んでしまっているものは、反対側へと〔他方へと〕、表紙《カバー》の下の「最初の」の頁へと、漂流《デラプ》していく。漂流《デラベ》したものは、その名が標示するように、つねになんらかの仕方で止め縄《デセジ》をはずすように縛る。またそれは、海事用語で言えば、錨のある種の戯れでもある〔「錨 ancre」は「インク encre」と同音〕。反復された期限のあいだ、たえず、賽《デ》〔脱〕の一振りが、浮遊するテクストを言う。

ひとがこれを一冊の書物と呼び、またその裏表紙を**完了部**〔表紙の折り返し〕と呼ぼうとも、また私がその告知文の末尾に署名をしようとも、この文章をさらなる留保をもって、さらなる非一貫性をもって読むならば、この文章はしんがりを務めて行進を締めくくることなどできないのである。

少なくとも、今から早くも、ひとは次のことを学ぶだろう。すなわち、区切りを強調した本書の読み上げ方は、「プラトンのパルマケイアー」、「二重の会」、「散種」といった表題〔そのリズムは毎回二つに折り畳まれる）のもとで、第二版〔次なる回転〕のために再演されたものだ、ということである。「プラトンのパルマケイアー」、「二重の会」、「散種」の三つのテクストは、そのシステムが、ある未刊と〔前代未聞と〕見える脱線〔序文の「書物外」のこと〕（これはいつものように重複書きでもある）によって**連動させられた**〔*entraîné*〕――すなわち、開始された〔ouvert〕と同時に逸らされた〔déporté 流刑・強制収容に処された〕――三重の旅程である。この脱線は、複数の様態で、一つの塊もしくはそれ以上のものとして、他のテクストたちの前もしくはその後で、たとえば、方法論上のプロトコル、序文の解剖学、一般地図学などとして読むことができるだろう。したがって、この「書物外」は理論的フィクションであるばかりではない。他の三つのものたちと戯れつつ、またそれ自身の帰結全体と戯れつつ、「書物外」は角隅の諸規則に即して、他のところで開始されたあれこれの問いや立場を放ちなおしては転位させ、そうした問いや立場の本体を、まったく他の舞台上での試練にかけるのである。種子的《セミナル》差延としての意味論的《セマンティック》差延の作業が、一切の上席権《プレセアンス》を沈黙のうちに乱調させるそのときに。

ジャック・デリダ

デリダにとって、あらゆる「本文」はつねにすでに「なにか」の「あと書き」であり、「遺言」への応答である。そしてあらゆる「あと書き」がつねにすでになにがしかの「本文」であり、さらに、次に来たるべきエクリチュール（つまりこれもまた「あと書き」にして「本文」）の「前書き」である。このエクリチュールの連鎖を途切れることなく引き継いでいくこと。そうしてデリダが播いた種を、それぞれの立場で、それぞれの歴史・状況において、開花させていくこと。そのとき「花」は必ずや元の「種」の意味（sens）や意図（volonté）や存在（être）を離れて、いわば「父親」と同一化するのでも、父の家系や起源に回帰するのでもなく、まったく別の、他の仕方で「花」を咲かせ、差異ある「反復」を生み出すだろう。反復は必然的に差異を生み出す。これこそが「散種」(播種の、種子の差延)の実践であり、デリダの「遺産相続」であり、デリダの「脱構築」である。それは究極的には、デリダ自身をも脱構築することであるだろう。『散種』というテクスト(プレゼント)は、デリダからわれわれに送られた挑戦状である。「私を読んでみよ」。そして「私を散種せよ」。「不忠実な忠実」において、発送され贈られたテクストを書き換えよ。

訳者たちの訳文は、そうしたデリダからの挑戦状に対するわれわれなりの応答の一つにすぎない。われわれの訳文自体もまた、日本語読者に対する訳者たちからの挑戦状になってしまっていることだろう。訳者たちとしては、あまりにひどい挑戦状になっていないことを願うばかりである。そしてさらに願わくば、訳者たちの「散種」を超えて、デリダの挑戦状に応えようとする読者もしくは新たな書き手たちが、誕生せんことを。

二〇一三年一月十四日

訳者を代表して　藤本一勇

《叢書・ウニベルシタス　989》
散　種
2013年2月25日　初版第1刷発行
2021年8月6日　　　第2刷発行
ジャック・デリダ
藤本一勇／立花史／郷原佳以 訳
発行所　一般財団法人　法政大学出版局
〒102-0071 東京都千代田区富士見 2-17-1
電話 03(5214)5540 振替 00160-6-95814
組版: HUP　印刷: 平文社　製本: 誠製本

Printed in Japan

ISBN978-4-588-00989-1

著　者

ジャック・デリダ（Jacques Derrida）
1930-2004年．アルジェリア生まれのユダヤ系哲学者．パリの高等師範学校で哲学を専攻．同校の哲学教授を経て，社会科学高等研究院教授を務める．西洋形而上学におけるロゴス中心主義の脱構築を提唱し，構造主義以降の人文社会科学の広範な領域——文学・芸術理論，言語論，政治・法哲学，歴史学，建築論ほか——に多大な影響をもたらした．邦訳書に『エクリチュールと差異』『絵画における真理』『法の力』『ユリシーズ グラモフォン』『有限責任会社』『哲学の余白』『シニェポンジュ』『アーカイヴの病』（以上，法政大学出版局），『声と現象』（理想社），『グラマトロジーについて』（現代思潮新社），『友愛のポリティックス』『フッサール哲学における発生の問題』『ならず者たち』（みすず書房），『アポリア』（人文書院），『そのたびごとにただ一つ，世界の終焉』（岩波書店），『死を与える』（筑摩書房），『精神分析の抵抗』（青土社），『マルクスの亡霊たち』（藤原書店），『条件なき大学』（月曜社）ほか多数．

訳　者

藤本一勇（ふじもと・かずいさ）
1966年生．早稲田大学文学学術院教授．フランス哲学，表象・メディア論専攻．著書に『情報のマテリアリズム』（NTT出版），『外国語学』（岩波書店），『批判感覚の再生』（白澤社），共著に『現代思想入門』（PHP研究所），訳書にデリダ『哲学の余白』（共訳，法政大学出版局），同『アデュー』，『哲学のナショナリズム』，『プシュケーI・II』，デリダ／ルディネスコ『来たるべき世界のために』，デリダ／ハーバーマス『テロルの時代と哲学の使命』（以上，岩波書店），バディウ『存在と出来事』（藤原書店）ほか．

立花 史（たちばな・ふひと）
大学非常勤講師．博士（文学）．フランス語圏の教育文化・思想・文学を専攻．単著に『マラルメの辞書学——『英単語』と人文学の再構築』（法政大学出版局），編著に『象徴主義と〈風景〉』（水声社），翻訳にメイヤスー「反復・重復・再演：意味を欠いた記号の思弁的分析」（『現代思想』2019年1月号），デリダ『哲学への権利』全2巻（共訳，みすず書房）．

郷原佳以（ごうはら・かい）
1975年生．東京大学准教授．フランス文学専攻．著書に『文学のミニマル・イメージ——モーリス・ブランショ論』（左右社），論文に「L'enfant que donc je suis，あるいは，猫のエピソードはなぜ「自伝的」なのか」（『現代思想』2015年2月臨時増刊号），訳書にデリダ『滞留』（共訳，未來社），シクスー／デリダ『ヴェール』（みすず書房）ほか．